NATURZEIT MIT KINDERN

IRLAND

Lena Marie Hahn / Stefanie Holtkamp

AF634308

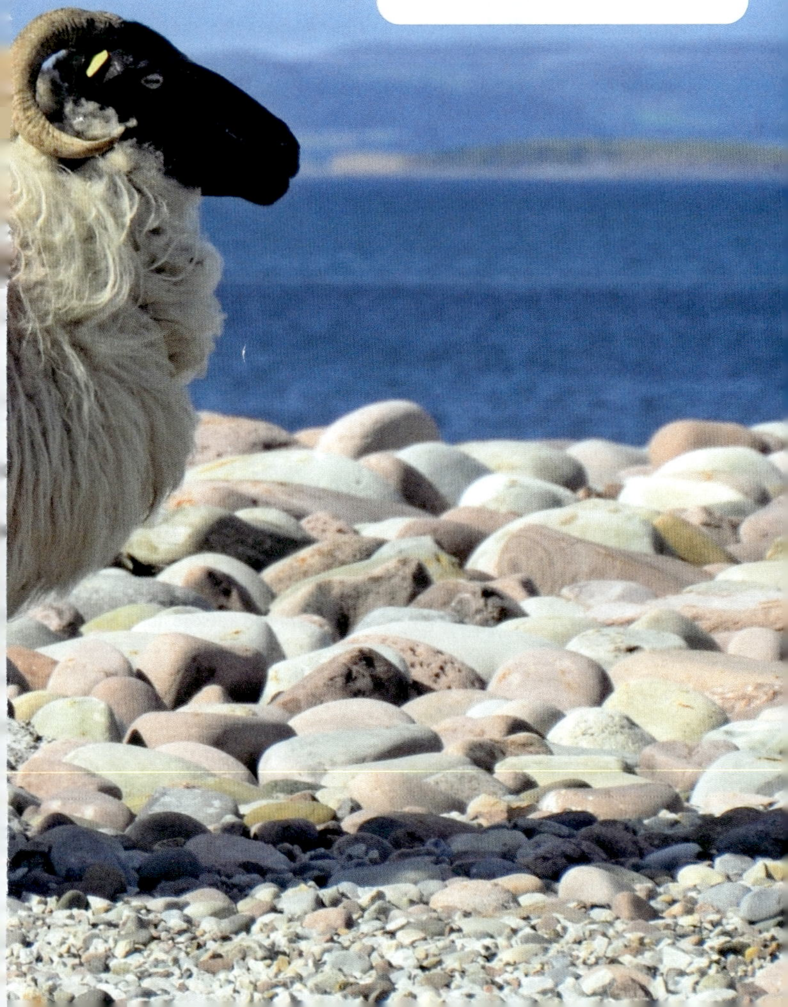

Irland mit Kindern

Auf dem Wild Atlantic Way 6
Aktivitäten mit Kindern 12
Wandern in Irland 16
Wandern mit Kindern 17

65 Familientouren

Der Südwesten – Cork und Kerry 24

Tour 1: 36
Zwei Forts am Meer
James Fort und Charles Fort bei Kinsale
(ab 4 Jahre, 45 min, ↓↑ 40 m)

Tour 2: 40
Durch den Castelfreke Forest
Rundweg zwischen Wald, See und Meer
(ab 6 Jahre, 2 h 30, ↓↑ 75 m)

Tour 3: 46
Lough Hyne und der Knockomagh Hill
Mini-Bergtour hoch über dem Salzsee
(ab 4 Jahre, 1 h 30, ↓↑ 180 m)

Tour 4: 49
Castle Donovan
Immer am Bach entlang
(ab 4 Jahre, 1 h, ↓↑ 35 m)

Tour 5: 53
Sheep's Head Loop
Wanderung am Ende der Welt
(ab 6 Jahre, 2 h, ↓↑ 150 m)

Tour 6: 57
Bantry House
Das Herrenhaus, das nach dem Vorbild seines Gartens erbaut wurde
(ab 4 Jahre, 45 min, ↓↑ 40 m)

Tea Time! 60

Tour 7: 62
Glengarriff Wood Trails
Rundweg vom River Walk über den Esnamucky Walk zum Waterfall Walk
(ab 4 Jahre, 1 h 30, ↓↑ 75 m)

Tour 8: 66
Lady Bantry's Lookout
Gipfelrast mit Rundblick über die Bucht von Glengarriff
(ab 4 Jahre, 30 min, ↓↑ 50 m)

Tour 9: 68
Mit dem Kajak zu den Seehunden
Eine Paddeltour in der geschützten Bucht von Adrigole
(ab 6 Jahre, 1 – 3 h)

Seehunde und Robben..............70

Tour 10: 72
Garinish Loop Walk
Cable-Car, Schafe und Strand
(ab 6 Jahre, 2 h, ↓↑ 200 m)

Tour 11: 76
Die Klippen von Allihies
Auf dem Beara Way an der Küste entlang
(ab 6 Jahre, 1 h 45, ↓↑ 50 m)

Tour 12: 80
Der Küstenweg bei Eyeries
Zwischen dem Dorf und dem Meer
(ab 6 Jahre, 2 h 30, ↓↑ 60 m)

Tour 13: 83
Gleninchaquin Park
Ein Wasserfall von unten bis oben
(ab 6 Jahre, 2 h, ↓↑ 220 m)

Tour 14: 88
The Ewe Experience
Ein großer Garten voll verrückter Kunst
(ab 4 Jahre, 1 – 3 h)

Tour 15: 91
Bonane Heritage Park
Irlands Vorzeit auf einem Spaziergang
(ab 4 Jahre, 1 h, ↓↑ 80 m)

Tour 16: 95
Torc Waterfall
Die große Runde um die beliebte Touristenattraktion
(ab 4 Jahre, 1 h 30, ↓↑ 145 m)

Tour 17: 98
Devil' s Punchbowl
Der teuflische Boxring auf dem Mangerton Mountain
(ab 8 Jahre, 3 h 45, ↓↑ 550 m)

Tour 18: 102
Muckross House und Muckross Gardens
Durch den Garten zum Muckross Lake
(ab 4 Jahre, 1 h 30, ↓↑ 20 m)

Mit Pferd und Kutsche durch den Nationalpark...................106

Tour 19: 107
Hike and Bike am Muckross Lake
Berg- und Talfahrt zu Dinis Cottage
(ab 10 Jahre, 2 h, ↓↑ 35 m)

Tour 20: 112
Mit dem Ruderboot nach Innisfallen
Vom Ross Castle zur Klosterruine aus dem 11. Jahrhundert
(ab 4 Jahre, 40 min, eben)

Tour 21: 115
Derrynane Mass Path
Auf den Spuren des friedlichen Freiheitskämpfers
(ab 8 Jahre, 3 h, ⇅ 170 m)

Tour 22: 120
Ruinen am Strand
McCarthy Mór Tower House und Ballinskelligs Abbey
(ab 4 Jahre, 45 min, eben)

Tour 23: 122
Bray Head Tower Walk

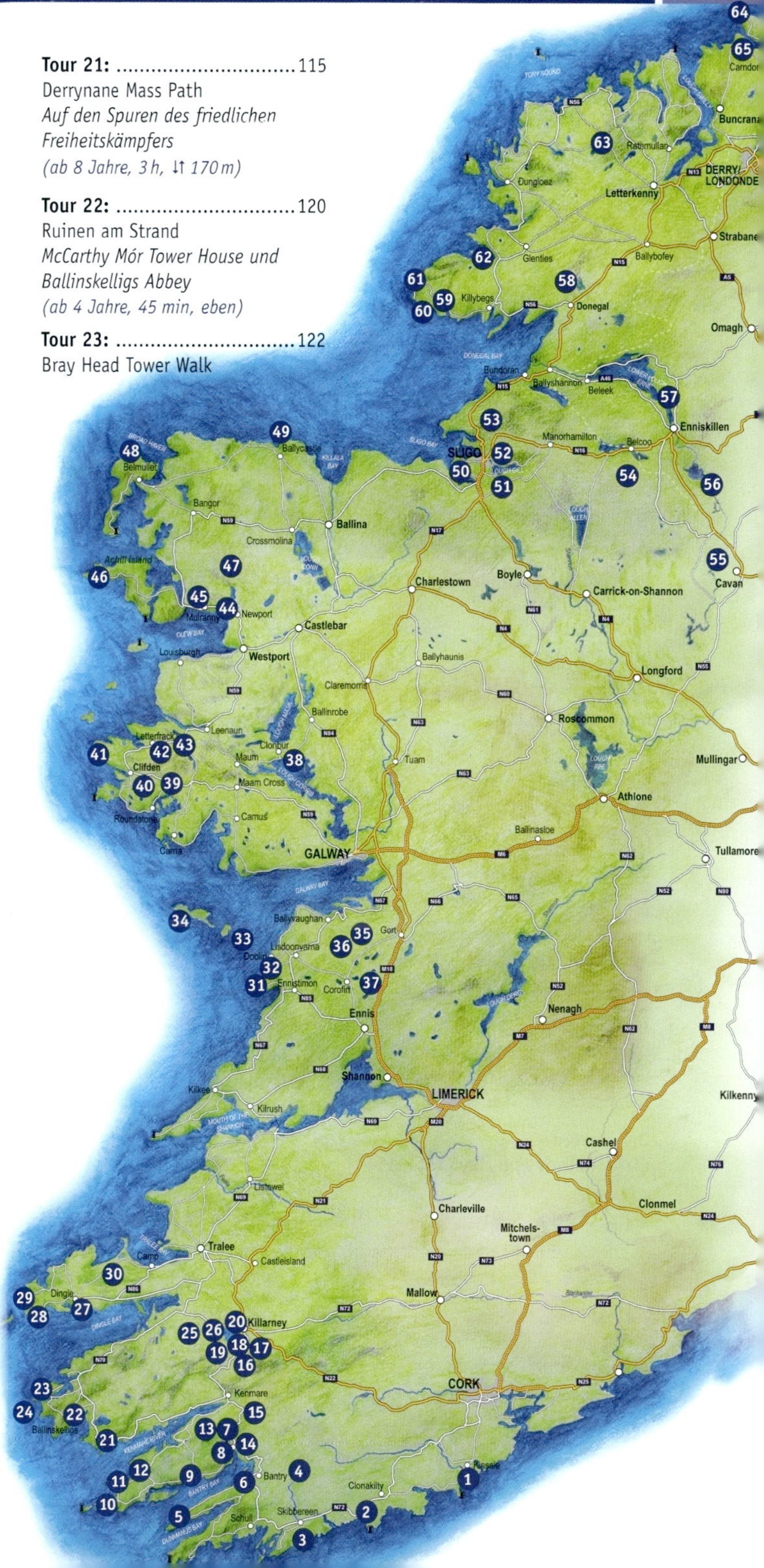

Weitblick vom Leuchtturm
(ab 6 Jahre, 1 h 30, ↓↑ 130 m)

Tour 24: 125
50.000 Tölpel und eine Klosterruine
Die abenteuerliche Bootstour zu den Skellig Rocks
(ab 6 Jahre, 2 h 30)

Von »Puffin« und »Gannet« ... 128

Tour 25: 130
Cronins Yard Loop
Wanderrunde zu Füßen des Carrauntoohil
(ab 6 Jahre, 2 h 45, ↓↑ 235 m)

Tour 26: 134
Eichenwald und Wasserfall
Durch Tomies Woods zur O'Sullivans Cascade
(ab 4 Jahre, 1 h 30, ↓↑ 100 m)

Tour 27: 136
Die Klippen von Dingle
Der Küstenweg in der idyllischen Bucht von Dingle
(ab 8 Jahre, 2 h 30, ↓↑ 35 m)

Der Große Tümmler 140

Tour 28: 142
Dunmore Head
Star Wars oder Ryan's Daughter?
(ab 8 Jahre, 1 h, ↓↑ 150 m)

Die Blasket Islands 145

Tour 29: 146
Lub na Cille
Ausblick auf die Blasket Islands
(ab 4 Jahre, 2 h, ↓↑ 140 m)

Tour 30: 150
Lough Adoon
Durch den Bergkessel zum Wasserfall
(ab 8 Jahre, 2 h, ↓↑ 60 m)

Der Westen – Clare, Galway und Mayo **154**

Tour 31: 164
Auf dem Moher Cliff Walk
Auf den höchsten Klippen von Moher
(ab 6 Jahre, 3 h 15, ↓↑ 125 m)

Tour 32: 168
Doolin und die Cliffs of Moher
Klippenspektakel durch die Hintertür
(ab 8 Jahre, 2 h 30, ↑ 125 m, ↓ 300 m)

Tour 33: 172
Mit dem Boot nach Inisheer
Spielplatz, Strand und Burgruine
(ab 4 Jahre, 1 Tag)

Tour 34: 174
Inishmore und Dun Aengus
Mit dem Fahrrad über die größte der Aran-Inseln
(ab 8 Jahre, 2 – 3 h, ↓↑ 130 m)

Tour 35: 180
Mullaghmore Loop
Ein Rundweg durch die Karstlandschaft des Burren
(ab 8 Jahre, 2 h 45, ↓↑ 155 m)

Tour 36: 184
Burren Nature Trail
Die Burren-Runde für Mini-Wanderer
(ab 4 Jahre, 45 min, ↓↑ 20 m)

Tour 37: 186
Dromore Woods
Castle Loop und Rabbit Loop
(ab 4 Jahre, 1 h 30, ↓↑ 20 m)

Tour 38: 189
Zwischen zwei Seen
Radtouren rund um Cong
(ab 4 Jahre, 1 – 2 h, ↓↑ 50 m)

Tour 39: 195
Spaziergang am Flussufer
Der Riverwalk am Ballynahinch Castle
(ab 4 Jahre, 2 h, eben)

Tour 40: 197
Derrigimlagh Loop
Wo Flug-Pioniere Funk-Pioniere besuchten
(ab 6 Jahre, 2 h, ↓↑ 20 m)

Tour 41: 201
Omey Island
Über den Meeresboden auf die Insel
(ab 6 Jahre, 2 h, ↓↑ 25 m)

Tour 42: 206
Connemara National Park
Silberne Treppe auf den Diamond Hill
(ab 8 Jahre, 3 h, ↓↑ 370 m)

Tour 43: 210
Kylemore Abbey
Herrenhaus, Schule und Kloster mit herrlichem Garten
(ab 6 Jahre, 2 h, ↓↑ 45 m)

Tour 44: 214
The Great Western Greenway
Radtour von Newport zum Achill Sound
(ab 8 Jahre, 3 – 5 h, ↓↑ 85 m)

Tour 45: 220
Mulranny Causeway Loop
Rund um die Bucht von Mulranny
(ab 4 Jahre, 1 h 45, ↓↑ 60 m)

Tour 46: 224
Keem Bay und die Cliffs of Croaghaun
Am westlichsten Zipfel von Achill Island
(ab 10 Jahre, 2 h 30, ↓↑ 290 m)

Tour 47: 229
Letterkeen Loop Walk
In der Wildnis des Ballycroy-Nationalparks
(ab 6 Jahre, 2 h, ↓↑ 90 m)

Tour 48: 233
Erris Head
Fernab aller Zivilisation einmal um die Landspitze
(ab 6 Jahre, 1 h 45, ↓↑ 110 m)

Tour 49: 237
Downpatrick Head
Ein Loch in den Klippen
(ab 4 Jahre, 30 min, ↓↑ 25 m)

Der Nordwesten – Sligo und Donegal 241

Tour 50: 246
Knocknarea
Bergsteigen zum Grab der Königin
(ab 8 Jahre, 2 h 30, ↓↑ 300 m)

Irische Mythologie 250

Tour 51: 252
Dooney Rock
Picknickplatz der Dichter und Fiedler
(ab 4 Jahre, 30 min, ↓↑ 30 m)

Tour 52: 255
Spaziergang am See
Der Hazelwood Loop am Lough Gill
(ab 4 Jahre, 1 h 15, ↓↑ 20 m)

Tour 53: 258
Im Schatten des Ben Bulben
Auf dem Ben Bulben Forest Walk
(ab 4 Jahre, 2 h, ↓↑ 85 m)

Tour 54: 262
Cavan Burren Park
Rundwanderung mit Dolmen und Gigantengrab
(ab 4 Jahre, 1 h 30, ↓↑ 55 m)

Die Megalith-Kultur 266

Tour 55: 268
Kanutour mit Burgruine
Auf dem Wasserweg zum Oughter Castle
(ab 6 Jahre, 3 h)

Tour 56: 272
Crom Castle
Über die Ländereien des Crom Estate
(ab 4 Jahre, 1 h 15, eben)

Tour 57: 276
Archdale Forest Park
Rundweg um Tom's Island
(ab 4 Jahre, 1 h, eben)

Tour 58: 278
Lough Eske
Wo im irischen Urwald die See-Hexe wohnt
(ab 4 Jahre, 1 h, ↓↑ 35 m)

Tour 59: 281
Slieve League
Über den Pilgrim's Path zum One Man's Pass
(ab 8 Jahre, 3 h, ↓↑ 425 m)

Tour 60: 285
Slieve League »to go«
Völkerwanderung zum Bunglass Point
(ab 6 Jahre, 1 h 15, ↓↑ 215 m)

Tour 61: 287
Glencolumbkille
Pilgersteine, Klippen und ein verschlossener Turm
(ab 6 Jahre, 3 h, ↓↑ 320 m)

St. Patrick und das irische Christentum 291

Tour 62: 293
Ardara Caves
Die Höhlen von Maghera
(ab 4 Jahre, 1 h, ↓↑ 30 m)

Tour 63: 296
Glenveagh Nationalpark
Zwischen Schlosspark und wilder Natur
(ab 6 Jahre, 3 h, ↓↑ 115 m)

Tour 64: 301
Malin Head
Irlands nördlichster Punkt
(ab 6 Jahre, 1 h, ↓↑ 55 m)

The Great Famine 306

Tour 65: 308
Doagh Famine Village
Freilichtmuseum am Traumstrand
(ab 10 Jahre, 2–3 h, ↓↑ 15 m)

Reiseinfos

Unterwegs in Irland 312
Unterkunft und Übernachtung ... 317
Register 330
Autorinnen 332
Impressum 333

Auf dem Wild Atlantic Way

Unsere Reiseroute an der irischen Westküste orientiert sich im Großen und Ganzen an der Route des Wild Atlantic Way, ab und zu machen wir auch mal einen Ausflug ins Landesinnere. Der Wild Atlantic Way ist mit über 2600 Kilometern eine der längsten Küstenstraßen Europas und wurde 2014 eingeweiht. Die Route verbindet den Ort Kinsale in der Grafschaft Cork ganz im Süden mit der Stadt Derry/Londonderry in der Grafschaft Donegal ganz oben im Norden der Insel. Die Routenführung der Küstenstraße bleibt fast überall nahe am Meer und verläuft dabei über eine Mischung an gut ausgebauten Straßen und wirklich schmalen Küstensträßchen. Immer wieder führen auch Stichstraßen zu interessanten Punkten an der Küste. Die Route ist durchgängig mit der Zackenlinie des Logos beschildert. Ihr ganz genauer Verlauf mit allen Abstechern findet sich mit interaktiver Karte unter www.wildatlanticway.com.

Der Wild Atlantic Way ist in sechs Regionen unterteilt, die sich nur so ungefähr mit den irischen Verwaltungsbezirken decken, die als »County« oder »Grafschaft« bezeichnet werden und die wir in diesem Buch zur Untergliederung der Regionen verwenden.

Cork und Kerry

Die Küste zwischen Cork und Skibbereen bekam auf dem Wild Atlantic Way wegen ihrer vielen kleinen Hafenorte wie zum Beispiel dem bunten Kinsale und dem abgelegenen Baltimore den Namen »The Haven Coast«. Die Landschaft ist hier eher sanft und von Feldern und Wiesen geprägt. An der Küste kann man an mehreren langen Sandstränden baden. Bei Skibbereen weichen dann die Felder steinigen Wiesen und die Küste wird schroffer. Vom kleinen Hafenort Baltimore in der Roaring Water Bay fahren Boote zum Whale Watching und in der Bucht liegt der schroffe Fastnet Rock mit Irlands südlichstem Leuchtturm. Hier beginnen dann auch die »Southern Peninsulas«, auf denen auch die Touristenhochburg

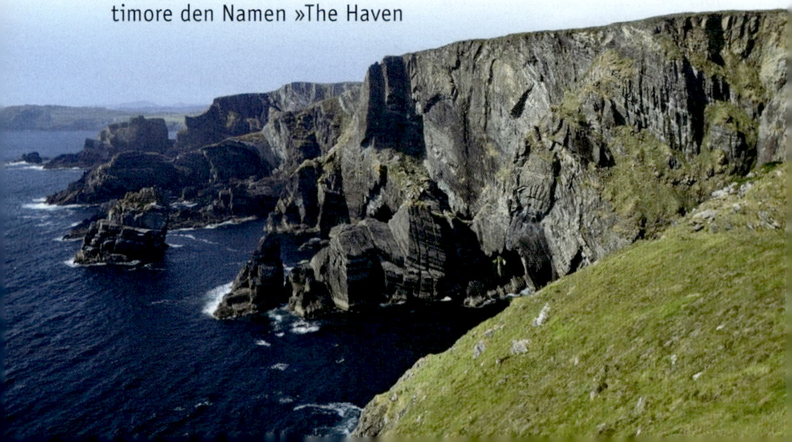

Killarney und der vielbefahrene Ring of Kerry zu finden sind. Die beiden südlicheren Halbinseln Mizen und Beara, die noch zum County Cork gehören, bieten aber auch das eine oder andere »Ende der Welt«. Eines haben alle vier Halbinsel-Finger gemeinsam: Wir treffen auf wilde, eindrucksvolle Klippenlandschaften mit einzelnen bildhübschen Sandbuchten. Nicht von ungefähr ist diese Region eines der beliebtesten Reiseziele in Irland. Es gibt hier viel zu sehen und viel zu unternehmen.

Clare

Zwischen der Halbinsel Dingle und dem Shannon durchfahren wir ein vergleichsweise dicht besiedeltes und landschaftlich wenig aufregendes Gebiet. Erst nach der Überquerung des Shannon bei Tarbert wird es wieder spannender. Hier oben befinden sich die Cliffs of Moher, eine der meistbesuchten Sehenswürdigkeiten Irlands. An ihrer höchsten Stelle ragen sie über 200 Meter senkrecht aus dem Meer. Auf einem einzeln stehenden Felsen vor der Klippe brüten jedes Jahr im Frühsommer Papageientaucher. Folgerichtig nennt der Wild Atlantic Way diesen Abschnitt der Küste »Cliff Coast«. Nordöstlich der spektakulären Klippen kommen wir in eine ungewöhnliche Karstlandschaft mit ringförmig gestaffelten Bergen – den Burren. Hier gibt es mehrere Höhlen und den einen oder anderen Dolmen zu sehen.

Galway und Connemara

Der Boden von Connemara ist moorig, die Region ist daher kaum landwirtschaftlich nutzbar. Da die Bauernfamilien arm waren, erhielt sich hier besonders lange eine ursprüngliche Lebensweise: Die geduckten Steinhäuser blieben reetgedeckt und in manchem Ofen brennt noch heute ein Torffeuer. Mangels Holz unterteilen hunderte von Steinmäuerchen die Parzellen. Auf den kargen Weiden fressen Schafe und die genügsamen Connemara-Ponys – Bilderbuchirland also, ohne allzu heftige Spuren moderner Zivilisation. Da es hier an der »Bay Coast« außerdem schöne Sandstrände gibt, ist Connemara auch ein gutes Ziel für Wassersport.

Mayo und Sligo

Die Küste westlich von Ballina gehört zu den abgelegensten Ecken Irlands und wird vielleicht deshalb einfach zur »Surf Coast« sortiert. Surfen kann man auch – aber eher im Küstenabschnitt zwischen Sligo und Donegal, denn der ist von langen Sandstränden gesäumt. Südlich von Sligo liegt die Bucht von Strandhill, die einer der beliebtesten Surfspots Irlands ist. Weiter geht es mit dem Rosses Point, mit der langen Sandnehrung Streedagh Beach und den Sandstränden von Mullaghmore. Jenseits der Küste sind es die merkwürdig geformten Tafelberge wie Knockenarea und Ben Bulben, die die Landschaft prägen.

Donegal

Das nördlichste County an der Küstenstraße ist ein wildes, ursprüngliches Naturparadies. Nördlich von Donegal in den »Northern Headlands« reiht sich eine raue Landspitze an die andere. Die bekanntesten Plätze sind der Malin Head, der als Kulisse für eine Szene im letzten Star-Wars-Film zu Ehren kam, und die Slieve Leagues, die höchsten Klippen Irlands. Über 600 Meter geht es senkrecht hinab ins Wasser – die Cliffs of Moher würden daneben geradezu niedlich aussehen.

Die beste Reisezeit

Das Wetter ist bei einer Irlandreise zu jeder Zeit ein ergiebiges Thema. Häufig haben wir hier alle Wetter an einem einzigen Tag. Selten regnet es gleich zwölf Stunden am Stück. Wir kennen auch rein trockene und sonnige Phasen, aber die sind doch eher die glückliche Ausnahme. Sich dramatisch auftürmende Wolkenberge, gerne auch mal dunkelgrau, ein wenig Wind, der die Wolken wieder wegpustet, und dazwischen auch mal etwas Regen – das ist typisch irisches Wetter.

Traut man den Wetterstatistiken, sind Mai, Juni und September am trockensten. Tendenziell ist der Südwesten durch den Golfstrom deutlich milder als der raue Norden und auch das Wasser wird hier wärmer.

Mai und Juni sind für alle, die noch nicht auf die Schulferien angewiesen sind, perfekte Reisemonate. Dann übersähen die Grasnelken die Klippenhänge mit rosafarbenen Blütentupfen und in den Orten blüht der Rhododendron. Aber auch in den Sommerferien ist Irland kein überlaufenes Reiseziel. Nur an den beliebtesten Spots wie am Ring of Kerry, auf Dingle und im Killarney Nationalpark muss man mit überfüllten Parkplätzen und ausgebuchten Unterkünften rechnen.

Auch im September und Oktober kann man noch gut nach Irland reisen. Die Winter sind dort eher mild und sporadisch regnen tut es ja sowieso das ganze Jahr. Ein echtes Manko sind dann allerdings die kurzen Tage, die graues Wetter nur noch trostloser erscheinen lassen.

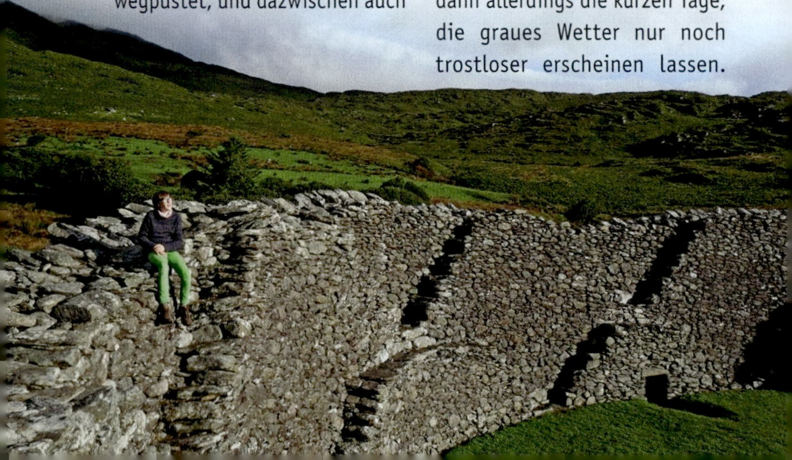

***Mittlere Durchschnittstemperaturen in* °C (Galway):**

	Jan	Feb	März	Apr	Mai	Juni	Juli	Aug	Sep	Okt	Nov	Dez
Tag max.	8	8,5	10	12	16	17	19	19	17	13	10	8
Tag min.	3	2	3	4	7	9	11	11	9	6,5	4,5	2,5
Regentage	16	13	14	11	13	11	10	13	13	15	16	16

Die Winter sind auf den britischen Inseln wegen dem Einfluss des Golfstromes eher mild und in Irland liegt nur selten Schnee.

Sprache und Identität

Die Amts- und Schriftsprache der Republik Irland ist britisches Englisch. Gesprochen wird meist mit recht gut verständlichem Dialekt. Es gibt in Irland aber, wie auch in Schottland, noch Gälisch sprechende Bevölkerungsteile. Gälisch hat keltische Wurzeln und ist eine sehr alte Sprache. Als Alltagssprache dient es heute aber nur noch in wenigen Gebieten, die man als »Gaeltacht« bezeichnet. Sie sind alle an der Westküste zu finden. Dazu gehören die Halbinsel Dingle, der südliche Teil von Connemara, der Norden von Mayo und große Teile von Donegal.

Außerhalb dieser Gebiete findet man das Gälische vor allem in Ortsnamen. Einer der gängigsten gälischen Begriffe ist das Wort »Tra«. Es steht auf vielen braunen Hinweisschildern und heißt »Strand«. Auch auf Ortsschildern steht neben dem englischen normalerweise der gälische Name eines Dorfes. In Gaeltachtgebieten kann es dann schon mal passieren, dass man an einem Ort vorbeifährt, wenn man nur seinen englischen Namen präsent hat. Der ist auf dem Ortsschild nämlich oft überhaupt nicht zu finden und der gälische Name muss nicht unbedingt ähnlich klingen.

Um die typisch irische Kultur zu erhalten, wird Gälisch heute auch wieder in den Schulen unterrichtet. Es gibt auch wenige gälischsprachige Schulen. Präsent ist das Gälische auch in der Volksmusik, die ein ganz wichtiges Element irischer Kultur darstellt. Spontane Sessions auf Festen und im Pub sind auch heute noch üblich und Menschen mit guter Stimme und umfangreichen Liederkenntnissen genießen in Irland hohes Ansehen. Im Irish Folk kommen neben der Gitarre auch ungewöhnlichere Instrumente zum Einsatz: die Tin Whistle, eine Blechflöte, und die geigenähnliche Fiddle zum Beispiel. Den Rhythmus sichert die Bodhrán, eine kleine Rahmentrommel, und auch Akkordeon und Uilleann Pipes (Dudelsack) kommen sporadisch zum Einsatz.

Der Besuch eines Singing Pubs mit Livemusik gehört eigentlich unbedingt zu einem Irlandurlaub, vor allem wenn sich die Chance in einem der kleineren Dörfer bietet, wo die Sessions nicht nur für Touristen stattfinden. Mit Kindern ist das

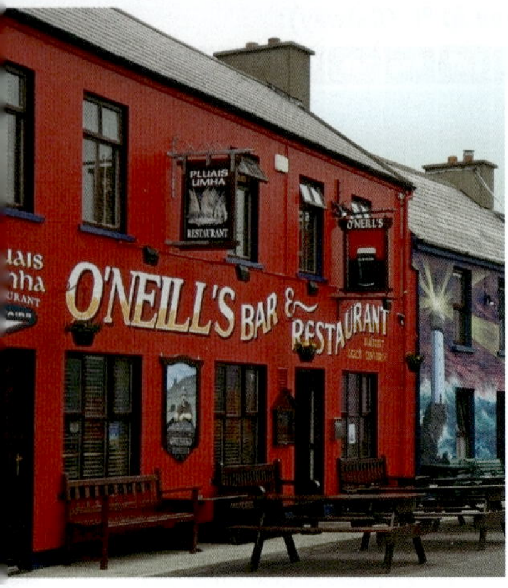

manchmal nicht so leicht zu organisieren. Man lässt sie zwar am frühen Abend zum Essen mit in die Schankstube oder in die Lounge, später wird man Gäste mit minderjährigen Kindern aber höflich der Tür verweisen. Spätestens ab 21 Uhr müssen alle Gäste unter 16 Jahren den Raum verlassen – so ist zumindest die Theorie und die Gesetzeslage. Auf dem Land sieht man das manchmal gelassen. Nachfragen – oder Aussitzen – lohnt sich im Zweifelsfall. Mit jüngeren Kids ist der Pubbesuch allerdings nur mit Babysitter zu machen.

Irische Spezialitäten

Auf einem gut von irischen Gästen besuchten Campingplatz zieht spätestens morgens zwischen neun und zehn Uhr der Duft nach gebratenem Speck und Würstchen über den Platz. Auch wer im »Bed and Breakfast« übernachtet, ist schon am ersten Morgen mit der Frage nach dem »**Full Irish Breakfast**« konfrontiert. Es besteht zumindest aus Ei und Speck, Toast, gebratenen Tomatenscheiben, Pilzen und Würstchen. Ab und zu sind auch noch Bohnen und White und Black Pudding dabei, bei dem es sich ebenfalls um Wurst handelt. Die weiße Variante besteht aus Schweinefleisch inklusive Innereien und Fett, versetzt mit Brot und Haferflocken. Im Black Pudding wird zusätzlich Schweineblut verarbeitet. Aus diesen Zutaten entsteht eine Wurst, die dann scheibenweise gebraten wird.

Die Basiszutat für eine irische **Hauptmahlzeit** ist auch heute noch die Kartoffel in allen Formen. Dazu isst man gerne Geflügel, Rind- oder Lammfleisch und Gemüse. Aus den gleichen Grundzutaten besteht auch Irish Stew, ein Eintopf aus Kartoffeln, Gemüse und Lammfleisch, der oft in Bars als einfaches Mittagessen serviert wird.

Fisch war früher, trotz der Nähe des Meeres, für viele irische Familien zu teuer, findet aber inzwischen seinen Platz vor allem in der gehobenen Gastronomie. Besonders empfehlenswert ist irischer Lachs. Es gibt ihn frisch und geräuchert. »**Fish & Chips**«, die einfachste Art des Fischgenusses, ist nicht ganz so verbreitet wie in Großbritannien, hat aber auch in Irland keinerlei Ähnlichkeit mit Fischstäbchen. Zur Herstellung werden keine Fertigprodukte verwendet, sondern ein frisches Fischfilet, meist Kabeljau (cod) oder Schellfisch (haddock). Der wird dann in hausgemachten Backteig getaucht und in der Friteuse versenkt, um im heißen Fett zu brutzeln. Dazu gibt es Pommes Frites, die im englischen Sprachraum chips heißen. Unsere Chips sind dagegen als potato crisps bekannt.

Gleich zwei der bekanntesten irischen Spezialitäten sind flüssig und nur für Erwachsene interessant: **Guinness Bier** und irischer Whiskey. Die Guinness-Brauerei wurde 1759 in Dublin gegründet und das dunkle, schwere Bier ist fast so etwas wie ein Wahrzeichen Irlands geworden. Mit vier bis fünf Prozent (je nach Sorte) hat es einen relativ hohen Alkoholgehalt. Die ungewöhnlich stabile Konsistenz des Schaumes, die für ein frisch gezapftes Guinness im Pub so typisch ist, entsteht durch den Einsatz von Stickstoff zusätzlich zum üblichen Kohlendioxid beim Zapfen des Bieres. Guinness wird nicht zum Essen, sondern nur abends im Pub getrunken. Etwas leichter und heller sind das Smithwick Ale und das Kilkenny. Wer ein helles Bier, ähnlich unserem Export, vorzieht, bestellt ein Lager. Lager ist die einzige Biersorte, die in Irland auch zu Mahlzeiten üblich ist.

Der **irische Whiskey** ist fast so berühmt für seine Qualität wie der schottische Whisky. Iren und Schotten streiten sich noch heute darum, wer das Getränk eigentlich erfunden hat. Die irische und die schottische Version unterscheiden sich nicht nur in der Schreibweise mit oder ohne »e« vor dem »y«, auch Details in der Produktion sorgen für kleine Unterschiede im Geschmack. In Irland arbeitet man mit einer Mischung aus gemälzter und ungemälzter Gerste und trocknet diese in einem geschlossenen Ofen. Das typische Raucharoma eines Scotch entsteht dagegen durch das Darren der Gerste über dem offenen Torffeuer. Die in Schottland häufig produzierten Single Malt Whiskys sind in Irland eher unüblich. Ein irischer Whiskey ist meist »blended«, also aus mehreren Sorten zusammengemischt. Irische Destillerien bezeichnen das sensible Verfahren, in dem aus drei destillierten Single Malts ein wohlschmeckendes Getränk gezaubert wird, als »Vatting« (mischen). Wer ein Pub mit guter Whiskeyauswahl sucht, erhält unter www.irelandwhiskeytrail.com fachmännischen Rat.

Kindertauglicher ist die englisch-irische Sitte des **Nachmittagstees**. Der typisch irische Tee ist dunkel und kräftig im Geschmack und wird mit viel Milch getrunken. Erstaunlicherweise verwendet man meist Teebeutel, loser Tee ist gar nicht so leicht zu bekommen. Eine typisch irische Beigabe zum Tee sind **Scones**, süße Brötchen, oft mit Rosinen, die mit Butter, Clotted Cream (einem festen Streichrahm) oder Konfitüre bestrichen werden.

Aktivitäten mit Kindern

Irland ist ein Paradies für aktive, von ursprünglicher Natur begeisterte Familien. Bröckelnde Ruinen, lange Sandstrände mit Kletterfelsen, viel Wasser und einsame grüne Hügel bieten ein echtes Abenteuerland, das erforscht werden möchte. In den Bergregionen geht man dazu am besten zu Fuß, an der Küste, rund um die Seen und auf den Inseln kann man auch gut Fahrrad fahren. Auf Ausflügen mit dem Boot bekommen wir dann auch Delfine oder Seehunde zu sehen. Dazu gibt es einige interessante Freilichtmuseen, viele Burgen und hübsche Gartenanlagen mit verschlungenen Pfaden, die das Familienprogramm ergänzen können.

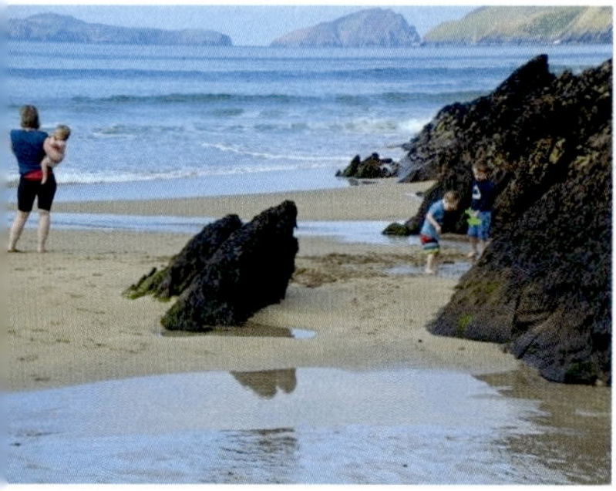

Baden

Nicht von ungefähr ist auf den üblichen braunen Hinweisschildern zum Strand eine Sandburg und kein Schwimmer abgebildet. Laut Statistik liegen die sommerlichen Wassertemperaturen an der irischen Atlantikküste zwischen 14 und 15 Grad. Da wird wohl niemand auf die Idee kommen, zum reinen Badeurlaub nach Irland zu fahren – auch wenn ein großer Teil der Badestrände die für sauberes Wasser und eine gute Infrastruktur verliehene Blaue Flagge trägt. Am Planschen im flachen Wasser haben unerschrockene Kinder an warmen Tagen aber durchaus Spaß. An vielen Buchten ist der Einstieg ins lockend türkisblau schillernde Wasser sehr seicht, sodass sich dieses schnell ein wenig aufwärmt. An heißen Tagen im Hochsommer sind Irlands Strände durchaus gut belegt und viele Einheimische gehen auch ins Wasser. Bei irischen Familien sind Neoprenanzüge sehr beliebt. Wer welche für die Kinder besitzt, sollte diese ruhig einpacken. Ansonsten sind es aber doch eher die alternativen Strandbeschäftigungen wie Picknicken, Sandbuddeln, Burgenbauen, Muschelnsuchen und Felsenklettern, die an Irlands schönen Stränden besonders gefragt sind.

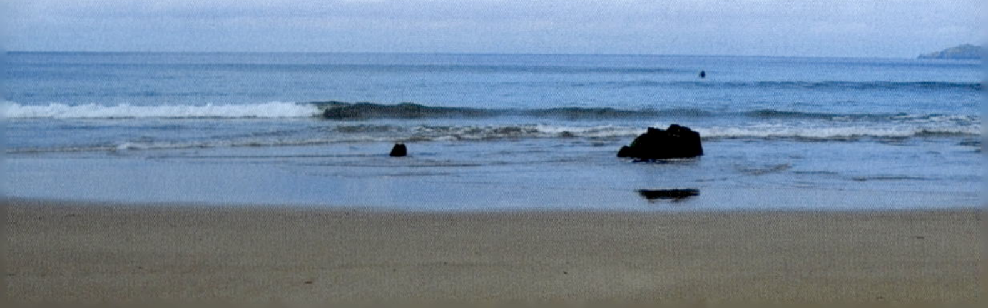

Wassersport

Aufgrund der Wassertemperaturen gehört ein dicker, langärmliger Neoprenanzug bei allen Wassersportarten zur Grundausstattung. So ist dann sowohl das Schnorcheln als auch das Surfen möglich und wird auch für Kinder angeboten. Eine Surfschule finden wir zum Beispiel am Inch Beach und in Bundoran in Donegal, einer der bekanntesten Surflocations in Irland.

Ausflüge mit dem Boot

Der Weg über das Wasser ist in vielen Regionen eine perfekte Möglichkeit, die zerklüfteten Küsten und vorgelagerten Inseln mit ihrer reichen Tierwelt auf recht bequeme Art kennenzulernen. Besonders spannend sind dabei die Fahrten mit kleineren Booten für bis zu zwölf Personen, wie sie zum Beispiel an den Skellig Rocks **[› Tour 24]** oder auch auf vielen Sealife-Watching-Touren eingesetzt werden.

Ziel dieser Fahrten sind oft vorgelagerte Inseln oder Plätze, an denen häufig Delfine oder kleine Wale gesichtet werden. Für solche Begegnungen braucht man aber immer ein bisschen Glück. Zuverlässiger sind die Sichtungen von Seevögeln wie dem riesigen weißen Basstölpel oder dem in rasendem Tempo mit den Flügeln schlagenden Papageientaucher, die sich zuverlässig in der Nähe ihrer Nester aufhalten. Auch Seehunde sind relativ einfach zu beobachten, da sie Ruheplätze auf kleinen Inseln lieben und sich durch vorbeifahrende Boote nur wenig stören lassen.

In der geschützen Hafenbucht von Adrigole am Ring of Beara kann man sogar per Kajak zu den Seehundfelsen paddeln **[› Tour 9]** und auf der Fahrt zu den Garinish Gardens kommen wir ganz nebenbei auch an einer Seehundbank **[› Seite 28]** vorbei.

Paddeltouren

Neben geschützten Meeresbuchten eignen sich auch viele der großen Seen zum Paddeln. Der mit vielen winzigen Inselchen in ein labyrinthartiges Wassersystem unterteilte Upper Lough Erne ist dabei perfekt für Familien geeignet. Er weist nur wenige große Wasserflächen auf, auf denen sich bei Wind hohe Wellen bilden können, und ist daher ohne Risiko auch von unerfahrenen Kanuten zu befahren. Mit den Booten von

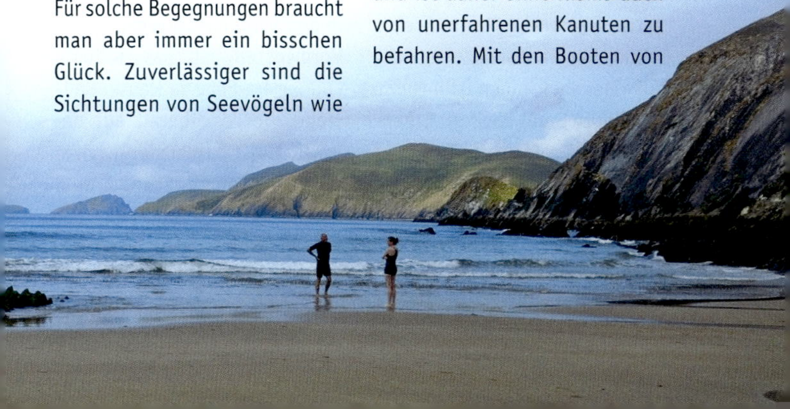

Cavan Canoes kann man zu einer Burgruine paddeln oder auch mehrere Tage auf dem Wasser verbringen und am Seeufer auf einer der Inseln zelten.
[› Tour 55]

Wer ein eigenes Kanu mitnimmt, braucht wegen der üblichen Wassertemperaturen unbedingt einen Neoprenanzug für alle im Boot und sollte auch nur bei stabilem Wetter losziehen. Als befahrbare Gewässer eignen sich neben geschützten Buchten am Meer natürlich auch die vielen Seen. Je größer die Wasserfläche, desto wichtiger ist es, das Wetter zu beobachten, um beim Ausflug nicht in Gefahr zu geraten.

Fahrradtouren

Spezielle Fahrradwege sind in Irland recht selten, zum Radeln eignen sich eher die schmalen Straßen, wenn dort nicht zu viele Autos fahren. Deshalb finden sich unsere Tourenvorschläge mit Fahrrad vor allem auf den kleineren vorgelagerten Inseln mit wenig Verkehr. Mit Fahrrad hat man dort einfach einen größeren Radius als zu Fuß. Eine recht ungewöhnliche Radstrecke durch eine wilde Berglandschaft ist der auf einer ehemaligen Bahntrasse angelegte Great Western Greenway bei Waterford. **[› Tour 44]**

Ponys und Reiten

Irland ist ein Pferdeland. Es gibt gleich mehrere Pferderassen, die ursprünglich von der Insel kommen. Als typisch irisch gilt zum Beispiel der für ein Reitpferd vergleichsweise schwere gescheckte Tinker. Tinker sind die Pferde der irischen Fahrenden, die man als Tinker – Kesselflicker – bezeichnet. Sie zogen früher mit ihren Planwagen über das Land und übernahmen Reparaturarbeiten. Um die schweren Wagen zu ziehen, brauchte es starke, gelassene Pferde, die sich die Tinker überall zusammenkauften, wo sie nicht viel bezahlen mussten. Gescheckte Pferde waren in den Zuchtprogrammen häufig nicht vorgesehen und so günstig zu haben. Die Fahrenden dagegen mochten die bunten Pferde und züchteten auch selbst mit ihnen weiter. So entstand aus den Wagenpferden der Tinker mit der Zeit eine eigene bunte und etwas uneinheitliche Pferderasse.

Gezüchtet werden in Irland außerdem Reitpferde für die Jagd, die man Irish Hunter nennt, und eine eigene Vollblutrasse, die bei Pferderennen zum Einsatz kommt. Das etwas schwerere Kutschpferd nennt man Irish Draught und in den kargen Moorregionen im Nordwesten ist das robuste Connemara-Pony zu Hause. Reitställe gibt es überall auf der Insel. Meist haben sie Ausritte zwischen einer Stunde und einem Tag im Programm. Auf einigen Höfen kann man aber auch mehrtägige Trailritte buchen. Mehrtägig sind auch die

Touren mit Pferd und bunten Planwagen im Stil der Tinker, die vor allem im Landesinneren angeboten werden.

Galoppieren am Strand, der Traum eines jeden Reiters, ist an Irlands langen, einsamen Stränden kein Problem und auch das Landesinnere lässt sich gut per Pferd erkunden. Adressen für kleine Ponyfans und kurze Ritte finden sich bei den einzelnen Regionen. Die gängigen Preise fürs Reiten liegen deutlich höher als bei uns und beginnen bei etwa 25 Euro pro Stunde. Die Ställe, die einen Stundentarif um die 40 Euro berechnen, sind aber mittlerweile in der Mehrzahl.

Für Familien mit großen Kindern, die einen richtigen Reiturlaub planen, sind diese beiden Hof an der Westküste eine sehr gute Adresse. Sie eignen sich für Reiterfahrene und bietet auch mehrtägige Ritte an:

Beim **An Sibín Riding Centre** im County Clare gibt es ein breites Angebot zwischen Reiterferien mit Reitunterricht, Ausritten und geführten mehrtägigen Wanderritten. *www.irishhorseriding.com*

Island View Riding Stables
Zur Pferde-Crew bei Island View gehören auch einige Welsh Mountain Ponies für die kleinen Gäste. Auf den Hof gibt es zwei Ferienwohnungen. *reiteninirland.de*

Weitere Adressen in ganz Irland, auch für Fahrten mit dem Zigeunerwagen und für Eselwanderungen finden sich auf der deutschsprachigen Seite *www.reitferien-in-irland.de.*

Herrenhäuser und Gärten

Die englische Gartenkultur wurde auch im Irland des letzten und vorletzten Jahrhunderts zelebriert. Eine gepflegte Gartenanlage mit exotischen Pflanzen gehörte zu jedem Herrenhaus. Kostenlos ist der Bummel durch die gepflegten Anlagen am Muckross House **[› Tour 18]** und am Derrynane House **[› Tour 21]**. Um das im privaten Besitz stehende Bantry House **[› Tour 6]** zu besuchen, zahlt man Eintritt. Im vom Golfstrom besonders begünstigten Klima in der Bucht von Bantry gibt es mit der Garteninsel Garinish und dem Bamboo Park **[› Seite 29]** noch zwei weitere schöne private Gärten.

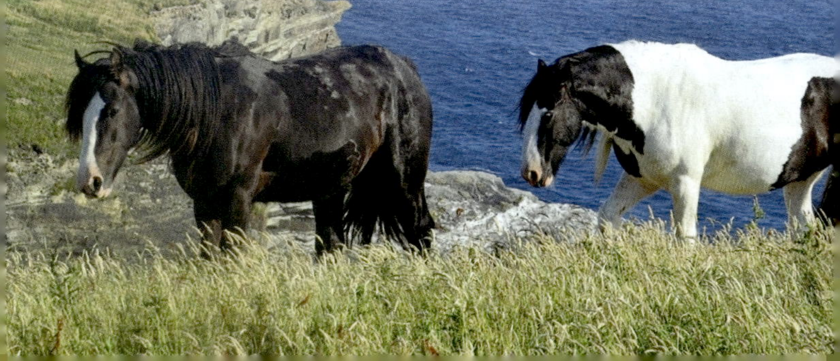

Wandern in Irland

Es gibt in Irland unzählige markierte Rundwege, die hier Loopwalks heißen. Die Wegmarkierung ist meist ausgezeichnet und beginnt am Trailhead, der manchmal sogar an der Straße ausgeschildert ist. Rund um die drei großen Halbinseln im Südwesten führt jeweils ein Weitwanderweg. Auf einer weiteren Mehrtagestour könnten wir den Burren durchqueren und auf dem Western Way geht es quer durch Connemara. Das waren aber noch längst nicht alle markierten Mehrtagestrails. Es gibt, verteilt über die ganze Insel, mehr als 30 davon. Man sollte also meinen, Irland sei ein Traumland zum Wandern.

Das ist es auch, aber irgendwie auch wieder nicht. Denn leider haben alle diese Wege vom kurzen Loop bis zum 179 Kilometer langen Dingle Trail eine scheinbar typisch irische Eigenart: Einen Teil des Weges läuft man fast immer auf Asphalt. Selbst eine der beliebtesten Wanderrouten im Killarney Nationalpark ist fast durchgängig asphaltiert. Ob es am moorigen Boden liegt oder einfach ein irischer Spleen ist – gut befestigte Wanderwege stehen in Irland hoch im Kurs. So war es unsere größte Herausforderung, für dieses Buch spannende Touren ohne lange Etappen auf der Straße aufzutreiben. Das hat nur manchmal gut geklappt. Ab und zu war die eine Hälfte der Wanderung so gut, dass wir den Rückweg an einer wenig befahrenen Straße in Kauf genommen haben. Es bleibt euch bei diesen Wanderungen immer auch freigestellt, umzudrehen und auf dem gleichen Weg zurückzukehren.

Sind die Wege nicht befestigt, geht es häufig auf Trampelpfaden über Weideland, auf dem wir meistens Schafen, ab und zu aber auch Pferden und Kühen begegnen. Auf markierten Wanderwegen helfen zwischen den Weiden Metallleitern über die Weidezäune.

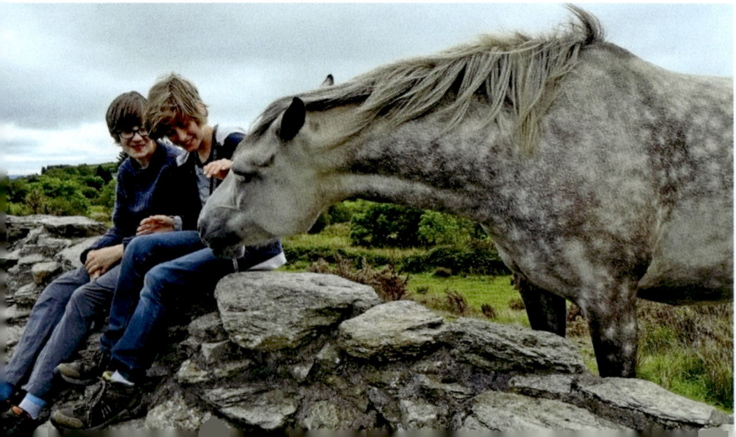

Wandern mit Kindern

Kinder und Wandern – das wird eine immer selbstverständlichere Kombination und funktioniert vor allem dann, wenn wir Wandern nicht als Sport begreifen, sondern als Möglichkeit, mit der Natur in Kontakt zu treten. Auch Kinder genießen so das Draußensein und entdecken Berge, Bäche und die Küste schnell als abwechslungsreichen, abenteuertauglichen Spielplatz.

Kinder wandern anders

Sie tauchen tiefer ein in die Natur. Wir Erwachsenen laufen oft erstaunlich achtlos an spannenden Dingen vorbei, weil wir nur das Ziel und das Vorankommen im Blick haben. Wenn Kinder draußen unterwegs sind, wollen sie alles betrachten, was am Wegrand wächst oder krabbelt. Auch Toben, Spielen und Klettern stehen hoch im Kurs. Dazu braucht es Zeit und die richtige Umgebung. Die ersten Touren mit jüngeren Kids sollten daher eher kurz sein.

Das richtige Ziel

Als Ziel einer Kinderwanderung eignen sich Plätze, an denen man gut spielen kann – und das wird selten der gerne von Erwachsenen anvisierte höchste Gipfel einer Region sein. In Irland gibt es viele leicht erreichbare Hügelkuppen, die eine grandiose Rundumsicht über die zerklüftete Küste oder eine Seenlandschaft ermöglichen. Sie vermitteln Kindern mit wenig Aufwand echtes Bergsteigerfeeling, ohne sie zu überfordern. Gute Alternativen als Ziel für ein zünftiges Picknick in der Natur sind ein See, ein Bachufer oder eine abgelegene Bucht. Viele unserer Strecken berühren irgendwo Wasser, das sich immer als Naturspielplatz eignet. Weitere interessante Ziele sind Ruinen und Relikte der Megalithkultur wie Dolmen, Cairns und Standing Stones.

Von breiten Wegen und schmalen Pfaden

Kinder langweilen sich auf geraden Forststraßen und geschotterten Fahrwegen – ein schmaler, gewundener Pfad dagegen weckt schnell neue Lebensgeister. Auch steinige Passagen, an denen man klettern kann, kleine Treppchen und enge Durchgänge zwischen Felsen sprechen Spieltrieb und Fantasie an und machen einfach mehr Spaß.

Manche dieser schmaleren Wege sind gefahrlos auch mit jüngeren Kindern zu begehen. Oft gibt es auf Bergpfaden aber auch riskante Stellen, an denen das Laufen Konzentration erfordert. Vor allem am Anfang müssen Eltern in der Nähe bleiben und dafür sorgen, dass zu Wagemutige sich nicht in Gefahr bringen.

Unsere Touren enthalten nur wenige und auch nur leicht ausgesetzte Passagen, die im Text immer erwähnt sind.

Planung und Motivation

Kinder motiviert ein erreichbares Ziel vor Augen. Am besten unterteilt man die Strecke deshalb in mehrere überschaubare Etappen und plant öfter eine Pause ein: zum Spielen oder für einen kleinen Snack. Es ist auch eine gute Idee, die Route vor dem Start mit den Kindern zu besprechen. Dann wissen sie schon, was auf sie zukommt und entwickeln vielleicht auch eigene Ziele, auf die sie sich besonders freuen.

Älteren Kindern kann man unterwegs auch mal die Wanderkarte in die Hand drücken und ihnen die Führung der Gruppe übertragen. Aus lustlosen Mitläufern werden dann aktiv beteiligte Wandernde.

Trotz allem wird es immer wieder Momente geben, in denen die Motivation auf der Strecke bleibt. Oft helfen dann kleine Wanderspiele, wie sie zum Beispiel auf unserem Blog unter www.wandern-mit-kindern.info zu finden sind.

Hat man sich in der Strecke verschätzt oder an einem schönen Platz die Zeit vergessen, sollte man das Erreichen des Zieles nicht erzwingen. Viele unserer Touren lassen sich abkürzen. Nur wenn auch die Kinder Spaß an der Wanderung haben, werden sie beim nächsten Mal gerne wieder dabei sein.

Ausrüstung

Wegen seines wechselhaften Wetters stellt Irland relativ hohe Anforderungen an die Wanderausrüstung. Unpassende Kleidung sorgt schnell dafür, dass es draußen ungemütlich wird. Eine wasserdichte Jacke und eine schnell trocknende Hose für jedes Familienmitglied ist sozusagen die Basisausrüstung zum Wandern in Irland. Unter die wasserdichte Schicht gehört das übliche Zwiebelsystem aus mehreren wärmenden Kleidungsstücken. Unter diesen ist auch im Hochsommer ein Fleece sinn-

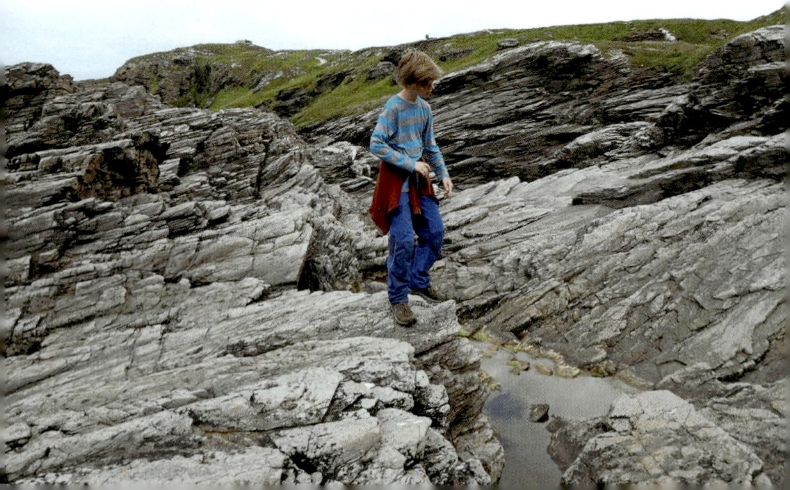

voll, denn selbst im August sind feuchte Tage mit frischen Temperaturen nicht ausgeschlossen. Beim zeitweise heftig pustenden Wind hilft eine gut sitzende Kapuze oder eine Mütze dabei, die Körperwärme in der Jacke zu halten. Außerdem sorgt eine Kopfbedeckung dafür, dass einem die Haare nicht ins Gesicht wehen.

Es kann aber auch passieren, dass wir gut verpackt bei grauem Himmel loswandern und eine halbe Stunde später in der Sonne schwitzen. Die warmen Sachen sollten dann im mitgeführten Rucksack noch ausreichend Platz finden. Dieser darf also für eine Familie nicht zu klein ausfallen.

In den Rucksack gehört außer der Kleidung für alle Fälle auch immer ein wenig Proviant. Einkehren können wir auf einer Wanderung nur selten. Wer seine Kinder fürs Wandern begeistern will, sollte dabei ruhig auch mal zur Lieblingssüßigkeit greifen. So lässt sich die Zeit zu Fuß mit einem gemütlichen Stopp auf einem Felsen oder am Strand gut auflockern und die Motivation für den weiteren Weg erhöhen.

Für längere Touren packen wir am besten gleich ein richtiges Picknick ein, denn Laufen macht immer hungrig. Sinnvoll ist dazu auch eine handliche Unterlage zum Sitzen, damit wir uns beim Essen keine nassen Hosen holen. Sind wir bei unbeständigem

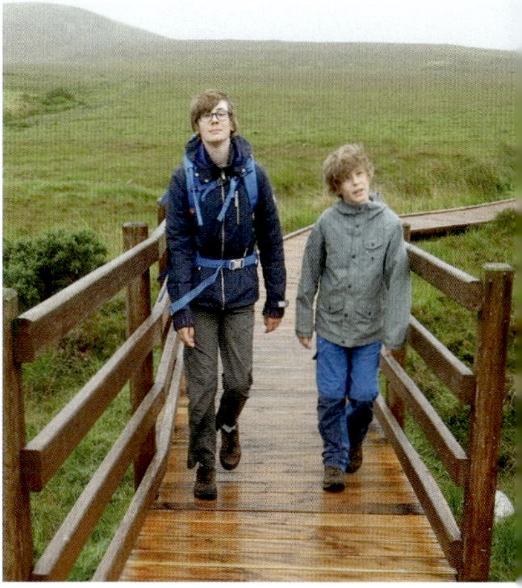

Wetter unterwegs, ist eine Thermoskanne mit heißem Tee eine gute Idee und kann gegebenenfalls die Laune retten.

Auf vielen der gut befestigten Wege kommen wir locker mit anständig sitzenden Halbschuhen mit ordentlichem Profil zurecht. Echte Wanderschuhe braucht man eigentlich nur, wenn es im bergigen Gelände weglos und etwas steiler wird. Egal ob halbhoch oder über den Knöchel reichend – die Schuhe sollten möglichst wasserdicht sein.

Dass es auch in Irland, vor allem in Connemara, im Sommer Midges gibt, haben wir mehrfach gehört, aber auf mehreren Reisen selbst nur selten so erlebt. Die winzigen, extrem lästigen Stechmücken, die in Schottland sehr verbreitet sind, tauchen in großen Schwärmen auf und hinterlassen beim Stechen winzige rote Pünktchen auf der Haut. Wenn man es schafft, nicht zu kratzen, sind diese schnell wieder verschwunden. Angeblich vertreibt sie der Geruch nach Kölnisch Wasser, bei uns übliche Mückenmittel sind dagegen meist wirkungslos.

Gegen unerwartete Attacken helfen am besten lange Ärmel und Hosenbeine, vorzugsweise in hellen Farben, und ein Tuch oder eine Kapuze. Die Autofenster sollten geschlossen bleiben, sonst reisen die Plagegeister mit uns weiter. Sollten in eurer Urlaubsregion Midges vorkommen, kauft ihr am besten vor Ort ein dort bewährtes Mückenmittel.

Kinder in der Kraxe

Fast alle Wanderwege in diesem Buch sind für Kinderwagen unpassierbar. Babys und Kleinkinder können aber in einer Babytrage oder einer Kraxe mit auf die Wanderungen genommen werden.

Eine Babytrage eignet sich für die Kleinsten bis etwa zehn Monate. Sie wird meistens vor dem Bauch getragen. Kleinkinder transportiert man am besten in einer Kraxe, deren Tragesystem dem eines Trekkingrucksacks entspricht. Eine Kraxe eignet sich erst für Kinder, die bereits sicher frei sitzen können. Für längere Touren sollte das Kind mindestens ein Jahr alt sein.

Da die Last im Rucksack lebendig ist und sich bewegt, bringt sie uns leichter aus dem Gleichgewicht als ein Rucksack mit demselben Gewicht. Bei anspruchsvollen oder sehr rutschigen Wegen ist also erst einmal Vorsicht angesagt. Wanderstöcke geben zusätzlichen Halt und entlasten außerdem beim Bergabgehen die Gelenke.

Weil sich die Kinder in ihrem luftigen Sitz nicht bewegen können, kühlen sie schnell aus. Handschuhe und warm verpackte Füße sind wichtig, wenn es kühler ist. An heißen Tagen muss das Kleinkind gut vor der Sonne geschützt werden. Regelmäßige Pausen sorgen für Abwechslung und Bewegung: Eine Bergwiese, ein flaches Bach- oder Seeufer oder ein Strand, an dem auch die Kleinsten gefahrlos spielen können, sind hier geeignete Ziele. Ein paar große Steinblöcke zum Klettern machen dabei auch schon Zwei- oder Dreijährigen viel Spaß.

Altersgrenzen und Schwierigkeitsgrad

Für jede Tour gibt es im Infokasten auf der ersten Seite eine Altersempfehlung. Alle Altersgrenzen sind durchschnittliche Werte. Eine Familie mit Bergerfahrung kann bei der Auswahl der Touren mutiger sein als Wanderneulinge. Wanderwege an der Küste sind meist einfach zu gehen, und auch die Berge im Landesinneren sind nicht alpin, trotzdem muss man dort mit etwas anspruchsvollerem Gelände rechnen. Auch mit älteren Kindern empfiehlt es sich, mit technisch nicht zu schwierigen Touren zu starten. Wichtige Hinweise auf den Anspruch einer Tour gibt die Beschreibung unter »Anspruch und Charakter« im Tourensteckbrief. Auch die Anzahl der Wanderstiefel im Balken des Steckbriefes kennzeichnet den technischen Schwierigkeitsgrad: Ein Stiefel markiert eine Einsteigertour, für Wanderungen mit drei Stiefeln sollte man schon Bergerfahrung gesammelt haben.

Gehzeiten

Die Geschwindigkeit von Kindern ist selbst innerhalb einer Altersgruppe recht unterschiedlich. Die angegebenen **Gehzeiten sind daher am moderaten Tempo von Erwachsenen** gemessen. Wir kalkulieren dabei auf unkomplizierten Wegen mit drei Kilometern oder 300 Höhenmetern in einer Stunde.

Für Kinder unter sechs Jahren müssen bis zu 50 Prozent mehr Zeit eingerechnet werden! Auch Grundschulkinder benötigen noch etwas Zeitzugabe. Mit wachsender Erfahrung entwickelt man auch ein Gefühl für das individuelle Tempo der eigenen Familie. Zusätzlich ist genügend Zeit für Pausen wichtig. Beträgt die reine Gehzeit ein bis zwei Stunden, wird daraus mit Kindern im Vorschulalter durchaus ein vollwertiger Halbtagesausflug.

Orientierung

Die Wanderungen in diesem Buch führen zum größten Teil über sehr gut markierte Wanderwege. Im meist baumlosen Gelände der Insel werden Wege vorzugsweise mit Pfosten markiert, die ab und zu durch Steinmännchen ergänzt sind. An Abzweigungen stehen zusätzlich Wegweiser. Die Beschreibung und die Karte im Buch sollten zusammen mit der Markierung vor Ort ausreichen, um unsere Routen gut zu finden.

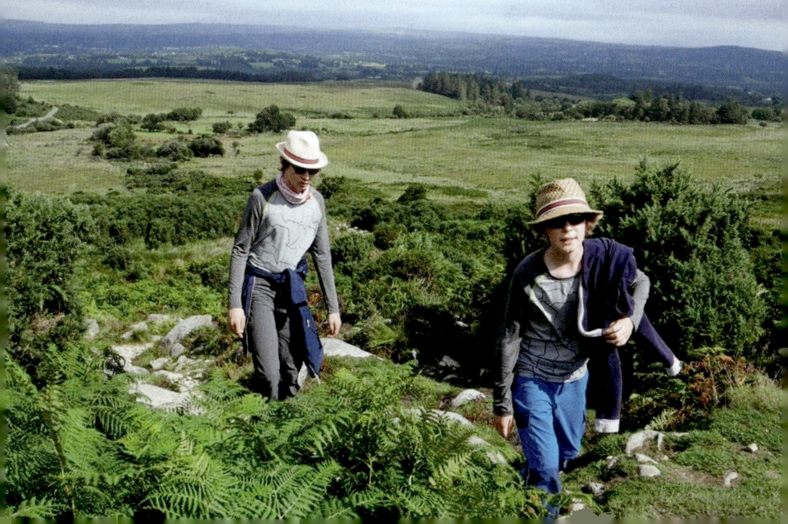

Eine gute Ergänzung sind digitale Karten auf dem Handy. Ihr größter Vorteil ist, dass man sich unterwegs jederzeit orten kann. Zusammen mit der Nutzung unserer GPS-Tracks bieten sie eine sehr bequeme Möglichkeit, um in jedem Fall sicher und stressfrei auf dem richtigen Weg zu bleiben.

GPS-Daten

Die in der Anfahrtsbeschreibung genannten GPS-Daten helfen dabei, die Parkplätze an den Wanderrouten sicher zu lokalisieren. Sie lassen sich einfach in ein normales Navigationsgerät im PKW oder in die Navigations-App auf dem Handy eingeben.

Außerdem stellen wir zu allen Wanderungen unter **www.naturzeit-verlag.de** auch GPS-Tracks zur Verfügung, die kostenlos heruntergeladen werden können. Die Daten unterstützen mit Hilfe von GPS-Gerät oder einer Handy-App die Orientierung unterwegs.

Hier gehts zum Download:

Passwort: GPX224IRL435

Damit unterwegs auch der Zugriff auf die Handynavigation funktioniert, sollte man bereits zu Hause eine Offline-Karte der irischen Westküste installieren. Mehr Infos zur Navigation mit GPS-Tracks sind unter **www.naturzeit-blog.de** zu finden.

Höhenprofile

Höhenprofile eignen sich ganz besonders gut, um sich einen schnellen Überblick über eine Tour zu verschaffen. Wenn die Kinder dann unterwegs genau wissen wollen, wie weit es noch ist, wo sie gerade sind und ob es noch lange bergauf geht, findet sich hier schnell die passende Auskunft.

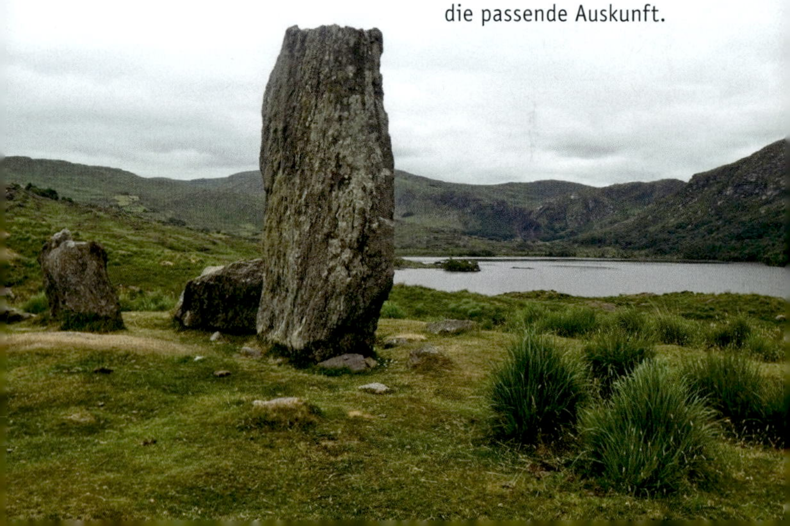

65 Wander- und Entdeckertouren für Familien

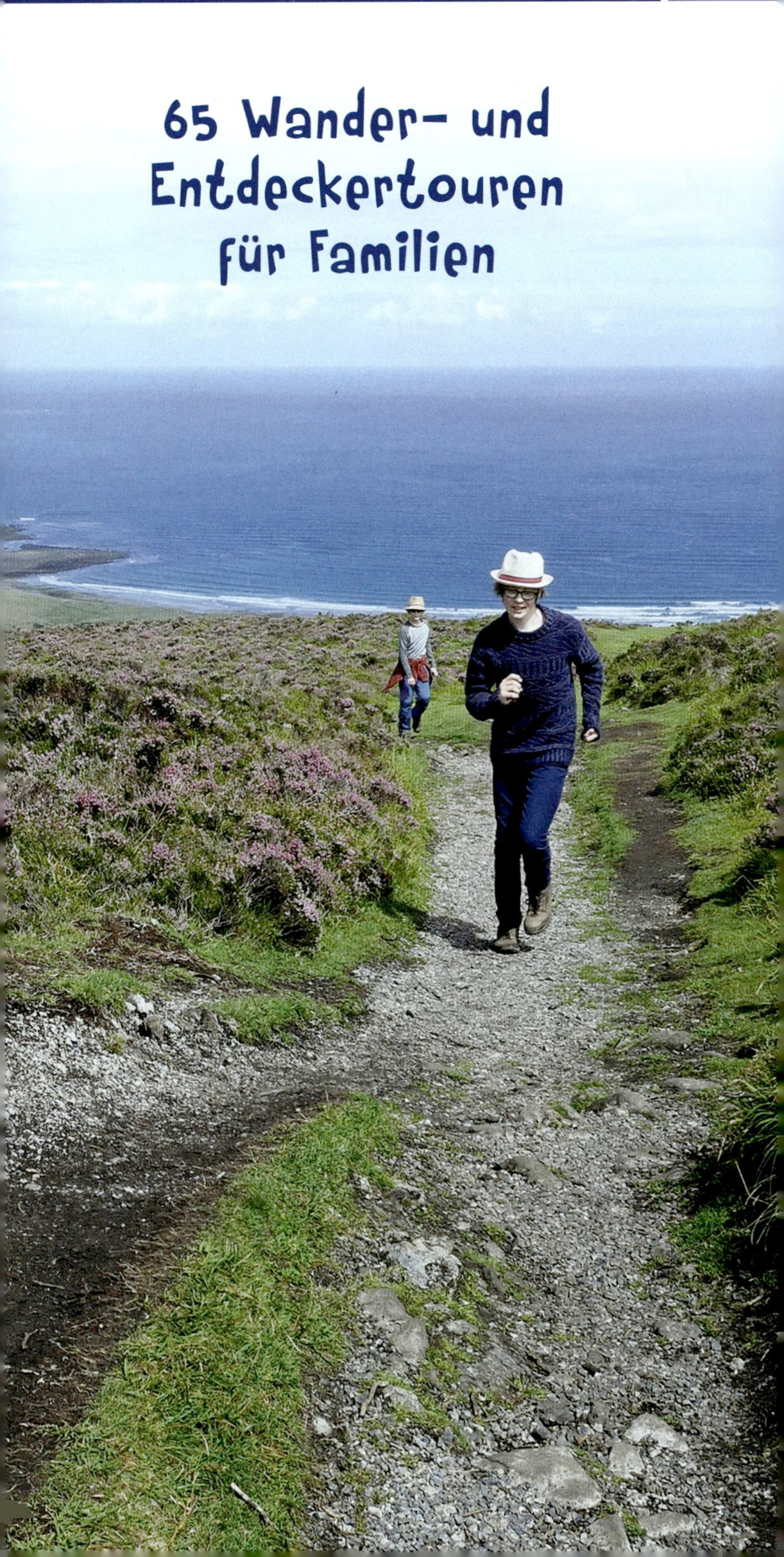

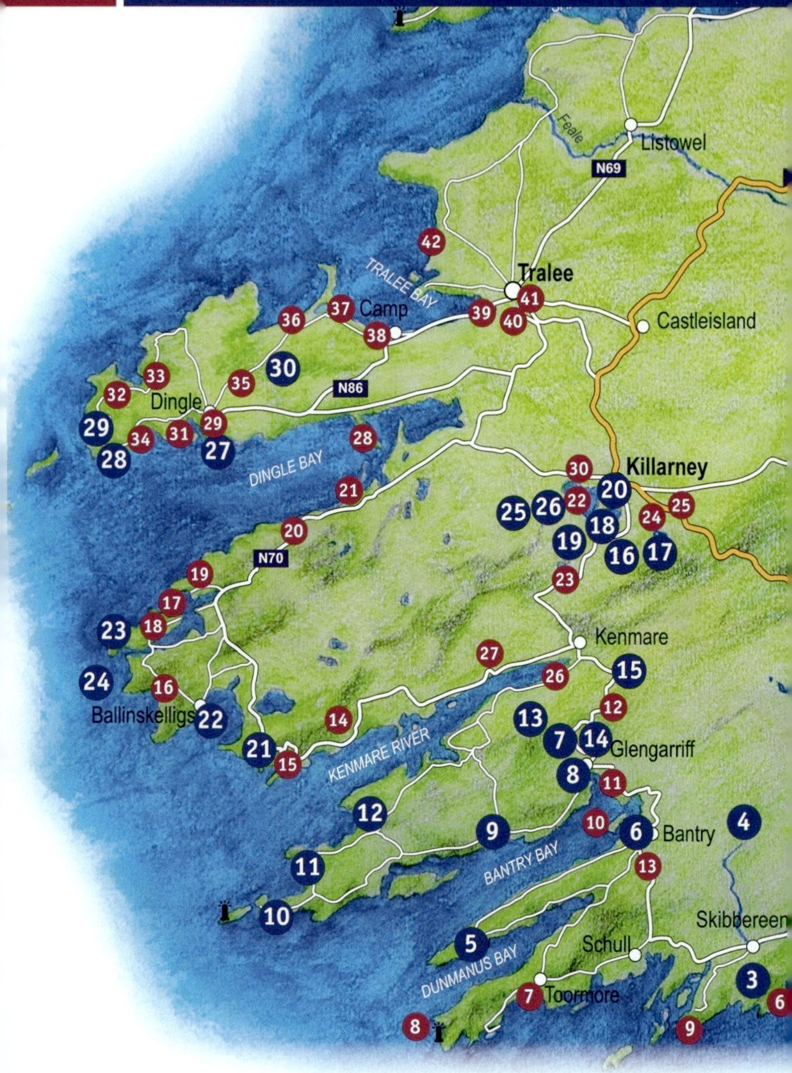

Ganz im Südwesten Irlands strecken fünf Halbinseln ihre langen, schmalen Finger in den Atlantik. Am bekanntesten ist die Halbinsel Iveragh, die wir auf der Küstenstraße Ring of Kerry umrunden können. Zusammen mit der Kleinstadt Killarney, die direkt am gleichnamigen Nationalpark liegt, bildet Iveragh das touristische Zentrum des Südwestens. Hinter den bunten Fassaden im alten Stadtkern von Killarney wechseln sich Souvenirgeschäfte ab mit Pubs. Abends dringt aus den düsteren Schankräumen mitreißende Musik auf die Straßen. Killarney ist viel besucht, steht aber nicht unbedingt für Ursprünglichkeit, was auch für den Killarney Nationalpark gilt. Den Park kann man auf organisierten Rundtouren mit Boot und Kutsche oder Reitpferd durchqueren, und rund um das alte Herrenhaus Muckross House mit seiner Gartenanlage ist immer richtig viel los.

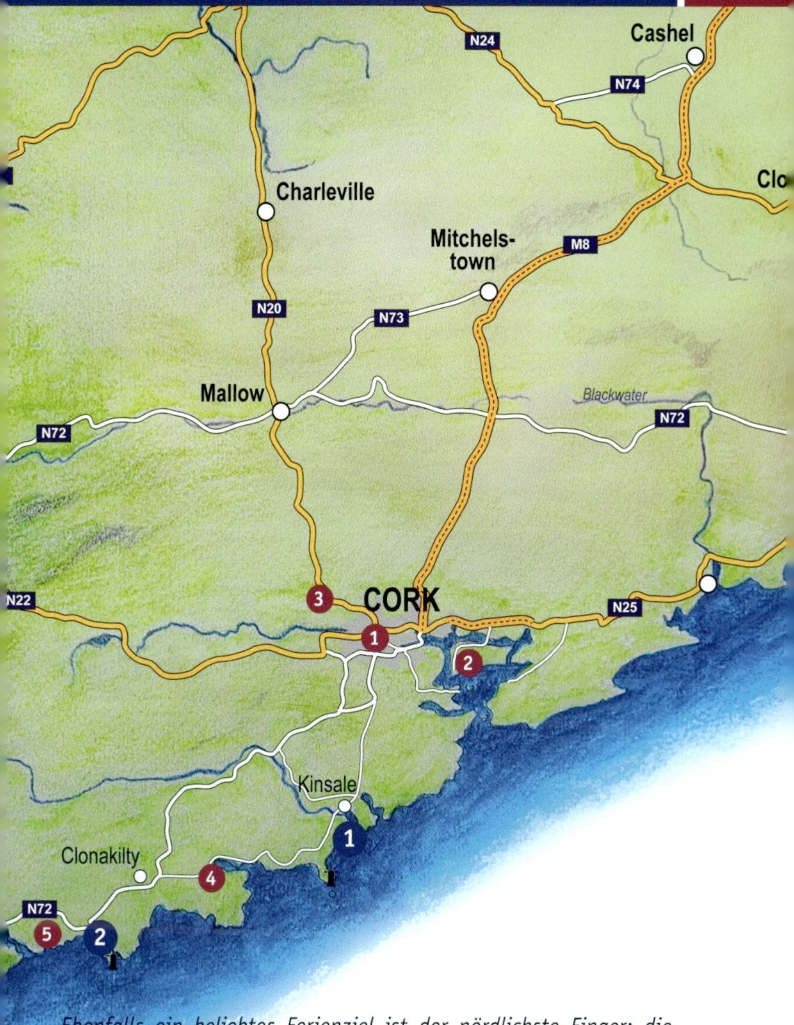

Ebenfalls ein beliebtes Ferienziel ist der nördlichste Finger: die Halbinsel Dingle. Ihr stimmungsvoller Hauptort Dingle ist nicht nur für den Delfin Fungie berühmt, der über 30 Jahre im Hafen lebte. Als landschaftliche Höhepunkte der Halbinsel gelten die Küstenstraße Slea Head Drive und der 456 Meter hohe Connor-Pass.

Deutlich einsamer sind die Halbinseln im Süden. Die Beara Peninsula kann man ebenfalls auf einer Ringstraße umrunden – dem Ring of Beara. Der Hauptort Glengarriff liegt an der Bantry Bay, die durch den Golfstrom erwärmt wird. So gedeihen hier sogar Palmen und auf Garinish Island, einer kleinen Insel in der Bucht, gibt es einen Botanischen Garten. Eher karg, aber landschaftlich sehr eindrucksvoll ist die Spitze der Landzunge mit der Insel Dursey und einer malerischen Klippenküste. Ganz im Süden stellt die einsame Halbinsel Mizen mit den beiden rauen Landspitzen Mizen Head und Sheep Head die letzten beiden Finger der Südwestküste.

1 Cork

Cork ist als Irlands zweitgrößte Stadt mit internationalem Flughafen und Fährverbindungen für viele Urlauber eine Durchgangsstation. Besonders viele Sehenswürdigkeiten besitzt die Stadt jedoch nicht, und auch ein spezielles Flair ist uns nicht aufgefallen. Wer unbedingt einen Tag in der Großstadt verbringen möchte, kann dem kostenlosen Cork Public Museum einen Besuch abstatten. Im nahegelegenen Fitzgerald-Park gibt es einen schönen Spielplatz. In der Main Street, einer der Haupt-Einkaufsstraßen, lohnt sich ein kurzer Blick in die ebenfalls kostenlose Ausstellung der säkularisierten St. Peter's Church, die die Gründung der Stadt und ihre unmittelbare Geschichte dokumentiert.

Noch am ehesten sehenswert ist die sehr kleine Altstadt im Stadtteil Shandon rund um den kuriosen runden Firkin Crane. Hier befindet sich auch das Buttermuseum, das unserer Meinung nach der interessanteste Anlaufpunkt in Cork ist. Hier erfährt man die Geschichte der berühmten Marke Kerrygold und die Rolle der Butter in Irland allgemein. Der Besuch beginnt mit einem kurzen Film und zeigt dann auf zwei Etagen in einer recht traditionellen, nicht besonders auf Interaktionen oder Kinder ausgerichteten Ausstellung prähistorische Butter-Opfergaben, mittelalterliche Aberglauben rund ums Buttern und jüngste Entwicklungen bis ins 21. Jahrhundert.

Großer Beliebtheit erfreut sich der Kirchturm der Saint Anne's Church schräg gegenüber. Zahlende Kundschaft darf hier nach Herzenslust auf dem Glockenspiel herumklimpern – was den Spaziergang durch die schmalen Gassen zur Hauptsaison zur akustischen Zerreißprobe werden lassen kann.

2 Fota Wildlife Park

Der Tierpark am westlichen Stadtrand von Cork auf der Halbinsel Fota Island ist ein Ableger des Dubliner Zoos und wurde eingerichtet, als diesem der Platz ausging. Hier leben Tiger, Giraffen, Nashörner, Leoparden und Löwen in großen Gehegen. Es gibt auch Tapire und Kängurus, Bisons, Affen, Zebras, Pandabären, Seehunde und Pinguine. Einige der kleineren Tiere wie die Wallabys und die Lemuren dürfen sich frei auf dem Zoogelände und zwischen den Besuchern bewegen. *Geöffnet 9.30–18 Uhr, letzter Einlass 16.30 Uhr. €19,90, Kinder 4–16 Jahre €13,70, Familie ab €58. Bei Online-Vorbuchung etwas Rabatt. www.fotawildlife.ie*

3 Blarney Castle

An schlecht erreichbarer Stelle in der Mauer der Ruine von Blarney Castle ist ein besonderer Stein zu finden. Kreuzritter sollen ihn aus dem heiligen Land mitgebracht haben und Cormac McCarthy, der Burgherr, bekam ihn vom schottischen Rebellen Robert the Bruce für seine treuen Dienste in der Schlacht von Bannockburn. Wer den Stein küsst, erwirbt die Gabe der freien Rede, heißt es. Das Versprechen lockt jedes Jahr Tausende in die alte Burganlage, auch wenn der Kuss nur halb über der Brüstung der Burg hängend gelingen

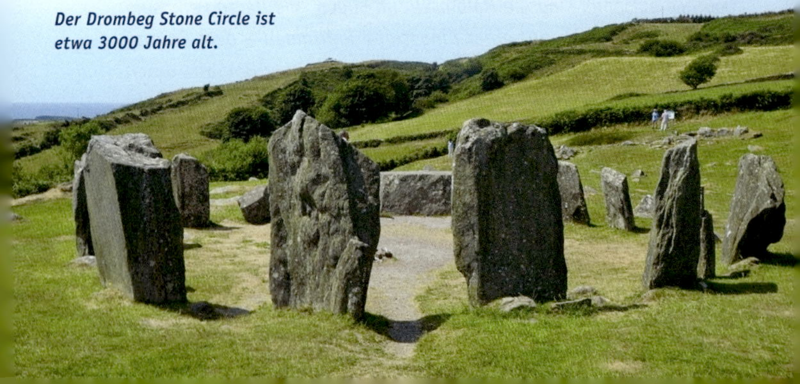

Der Drombeg Stone Circle ist etwa 3000 Jahre alt.

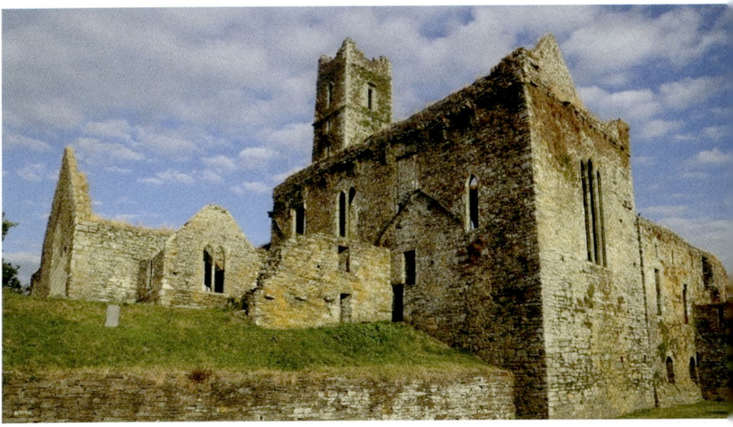

Timoleague Abbey ist frei zugänglich und von einem Friedhof umgeben.

kann und der Begriff »Blarney« für Iren und Briten eigentlich so etwas wie »leere Floskeln« bedeutet. Sehenswert sind jedoch ganz sicher die Gärten rund um die Burganlage.
Ganzjährig geöffnet 9–17 Uhr, in der Nebensaison bis 17.30 Uhr, Mai bis September bis 18 Uhr. €20, Kinder ab 6 Jahre €9, Familie €50. blarneycastle.ie

4 Timoleague Abbey

GPS N 51°38′37.8″, W 8°45′49.2″
Das Kloster von Timoleague wurde 1240 von Franziskanern gegründet und entstand auf einer älteren Mönchssiedlung aus dem 6. Jahrhundert. Auf dem Friedhof rund um die Abtei finden sich Gräber vieler Mitglieder bedeutender irischer und normannischer Familien. Die Mauern der Klosterruine sind, bis auf einen abgesperrten Teil, gut erhalten und man kann sich das Gebäude noch gut vorstellen. Die Kirche hat aber kein Dach und auch in ihrem Inneren befinden sich Gräber. Ein spannender Ort für Fans romantischer Ruinen. Am Parkplatz stehen mehrere Picknicktische, die an der Bucht, aber auch direkt an der Straße liegen.

5 Drombeg Stone Circle

GPS N 51°33′57.1″, W 9°05′12.5″
Mit seinem kompakten Durchmesser von nur neun Metern und seiner kreisrunden Form ist der Steinkreis von Drombeg ein wahrhaftes Bilderbuch-Exemplar. 17 Megalithen stehen eng beieinander. Die Portalsteine sind auf die Wintersonnenwende hin ausgerichtet. In unmittelbarer Nähe befindet sich auch eine bronzezeitliche Kochstelle. Bei dieser nur im holzarmen Irland vorkommenden Methode wurde ein kleiner Bach in ein künstliches Becken umgeleitet und das Wasser umständlich mit im Feuer erhitzten Steinen bis auf Siedetemperatur gebracht. Wissenschaftliche Untersuchungen legen nahe, dass diese »Fulacht Fiadh« bis ins fünfte Jahrhundert in Gebrauch war. Der Steinkreis selbst stammt vermutlich aus der späten Bronzezeit und ist rund 3000 Jahre alt. Einige Infotafeln vermitteln weitere Details. Der Zugang ist frei. Von der N 71 ist der Drombeg Stone Circle ausgeschildert.

6 Atlantik Sea Kayaking

Jim und Maria Kennedy nehmen auf ihrer Kajaktour in der geschützten Bucht von Castelhaven bei Skibbereen Familien mit Kids ab zwölf Jahren mit. Die Kinder sitzen dabei vor einem Erwachsenen im Doppelkajak. Es gibt im Programm von Atlantik Sea Kayaking auch eine Halbtagestour mit dem Kajak über den Lough Hyne zum Meer und Paddeltouren am Abend, auf denen man gut Vögel beobachten kann.
Kajaktour 2,5 Stunden €60 pro Person, Jugend 12–15 Jahre €50, Halbtagstour etwa €75. www.atlanticseakayaking.com

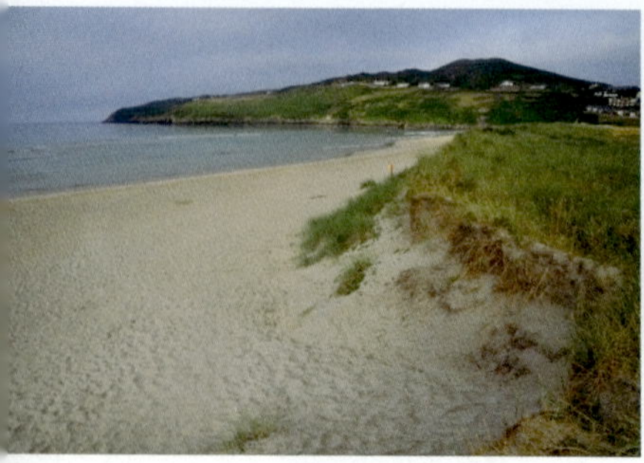

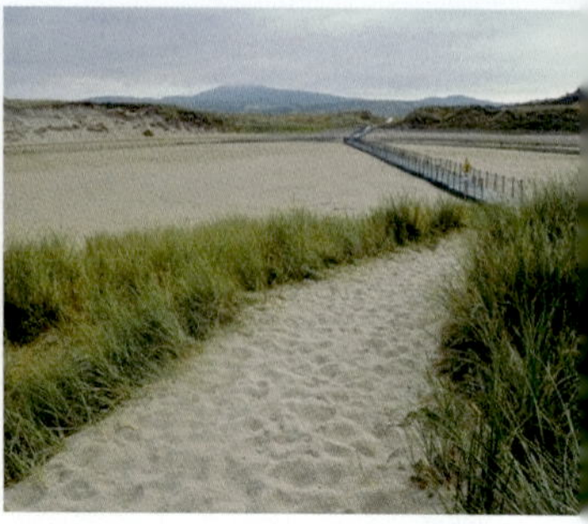

Durch die Dünen zum Strand von Barleycove

Mizen-Halbinsel

7 Barleycove

GPS N 51°28'21.4", W 9°46'04.4"
Der schönste Strand der Mizen-Halbinsel ist die lange und sehr breite Sandbucht von Barleycove. Sie ist mit einer schwimmenden Brücke mit dem Parkplatz verbunden. Bei Sonnenschein glitzert das flache Wasser türkisblau.

8 Mizen Head

Auf den Klippen an der südlicheren Spitze der Mizen-Halbinsel steht auf dem Mizen Head ein niedriger Leuchtturm. Das Signalfeuer funktioniert wie überall inzwischen automatisch und in der ehemaligen Bleibe des Leuchtturmwärters ist eine kleine Ausstellung zu sehen. Eine lange Brücke führt auf den Leuchtturmfelsen, an dem sich weit unten tosend die Wellen brechen. Von der Brücke lohnt ein aufmerksamer Blick ins Wasser, hier unten schwimmen oft Seehunde.
Geöffnet von Mitte März bis Oktober 10.30–17 Uhr, Juni bis August 10–18 Uhr. €7,50, Kinder 6–14 Jahre €4,50. www.mizenhead.ie

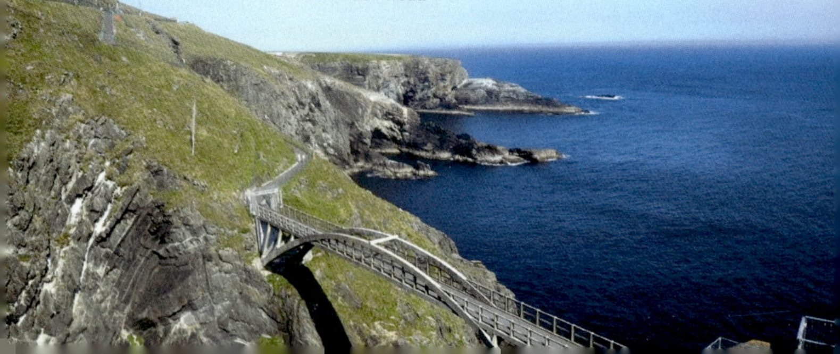

Am Mizen Head

9 Cork Whale Watching Tours

Auf der vierstündigen Fahrt mit dem Biologen Nic Slocum haben wir die Chance, Delfine und kleine Wale wie den Orca zu sehen, die rund um die irische Küste vorkommen, und verschiedene Seevögel zu beobachten. Maximal zwölf Personen passen auf die Voyager, die im Hafen von Baltimore liegt.
Halbtagestour um 9.30 und um 14.15 Uhr, €55 pro Person. www.whalewatchwestcork.com

Beara Halbinsel

10 Garinish Gardens

Die kleine Insel Garinish, die Annan und Violet Bryce im Jahr 1910 kauften, liegt in der Bucht von Bantry, die durch den Golfstrom erwärmt wird und ein so mildes Klima vorweist, dass hier auch Palmen überleben. Sie wählten diese Insel, um einen Garten mit exotischen Pflanzen anzulegen, und beauftragten dazu den britischen Gartenbau-Architekten Harold Peto. Im Mai und Juni blühen hier die Azaleen, im Sommer viele andere Büsche und Kletterpflanzen und im Herbst sorgt die blühende Heide für Farbakzente.
Die Insel ist nur mit dem Boot zu erreichen. Die Boote fahren vom kleinen

Hafen im Bogen der Bucht oder an der Uferstraße in Richtung Ring of Beara. Auf der Überfahrt kommt man an Seehundbänken vorbei, auf denen sicher einige der ungefähr 250 Tiere, die in der Bucht leben, zu sehen sind.
Geöffnet April bis September 10–17.30 Uhr, Juli und August ab 9.30 Uhr, Oktober 10 bis 16.30 Uhr. Eintritt in den Garten €5, Kinder €3. Überfahrt mit dem Boot etwa €15 pro Person. garinishisland.ie

11 Bamboo Park

In der liebevoll angelegten Gartenanlage, die von einem belgisch-französischen Paar geführt wird, dominieren Palmen, Farm und Bambus. Von der Bucht am See kann man oft Seehunde entdecken. Im zugehörigen Café am Shop gibt es außerdem ausgezeichneten hausgebackenen Kuchen.
Geöffnet 9.30–18 Uhr. €8, Kinder bis 16 Jahre frei. bamboo-park.com

12 Molly Gallivans

Das Farmhaus, in den Molly Gallivan tatsächlich einmal lebte, ist über 200 Jahre alt und die kleine Farm ist genau so ausgestattet, wie es damals auf einer irischen Farm üblich war. Dazu gehören auch Hühner, Schafe, Esel, Schweine und eine Kuh. In der Scheune gibt es einen gemütlichen Tea Room und einen kleinen Shop mit handgefertigten Souvenirs. Wer in der Nähe übernachtet, kann auch zu einem traditionellen irischen Abend mit Essen, Musik und Tanz hierher kommen.
Geöffnet Mitte März bis Oktober 9.30–18 Uhr, €6. mollygallivans.com

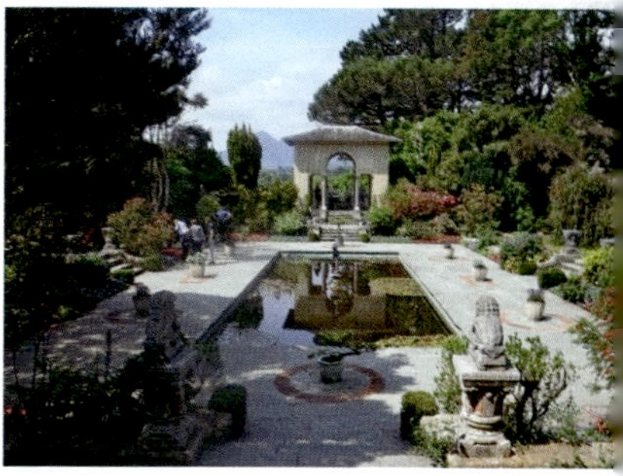

13 Bantry Bay Pony Trekking

Hier warten 20 Ponys und Pferde auf große und kleine Reiter. Auf den Maggie Murphy Trail, der zur Ruine eines Cottages führt, dürfen auch Anfänger mit, die dann auf dem Pony geführt werden. Es gibt auf dem Hof auch (englischsprachige) Reitstunden.
Ponytrekking kostet €35 pro Stunde. Anmeldung erforderlich unter Tel. 00353 (0)87 77 65 539. www.bantrybayponytrekking.com

Ring of Kerry

14 Staigue Stone Fort

GPS N 51°48'15.6", W 10°01'01.8"
In Kerry und in ganz Irland gibt es unzählige Ringforts, die Siedlern in der Eisenzeit vermutlich als befestigte Wohnstätte dienten. Während die meisten dieser prähistorischen Anlagen aber kaum mehr als das Fundament ihrer Grundmauer erkennen lassen, lässt sich im Staigue Fort die gesamte Struktur nachvollziehen. Der Bauer, auf dessen Land sich das prähistorische Monument befindet, setzte der Familientradition ein Ende, den Steinring als Schafstall zu benut-

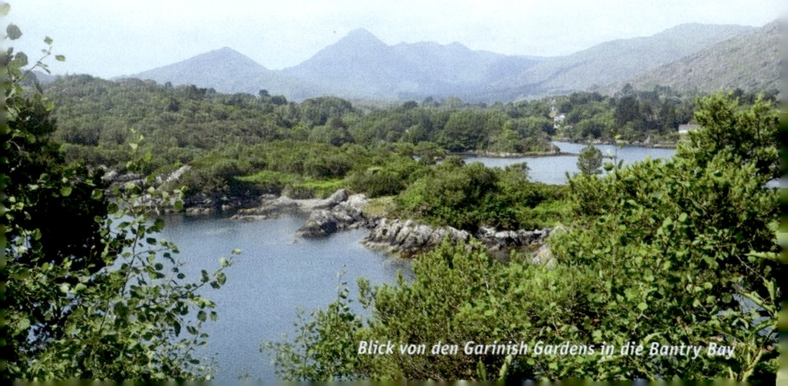

Blick von den Garinish Gardens in die Bantry Bay

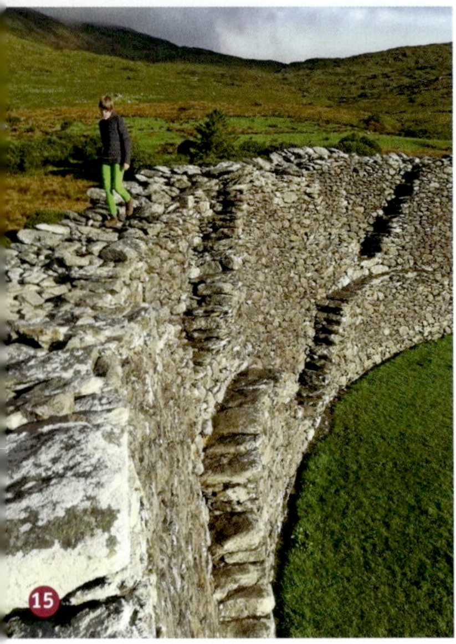

zen. Stattdessen sorgte er dafür, dass die merkwürdige Treppenstruktur des Forts wieder aufgebaut und der Öffentlichkeit zugänglich gemacht wurde. Gegen einen Euro in eine Kasse des Vertrauens am Tor darf jeder das Ringfort besichtigen. Die lange Anfahrt über eine Single Track Road ist etwas abenteuerlich. Achtung: Die bis zu acht Meter hohen Steinwände sind leicht begehbar, aber nicht gesichert.

15 Derrynane House and Gardens

Das Herrenhaus von Derrynane gehörte dem irischen Politiker Daniel O'Connell, der es dem irischen Staat vermachte. Das Haus kann man besichtigen, interessanter für Familien sind aber die frei zugänglichen Gärten mit liebevoll angelegtem Feen-Pfad und der vor dem Anwesen liegende Strand. Auf den Felsen kann man bei trockenem Boden herrlich klettern, baden darf man wegen unberechenbaren Strömungen nur am hinteren Ende der Bucht. Außerdem beginnen in Derrynane zwei Rundwege.
[› Tour 21]

16 Skellig Chocolate

Skellig Chocolate begann in den neunziger Jahren in der hauseigenen Küche mit der Schokoladenproduktion. Heute steht die kleine Fertigung zwischen Ballinskelligs und Portmagee am Skellig Ring. Neben einem Shop mit den Schokoladen des Hauses gibt es auch ein Café, auf dessen Karte selbstverständlich auch Heiße Schokolade zu finden ist.

Geöffnet von April bis September. Mo bis Fr 10–17 Uhr, Sa, So 12–17 Uhr. skelligschocolate.com

17 Tetrapod Footprints

GPS N 51°55'46.1", W 10°20'44.6"

Man muss schon genau hinsehen, um die Kriechspuren zu erkennen, die die vorzeitlichen Amphibien im Stein direkt in der Brandungszone hinterlassen haben. Eine Infostation am Aussichtspunkt zeigt, wonach wir suchen müssen, und hält uns einige Ausschnitte direkt unter die Nase. Den Rest dürfen wir uns – kostenlos zugänglich, nur aus Sicherheitsgründen hinter

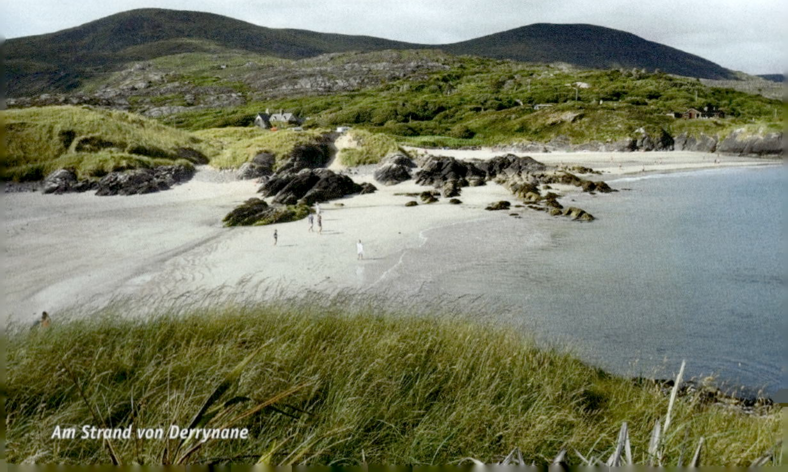
Am Strand von Derrynane

einem Seil abgesperrt – direkt unten am Wasser ansehen. Es handelt sich hier um die ältesten bekannten Spuren von Amphibien überhaupt. Ihr Alter wird auf mindestens 350 Millionen Jahre geschätzt – eine unvorstellbare Zeitspanne! Vom Parkplatz führt ein kurzer Pfad hinunter. Die Weltsensation ist durchaus einen Blick wert, länger als eine halbe Stunde dauert der Ausflug aber kaum.

18 Geokaun Mountain

GPS N 51°55'8.2", W 10°21'10.3"
Der Geokaun Mountain ist mit 266 Metern der höchste Punkt auf Valentia Island. Von hier hat man einen traumhaften Panoramablick. Der Berg liegt auf privatem Land, sodass für den Besuch eine relativ hohe Parkgebühr zu entrichten ist. Vom ersten Parkplatz geht man etwa eine halbe Stunde bis zum Berggipfel. Ein weiterer Abstecher führt vom Parkplatz zu einer Aussichtsplattform an den Fogher Cliffs. Vom zweiten Parkplatz führt ein Loop Walk rund um den Gipfel und wer es gemütlich mag, fährt ganz hinauf zum dritten Parkplatz. www.geokaun.com

19 Cahergall Stone Fort

GPS N 51°57'19.7", W 10°15'40.9"
Auf der Halbinsel gegenüber dem kleinen Ort Caherciveen sind in direkter Nähe zueinander zwei gut erhaltene und teilweise wieder aufgebaute Steinforts aus der Eisenzeit zu sehen. Zwei kurze Stichwege führen vom Parkplatz einmal nach rechts zur größeren Anlage von Cahergall und einmal geradeaus den Berg hinauf zum kleineren, aber von Aufbau und Lage interessanteren Leacanabuile Stone Fort. Im Inneren des Steinwalls befinden sich mehrere Einzelhäuser, die vor gut 2000 Jahren vermutlich mit Stroh gedeckt waren. Fährt man vom Parkplatz ein bisschen weiter geradeaus, kommt man zu einem langen bewachten **Sandstrand**. Außerdem liegt an der Zufahrt zu den Forts auch noch die malerische Ruine **Ballycarbery Castle**, die aber abgesperrt ist und nur aus der Ferne betrachtet werden kann.

20 Kells Bay Gardens

Der Park hinter Kells Bay House hat eindeutig schon bessere Zeiten gesehen und ist ein bisschen verwildert. Wer eine gepflegte Gartenanlage erwartet, wird definitiv enttäuscht sein. Dafür verstecken sich an den Pfaden im wilden Urwald kunstvoll in Baumstümpfe geschnitzte Dinosaurier. Eine neue Attraktion des Parkes ist Irlands längste Hängebrücke, die allerdings etwas unmotiviert über einem breiten Schotterweg baumelt, für dessen Überquerung eigentlich keine Brücke notwendig wäre. Wer schon einmal in einem Hochseilgarten war, wird wenig beeindruckt sein. Im Country House am Eingang gibt es ein Café und ein sehr gutes Thai-Restaurant. In dem hübschen, absolut abseits gelegenen Anwesen werden Zimmer vermietet.
Geöffnet täglich 9.30–18 Uhr oder bis zur Dämmerung. €9,50, Kinder €7,50, Familie €30, online günstiger. www.kellsgardens.ie

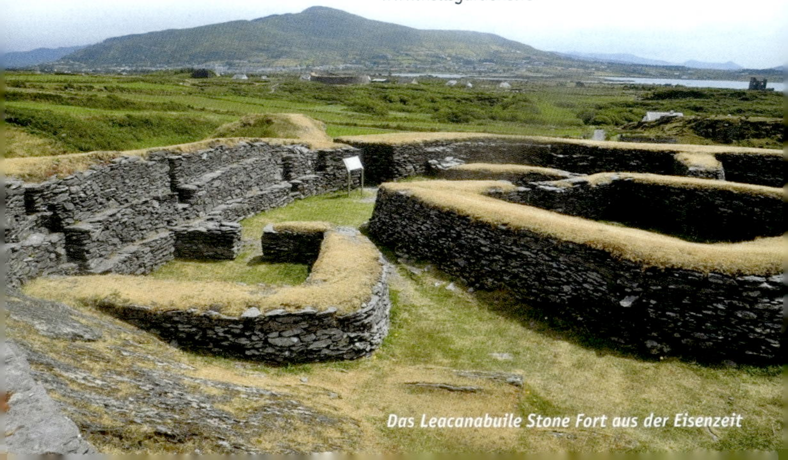

Das Leacanabuile Stone Fort aus der Eisenzeit

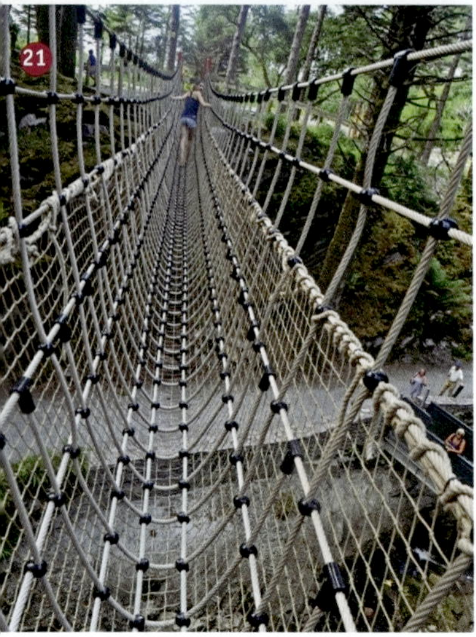

21 Rossbeigh Beach
Auf der Nordseite der Halbinsel Iveragh ragt eine schmale Landzunge in die Dingle Bay. Zusammen mit der gegenüberliegenden Landzunge von Inch versperrt sie fast den Zugang zur Bucht. Auf der Meerseite ist ein breiter Sandstrand zu finden, dahinter liegen Dünen. Im vorderen Bereich wirkt der Strand wegen dem mit Steinblöcken befestigen Uferdamm wenig idyllisch. Erst wenn wir ganz bis hinten durchfahren, kommen wir zum schöneren Teil der Landzunge.

22 Killarney Nationalpark
Der rund 100 Quadratkilometer große Nationalpark liegt auf der Landseite des Ring of Kerry an Muckross Lake, Lough Leane und Upper Lake, die teilweise mit Wasserläufen verbunden sind. Eine beliebte und touristisch perfekt organisierte Runde durch den Park führt vom **Ross Castle** über die Seen zu Brandon's Cottage, durch das Tal des Gap of Dunloe zu Kate Kearney's Cottage und wieder aus dem Park hinaus. Die organisierte Rundfahrt mit Bus und Boot kostet etwa 36 bis 45 Euro pro Person oder 140 Euro für eine vierköpfige Familie. Der zwölf Kilometer lange hügelige Weg durchs Gap of Dunloe kann dabei zu Fuß, mit dem Fahrrad oder per Pferdekutsche zurückgelegt werden. Für die Kutsche rechnet man dabei zusätzlich 35 Euro pro Person. Der Transport eines Passagiers mit Fahrrad im Boot vom Ross Castle zu Brandon's Cottage kostet etwa 25 Euro, die Fahrradmiete geht noch einmal extra. Nach der Durchquerung des Gap of Dunloe sind dann noch einmal 14 Kilometer an der Straße zurück nach Killarney zu radeln. Anbieter für diese Rundtouren: *killarneydaytour.com, www.gapofdunloetours.com*

23 Ladies View
Der Aussichtspunkt mit Picknickplatz am Beginn des Ring of Kerry bietet den besten Ausblick über die Seen des Killarney-Nationalparks und außerdem viel Platz zum Picknicken.

24 Muckross Horse Riding Centre
Dieser Reiterhof funktioniert wie ein deutscher Ponyhof. Die Pferde warten fertig gesattelt und man muss sich für die Ritte nicht vorher anmelden. Auch Kinder und Reitanfänger sind willkommen. Für erfahrene Reiter ist das sicher nicht der perfekte Stall, aber für eine Ponyrunde mit den Kids sollte es gut passen. Der Stall befindet sich südlich von Killarney an der Straße zum Muckross House. An der Farm gibt es auch noch eine Pet Farm mit Streicheltieren (Eintritt € 6).
Geöffnet täglich 9.30 – 18 Uhr,
Ausritte etwa € 40 – 50 pro Stunde.
www.muckrosshorseriding.com

25 Kennedys Pet Farm
Kleiner Haustierzoo mit Streicheltieren. Es gibt Schweine, Ziegen, Schafe, Esel, Kälbchen, Mini-Ponys, Hunde und Katzen. Einige Tiere darf man auch füttern. Die Farm liegt an der N 22 südöstlich von Killarney.
Geöffnet März bis Oktober.
Eintritt € 10,50 pro Person, Familie € 47,50. www.kennedyspetfarm.com

26 Wildlife Cruises
Auch in der Bucht von Kenmare leben Seehunde und wenn man Glück hat, bekommt man auch einen Seeadler zu sehen. Es gibt zwei Anbieter für Wildlife Cruises in der Bucht: Eine zwei-

stündige Fahrt (€ 25) bietet Seafari, die größere Star of Kenmare von Star Outdoors ist nur eine Stunde unterwegs (€ 25). Bei Star Outdoors gibt es außerdem Bogenschießen, Minigolf und Miet-Kajaks im Angebot. Ein Spektakel ist der Wild Atlantic Water Park, ein schwimmender Kletterparcours in der Bucht von Kenmare (ab acht Jahren).
www.seafariireland.com
www.staroutdoors.ie

27 Dromquinna Stables

Der Stall bei Kenmare ist auch auf Kinder eingestellt. Die Kleinsten von vier bis acht Jahren machen auf den »Farm Rides« (€ 30) ihre erste Pferdebekanntschaft, für etwas größere Kids und Erwachsene gibt es Ausritte.
Ausritt 1,5 Stunden € 75.
Anmeldung 00353 (0)64 6641043
www.dromquinna-stables.com

Halbinsel Dingle

28 Inch Beach

Gegenüber dem Rossbeigh Beach ragt die fünf Kilometer lange Sandzunge des Inch Beach in die Dingle Bay. Der Sandstreifen ist so breit und der Sand so fest, dass man hier mit dem Auto auf den Strand fahren darf. Ist das Wetter durchwachsen, fegt oft ein eisiger Wind über die Sandfläche und macht den Aufenthalt recht ungemütlich. Der Inch Beach an einem heißen Sommertag ist dagegen ein echtes Paradies. Das Wasser ist extrem flach und erwärmt sich schnell. Wir sind hier mit nackten Füßen durch lauwarmes Wasser marschiert und haben anschließend in der Sonne vor dem Camper gesessen. Am Strand gibt es auch eine Surfschule mit preisgünstigem Brettverleih. Zeitweise werden viele Quallen angespült.

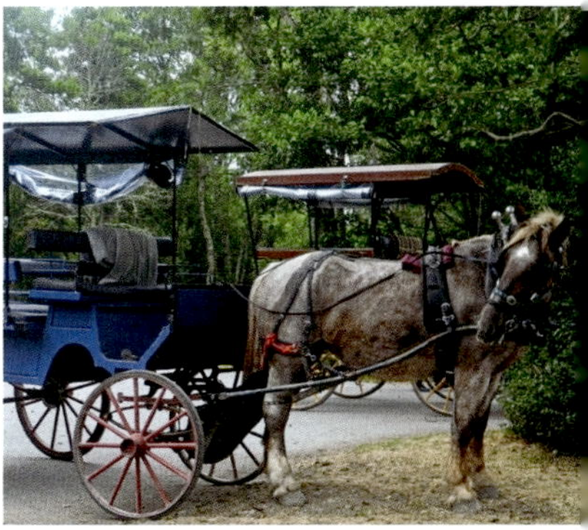

Ob von der Altstadt zum Muckross House und zum Ross Castle oder durch das Gap of Dunloe, Pferdekutschen sind ein gängiges Transportmittel im Killarney Nationalpark.

Dingle

Mit seinen bunten Häuschen, in denen es viele Pubs und Restaurants gibt, entspricht Dingle hundertprozentig dem gängigen Irland-Klischee. Dazu kam die Faszination, die Ehrenbürger Fungie [› Tour 27] auf Reisende aller Altersstufen ausübte – im Sommer drohte das hübsche Dörfchen ernsthaft dem »Tourismus-Infarkt« zu erliegen. Seit der Saison 2021 muss Dingle ohne den treuen Delfin auskommen, der über 30 Jahre im Hafenbecken lebte. Die Boote fahren jetzt nicht mehr zum Fungie-Watching, sondern zur Seehundkolonie auf Great Blasket oder an der Küste entlang.

29 Dingle Ocean World

Im kleinen Aquarium am Hafen sind Haie, Pinguine, Fischotter und Wasserschildkröten die Stars. Es gibt ein Fühlbecken, in dem man Fische anfassen kann, und regelmäßige Fütterungen bei den Ottern und den Pinguinen.
Geöffnet täglich 10 – 17 Uhr. € 19, Kinder 3 – 16 Jahre € 13, Familie ab € 59. www.dingle-oceanworld.ie

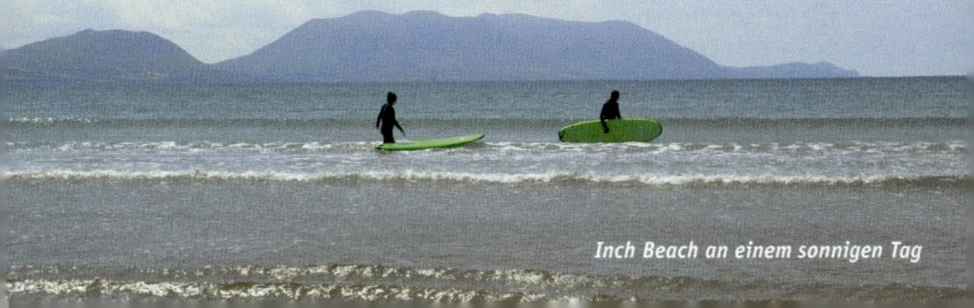

Inch Beach an einem sonnigen Tag

30 Irish Adventures

Bei den geführten Kajaktouren im Killarney-Nationalpark zwischen Ross Castle und der Insel Innisfallen **[› Tour 20]** oder im Sonnenuntergang sind Kids ab acht Jahren im Kanu der Eltern willkommen.

Eine dreistündige Kajaktour kostet ab €60, Kinder €45. Anmeldung unter Tel. 00353 87 4190318 oder www.irishadventures.net.

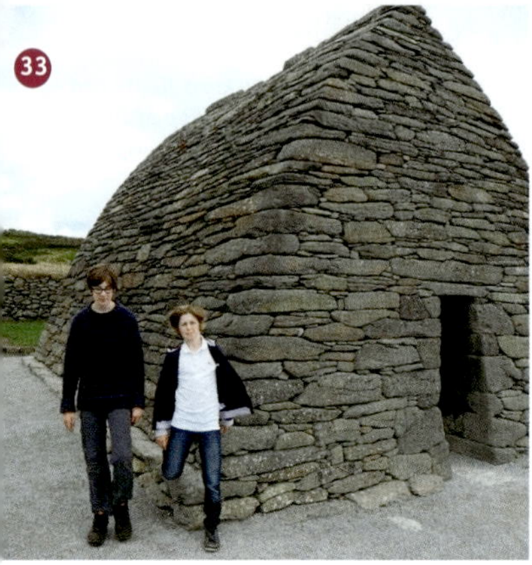

33

31 Ventry Beach

GPS N 52°07'18.3", W 10°22'39.0"

Westlich von Dingle zieht sich in der Ventry Bay ein langer, meist völlig einsamer Strand die Küste entlang. Parkt man an seinem Ende, gibt es auch noch einen alten Friedhof zu sehen, auf dem sich eine Kaninchensippe häuslich eingerichtet hat.

32 Slea Head Drive

Die schmale Küstenstraße bietet grandiose Blicke aufs Meer. Stopps lohnen unbedingt am Strand von Coumeenoole **[› Tour 28]** und am Blasket Islands Visitor Centre **[› Tour 29]**. Auch die Bienenkorbhütten von Fahan und das Gallarus Oratory liegen an der Route.

33 Gallarus Oratory

GPS N 52°10'25.5", W 10°21'13.3".

Das winzige Steinhäuschen stammt aus dem 8. Jahrhundert und ist damit eine der ältesten in ihrer ursprünglichen Bauart erhaltenen Kirchen des Christentums. Seine Form erinnert an ein auf dem Kopf stehendes Boot. Trotz seines stattlichen Alters ist das Gebäude immer noch wasserdicht – und das, obwohl es ausschließlich aus trockenen Steinen, also ohne Mörtel, errichtet wurde. Viel zu sehen gibt es in dem leeren Bethaus freilich nicht. Das Parkticket empfinden viele Besucher daher als überteuert. Kurioserweise gibt es einen Parkplatz bei GPS N 52°10'17.1", W 10°21'01.8", von dem aus das Kirchlein durch eine hübsche Fuchsienallee ganz legal frei zugänglich ist. Lediglich die Ausstellung zur Geschichte des Gotteshauses sowie ein nüchterner Tea Room mit Toiletten entgehen einem dann.

34 Fahan Beehive Huts

Ein kurzer Spaziergang führt von der Straße hinauf zu einer Gruppe in Trockenbauweise aufgebauter Hütten in Bienenkorbform. Wie alt sie sind, ist ungewiss. Hütten in dieser Form wurden von der Bronzezeit bis ins Mittelalter erbaut und genutzt. Diese liegen auf Privatgrund.

Eintritt €4. www.beehivehuts.com

35 Connor-Pass

Über den höchsten Pass Irlands (456 Meter) geht es durch karge grüne Berge von der Südseite der Dingle-Halbinsel an deren Nordküste. Die Straße ist schmal und kurvig und nur für PKW zugelassen. Da die Strecke teilweise einspurig ist, aber von beiden Seiten befahren wird, sollte man vor allem in der Hochsaison Zeit mitbringen. Am höchsten Punkt gibt es einen Parkplatz, an dem man ein paar Schritte laufen kann. **[› Seite 151]**

36 Fermoyle Beach

N 52°14'34.6", W 10°07'31.5"

Der Fermoyle Beach ist das einsame westliche Ende des 14 Kilometer langen Sandstrands an der Nordseite der Dingle-Halbinsel. Durch die Ausrichtung zum Atlantik gibt es hier häufig Wellen, sodass der Strand auch zum Surfen beliebt ist. Er eignet sich aber auch für einen ausgedehnten Strandspaziergang.

37 Castlegregory Beach
N 52°15'36.9", W 10°00'49.8"
Die feinsandige Bucht nördlich des Dorfes Castlegregory liegt hinter einem schmalen Dünengürtel auf der geschützen Ostseite der Maharees-Landzunge.

38 Sandy Feet Farm
Traktor fahren, Tiere streicheln und füttern und auf dem Spielplatz toben können Kids auf der kleinen Farm am nördlichen Ende der Straße über den Connor Pass. Im Café am Eingang gibt es Suppen, Sandwiches, Kuchen. Ins Café kommt man auch ohne Besuch der Farm.
Geöffnet März bis September 10–17 Uhr. €9,50 ab 2 Jahre, Familie €35. sandyfeetfarm.ie

Rund um Tralee

39 Blennerville Windmill
Die perfekt restaurierte weiße Windmühle am Stadtrand von Tralee ist voll funktionsfähig. Auf der Führung durch Mühle und Museum werden die Funktion und die Technik der alten Mühle anschaulich erklärt.
Geöffnet April bis Oktober Di bis Sa 9.30–17.30 Uhr, Juni bis August täglich. €6, Kinder €5, Familie €20. blennerville-windmill.ie

40 Tralee Bay Wetlands Centre
Ein Pool mit Riesenbällen und anderen Wasserspielen ist der begehrteste Platz im Wetlands Centre. Daneben befindet sich ein kleines renaturiertes Sumpfgebiet, das direkt an den Stadtrand grenzt. Ein sehr kurzer Lehrpfad führt hindurch und von einem Turm kann man die Anlage ganz überblicken. Im Rahmen einer Führung auf dem Lehrpfad kann man auch per Boot durch die schmalen Kanäle schippern und sich die Tiere im Wasser zeigen lassen.
Geöffnet März bis Oktober 9–17 Uhr. €3, Kinder frei. Mit Führung €10, Kinder €6.
Pedalo für bis zu 4 Personen auf dem Pool vor dem Café €15.
traleebaywetlands.org

41 Aquadome Tralee
Vergleichsweise kleines Schwimmbad mit Außen- und Innenbereich, einer Rutsche, Strömungskanal und Sauna. Einige Regeln sind für uns ungewohnt: Kinder bis acht Jahre müssen Schwimmflügel tragen, es sei denn, die Eltern übernehmen die Verantwortung und unterzeichnen eine Freigabe. Springen ist komplett verboten und Kinder dürfen nicht mit in die Sauna (bis 18 Jahre), in der Badekleidung getragen wird. Wenn das alles nicht stört, kann man im Aquadome ohne weiteres einen hartnäckigen Regentag überbrücken.
Geöffnet Mo bis Fr 10–22 Uhr, Wochenende bis 19 Uhr. €17, Kinder bis 18 Jahre €15. aquadome.ie

42 Banna Beach
N 52°20'19.9", W 9°50'03.1"
Hinter dem langen Sandstrand liegen bis zu 15 Meter hohe Dünen. Am Strand, der sich perfekt für einen Spaziergang eignet, gibt es auch eine Surfschule.

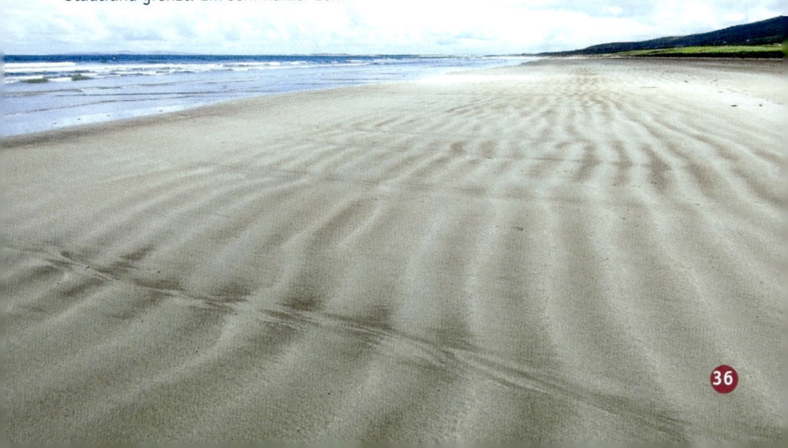

36

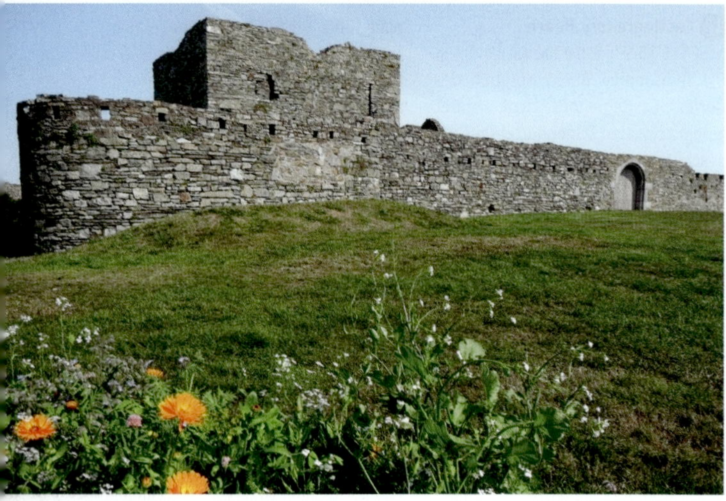

40 m

STRECKE 2,1 km

45 min

ab 4

Tour 1: Zwei Forts am Meer

James Fort und Charles Fort bei Kinsale

Schützend vor der lebhaften Hafenstadt Kinsale liegen an der Mündung des Flusses Bandon gleich zwei alte Festungen. James Fort ragt auf einer Halbinsel tief in den Fluss hinein. Es ist älter als das gegenüberliegende Charles Fort, das im 17. Jahrhundert einen couragierten Neubau nach allen Regeln der Festungskunst darstellte. Zur Ruine wurde James Fort bereits, als 1690 im »Krieg der Zwei Könige« um die britische Thronfolge versehentlich das Pulvermagazin explodierte. Der klassische Grundriss mit spitzen Bastionen ist jedoch noch zu erkennen, und ein Hauptgebäude thront in der Mitte des Halbinselchens. Wir nutzen das ehemalige Festungsgelände und einige alte Patrouillenwege für einen abenteuerlichen Spaziergang, der am Strand endet.

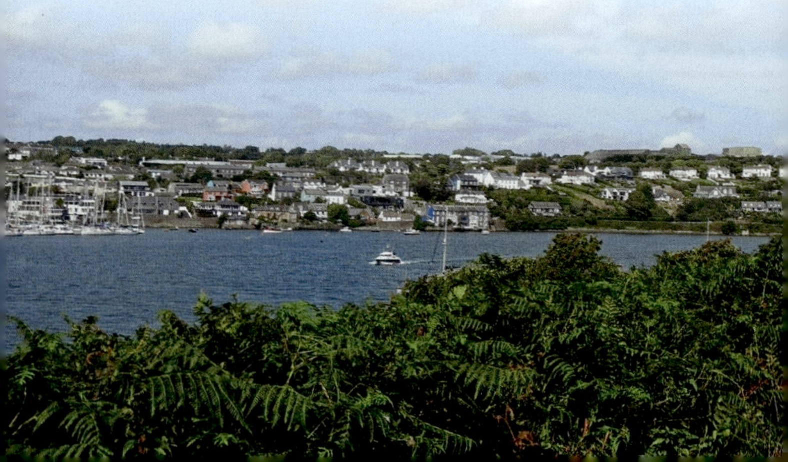

TOUREN-STECKBRIEF

Anfahrt: Von Kinsale über die Brücke, dann links. Achtung: Einbahnstraße! Man wundert sich, weil die Straße doch so breit ist. Je nach Wetter ist aber bald eine Seite komplett zugeparkt. Wir stellen uns dazu: **GPS N 51°41'46.1", W 8°30'54.8".**

Anspruch und Charakter: Ein kurzer Spaziergang rund um die Halbinsel mit den Ruinen eines englischen Forts, der auf ausgetretenen Wegen und gemähtem Rasen verläuft. Achtung: An den nicht weiter markierten Bastionen geht es mehrere Meter in die Tiefe, was durch den überwachsenden Farn manchmal nicht auf den ersten Blick ersichtlich ist. Ein Teil der Ruinen kann, unter den üblichen Vorsichtsmaßnahmen, betreten werden. Am Ende wartet ein kleiner und bei gutem Wetter gut besuchter Strand.

Highlights: Festungs-Ruinen mit »Geheimgang«, Aussicht auf die Bucht von Kinsale mit ihren Jachten und Segelbooten und auf das Charles Fort gegenüber, Sandstrand.

Einkehr: Pub am Parkplatz, jede Menge Gastronomie im nahen Kinsale.

In der Nähe: Fota Wildlife Park, Blarney Castle, Cork, Charles Fort.

Wanderung: Vom Parkplatz aus gehen wir geradeaus auf den kleinen **Jachthafen** zu. Kurz vorm Wasser biegen wir dann rechts ab in eine schmale Gasse, aus der erst eine breite Schotterstraße, schließlich ein sympathischer **Feldweg** wird.

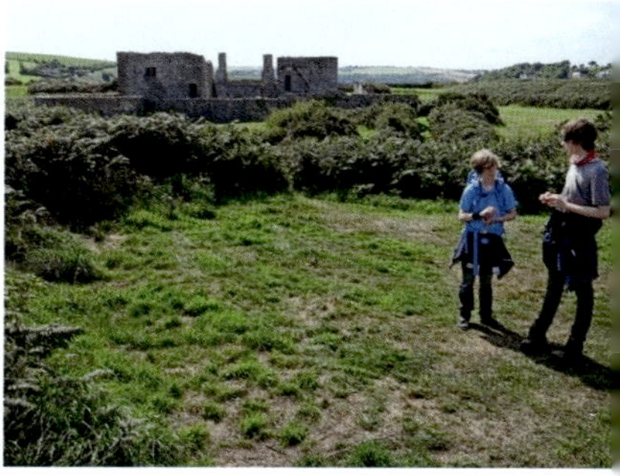

Bald zweigt links ein **Pfad** ① auf den grasbewachsenen Hang ab. Von dort haben wir länger einen schönen Ausblick auf die Bucht mit den Segelbooten und der bunten Stadt dahinter, bevor wir wieder auf den Hauptweg gelangen.

Einen sehr schmalen Trampelpfad nach links ins Gebüsch ignorieren wir. Ein kleines Stück später hinter der **Ruine eines Hauses** ② lockt uns ein zweiter, breiterer. Diesmal biegen wir ab und stoßen kurz darauf auf einen richtigen kleinen Weg, dem wir

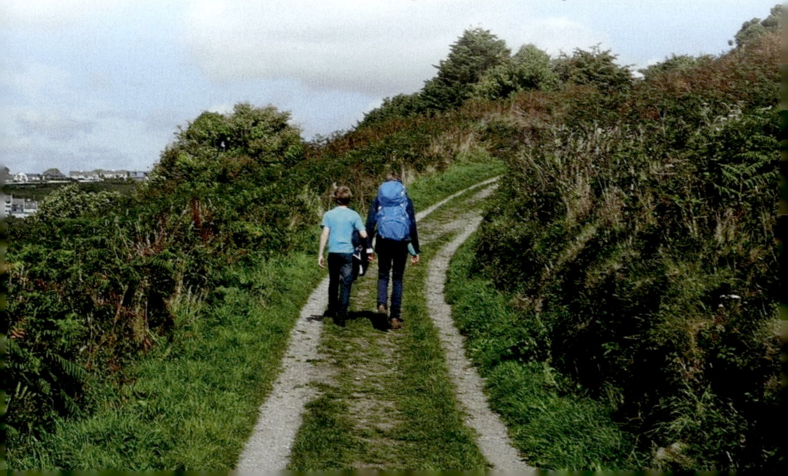

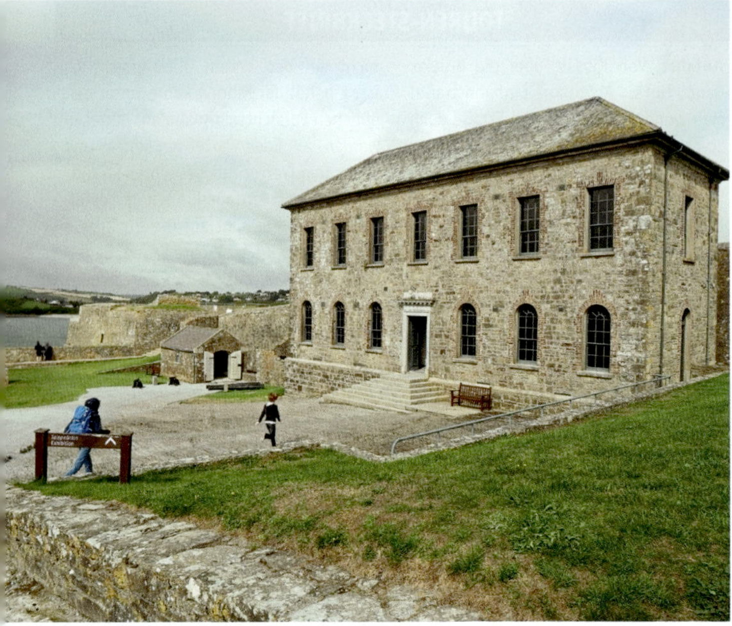

Besichtigung des Charles Fort

Wer statt eines Spaziergangs oder zusätzlich zu diesem etwas über die Geschichte der Forts rund um Kinsale erfahren möchte, besucht Charles Fort auf der anderen Seite der Bucht. Zu jeder vollen Stunde starten hier Führungen in die teils noch intakten, teils in Trümmern liegenden Gebäude der Festung. Kundige Angestellte erzählen (ausschließlich auf Englisch) spannende Geschichten von den erbärmlichen Verhältnissen, in denen die Soldaten der englischen Krone hier lebten. Besonders anrührend ist die der Rosen-Lady, die in einer Nacht ihren Mann, ihren Vater und ihr eigenes Leben verlor. Anschließend darf man sich auf eigene Faust auf dem Gelände umsehen. Im ehemaligen Magazin gibt eine interaktive Ausstellung visuelle Eindrücke von der Erbauung und dem Alltag im Fort.

Summer Cove, Kinsale P17 AY18. Mitte März bis Oktober 10–18 Uhr, im Winter bis 17 Uhr. €5, Kinder €3, Familienticket €13, mit Heritage Card frei.
Informationsblatt auch auf Deutsch.

links Richtung Meer folgen. So gelangen wir zur **Ruine eines Wachhauses** ③. Hier können wir gleich mehrere Räume erforschen. Durch die vergitterten Fenster gucken wir über die Bucht zum **Charles Fort** herüber.

Zurück geht es den Heckenweg geradeaus. Alle anderen Möglichkeiten ignorieren wir, bis links ein schmaler Pfad in einem gemauerten Torbogen verschwindet. Das ist unser »**Geheimgang** ④«. Der Tunnel ist länger als im ersten Moment erwartet, und kurz vor dem Ende zweigt links eine **Treppe nach oben** ab. Die nehmen wir – aber Achtung! Hier sollten Kinder nicht unbedingt alleine vorpreschen, denn oben liegt eine Bastion, von der es mehrere Meter in die Tiefe geht, was vom wuchernden Farn verschleiert wird. Von hier aus hat man eine herrliche Aussicht in alle Richtungen, auch auf die Hauptruine des **James Fort** direkt vor uns.

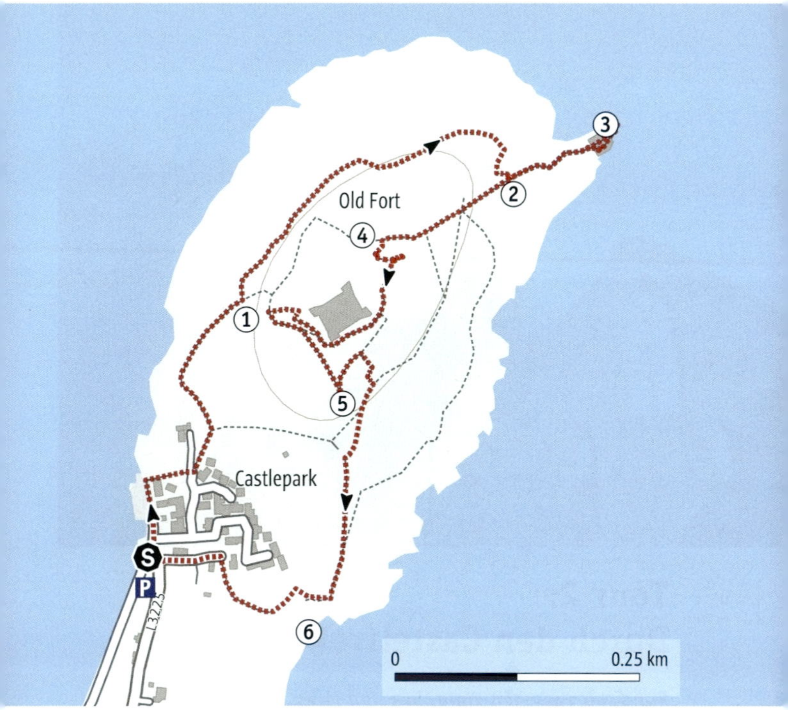

Ein breiter Rasenweg führt hinunter und einmal rund ums Fort. Hinein geht es nicht. 1975 ist die Mauer wieder so hoch aufgestockt worden, dass das massive Holztor auf der anderen Seite Neugierige zuverlässig draußen halten kann.

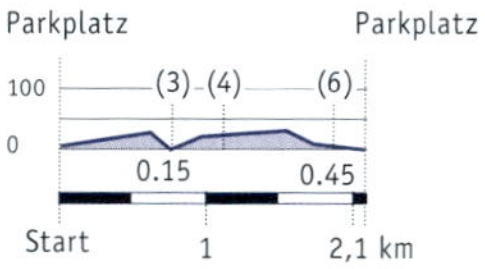

Vom Tor aus gesehen halb links können wir auf eine **zweite Bastion** ⑤ steigen, von der aus wir schon den Strand sehen. Um dort hin zu gelangen, müssen wir aber ein kleines Stück zurück laufen, bis uns ein breiter Mauerdurchbruch eine Etage tiefer auf einen Weg entlässt, der uns rechts herum und dann halb links zum **Strand** ⑥ bringt. Von dort aus ist es bis zum Parkplatz nicht mehr weit.

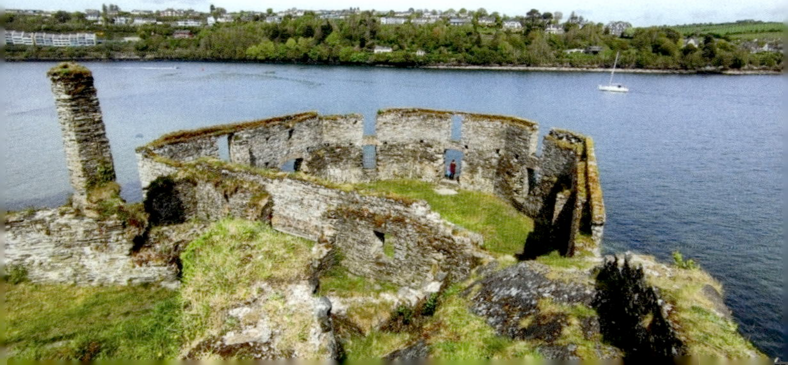

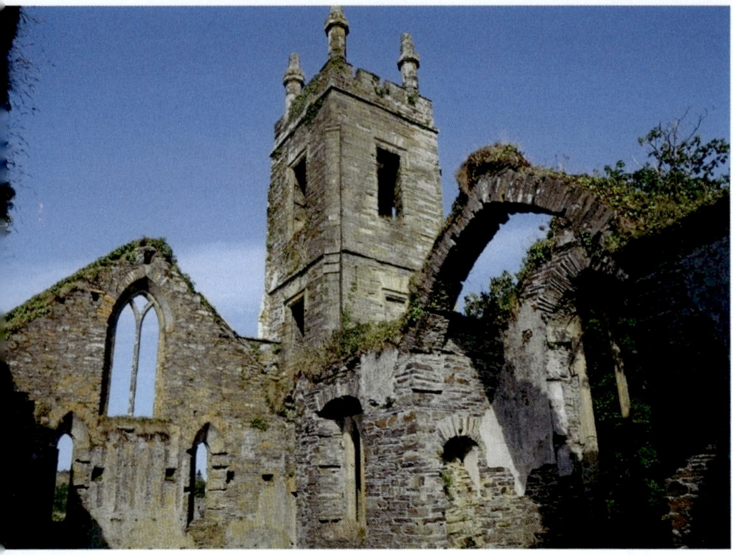

75 m

STRECKE 7,5 km

2 h 30

ab 6

Tour 2: Durch den Castelfreke Forest

Rundweg zwischen Wald, See und Meer

Eine Ruine, ein idyllischer See, Weitblick über die Küste und der Rückweg oben auf den Dünen oder am Sandstrand, der an heißen Tagen auch gleich noch zum Baden einlädt, machen die kurze Runde durch den abgelegenen Castelfreke Forest zu einem besonders abwechslungsreichen Ausflug. Wer Lust hat, nimmt ein Picknick mit. Idyllische Plätze zum Essen gibt es an der Ruine, am See, am Strand und an den Tischen auf dem Höhenweg mit weitem Blick über die Dünen.

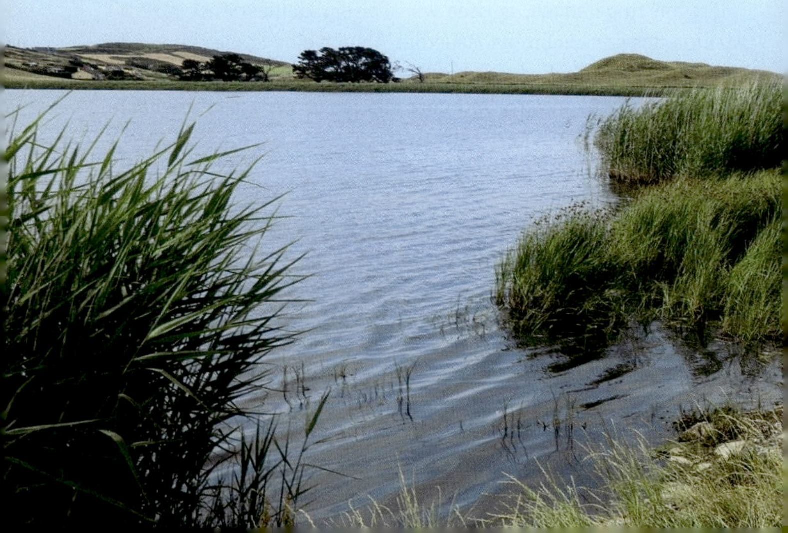

TOUREN-STECKBRIEF

Anfahrt: Der Castlefeke Forest liegt östlich von Rosscarbery, das von Cork oder Skibbereen über die gut ausgebaute N 71 zu erreichen ist. Von der Nationalstraße biegen wir auf die Nebenstraße nach Rathbarry ab. Sie führt zu zwei Sandbuchten an der Küste. An der östlicheren Bucht, dem Long Strand, befindet sich unser Parkplatz bei **GPS N 51°33'38.9", W 8°58'32.7".** Dieser Parkplatz hat allerdings eine Höhenschranke. Fahrzeuge über zwei Meter Höhe können oben am Schloss parken. Dazu an der westlicheren Sandbucht (Rosscarbery Bay) am Caravan Park rechts ins Landesinnere abbiegen und nach etwa 600 Metern rechts am Beginn des markierten Wanderweges bei **GPS N 51°34'02.6", W 8°58'54.3"** parken.

Anspruch und Charakter: Abwechslungsreiche Runde mit ganz unterschiedlichen Landschaftseindrücken. Wald- und Wiesenwege, teilweise schattig.

Markierung: Streckenweise roter Pfeil des Rathbarry Loop. Der Dünenweg ist unmarkiert.

Highlights: Kirchenruine, Weg am Seeufer, Picknickplätze mit Weitblick, Rückweg am Strand.

Einkehr: Fish Basket am Strand mit Seafood oder Kaffee und Kuchen. Alternativ Picknick mitnehmen.

In der Nähe: Klosterruine Timoleague Abbey, Drombeg-Steinkreis.

Wanderung: Der Wanderweg beginnt direkt gegenüber der an der Straße stehenden kleinen **Gaststätte »Fish Basket«**. Von der Straße geht es die Böschung hinunter und dann den Berg hinauf. Schon nach wenigen Gehminuten stehen wir an einer **Verzweigung** ①. Zum Ziel führen beide Wege. Der rechte ist etwas kürzer, der linke führt hinauf zu einem ersten Aussichtspunkt und einem **monumentalen Steinkreuz** ②. Dort, wo sich die beiden Wegvarianten wieder treffen, wird der Waldweg breiter und führt gerade durch den Wald. Kurz vor dem **oberen Parkplatz** zweigt der markierte Weg links ab und schlägt noch einen Bogen. Es geht an ungewöhnlich gewachsenen Bäumen vorbei. Dann ha-

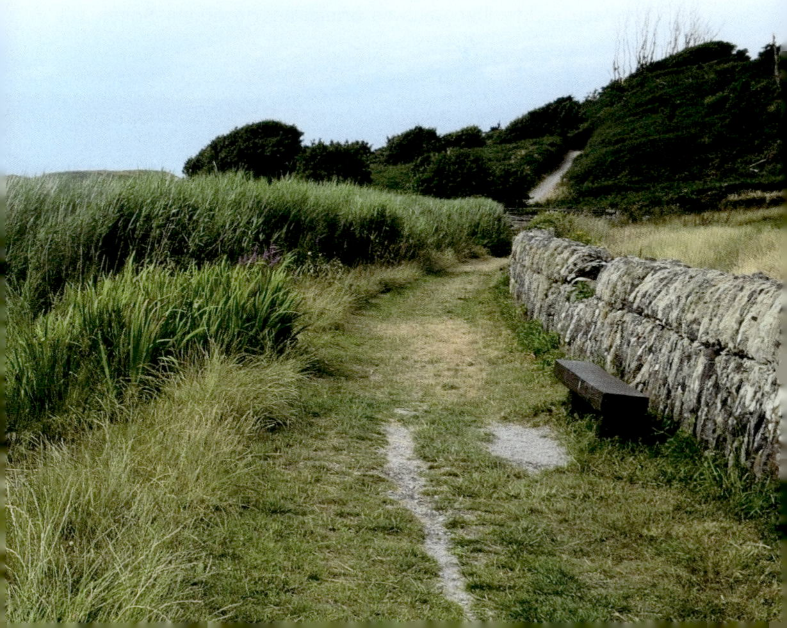

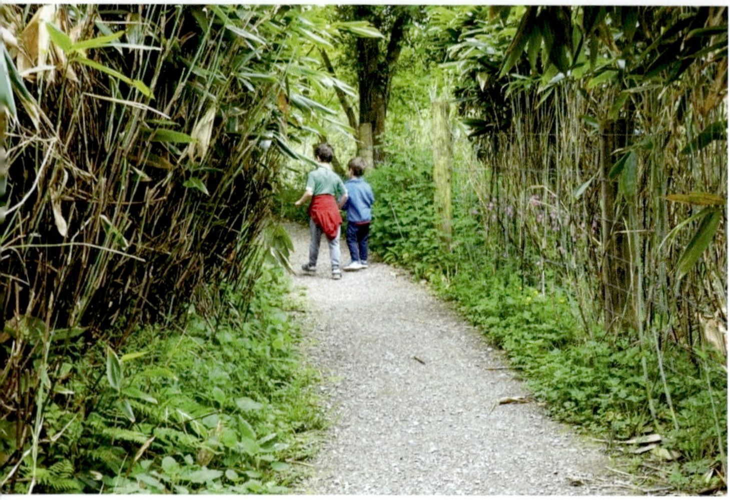

ben wir vom parallel zur Straße verlaufenden Weg besten Ausblick über Weiden auf das Schloss Castlefreke.

Vom Schlossparkplatz zum Strandparkplatz: Vom oberen Parkplatz laufen wir rechts etwa 500 Meter an der schmalen Straße entlang. Einen ersten Abzweig lassen wir rechts liegen. Am zweiten Abzweig steht ein **Wegweiser zur Kirchenruine von Rathbarry** ③. Hier biegen wir rechts ab und wandern geradeaus über ein weiteres Wegkreuz bis zur malerischen **Ruine der Kirche** ④, die aber inzwischen aus Sicherheitsgründen abgesperrt ist.

Auf dem gleichen Weg geht es zur letzten **Kreuzung** zurück und jetzt nach rechts. Der Waldweg bringt uns in einem Bogen zur

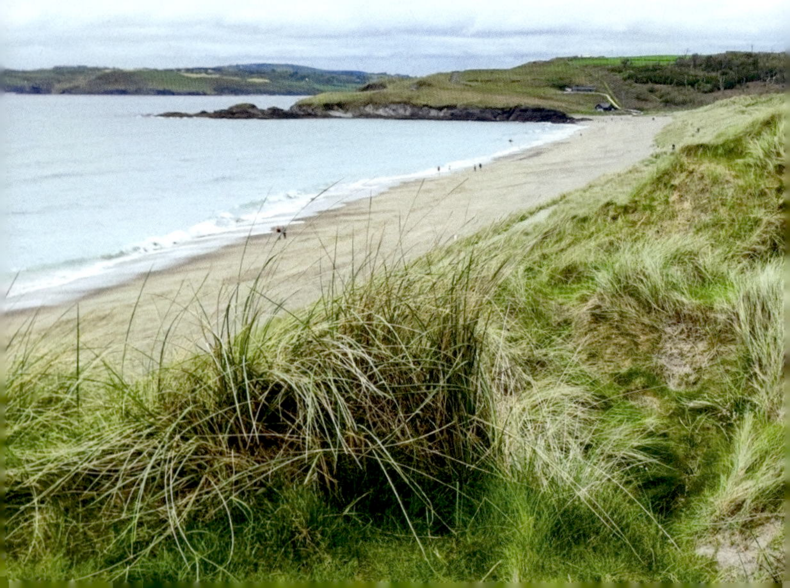

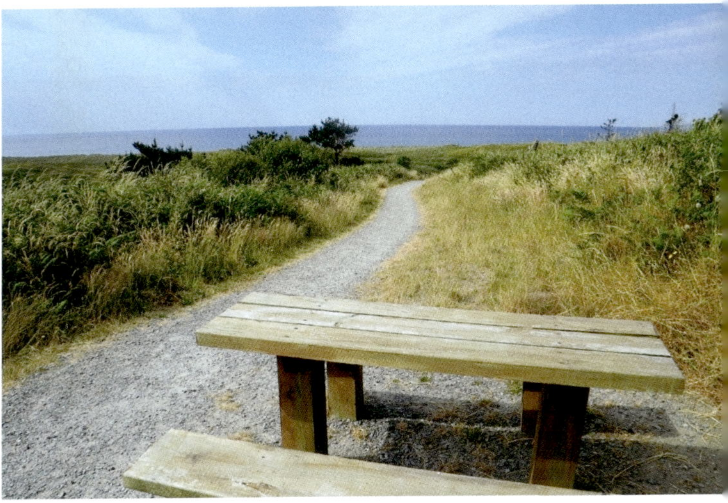

Straße zurück. Dort zweigt rechts ein Fußweg ab. Kurz darauf führt der rot markierte Weg nach links zum Schloss hinauf. Wir kürzen hier ab, damit die Runde nicht zu lang wird, und folgen immer dem gepflegten Waldweg, der parallel zur Straße verläuft, bis wir nach Rathbarry kommen. Im Dorf überqueren wir die **Straße** ⑤ und laufen immer an einem Bach entlang. Wir sind jetzt wieder auf dem rot markierten Weg.

Nach einem knappen Kilometer treffen wir auf das Ufer des **Kilkerran Lake** ⑥. Unser Weg führt ein kurzes Stück rechts am See entlang, dann zweigt auf der rechten Seite ein Fußweg ab und führt uns den Hang hinauf. Mit weitem Blick über die Dünen-

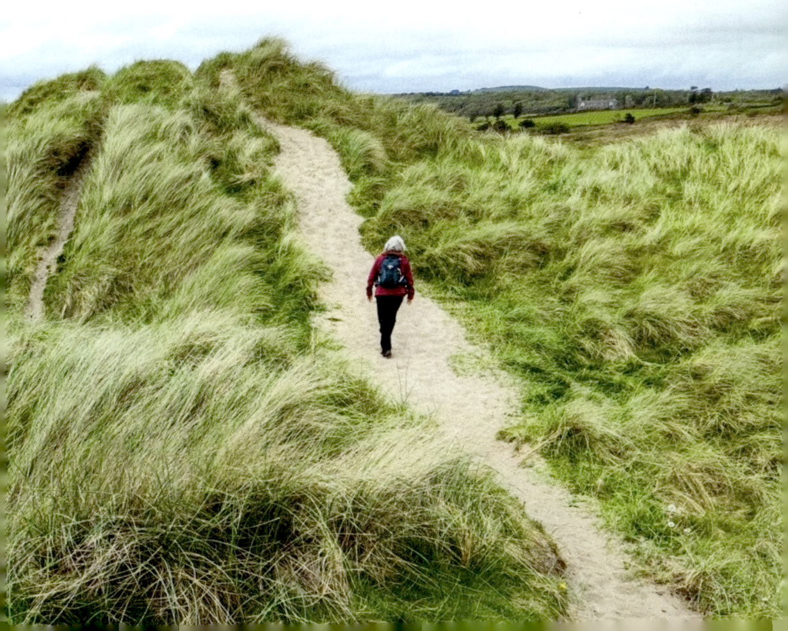

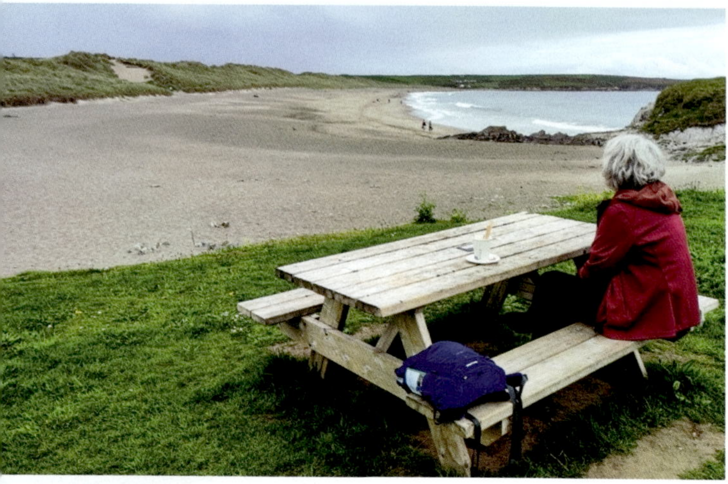

Zwei Mini-Loops für die Jüngsten
Wenn die komplette Wanderrunde noch zu lang ist, bieten sich für diese Tour gleich zwei spannende kurze Varianten an. Beide beginnen am Parkplatz am Long Strand.

Mini-Loop zur Ruine (etwa 5 km): Vom Parkplatz folgen wir dem beschriebenen Weg bis zur Ruine. Dort drehen wir um und kehren auf dem gleichen Weg zurück.

Mini-Loop am Long Strand: Vom Imbiss »Fish Basket« am Parkplatz an der Bucht folgen wir einem der Sandpfade hinauf in die Dünen und erklettern auf einem gut erkennbaren Pfad einen Sandberg nach dem anderen. Der Blick von hier oben reicht weit über das Meer. Die Dünen werden immer höher, dann treffen wir auf den Querweg (8), der von der Straße kommt. Hier spazieren wir rechts zum Meer hinunter und laufen am Strand zurück zum Parkplatz. Da auch schon vor der höchsten Düne und dem Querweg immer wieder Pfade rechts zum Meer hinunterführen, ist diese Variante in der Wegstrecke flexibel.

landschaft, hinter der sich ein langer Sandstrand versteckt, wandern wir immer am Hang entlang und kommen zu einem schön platzierten **Picknicktisch** ⑦. Dann macht der Weg eine Rechtskurve und dahinter führt ein **Querweg** links zur Straße hinunter. Auf der anderen Straßenseite bringt uns ein schmaler Pfad durch die Dünen bis hinunter ans Meer.

Für den Rückweg gibt es jetzt drei Möglichkeiten. Wir können rechts am **Strand** ⑧ entlang bis zum Parkplatz am oberen Ende des Sandstreifens

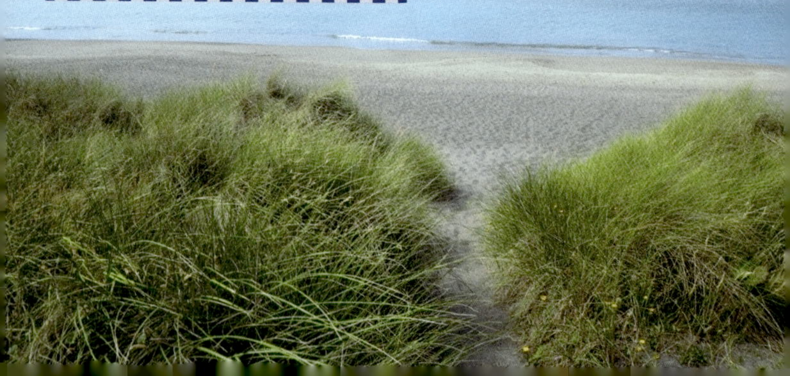

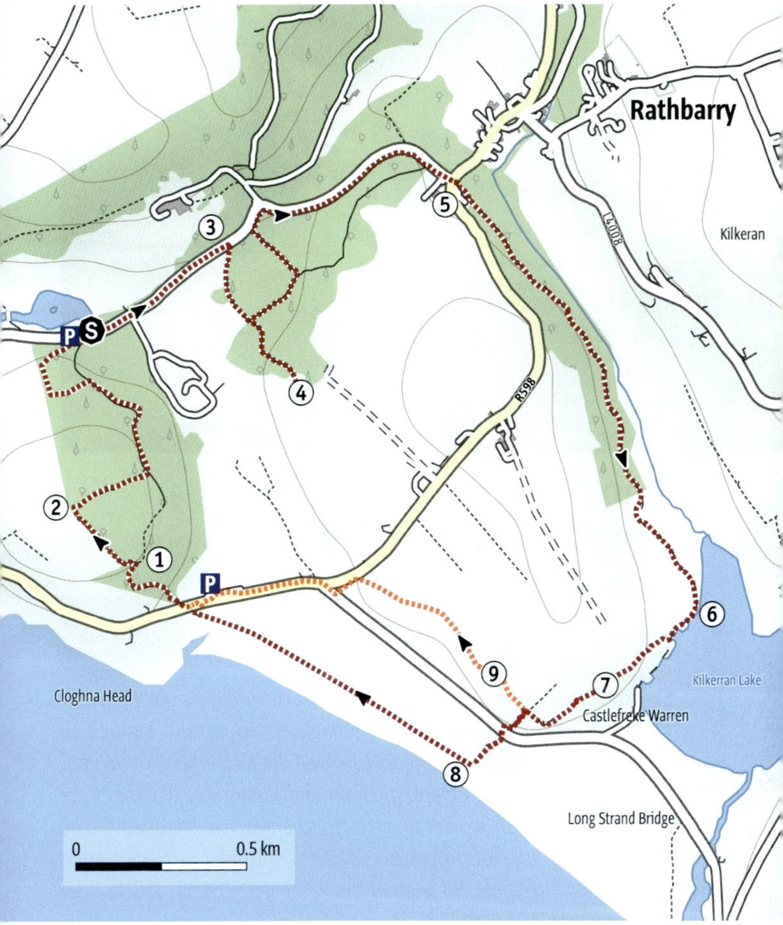

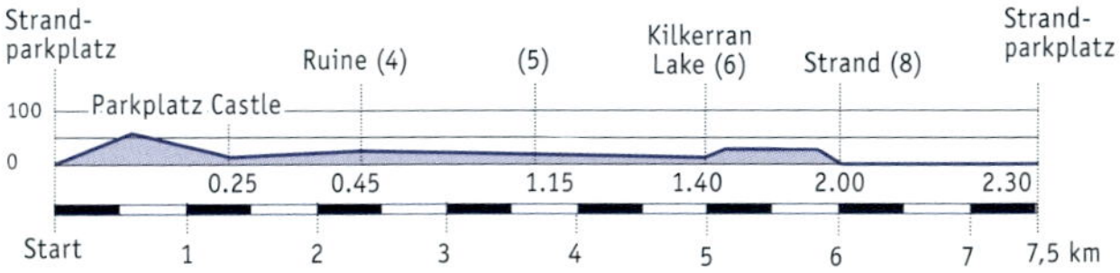

spazieren. Alternativ führt auch noch ein Pfad immer über den Kamm der Dünen. Das ist die anstrengendste Variante, aber definitiv unser Favorit. Die dritte Möglichkeit für den Rückweg ist, vom Strand auf den Wanderweg zurückzugehen und ihm weiter zu folgen. Wir kommen dann zu einem **zweiten Picknicktisch** ⑨ und am Ende des Weges auf die Küstenstraße. An dieser entlang müssen wir dann links noch 400 Meter zurück zum Parkplatz gehen. So oder so treffen wir wenig später wieder am unteren Parkplatz ein.

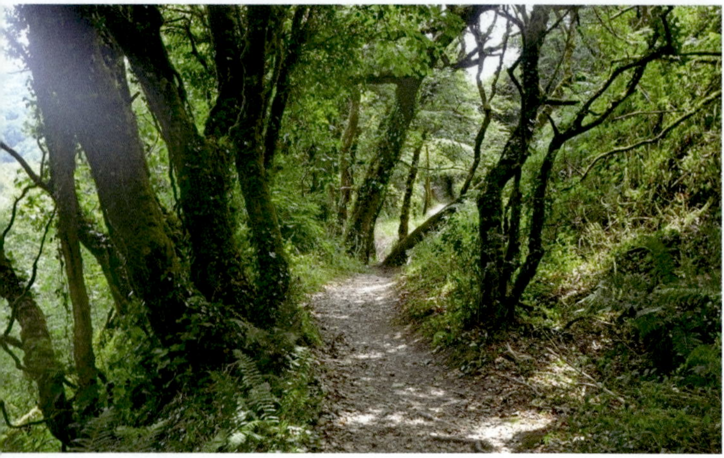

180 m

STRECKE 3,5 km

1 h 30

ab 4

Tour 3: Lough Hyne und der Knockomagh Hill

Eine Mini-Bergtour hoch über dem Salzsee

Der Knockomagh Hill ist auf einem abwechslungsreichen Pfad mit Klettersteinen und vielen Stufen schnell erstiegen und bietet den perfekten Blick über den Lough Hyne und die Küste bei Skibbereen. Lough Hyne war wohl ursprünglich ein Süßwassersee, der vom Meer überflutet wurde. In seinem sauerstoffreichen Wasser kommen Fische und Pflanzen vor, die nirgendwo anders in Irland zu finden sind. Auf der Insel in seiner Mitte steht die Ruine des Cloghan Castle. Hier residierte der O'Driscoll-Clan, eine Adelsfamilie aus dem nahen Cork.

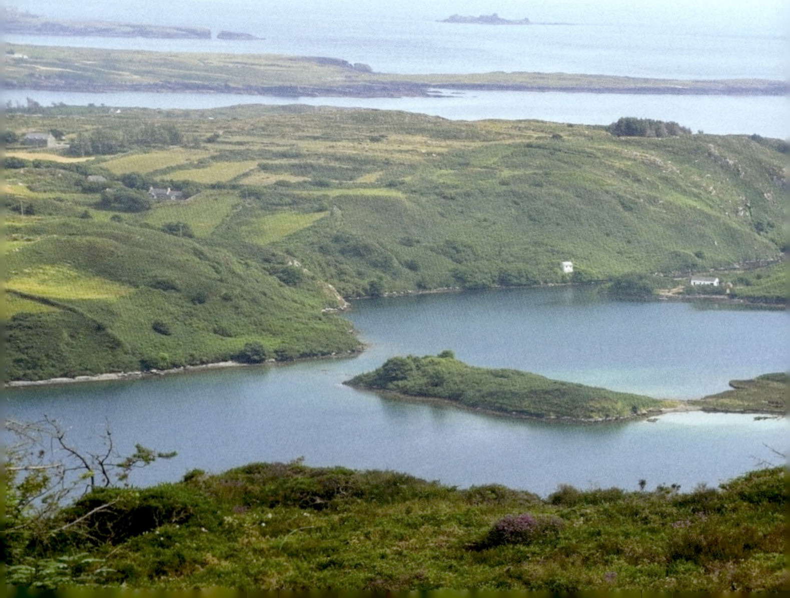

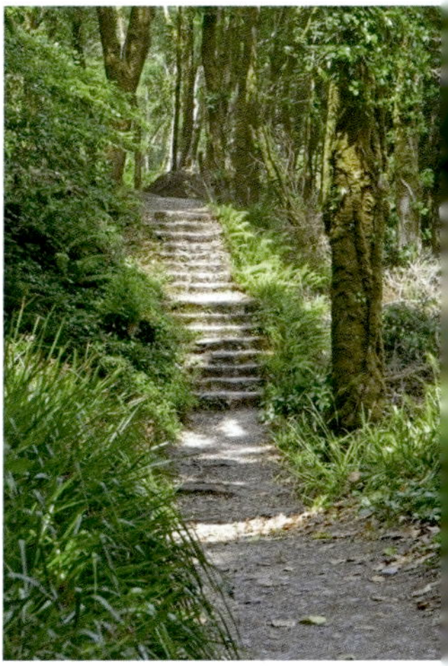

Wanderung: Der Weg auf den Knockomagh Hill ist schnell beschrieben. Vom oberen Parkplatz gehen wir noch weitere 150 Meter die Straße hinauf und biegen dann in den auf der rechten Seite beginnenden **Knockomagh Wood Nature Trail** ① ein.

Er führt ohne weitere Abzweige in vielen Kehren und über ebenso viele Stufen durch einen alten Wald, in dem vor nicht allzu langer Zeit ein Sturm vielen Bäumen zum Verhängnis wurde. Schon nach den ersten Kurven und wenigen Höhenmetern wartet eine **Bank mit schönem Blick** ② über den See. Der Ausblick wird Kurve um Kurve besser. Dann folgt ein letztes sehr steiles Stück und wir kommen zu einem schönen **Platz zwischen drei alten Bäumen** ③.

Jetzt sind wir fast oben. Am **Gipfel** ④ ist auf einer mit Felsen durchsetzten Wiese viel Platz für ein Picknick. Der Blick reicht

TOUREN-STECKBRIEF

Anfahrt: Von Skibbereen in Richtung Baltimore fahren und dann links den Hinweisschildern zum Lough Hyne folgen. Ein kleiner Parkplatz befindet sich an der Zufahrt zum See, ein weiterer etwas weiter hinten am Seeufer bei **GPS N 51°30'22.5", W 9°18'12.2"**.

Anspruch und Charakter: Kurzer Aufstieg auf einem Pfad mit vielen kleinen Treppen, auf einem kurzen Stück wird es ordentlich steil. Gute Schuhe mit rutschfesten Sohlen tragen! Perfekte Minibergtour für Kids.

Highlights: Viele schöne alte Bäume am Weg, Schaukel kurz vor dem Gipfel, weiter Ausblick, Baden am Lough Hyne.

Einkehr: Picknick für die Rast auf dem Berggipfel nicht vergessen!

In der Nähe: Kajaktouren auf dem Lough Hyne.

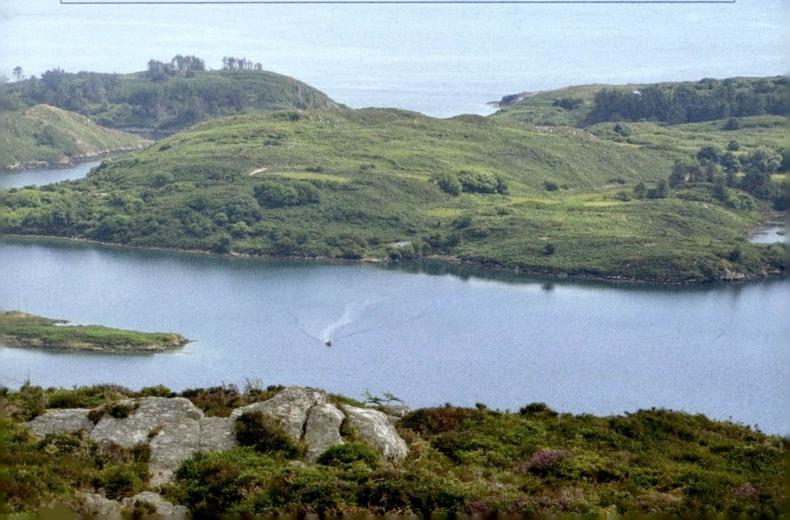

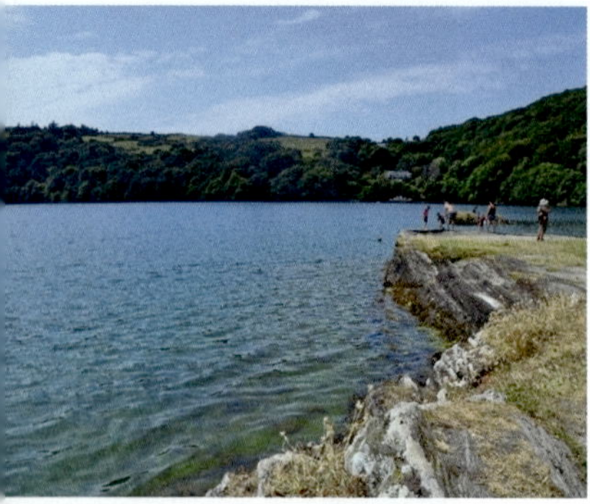

an klaren Tagen von hier oben nicht nur über den See mit dem Castle Island und den spärlichen Resten der Burg, sondern über die ganze Küste.

Nach einer Pause steigen wir auf dem vertrauten Pfad wieder hinab. Vom oberen Parkplatz sind es jetzt noch knapp 200 Meter zum unteren Parkplatz, an dem eine **schöne Badestelle** ⑤ wartet. Das Wasser des Lough Hyne ist sehr klar und nur leicht salzig. Der See hat nur eine schmale Verbindung zum Meer. Der Süßwassersee wurde wohl vor etwa 4000 Jahren vom Meer überflutet. An seinem Ufer entstand Anfang des 20. Jahrhunderts die erste See-Forschungsstation Irlands. Man erforschte hier die ungewöhnliche Flora und Fauna des Sees. Heute ist der Lough Hyne bei Einheimischen und Gästen gleichermaßen beliebt zum Baden und ab und zu schwimmen auch einige Kajaks auf dem Wasser.

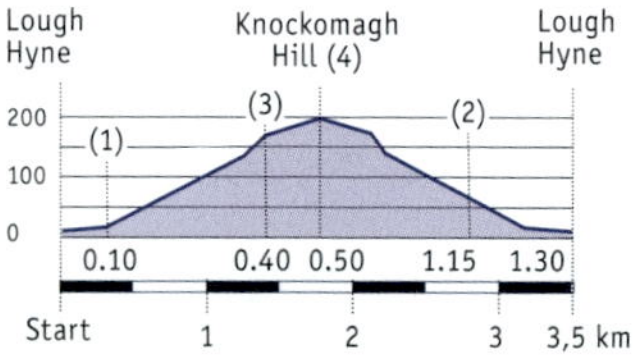

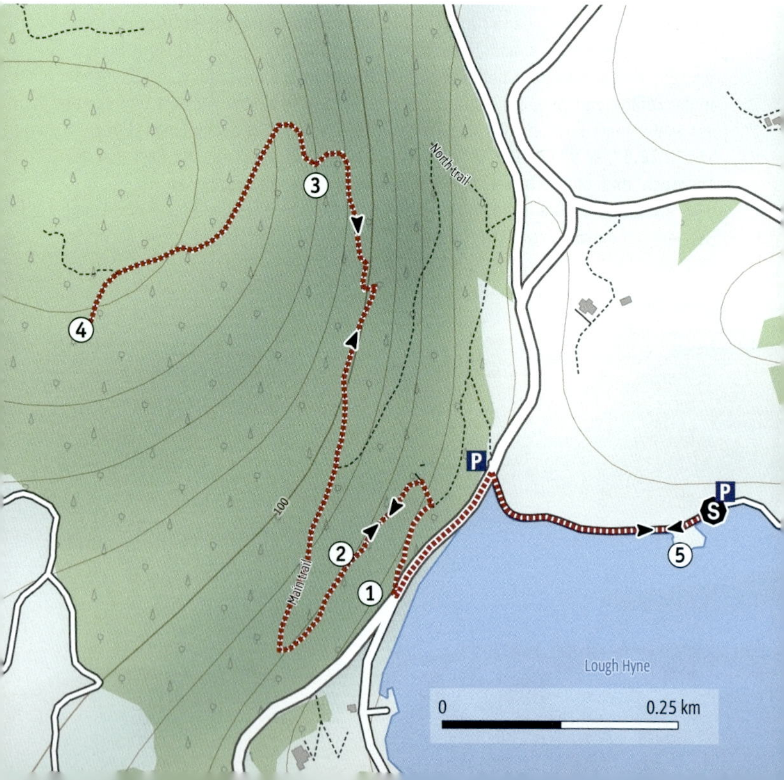

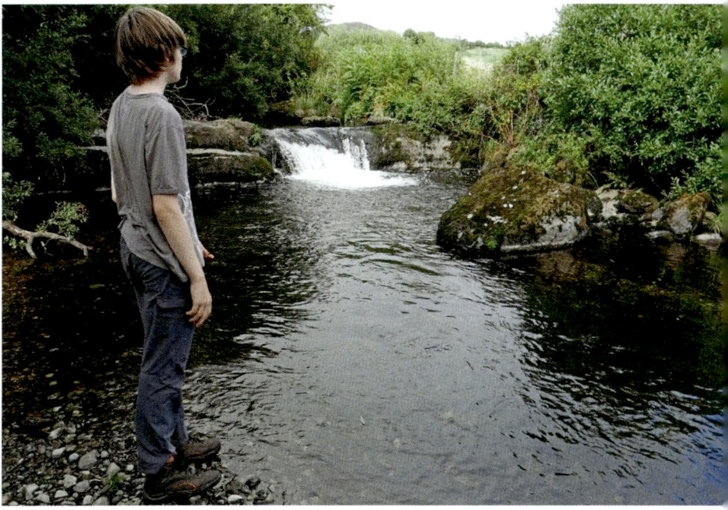

Tour 4: Castle Donovan

35 m

STRECKE 2,5 km

1 h

ab 4

Immer am Bach entlang

Wie ein 18 Meter großer hohler Zahn ragt das Castle Donovan in den irischen Himmel. Den Wohnturm erbauten sich wohl die O'Donovans im 16. Jahrhundert. Keine hundert Jahre später soll die Burg von Oliver Cromwells Truppen gesprengt worden sein, weil sich die O'Donovans in der Frage der britischen Thronfolge zuvor auf die Seite der Stuarts geschlagen hatten. Seitdem taugt der Turm bestens als Ausflugsziel und Ausgangspunkt für eine Wanderung am Fluss Ilen entlang, dessen natürliche Staustufen eine geologische Besonderheit darstellen.

TOUREN-STECKBRIEF

Anfahrt: Im kleinen Ort Drimoleague an der pastellfarbenen Apotheke in die Chapel Street Richtung »Famine Memorial« abbiegen und der schmalen Landstraße folgen. An einer Kreuzung neben einem Handwerksbetrieb, vor dem sich die Pflastersteine stapeln, schließlich links abbiegen. Die nächste Ortschaft ist Donovan, der kostenlose Parkplatz liegt an der Straße bei **GPS N 51°41'24.9", W 9°16'57.1"**.

Anspruch und Charakter: Um ein kurzes Wegstück an der zeitweise gut befahrenen Straße kommen wir hier nicht herum, aber es sind immerhin nur wenige Meter. Der Bauer, der die angrenzenden Ländereien bewirtschaftet, scheint Wandernden nicht wohlgesonnen und hat alles abgesperrt, was er sperren darf, sodass sich jede Hoffnung auf einen Rundweg zerschlägt. Der Pfad bis zu unserem Wendepunkt ist aber so idyllisch, dass sich der Spaziergang trotzdem lohnt.

Highlights: Burgruine, Kaskaden und natürliche Staustufen am Bach, am Wendepunkt eine kleine Kieselstein-Sandbank mit Zielwurf-Felsen.

Einkehr: Keine.

In der Nähe: Bantry Bay Pony Trekking, Alpakawanderungen.

Wanderung: Als erstes nehmen wir die weithin sichtbare **Burgruine** ① unter die Lupe. Durch zwei vergitterte Tore können wir einen Blick ins Innere des Turmes werfen und auf einer Infotafel die erstaunlich kurze Historie des Gebäudes nachlesen. Auf der Weide dahinter haben wir bei unserem Besuch Freundschaft mit einem einsamen und daher sehr kontaktfreudigen Apfelschimmel geschlossen. Dann geht es zurück zum Parkplatz.

Aus der Einfahrt der Ruine kommend laufen wir rechts herum an der Straße entlang über die **Brücke** bis zur Kreuzung. Hier folgen wir links dem Schild nach Bantry. Nach wenigen Metern biegen wir links ab, wo der Wegweiser des Sheaps Head Way, ein **braunes Schild mit zwei Schafen** ②, Drimoleague ausweist. Zwischen zwei Gattern mit jeder Menge Verbotsschildern gibt es ein kleines **Schleusentor** mit den typischen gelben Pfeilen offizieller irischer Weitwanderwege. Dahinter laufen wir ein Stück zwischen zwei Zäunen hinunter zum **Bach** ③.

Unser Pfad führt jetzt immer am Ufer entlang und neben uns plätschert das Wasser lebhaft über etliche Kaskaden. Ein kleines Stück weiter bilden die Felsen natürliche Wehre, die nur bei hohem Wasserstand

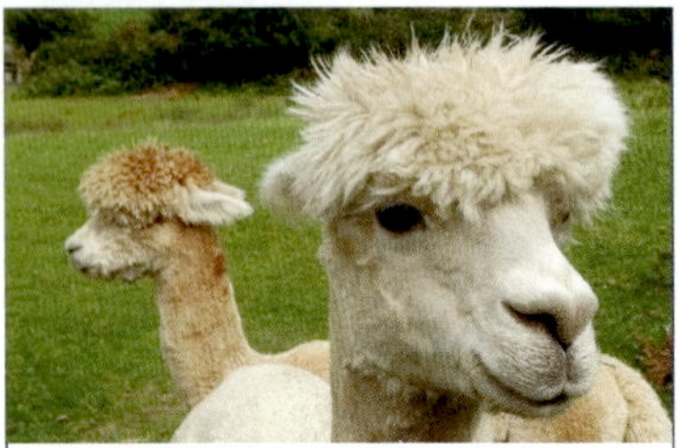

Spaziergang mit Alpaka

Ganz in der Nähe, quasi schräg gegenüber der Burgruine hinter der Grundschule, betreibt Emma ihre Alpaka-Farm. Wer rechtzeitig vorbucht, darf in Begleitung von Ozzie, Cuzco oder Maccapacca und einem Teammitglied der Farm einen Spaziergang über das traumhaft schöne Gelände machen. Der etwa einen Kilometer lange Rundweg verläuft teils direkt am Bach, und zwar im Vergleich zu unserer öffentlich zugänglichen Tour auf der Schokoladenseite des Wasserlaufs.

Ab € 70 für etwa 40 Minuten Spaziergang mit zwei Alpakas, maximal sechs und mindestens zwei Personen pro Termin. Tel. 00353 (0)2831953.

Auch ohne Alpakas ist der Spaziergang möglich. € 4 pro Person bzw. € 12 für eine vierköpfige Familie. Voranmeldung unter 00353 (0)876153006.

Neben den drei Wander-Alpakas gibt es zehn weitere, die Emma teils aus schlimmen Verhältnissen gerettet hat, außerdem Hasen, Schafe, Esel, Ponys und Balou, den verschmusten Kater. Ein sehr einfaches Ferienhäuschen steht zur Vermietung, das zwar nur über eine Außendusche, dafür aber über eine bronzezeitliche Steinformation im Garten verfügt. www.westcorkalpacas.com

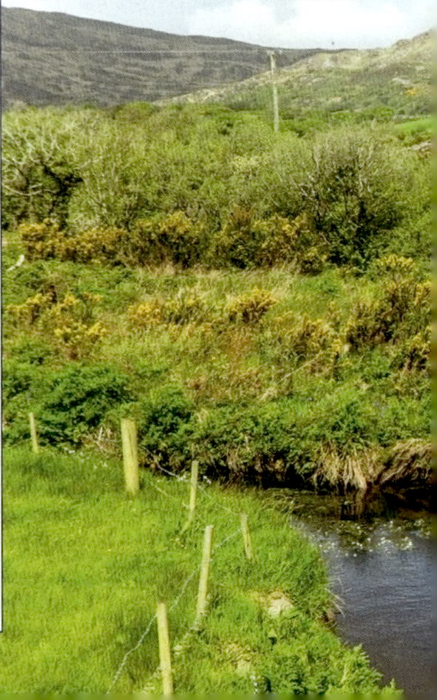

überflossen werden. Folglich hat sich dort eine Art Totarm mit mehreren schmalen Wasserbecken gebildet.

Wieder etwas weiter hören wir einen größeren **Wasserfall** ④ rauschen. Sehen können wir ihn aber leider nur von der anderen Flussseite aus, und die ist Privatland. Wer sie betreten möchte, muss eine Wanderung mit (oder ohne) Alpaka bei Emma buchen.

Auch unsere Flussseite hat aber durchaus ihre idyllischen Ansichten. Rechts blicken wir über eine typische südirische Landschaft mit sanften Hügeln und grünen Weiden, von Hecken eingerahmt und in unregelmäßige Vierecke unterteilt. Links ragen flechtenbewachsene Bäume über das gurgelnde Wasser, und im Hintergrund erheben sich die Berge.

Schließlich erreichen wir ein Wandertor und dahinter eine schmale Brücke. Sie führt uns über einen Zufluss, den man alternativ auch auf Trittsteinen überqueren kann. Durch ein zweites Tor geht es weiter. Kurz dahinter war bei unserem letzten Besuch ein kurzes Stück des Weges weggebrochen, sodass kleinere Kinder Unterstützung brauchen, um den schmalen Wegrest sicher zu passieren. Vielleicht ist diese Stelle aber inzwischen aber auch wieder hergerichtet.

Ein paar Schritte weiter können wir links an eine **kleine Bucht am Bach** ⑤ gelangen. An einer besonders hübschen Kaskade hat sich eine Sandbank aus Kieselsteinen gebildet. Die örtliche Ge-

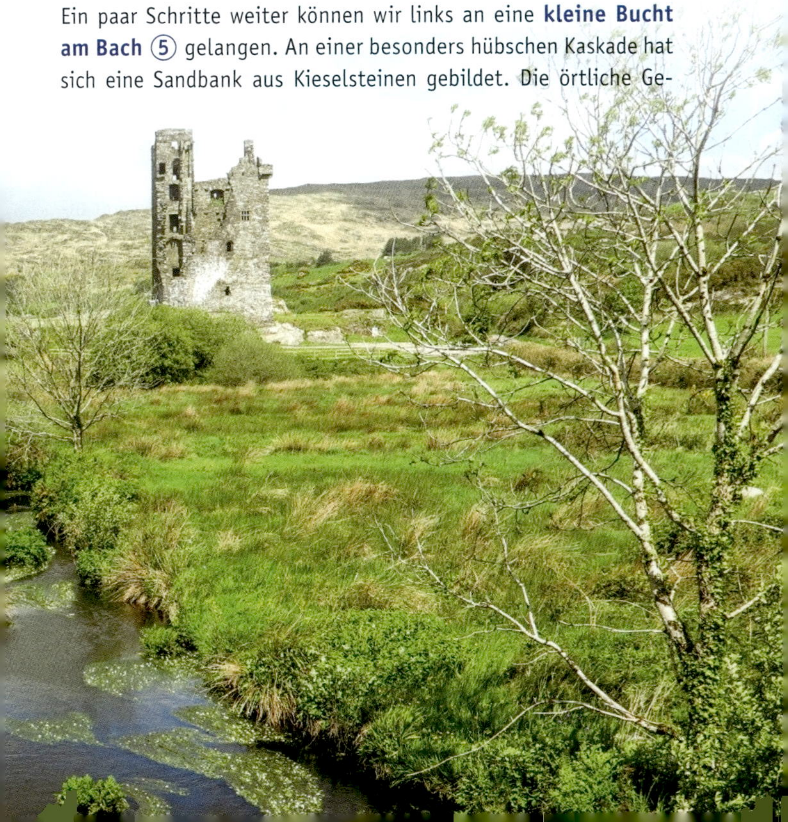

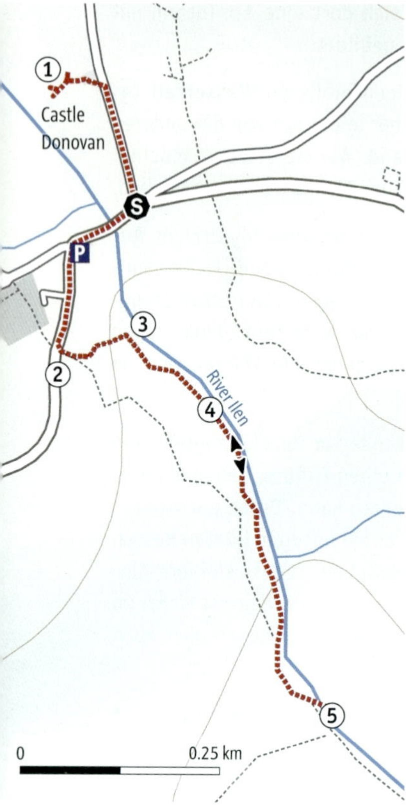

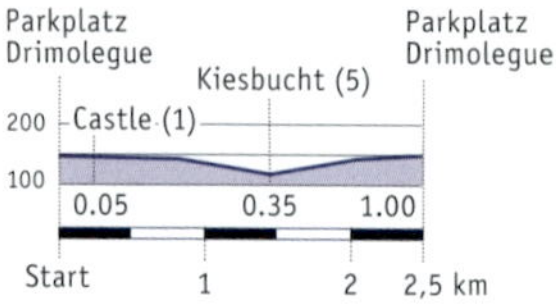

schicklichkeits-Challenge besteht darin, Kieselsteine auf den moosbewachsenen Felsen in der Mitte des Bachs zu werfen, und zwar so, dass sie darauf liegenbleiben.

Der offizielle Wanderweg setzt sich hinter dieser Stelle fort bis zur nächsten Straße. Theoretisch können wir also noch weiterlaufen, praktisch macht das wenig Spaß, weil uns im weiteren Verlauf Brombeerhecken die Sicht auf den Bach versperren und uns auf der anderen Seite der Elektrozaun so dicht auf die Pelle rückt, dass dem Landwirt böse Absicht unterstellt werden kann.

Wir drehen hier also um und gehen auf demselben Weg zurück. Am **Parkplatz** lohnt noch eine Pause am hübschen Picknickplatz am Bachufer. Es gibt dort auch eine improvisierte Schaukel direkt am Wasser, auf deren Stabilität Eltern jedoch vor der Benutzung einen kritischen Blick werfen sollten.

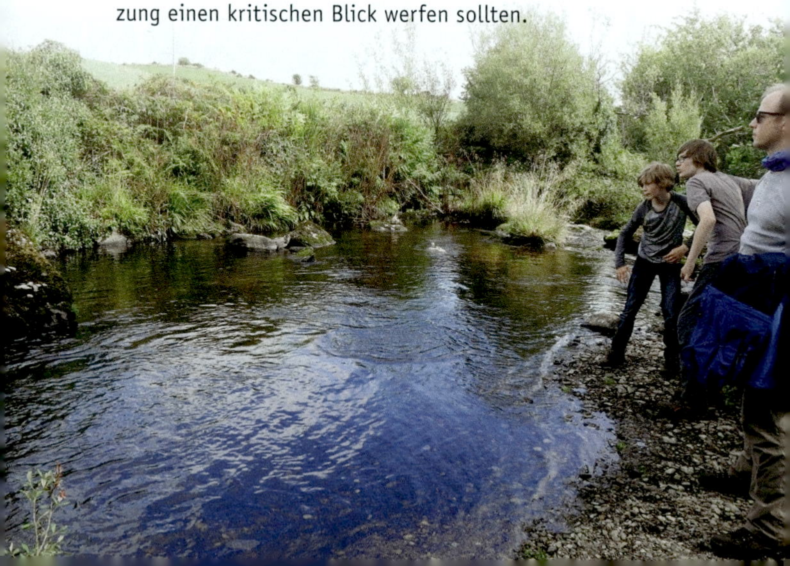

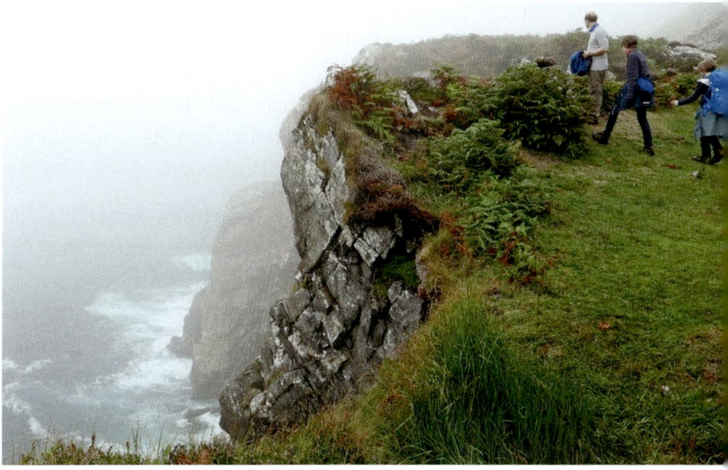

Tour 5: Sheep's Head Loop

150 m

STRECKE 4,5 km

2 h

ab 6

Wanderung am Ende der Welt

Irland hat viele Enden der Welt. Die Spitze der Sheep's Head Peninsula ist eine davon. Majestätisch-erhaben schaut man hier von den Klippen aufs Meer – und manchmal auch nur in eine mystische Nebelsuppe. Die eine Hälfte der Weges führt auf einem schön angelegten Wanderweg zu einem winzigen Leuchtturm über der Steilküste. Wer auf Abenteuer eingestellt ist, nimmt für den Rückweg den schmalen Pfad durch ein Trogtal und dann an den Klippen entlang, der die ursprüngliche Wildheit dieses abgelegenen Zipfels der Welt spüren lässt.

TOUREN-STECKBRIEF

Anfahrt: Der Startpunkt der Wanderung ist kaum zu verfehlen: Hat man die Halbinsel erst getroffen, fährt man die Straße bis zum Ende durch. Ein entsprechendes Schild und ein kostenloser Parkplatz markieren das Ende der Strecke bei **GPS N 51°32'45.3", W 9°49'35.5"**. Die letzten drei Kilometer der Straße sind für Wohnmobile gesperrt.

Anspruch und Charakter: Der Weg zum Leuchtturm geht über einen gut befestigten Wanderweg und mehrere Treppen. Der Rückweg des Rundwegs ist wesentlich anspruchsvoller, führt über teils rutschige Steine und an zwei Punkten auf griffigem Boden pulsbeschleunigend nahe an den Klippen entlang. Der Weg ist immer gut erkennbar und ausgeschildert, mit fitten und ausgeglichenen Kindern ab etwa acht Jahren gut zu schaffen. Wer Bedenken hat oder mit jüngeren Kindern unterwegs ist, läuft den Hinweg zurück.

Highlights: Ausblicke über die Klippen, ein winziger Leuchtturm, Tierbegegnungen, eine Ruine.

Einkehr: Am Parkplatz gibt es ein schlichtes Café, auf dem Anfahrtsweg auf der Halbinsel viele tolle Alternativen. Siehe Kasten auf [› Seite 56].

In der Nähe: Barley Cove Beach, Mizen Head.

Wanderung: Schon am Parkplatz können wir tierische Begegnungen erleben. Zum Café gehört eine majestätische Katze, die sich gern streicheln lässt. Die Schafe, die hier herumstrolchen, haben es lieber, wenn etwas Abstand zu den Menschen bleibt, halten aber auch protestlos als Fotomotive her.

Wir laufen ein paar Schritte auf der **Teerstraße** weiter, die hier eigentlich nur noch die Einfahrt zum letzten Haus der Halbinsel ist. Dann geht es auch schon rechts auf einem Schotterweg weiter. Dieser steigt rasch an und verjüngt sich zu einem schönen **schmalen Wanderweg**, der uns souverän bis zum Leuchtturm bringt.

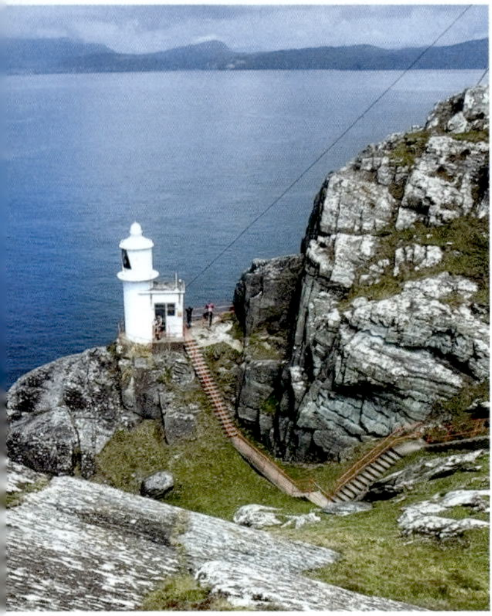

Der Rundweg zum Leuchtturm am Ende der Halbinsel ist definitiv das Highlight derselben. Auf dem Weg dorthin gibt es jedoch mehrere **lohnenswerte Zwischenstopps**. Einer ist der **Steinkreis** in dem kleinen Ort **Ahakista**. Von der Hauptstraße zweigt an einer unübersichtlichen Viererkreuzung ein entsprechender Wegweiser ab. Einen ordentlichen Parkplatz gibt es nicht, unorthodoxes Halten am Straßenrand ist angesagt. An der Dolmenbank aus modernen Zeiten geht es über eine hübsche Steinbrücke aufwärts und vielleicht hundert Meter in die Wildnis bis zu einem sehr kleinen Wasserfall. Noch einmal ein paar hundert Meter weiter erreicht man einen Steinkreis. Drei Brocken stehen noch aufrecht, die anderen vermutlich acht Menhire sind wohl im Laufe der Jahrhunderte von Rindern umgeschubst worden, die sich daran das Fell schubbern wollten. Zurück geht es auf demselben Weg, der lockende Wanderpfad in die andere Richtung führt ewig so weiter und schließlich auf die große Straße.

An einem gelb angepinselten Pfosten können wir kurz rechts abbiegen und einen **Abstecher zum Aussichtspunkt** ① machen, von dem aus wir auf den Lough Akeen schauen.

Wieder auf dem Hauptweg geht es immer weiter. Warnschilder sagen uns schließlich, dass wir die **Klippen** erreicht haben. Wir müssen hier nicht nachschauen, wie tief es ist, sondern können ruhig auf dem Weg bleiben – wir werden noch genügend Gelegenheit haben, gut gesichert in die Tiefe zu blicken.

Hinter der Holzbrücke geht der Weg links weiter. Schon haben wir den **Hubschrauberlandeplatz** ② erreicht, der zum Leuchtturm gehört. Alles Baumaterial musste hier angeflogen werden.

Die letzten Meter geht es tüchtig abwärts, und zwar über mehrere **Treppen**. Hinter einer Rechtskurve taucht dann ganz unvermutet der winzige **Leuchtturm** ③ auf. Er ist nicht zugänglich.

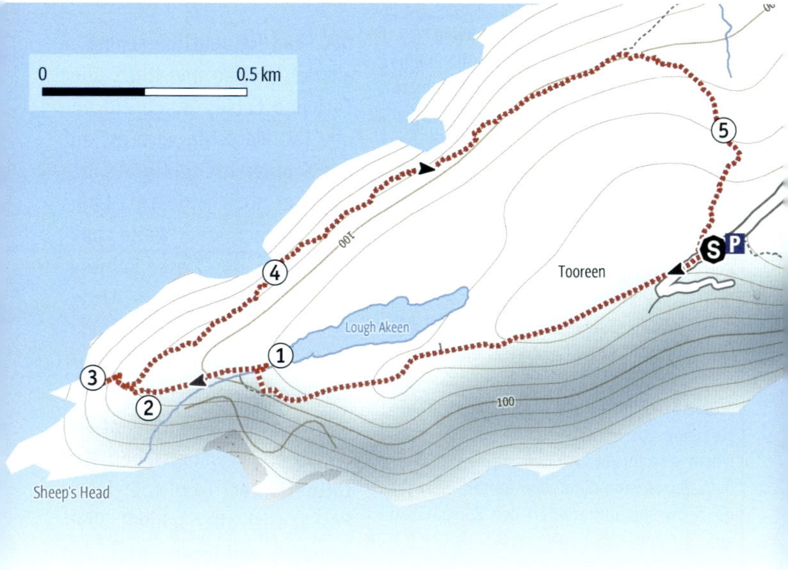

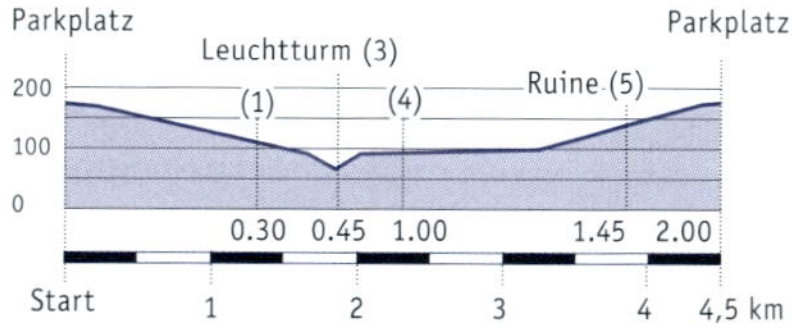

Zurück geht es bis zum **Hubschrauberlandeplatz** ② auf demselben Weg. Dann nehmen wir – wenn wir abenteuerlustig genug sind – den schmalen Pfad halblinksgeradeaus, vor dem ein **handgeschriebenes Schild** uns vor Matsch und rutschigen Passagen warnt. Es hat nicht Unrecht, anständige Wanderschuhe sollte man hier schon tragen und ein gesundes Risikobewusstsein mitbringen. Wirklich abhalten lassen sollten sich aber nur Familien mit sehr kleinen Kindern und Wandernde in Turnschuhen oder Sandalen.

Am Sheeps Head bei Sonne und blauem Himmel

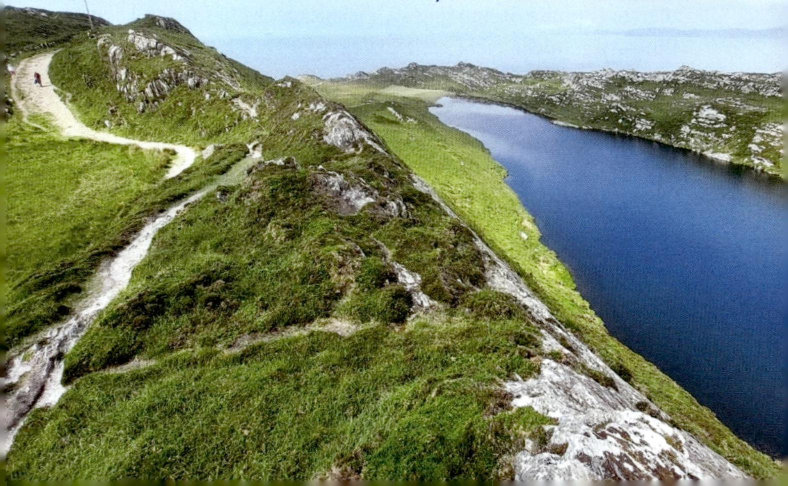

Kunst und Kuchen auf dem Rückweg
Die Sheep's Head Peninsula hat etliche einladend anmutende Cafés zu bieten, mehrere davon sind kombiniert mit kleinen Läden und Kunstgalerien. Selbst ausprobiert haben wir das »Heron's Gallery and Garden Café« in Ahakista, von der Landspitze und vom Steinkreis kommend geradeaus, wo die Hauptstraße nach rechts abbiegt. Hier wirkt Annabel Langrish, deren bunt bedruckte Stoffe und Kunstdrucke beispielsweise in Kenmare und Skibbereen ganze Läden füllen. Im Café gibt es Herzhaftes und leckere Kuchenkreationen – nicht billig, aber die Stücke sind riesig, und die meisten Zutaten stammen aus lokaler Produktion. Wer mag, macht anschließend einen kleinen Verdauungsspaziergang durch den Garten, besucht die Schweine und probiert den Barfuß-Pfad aus.
Geöffnet April bis Mitte September täglich 10.30 bis 17.30 Uhr, Tel. 003532767278.

Der Pfad ist deutlich schmaler als der Hinweg und führt über Torf und Felsen durch ein enges Tal. Matschig wird es, auf den Steinen oft sehr glatt, dafür aber auch windstill. Links geht es nach einer Weile spektakulär in die Tiefe. Schilder warnen rechtzeitig vor, trotzdem sollte ein Erwachsener vorgehen. An einer Stelle führt der Weg wirklich nah an den **Abgrund** heran, abgetrennt von einem eher symbolischen **Metallgeländer** ④. Die kurze Passage ist aber schnell überwunden. Dahinter sorgt ein abgestecktes Seil für einen gesunden Mindestabstand zur Tiefe. Etwas später kommt eine zweite Passage mit akuter **Klippennähe** inklusive prima **Foto-Spot**, die sich aber schon deutlich weniger dramatisch anfühlt.

Schließlich gelangen wir an ein **braunes Schild**, das uns auf eine Dreier-Kreuzung aufmerksam macht. Wir gehen hier rechts Richtung Parkplatz. Über einen zeitweise knackigen Anstieg kommen wir zu einem **Tor**, das wir hinter uns wieder schließen. Auch wenn es nicht so aussieht: Wir laufen nun über eine Kuhweide und stolpern möglicherweise fast über einen der friedlich im hohen Gras wiederkäuenden schwarzen Riesen, bevor wir ihn bemerken.

Rechter Hand taucht die **Ruine einer Bauernkate** ⑤ auf, vor der zwei große Steine gut als Picknickbänke herhalten können. Nun ist es nicht mehr weit bis zum Parkplatz, auf den wir am Ende unseres Weges unweigerlich stoßen.

Begegnung am Sheeps Head in mystischen Nebelschwaden.

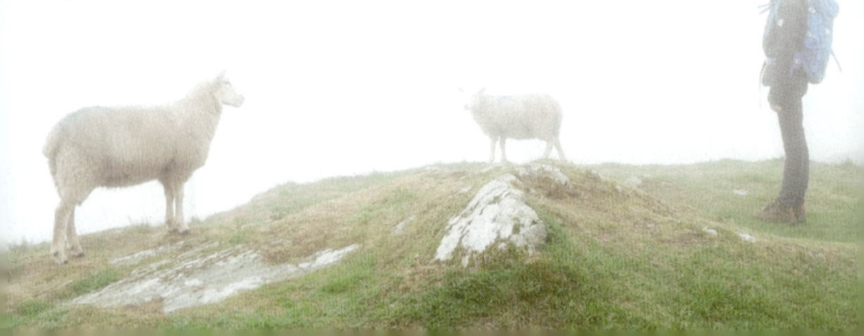

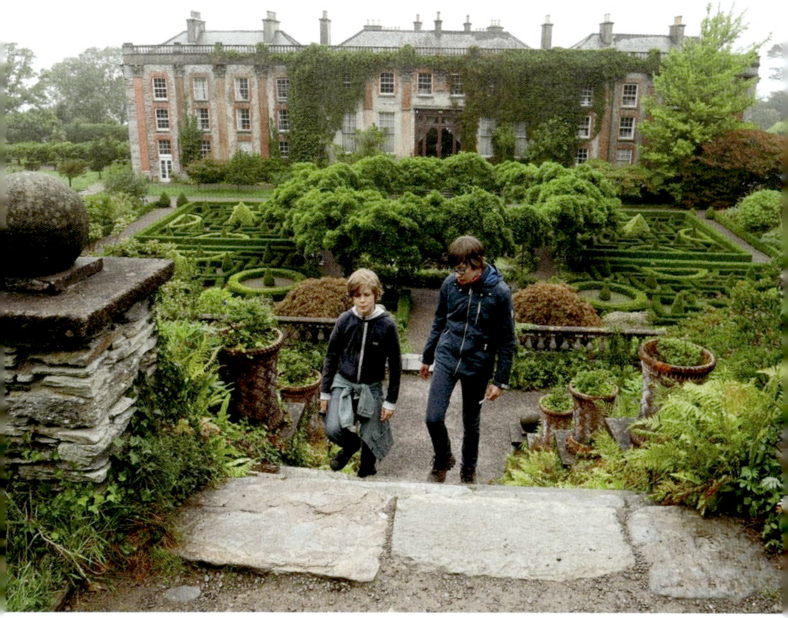

Tour 6:
Bantry House

40 m

STRECKE 2 km

45 min

ab 4

Das Herrenhaus, das nach dem Vorbild seines Gartens erbaut wurde

Bantry House ist ein altes Herrenhaus, das sich aufgrund seiner kuriosen Architektur auch mit Kindern zu besichtigen lohnt. Die Führung dreht sich hauptsächlich um die bemerkenswerte Sammlung von Kunst und Antiquitäten, die der zweite Earl of Bantry von seinen Europa-Reisen mitbrachte. Wer das – zumal auf Englisch – zu langweilig findet, darf das überdimensionale Familienheim auch auf eigene Faust entdecken. Allerdings spannt sich im oberen Teil des kaskadenartigen Treppenhauses eine Absperrung mit dem Schildchen »private« über die Stufen, denn dahinter wohnt die Familie White noch immer in ihrem Schloss. Ein Quiz speziell für Kinder führt in alle begehbaren Räume und lenkt den Blick auf Details. Auch ein viktorianisches Kinderzimmer mit Puppenhaus und Schaukelpferd ist dabei. Besonders toll aber sind die Gärten, die dank eines EU-Programms aus ihrem Dornröschenschlaf erweckt wurden. Ein kleiner Rundgang führt vom aufwendig angelegten Terrassengarten über hundert Treppenstufen in die Ländereien, zu einem verwilderten Mauergarten und durch ein verwunschen anmutendes Waldstück zurück.

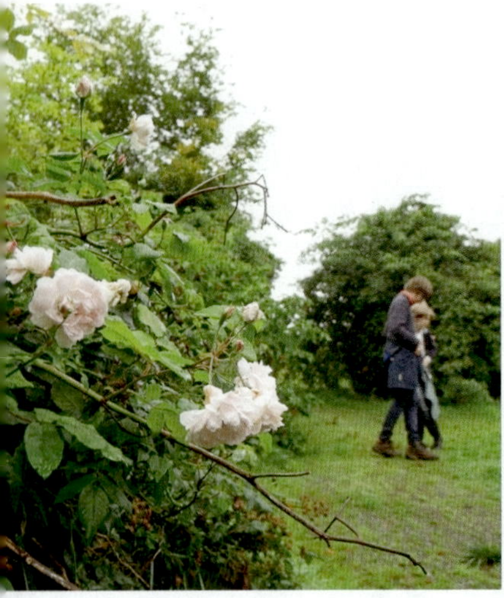

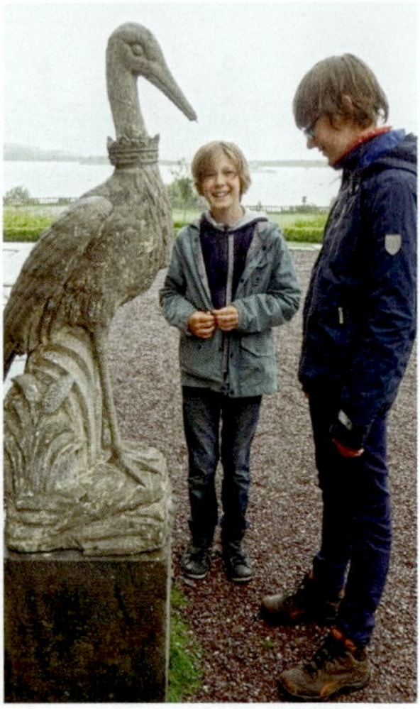

Rundgang: Je nach akuter Wetterlage vor oder nach der Besichtigung des Herrenhauses steigen wir die **hundert Treppenstufen des Terrassengartens** hinauf. Von oben haben wir einen herrlichen Blick über Schloss, Garten und die Bantry Bay.

Oben gehen wir rechts herum und an der T-Kreuzung nach links. Schon sind wir wieder fast am Haus. Rechter Hand befinden sich die einst repräsentativen **Stallungen**, die heute in einem bedauernswerten Zustand sind.

TOUREN-STECKBRIEF

Anfahrt: Durch den Ort Bantry fahren und am Hafen links abbiegen. Die Beschilderung ist eher mau. Hinter der modernen Bebauung befindet sich ein ganzes Stück nach Ortsende recht plötzlich links die Einfahrt zum Bantry House. Der Parkplatz bei **GPS N 51°40'37.7", W 9°28'01.4"** ist kostenlos.

Bantry House: Haus und Garten befinden sich in Privatbesitz und dürfen nur gegen Eintrittsgebühr betreten werden. April bis Oktober 10–17 Uhr. €14, Kinder 5 bis 16 Jahre €5. www.bantryhouse.com

Anspruch und Charakter: Die Besichtigung des Herrenhauses erfolgt auf eigene Faust mit einem dicken Ordner voller Beschreibungen auf Deutsch für die Erwachsenen und einem Quizblatt mit Suchbildern für Kinder. Wenn sich genügend Besucher angesammelt haben, gibt das Personal (oft genug der Hausherr inkognito) eine tiefschürfende Führung und weiß auf jede noch so abwegige Frage eine Antwort. Der Rundgang über das teils immer noch sehr verwilderte Gelände ist kurz, die Wege gut, nur im feuchten Gras des Mauergartens holt man sich vielleicht nasse Füße.

Highlights: Im Haus das terrassenförmige Treppenhaus, das die Architektur des Gartens widerspiegelt, ein viktorianisches Kinderzimmer und das Quiz. Draußen Terrassengarten mit Buchsbaumlabyrinthen und hundert Treppenstufen, der »versunkene Garten« mit Palmen, vier uralte Kanonen, ein »Dschungel-Pfad« mit übermannshohen Farnen und flechtenbewachsenen Bäumen entlang eines Bachs.

Einkehr: Hochpreisiger, aber sehr guter Tea Room mit Innen- und überdachten Außensitzplätzen und Blick über den »versunkenen Garten«.

In der Nähe: Bantry Bay Pony Trekking.

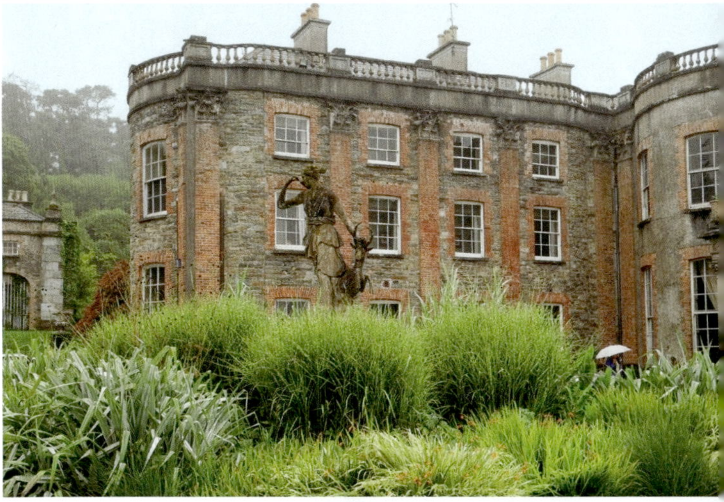

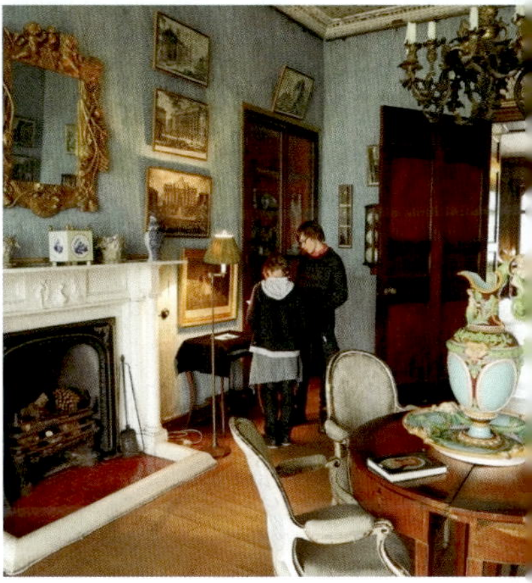

Wir halten uns links, wo eine **gigantische Konifere** in unseren Blick gerät. An der nächsten Kreuzung gehen wir wieder links. Auf dem breiten Kiesweg spazieren wir unter dichten Rhododendren ein Stück geradeaus, bis rechts eine **Abzweigung** kommt. Hier halten wir uns halb links und laufen durch das **Backsteintor** in den **Mauergarten.** Er ist nach jahrzehntelanger Vernachlässigung völlig verwahrlost, aber die Rosen links neben dem trockengefallenen Zierteich duften immer noch fantastisch.

Folgen wir dem Weg entlang der Mauer, stehen wir bald vor einem großen Komposthaufen. Rechts vor der **Ruine des Gärtnerhauses** geht es entlang der Buchenreihe und dann, vorbei an einem verschlossenen Tor vor einer Obstwiese, rechts wieder zum Eingang zurück.

Als **Rückweg** nehmen wir den kleinen Pfad, der hinter dem Tor und vor dem Bach links abzweigt. Hier laufen wir noch einmal besonders schön an übermannshohen Farnen und flechtenbewachsenen Bäumen vorbei. Eine **kleine rote Brücke** und dann ein paar riesige Steinplatten bringen uns zurück zur Kreuzung, von der aus wir schon wieder das Haus sehen. Kurz davor geht es links herum zurück zum Parkplatz.

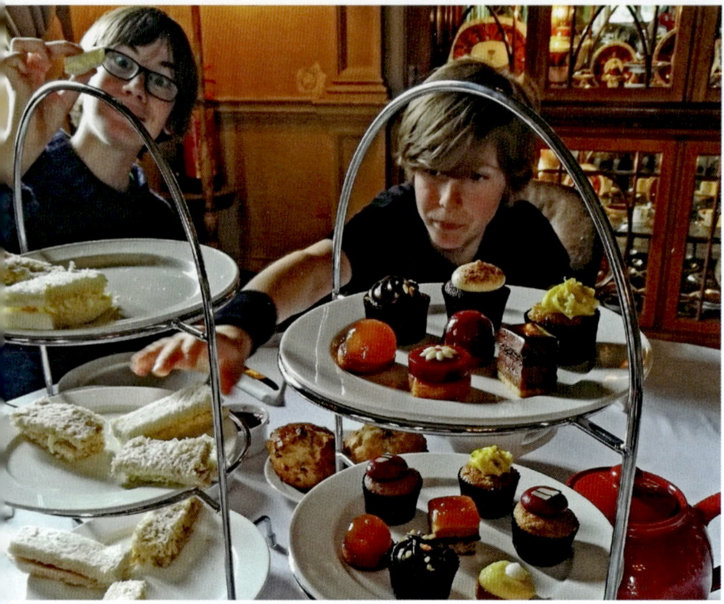

Tea Time!

Wie so viele Dinge, die wir aus Kontinentaleuropa als unverbrüchlich britisch ansehen, ist auch die Tea Time erst im 19. Jahrhundert erfunden worden. Da Irland damals zum British Empire gehörte, hat sich die Tradition auch hier etabliert. Tatsächlich wird in Irland aktuellen Statistiken zufolge heute noch deutlich mehr Tee getrunken als in Großbritannien – und das eigentlich von morgens bis abends und nicht nur zu einer festgelegten Zeit am Nachmittag.

Aber auch »Afternoon Tea« ist auf der Insel nach wie vor beliebt – durchaus als etwas Besonderes, das man sich nicht alle Tage gönnt. Oft gibt es das Vergnügen nur auf Vorbestellung oder ab einer Mindestpersonenzahl, denn es ist gewissermaßen ritualisiert. Auf den Tisch kommt dann eine dreistufige Etagère.

Unten lagern die Sandwiches, die zuerst gegessen werden. In die Mitte kommen die Scones: süße, meist krümelig-harte Brötchen, die man aufschneidet und mit clotted cream, Sahne oder Butter und Marmelade bestreicht. Buchstäblich den Höhepunkt bildet dann in der dritten Etage entweder eine exquisite Auswahl an Kleingebäck oder ein selbst ausgesuchtes Stück Kuchen aus der regulären Auslage des Cafés.

Natürlich ist auch eine ganz normale Einkehr am Nachmittag möglich und üblich, bei der man »tea for two« (oder wie viele auch immer) und einfach ein Stück Kuchen oder ein Scone für jedes Familienmitglied bestellt. Im Gegensatz zu Großbritannien, wo man sich mit solcher Aussprache tendenziell in die Nesseln setzt und als Vertreter der unteren Klassen abgestempelt wird, spricht man den Namen des Gebäcks hierzulande meist mit einem langgezogenen, runden »o« aus, sodass sich »Scone« auf »bone« reimt. Die in England üblichere Aussprache, bei der sich »Scone« mit einem kurzen »o« auf den Namen Ron reimt, sorgt dagegen in Irland mitunter für hochgezogene Augenbrauen – wobei deutschen Touristen ohnehin meist alles verziehen wird.

Ein weiterer Unterschied besteht im Scone-Genuss: Während in England fast zwingend clotted cream zum Scone dazugehört – eine Art fester Schmand, die in Deutschland so nicht erhältlich ist – ist in Irland Butter auf dem aufgeschnittenen Gebäckstück obligatorisch. Oft gibt es zusätzlich Schlagsahne dazu.

Zum Scone einen Kaffee oder einen Cappuccino zu verlangen, gilt keineswegs als Sakrileg. Kinder entscheiden sich meist für eine hot chocolate, die oft mit einer ganzen Schicht kleiner Marshmellows garniert ist, was die Sache zu einer extrem süßen Angelegenheit macht.

Tee ist jedoch immer noch der Klassiker – aber im gesamten Königreich auch so eine Sache für sich. Während Tee-Fans in unseren Breitengraden ihren Schwarztee nach spätestens drei Minuten penibel aus dem Wasser fischen, ist ein solcher Einsatz auf den britischen Inseln nicht vorgesehen. Das merkt man schon daran, dass irische Teebeutel meist kein Rückholbändchen besitzen. In guten Tea Rooms und Cafés kommt der Tee lose in das Kännchen. Dass er dann mit zunehmender Dauer der Zeremonie immer bitterer wird, gleicht man mit einem zweiten Kännchen aus, das pures heißes Wasser enthält, mit dem man die Brühe einfach entsprechend verdünnt.

Nun versteht man auch, warum in Irland so viel Milch im Tee landet: Sie dämpft die Bitterstoffe. Ob zuerst der Tee oder zuerst die Milch in die Tasse gehört, ist dabei die Small-Talk-Streitfrage schlechthin. Es gibt die Anhänger des »MIF – milk-in-first« und des »TIF – tea-in-first«. Seit spülmaschinenfestes Porzellan nicht mehr zerspringt, wenn brühendheißer Tee eingegossen wird, hat die Diskussion keine echte Grundlage mehr, wird aber weiterhin mitunter leidenschaftlich ausgefochten.

Die vollendete Afternoon-Tea-Zeremonie bieten Schloss-Hotels und ähnlich hochpreisige Etablissements mit entsprechendem Ambiente an. Ob man sich den teuren Spaß mit Kindern einmal gönnt, ist Geschmacksfrage. Der »Victorian Afternoon Tea« im historischen Drawing Room von Westport House war für uns jedenfalls ein einmaliges Erlebnis, von dem unsere Jungs heute noch schwärmen.

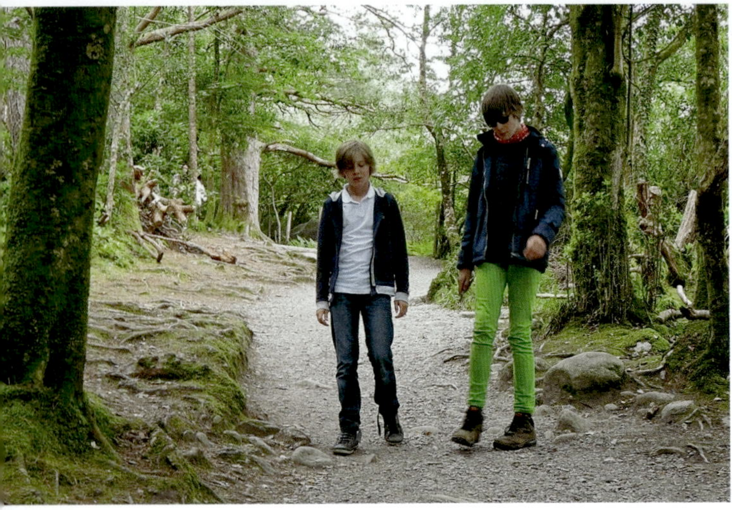

75 m

STRECKE 4 km

1 h 30

ab 4

Tour 7: Glengarriff Wood Trails

Ein Rundweg vom River Walk über den Esnamucky Walk zum Waterfall Walk

Viele Pflanzen, die in den grünen Hügeln nördlich von Glengarriff wachsen, findet man sonst eher im Norden von Spanien, Portugal und am Mittelmeer. So wächst in den steinigen Bereichen der Hänge neben Bodendeckern wie Steinbrech und Wolfsmilch auch der Erdbeerbaum – ein typische Pflanze der Mittelmeermacchia. Jenseits der botanischen Besonderheiten ist das Naturschutzgebiet der Glengarriff Woods, durch das sich das Flüsschen Canrooska River windet, ein idyllisches Revier für Spaziergänge. Die markierten Rundwege sind so kurz, dass man sie leicht zu einer einzigen Wanderrunde kombinieren kann, ohne sich dabei zu überanstrengen.

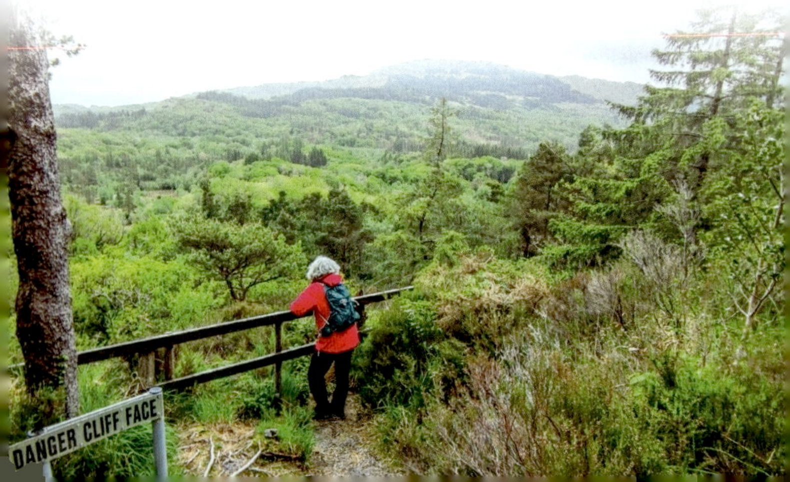

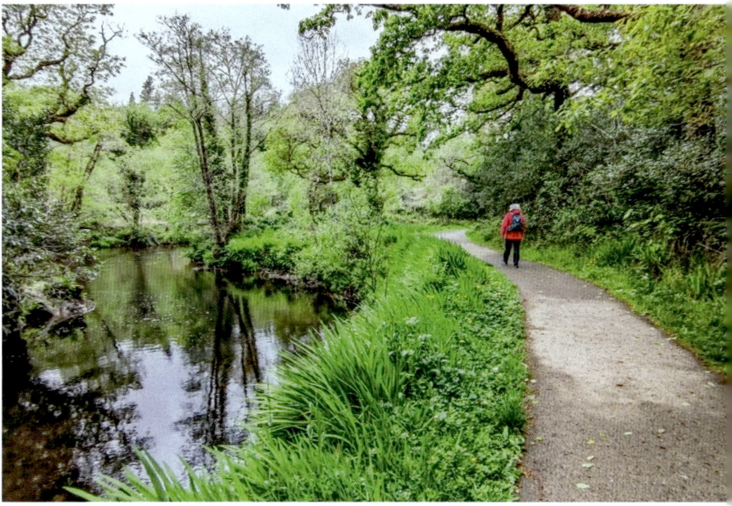

Wanderung: Vom Picknickplatz überqueren wir die Brücke und folgen links den Markierungen des **River Walk** immer am Bach entlang. Mehrfach führen Pfade zu Kiesbänken am plätschernden Canrooska River hinunter, sodass man an vielen Stellen am Wasser rasten könnte. An der **ersten Kreuzung** ① biegt der **Big Meadow Walk** links ab. Dieser Weg folgt noch einmal ungefähr 400 Meter dem Bach. Auch hier sind noch sehr **schöne Plätze am Wasser** zu finden. Im zweiten Teil ist der Big Meadow Walk dann aber ein ziemlich gewöhnlicher Waldspaziergang und weniger zu empfehlen.

Unsere Wanderrunde folgt daher hier weiter dem **River Walk** und wir gehen geradeaus, bis wir auf eine **Straße** treffen. Der River Walk biegt hier rechts ab und macht kehrt. Wir möchten aber noch ein Stückchen weiter und wechseln an der Straße auf den drei Kilometer langen **Esnamucky Walk**, der auf die Hochebene über dem Bachtal hinaufführt und von dem wir zu mehreren Aussichtsplätzen kommen.

TOUREN-STECKBRIEF

Anfahrt: Von Glengarriff auf der N 71 nach Norden fahren und nach einem guten Kilometer links in Richtung Glengarriff Woods abbiegen. Der schmalen Straße am ersten Parkplatz vorbei bis zum größeren Parkplatz bei **GPS N 51°45'18.4", W 9°34'00.6"** folgen. Dieser liegt im Wald hinter einer Wiese mit Picknicktischen.

Anspruch und Charakter: Kurze, gut markierte Wanderrunde auf gepflegten Waldwegen und Wanderpfaden. Einige steile Stellen mit Treppchen auf dem Esnamucky Walk. Durchgängig schattig. Gut geeignet für heiße Sommertage, aber durch die geschützte Lage auch für Tage mit starkem Wind.

Markierung: Schilder des River-Walk, Esnamucky Walk, Waterfall Walk.

Highlights: Schöne Plätze am Bach, Aussicht über die Hügel.

In der Nähe: Garinish Gardens, Bamboo Garden, Molly Gallivans.

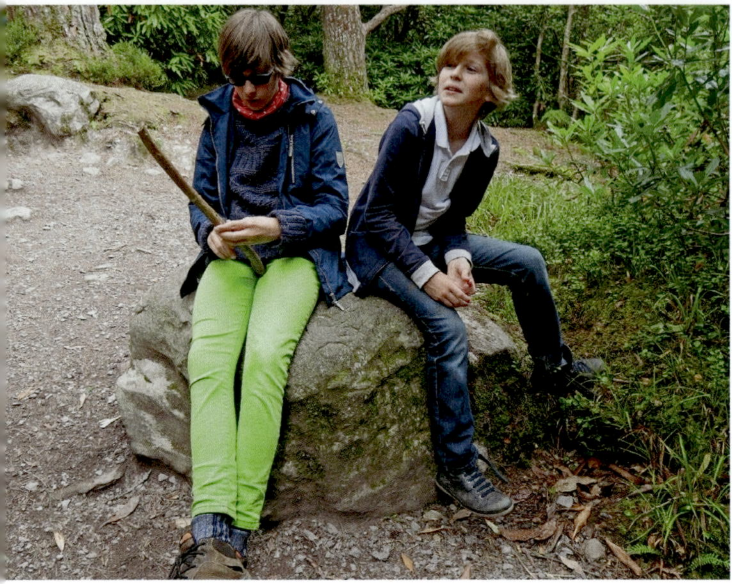

Der Mini-Loop für die Jüngsten
Wer die Strecke kürzen möchte, biegt am Wegpunkt ① rechts ab und folgt damit weiter dem River Walk. Der Rundweg ist einen guten Kilometer lang, weitgehend eben und auch mit einem geländegängigen Kinderwagen gut passierbar. Am Ufer der beiden Flüsse gibt es mehrere gut zugängliche Kiesbänke mit Spielstellen am flachen Wasser.

Dazu biegen wir an der **Straße** ② links ab, wandern rund 50 Meter auf Asphalt und biegen dann rechts in den nächsten Weg ein. Der **Esnamucky Walk** ist hier markiert, wir wandern ihn jedoch in umgekehrter Richtung, was aber unterwegs kaum Orientierungsprobleme macht. Es geht jetzt erst einmal den Berg hinauf. An der **nächsten Kreuzung** ③ nach einem knappen Kilometer biegen wir rechts ab und durchqueren das **Steintor**. Kurz darauf folgt eine zweite Kreuzung, an der wir uns ebenfalls rechts halten. Der Pfad wird schmaler und noch einmal

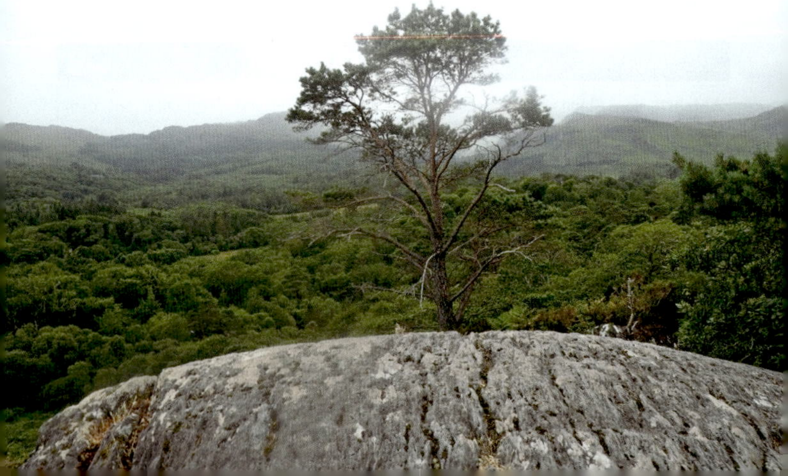

steiler. Nach etwa 500 Metern folgt der **erste Aussichtspunkt** ④ mit Weitblick über die umliegenden Berge. Kurz darauf haben wir die höchste Stelle erreicht und es geht wieder abwärts und zu einem **zweiten Ausguck** ⑤.

Ein kurzes Stück wandern wir am Hang entlang und biegen dann **an der nächsten Verzweigung** in den absteigenden Weg nach rechts ab. Kurz bevor dieser auf die Straße trifft, gehen wir links den hier unmarkierten **Waterfall Walk** weiter und wandern mit etwas Abstand wieder parallel zum Fluss. Auf Höhe des **kleinen Wasserfalls** ⑥ führt unser Weg rechts zum Bach hinunter. Wir biegen rechts ab und gehen immer am Canrooska River entlang, bis wir auf die **Straße** ⑦ treffen. Dieser folgen wir etwa 200 Meter rechts hinauf und durch die nächste Kurve, dann ist links ein **Picknickplatz** ⑧ zu sehen. In dessen linker Ecke treffen wir wieder auf den River Walk und folgen diesem Weg zurück zur Brücke und zu unserem Parkplatz.

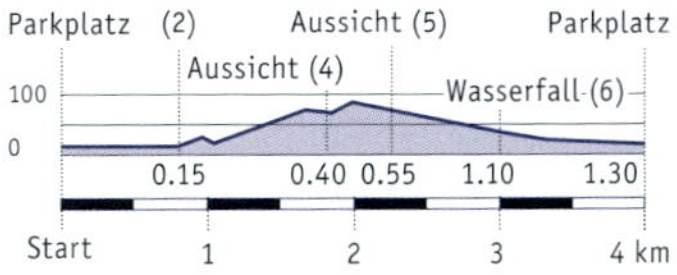

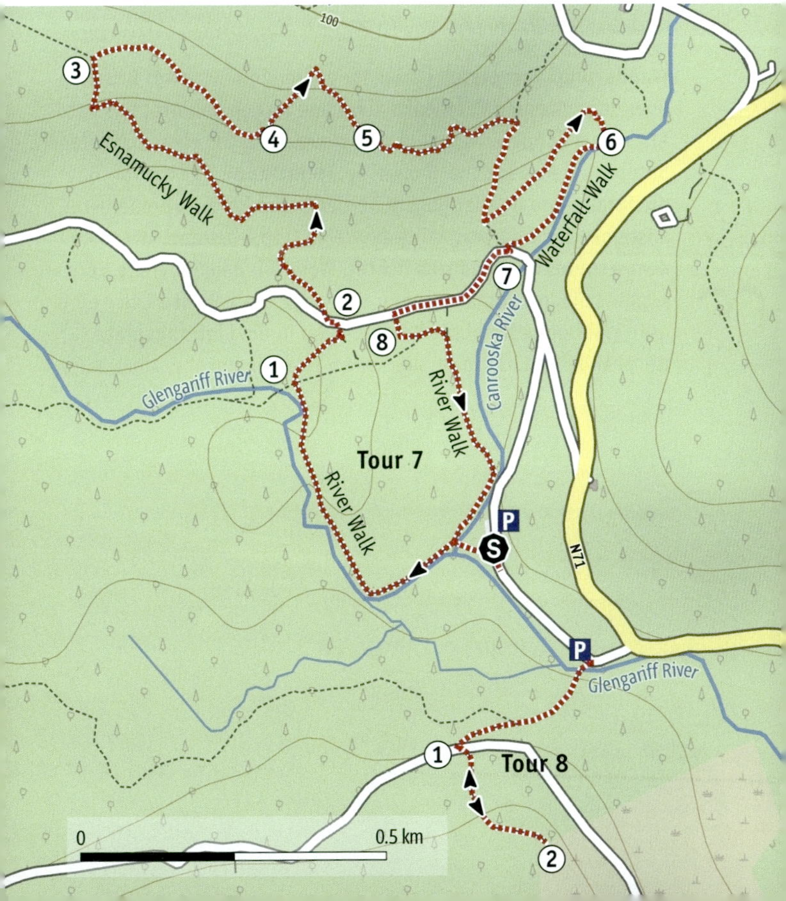

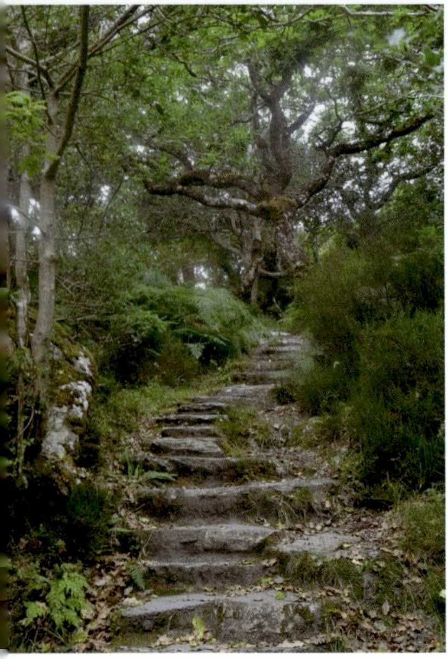

Tour 8: Lady Bantry's Lookout

Gipfelrast mit Rundblick über die Bucht von Glengarriff

Der erste Earl of Bantry bezog das Herrenhaus auf der anderen Seite der Bucht im Jahr 1765 und es ist heute noch von seinen direkten Nachfahren bewohnt. Eine der Damen des Hauses liebte den Ausblick vom gegenüberliegenden Hügel so sehr, dass man sie in ihren späten Lebensjahren mitsamt Rollstuhl hinauftrug. Der Aufstieg ist steil, aber nicht allzu lang und lohnt ganz sicher die Anstrengung. Der Ausblick über die Bantry Bay ist einfach gigantisch.

50 m

STRECKE 1 km

30 min

ab 4

Wanderung: Vom ersten Parkplatz überqueren wir **zwei Brücken** über den schmalen Canrooska River und biegen dahinter links ab. Auf einem Schotterweg geht es bergan. Kurz vor einer schmalen Straße laufen wir dann links eine **Steintreppe** ① hinauf, über die Straße und auf der gegenüberliegenden Seite auf einen steil ansteigenden Waldpfad mit sehr vielen Treppenstufen. Wir folgen dem Weg, bis der Wald sich lichtet. Wenn wir dann über die Bergkuppe schauen können, sehen wir, dass die besagte Lady eine gute Wahl getroffen hat. Der Blick von ihrem **Lieblingsplatz** ② ist phänomenal. Es gibt hier oben zwei Holzbänke, aber auch

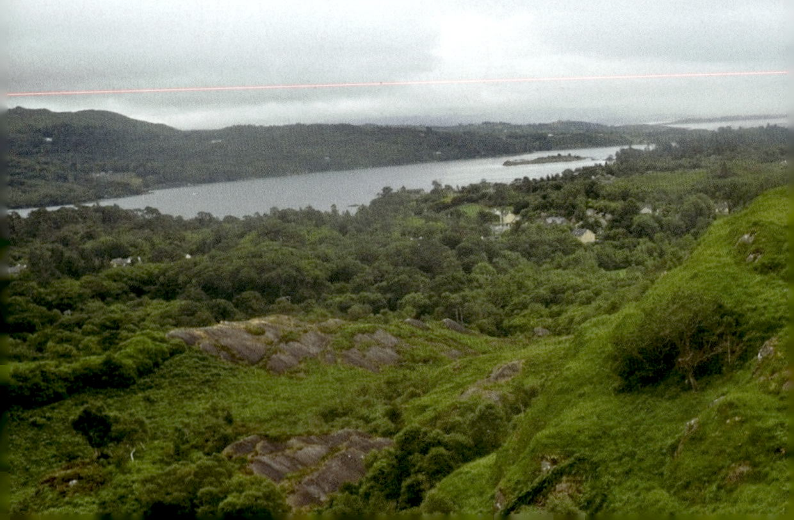

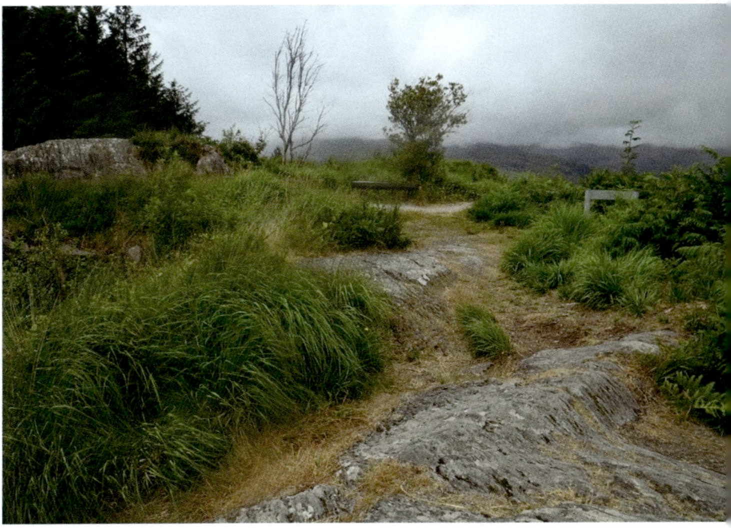

TOUREN-STECKBRIEF

Anfahrt: Von Glengarriff auf der N 71 nach Norden fahren und nach einem guten Kilometer links in Richtung Glengarriff Woods abbiegen. Der schmalen Straße bis zum ersten kleinen Parkplatz links am Straßenrand bei **GPS N 51°45'14.3", W 9°33'54.7"** folgen. Lady Bantry's Lookout ist hier beschildert.
Anspruch und Charakter: Kurzer, steiler, aber gut angelegter Pfad auf den ersten Hügel über Glengarriff. Aufstieg im Schatten, der Aussichtsplatz ist jedoch baumfrei mit Felsen und Bänken, auf denen man gemütlich sitzen kann.
Highlights: Aussicht in der einen Richtung hinunter zur Bucht, in der anderen in die wilden grünen Berge im Inneren der Halbinsel. Gipfelplateau mit viel Platz und einigen Kletterfelsen.
Einkehr: Picknick mitnehmen!
In der Nähe: Garinish Gardens, Bamboo Garden, Molly Gallivans.

mehrere Felsen zum Sitzen und wenn man nicht lieber unten am zweiten Parkplatz im Schatten picknicken möchte, wäre auch dieser Platz sehr zu empfehlen.

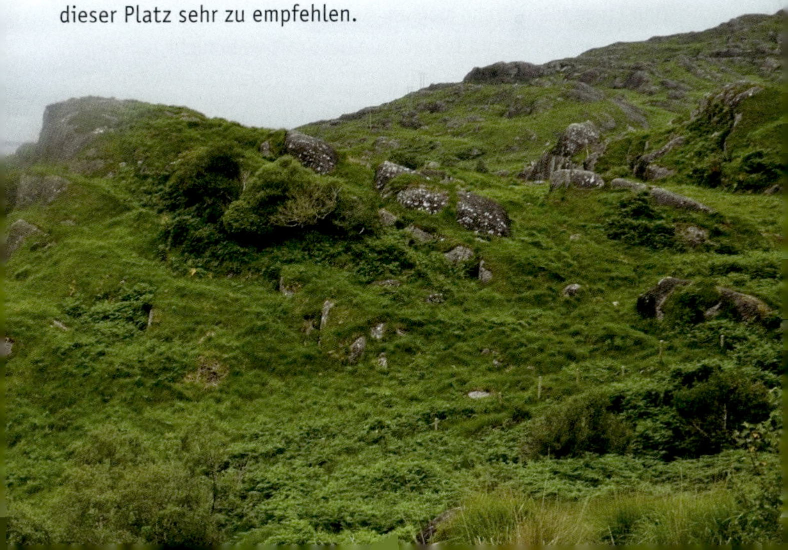

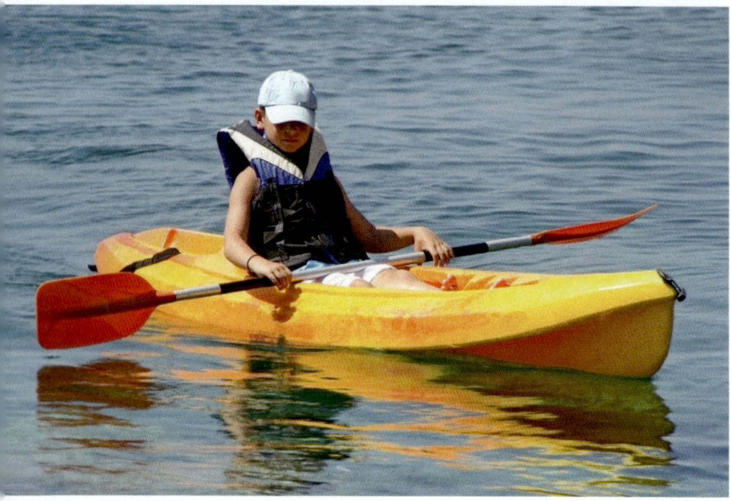

1–3 h

ab 6

Tour 9: Mit dem Kajak zu den Seehunden

Eine Paddeltour in der geschützten Bucht von Adrigole

Adrigole ist eine Station am Weitwanderweg Beara Way und ansonsten ziemlich verschlafen. Es gibt einen kleinen Laden und einen Zeltplatz für die Wanderer. Im flachen Wasser der geschützten, tief eingeschnittenen Hafenbucht vor dem Ort fühlen sich die Seehunde wohl. Wenn das Wasser abläuft, robben sie zum Dösen und Ausruhen auf die auftauchenden Felsinseln. Vorbeifahrende Kajaks stören sie dabei nur wenig, sodass man die Tiere gut betrachten kann. Manchmal, wenn sie zum Spielen aufgelegt sind, schwimmen die Seehunde wohl auch mit den Kajaks.

Zum Einpaddeln dreht man am Besten erst einmal die Kajaknase in Richtung Meer und testet, wieviel Kraft es braucht, um gegen den häufig auflandigen Wind und die Wellen zu paddeln. Die Seehunde sind dann aber eigentlich eher weiter unten in der Bucht zu finden, wo sich auch die meisten Gezeiten-Inselchen befinden. Mit einem Fernglas kann man sie oft schon vom Land

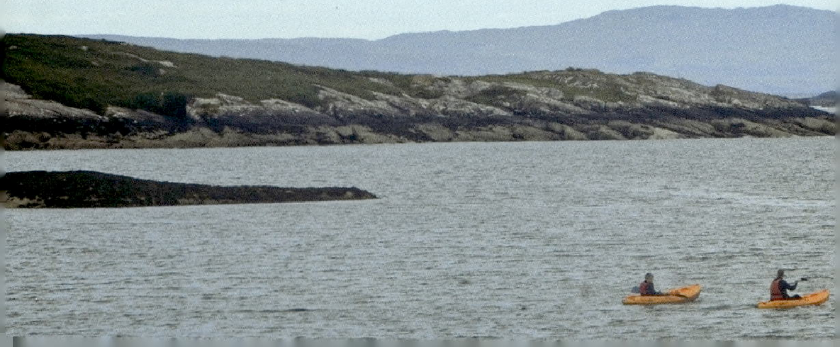

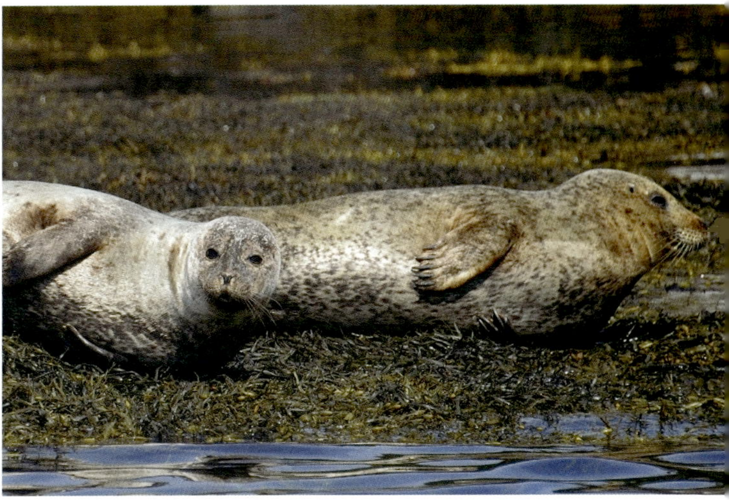

aus orten, damit man dann schon weiß, wo man auf dem Wasser suchen muss. Die Stunde Paddelzeit reicht gut aus, um einmal um die Bucht zu paddeln. Wer gerne länger Zeit hätte, um die Tiere zu beobachten, kann sein Kajak auch für zwei Stunden buchen.

TOUREN-STECKBRIEF

Anfahrt: Von Glengarriff dem Ring of Beara folgen. Kurz vor dem Ort Adrigole liegt links der Straße ein großer Kiesplatz, an dem ein »Kayaking with Seals«-Werbeschild auf die Attraktion aufmerksam macht. Hier folgen wir dem in der rechten Platzecke abzweigenden Schotterweg bis zum Parkplatz neben dem Pier bei **GPS N 51° 40'57.8", W 9° 42'57.9".**

Kajakverleih: Geöffnet Juni bis August 10–16 Uhr, Single-Kajak Typ »Sit on Top« € 15, Doppelkajak oder Kanadier € 25 für eine Stunde. Neoprenanzug (€ 3 pro Person), Schwimmwesten werden zur Verfügung gestellt. Eine Reservierung ist empfehlenswert, da es an der Station nicht allzu viele Kajaks gibt. Tel. 00353 (0)83 1156672 oder online unter westcorksailing.com.

Anspruch und Charakter: Einfache Paddeltour in einer geschützten Bucht, die auch für ungeübte Kanuten problemlos zu schaffen ist. Die Seehunde liegen vorzugsweise bei ablaufendem Wasser auf den Felsen, die dann aus dem Meer auftauchen.

Highlights: Seehunde beobachten vom Kajak. Manchmal kommen die Seehunde dabei sehr nahe an die Kajaks heran.

In der Nähe: Garinish Gardens.

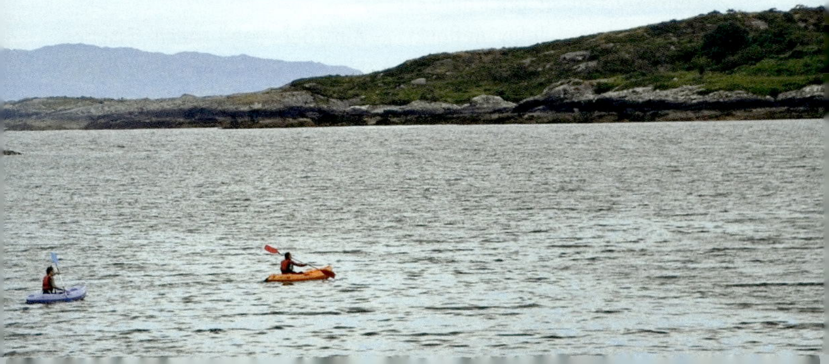

Seehunde und Robben Schwimmkünstler beim Sonnenbad

Seehunde kann man in vielen der tief eingeschnittenen Buchten in Irland beobachten, denn sie leben vorzugsweise in etwas flacherem Wasser. Um sich von der Jagd und vom Schwimmen zu erholen, liegen sie gerne in Gruppen auf den kleinen Inseln oder Sandbänken, die beim Einsetzen der Ebbe aus dem Wasser auftauchen. Da sie dazu immer wieder dieselben Plätze aufsuchen, ist die Sichtung von Seehunden auf Bootstouren recht zuverlässig vorherzusehen.

In Irland handelt es sich bei den gesichteten Tieren fast immer um den »gemeinen Seehund«, harbour seals nennt man sie im Englischen. Der Seehund ist eine der beiden in unseren Meeren heimischen Arten der Familie der Hundsrobben. Er ist vor allem in der Nordsee und am Atlantik zu Hause, während in der Ostsee eher die größere Kegelrobbe verbreitet ist.

Seehunde werden etwa 1,80 Meter lang, haben schrägstehende Nasenlöcher und einen runden Kopf. Ihr Fell ist grau und auf dem Rücken häufig gefleckt. Auf den Felseninseln treffen sich die Tiere nur zum Ruhen und meist liegen sie dabei in ein bis zwei Metern Abstand voneinander. Kommen sich zwei von ihnen zu nahe, gibt es ganz schnell Ärger, denn eigentlich sind Seehunde keine Herdentiere und gehen auch alleine auf die Jagd. Ein Seehund frisst ausschließlich Fisch wie zum Beispiel Heringe, Dorsche, Stinte und Lachse. Das ist auch der Grund, warum die Tiere vor einigen Jahren fast ausgestorben wären. Seehunde mögen unsere Speisefische und sie vertilgen große Mengen davon – sie sind für die Menschen also Jagdkonkurrenz.

Als Ende des 19. Jahrhunderts durch intensive Fischerei der Fischbestand zurückging, gerieten die Seehunde in den Fokus der Fischer und es wurde eine Prämie für jede erlegte Robbe ausgesetzt. Besonders effektiv gelang die Vernichtung der tierischen Konkurrenz in der geschützten Ostsee, in der die üppigen Kegelrobbenbestände fast komplett ausgelöscht wurden. Aber auch in der Nordsee lebten immer weniger Seehunde. Erst in den siebziger Jahren wurde die Robbenjagd verboten. Die Bestände haben sich bis heute so gut erholt, dass der Seehund nicht mehr als bedrohte Art gilt.

Auf der Jagd nach Fischen können Seehunde bis zu 45 Minuten auf Tauchstation gehen, dann müssen sie zum Atmen an die Wasseroberfläche. Unter Wasser bewegen sich die Tiere viel geschickter als an Land, wo sie etwas unbeholfen auf dem Bauch herumhopsen. Beim Schwimmen entwickeln sie leicht Geschwindigkeiten von 30 bis 40 Kilometern pro Stunde. Unter Wasser orientieren sich Seehunde hauptsächlich an Geräuschen. Ihre Ohröffnungen können sie dazu schließen und öffnen. Auch die Augen sind an das Leben im Wasser angepasst. An Land sind die Tiere stark kurzsichtig. Der Geruchssinn hilft bei der Identifizierung der Jungtiere.

Alle Robben sind Säugetiere. Die Paarung findet im Hochsommer im Wasser statt. Elf Monate später wird dann ein Junges geboren. Zur Geburt sucht die Mutter eine abgelegene Sandbank auf und das Seehundbaby kommt zügig an Land zur Welt. Es hat dort nur wenig Zeit zum Trinken und Ausruhen, denn beim Auflaufen der Flut geht es wieder ins Wasser. Schwimmen kann ein junger Seehund von Anfang an. Von seiner Mutter wird er etwa vier bis sechs Monate gesäugt. Dazu müssen Mama und Kind sich an Land befinden. Ist die junge Robbe abgestillt, muss sie von einem Tag auf den anderen alleine zurechtkommen und ihr eigenes Futter fangen, was manchmal gar nicht so einfach ist.

Wird ein junger Seehund von seiner Mutter getrennt, bevor er sich alleine versorgen kann, ruft er mit einem langgezogenen Heulen nach ihr. Verwaiste Jungtiere machen das ausdauernd und werden deshalb auch als Heuler bezeichnet. An der Ostsee gibt es mehrere Auffangstationen, die verlassene Jungtiere aufnehmen, großziehen und wieder auswildern. Das ist aber durchaus umstritten, da es große Sorgfalt braucht, um kein Seehundbaby einzusammeln, dessen Mutter nur auf der Jagd ist. Ein weiteres Risiko ist die Verbreitung von Krankheiten durch die wieder ausgewilderten Tiere im frei lebenden Bestand.

Auf der Bootsfahrt von Glengarriff zum Garten auf Garinish Island kann man fast immer Seehunde auf den Felsen sehen.

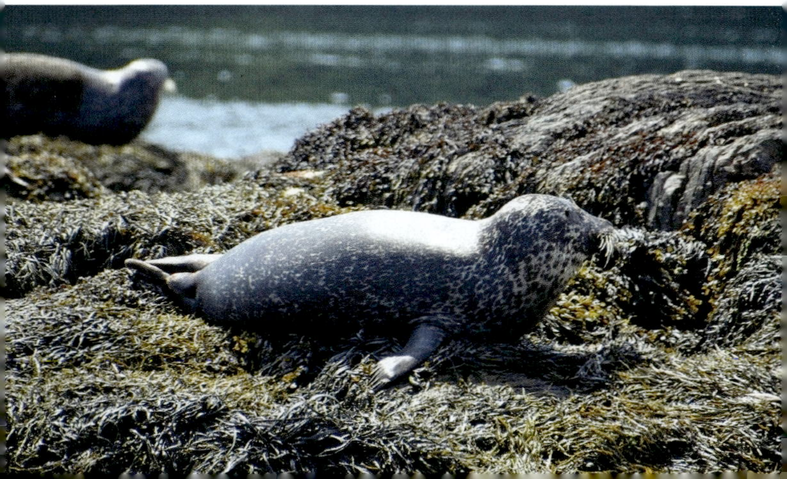

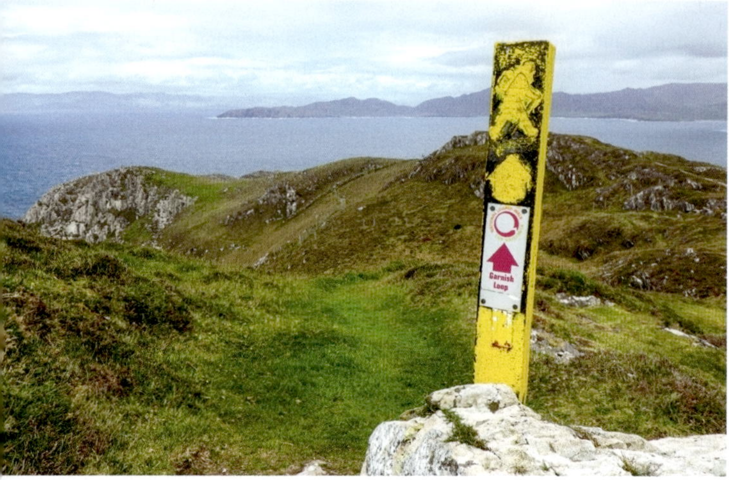

200 m

STRECKE

5,1 km

2 h

ab 6

Tour 10:
Garinish Loop Walk

Cable-Car, Schafe und Strand

Der Ort Garinish an der Spitze der Halbinsel Beara besteht nur aus wenigen Häusern und hier leben ganz sicher mehr Schafe als Menschen. Am westlichsten Zipfel der Halbinsel schwebt am Dursey Point die einzige Seilbahn Irlands über die 230 Meter breite Meerenge zwischen Beara und der vorgelagerten Insel Dursey. An der Seilbahn beginnt auch unsere Wanderrunde über die einsamen, mit Felsen gesprenkelten Grashügel, in denen viele Schafe weiden. Der Blick über das Meer ist fantastisch und am Ziel unserer Wanderung lädt ein bildhübscher kleiner Sandstrand zu einer ausgedehnten Pause ein.

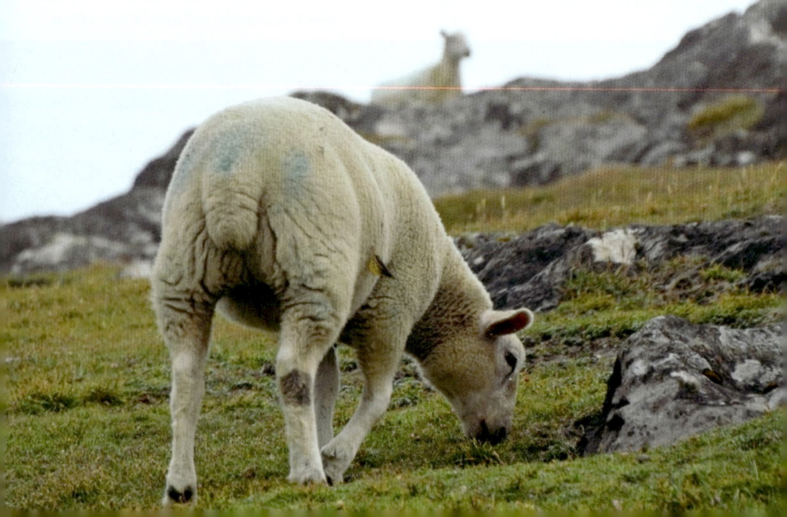

Wanderung: Vom Parkplatz an der Seilbahn folgen wir in der linken Platzecke den Markierungen mit dem gelben Männchen und dem lilafarbenen **Symbol des Garinish Loop**. Unterwegs ist unser Weg mit Pfosten mit gelber Spitze gekennzeichnet, die in dem hügeligen Weidegelände schon von weitem gut zu sehen sind.

Jetzt geht es gleich per **Treppe über einen ersten Weidezaun** und wir wandern unter Schafen über eine kahlgefressene Weide mit vielen dicken Felsbrocken. Kurz bevor wir die Klippen erreichen, geht es rechts hinauf. Hier müssen wir etwas aufpassen, dass wir nicht zu nahe ans Wasser geraten, wo ebenfalls ein Pfad zu sehen ist. Es geht erst sanft und dann immer steiler bergan. Das Ziel ist die **Bergspitze** rechts neben uns. Oben angekommen können wir weit über die Küste gucken und sehen auch, dass der **Pfosten auf dem Gipfel** ① nur ein Zwischenziel ist.

Die Seilbahn nach Dursey Island

Das »Cable Car«, in dem maximal sechs Menschen, sechs Schafe oder auch mal eine Kuh Platz haben, schwebt nicht auf einen Berg, sondern über das Wasser zum vorgelagerten Inselchen Dursey Island. Die Bahn wurde 1969 gebaut, um Dursey den wirtschaftlichen Aufschwung zu bringen. Aber schon Mitte der siebziger Jahre gingen die Fischerträge auf Dursey stark zurück und heute leben nur noch wenige Menschen auf der Insel. Die Seilbahn transportiert Vieh und Lebensmittel – aber auch wanderlustige Gäste, wobei ein Viehtransport immer Vorrang vor menschlicher Fracht hat. Ein markierter Abschnitt des Beara Way führt über die Insel, auf der man gut Seevögel beobachten kann.

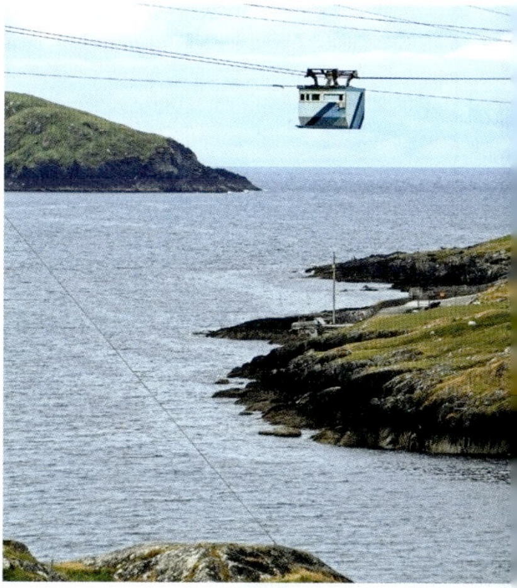

TOUREN-STECKBRIEF

Anfahrt: Von Glengarriff oder Kenmare den Ring of Beara (R575) fahren und am westlichsten Punkt der Ringstraße in Richtung Dursey Cablecar abbiegen. Der schmalen Straße bis zum Parkplatz der Seilbahn nach Dursey Island bei **GPS N 51°36'35.6", W 10°09'16.0"** folgen.

Anspruch und Charakter: Durchaus anspruchsvolle kurze Wanderung über die felsgesprenkelten Grashügel des Garinish Head. Es geht auf schmalen, recht steilen Trampelpfaden über den Hügel und mit Hilfe von Leitern über mehrere Weidezäune. Der letzte Abschnitt des markierten Loop-Walks verläuft auf der Straße. Wir empfehlen die Organisation eines »Elterntaxis«. [› Kasten Seite 74]

Hinweis: Der Weg führt über Weideland, daher sind Hunde hier verboten.

Markierung: Gelbe Pfosten mit dem violetten Pfeil des Garinish Loop Walks.

Highlights: Weiter Blick über die raue zerklüftete Küste und auf die Seilbahn, viele Schafbegegnungen. Oben am Hügel gibt es auch Kaninchen, Pause am Strand.

Einkehr: Imbisswagen an der Seilbahn (in der Saison) oder Picknick am Strand.

In der Nähe: Dursey Cable Car.

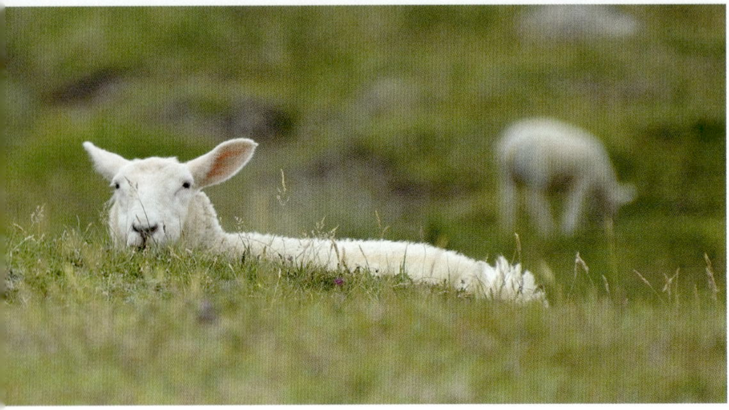

Wie man den Rückweg auf der Straße vermeiden kann:
Es ist durchaus möglich, mit Kindern auf der schmalen, von der Anfahrt schon bekannten Straße zurückzulaufen. Je nach Saison ist dort aber schon mit einigen Autos zu rechnen, da die Seilbahn nach Dursey Island inzwischenein recht beliebtes Ausflugsziel. Am einfachsten erspart man sich den Weg mit Kindern auf der Straße, indem der oder die fitteste Erwachsene vom Strand alleine zum Auto läuft und den Rest der Gruppe abholt. Das funktioniert aber natürlich nur, wenn mehrere Erwachsene zur Wandergruppe gehören. Alternativ kann man auch umdrehen und auf dem gleichen Weg über den Hügel zurückkehren.

Vor uns gibt es noch einen **höheren Hügel** ② und hier führt unser Weg nun hinauf. Der Aufstieg lohnt sich, denn jetzt können wir auch in die andere Richtung gucken. Unter uns sehen wir das Dorf Billeragh mit einer Handvoll Häusern, einem kleinen Hafen und einem wirklich hübschen Sandstrand.

Ab jetzt wandern wir bergab und die Landschaft verändert sich, der Boden ist ein wenig moorig und überall wachsen niedrige Heidepflanzen.

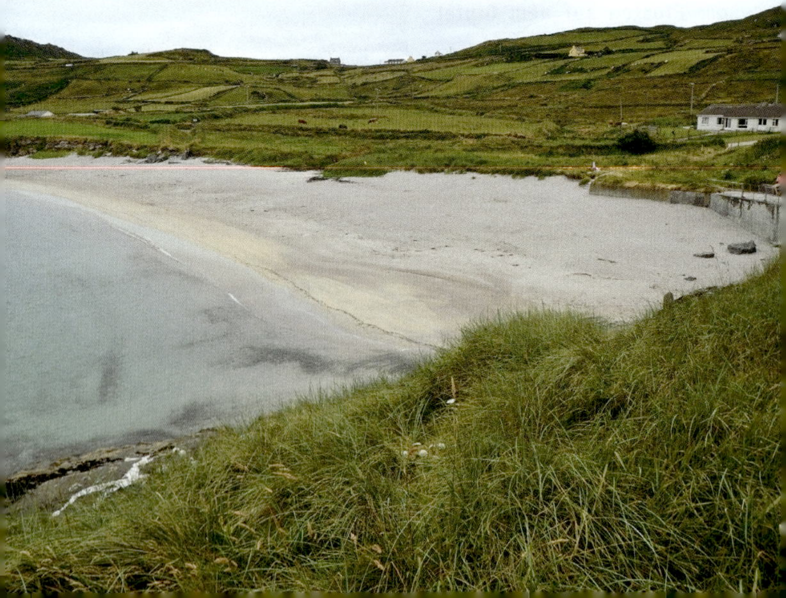

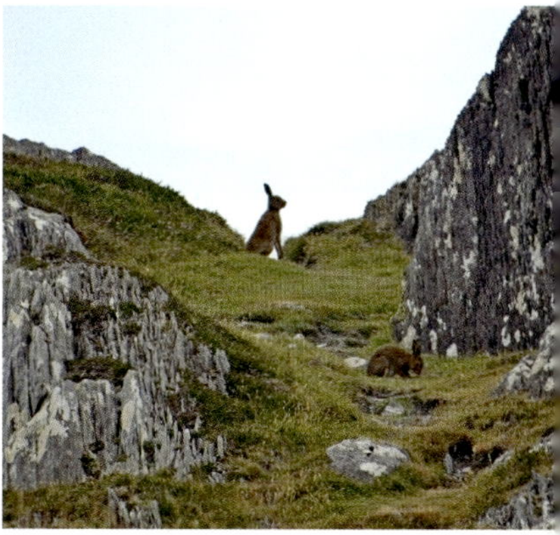

Unser Weg trifft links des winzigen **Fischerhafens** ③ auf die Küste, knickt rechts ab und bringt uns zu den ersten Häusern. Am Hafen geht es ein kurzes Stück auf der Straße weiter, dann zweigt links ein Pfad zum **Strand** ④ ab.

Nach einer gebührenden Pause geht es wieder hinauf auf die kaum befahrene Straße und links auf dieser weiter, bis nach etwa 200 Metern rechts ein **gelb markierter Feldweg** ⑤ hinaufführt. Er endet auf einem Fahrweg, auf dem wir links mit wenigen Schritten die **Straße zur Seilbahn** ⑥ erreichen, der wir jetzt rechts noch einen guten Kilometer am Straßenrand bis zum Parkplatz folgen müssen. Auf der schmalen Straße wird meist langsam gefahren, trotzdem ist dieser Wegabschnitt nicht besonders angenehm und Kinder gehören hier definitiv unter Aufsicht.

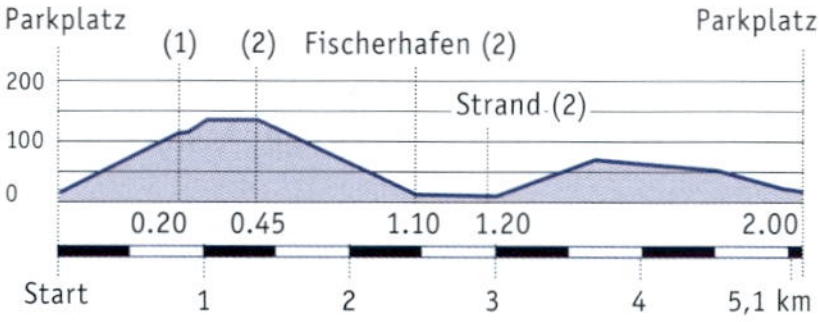

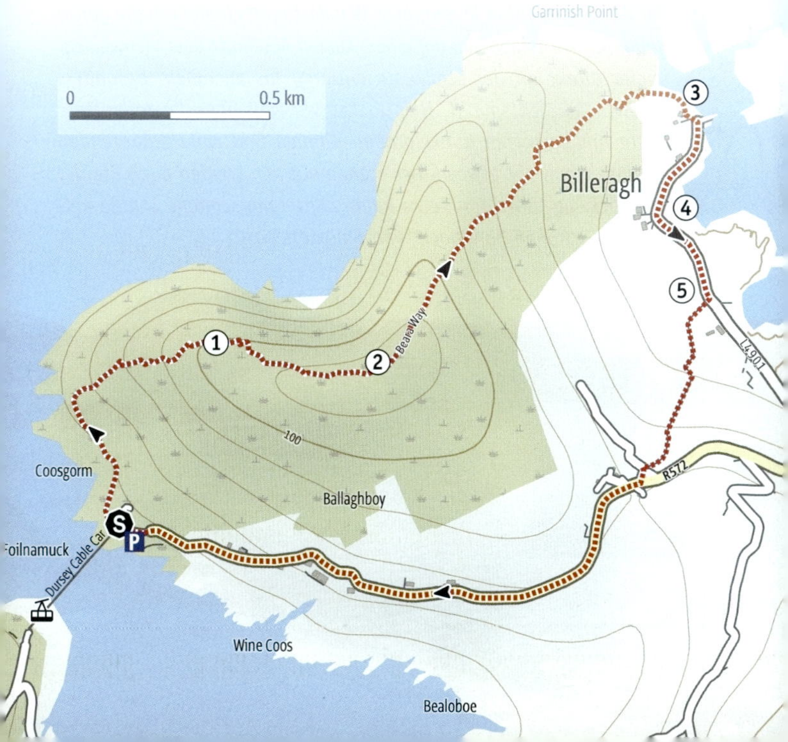

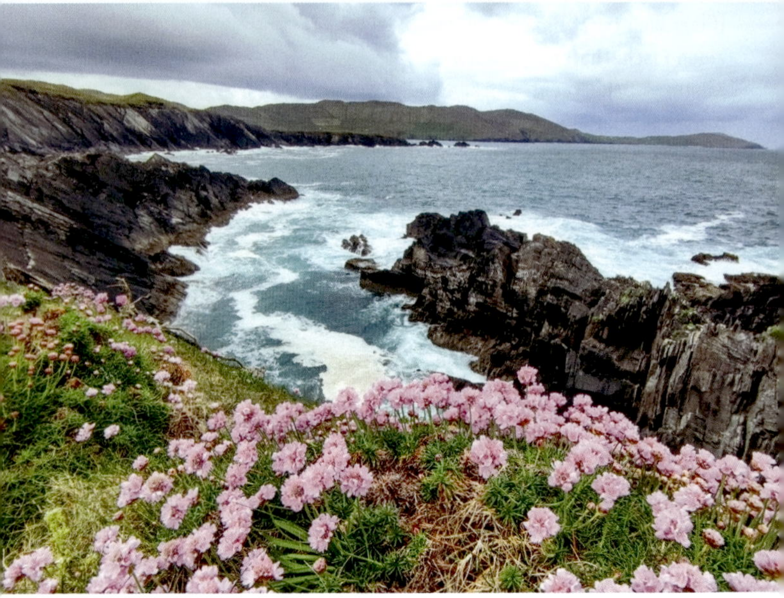

50 m

STRECKE 4,6 km

1 h 45

ab 6

Tour 11: Die Klippen von Allihies

Auf dem Beara Way an der Küste entlang

Der Beara Way führt in mehreren Wandertagen einmal um die ganze Halbinsel. Wir folgen ihm auf einem kurzen Abschnitt über Viehweiden, immer direkt an der Steilküste entlang, bis zu einem besonders schönen Aussichtspunkt. Hier gucken wir weit über die zerklüftete Küste mit schroffen dunkelgrauen Klippen und spitz zulaufenden Felsinselchen. Mit etwas Glück stehen auf den Weiden auch Pferde. Der Rückweg führt dann eine kaum befahrene schmale Straße entlang zur schönen Sandbucht von Ballydonegan.

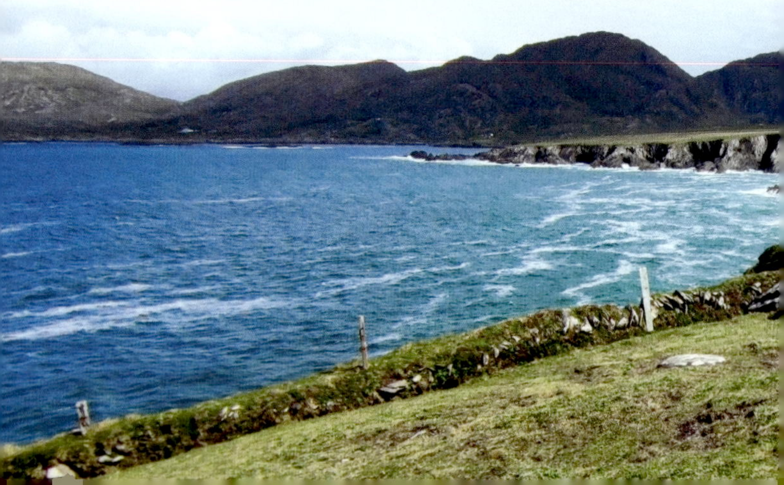

Wanderung: Vom Parkplatz hinter dem Strand von Ballydonegan folgen wir dem breiten Schotterweg an der Küste entlang. Hinter der Zufahrt zur **Campingwiese** ① beginnt die Markierung des Beara Way. Der Weg führt außen an der Umzäunung entlang und gleich über einen Weidezaun. Auf der ersten Weide stand bei unserem Besuch eine Herde Kühe. Dort geht es auf einem meist gut sichtbaren Wiesenweg immer in Küstennähe weiter. Vor dem Ende des Weidezaunes biegen wir dann rechts ab, bleiben

Steinkreise am Beara Way
In den grünen Hügeln der Beara-Halbinsel liegen etliche wenig besuchte Steinkreise verborgen, mehrere davon an der Nordküste zwischen Ardgroom und Lauragh. Vom Parkplatz bei **GPS N 51°45'34.9", W 9°48'13.4"** an der Ringstraße können wir einen guten Kilometer und etwa 100 Höhenmeter auf dem Beara Way zum **Cashelkeelty Stone Circle** hinaufsteigen. Schwieriger zu finden ist der **Ardgroom Stone Circle**, der in einem Feld nördlich des Ortes steht. Der Weg hinauf beginnt ebenfalls an der Ringstraße etwa zwei Kilometer östlich des Dorfes und ist beschildert. Es gibt dort aber keinen Parkplatz. Gut erreichbar ist der **Uragh Stone Circle** in besonders schöner Lage über einem See. Er steht auf halbem Weg an der Zufahrt zum Gleninchaquin Park **[› Tour 13]** auf privatem Land und kostet Eintritt.

TOUREN-STECKBRIEF

Anfahrt: 700 Meter südlich des Dorfes Allihies in einer Spitzkehre vom Ring of Beara (R575) zur Bucht von Ballydonegan abbiegen. Zwischen der Sandbucht und einem einfachen Campingplatz liegt bei **GPS N 51°38'01.1", W 10°03'36.4"** ein kleiner Parkplatz, an dem unser Weg beginnt.

Anspruch und Charakter: Der Weg führt an der Küste auf schmalen Wiesenpfaden von Weide zu Weide und ist ein Teil des gut markierten Beara Way, der rund um die Halbinsel führt. Unterwegs werden mehrere Weidezäune mit Trittleitern überwunden. Wer Angst vor Kühen und Pferden hat, wird an dieser Wanderung wenig Spaß haben, da man auch über »besetzte« Weideparzellen läuft.

Markierung: Gelbe Wegpfosten bis zum Wendepunkt.

Hinweis: Der Weg führt über Weideland, daher sind Hunde hier verboten.

Highlights: Begegnungen mit vielen Weidetieren, Blick über die Klippen, Strand von Ballydonegan am Ausgangspunkt der Wanderung.

Einkehr: Leckerer Kuchen und Burger in den netten Mini-Cafés Beara Barista und The Fuchsia in den Wagen am Parkplatz.

In der Nähe: Kells Bay Gardens.

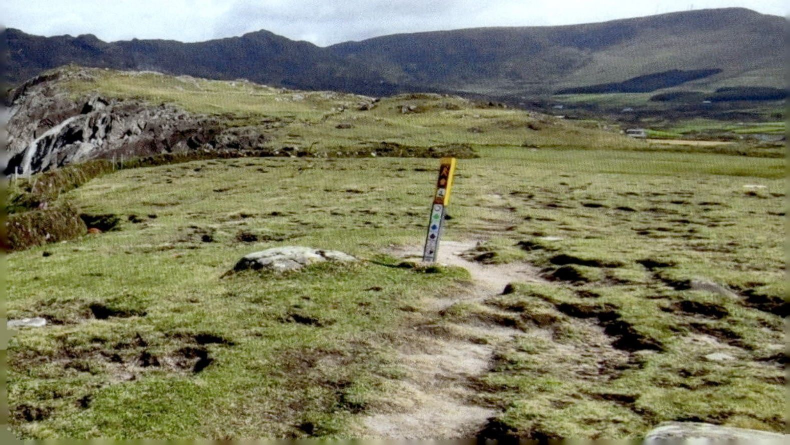

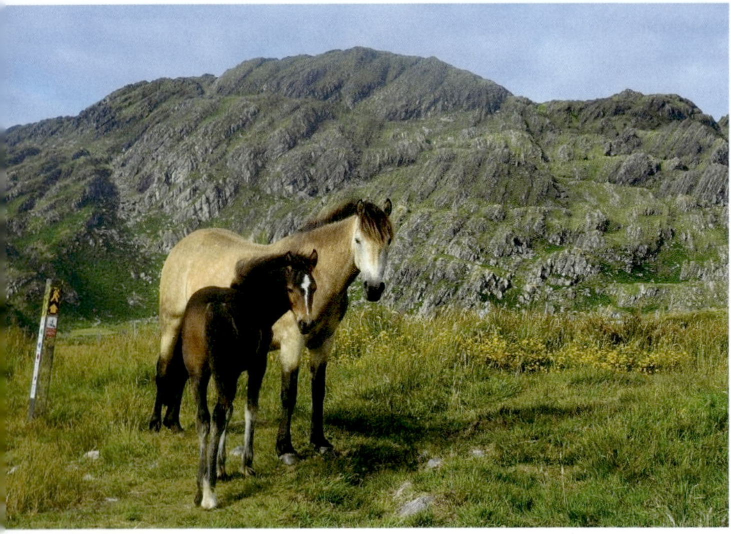

innerhalb des Zaunes und folgen dabei immer den deutlich sichtbaren **Pfosten mit gelber Spitze**.

Wir umrunden die erste Landzunge und sehen den Campingplatz rechts unter uns. Dann entfernen wir uns von der Ansiedlung und bald sind vor uns die Klippen zu sehen. Wir überklettern mehrere Zäune auf den dafür vorgesehenen Metallleitern, bis wir am **besten Aussichtspunkt** ② stehen. Die Klippen sind zwar nicht gewaltig genug, um berühmt zu sein, mit ihren spitzen Zacken machen sie die Küste aber doch sehr malerisch.

In der Bucht von Ballydonegan gibt es einen einfachen Campingplatz mit Plätzen direkt hinter dem Strand.

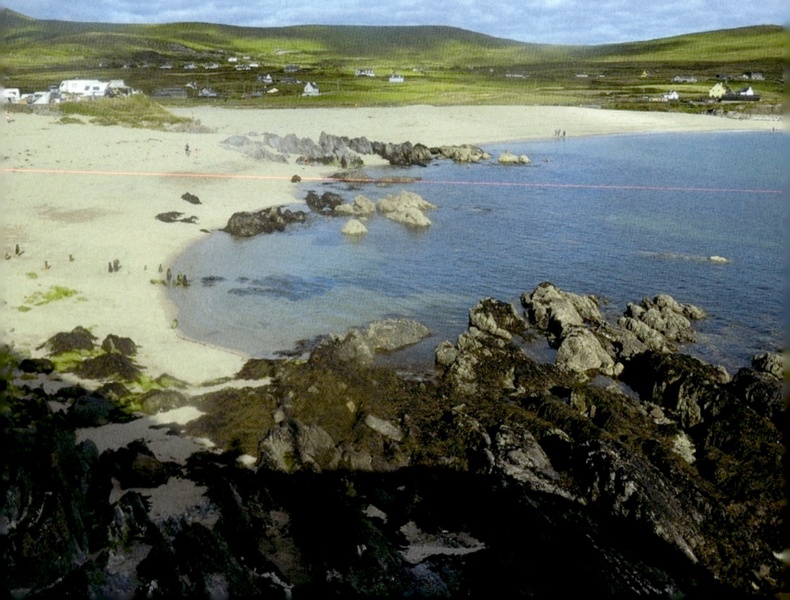

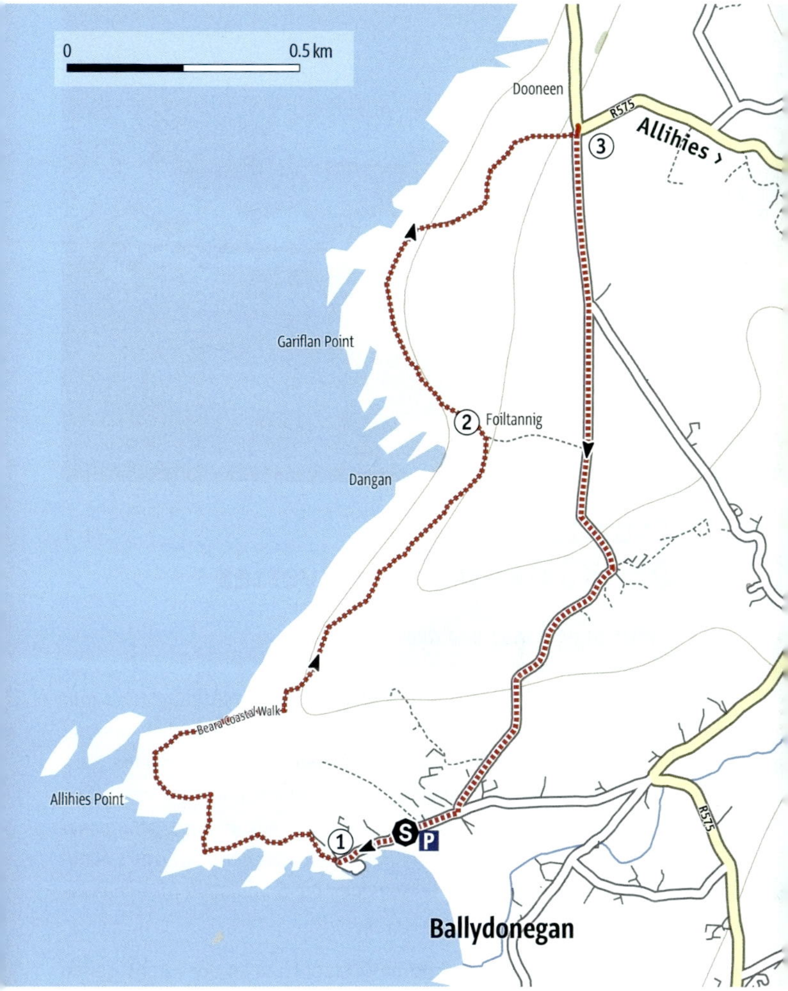

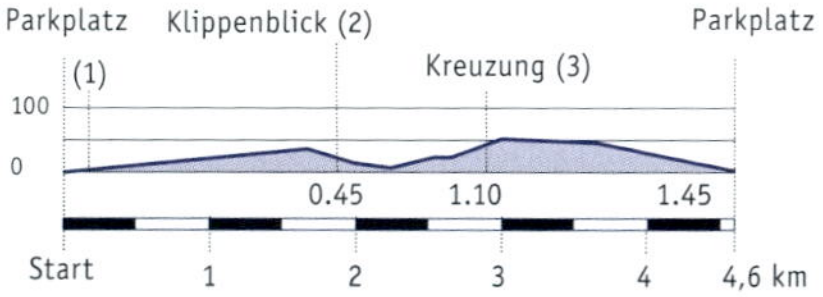

Wer nicht auf Asphalt zurückwandern möchte, dreht hier um und geht auf dem gleichen Weg zurück. Wer einen Rundweg vorzieht, folgt den Markierungen durch eine weitere Weide, auf der oft Pferde stehen, die Wandernden neugierig entgegen gucken, überklettert einen letzten Zaun und steht dann an einer **Kreuzung mit zwei etwa gleich breiten Straßen** ③. Die linke gehört zum Ring of Beara, führt ins Dorf Allihies und ist entsprechend befahren. Wir biegen also rechts ab und folgen dem schmalen, ruhigen Sträßchen. An allen Verzweigungen halten wir uns rechts, bis wir wieder auf die Siedlung hinter dem Strand und unseren Parkplatz treffen.

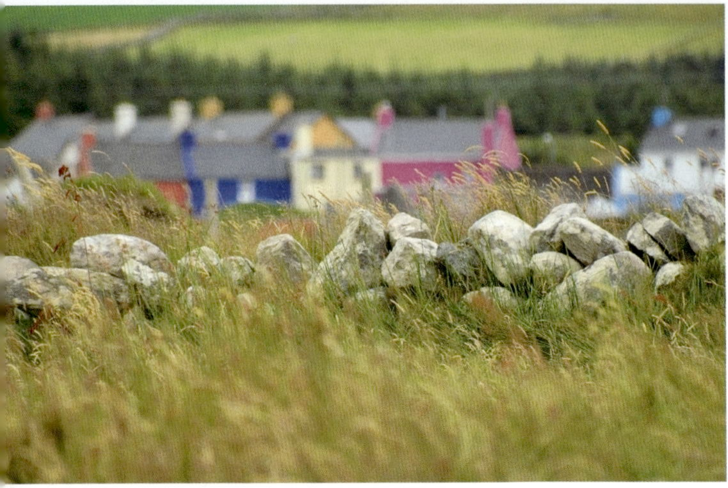

60 m

STRECKE 7 km

2 h 30

ab 6

Tour 12: Der Küstenweg bei Eyeries

Zwischen dem Dorf und dem Meer

Die Küste bei Eyeries ist still und nicht allzu viel besucht. Es gibt keinen langen Sandstrand, der die Badegäste anziehen könnte, sondern nur eine stille, steinige Küstenlandschaft und eine Kiesbucht. Da ist das Dorf Eyeries, das mit seinen quietschbunten Häusern voll dem Irland-Klischee entspricht, ein wirklich gelungener Kontrast. Hier könnten wir im Pub essen oder bei O'Sullivan's Foodstore im gelben Haus am Ortseingang die Grundlagen für ein leckeres Picknick erstehen.

Wanderung: Vom Parkplatz im Ortszentrum an der Kirche gehen wir zum Ortseingang zurück und folgen hinter **O'Sullivan's Foodstore** dem Hinweisschild in Richtung »Tra« (Strand). Auf einer schmalen Straße geht es auf die Küste zu, der Weg ist mit der

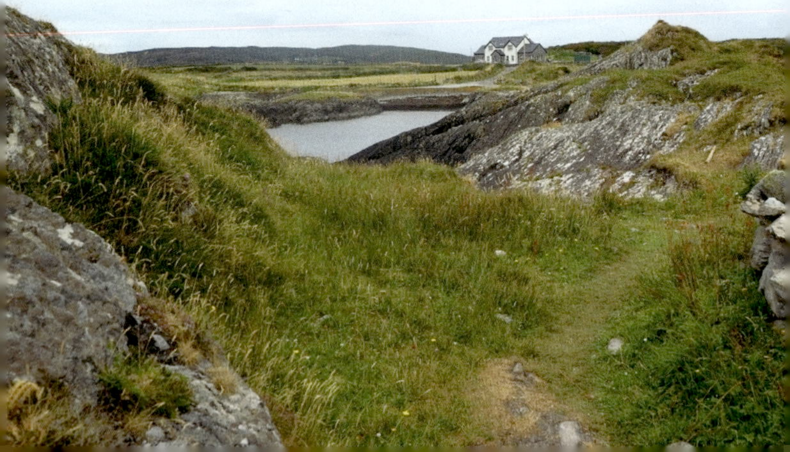

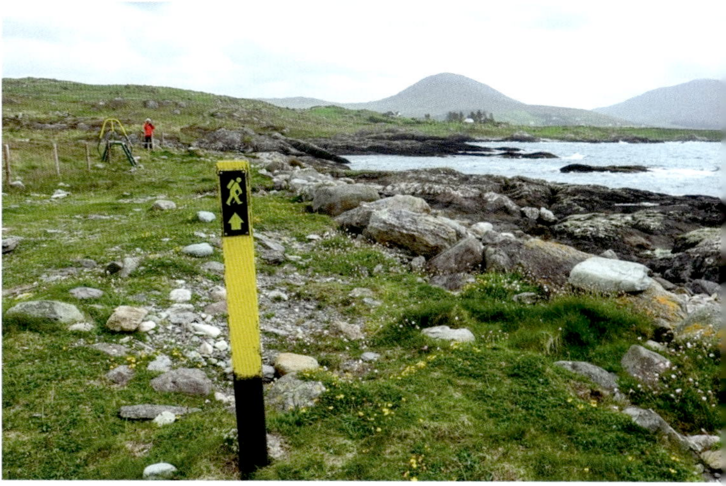

gelben Figur und den Pfosten des **Beara Way** markiert. Auch der Pfeil unseres »Coastguard Loop« befindet sich auf den Markierungsstangen. Hinter einer **Linkskurve** zweigt auf der rechten Seite zuerst ein Schotterweg und dann eine schmale Straße ab. Auf der Straße könnte man den Weg zur Küste abkürzen, unser markierter Weg schlägt jedoch noch einen Bogen und führt erst auf dem **nächsten Asphaltweg** rechts zur **Küste** ①. Es geht an einem Weidetor vorbei zu einem Parkplatz am Meer. Bis hierher käme man auch noch mit dem Auto.

Ab jetzt wandern wir auf einem Trampelpfad an der Küste entlang. Es geht mehrfach auf den typischen grünen Leitern des Beara Way über Weidezäune, über kurze Felsabschnitte und viele Wiesenwege. Die Küste ist hier nicht sehr schroff. Es gibt einige niedrige Klippen und mehrere Buchten mit groben Kieseln. Auf halbem Weg kommen wir an eine **Steinmole** ②. Von hier aus führt rechts ein Sträßchen wieder hinauf nach Eyeries. Wer lang genug gewandert ist, beendet die Runde und steigt rechts hinauf.

TOUREN-STECKBRIEF

Anfahrt: Eine Stichstraße führt vom Ring of Beara nach Eyeries, das auf halber Strecke an der Nordseite der Halbinsel zu finden ist. Unser Wanderweg beginnt am südlichen Ortseingang, wo man bei **GPS N 51°41'34.9", W 9°57'21.5"** am Straßenrand parken kann. Direkt nebenan gibt es einen Stellplatz für Wohnmobile. Alternativ finden wir im Ort an der Kirche einen größeren Parkplatz.

Anspruch und Charakter: Wanderung auf einer Teilstrecke des Beara Way – an der Küste entlang auf Trampelpfaden, auf dem Weg zum Meer und auf dem Rückweg laufen wir auf breiten Schotterwegen und einer stillen Straße.

Markierung: Gelbe Pfosten und Schilder des Coastguard Loop.

Highlights: Hübsches Dorf mit vielen knallbunten Häusern, stille, wenig begangene Wege immer an der Küste entlang, Weideleitern zum Überklettern.

Einkehr: Bars und Cafés in Eyeries.

In der Nähe: Kells Bay Gardens.

Die größere Runde führt weiter am Meer entlang. Die Küste ist hier nicht mehr so zerklüftet und daher nicht mehr ganz so spannend. Der endgültige Wendepunkt ist dann die Ruine der **Coast Guard Station** ③, die schon von weitem zu sehen ist. An dieser verlassen wir den Beara Way und gehen rechts auf einem im spitzen Winkel abbiegenden **Schotterweg** leicht bergan. Vor einem Haus liegt rechts am Weg ein kleiner **Feengarten mit Picknicktisch** ③, an dem Wandernde für eine Pause Platz nehmen dürfen.

Hinter einem **Metalltor** wird dann aus Schotter Asphalt und nach etwa 800 Metern treffen wir auf die von Eyeries kommende Straße. Wir folgen dieser rechts in Richtung Ort und gehen bis zu unserem Parkplatz an der Kirche oder am Ortseingang zurück.

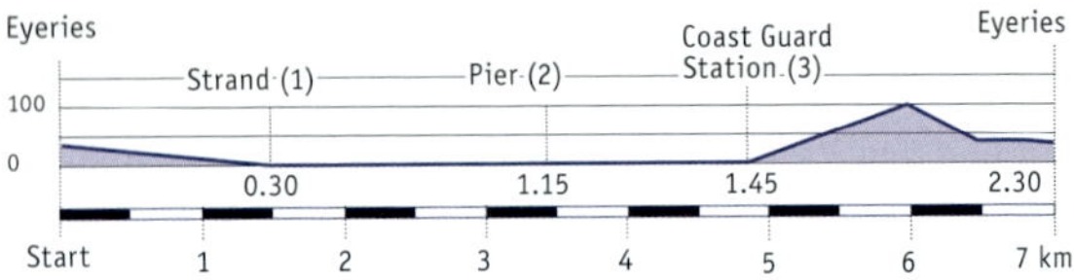

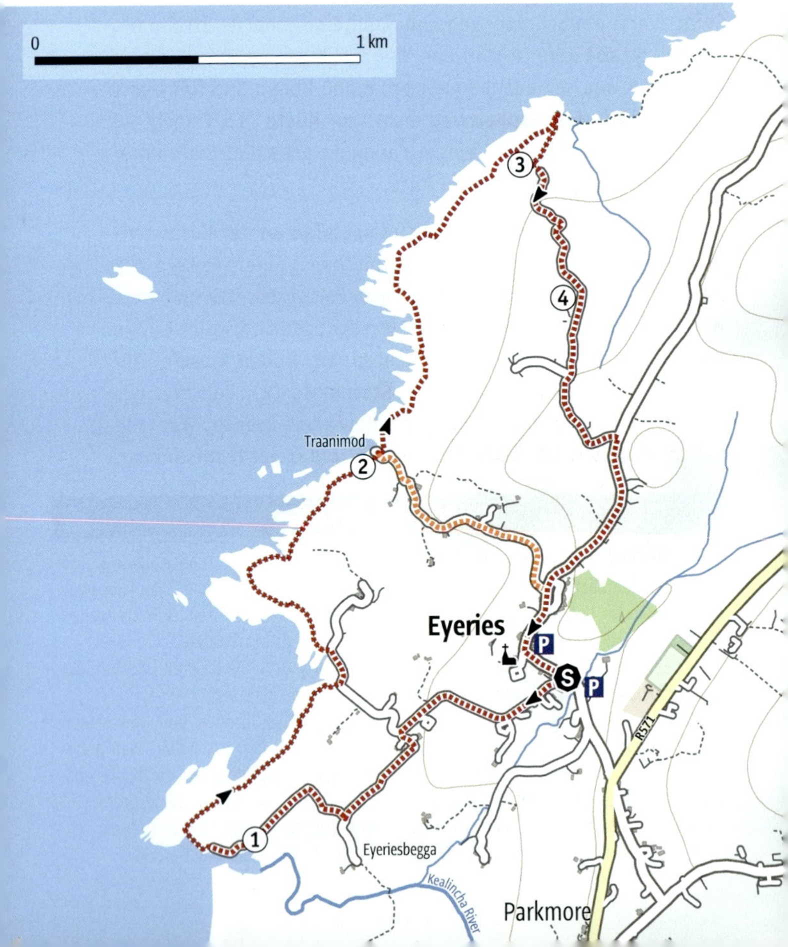

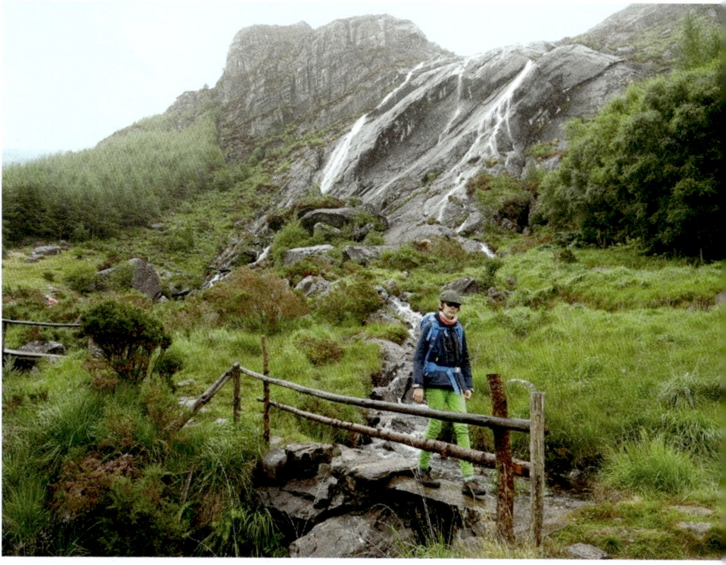

Tour 13: Gleninchaquin Park

220 m

STRECKE 4 km

2 h

ab 6

Ein Wasserfall von unten bis oben

Gleninchaquin ist privates Land, dessen Besitzerfamilie seine Naturschönheiten für die Öffentlichkeit zugänglich macht. Allerdings lässt sie sich das auch gut bezahlen. 20 Euro kostet ein Tag im Wasserfall-Tal für eine vierköpfige Familie mit Kindern über sechs Jahren. Ob die grandiosen Aussichten auf verschiedene Seen und mehrere Wasserfälle entlang eines gut markierten und beinahe völlig asphaltlosen Wanderwegs das wert sind, ist Ansichtssache. Und wenn man erfährt, dass die Holzbohlen für die Brücke oberhalb des Wasserfalls beispielsweise mit einem Hubschrauber angeflogen werden mussten und keine öffentlichen Gelder fließen, wird die Höhe des Eintrittspreises auch etwas verständlicher. Ob nun überteuert oder nicht, in jedem Fall zählt die Wanderstrecke für uns zu einer der schönsten in Irland.

Wanderung: Im Infozentrum zeigt uns die Mitarbeiterin den kürzesten Weg zum offiziellen Pfadbeginn am Wasserfall. Er führt quer über die **Schafweide**. Nur im Frühsommer, wenn die jungen Lämmer mit auf den Wiesen sind, müssen Gäste einen etwas längeren Weg rund um die Weide gehen.

Über mehrere Zaunübertritte geht es hinauf, bis wir zuerst an einem Ausweichparkplatz und kurz darauf auf einer großen **Picknickwiese** ① unterhalb des Wasserfalls stehen. Manche

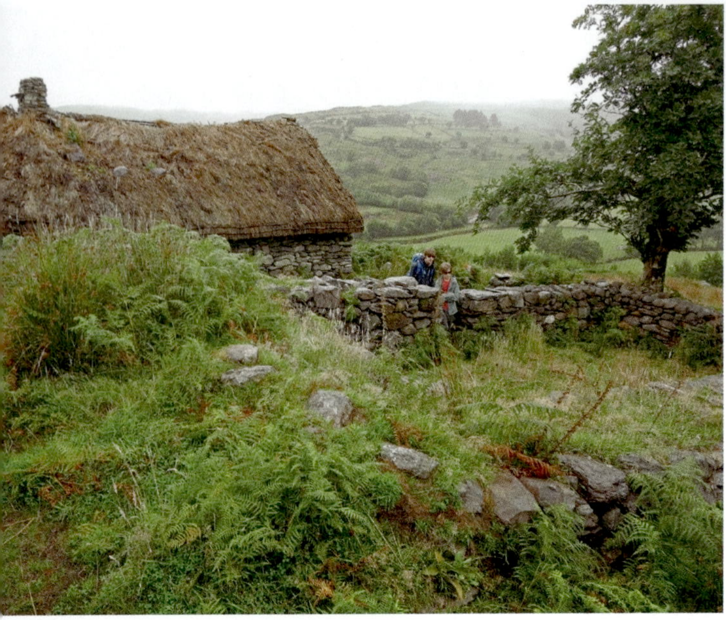

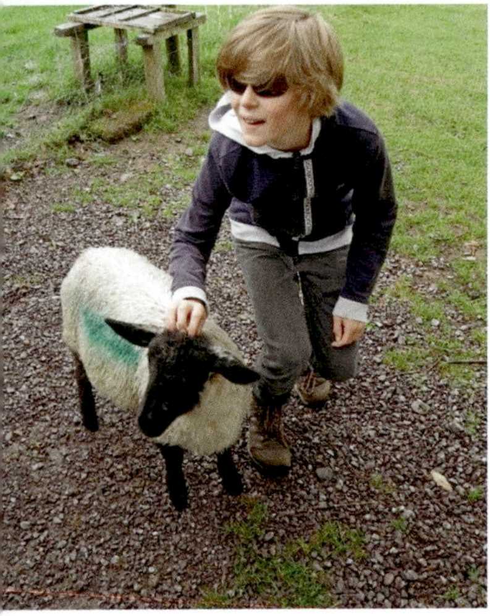

Familie schafft es gar nicht weiter als bis hierher, denn am Wasser lässt sich herrlich spielen und planschen.

Wenn wir uns losreißen können, überqueren wir die vielen schmalen Brücken am Wasserlauf. Überall scheint das Wasser unter unseren Füßen zu fließen und zu gurgeln. So stoßen wir auf einen **breiten Feldweg** und gehen dort links. Die roten Markierungen sind so zuverlässig angebracht, dass eigentlich gar keine Fragen offen bleiben.

Nach einem sanften Anstieg zweigt rechts der »**Heritage Trail**« ab. Hier können wir einen kurzen Abstecher zu einer Reethütte einlegen. Das **Arme-Leute-Häuschen** ② wollen wir uns nicht entgehen lassen. 2005 brachte die Besitzerfamilie die Ruine aus der Zeit der großen Hungersnot in ihren ursprünglichen Zustand zurück. Seitdem ist die Hütte mehrmals Filmset gewesen. Inzwischen verfällt sie wieder, das Strohdach fault und die Tür ist abgesperrt. Eine erneute Instandsetzung wird nicht öffentlich gefördert und ist nicht finanzierbar. Nichtsdestotrotz ist der Platz an der Hütte sehr reizvoll.

TOUREN-STECKBRIEF

Anfahrt: Von Kenmare aus geht es auf den Ring of Beara. Am Beara Camping zweigt links eine kleine Straße ab, an der der Gleninchaquin Park ausgeschildert ist. Das ist er von nun an zuverlässig die verbleibenden rund zehn Kilometer, die wir auf sehr schmaler und teilweise sehr schlechter Straße durch eine besonders schöne Landschaft fahren. Schließlich mündet die Zufahrt in einen Parkplatz bei **GPS N 51°48'09.0", W 9°39'35.5"**.

Geöffnet: Mitte März bis Oktober täglich von 10–17 Uhr. €7, Kinder bis 12 Jahre €5, Familie €20. Anmeldung im Haus am Parkplatz.
gleninchaquinpark.com

Anspruch und Charakter: Am Parkplatz starten verschiedene ausgewiesene Wanderwege. Der »Riverwalk« und der »Heritage Trail« sind sehr kurz und eignen sich auch mit kleinen Kindern. Unser »Red Trail« umfasst die Höhepunkte dieser kurzen Wanderungen, schlägt aber einen anspruchsvolleren Bogen über den Wasserfall, der bereits vom Parkplatz aus sichtbar ist. Der Weg ist immer sehr gut markiert und auch als solcher zu erkennen. Einige Passagen sind so steil, dass zumindest Kinder mitunter die Hände zu Hilfe nehmen müssen. Zur reinen Gehzeit kommt die Erkundung der Hütte und des Wassergartens dazu.

Markierung: Rote Pfeile und Punkte.

Highlights: Ein großer Wasserfall ganz aus der Nähe, mehrere weitere in der Ferne, Aussicht auf Berge und Seen, »Bergsteigen« mit Kletterpartien, ein Wassergarten mit Wildwasser-Bach.

Einkehr: Keine, Toiletten im Infozentrum.

An der Hütte kehren wir wieder um und setzen unsere Wanderung rechts herum auf dem Hauptweg fort. Bald schon taucht vor uns der See mit dem komplizierten Namen **Cummenadillure Lake** ③ auf. Unser Weg knickt nach links ab, und mit stetig großartiger werdender Aussicht auf Wasser und Berge geht es aufwärts. Nach einem moderaten Aufstieg wird es noch einmal richtig steil. Hier ist Konzentration angesagt, denn einige Steine sind rutschig. Die beste Aussicht auf den See mit den umliegenden Bergen und das weiter hinten liegende Panorama hat man von der **obersten Kehre** ein gutes Stück vor dem höchsten Punkt.

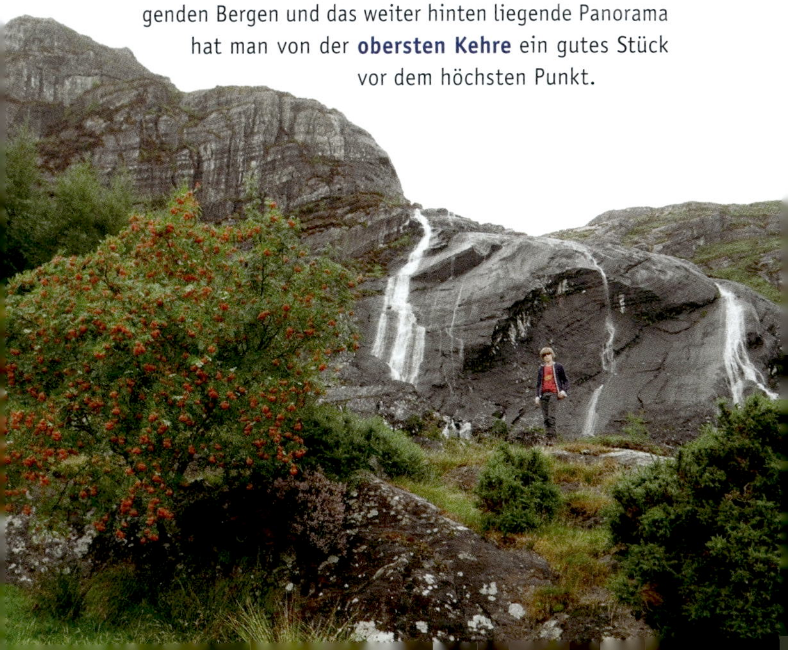

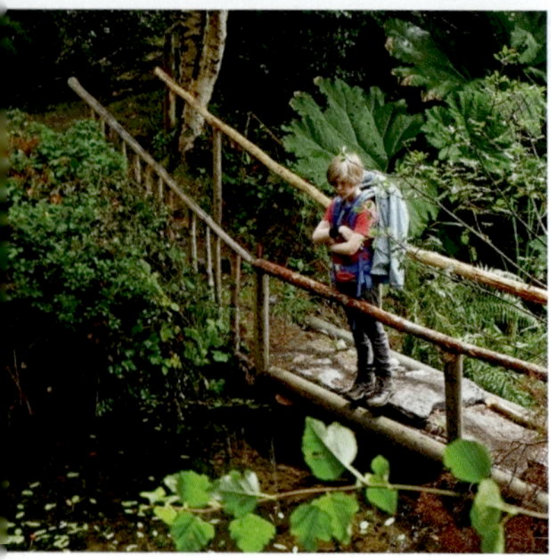

Den »**Gipfel**« ④ des roten Pfades erreichen wir kurz darauf. Er ist mit einem Steinhaufen markiert, den Wandernde hier aufgeschichtet haben. Rechts geht es auf den anspruchsvollen gelb markierten Track. Wenn wir ihm ein Stück folgen, können wir von einem **Aussichtspunkt** ⑤ einen Blick ins Tal oberhalb des Wasserfalls werfen. Der Weg dorthin ist aber oft sehr nass und die Aussicht ins Seitental nicht mit der zu vergleichen, die hinter uns liegt.

Abwärts geht es hinter dem »Gipfelhaufen« ebenso steil wie hinauf. Zwischendurch überqueren wir noch den **Bach**, der wenige Meter weiter zu dem Wasserfall wird, den wir von unten gesehen haben. Dann geht es durch ein Tor und eine lange steile **Steintreppe** hinunter, über eine Schafweide und schließlich durch ein weiteres Holztor, das mit »**Riverwalk** ⑥« beschriftet ist.

Dieser letzte Teil der Wanderung ist noch einmal besonders schön. Zwischen den dicht stehenden Bäumen plätschert der Fluss in vielen **Kaskaden und Mini-Wasserfällen** dahin. Wir folgen ihm immer weiter, bis wir auf einer kleinen grasbewachsenen Lichtung stehen. Das ist der **Wassergarten** ⑦. Hier gibt es mehrere kleine Pfade, die über Brücken führen, Gewächse mit gigantischen Blättern und einige Zugänge zum Wasser, wo es sich – nicht immer ganz ungefährlich – prima Herumplempern lässt.

Ein Schild zeigt uns den Weg zurück zum Parkplatz, der von hier aus nicht mehr weit ist.

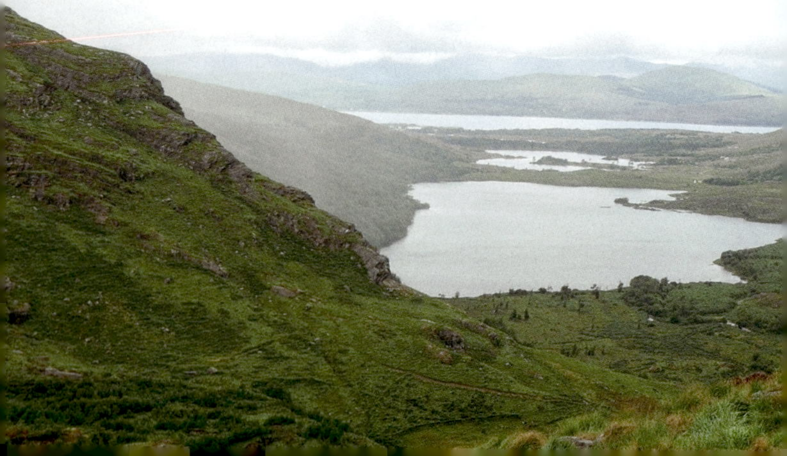

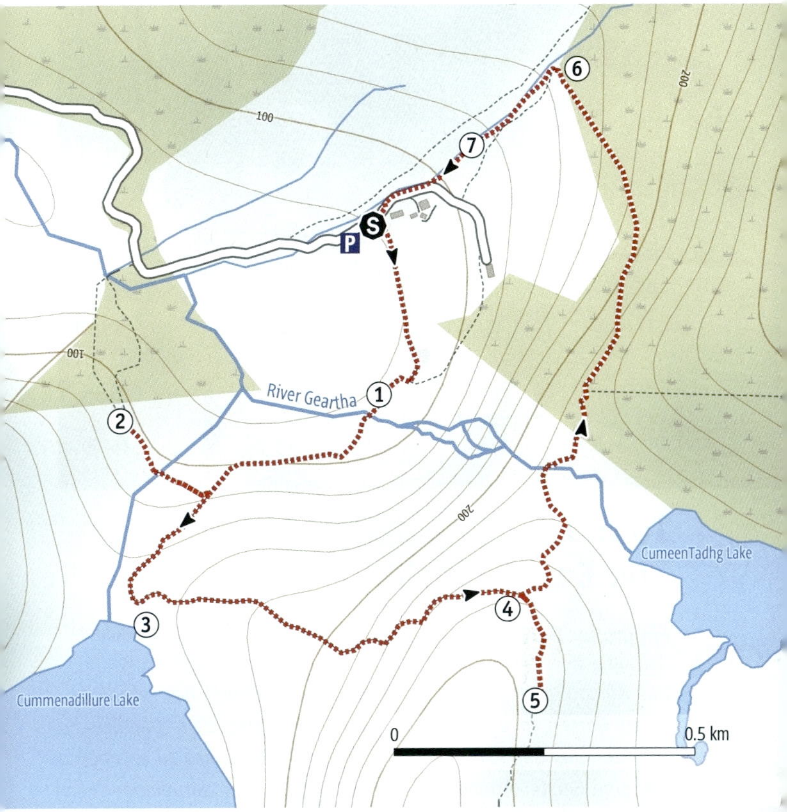

River Geartha
CumeenTadhg Lake
Cummenadillure Lake
100
200
P
S
1
2
3
4
5
6
7
0
0.5 km

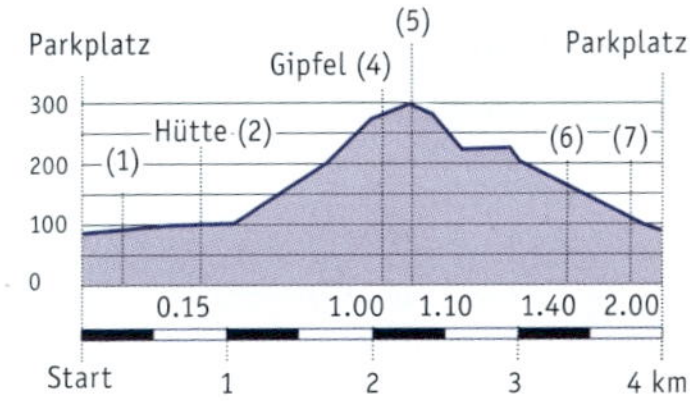

Parkplatz
Gipfel (4)
(5)
Parkplatz
Hütte (2)
(1)
(6)
(7)
300
200
100
0
0.15
1.00
1.10
1.40
2.00
Start
1
2
3
4 km

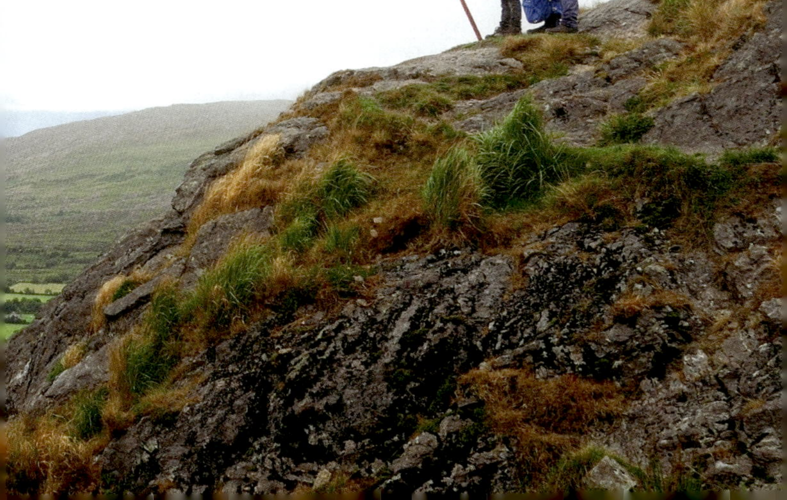

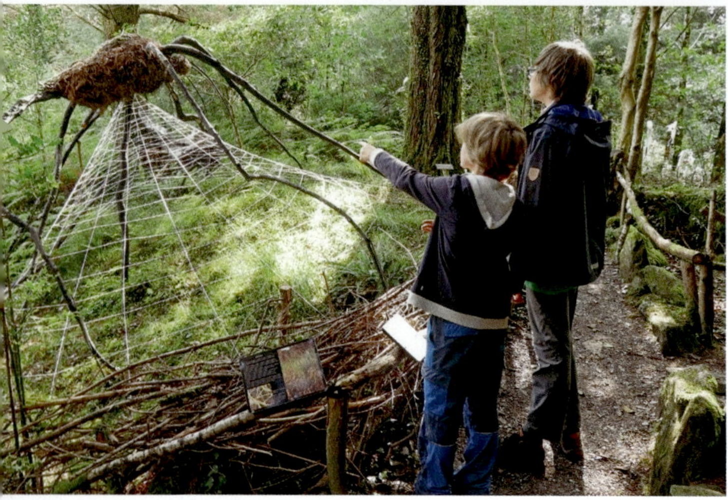

1–3 h

ab 4

Tour 14: The Ewe Experience

Ein großer Garten voll verrückter Kunst

Das Künstlerpaar Sheena Wood und Kurt Lyndorff hat seinen privaten Garten in eine Oase der Fantasie verwandelt. Gigantische Insekten aus Baumstämmen und Moos gilt es ebenso zu entdecken wie eine Geister-Armee aus alten Milchtüten. Ein sprudelnder kleiner Wasserfall fließt mitten durch das bunte Treiben, flankiert von einer überdimensionalen Libelle und einem fahrradfahrenden Fisch. Das Repertoire reicht von Land-Art aus reinen Naturmaterialien und Upcycling (»aus Müll mach Kunst«) bis zu bunten Beton-Skulpturen. Immer mit dabei ist ein hintergründiger Humor – und eine Botschaft, die auf Nachhaltigkeit und Verantwortungsbewusstsein zielt.

Rundgang: Die Schilder an der Straße machen laut und unmissverständlich auf die Wunder der Ewe Experience aufmerksam – doch dann stehen wir vor verschlossener Tür. Das ist jedoch gewollt: Jeder Gast muss die Klingel am Gartentor läuten, denn Hausherr Kurt Lyndorff möchte jeden persönlich begrüßen. Immerhin handelt es sich um seinen eigenen Grund und Boden, den er seinen Gästen zugänglich macht, den privaten Garten rund um sein Wohnhaus, das er mit seiner Partnerin Sheena Wood eigenhändig wieder aufgebaut hat. Deshalb gibt es auch einige Regeln auf dem Gelände, die das Künstlerpaar überwacht. Die zwei wichtigsten lauten: auf den Wegen bleiben und keine Kunstwerke berühren oder verändern, es sei denn, sie sind laut Infotafel bespielbar. Und: Immer die Augen offen halten und

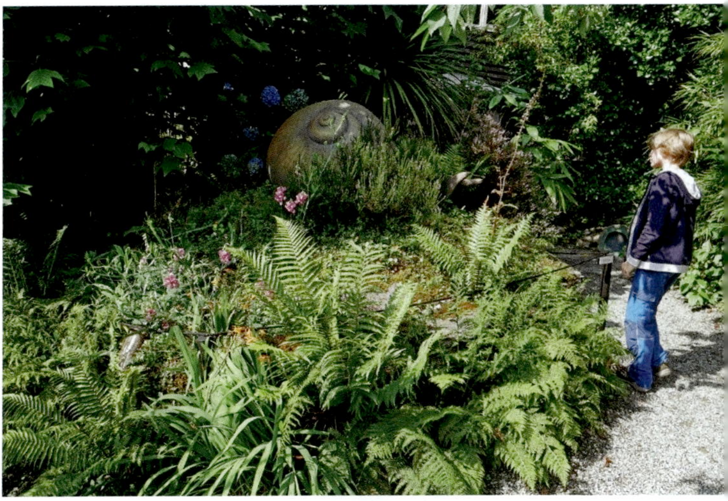

mindestens zweimal hingucken, denn zwischen dem Offensichtlichen sind überall noch ganze Welten versteckt.

Nachdem Kurt Lyndorff – der in seinem ersten Leben übrigens dänischer Kriegsberichterstatter in den Krisenregionen des Nahen Ostens und Südamerikas war – uns in Empfang genommen hat, schickt er uns rechts herum in den lieblichen Teil des Gartens. Das Gelände ist dreigeteilt. Manche schaffen es gar nicht auf den großen Rundweg, weil sie hier vorne schon versacken, erzählt uns Sheena Wood. Als wir eine halbe Stunde später aus der »Klanghöhle« wieder auftauchen, wo unzählige Alltagsgegenstände als hölzerne oder metallene Klangkörper an Schnüren hängen, verstehen wir, wieso. Wir blicken auf den Teich und genießen die Ansicht auf Seerosen und ein badendes Schaf aus Beton. Dann entdecken wir auch noch Gesichter im Farn. Und erst ganz am Schluss fällt uns auf, dass außerdem fliegende

TOUREN-STECKBRIEF

Anfahrt: Die Einfahrt der Ewe Experience liegt direkt bei **GPS N 51°46'38.0", W 9°34'10.0"** an der N71 bei Glengarriff in Richtung Kenmare. Trotz der guten Ausschilderung kommt sie recht plötzlich, vor allem aus Richtung Kenmare.
Anspruch und Charakter: Der Garten ist im Juli und August täglich von 10–18 Uhr geöffnet. Eine vierköpfige Familie zahlt €30 Euro Eintritt, einzeln zahlen Erwachsene €9, Kinder €6,50, sobald sie laufen können. Der Rundweg durch den großen, teils wilden Garten voller Kunst ist nur 300 Meter lang – kaum zu glauben angesichts der Fülle von Natur und künstlichen Hinguckern. Es gibt viele Stufen und schmale Wege. www.theewe.com
Highlights: Die »Klang-Höhle« und weitere bespielbare Kunstwerke, ein Wasserfall.
Einkehr: Ohne Anspruch auf Öffnungszeiten gibt es Kaffee und manchmal Kuchen im Gartenkiosk (keine Sitzmöglichkeiten). Selbst mitgebrachte Picknicks sind nicht erlaubt. Nächste Gastronomie in Glengarriff und Kenmare.
In der Nähe: Kells Bay Garden, Molly Gallivans, Bamboo Garden.

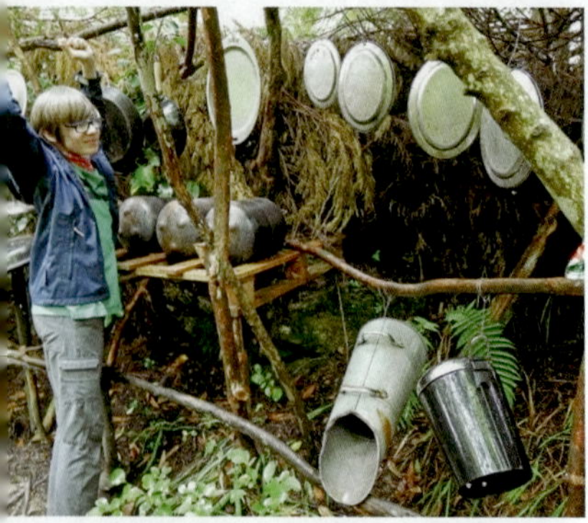

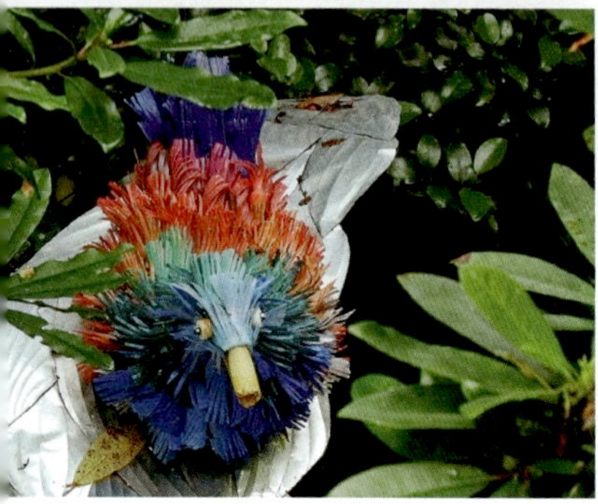

Fische aus Gaze über dem Wasser schweben.

Die Magie des Ortes reißt uns mit. Die Kinder nehmen jedes Spielangebot wahr, das sich am Wegesrand bietet, von bunten Tic-Tac-Toe-Steinen bis zum Grimassen-Spiegel. Vorbei am Wohnhaus geht es über eine schmale Brücke zum Wasserfall. Der kleine Fußweg – zum Glück als Einbahnstraße konzipiert – führt uns an gefühlt hunderten Kunstwerken vorbei. Vieles erschließt sich erst auf den zweiten Blick, regt zum Nachdenken an. Manchmal sind auf Infotafeln Erklärungen mitgeliefert, manchmal lehrreiche Texte zur Evolution, manchmal Gedichte aus der Feder von Sheena Wood. Oft geht es um die Themen Nachhaltigkeit, Umweltbewusstsein, Ressourcenraubbau und was wir dagegen tun können. Vom Tyrannosaurus bis zu Trump begegnen wir unerwarteten Bekannten aus den unwahrscheinlichsten Materialien. In einer kleinen Bau-Ecke dürfen wir uns selbst in der Land-Art- und Upcycling-Kunst versuchen.

Nur die Zeit vergessen sollten wir nicht in diesem Paradies der Kreativität, denn um 18 Uhr möchten die Hausherren das Tor abschließen und ihr Reich voller Fantasiewesen verdientermaßen wieder für sich haben.

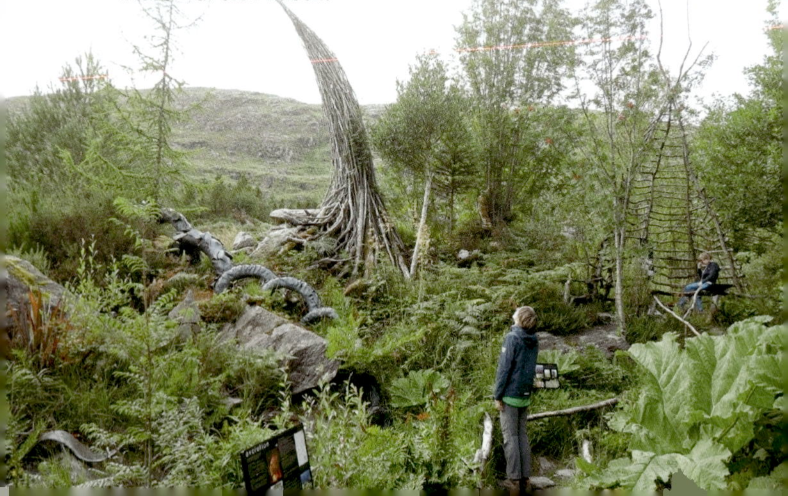

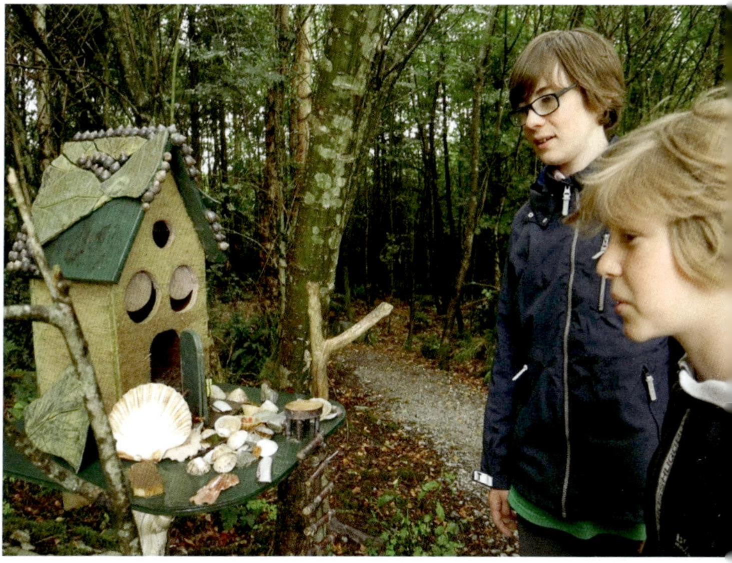

Tour 15: Bonane Heritage Park

80 m

STRECKE 2 km

1 h

ab 4

Irlands ganze Vorzeit auf einem Spaziergang

Hier muss man nicht weit laufen, um beinahe sämtliche typischen Relikte der irischen Vorzeit zu sehen. Auf engstem Raum haben sich hier ein Steinkreis, ein Großsteingrab, mehrere Menhire und ein eisenzeitliches Ringfort erhalten. Eine echte Besonderheit ist der Fulacht Fiadh, eine bronzezeitliche Kochstelle. Dazu kommen mehrere Cottage-Ruinen aus der Zeit der großen Hungersnot – und neuerdings auch ein Feenpfad durchs Unterholz, der vor allem kleinere Kinder begeistert.

Wanderung: Am Kassenhäuschen erhalten wir einen Geländeplan und eine kurze Beschreibung aller Sehenswürdigkeiten auf Deutsch. Nun kann eigentlich schon gar nichts mehr schiefgehen.

TOUREN-STECKBRIEF

Anfahrt: An der N 71 zwischen Kenmare und Glengarriff markieren in dem kleinen Ort Dromagorteen am »Weaver's Shop« braune Schilder die Abfahrt zum Bonane Heritage Park. Über kleine Sträßchen geht es links und wieder links, bis wir bei **GPS N 51°49'46.6", W 9°31'14.5"** den ausreichend großen kostenlosen Parkplatz erreichen.
Eintritt €5, Familie €10.
bonaneheritagepark.com

Anspruch und Charakter: Ein knapp zwei Kilometer langer Rundweg führt den Hang hinauf und an mehreren vorzeitlichen Bauwerken vorbei.
Highlights: Feenpfad, Steinkreis, bronzezeitliche Kochstelle, Menhire, eisenzeitliches Ringfort, Ruinen aus dem 19. Jahrhundert.
Einkehr: Keine.
In der Nähe: Kells Bay Garden, Molly Gallivans, Bamboo Garden.

Der **Feenpfad** ① befindet sich kurz hinter dem Eingang rechter Hand im Unterholz. Immer mehr solcher Feen-Siedlungen wurden in den vergangenen Jahren überall in Irland »entdeckt«, häufig ganz in der Nähe anderer Sehenswürdigkeiten. Die kleinen Häuschen sind meistens aus Holz errichtet, manchmal dienen auch alte Gummistiefel oder Ähnliches als Baustoff. Die liebevoll verzierten Unterkünfte erinnern an Vogelhäuschen, waren aber dem Vernehmen nach von irischen Feen bewohnt, bevor sie allem Anschein nach verlassen wurden. Die Feen von Bonane könnten eigentlich schon wieder renovieren, denn etliche ihrer hübsch mit Schneckenhäusern verzierten Dächer haben Naturgewalten oder ungebändigte Kinderhände schon wieder abgedeckt. Ob die deponierten Münzen – wir haben Dollar-, Yen-, Pfund- und Euro-Münzen entdeckt – die kleinen Bewohner dahingehend unterstützen sollen oder der menschliche Herdentrieb im Vordergrund steht, bleibt ebenso ungewiss wie die Frage, ob man vielleicht nicht doch eine Fee zu sehen kriegt, wenn man ganz, ganz leise ist…

Nach dem nur wenige hundert Meter langen Unterholzpfad treffen wir wieder auf den **Hauptweg**. Er gabelt sich, und wir wenden uns nach rechts, denn hier ist es nicht ganz so steil. In einem weiten Bogen erreichen wir die breite Kreuzung vor dem Eisenzeit-Fort. Das lassen wir zunächst links liegen und laufen rechts herum weiter bis zur ersten neuzeitlichen **Ruine aus dem frühen 19. Jahrhundert**.

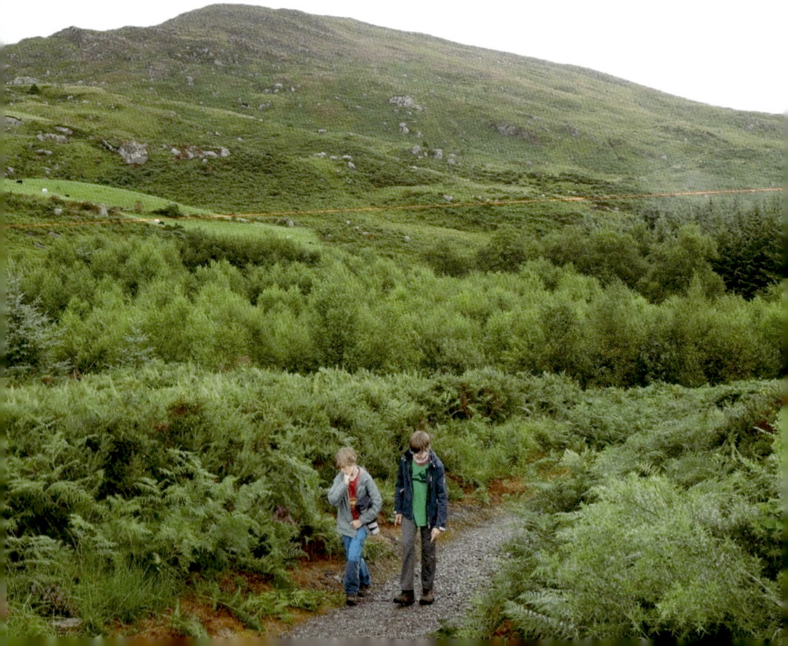

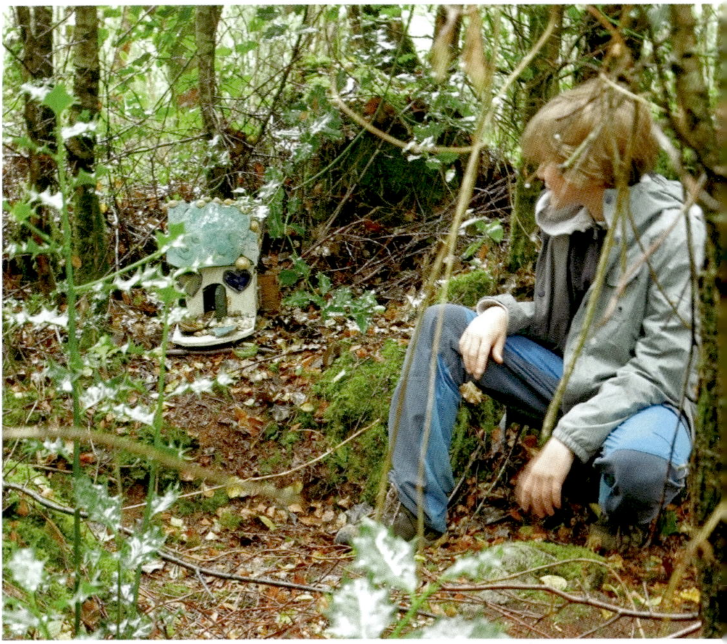

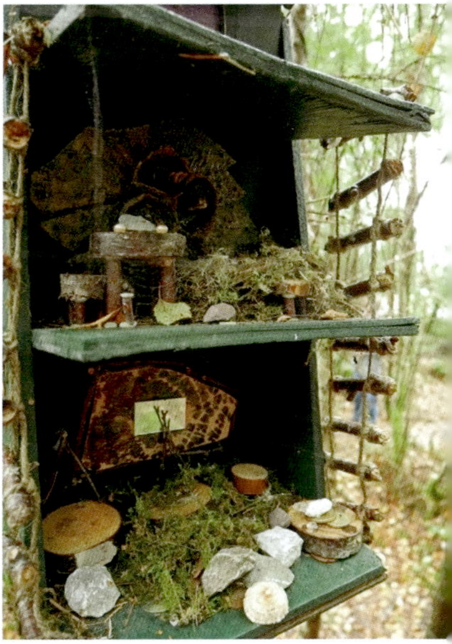

Dahinter liegt der **Steinkreis** ②. Auf den ersten Blick machen die Felsbrocken nicht ganz so viel her. Eine Infotafel erklärt jedoch die durchdachte Anordnung, die sowohl den Lauf des Mondes als auch der Sonne berücksichtigt. Im Inneren des Steinkreises gab es auch eine prähistorische Bestattung.

Nur einen Katzensprung entfernt befindet sich der **Fulacht Fiadh** ③, der bronzezeitliche Großkochtopf. Ein Bach wurde hier in eine Kuhle geleitet und mit Steinen aus der Feuerstelle so sehr erhitzt, dass große Mengen Fleisch gekocht werden konnten. In einer Gegend mit wenig Feuerholz stellte das trotz der Mühsal des Erhitzungsvorgangs anscheinend eine wertvolle Alternative zum Ofenfeuer dar, denn solche Kochstellen sind in Irland verbreitet.

Als nächstes liegen zwei **Menhire** am Weg. Der Bullaun Stone besitzt eine Mulde, die nicht wie üblich oben drauf, sondern an der Seite liegt. Möglicherweise wurden darin Feuer entzündet, um sie als astronomische Bezugspunkte zu nutzen – die Wissenschaft tappt da aber noch weitgehend im Dunkeln. Ein paar Meter weiter erhebt sich windschief ein kleiner **Menhir** ④, den das Begleitblatt vollmundig als »ein besonders eindrucksvolles Exemplar seiner Gattung« beschreibt.

Nun können wir von hinten das **Ringfort** ⑤ betreten. Auch hier braucht es einige Fantasie, um sich die früheren Ausmaße und Bebauungen vorstellen zu können. Der Doppelwall ist jedoch vom Aussichtspunkt recht gut zu erkennen. Im Inneren standen vermutlich Wohnhäuser. Seit dem Mittelalter galten diese Ringforts als Orte heidnischer Teufeleien, die man tunlichst mied. Hier waren die ansässigen Bauern zu Zeiten der Hungersnot verzweifelt genug, auf dem jungfräulichen und deshalb vermeintlich unkontaminierten Boden Kartoffeln anzupflanzen. Der zum Scheitern verurteilte Versuch (da der Pilz bereits in den Saatkartoffeln saß) lässt sich an den wellenförmigen Saatreihen nachvollziehen.

Wir verlassen das Fort auf demselben Weg und wenden uns auf dem Hauptweg weiter nach links. Letzte Station sind einige Fundamente weiterer **Cottages aus neuerer Zeit** ⑥, an denen wir querfeldein entlang zurück zum Hauptweg laufen können. An der nächsten Gabelung gehen wir nach rechts und erreichen über einen etwas steilen, aber gut begehbaren Weg schnell den Parkplatz.

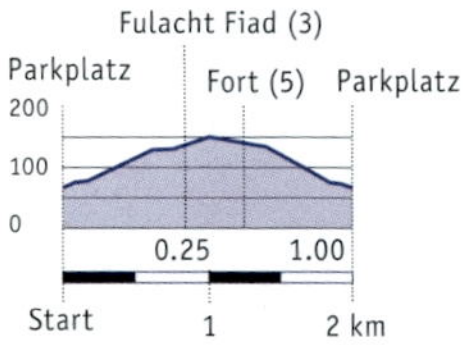

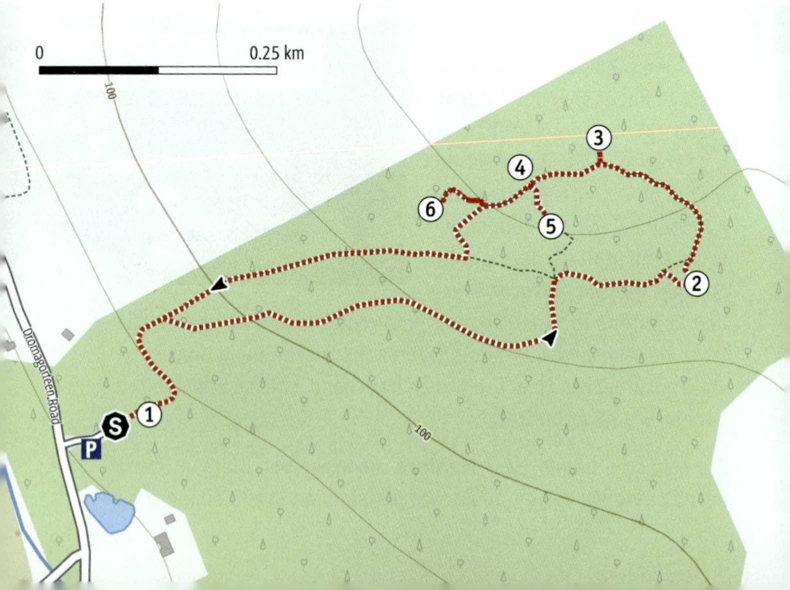

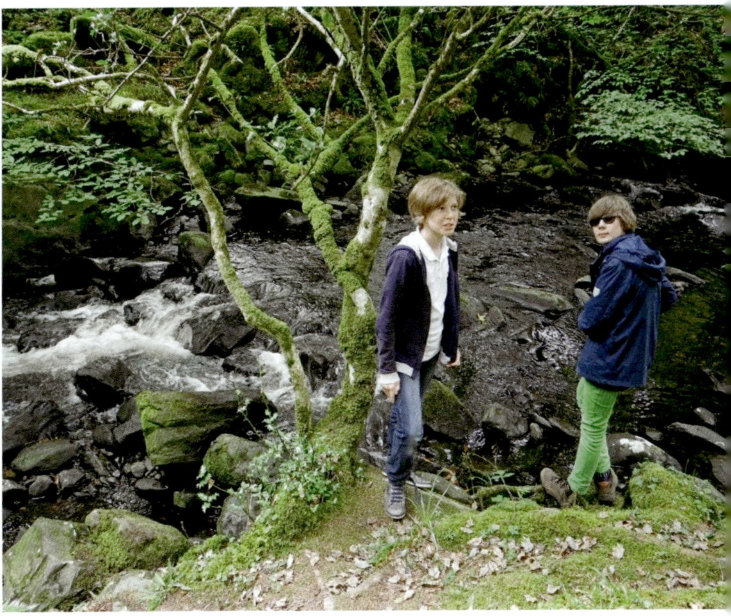

Tour 16: Torc Waterfall

145 m

STRECKE 4 km

1 h 30

ab 4

Die große Runde um die beliebte Tourismusattraktion

Eine der bekanntesten und beliebtesten – und am leichtesten erreichbaren – Sehenswürdigkeiten im Killarney Nationalpark ist der Wasserfall mit dem Namen Torc. Entsprechend groß ist der Andrang. Wer ein bisschen mehr Zeit mitbringt, kann hier aber auch eine schöne Runde drehen, die abseits der Menschenmassen führt.

Wanderung: Vom Parkplatz aus gehen wir am Toilettenhäuschen vorbei in Richtung **Wasserfall** ①. Das ist da, wo all die Menschen hinströmen, links flussaufwärts – und schon bald hören

TOUREN-STECKBRIEF

Anfahrt: Der Torc Waterfall befindet sich fast direkt an der N 71 und ist weiträumig ausgeschildert. Ein gleichnamiger kostenloser Parkplatz liegt bei **GPS N 52°00'21.1", W 9°30'25.0"**. Ist der Parkplatz direkt am Wasserfall überfüllt, gibt es Alternativen entlang der Wanderstrecke (siehe Karte, zum Beispiel bei GPS N 52°00'03.4", W 9°30'17.6").

Anspruch und Charakter: Bis zum Wasserfall ist der Zugang weitgehend barrierefrei. Danach geht es eine Treppe hinauf. Der anschließende Rundweg ist ein hübscher Waldspaziergang. Zwei Mal muss die große Straße überquert werden.

Highlights:: Torc Waterfall, schöne Spielstelle am Bach.

Einkehr: Keine, das Gelände von Muckross House mit seinem Tea Room wäre aber in Laufreichweite.

In der Nähe: Muckross House, Muckross Farm, Muckross Pony Trekking Centre, Kennedy's Pet Farm.

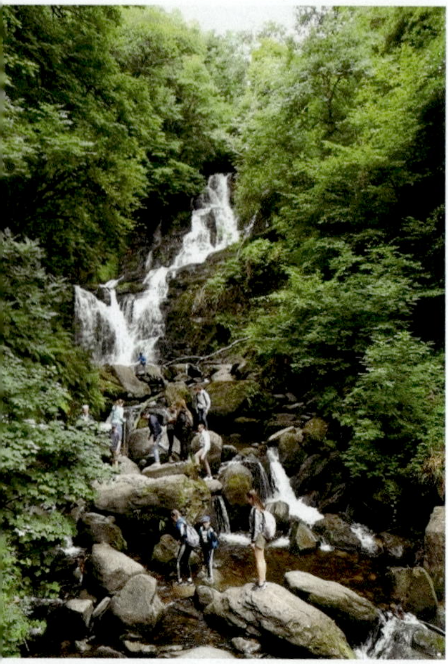

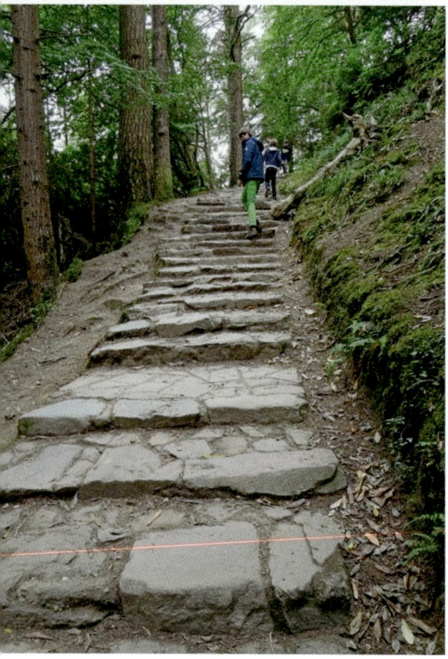

wir ihn auch schon rauschen. Nach gerade einmal 200 Metern haben wir das Spektakel erreicht.

Sobald wir die Treppenstufen hinaufsteigen, lassen wir einen Großteil der Menschen hinter uns. Wir folgen dem Schotterweg und stehen nach einer leichten Rechtskurve an einem **Aussichtspunkt** ②. An einer Abzweigung haben wir kurz darauf die Möglichkeit, rechts abzubiegen und in einem kleinen Bogen zurück zum Parkplatz zu laufen.

Für eine größere Runde folgen wir den blauen Markierungen links herum. Bald gelangen wir an einen alternativen **Parkplatz** am Ende einer Teerstraße. Hier wenden wir uns dem blauen Pfeil entsprechend rechts herum. Hinter einer **Schranke** wird der Weg wieder schöner. Wo links ein Forstweg abzweigt, führt rechts ein kleiner Trampelpfad zu einer besonders **schönen Stelle am Fluss** ③. Wer eine Picknickdecke dabei hat, kann hier wunderbar eine Pause einlegen, während die Kinder am Wasser spielen.

Weiter geht es über den geraden Waldweg, den wir gekommen sind. Abwechslung bietet der Blick nach links in die Berge. Rechter Hand gibt es einen alten Brückenkopf zu entdecken. Dann erreichen wir die **neue Brücke**, die wir überqueren. Am anderen Ufer gehen wir rechts herum zurück, immer in Hörweite des Flusses. Eine kleine Abzweigung nach links ignorieren wir. Schließlich erreichen wir eine **Gabelung** ④. Rechts herum ginge es zurück zu Wasserfall und Parkplatz. Wir halten uns links. Immer auf dem Hauptweg bleibend geht es durch mehrere Haarnadelkurven, bis wir schließlich die **große Straße** ⑤ erreichen, die wir vorsichtig überqueren. Hinter dem Parkplatz beginnt links neben den Schildern ein Weg, dem wir rechts herum folgen.

An einer **Kreuzung** sind zwei Straßen mit einem Gatter abgetrennt, sodass uns nur der Weg nach links bleibt. So erreichen wir kurz darauf das **Gelände von Muckross House** ⑥. Wenn wir es nicht bei dieser Gelegenheit besichtigen möchten, streifen wir das weitläufige Parkgelände nur, indem wir hinter der Brücke rechts herum gehen. Ein paar Meter neben der Teerstraße gibt es einen Kiesweg, auf dem wir nicht mit Kutschen und Fahrrädern kollidieren. An der großen Straße kommen wir rechts an eine **Unterführung**. Hinter dieser geht es links wieder auf unseren Parkplatz.

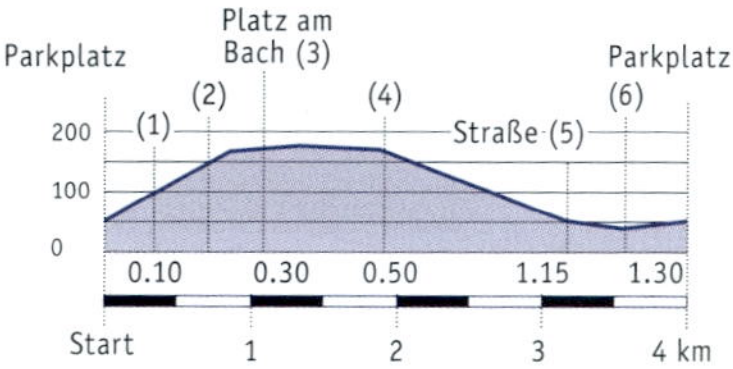

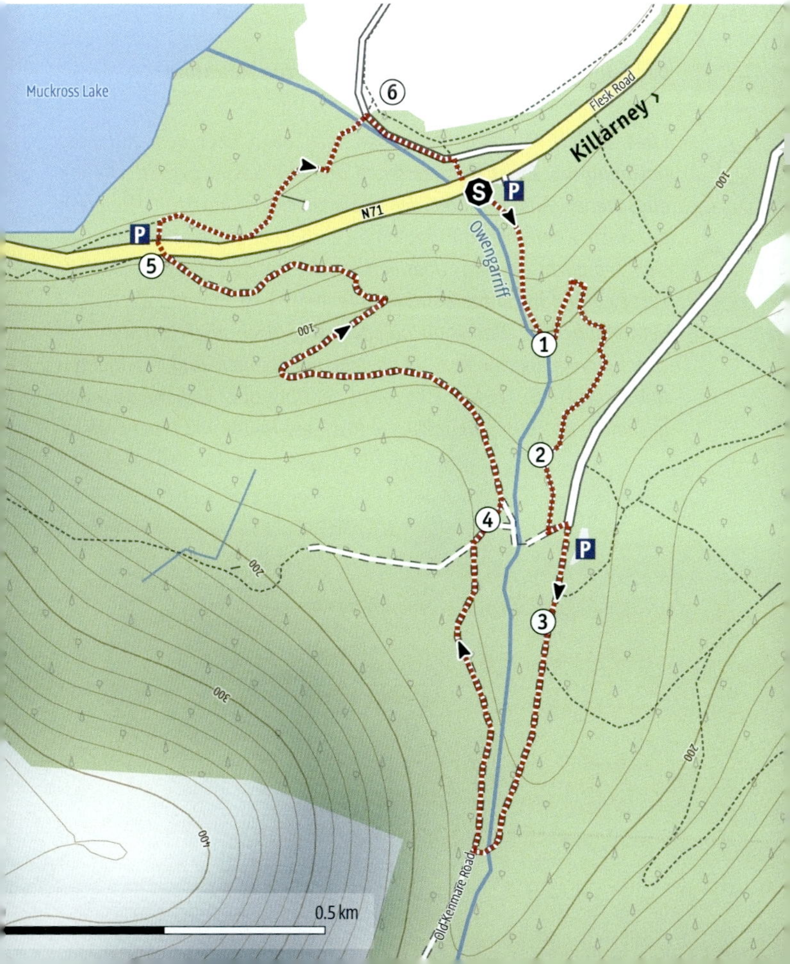

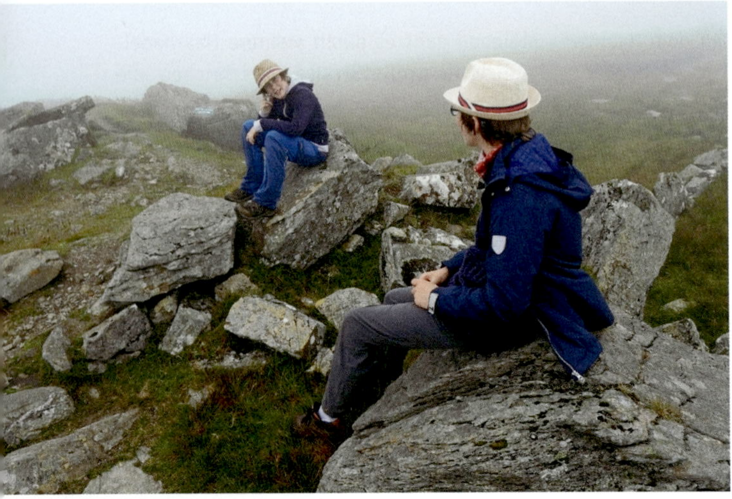

550 m

STRECKE 7,5 km

3 h 45

ab 8

Tour 17: Devil's Punchbowl

Der teuflische Boxring auf dem Mangerton Mountain

»Des Teufels Boxring« liegt hier hoch oben über dem Killarney Nationalpark. Er ist fast kreisrund und mit Wasser gefüllt. Wie ein erloschener Vulkan mutet der dazugehörige Mangerton Mountain an, auch wenn sich die Geologie-Lehrbücher sicher sind, dass es sich lediglich um ein Überbleibsel der letzten Eiszeit handelt. Tückisch und mitunter wahrhaft »teuflisch« ist nur das Wetter auf dem Mangerton. Das kann auf dem Weg nach oben auf den 838 Meter hohen Gipfelkranz schon mal umschlagen und für dichten Nebel sorgen. Bei guter Sicht reicht der Blick aber beinahe über den gesamten Nationalpark inklusive Muckross House und bis zur Küste.

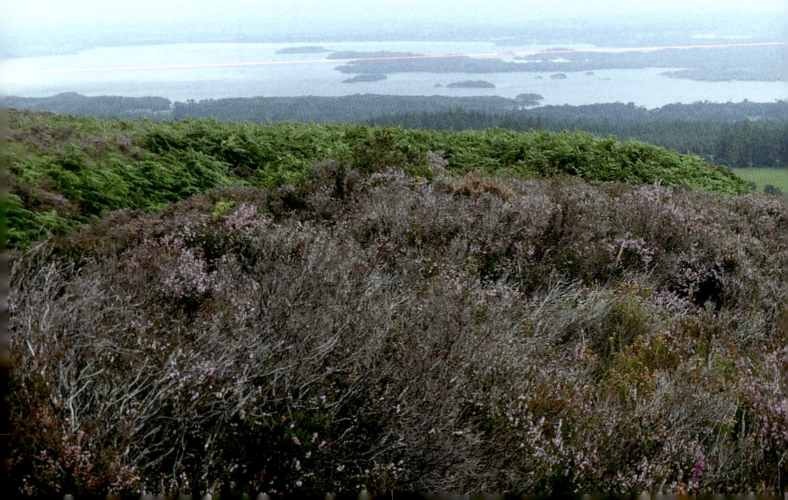

Wanderung: Am Gedenkstein der Schlacht von Tuairn Cormaic von 1262 wandern wir den schmalen steinigen Pfad auf den Mangerton zu, der von hier unten eigentlich recht niedrig und harmlos erscheint. Zuerst geht es noch eben zwischen Ginsterbüschen hindurch, dann steigt der Weg langsam an bis zu einem Zaun mit einem **rostigen Tor** ①, das wir durchqueren.

Hinter dem Tor gehen wir geradeaus weiter den Hang hinauf und erreichen kurz darauf einen Bach. Wir halten uns immer an dessen linker Seite. Hier führt ein Sammelsurium an Pfaden durch eine karge Heidelandschaft. Auf dem losen Geröll des Hauptweges ist Trittsicherheit erforderlich. Hier unten gibt es teilweise noch alternative Trampelpfade auf Gras und Torf, auf denen es

TOUREN-STECKBRIEF

Anfahrt: Von Killarney aus folgen wir der N71 südwärts und biegen hinter dem Muckross Park Hotel links in die Mangerton Road ab. Die Mangerton Mountains sind von hier aus ausgeschildert. Am einfachsten ist es jedoch, das Navi mit Koordinaten zu füttern: **GPS N 52°00'24.5", W 9°28'49.2"**. Einen richtigen Parkplatz gibt es nicht, aber seitlich der Straße ist auch in der Hauptsaison genügend Platz.

Anspruch und Charakter: Der Aufstieg zur Devil's Punchbowl zählt zu den anspruchsvolleren Wanderungen im Killarney Nationalpark. Der Weg ist nicht markiert, aber durchgängig gut erkennbar. Es gibt keine ausgesetzten Stellen, der Pfad ist jedoch steil und sehr steinig und das Gehen auf losem Geröll anstrengend. Die Kids brauchen ausreichend Kondition und Motivation für einen zweistündigen Aufstieg. Das Wetter schlägt hier schnell um und oben ist es rund zehn Grad kälter als unten im Tal. Es kann gut passieren, dass der Gipfel samt Bergsee im Nebel verschwindet, bevor wir oben angekommen sind.

Ausrüstung: Wanderschuhe unbedingt zu empfehlen. Auch an Sommertagen eine warme Jacke mitnehmen, da oben oft der Wind pfeift.

Highlights: Ein echtes, anstrengendes Bergwander-Erlebnis mit einem Bergsee als Gipfel-Belohnung, tolle Aussicht über den Killarney Nationalpark.

Einkehr: Proviant mitnehmen.

In der Nähe: Muckross House und Farm.

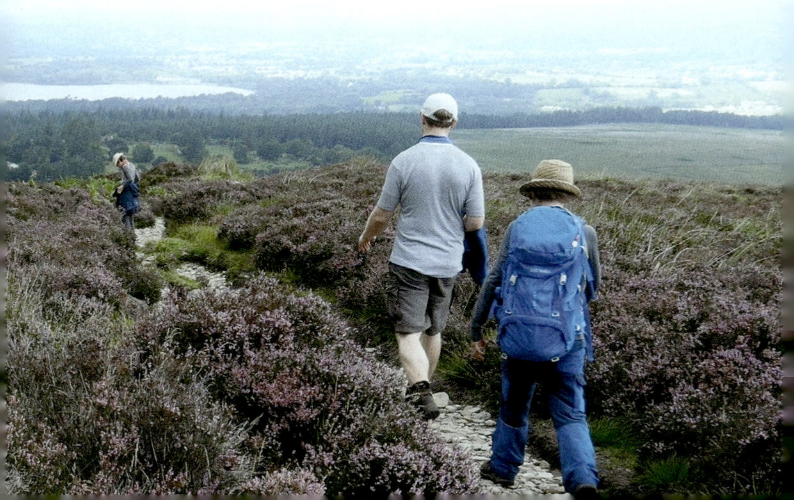

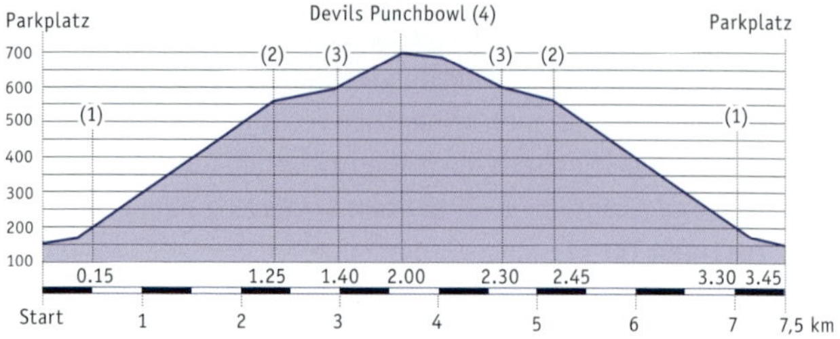

sich leichter gehen lässt. Solange wir in Sicht- beziehungsweise Hörweite des Bachs bleiben, ist es egal, welchen der Pfade wir nehmen. Geraten wir zu dicht an die etwas steile Böschung zum Wasser hin, nehmen wir einfach die nächste Abzweigung nach links und laufen parallel zu unserem alten Kurs weiter.

Lange geht es so immer weiter bergauf, bis zwei große Steinhaufen in Sicht kommen, die hier als Wegmarkierung aufgeschichtet wurden. Dahinter macht der Weg eine **Rechtskurve** ② und verläuft ein Stück beinahe eben weiter.

Wir überqueren zwei Bäche und direkt dahinter **teilt sich der Weg** ③. Beide Pfade führen weiter nach oben, einer links den Hang hoch, einer etwas weiter rechts hinter einem weiteren Bächlein. Wir können es uns leicht machen und den rechten sowohl für den Auf- als auch den Abstieg nehmen, denn er ist

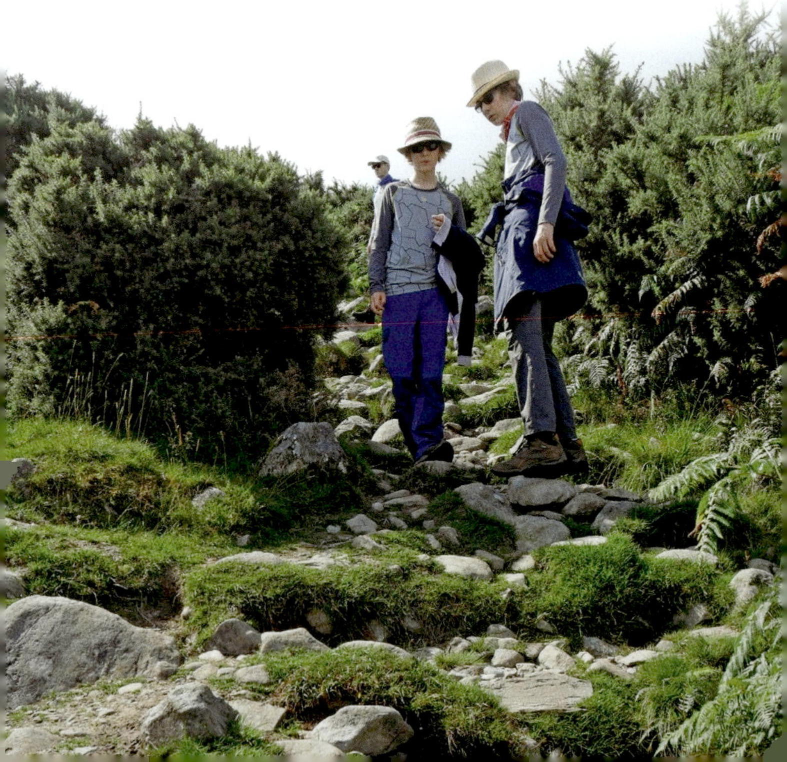

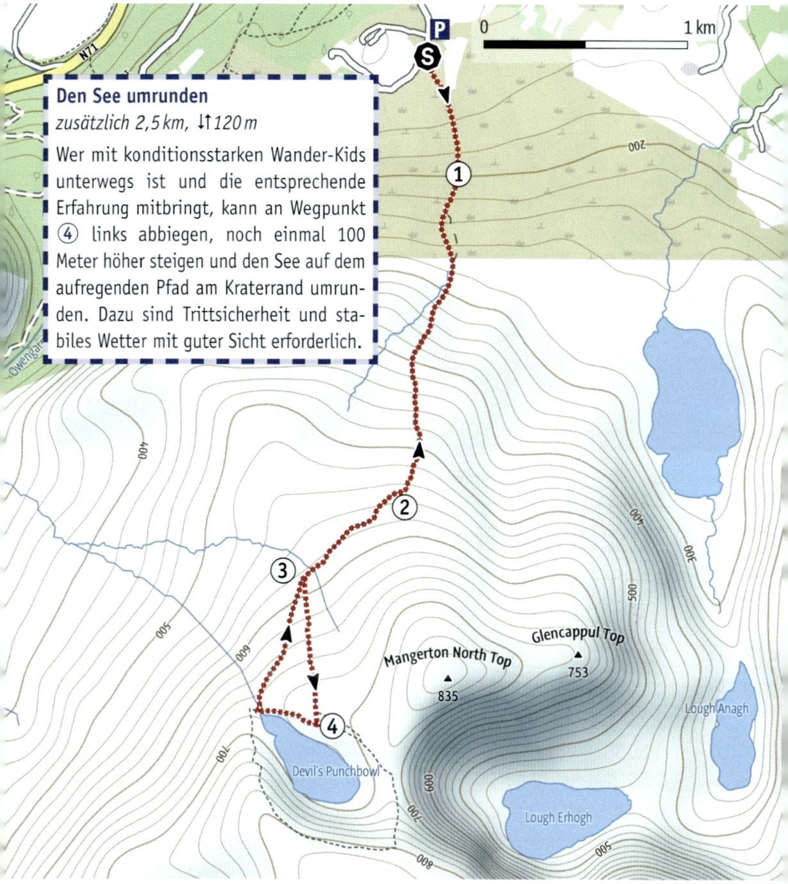

Den See umrunden

zusätzlich 2,5 km, ↓↑120 m

Wer mit konditionsstarken Wander-Kids unterwegs ist und die entsprechende Erfahrung mitbringt, kann an Wegpunkt ④ links abbiegen, noch einmal 100 Meter höher steigen und den See auf dem aufregenden Pfad am Kraterrand umrunden. Dazu sind Trittsicherheit und stabiles Wetter mit guter Sicht erforderlich.

weniger steil. Wollen wir dagegen das Gefühl eines Rundwegs bekommen, müssen wir den vorderen, linken Pfad nehmen. Er beschert uns oben einen schöneren Überraschungseffekt, weil wir erst über eine Kante steigen müssen, um hinab in »des Teufels Boxring« aufs Wasser blicken zu können. Nach Regenfällen wird der linke Pfad jedoch schnell matschig.

So oder so kommen wir nach einem letzten anstrengenden Aufstieg am **See** ④ an und schauen auf das Wasser – es sei denn, die Wolken hängen so tief, dass wir die vielleicht 30 Meter unter uns liegende Wasserfläche gar nicht erkennen können. Haben wir den linken Pfad gewählt, biegen wir nun nach rechts ab. Zwischen bizarr eckigen Felsbrocken mit merkwürdigen Bruchkanten und den Ruinen einstiger Hirtenunterkünfte laufen wir auf dem Grat am See entlang, bis wir auf den schmalen Wasserlauf treffen, der aus dem See abfließt. Hier geht es rechts herum wieder hinunter bis zur **Kreuzung** ③ und von dort auf dem altbekannten Weg wieder hinunter ins Tal.

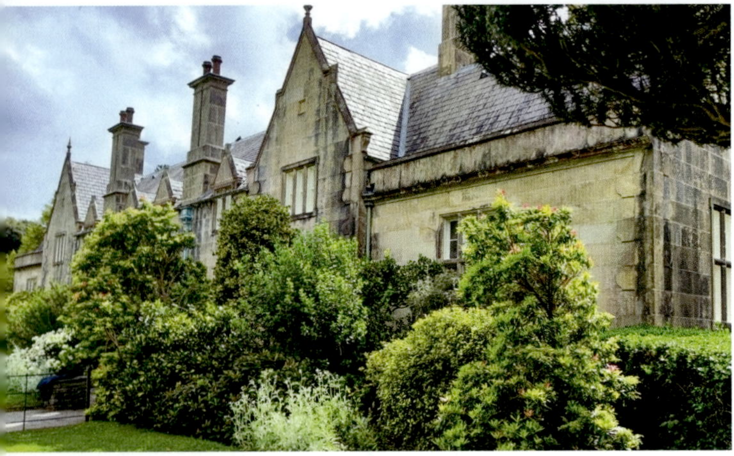

20 m

STRECKE 4,5 km

1 h 30

ab 4

Tour 18: Muckross House und Muckross Gardens

Durch den Garten zum Muckross Lake

Als Sir Arthur Rose Vincent Herrenhaus und Ländereien von Muckross im Jahr 1929 dem irischen Staat überschrieb, wünschte er sich, dass das Gelände zum größten Spielplatz der Welt werden solle. Heute kann man das Haus mit seiner Einrichtung aus dem 19. Jahrhundert besichtigen, in den Gärten spazieren gehen, Kutsche und Boot fahren und ein Bauernhofmuseum besuchen. Das Gelände um Muckross House ist tatsächlich eines der meistbesuchten Freizeitziele Irlands geworden. Unsere kleine Runde bietet von allem etwas: das Herrenhaus, einen kleinen Einblick in die Gärten und einen spannenden Pfad am See.

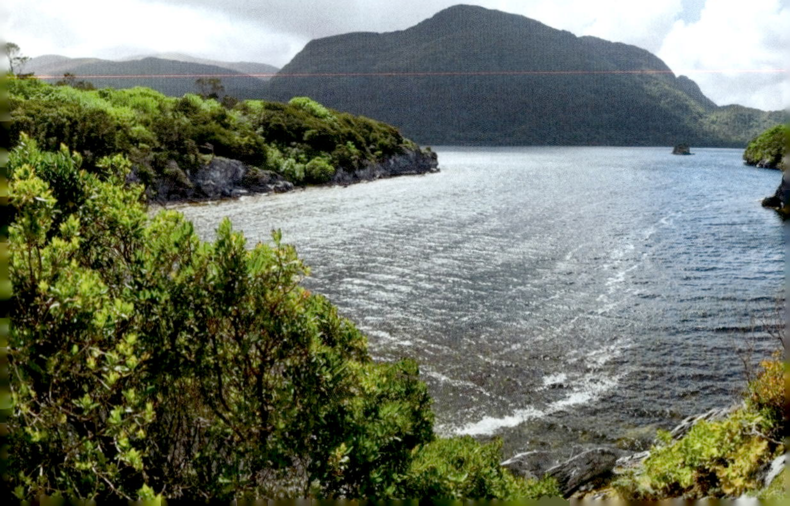

Wanderung: Vom Parkplatz des Muckross House gehen wir zum Haus hinüber und umrunden dieses, um in die Gartenanlagen zu kommen. Vor dem Restaurant führt ein Tor in den **Stone Garden**, der mit seinen schmalen Treppenpfaden wie ein Irrgarten wirkt und ein perfektes Kinder-Abenteuerland ist. Dann geht es durch den **Walled Garden** ① vor dem Restaurant. Auf dem breiten Weg laufen wir auf den Wald zu und wählen dort den schmaleren Weg, der in den Waldbereich des Parks hineinführt. An der ersten Kreuzung biegen wir rechts ab und durchwandern die Parkanlage. Dabei halten wir uns immer in Richtung Seeufer und treffen dort auf einen **Asphaltweg** ②, in dem die Räder der Pferdekutschen tiefe Rillen hinterlassen haben. Wir biegen rechts ab und folgen dem Weg bis zum **oberen Ende des Sees**. Hier führt links ein gepflegter Schotterweg am Ufer entlang.

TOUREN-STECKBRIEF

Anfahrt: Von Killarney auf der N 71 in Richtung Süden fahren, bis rechts die Zufahrt zum Muckross House ausgeschildert ist. Die Zufahrt führt durch ein massives Metalltor, an dem auch die jeweils aktuelle Schließzeit des Parkes angeschrieben ist. Das Tor wird dann versperrt und wer dann noch im Park ist, muss sich gegen Extragebühr befreien lassen. Der große Parkplatz liegt zwischen dem Herrrenhaus und dem zugehörigen Bauernhofmuseum bei **GPS N 52°01'07.3", W 9°30'3.9"**.

Anspruch und Charakter: Abwechslungsreiche Runde auf schmalen Pfaden in der Gartenanlage des Herrenhauses, am Seeufer und im Wald. Nur ein kurzes Stück gehen wir auf Asphaltwegen.

Highlights: Verschlungene Pfade in der Gartenanlage, Felsenweg am Seeufer, Wiesen und Plätze am Seeufer zum Picknicken.

Einkehr: Tea Room und Restaurant im Muckross House.

In der Nähe: Kutschfahrt durch den Park, Bootstour zu Dinis Cottage, Muckross Farm.

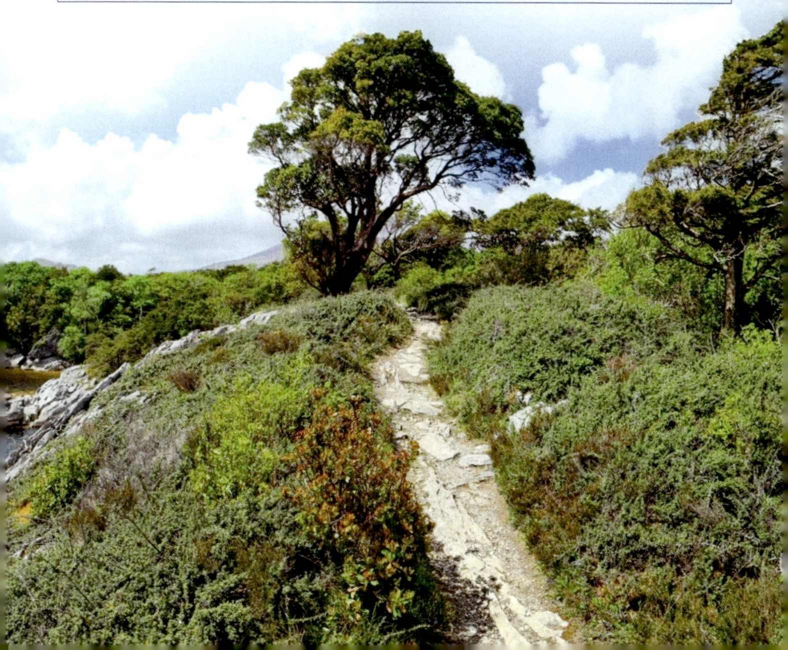

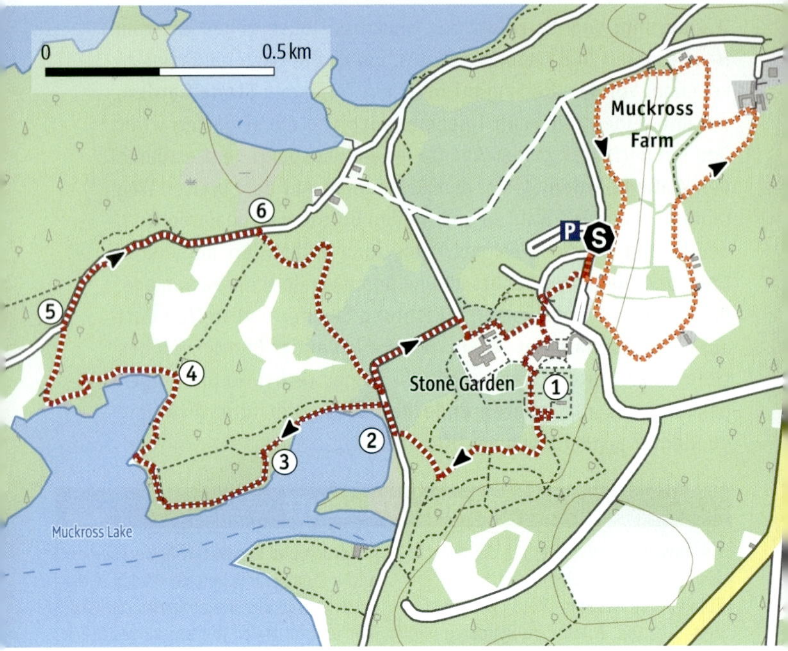

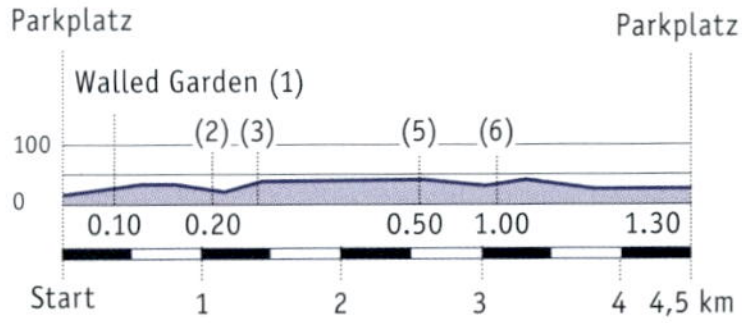

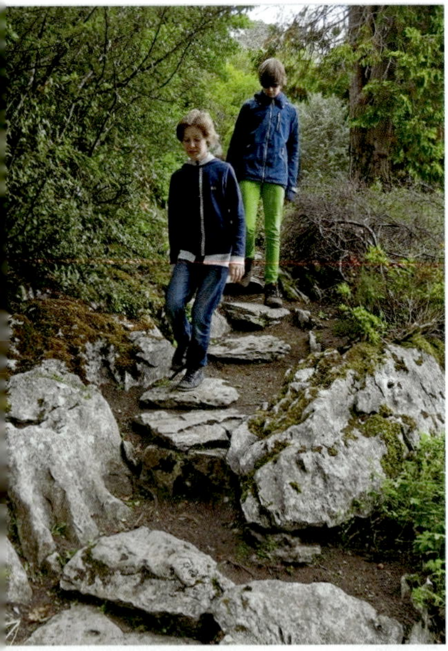

An der ersten **Verzweigung** ③ halten wir uns links am See und kommen zu einer **schönen Stelle am Ufer**. Dann geht es über **Treppen** hinauf und wir befinden uns auf einem verwunschenen Felsenpfad und einige Meter über einer Bucht mit felsigem Ufer. Der Blick über den See ist hier auch recht gut. Der Pfad führt in stetem Bergauf und Bergab um die Bucht herum. An deren Ende geht es zum Wasser hinunter und zu einer **Kreuzung** ④. Wer abkürzen möchte, kann hier dem schmalen Pfad rechts durch den Wald folgen.

Links geht es weiter auf den Felsen an der Küste entlang, aber auch dieser Pfad endet viel zu schnell auf dem **asphaltierten Weg** ⑤, der zu Dinis Cottage führt. Wir bie-

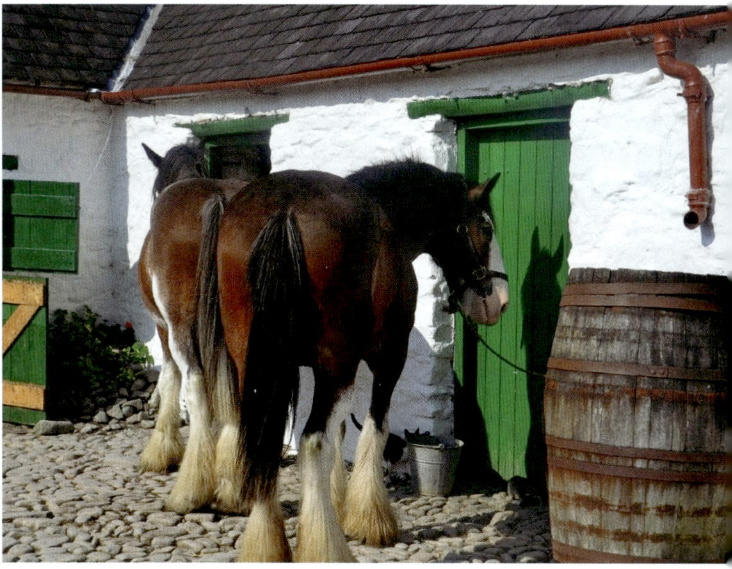

gen hier rechts ab und wandern 400 Meter auf Asphalt, bis rechts ein **unmarkierter Pfad** ⑥ in den Wald führt. Er schlängelt sich zwischen den Bäumen hindurch und führt schließlich durch Wanderwegtore und ein kurzes Stück über eine Kuhweide. Dann stehen wir wieder auf der **Wiese am Seeufer** und spazieren zurück zum Muckross House und zum Parkplatz.

Muckross Traditional Farms
Die Ansiedlung aus fünf Höfen und dem Schulhaus lässt das typische bäuerliche Leben im Irland der 30er und 40er Jahre wieder lebendig werden. Eines der Steinhäuser ist mit Reet gedeckt, alle sind einfach eingerichtet. Im Stall stehen schwere Zugpferde und auf den Weiden grasen Schafe und Kühe. Gemolken wird mit der Hand und für Transporte gibt es einen Eselkarren. Ein zwei Kilometer langer Rundweg führt von Haus zu Haus. Für Kinder gibt es einen Streichelzoo und einen Spielplatz mit Picknicktischen.
Geöffnet Mai bis September 13 – 18 Uhr, Juni bis August 10 – 18 Uhr, März, April und Oktober nur am Wochenende 13 – 18 Uhr. Eintritt € 7, Kinder 3 – 18 Jahre € 5, Familie ab € 20, als Kombiticket mit Schlossbesichtigung ab € 28. www.muckross-house.ie

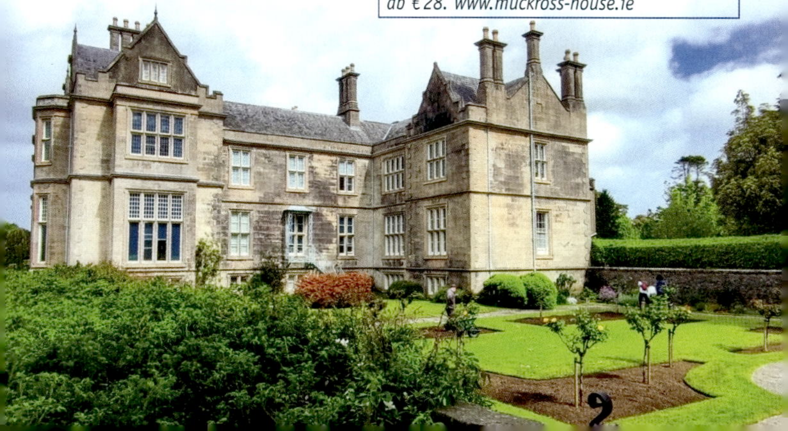

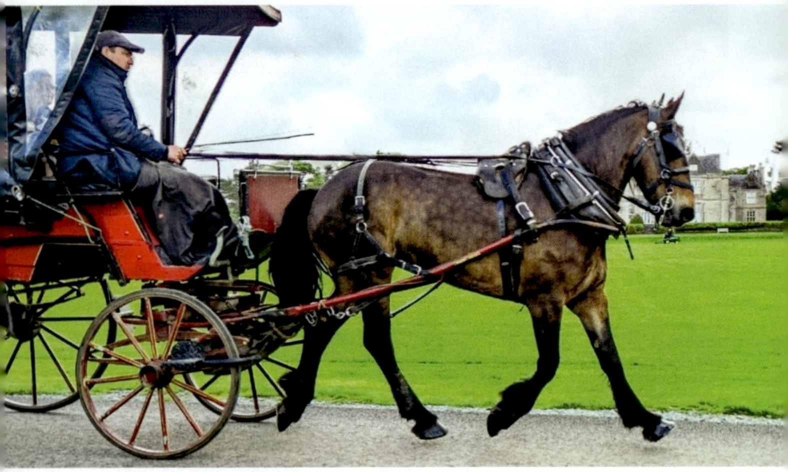

Mit Pferd und Kutsche durch den Nationalpark

In Killarney sind Pferde allgegenwärtig, denn Kutschen sind ein beliebtes Verkehrsmittel im Nationalpark. Am Muckross House warten größere Planwagen mit vier Rädern auf Fahrgäste. An Kate Kearneys Cottage sind es zweirädrige Jaunting Cars, die hier auch Traps genannt werden, die zur Fahrt durchs Gap of Dunloe bereitstehen. Selbst im Ortszentrum von Killarney gibt es einen Parkplatz für Kutschen.

Alle Wagen sind Einspänner. Meist werden sie von einem Irish Cob gezogen, einem kompakten Kleinpferd, das vor allem durch seinen üppigen Behang an den Beinen auffällt. Manche Cobs haben sogar ein kleines Bärtchen. Trotz ihres schweren Körperbaus beeindrucken die Pferde durch Eleganz und besonders schwungvolle Bewegungen. Als Zugpferde der Fahrenden brauchten Irish Cobs gute Nerven und Widerstandskraft. Die irischen Nomaden sind längst auf PKW und Wohnwagen umgestiegen, ihre Pferde werden jetzt als Fahr- und Reitpferde eingesetzt.

Die Kutschfahrten im Nationalpark haben eine lange Tradition. Einige der Fuhrunternehmen werden bereits in zweiter und dritter Generation betrieben.

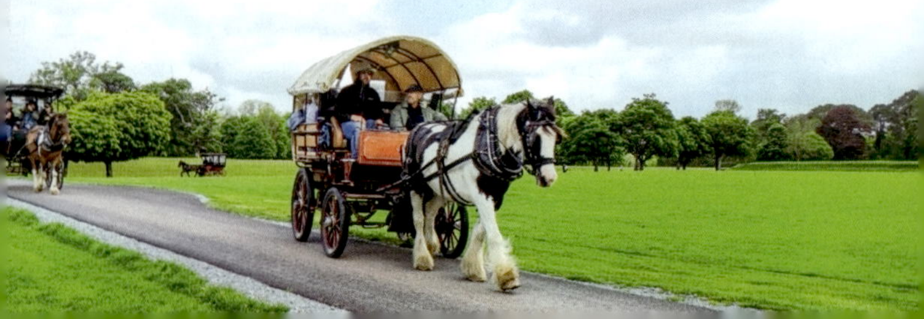

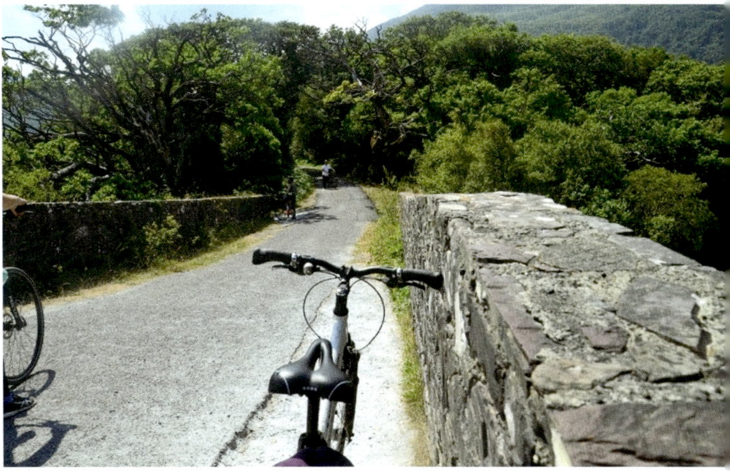

Tour 19: Hike and Bike am Muckross Lake

35 m

STRECKE 14 km

2 h

ab 10

Berg- und Talfahrt zu Dinis Cottage

Der Weg am Ufer des Muckross Lake ist einer der Klassiker im Killarney Nationalpark. Er ist, mit Rückfahrt mit dem Boot, auch als Wanderung beliebt. Da aber die komplette Strecke asphaltiert und zu Fuß ein wenig öde ist, empfehlen wir diese Runde eher mit dem Fahrrad. Weil dabei leider ein Abschnitt auf der Durchgangsstraße nicht zu vermeiden ist, geht die komplette Runde nur mit großen Kids, alternativ kann man den Rückweg aber auch im Boot antreten.

TOUREN-STECKBRIEF

Anfahrt: Der Radweg zum Muckross House beginnt südlich von Killarney an der N 71. Wer mit Leihrädern aus Killarney kommt, biegt hier rechts zum See ab. Mit eigenen Fahrrädern beginnt man die Tour am besten auf dem Parkplatz am Muckross House. Dazu fahren wir von Killarney auf der N 71 in Richtung Süden, bis rechts die Zufahrt zum Muckross House ausgeschildert ist. Die Zufahrt führt durch ein massives Metalltor, dessen Schließzeit auf Schildern am Parkplatz angeschrieben ist. Parkplatz bei **GPS N 52°01'07.3", W 9°30'3.9".**

Fahrradverleih: Killarney Bike Rental an der N 71 südlich der Stadt. Tagesmiete €20, Kinderrad €10, Rad mit Kindersitz oder Trailer €30. www.cyclingkillarney.com

Anspruch und Charakter: Radrunde auf schmaler asphaltierter Straße ohne Autoverkehr. Achtung! Die Strecke am See ist für Fahrräder Einbahnstraße. Ein Schild verbietet das Umdrehen an Dinis Cottage. Mitfahrende Kinder müssen also sicher genug radeln, um mit einem Kilometer Fahrtstrecke an der viel befahrenen Nationalstraße zurechtzukommen. Fahrradschloss für die Pause und den Abstecher zu Fuß nicht vergessen! Alternativ funktioniert die Tour ab Muckross House auch mit Kinderfahrrädern und zu Fuß laufenden Eltern. Zurück geht es dann vom Cottage mit dem Boot.

Highlights: Schöne Fahrradstrecke mit vielen Kurven und kleinen Hügeln, Pause am Cottage, Platz an der Brücke.

Einkehr: Dinis Cottage, Muckross House.

In der Nähe: Muckross Farms.

Fahrradtour: Von Killarney kommend folgen wir dem asphaltierten Weg bis zum **zweiten Abzweig nach links** ①, der direkt zum Muckross House führt. Diese Stelle erreicht man vom Muckross House, wenn man am **Fahrradparkplatz** ② rechts abbiegt. Dort können wir auch unsere Räder lassen, sollte vor der Weiterfahrt eine Besichtigung des Herrenhauses, des Freilichtmuseums oder ein Spaziergang durch die Gärten gewünscht sein.

Von der **Kreuzung** ① radeln wir dann auf dem **Asphaltweg** weiter, der am Muckross Lake entlang zum kleinen Café Dinis Cottage am oberen Ende des Sees führt. Zuerst ist der Weg recht eben, bald entwickelt er sich jedoch zu einer lustigen Berg- und Talbahn. Die Steigungen sind meist nicht sehr lang und wenn man vorher an den Abfahrten ein bisschen Schwung holt, kommt man fast von selbst hinauf. Vorsicht, dass wir dabei keine Fußgänger erschrecken! Diese wandern vorzugsweise auf dem asphaltierten Weg, statt den im ersten Teil durchaus vorhandenen schmaleren Fußweg zu benutzen. Auf der Strecke gibt es links einige schöne Pausenplätze am Seeufer.

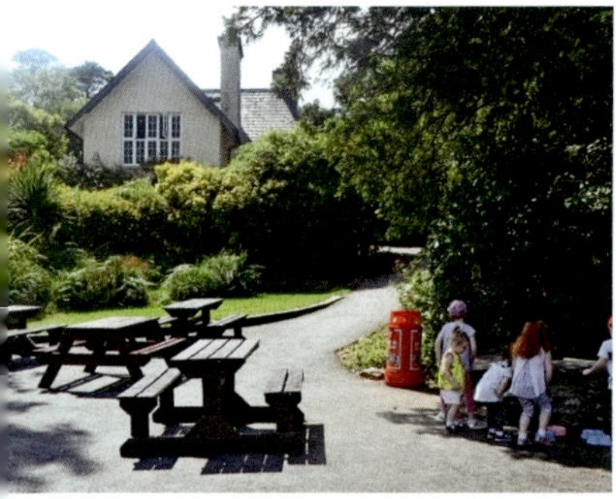

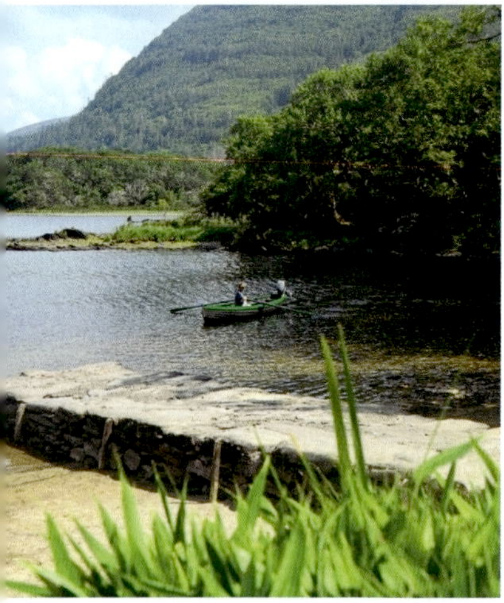

Dinis Cottage zu Fuß

Mit einem Spaziergang erreichen wir Dinis Cottage ④ vom Parkplatz ⑥ an der N71. Von hier aus sind es einfach 1,5 Kilometer auf Asphalt bis zum Anleger und zum Teehaus. Mit dem kleinen Abstecher zur Steinbrücke ⑤ wird ein schöner, kinderwagentauglicher Kurzausflug für die Jüngsten daraus.

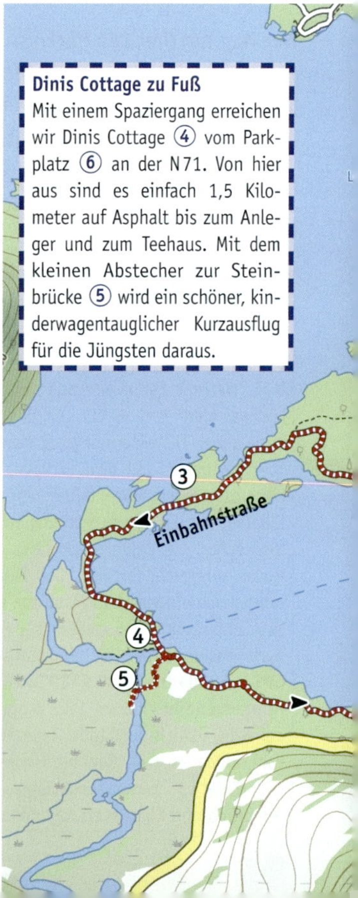

Kurz vor dem Ziel kommen wir zu einer hübschen **Steinbrücke** ③, von der man beste Sicht in beide Richtungen hat. Jetzt ist es nicht mehr weit zum Cottage und zur Pause. Wer selbst zu Fuß geht und ganz kleine Radelnde oder einen Kinderwagen dabei hat, steigt am **Cottage** ④ ins Boot um und lässt sich zum Muckross House zurückbringen (Tarif €10 pro Person, Kinder bis 16 Jahre €5, täglich 10.30–17.30 Uhr).

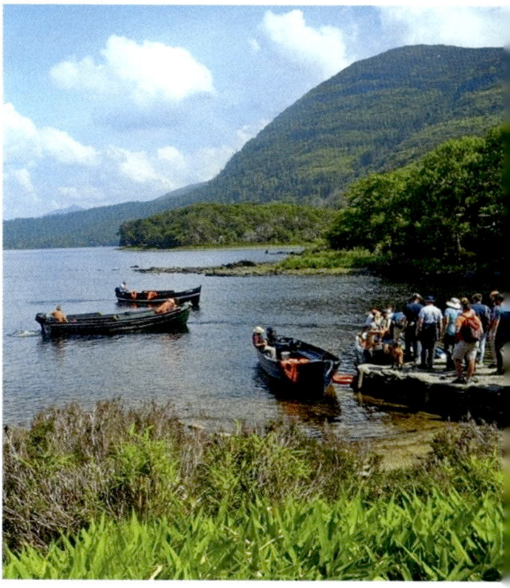

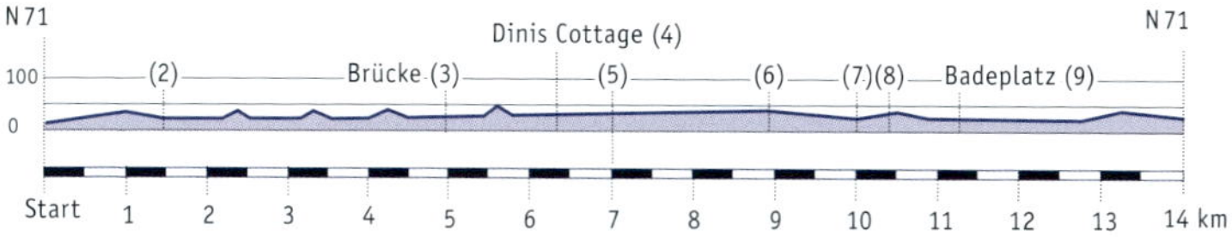

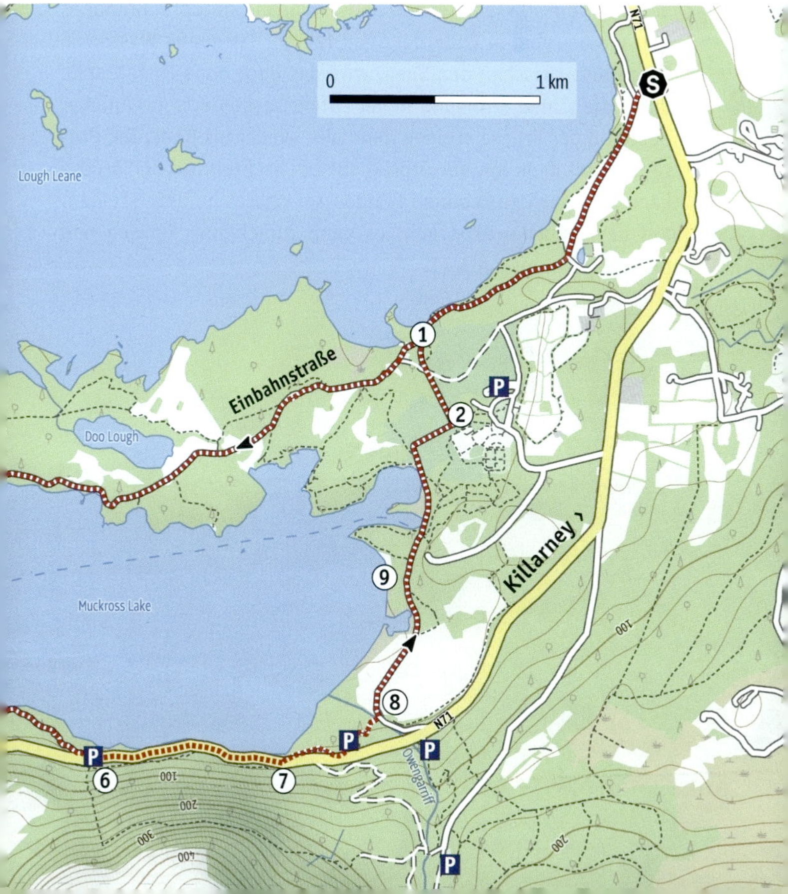

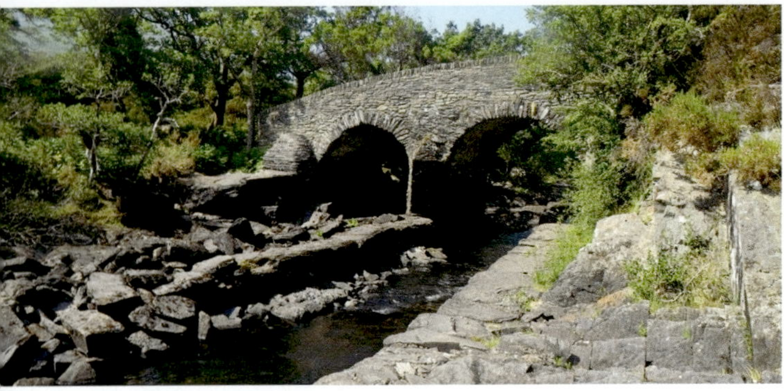

Bevor wir weiter den See umrunden, lohnt unbedingt ein kurzer **Abstecher zu Fuß**. Wenige Meter hinter dem Tor des Cottages führt rechts ein spannender Pfad über Stock und Stein und einige Balkenstege zu einer schönen **alten Steinbrücke** mit zwei Bögen. Hinter der Brücke links kommt man zu einem besonders hübschen Platz am schmalen Verbindungskanal zwischen Muckross Lake und dem größeren Lough Leane, der vor Ort unter dem Namen »**Meeting of the Waters**« ⑤ bekannt ist. Vormittags steigen hier die Passagiere der Boote um, die zu Lord Brandons Cottage am oberen Ende der Seen fahren. Ist genug Wasser im Durchfluss zwischen den Seen, wird das Boot ohne Mitfahrende durch die starke Strömung in der Zufahrt gesteuert. Am Anleger oberhalb der Brücke steigen dann alle wieder ins Boot. Die Prozedur lässt sich von der Brücke gut beobachten. An der Brücke kann man auch zu schönen Plätzen am Wasser hinuntersteigen. Auf dem gleichen Weg geht es dann zurück zum Radweg und rechts weiter bis zur N 71.

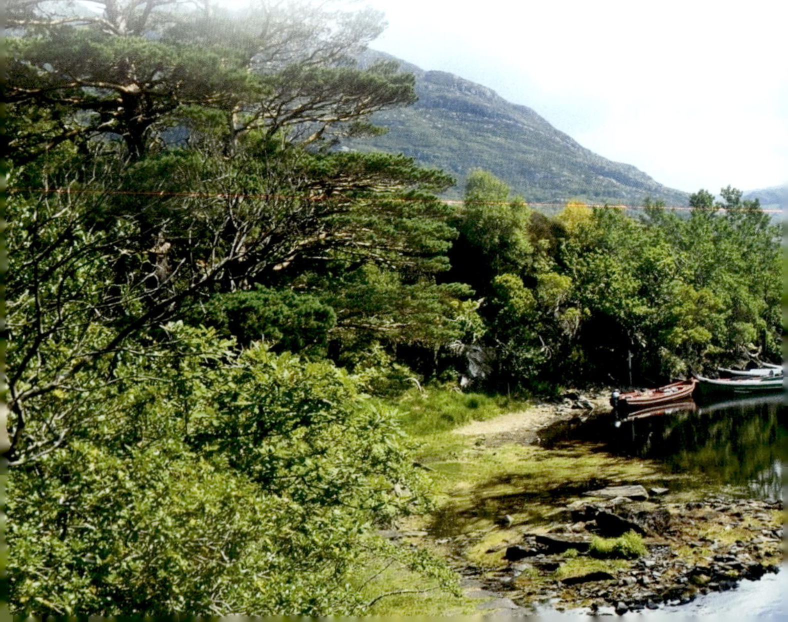

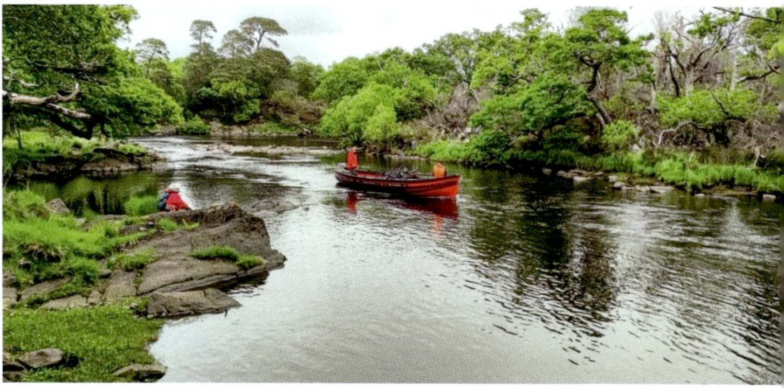

Eine kurze Fahrt auf der **Durchgangsstraße** ⑥ ist jetzt leider nicht zu vermeiden. Nur zu Fuß kann man ausweichen, indem man die Straße überquert und zu einem etwas oberhalb parallel zur Straße verlaufenden Wanderweg hinaufsteigt, der mit Fahrrad nicht passierbar ist.

Nach knapp 1000 Metern führt links ein **Pfad zum See** ⑦ hinunter und wir können die unangenehme Fahrt auf der großem Straße beenden. Immer parallel zu ihr radeln wir durch den Wald und biegen hinter den letzten Bäumen links ab. Hier geht es hinunter zu einem der asphaltierten **Fahrwege** ⑧, die auch von den Kutschen benutzt werden. Diesem folgen wir nach links.

Kurz vor dem Muckross House zweigt links ein Pfad zum Seeufer und zu einem beliebten **Badeplatz** ⑨ ab. Wer einen ruhigeren Platz am Seeufer vorzieht, fährt am oberen Seeende links und findet dort auch noch schöne Plätze. Der Weg ist aber nur auf dem ersten Stück zum Radeln geeignet. Geradeaus erreichen wir Minuten später wieder das Muckross House.

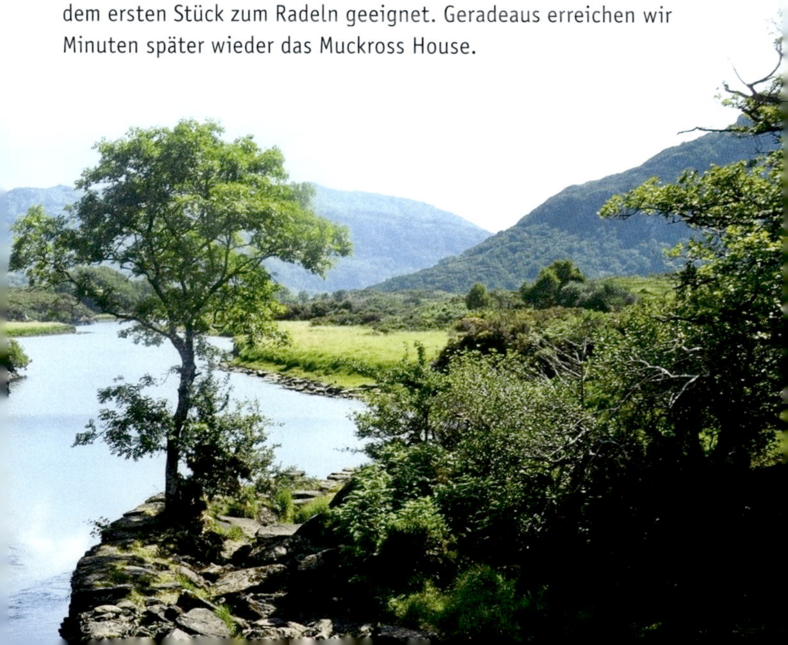

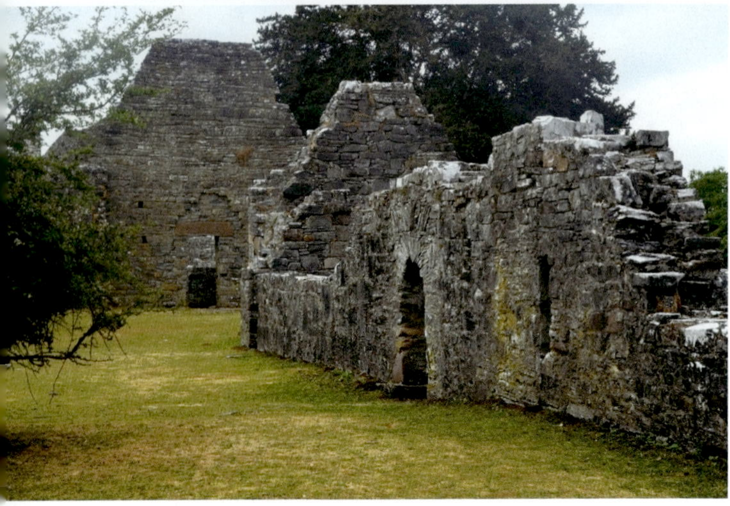

eben

STRECKE 2 km

40 min

ab 4

Tour 20: Mit dem Ruderboot nach Innisfallen

Vom Ross Castle zur Klosterruine aus dem 11. Jahrhundert

Vermutlich war es das Kloster von Innisfallen, das dem Lough Leane seinen Namen gab. »Loch Léin«, so der gälische Name des Sees, kann als »See des Lernens« übersetzt werden. Während die malerischen Ruinen, die wir heute noch angucken und anfassen können, aus dem 11. Jahrhundert stammen, existierte das Kloster wohl schon einige hundert Jahre früher. Neben dem idyllischen Platz am alten Gemäuer gibt es auf der kleinen Insel aber noch weitere hübsche kleine Buchten zu entdecken – wenn man genug Zeit dazu hat. Regulär legen die kleinen Boote nur eine knappe halbe Stunde hier an. Kommen wir stattdessen mit einem gecharterten Ruderboot, sind wir freier in der Zeitgestaltung.

TOUREN-STECKBRIEF

Anfahrt: Die Straße zum Ross Castle zweigt südlich des Ortszentrums von Killarney von der N 71 nach rechts zum See ab. Die Zufahrt ist beschildert. Der Parkplatz liegt bei **GPS N 52°02'34.7", W 9°31'48.1"** etwa 200 Meter vom Castle entfernt. Ross Castle ist immer gut besucht. In der Saison kommt es hier schon mal zu Parkplatz-Engpässen.

Bootsfahrt:
Die Fahrt mit dem Ausflugsboot vom Ross Castle nach Innisfallen kostet €15 pro Erwachsenem und €12 pro Kind. Alternativ kann man am Ross Castle auch ein großes Ruderboot mieten.

Anspruch und Charakter: Bootsfahrt mit interessantem Ziel, vor allem wenn wir auf eigene Faust mit dem Ruderboot losziehen. Durch den kurzen Aufenthalt auf der Insel bei den normalen Touren ist es eigentlich nur an der Ruine voll.

Highlights: Ruine, einsame Buchten, Bootsfahrt.

Einkehr: Snackbar am Ross Castle.

In der Nähe: Ross Castle, Muckross House und Farm.

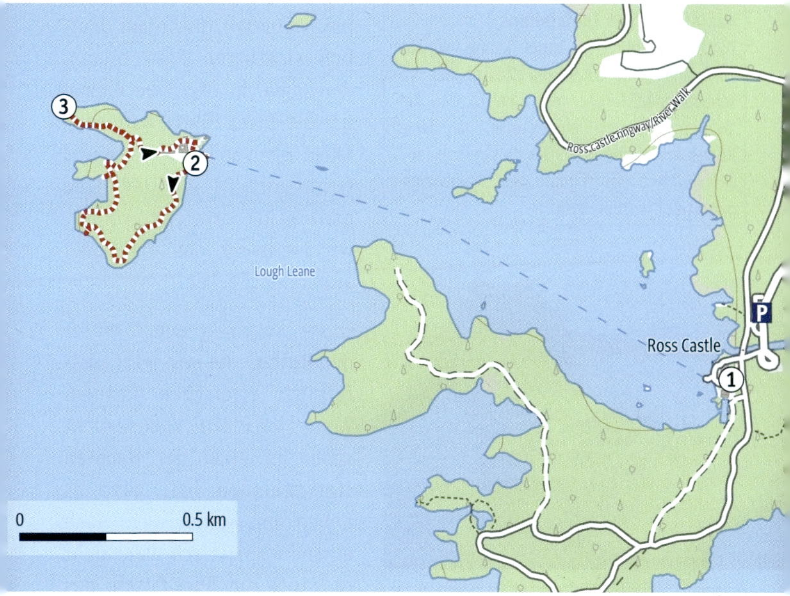

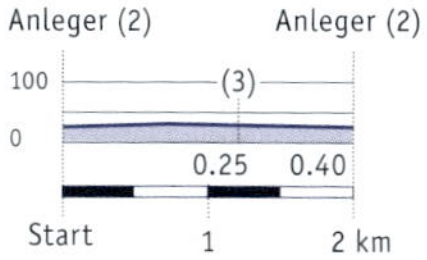

Bootstour: Steht man am Anleger vor dem **Ross Castle** ①, kann man den Anleger der kleinen Insel Innisfallen schon ganz gut erkennen. Die Orientierung auf dem Wasser ist also eigentlich kein Problem. Ein bisschen Ausdauer ist für die 1,5 Kilometer lange Strecke allerdings schon notwendig. An der Insel angekommen, sollten wir unser Ruderboot auf der Kiesbank parken, nicht direkt am Anleger, der den Ausflugsbooten vorbehalten bleibt. Die **Klosterruine** ② befindet sich auf einer Lichtung direkt hinter dem Bootssteg.

Rundweg um die Insel: Es gibt rund um das Inselchen noch weitere nette Buchten zu entdecken. Wir kommen an ihnen vor-

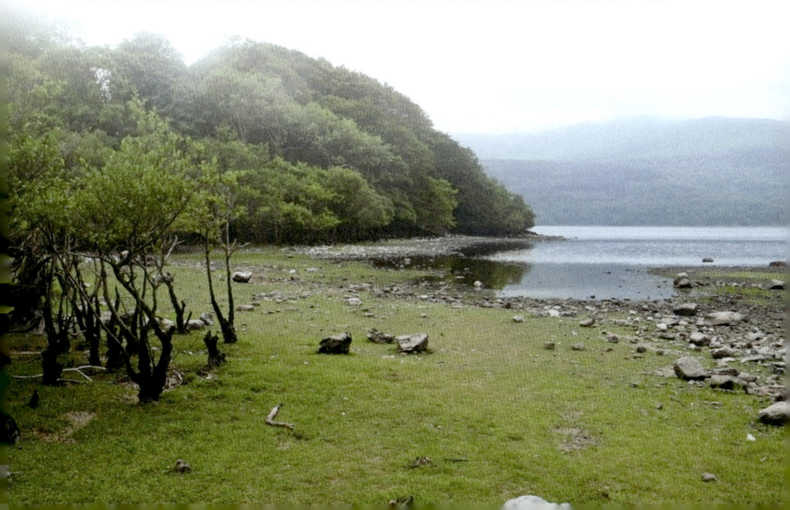

Das Kloster von Innisfallen
Die Klosteranlage im Lough Leane war über 700 Jahre ein wichtiges Kloster der iroschottischen Kirche, die sich in den keltischen Gebieten entwickelte, zu denen Römer nie vordrangen. Das Kloster soll im 7. Jahrhundert von Finian dem Aussätzigen gegründet worden sein.

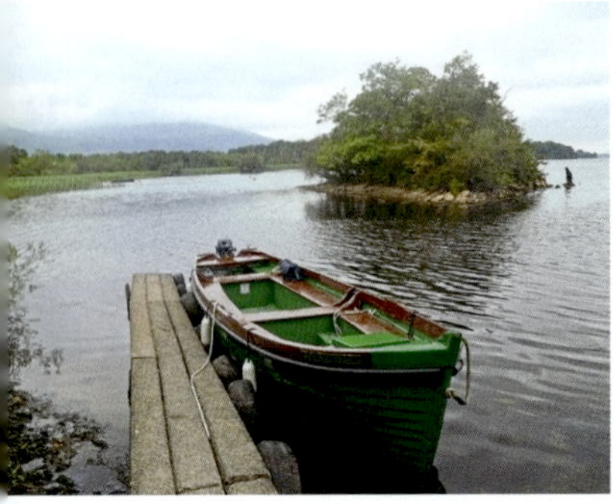

Ross Castle
Der Stammsitz des O'Donoghue-Clans wurde im späten 15. Jahrhundert erbaut, 1825 verlassen und verfiel. Nach einer umfangreichen Renovierung ist es heute mit einer authentischen Innenausstattung aus dem 16. und 17. Jahrhundert zu besichtigen, in der sich auch der Hausgeist Sabina wohlfühlt. In der Burg werden Zimmer mit Frühstück vermietet. www.ross-castle.com
Museum geöffnet März bis Oktober 9.30–17.45 Uhr. Führung €5, Kinder €3, Familie €13. www.heritageireland.ie

bei, wenn wir links dem deutlich sichtbaren Pfad folgen, der immer in Ufernähe einmal um die Insel führt. Auf Innisfallen leben außerdem Rehe und wenn wir uns auf dem Weg ganz still verhalten, können wir vielleicht das eine oder andere entdecken.

Unser Rundweg endet hinter der **Ruine**, die wir jetzt ausführlich erforschen können. Wenn eine Picknickpause nicht schon in einer der Buchten stattgefunden hat, gäbe es neben den Ruinen auch noch einen Picknicktisch. Dann geht es zurück zum **Ross Castle**, das schon von weitem gut zu sehen ist.

Innisfallen mit dem Ausflugsboot: Wer nicht auf eigene Faust losrudern möchte, kann auch versuchen, mit den Kapitänen der flachen Kähne einen längeren Aufenthalt auf dem Inselchen auszuhandeln. Die Fahrt in den kleinen Booten ist ebenfalls sehr nett, normalerweise bleiben uns aber nur 20 bis 30 Minuten Zeit auf Innisfallen. Das reicht gerade, um die Ruinen ausführlich zu erforschen, aber kaum für den zwei Kilometer langen Rundweg um die Insel oder ein Picknick.

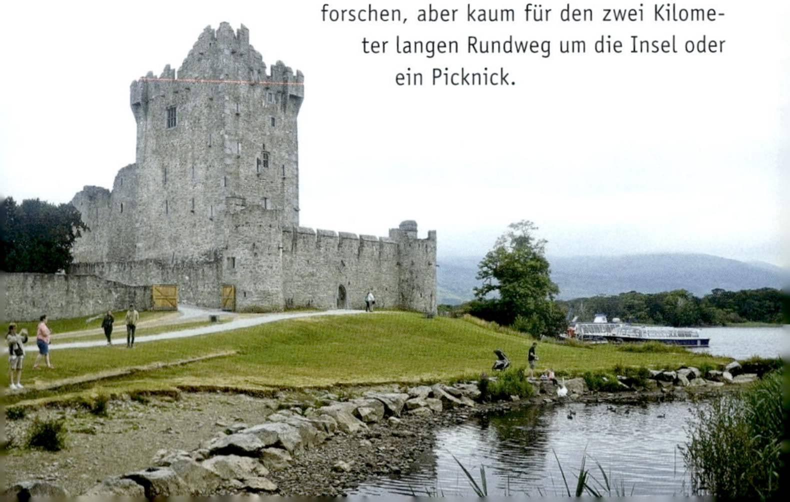

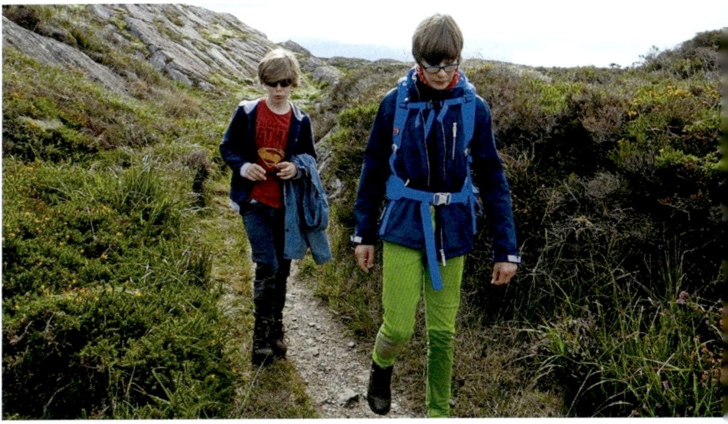

Tour 21:
Derrynane Mass Path

170 m

STRECKE 9 km

3 h

ab 8

Auf den Spuren des friedlichen Freiheitskämpfers

Derrynane war das Anwesen von Daniel O'Connell, dem wahrscheinlich bedeutendsten irischen Politiker in der ersten Hälfte des 19. Jahrhunderts. Hier verbrachte der friedliche Freiheitskämpfer seine Kindheit und später manchen glücklichen Sommer. Viele zeitgenössische Berühmtheiten lud er in sein Haus, um mit ihnen zu diskutieren, wie die Gleichberechtigung der irischen Katholiken im öffentlichen Leben auf gewaltfreiem Wege erreicht werden könnte. Seine charismatischen Reden vor einem Massenpublikum – rund eine Million Menschen sollen ihm am Hill of Tara zugehört haben – und seine letztlich erfolgreiche Beharrlichkeit trugen ihm den Beinamen »The Liberator« ein. Er selbst bezeichnete Derrynane immer wieder als seine Quelle der Kraft und Inspiration. Wenn wir auf Daniel O'Connells Spuren über seine ehemaligen Ländereien wandeln, können wir das bestens nachvollziehen.

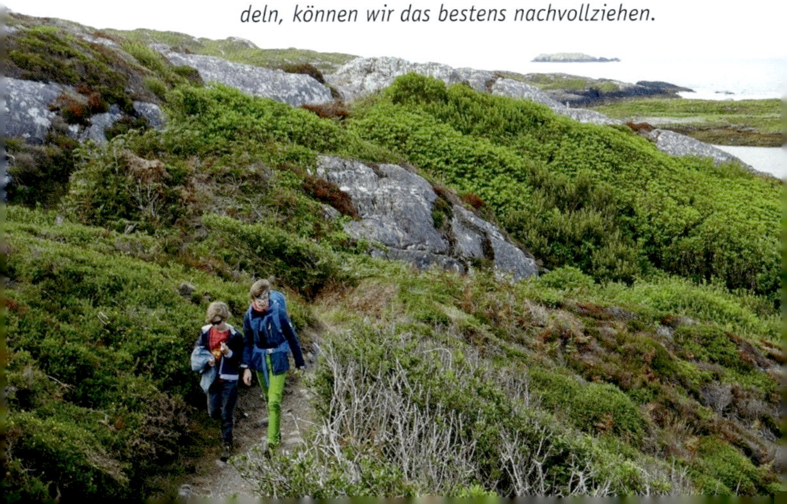

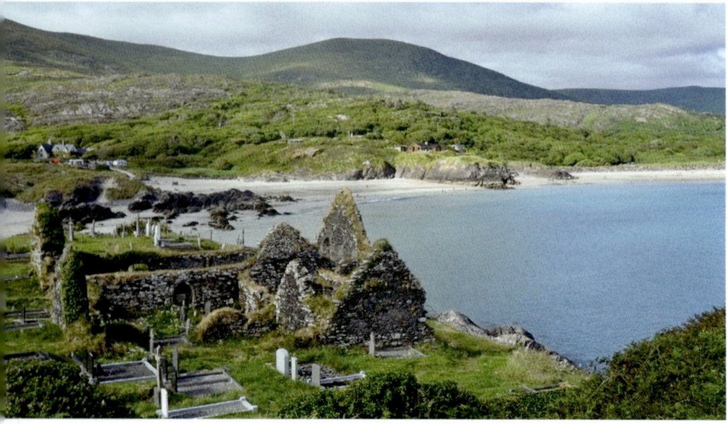

Wanderung: Stehen wir mit dem Parkplatz im Rücken vorm Tor des Derrynane-Anwesens, biegen wir links Richtung Meer ab. Der gekieste Weg endet auf Gras. Nun gehen wir halb rechts über die Dünen, um an einem **breiten Sandstrand** ① zu landen. Schwimmen darf man hier nicht, die Strömungen sind tückisch. Achtung, wenn es nass ist: Die violetten Felsen, auf denen man bei trockenem Boden herrlich klettern kann, sind in nassem Zustand noch rutschiger, als sie aussehen! Trotzdem: Ein herrlicher Strand, der sofort zum Buddeln einlädt.

Weiter gehen wir rechts herum am Wellensaum entlang. Steht die Flut hoch, müssen wir am Ende der Bucht den kleinen Trampelpfad rechts ins Gebüsch nehmen und ein kurzes Stück am Pub vorbei auf der Straße laufen, bis wir am Parkplatz an deren Ende wieder links ans Wasser kommen. In dieser **Bucht** ② ist auch das Baden erlaubt.

Über den Sand können wir – außer eine kurze Zeitlang bei Höchststand der Flut – zur Gezeiteninsel Abbey Island hinüberlaufen. Dort befindet sich der **Friedhof** ③ der umliegenden Dörfer, den eine alte Kirchenruine dominiert. Der hintere Teil der

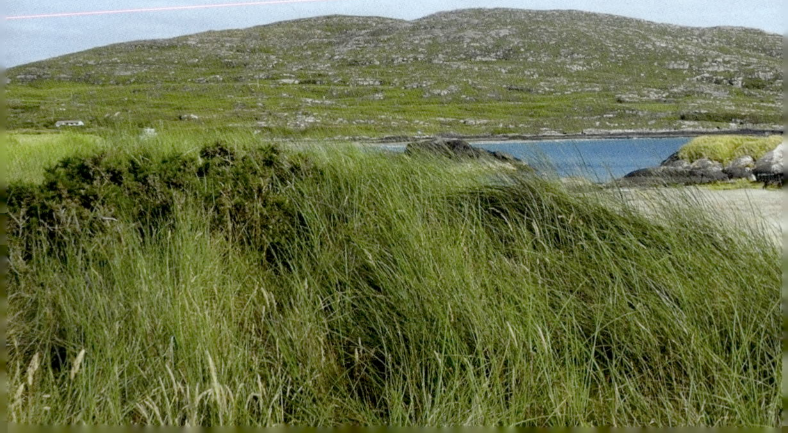

TOUREN-STECKBRIEF

Anfahrt: Von Kenmare oder Killarney befahren wir den Ring of Kerry bis Caherdaniel, wo Derrynane House ausgeschildert ist. Eine kleine Straße zweigt links ab und führt noch eine ganze Weile weiter, bis sie rechter Hand direkt in einem großen Gratis-Parkplatz bei **GPS N 51°45'48.0", W 10°07'43.4"** mündet.
Derrynane House: Nur die Besichtigung des Herrenhauses selbst kostet Eintritt (Familienticket €13, mit Heritage Card frei). Dafür gibt es einige wenige eingerichtete Räume und einen Film über Leben und Werk Daniel O'Connells zu sehen – für Erwachsene nicht uninteressant, die meisten Kinder wird das nicht begeistern.
Anspruch und Charakter: Wer nicht weit laufen möchte oder keine Zeit für eine richtige Halbtagstour hat, kann sich am Strand und auf dem Gelände des Herrenhauses mit frei zugänglichen Gärten inklusive liebevoll angelegtem »Feen-Pfad« vergnügen. Unsere Wanderung verläuft über Strand, schmale Wald- und Wanderwege, ab und zu über recht rutschige Felsen und ein ganzes Stück leider über unvermeidliche Teerstraßen, die allerdings auch in der Hauptsaison kaum befahren sind. Die Steigung ist dabei moderat, die Aussicht auf die Bucht oft genial.
Highlights: Strand mit Gezeiteninsel, verwunschene Pfade, versteckte Buchten, tolle Aussicht. Am Haus ein Feen-Pfad, an dem kleine Häuschen im Unterholz zu entdecken sind.
Einkehr: Schlichter Tea Room auf dem Gelände, rustikaler Pub mit Mittagstisch am Anfang der Wanderung.
In der Nähe: Staigue Stone Fort.

Insel ist mit einem Netz von kleinen Pfaden überzogen und von einer friedlichen Herde Rinder bewohnt. Wer mag, kann die Zaunübertritte nutzen und auf Erkundungstour gehen. Vom Hügel in der Mitte des Inselchens hat man einen guten Ausblick auf weitere vorgelagerte Inseln, allerdings ist das Gelände recht feucht.

Wieder zurück auf dem Festland überqueren wir den Parkplatz und schlüpfen durch den **Durchlass in der Steinmauer**, den ein gelber Pfeil markiert. So erreichen wir einen wildromantischen Küstenpfad. Über Stock und viele Steine umrunden wir auf verschlungenen Wegen die Bucht. Immer wieder öffnet sich die Vegetation und wir erhaschen einen Blick auf die Fischerboote, die malerisch auf dem Wasser dümpeln. In einer versteckten **kleinen Bucht** ④ endet der Weg scheinbar. Bei näherem Hinsehen geht es aber rechts über die Felsen weiter (Achtung, bei Nässe rutschig!).

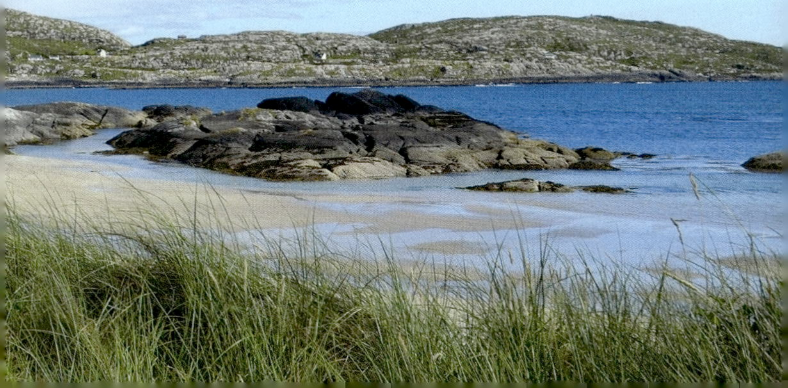

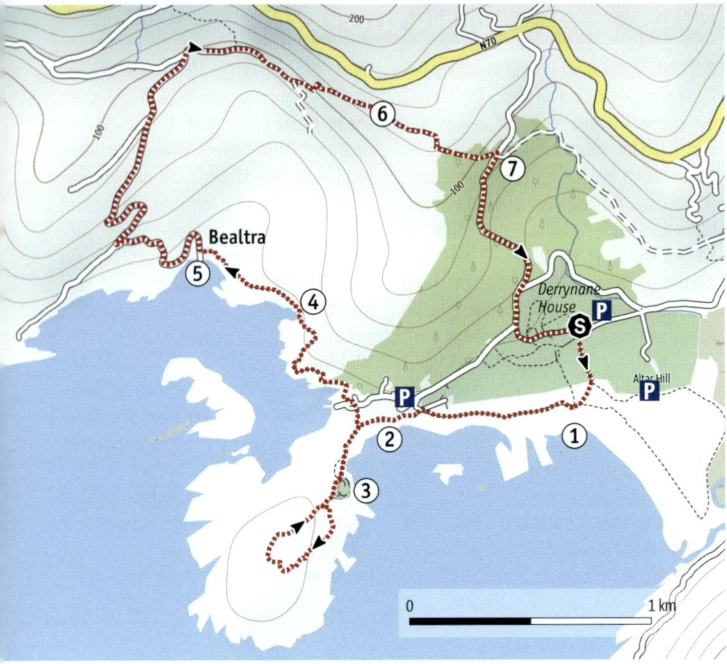

Schon durchqueren wir den nächsten Rhododendron-Tunnel, immer dem Hauptweg und den gelben Pfeilen folgend, bis wir einige Häuser und eine steinerne Mole erreichen. Wir wandern ganz links zur Mole hinüber, der Schotterweg weiter rechts ist ein Privatweg. Dann folgt der weniger erfreuliche Teil dieser Wanderrunde. Im **Hafen** ⑤ geht es rechts und auf der asphaltierten Zufahrtsstraße den Hügel hinauf.

Wir müssen jetzt fast zwei Kilometer auf der schmalen Straße gehen, der Verkehr hält sich jedoch in Grenzen und die Aussicht wird von Kurve zu Kurve besser. An einer Einmündung laufen wir rechts auf dem Kerry Way weiter. In einer Linkskurve zweigt rechts dann der ausgeschilderte Kerry Way als Schotterweg ab, dem wir folgen. Ein paar verwirrende Abzweigungen entpuppen sich bei näherem Hinsehen als Einfahrten. Auch auf unserem

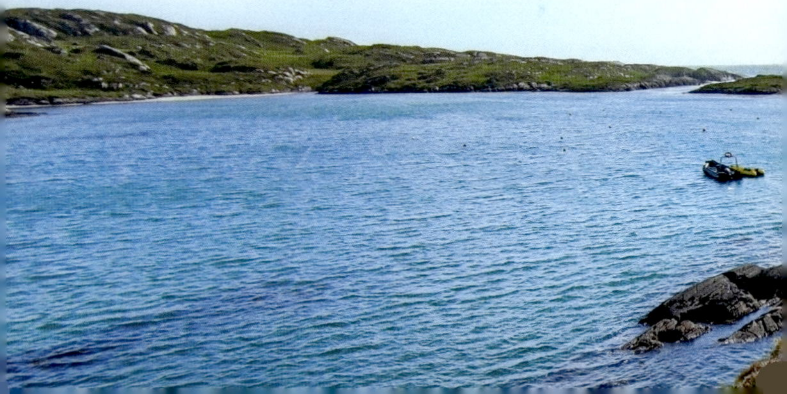

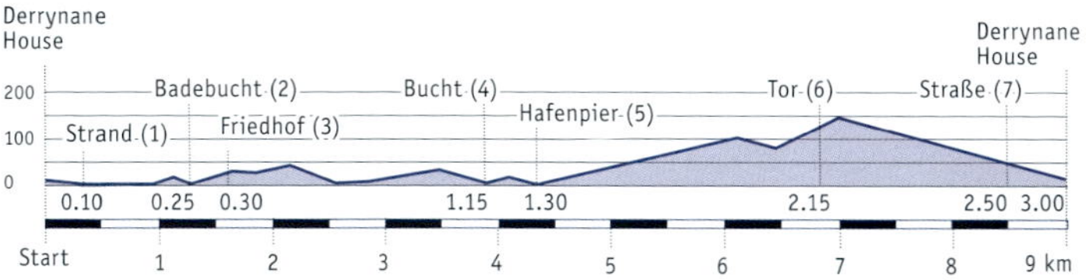

Hauptweg stehen wir schließlich vor einem **Tor mit Briefkasten** ⑥. Ein Zaunübertritt und ein Schild erlauben uns aber explizit das Weiterlaufen, sofern wir unsere Schrotflinten nicht benutzen.

Kurz dahinter weist uns ein gelber Pfeil auf einen kleineren Pfad links den Hang hinauf. Bei stetig spektakulärer werdender Aussicht über die Bucht – dieselbe, für die sich etwas weiter oben die Insassen der Reisebusse in den Fotospot-Haltebuchten drängen – wandern wir zurück nach Derrynane.

Über ein paar weitere Zaunübertritte gelangen wir schließlich auf die **Teerstraße** ⑦, die als obere Zufahrt zum Anwesen dient. Hier verlassen wir den Kerry Way nach rechts und gehen noch einmal einen guten halben Kilometer auf Asphalt. An einer Einmündung laufen wir geradeaus und haben dabei schon das weiße Tor des Derrynane House im Blick. Dahinter geht es links in die Gärten mit einer Sammlung südamerikanischer Pflanzen, rechts zum Haus selbst mit Tea Room, Toiletten und Feen-Pfad. Geradeaus landen wir direkt am Parkplatz.

Zwei Mini-Wanderungen für Kleine

Garten und Strand

Vom Parkplatz vor dem Derrynane House drehen wir zuerst eine Runde durch die Gärten, deren verzweigte Wege beinahe an ein Labyrinth erinnern. Dann gehen wir am Herrenhaus vorbei in Richtung Meer. Am Tor neben dem Herrenhaus biegen wir rechts ab, um den Strand zu erkunden und zur Ruine der Abtei hinaufzuklettern. Die Tour über den Strand funktioniert aber nur bei Ebbe.

Der Küstenweg zum Derrynane-Pier

2,5 km, ⇅ 15 m, 1h

Wir folgen am Abzweig vor dem Derrynane House rechts dem Hinweisschild zum Strand und parken auf dem letzten Parkplatz am Ende der Straße an Wegpunkt ②. Hier beginnt der wildromantische Küstenweg mit tollem Weitblick über die Bucht, dem wir bis zur Mole ③ folgen. Dort kehren wir um und laufen zum Parkplatz zurück. Wer nicht gerade beim höchsten Wasserstand oder bei auflaufendem Wasser ankommt, kann anschließend noch über den Strand zur Klosterruine laufen.

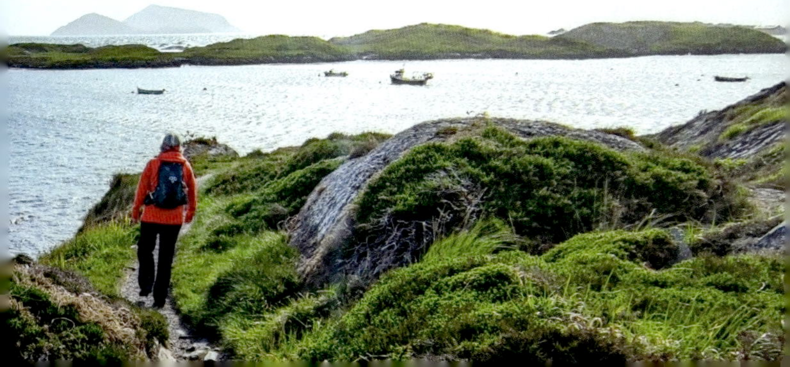

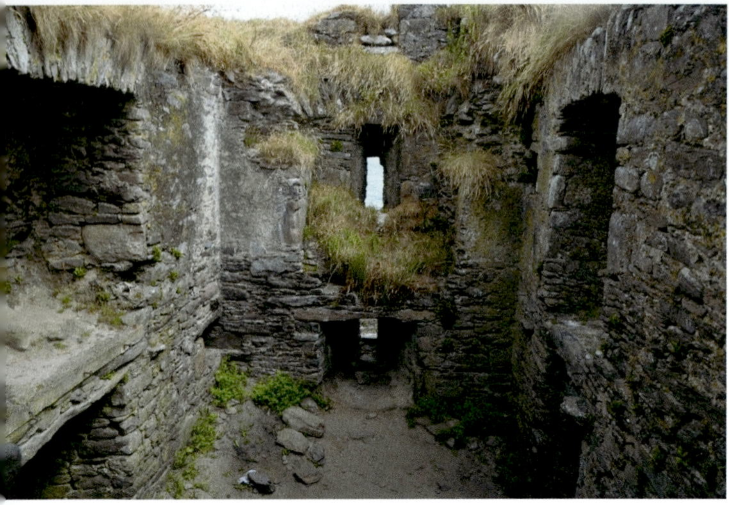

Tour 22: Ruinen am Strand

eben

STRECKE 2 km

45 min

ab 4

McCarthy Mór Tower House und Ballinskelligs Abbey

Die Turmruine am Strand von Ballinskelligs stammt aus dem 16. Jahrhundert und hatte wohl eine Doppelfunktion. Die Familie McCarthy, die damals die Clanführer in Cork und Kerry stellte, ließ gleich mehrere dieser Türme erbauen, um die Küste vor Piraten zu schützen und um Zoll von vorbeifahrenden Handelsschiffen zu kassieren. Auch die Abtei Saint Michael am anderen Ende des Strandes hat eine lange Geschichte. Als Skellig Michael im 12. Jahrhundert als Kloster aufgegeben wurde, zogen sich die Mönche nach Ballinskelligs zurück. Turm und Abtei liegen nur einen kurzen Fußmarsch am Strand voneinander entfernt.

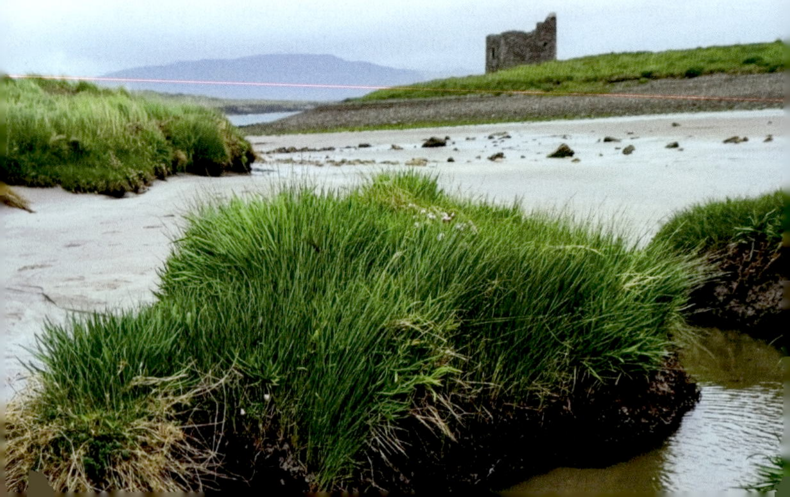

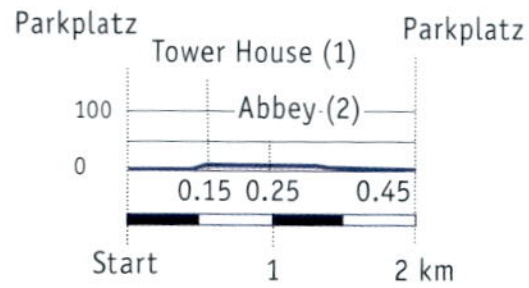

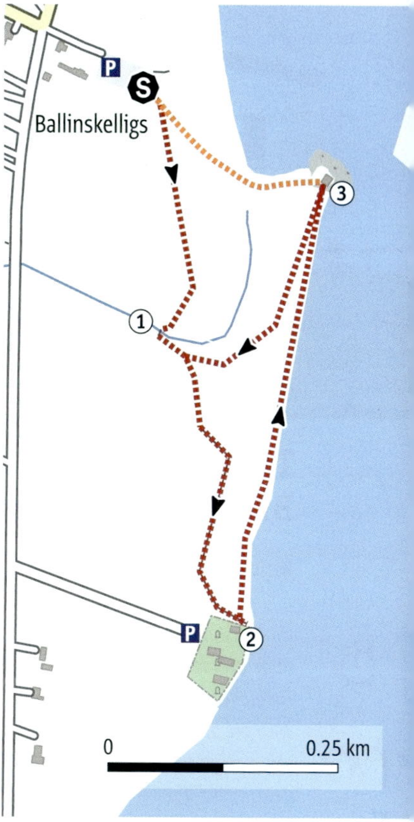

Wanderung: Vom Strandparkplatz folgen wir in der rechten Parkplatzecke der Wegmarkierung in die Dünen. Der Pfad verläuft etwas oberhalb des Strandes. Eine schmale **Brücke** ① bringt uns über den Bach, der in der Bucht ins Meer mündet.

Wir halten jetzt immer auf die **Ruine der alten Abtei** ② zu, die schon von weitem zu sehen ist. Bald stehen wir vor den ersten Grabsteinen des Friedhofes, der sich zwischen den Mauerresten ausdehnt, und können die Ruine ausführlich erkunden.

Ein erhöht gelegener Damm führt von hier zurück und zur **Turmruine** ③, die ja schon vom Parkplatz zu sehen war. Auch diese Ruine ist frei zugänglich.

Bei Ebbe können wir dann vom Turm über den Strand zum Parkplatz gelangen, bei Flut geht es zuerst zur Brücke zurück. Alternativ beenden wir diese Tour barfuß und durchqueren den Wasserlauf an einer flachen Stelle.

TOUREN-STECKBRIEF

Anfahrt: Von Killarney oder Kenmare den Ring of Kerry bis zur Spitze der Halbinsel fahren und in Kenneigh auf den kleineren Skellig-Ring abbiegen. Ballinskelligs ist der nächste Ort an der Straße und unser Parkplatz liegt am südlichen Ende der Bucht, wo die Ringstraße rechts abknickt, links der Hauptstraße bei **GPS N 51°49′15.4″, W 10°16′24.3″**. Weitere Parkmöglichkeiten gibt es am Friedhof.

Anspruch und Charakter: Kurzer Strandspaziergang von Ruine zu Ruine, der am besten bei Niedrigwasser funktioniert.

Highlights: Die Turmruine erkunden, mit nackten Füßen durch den Priel waten, der Strand von Ballinskelligs.

Markierung: Dieser kurze Rundweg ist ein Teil des Monks Trail, markiert ist er jedoch mit den Pfeilen des längeren »Skellig Way«.

Einkehr: Café Cois Trá nahe am Strand.

In der Nähe: Skellig Chocolate, Tetrapod Footprints.

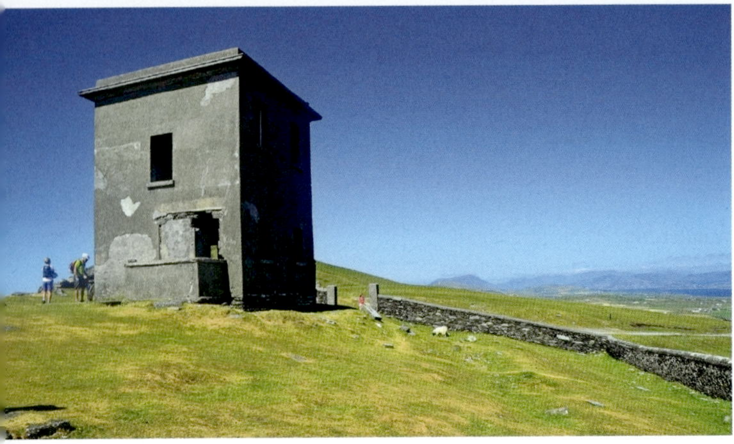

130 m

STRECKE 4 km

1 h 30

ab 6

Tour 23: Bray Head Tower Walk

Weitblick vom Leuchtturm

Die besondere Qualität dieser Wanderung ist der grandiose Blick über die zerklüftete Bucht von Portmagee mit ihren vielen kleinen Inselchen. Tief unter uns kommen und gehen die Boote auf ihrem Weg zu den Skellig Rocks, die am Horizont gut zu sehen sind. Der ehemalige Leuchtturm auf der Landzunge ist zwar nicht mehr sehr dekorativ, aber immer noch der beliebteste Ausguck für den Skellig-Michael-Blick. Alleine sind wir auf dieser Tour daher so gut wie nie unterwegs.

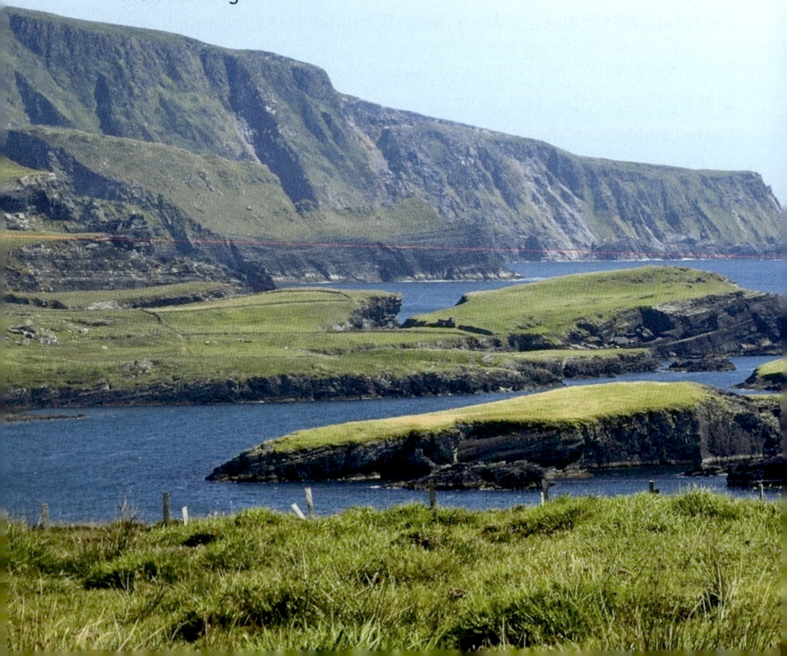

Wanderung: Wir folgen vom Parkplatz dem breiten Schotterweg und treffen auf ein Weidetor. Rechts daneben geht es über eine **Leiter** ① auf die andere Zaunseite. Dann spazieren wir immer leicht aufwärts am Hang entlang, bis wir zur Spitze der Halbinsel und der **Ruine eines ehemaligen Leuchtturmes** ② kommen.

Das Gelände ist von einer Steinmauer umgeben und rundherum weiden wuschelige Schafe. Der Ausblick zurück nach Portmagee ist ziemlich beeindruckend. Bei gutem Wetter können wir die ganze Landspitze des Ring of Kerry überblicken, vor der Küste liegt auch die Insel Puffin Island und weit draußen im Meer sind die Skellig Rocks zuerkennen.

Noch vor wenigen Jahren konnte man von hier aus auf einem Wiesenpfad, der ein Stück von der Abbruchkante der Klippen entfernt liegt, auf den 292 Meter hohen **Bray Head** hinaufsteigen und den Turm auf der Landspitze auch von oben betrachten. Der Weg auf den Berg ist aber inzwischen gesperrt und der ehe-

TOUREN-STECKBRIEF

Anfahrt: Von Killarney oder Kenmare den Ring of Kerry bis zur Spitze der Halbinsel fahren und in Kenneigh auf den kleineren Skellig-Ring abbiegen. Diesem bis Portmagee folgen und die Brücke nach Valentia Island überqueren. Gleich dahinter geht es links in die schmale Straße zum Bray Head und zum Parkplatz bei **GPS N 51°53'31.1", W 10°23'47.6"**. Parkgebühr €2.

Anspruch und Charakter: Die markierte Wanderung zum Turm gehört wegen ihres spektakulären Ausblicks beinahe schon zum Pflichtprogramm auf dem Skellig-Ring und ist entsprechend gut frequentiert. Unterwegs kein Schatten und es ist oft windig.

Highlights: Ausblick vom Bray Head, Schafe am Turm.

Einkehr: Gastronomie in Portmagee.

In der Nähe: Tetrapod Footprints, Geokaun Mountain, Cahergall Stone Forts und Strand.

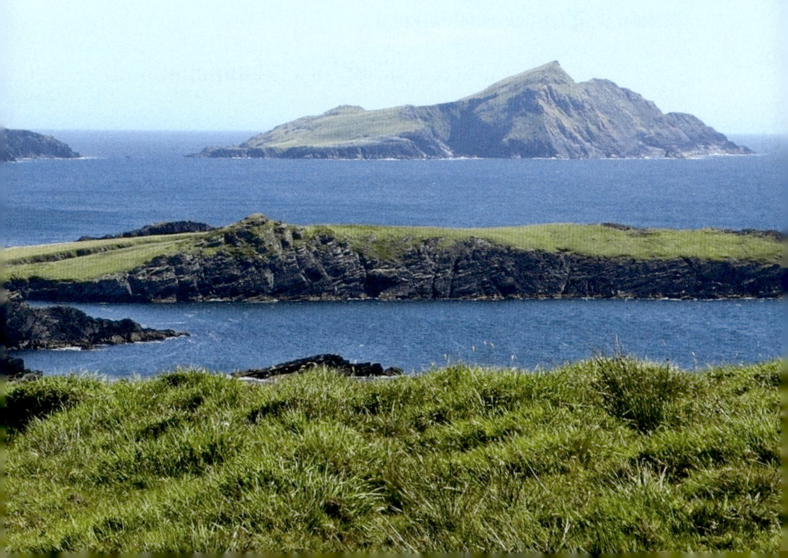

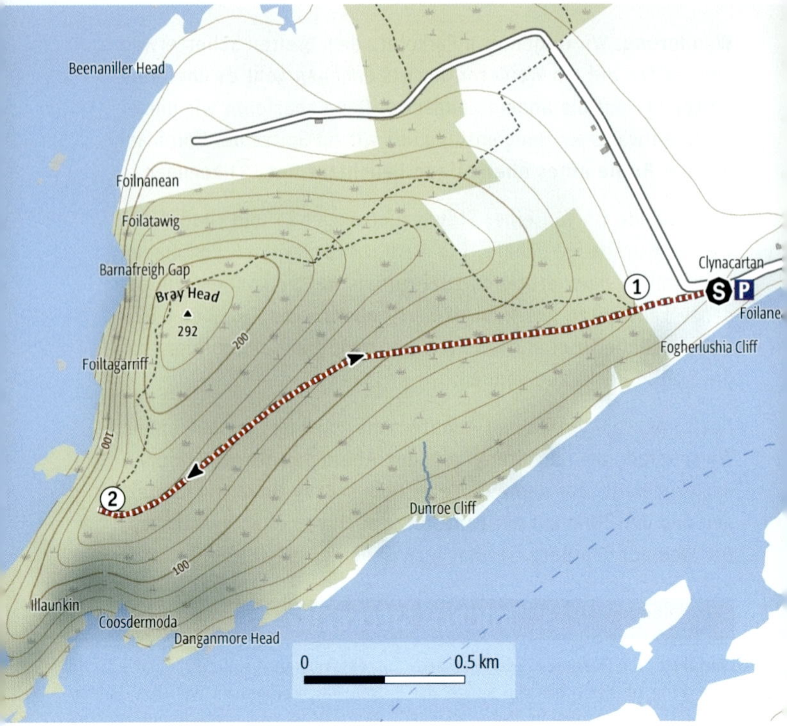

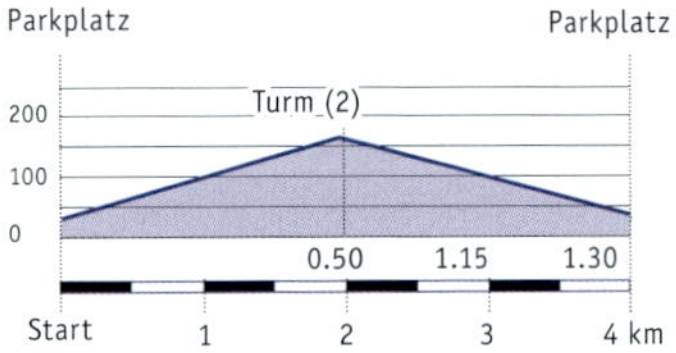

malige Rückweg des Bray Head Loops durch das Weideland am Hang des Hügels ist nicht mehr markiert. Auf dem Schild am Parkplatz wird zudem gebeten, den markierten Weg nicht zu verlassen. Wir drehen also am Turm um und wandern auf dem gleichen Weg zurück zum Parkplatz.

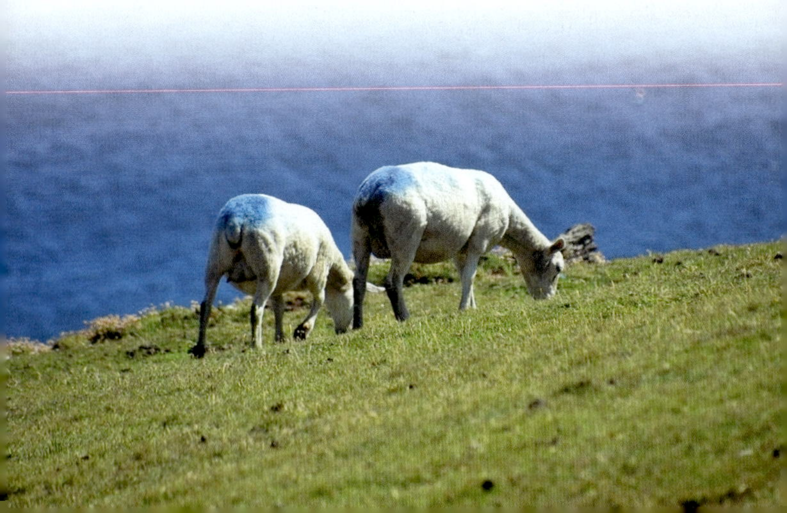

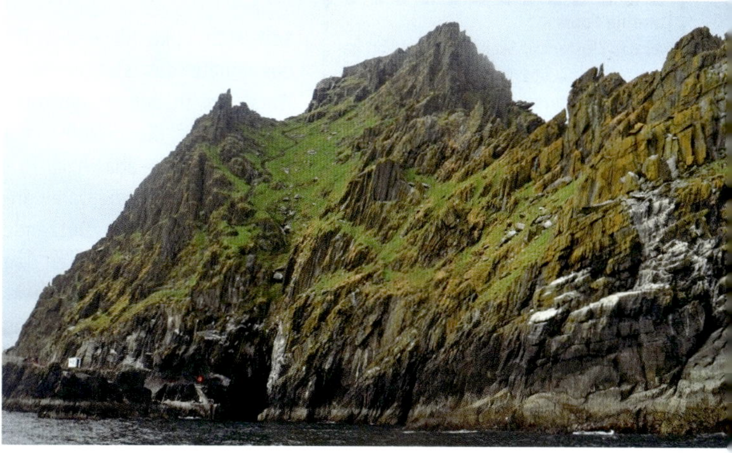

Tour 24: 50.000 Tölpel und eine Klosterruine

2 h 30

ab 6

Die abenteuerliche Bootstour zu den Skellig Rocks

Zwei kleine spitze Felsinseln, etwa zwölf Kilometer vor Portmagee im Atlantik gelegen, sind die unumstrittene Attraktion an der Spitze des Ring of Kerry. Hoch oben auf der Spitze von Great Skellig stehen die Ruinen eines Klosters, das vom 6. bis zum 13. Jahrhundert von einer Gruppe Mönche bewohnt war. Hier am Ende der Welt, auf dem Berg mitten im Meer, wollten sie Gott ganz nahe sein. Die zweite Insel ist etwas niedriger und als Little Skellig bekannt. Hier befindet sich eine der größten Basstölpelkolonien der Welt. Man hat etwa 27.000 Brutpaare gezählt. Außerdem bauen auf den Inseln auch noch Papageientaucher, Sturmtaucher und Sturmschwalben ihre Nester.

TOUREN-STECKBRIEF

Anfahrt: Von Killarney oder Kenmare den Ring of Kerry bis zur Spitze der Halbinsel fahren und in Kenneigh auf den kleineren Skellig-Ring abbiegen. Diesem bis Portmagee folgen. Parkplatz im Ort bei **GPS N 51°53'10.0", W 10°21'49.0"**. Weitere Parkplätze gibt es auf der anderen Seite der Brücke am Skellig Experience Visitor Centre.

Anspruch und Charakter: Die Fahrt zu den Skellig Rocks führt mit einem kleinen Motorboot für maximal zwölf Personen über das offene Meer. Selbst bei halbwegs ruhiger See schaukelt es beträchtlich. Wer sehr leicht seekrank wird, hat an dieser Fahrt vermutlich wenig Freude. Für alle anderen ist sie schon das erste Highlight des Ausfluges.

Ausrüstung: Auch an sonnigen Tagen wird es auf dem Boot schnell kalt. Warme Kleidung und eine wasserdichte Jacke machen die Fahrt deutlich komfortabler. Außerdem sollten ein paar Snacks und etwas zu trinken ins Gepäck.

Highlights: Fahrt mit einem kleinen Motorboot, Tausende von Basstölpeln ganz nahe am Boot, Klosterruine aus dem Star-Wars-Film.

Einkehr: Gastronomie in Portmagee.

In der Nähe: Tetrapod Foodprints.

Landing Tours
Wer das Kloster auf Skellig Michael von nahem sehen möchte, muss die Kondition für 600 Treppenstufen mitbringen, rechtzeitig reservieren und Glück mit dem Wetter haben. Das Boot legt an einem Felsenpier an und sicheres Aussteigen ist nur möglich, wenn die See ruhig ist. 2022 war das bei 65 Prozent der Fahren der Fall.

Seit der Ort als Filmkulisse Berühmtheit erlangte, nimmt der Run auf die Insel beinahe skurrile Formen an. Star-Wars-Fans aus aller Welt wollen hierher. Die Anzahl der Gäste auf der Insel ist jedoch streng limitiert. Um auf Skellig Michael anzulegen, brauchen die Skipper eine Lizenz, die jedes Jahr neu vergeben wird. Die meisten Boote fahren von Portmagee, 2023 waren auch jeweils ein Anbieter aus Ballinskelligs und Derrynane dabei. Unter www.skelligmichael.com gibt es die aktuelle Liste direkt mit der Möglichkeit, eine Buchungsanfrage zu stellen. Die Landing Tour kostet etwa €90–130 pro Person. Die Boote starten morgens gegen 8.30 Uhr und sind gegen 14 Uhr zurück im Hafen.

Seit sich Luke Skywalker für das Finale des siebten Star-Wars-Film in den Bienenkorbhütten der Klosterruine auf Skellig Michael – alias Ahch-To – versteckte, ticken die Uhren anders in Portmagee. Dutzende von Booten fahren jeden Tag hinaus zu den Skellig Rocks und die sogenannten »Landing Tours«, bei denen man auf Skellig Michael anlegt und die 600 Stufen zum alten Kloster hinaufsteigen kann, sind schon Wochen im Voraus ausgebucht. Nur 15 Boote dürfen dort jeden Tag anlegen und die starten auch nur dann, wenn das Wetter es erlaubt.

Wer nicht rechtzeitig gebucht hat oder sich den 600 Stufen nicht gewachsen fühlt, findet mit den kürzeren, deutlich preisgünstigeren **Eco-Tours ohne Besuch auf der Insel** eine gute Alternative. Luke Skywalker ist näm-

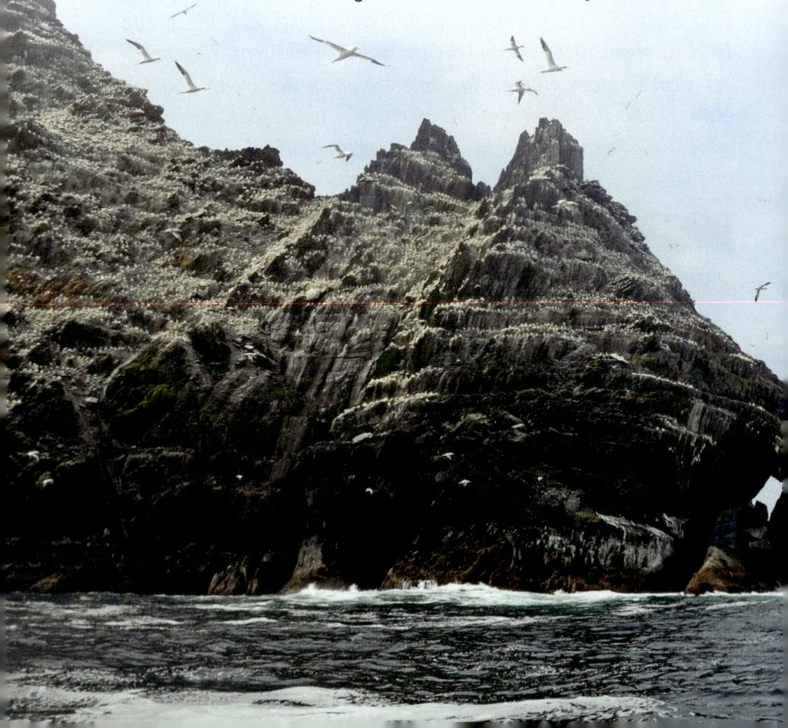

lich längst nicht das einzige Highlight der Skellig Rocks. Beinahe noch eindrucksvoller als der Blick auf das weit oben auf dem Felsen klebende Kloster ist die Fahrt um die kleinere der beiden Inseln. Schon wenn wir uns dieser nähern, fliegen immer wieder die großen weißen Basstölpel dicht am Boot vorbei und lassen sich neben uns im Sturzflug ins Wasser fallen, um Fische zu erbeuten und den hungrigen Nachwuchs in den Nestern zu versorgen. Nähern wir uns **Little Skellig**, wird das Spektakel ganz unglaublich.

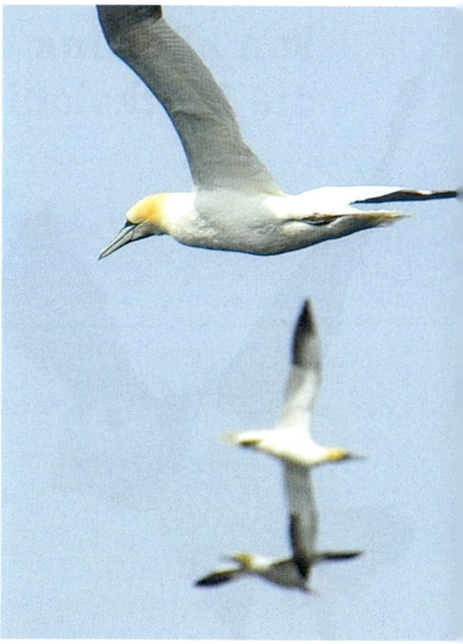

Unser Boot umfährt die Insel und nimmt dann Kurs auf **Skellig Michael**. Bei der Fahrt rund um die zweite Insel kann man die langen Treppen gut erkennen, die zu Bergspitze hinaufführen. Die Einsiedler auf dem Berg liefen sie mehrmals am Tag, denn nur unten am Wasser konnte man Fische fangen und damit die Ernährung der Gemeinschaft sicherstellen. Das Trinkwasser wurde in Zisternen oben am Berg gesammelt. Dort gab es an einer windgeschützten Stelle auch einen kleinen Gemüsegarten. Der Leuchtturm auf der anderen Seite der Insel wurde erst 1826 errichtet. Da hatten die Mönche die Insel schon längst wieder verlassen.

Eco Tours
Die hier beschriebene Tour können wir im Hafen von Portmagee oder im Skellig Experience Visitor Centre auf der anderen Seite der Brücke bei mehreren Anbietern buchen. Sie finden von Ostern bis in den Oktober statt und kosten etwa €48–60 pro Person. Die ersten Boote fahren morgens ab 9 Uhr. Eine Reservierung ist nur in der Hochsaison nötig. Die Boote fahren nur bei ruhiger See.
Preis für zwei Erwachsene und zwei Kinder €155, buchbar im Visitor Centre und auf www.skelligexperience.com.

Nach der Runde um Skellig Michael nimmt unser Boot direkten Kurs auf Portmagee und nach etwa zweieinhalb Stunden legen wir die Schwimmwesten ab und klettern wieder an Land.

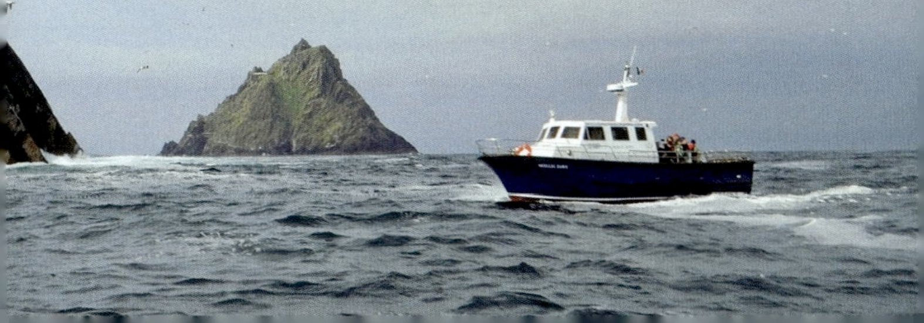

Von »Puffin« und »Gannet« – die Brutkolonie am Skellig Rock

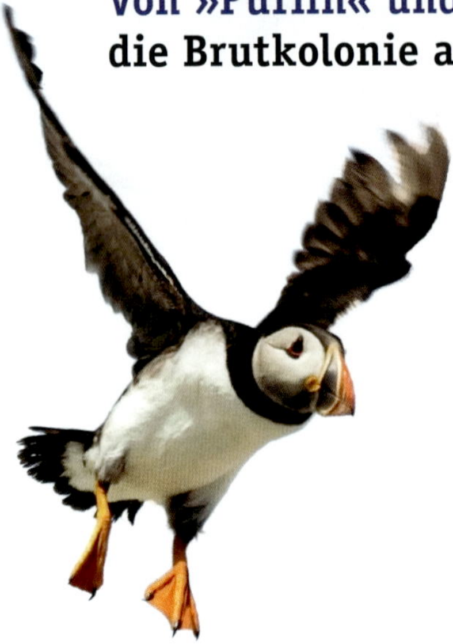

Pagageientaucher (Puffin)
Papageientaucher können nicht nur fliegen, sondern auch bis zu 70 Meter tief tauchen. Bei ihren Tauchgängen fangen sie kleine Fische, die dann quer im Schnabel hängend zum Nest transportiert werden. Puffins, wie sie auf Englisch heißen, sind nur zwischen März und Juli auf den britischen Inseln zu sehen. Im Winterhalbjahr leben sie über dem offenen Meer. Vögel der schottischen und irischen Population ziehen dazu auf die Nordsee oder den Nordatlantik.

In den Felswänden der Skellig Rocks und der nahen Blasket Islands brüten nicht nur Basstölpel. Wer zwischen April und Juli Skellig Michael besucht, wird wahrscheinlich auch Papageientaucher in den Felsen entdecken. Auch Tordalk (Razorbill) und Trottellumme (Guillemot), die man mit ihrem schwarzweißen Federkleid aus der Entfernung kaum voneinander unterscheiden kann, brüten hier. Sie teilen sich die schützenden Felsvorsprünge, auf denen sie ihre Nester bauen, mit verschiedenen Möwenarten.

Ein Papageientaucherpaar legt ein einzelnes Ei, entweder in eine selbst gegrabene oder in eine vorhandene Höhle. Der Jungvogel wird von beiden Eltern gefüttert und fliegt, je nach Ernährungszustand, nach 37 bis 54 Tagen aus. Er läuft oder fliegt dabei zum Meer und kehrt anschließend nicht wieder zur Höhle zurück. Zwei bis drei Wochen später verlassen auch die Altvögel die Kolonie und das Nest ist verwaist bis zum nächsten Jahr.

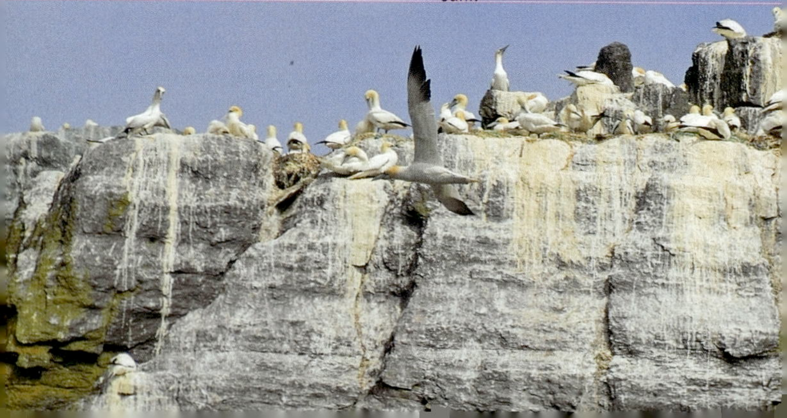

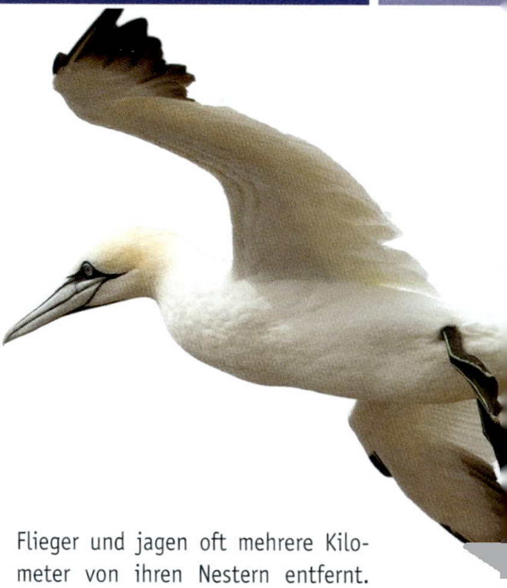

Häufig zu sehen sind auch zwei kleinere Seevögel: der schwarze Sturmtaucher (storm petrel) und die Seeschwalbe (common oder arctic tern). Beide kann man dabei beobachten, wie sie Insekten von der Wasseroberfläche holen. Wer auch die anderen Vögel der Skellig Rocks besser kennenlernen möchte, findet eine gute Übersicht unter www.skelligsrock.com/bird-life.

Basstölpel (Gannet)
Der Basstölpel ist ungefähr so groß wie eine Gans und leicht an seinem ungewöhnlichen Flugverhalten zu erkennen. Zur Jagd segelt er über dem Meer, um sich dann plötzlich im Sturzflug senkrecht ins Wasser zu stürzen. Dort fängt er vorzugsweise Heringe und Makrelen. Tölpel sind ausdauernde Flieger und jagen oft mehrere Kilometer von ihren Nestern entfernt. Ihre Kolonien findet man an einsamen Küstenabschnitten oder auf Felseninseln im Meer, zu denen sie über Jahrzehnte immer wieder zurückkehren. Den Namen »Tölpel« bekamen die eleganten Jäger übrigens, weil sie an Land eher unbeholfen watscheln. Auch Landungen außerhalb des Wassers wirken eher ungeschickt und es passiert gar nicht so selten, dass sich die Vögel dabei verletzen.

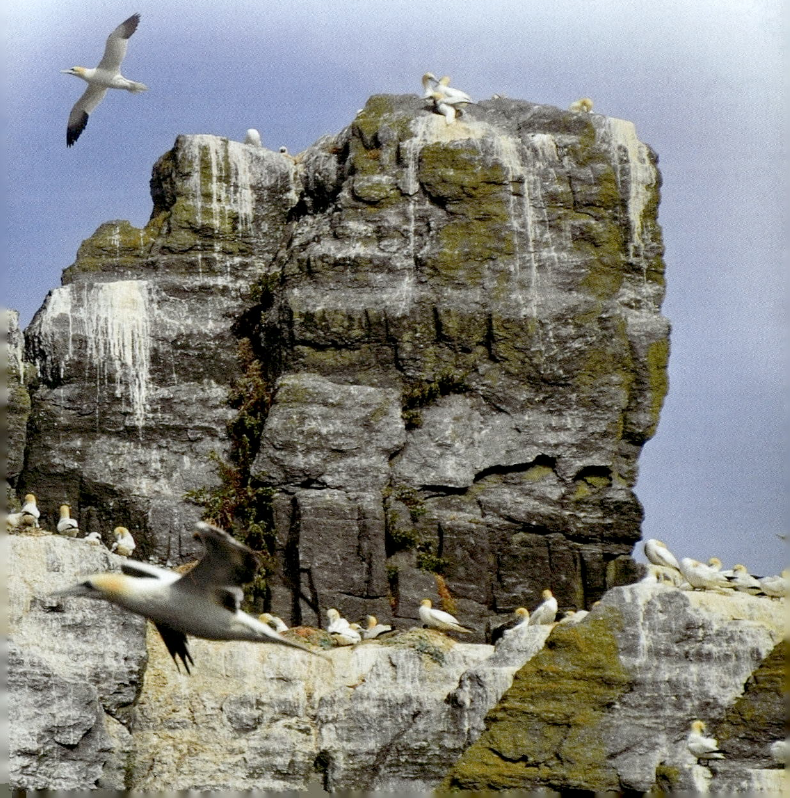

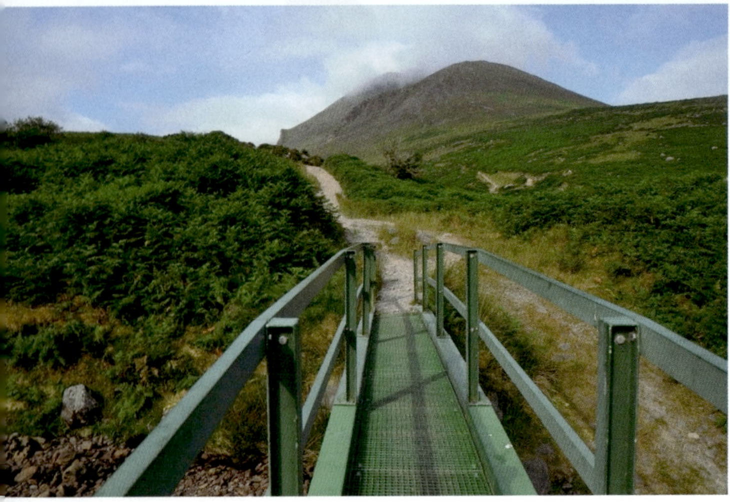

235 m

STRECKE 7 km

2 h 45

ab 8

Tour 25: Cronins Yard Loop

Wanderrunde zu Füßen des Carrauntoohil

Mit 1039 Metern ist der Carrauntoohil der höchste Berg Irlands und dadurch ein beliebtes Wanderziel. Sein Name stammt aus dem Gälischen: »Corrán Tuathail« bedeutet »umgedrehte Sichel«. Das Farmhaus Cronins Yard mit Tea Room und kleinem Zeltplatz ist einer der gängigen Ausgangspunkte für diese Wanderung. Für alle, die nicht ganz so hoch hinaus wollen, führt ein schöner Rundweg in das karge Tal. Immer am Bach entlang geht es dabei über Schafweiden zum Bergsee Lough Callee, der im Kessel zu Füßen des irischen »Bergriesen« liegt.

Wanderung: Vom Parkplatz gehen wir rechts und dann am **Zeltplatz** vorbei, durchqueren das Weidetor (wieder schließen!) und gehen einen breiten Schotterweg hinauf. Rechts von uns gucken

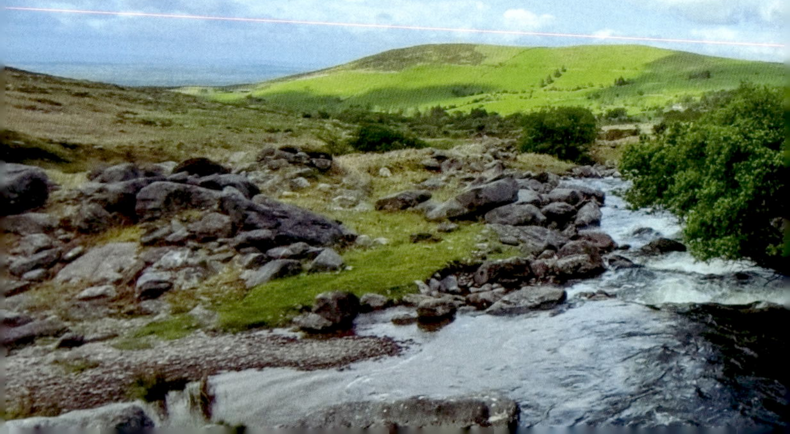

oft **Esel** neugierig über den Zaun. Dann verlassen wir das Farmgelände. Leicht ansteigend zieht sich der Weg ins Tal hinein. Nach etwa 800 Metern kommen wir zu einer **grünen Bachbrücke** (1).

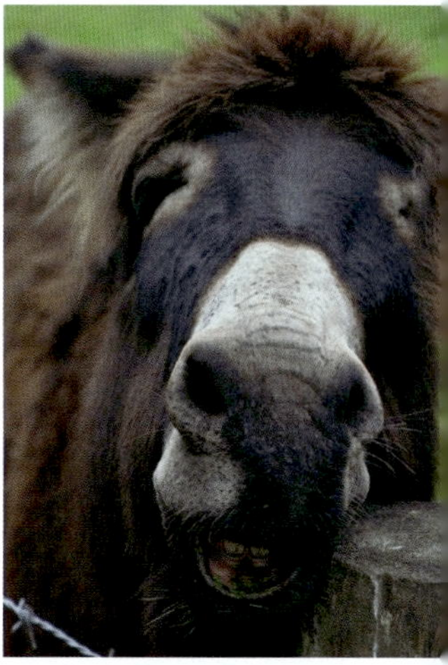

Kurz darauf teilt sich der Weg. Rechts geht es zum Carrauntoohil, auf diesem Weg kommen wir später zurück. Unser Rundweg (Loop Walk) führt jetzt zuerst links ins Weideland der Schafe hinauf. Er ist hier durchgängig **mit Pfosten markiert**. Da unser Weg an vielen Stellen nur einer von vielen Trampelpfaden in der Wiese ist, sollten wir, sobald wir einen Pfosten passiert haben, nach dem nächsten Ausschau halten. Ansonsten verliert man sehr schnell die richtige Richtung und steht dann orientierungs-

TOUREN-STECKBRIEF

Anfahrt: Von Killarney in Richtung Killorglin und Ring of Kerry fahren und im Vorort Fossa kurz hinter dem örtlichen Camping links in Richtung Gap of Dunloe und Carrauntoohil abbiegen. Zuerst zweigt die Straße zum Gap of Dunloe links ab. Der nächste Abzweig ist dann unserer: Hier sind sowohl Cronins Yard als auch der Carrauntoohil ausgeschildert. Wir folgen der meist nur autobreiten, aber guten Straße bis zum Ende an Cronins Yard und fahren dort auf den Parkplatz bei **GPS N 52°01'34.6", W 9°41'46.6"**. Die Tagesgebühr von €2 zahlt man bei der Ausfahrt durch die Schranke.

Anspruch und Charakter: Wanderrunde in einsamer Berglandschaft auf Trampelpfaden über den moorigen Boden einer Schafweide und zurück auf einem Schotterweg. Hunde sind nicht erlaubt, weil es über Weideland geht. Vorsicht! Nach ergiebigen Regenfällen auf dem Schotterweg bleiben, der Weg durchs Moor ist dann kaum noch passierbar.
Highlights: Esel und Schafe am Wegrand, wilde Gebirgslandschaft, ein Picknick am Seeufer mit Blick auf den Carrauntoohil.
Einkehr: Tea Room auf dem Hof.
In der Nähe: Muckross House, Muckross Farm, Rossbeigh Beach.

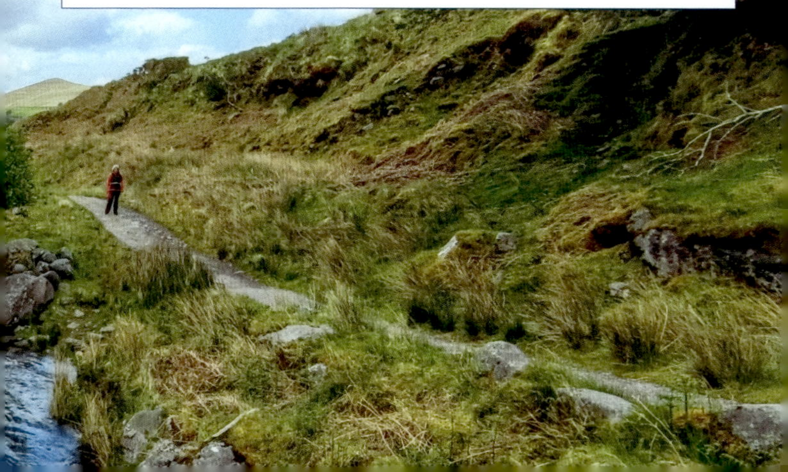

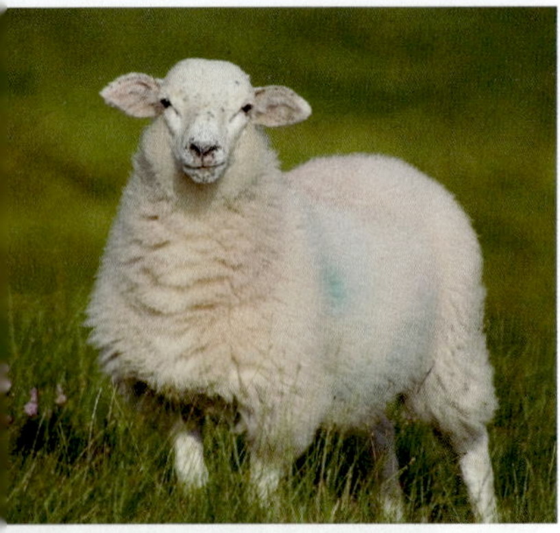

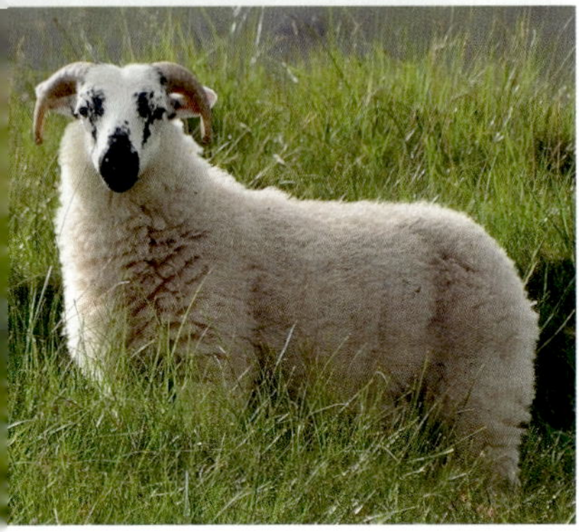

los in der Wiese. Der Boden unter unseren Füßen ist moorig und uneben und gibt bei jedem Tritt leicht nach, so ist dieser Abschnitt zwar besonders schön, aber auch anstrengender als erwartet.

Es geht zuerst den Hügel hinauf und der Blick wird immer besser. Zwischen hohen Grasbüscheln gucken immer wieder Schafe hervor und je weiter wir ins Tal kommen, desto karger wird die Landschaft. Dann führen die Markierungen uns wieder abwärts in Richtung Bach und schließlich an dessen Ufer entlang, bis hinter einem Hügel die Wasserfläche des **Lough Callee** ② auftaucht. Der **letzte Wegweiser vor dem See** schickt uns hinüber auf die andere Bachseite, wir gehen jedoch zuerst zum Seeufer, um dort vor der Umkehr eine Pause zu machen. Wo wir schließlich den Bach überqueren – am letzten Wegweiserpfosten oder am Seeufer – ist egal. Unser Rückweg ist der **breite Schotterweg** ③, den auch die Carrauntoohil-Wandernden hinaufkommen, und dieser ist kaum zu verfehlen.

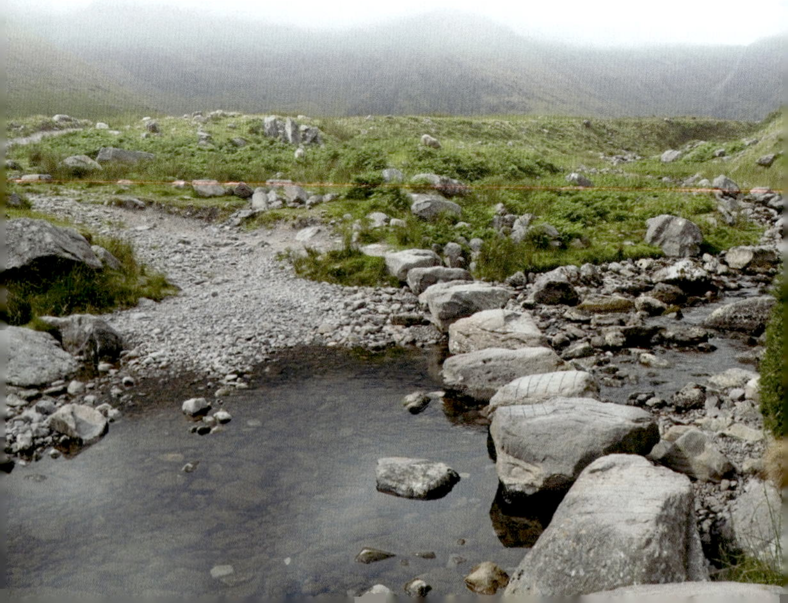

Vorsicht nach ergiebigem Regen

Führt der friedlich kleine Bach unter der grünen Brücke viel Wasser, rauscht er mit wilder Kraft hinunter ins Tal und der Weg durchs Moor ist schon bei den ersten Schritten patschnass, ist Vorsicht geboten. Kurz vor dem See, wo der Moorweg auf den Bach trifft, entstehen dann viele kleine Wasserläufe, die nur schwer zu überqueren sind. Bei sehr hohem Wasserstand ist außerdem auch die Überquerung der **Trittsteine** ④ eine nicht ganz ungefährliche Herausforderung. Dieser ansonsten gut begehbare Weg ist dann für Kinder nicht mehr geeignet.

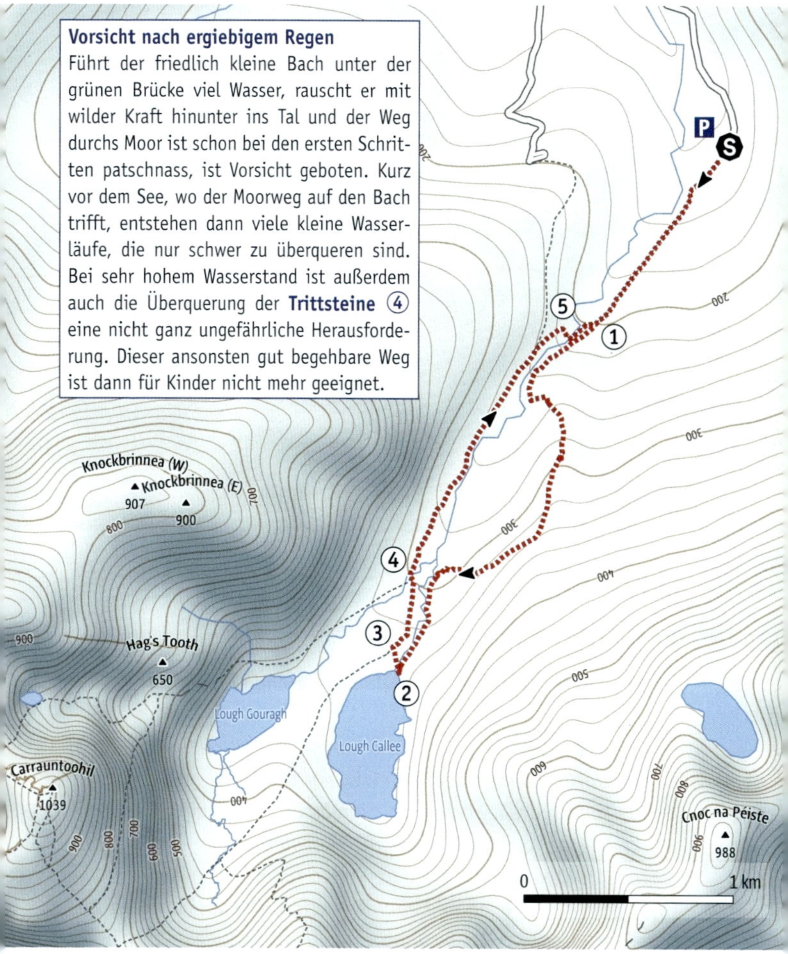

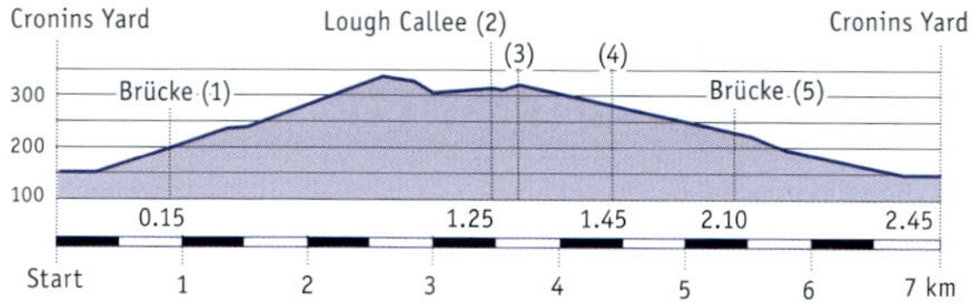

Ohne weitere Orientierungsschwierigkeiten wandern wir wieder aus dem Tal hinaus. Unterwegs überqueren wir einen **Wasserlauf** ④ auf dicken Trittsteinen und wandern dann am Hang entlang, bis wir uns ein ganzes Stück über dem Bachlauf befinden. Hier müssen wir noch einmal aufpassen, denn unser Weg zweigt rechts ab und führt zügig zu einer **zweiten grünen Metallbrücke** ⑤ hinunter. Wir überqueren diese und kommen bald zur Kreuzung vom Hinweg. Jetzt geht es auf dem bereits vertrauten Weg über die erste grüne Brücke und zurück zum Parkplatz.

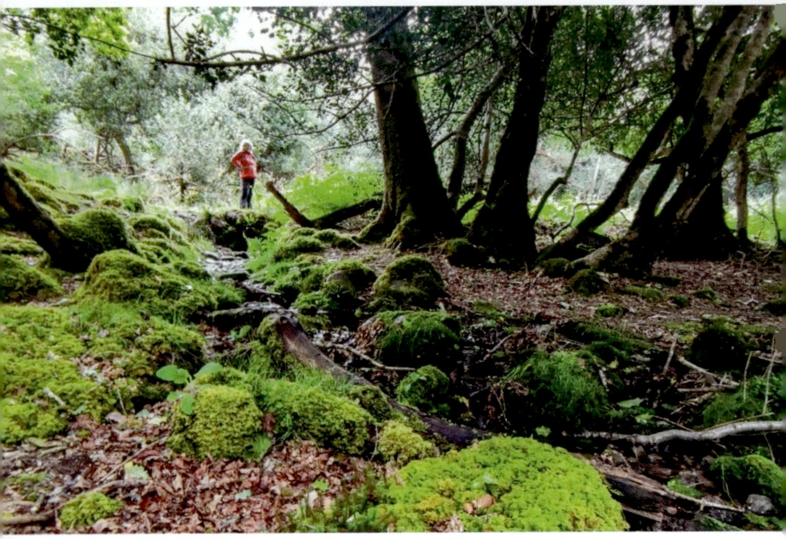

100 m

STRECKE 4 km

1 h 30

ab 4

Tour 26: Eichenwald und Wasserfall

Durch Tomies Woods zur O'Sullivans Cascade

Im Wald am Westufer des Lough Leane stehen riesige, uralte Eichen, ein Bächlein plätschert zwischen leuchtend grünen Grasbüscheln und moosbewachsenen Steinbrocken und der ganze Wald wirkt wie verwunschen. Feen und Kobolde fühlen sich hier bestimmt zu Hause. Über hundert Stufen führen dann hinunter zum Ufer des Lough Leane und zum Wasserfall. Die Kaskade fällt über die Uferfelsen, wo der Bach an einem Platz mit vielen dicken Felsen in den See mündet.

TOUREN-STECKBRIEF

Anfahrt: Von Killarney in Richtung Killorglin und Ring of Kerry fahren und im Vorort Fossa kurz hinter dem örtlichen Camping links in Richtung Gap of Dunloe abbiegen. Der Straße zum Gap of Dunloe zuerst links folgen, dann am nächsten Abzweig geradeaus weiterfahren. In einer Linkskurve geht es bei **GPS N 52°03'04.8", W 9°36'38.5"** rechts zur Schranke an der Zufahrt zum Parkplatz. Sie ist von 8 bis 18 Uhr geöffnet, wenn noch einer der 28 Parkplätze frei ist. Steht hier »Full« und die Schranke ist geschlossen, lohnt es sich zu warten, bis ein Auto herauskommt. Der Wald ist auch beliebt für Hundespaziergänge und zum Joggen und viele Autos parken nicht allzu lange.

Anspruch und Charakter: Spaziergang auf einem breiten Waldweg durch einen verwunschenen Wald, viele Treppenstufen auf dem Weg zur Kaskade.

Markierung: Hinweisschilder »O'Sullivan Cascade«.

Highlights: Alte Eichen, Platz am Wasserfall und am Seeufer.

Einkehr: Mini-Café »Tea and Beans« an der Zufahrt zum Parkplatz (nur am Wochenende geöffnet).

In der Nähe: Killarney, Muckross House.

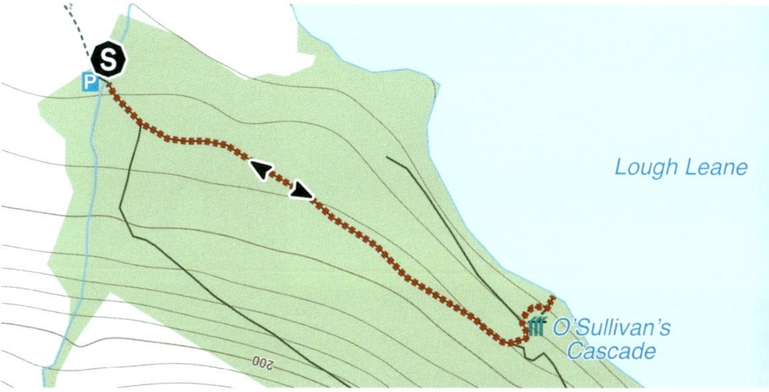

Wanderung: Vom Parkplatz folgen wir dem breiten Schotterweg. Den ersten Abzweig nach links ignorieren wir, am zweiten **Abzweig** ① folgen wir dem Wegweiser »O'Sullivans Cascade« links hinunter. Kurz darauf sehen wir die ersten alten Eichen und der Wald wird von Schritt zu Schritt malerischer.

Bevor uns der breite Waldweg allzu langweilig werden kann, schickt uns erneut ein **Hinweisschild** ② nach links zur Kaskade. Der Weg macht einen Bogen, dann folgen die ersten Treppenstufen. Über hundert sind es, bis wir noch oberhalb des Seeufers auf eine **Kreuzung** ③ treffen.

Rechts geht es hier zum **Wasserfall** ④, links erreichen wir mit wenigen Schritten den idyllischen **Platz an der Bachmündung**. Hier befindet sich eine Kiesbank am Seeufer. Wir können weit über den See gucken und auf den Steinen am Ufer sitzen.

Zurück geht es dann auf dem gleichen Weg.

Tomies Woods Loop Walk

7 km, Gehzeit 2 h 30, ⇅ 220 m

Wer länger laufen möchte, kann nach dem Besuch des Wasserfalls oben an der Kreuzung ④ links abbiegen und dem markierten Rundweg weiter folgen. Der Weg bleibt jedoch ein breiter Waldweg, auf dem es selbst laufenden Kindern vermutlich schnell langweilig wird. Dafür ist die Runde durchaus auch mit einem geländegängigen Kinderwagen passierbar – nur beim Abstecher zum Wasserfall muss dieser oben an der Treppe stehenbleiben.

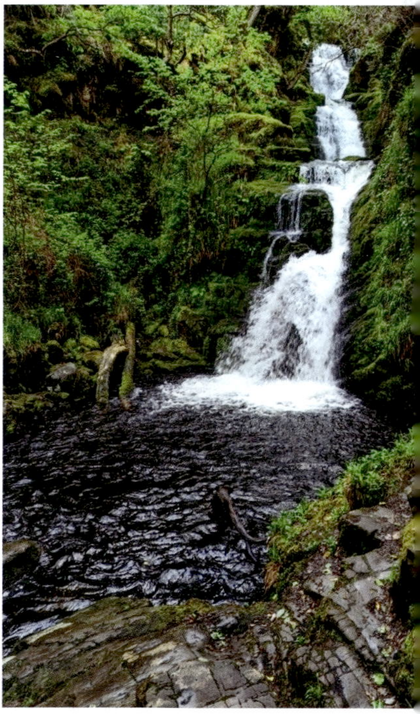

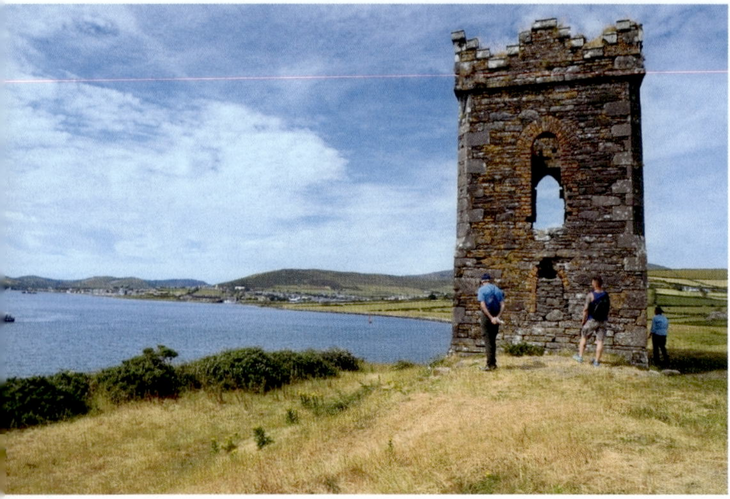

35 m

STRECKE 8 km

2 h 30

ab 8

Tour 27: Die Klippen von Dingle

Der Küstenweg in der idyllischen Bucht von Dingle

Einer der berühmtesten Einwohner Irlands lebte in der Bucht von Dingle und zwar im Wasser – denn er war ein Delfin. Fungie, wie man ihn taufte, tauchte 1984 zum ersten Mal im Hafen von Dingle auf und entwickelte sich zu einem echten Showstar. Über 30 Jahre begleitete der Delfin die Boote im Hafen so zuverlässig, dass die beiden Anbieter, deren Boote mehrmals täglich eine Runde durch den Hafen drehten, eine ungewöhnliche Garantie gaben: No Dolphin, no Pay. Fungie wurde im Oktober 2020 das letzte Mal in der Dingle-Bucht gesehen und ist seitdem spurlos verschwunden.

Wandert man an der Küste entlang zum leicht erhöht gelegenen Turm Hussey's Folly, überblickt man von dort die ganze Bucht, die einmal Fungies Zuhause war. Früher konnte man ihn von hier oben gut bei seinem Spiel mit den Booten beobachten. Diese Attraktion hat der Weg jetzt verloren, landschaftlich bleibt er aber weiterhin wunderschön.

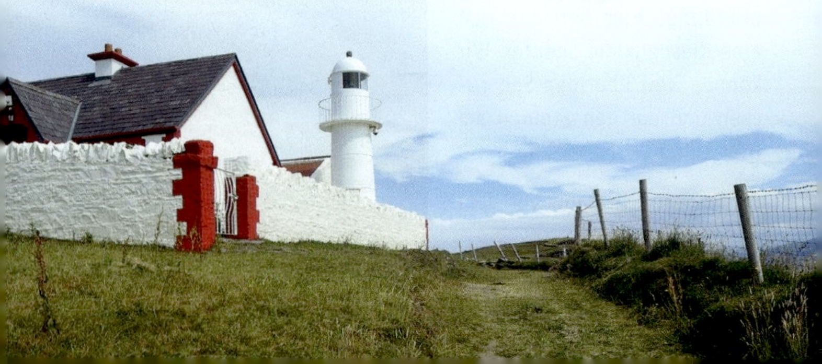

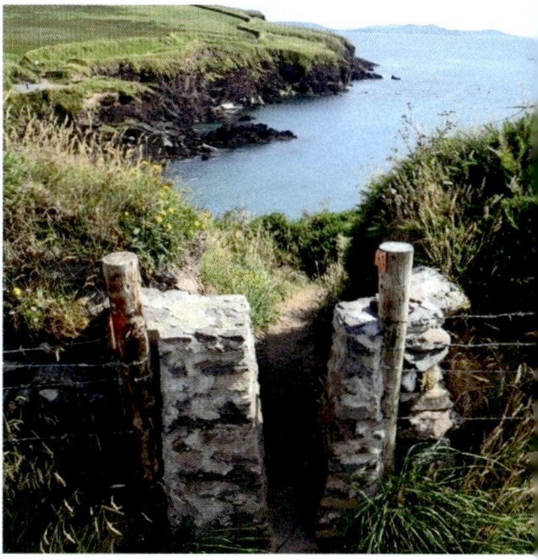

Wanderung: Aus dem Hafen von Dingle folgen wir zuerst immer am Meer entlang einem etwas langweiligen, breiten Schotterweg und halten dann auf die von weitem sichtbare **Turmruine** ① zu. Sie steht leicht erhöht und galt als bester Punkt an der Küste, um Ausschau nach Fungie zu halten. Von hier oben konnte man immer das Schauspiel beobachten, wenn in der der Bucht von Dingle sechs bis acht Boote verschiedener Größen in wilder Jagd über das Wasser flitzten, sobald der Delfin gesichtet wurde.

Wenn wir genug über die Bucht geguckt haben, wandern wir hinter dem Turm weiter hinauf und stehen bald am **weißen Leuchtturm** ②. Hier biegt der Klippenweg links ab und wird immer schöner. Etwa 200 Meter hinter dem Leuchtturm kommen wir an einen **Engpass** und der Küstenpfad wird schmaler. Hier ist auf jeden Fall Vorsicht geboten, da die Abbruchkante

Dolphin Watching Tours

Die Boote, die früher zum Fungie-Watching durch die Bucht fuhren, sind jetzt draußen an den Klippen unterwegs. Es werden auch Touren zu den Blasket Islands angeboten. Wer Glück hat, sieht unterwegs frei lebende Delfine, Wale, Robben oder zumindest Basstölpel und die witzigen Papageientaucher.

Eine zweistündige Fahrt im Hafen von Dingle und an den Klippen kostet €30, Kinder bis 11 Jahre €15. Die Fahrt zu den Blasket Islands dauert knapp 3 Stunden (€60, Kinder €40). www.dingledolphin.com

Dingle Boat Tours bietet verschiedene Touren zu den Blasket Islands an: €65, Kinder €45 (mit Aufenthalt auf der Insel). Alternativ gibt es auch eine Wildlife-Tour in einem schnellen Schlauchboot zu den Seehundbänken an den Inseln, ab €65. dingleboattours.com

TOUREN-STECKBRIEF

Anfahrt: Dingle, der Hauptort der Dingle-Halbinsel, liegt an deren Südküste. Die Wanderung können wir direkt im Ort beginnen, dann parken wir am besten auf dem großen Parkplatz im Hafen bei **GPS N 52°08'21.4", W 10°16'39.4".** Wer keinen Wert auf den Bummel durch die Straßen von Dingle legt und Natur pur vorzieht, kürzt die Wanderung zum Turm und startet am Parkplatz hinter der Badebucht von Beenbane ③ bei **GPS N 52°07'16.8", W 10°14'55.0"**. Die Zufahrt zum Parkplatz und zum Ort zweigt etwa 1,5 Kilometer vor Dingle von der Küstenstraße ab.

Anspruch und Charakter: Der Weg führt zuerst breit und bequem, dann aber immer schmaler an der Küste entlang. Kurz hinter dem Leuchtturm kommt man recht nahe an die Abbruchkante und hier ist Vorsicht geboten. Da der Hang hier weiter bröckelt, könnte es an dieser Stelle auch erneut zu Sperrungen kommen.

Highlights: Toller Blick über die Klippen und auf die Bucht, Shops und bunte Häuschen im Hafen von Dingle.

Einkehr: Auswahl von Fish and Chips über Pubs bis zum Restaurant in Dingle.

In der Nähe: Dingle Ocean World.

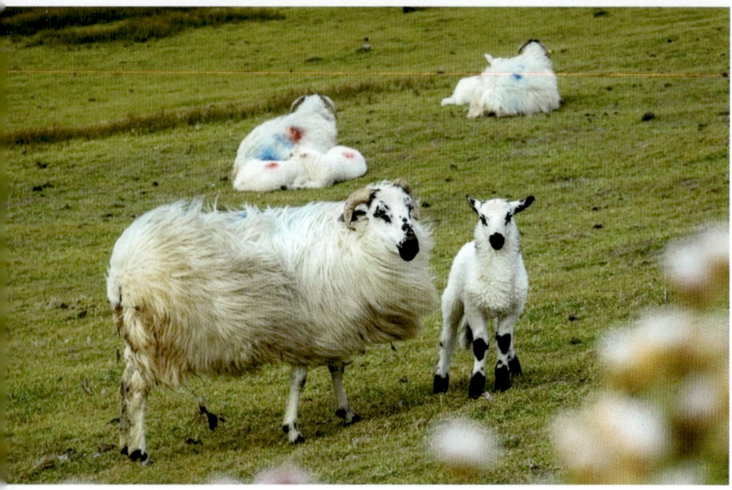

Zwischen Wegpunkt ② und ③, kurz vor dem Durchlass zur Weide, war der Klippenweg 2023 an einer Abbruchstelle gesperrt. Laut Warnschild handelte es sich aber nur um eine temporäre Sperrung.

nicht weit entfernt ist. An einer Stelle war die Klippe bei unserem letzten Besuch abbruchgefährdet und abgesperrt. Der Weg weicht hier links durch einen **schmalen Durchlass auf eine Weide** aus, um die Stelle zu umgehen, dahinter kann man weiter dem Küstenpfad folgen. Er verläuft noch ein Stück ganz nahe an den Klippen, dann kommen wir zu einem asphaltierten Parkplatz über einer **Badebucht** ③.

Auf der anderen Seite der Straße geht der Klippenweg weiter. Mit einem »Danger«-Schild sichert sich der Landbesitzer ab, der Weg ist hier jedoch gut begehbar und verläuft ein ganzes Stück von der Abbruchkante entfernt. Eigene Umsicht ist aber natürlich unerlässlich und jüngere Kinder gehören hier unbedingt unter Aufsicht. Der Wiesenpfad führt einen Hügel hinauf, an dessen Spitze ein Steinhaufen den **Aussichtspunkt** ④ markiert. Gehen wir noch ein paar Schritte nach links, haben wir auch

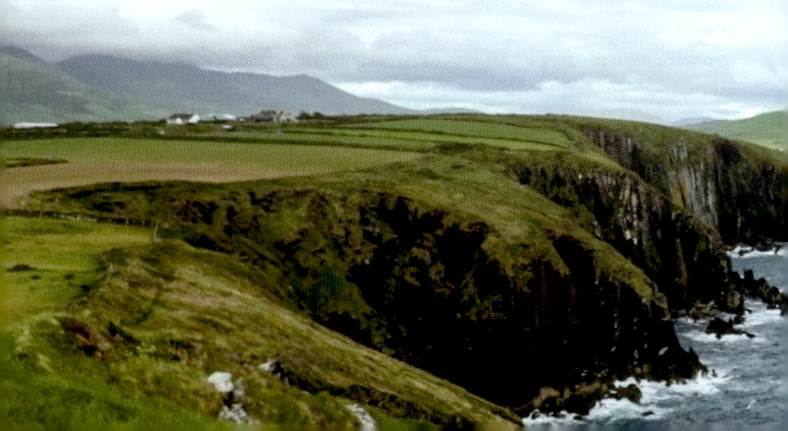

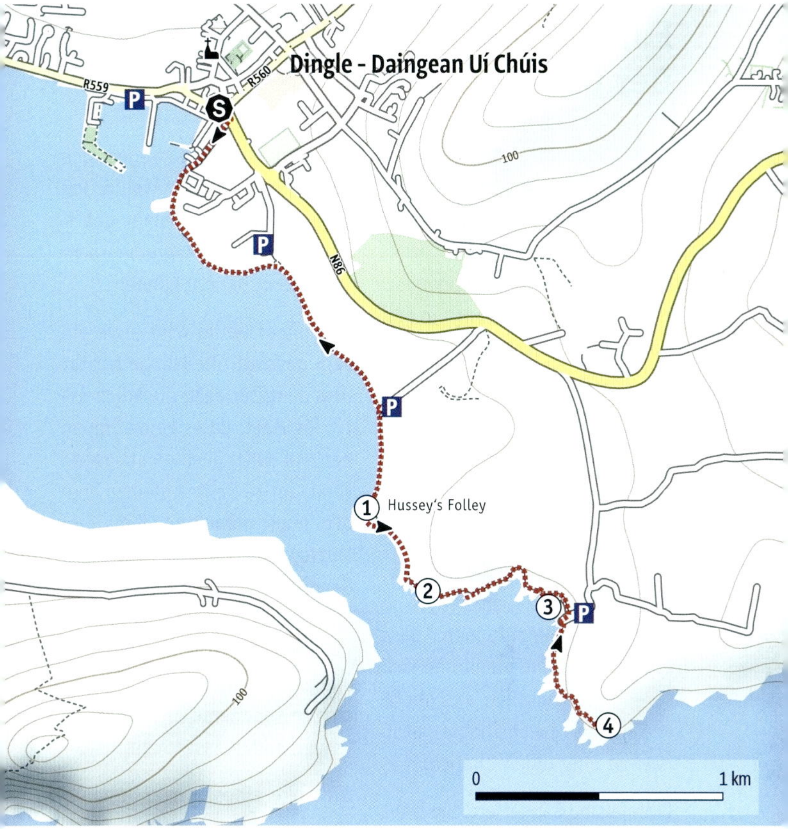

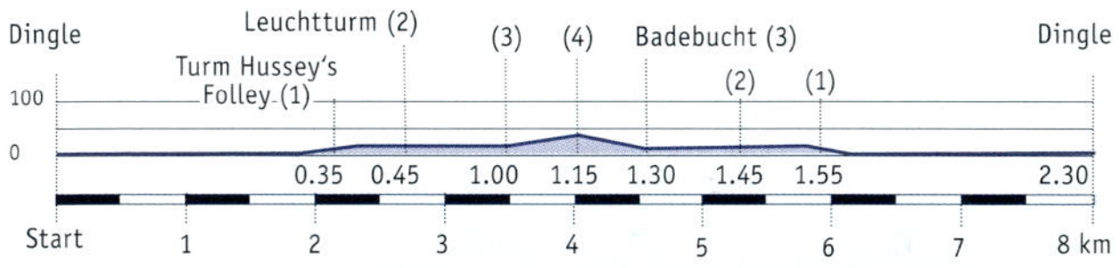

freien Blick in die andere Richtung. Der Pfad, der dort weitergeht, verliert sich jedoch schnell im Gestrüpp. Wir drehen hier also um und wandern auf dem gleichen Weg zurück nach Dingle.

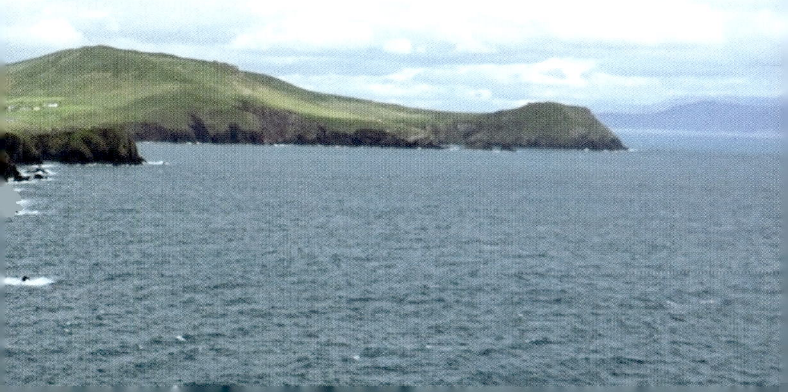

Fungie und seine Verwandten Der Große Tümmler

Große Tümmler, oder auf Englisch bottlenose dolphins, sind eine der häufigsten Delfinarten und kommen in allen drei Ozeanen und auch im Mittelmeer vor. Meist leben sie allerdings in den wärmeren Gewässern weiter im Süden. So unterscheiden sich die Tümmler hier in der Nordsee von ihren südlicher beheimateten Verwandten. Um besser mit dem kalten Wasser zurechtzukommen, sind sie größer und haben eine dickere Fettschicht. Normalerweise leben Delfine in kleinen Familiengruppen. Dass ein Delfin alleine bleibt und sich so eng an Menschen anschließt wie das Fungie in Dingle getan hat, ist eher ungewöhnlich.

Delfine sind Säugetiere. Sie bringen ihren Nachwuchs lebend zur Welt. Junge Tümmler sind bereits bei der Geburt mehr als einen Meter lang. Sie kommen mit der Schwanzflosse voraus auf die Welt, damit sie nicht bei der Geburt ertrinken. Nach der Geburt schubst die Mutter ihr Junges zum ersten Atemzug an die Wasseroberfläche. Delfine können zwar viel länger tauchen als Menschen, wie Fische unter Wasser atmen können sie aber nicht. Sie bleiben maximal 20 bis 30 Minuten unter der Oberfläche und tauchen dabei bis zu 300 Meter tief. Da Delfine nicht an Land gehen, schlafen sie, um die Versorgung mit Luft sicherzustellen, immer nur mit einer Gehirnhälfte. Sie bewegen sich dann nur noch ganz wenig. Ein Auge bleibt aber immer geöffnet, damit sich Angreifer nicht unbemerkt nähern können.

Ein junger Delfin wird etwa ein Jahr gesäugt. Die Mutter spritzt dem Jungtier dazu die Milch aktiv ins Maul, da es keine Lippen hat und daher auch nicht saugen kann. Junge Delfine bleiben aber oft noch jahrelang bei ihrer Mutter. Tümmler leben in Familiengruppen, die aus einem Männchen und mehreren Weibchen mit ihrem Nachwuchs bestehen. Junge männliche Delfine tun sich in sogenannten Junggesellenverbänden zusammen.

Die Tiere einer Gruppe beschützen sich gegenseitig, sie verteidigen sich gemeinsam gegen Angriffe und jagen auch in der Gruppe. Sie treiben dazu einen Fischschwarm zusammen, sodass jedes Tier der Gruppe leicht einen Fisch erbeuten kann. Dabei orientieren sie sich durch Echolotung, stehen aber auch miteinander in regem Austausch. Die Sprache der Delfine besteht aus ganz unterschiedlichen Lauten. Sie zirpen, klicken, pfeifen, stöhnen, grunzen und quietschen. Der Ausdruck ist sehr differenziert und es wurde bei in Gefangenschaft lebenden Gruppen sogar beobachtet, dass bestimmte Tiere von Artgenossen mit einem ihnen zugeordneten

Laut gerufen wurden. Delfine geben sich also so etwas wie einen Namen, was noch bei keiner anderen Tierart beobachtet wurde.

Die Geschichte von Fungie

Es war ein Fischer aus Dingle, dem der Delfin zuerst auffiel, der damals den Booten vom offenen Meer in den Hafen folgte und dort seine Sprünge vollführte. Er tat das weiterhin täglich und Woche für Woche, bis die Fischer ihm einen Namen gaben. Sie nannten ihn Fungie nach dem Kollegen mit dichtem grauen Bart, der den Delfin zuerst entdeckt hatte.

Das war in den achtziger Jahren. »Der geht bald wieder ins Meer«, sagten die Fischer damals, aber Fungie ist dem Hafen von Dingle treu geblieben. Das war für die kleine Stadt in wirtschaftlicher Hinsicht ein echter Segen. Bis 2020 fuhren hier acht Boote auf Fungie Watching Tour und gaben etwa 20 Personen in Dingle einen Arbeitsplatz.

Fungie erschien fast immer pünktlich »zum Dienst« und zeigte sich bei 99 Prozent aller Fahrten zuverlässig zwischen den Booten, sprang aus dem Wasser und kam ganz nahe an die faszinierten Menschen heran. Er war ein echter Showstar. In den Fischern und den Touristen schien der Delfin so etwas wie eine Ersatzfamilie gefunden zu haben, denn eigentlich sind Delfine, wie wir ja gerade gelesen haben, keine Einzelgänger, sondern hoch sozial veranlagte Gruppentiere. Sie bewegen sich außerdem normalerweise in einem viel größeren Revier. Fungie war fast immer im Hafenbecken von Dingle anzutreffen. Biologen bewerteten das Tier deshalb als schwer verhaltensgestört.

Keiner weiß, wie alt der Delfin war, als er nach Dingle kam. Fungie muss aber mindestens 37 Jahre alt gewesen sein, als er die Bucht verließ und im Meer verschwand. Für einen Tümmler ist das ein reifes Alter. In freier Wildbahn haben die Tiere eine Lebenserwartung von etwa 30 bis 40 Jahren.

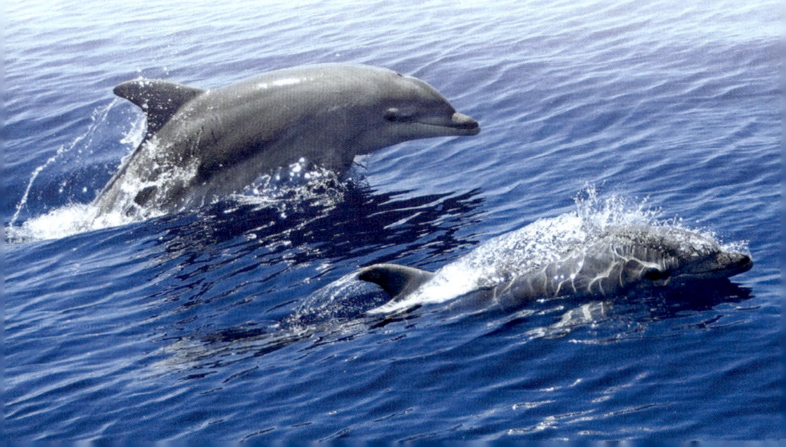

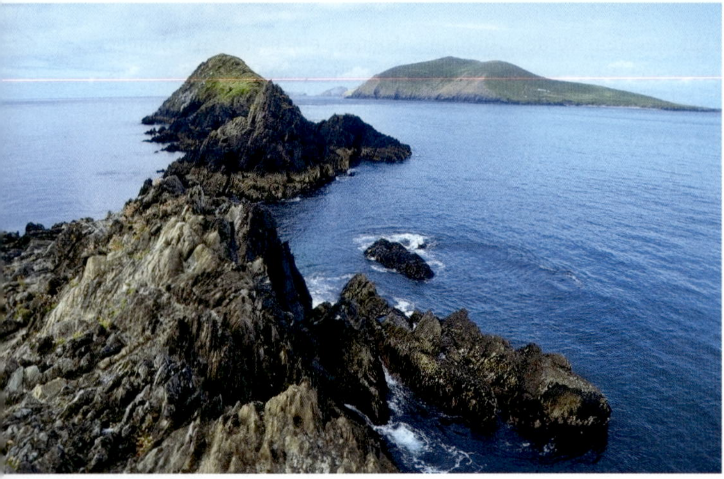

150 m

STRECKE 2,5 km

1 h

ab 8

Tour 28: Dunmore Head

Star Wars oder Ryan's Daughter?

Die Halbinsel Dunmore Head ist der westlichste Punkt des irischen Festlandes und war nun schon zum zweiten Mal Drehort für einen Film. Im Jahr 1970 wurden hier am Strand Szenen für Ryan's Daughter gedreht. Der Film spielt zur Zeit des irischen Osteraufstandes. Jahre später rückte erneut ein Kamerateam an, um ein riesiges Seemonster in die Felsen am Dunmore Head zu setzen. Hier entstand die Green-Milk-Szene, in der Luke Skywalker die Milch einer Thala-Siren, einer riesigen Seekuh, trinkt. Die Thala-Siren-Attrappe flog man per Helikopter auf die Felsen. Warum dieser Ort auch Filmteams gefällt, ist leicht zu verstehen. Der Strand mit feinem Sand und den spitzen schwarzen Felsen ist extrem malerisch und der Blick vom Dunmore Head kann das fast noch einmal toppen.

TOUREN-STECKBRIEF

Anfahrt: Am westlichsten Ende der Dingle-Halbinsel, gegenüber der Insel Great Blasket, liegt auf der Höhe des Dorfes Coomeenole unterhalb der Straße eine von Klippen eingerahmte bildhübsche Sandbucht. Der zum Strand und der Landspitze von Dunmore Head gehörende Parkplatz liegt links hinter und oberhalb der Bucht an der Ringstraße bei **GPS N 52°06'36.4", W 10°27'53.9"**.

Anspruch und Charakter: Kurzer Rundweg auf schmalen Wiesenpfaden, weglos über die Felsen am Dunmore Head und durch eine sehr eindrucksvolle Küstenlandschaft. Kurz vor der Landspitze geht es nahe am Abgrund entlang. Trittsicherheit und geeignete Schuhe sind hier unbedingt notwendig.

Highlights: Felsenklettern und Möwen beobachten am Dunmore Head, der Platz am Standing Stone und, bei Ebbe, der traumhaft schöne Strand von Coomeenole. Ein Muss für junge Star-Wars-Fans.

Einkehr: Picknick auf dem Hügel oder unten am Strand.

In der Nähe: Fahan Beehive Huts.

Wanderung: Vom Parkplatz über der Bucht von Coomeenole folgen wir der Straße, die zum Meer hinunterführt, bis in die erste Kurve. Hier beginnt der Pfad auf den grünen Hügel an einem **Weidetor** ①. Der eine Euro für das Wegerecht auf Privatland, den wir in einen Kasten am Eingang werfen, ist gut angelegt. Wir gehen durch das Tor, schließen es wieder und folgen dem steilen Pfad bergauf. Schon nach wenigen Metern scheint der Weg zu enden. Hier müssen wir rechts über die **Steinmauer**. Sieht man genauer hin, gibt es dort **Trittsteine**, die dabei helfen.

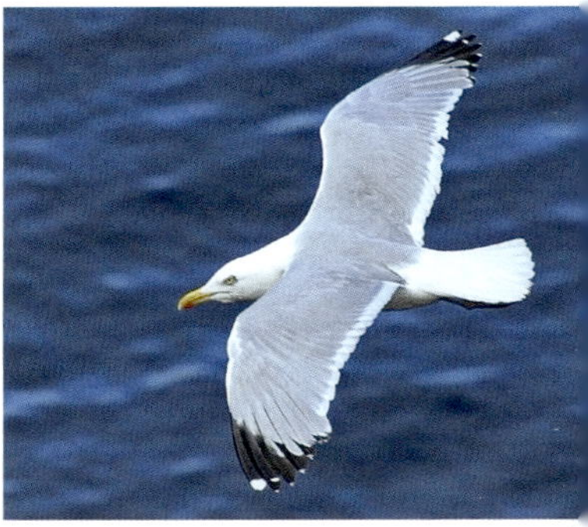

Auf der anderen Seite führt unser Pfad jetzt neben einem niedrigen Wall immer am Hang entlang und nur noch leicht bergauf. Wenn wir die Bergspitze umrundet haben, sehen wir direkt auf Great Blasket, die größte der Blasketinseln. Die weiß leuchtenden Häuser sind verlassen, ihre letzten Bewohner zogen im Jahr 1953 aufs Festland. Der Weg wird ab hier deutlich anspruchsvoller, nur wer trittsicher ist, sollte weiter gehen. Ein schmaler Pfad führt hart am Abgrund entlang und über leichte Felspassagen. Mit ein wenig Erfahrung und viel Aufmerksamkeit dürfte das auch für größere Kids kein Problem sein.

An der Spitze der Halbinsel kommen wir dann auf ein **grasbewachsenes Plateau** ② mit bestem Ausblick. Wer mag, kann auch noch ein ganzes Stück weiter hinunterklettern, fast bis auf die Höhe der Klippen im Wasser. Hier fliegen einem dann die Möwen, die in den Felsen nisten, beinahe in Augenhöhe entgegen.

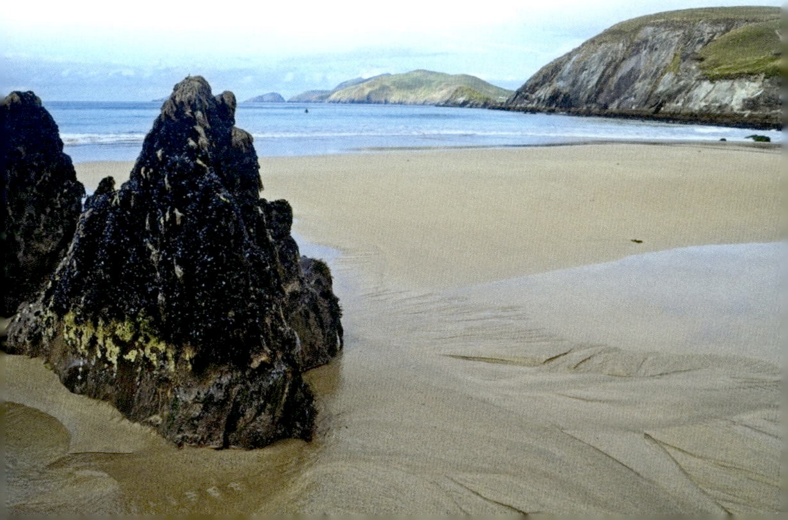

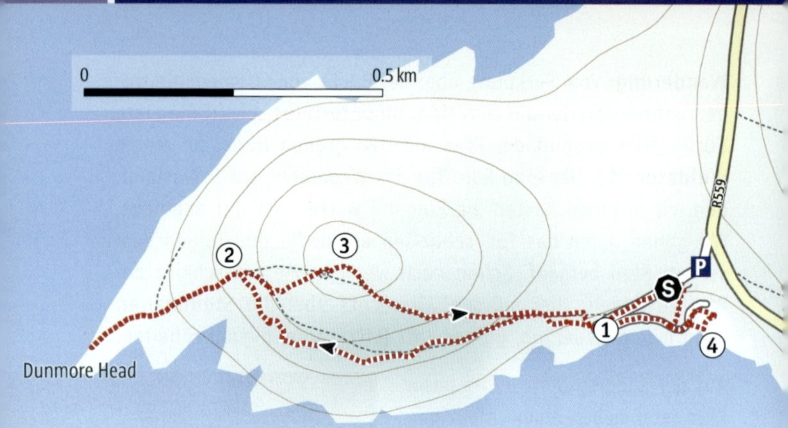

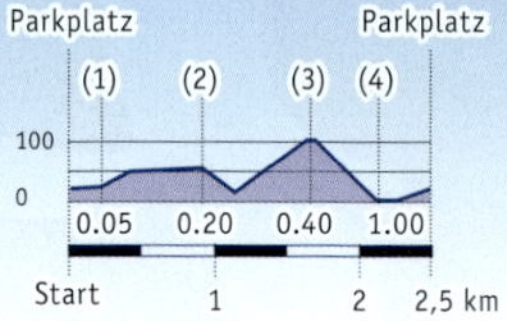

Der Rückweg führt vom **Wiesenplateau** ② direkt auf die Bergspitze. Wenn wir immer auf den **gemauerten Ausguck** zuhalten, der schon von unten zu sehen ist, stimmt die Richtung. Das Häuschen auf dem Gipfel ist hässlich, interessanter und von großer Ausstrahlung ist der Platz dahinter: Auf der flachen Bergkuppe steht hier ein alter »**Standing Stone**« ③.

Vom Gipfel wählen wir den leicht rechts auf die Sandbucht zuhaltenden Wiesenweg, der geradeaus den Hügel hinabführt. Unten steigen wir über die Mauer und kehren zur Straße zurück.

Bevor wir wieder zum Auto hinaufgehen, lohnt bei Ebbe unbedingt ein Besuch unten am **Strand** ④, der dann durch ablaufendes Wasser an vielen Stellen halb unter Wasser steht. Es entstehen dabei kleine Pools, in denen auch jüngere Kinder gut planschen können. Der Ort ist beinahe so magisch wie der Dunmore Head. Zum Schwimmen ist die Bucht wegen gefährlicher Strömungen nicht geeignet, gegen ein Fußbad ist dagegen nichts zu sagen. Bei Flut bleibt vom Strand nur noch die asphaltierte Plattform am Ende der Straße und der Sand ist verschwunden.

Eine Kurve der Straße und viele Stufen bringen uns dann zurück zum Picknickplatz und zum zugehörigen Parkplatz.

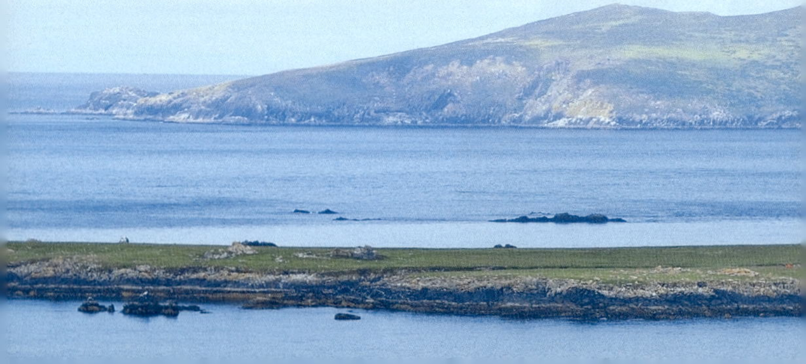

Die Geschichte der Blasket Islands

Die Inselgruppe der Blasket Islands besteht aus zwölf Inseln, von denen die größten fünf über Jahrhunderte bewohnt waren. Die letzten 22 Bewohner der Siedlung auf Great Blasket, der größten Insel, wurden 1953 aufs Festland geholt. Die Lebensweise dieser letzten Inselbewohner war wegen der abgeschieden Lage ihrer Insel noch beinahe archaisch, sehr einfach und nahe an der Natur. Die Menschen lebten fast autark von der Landwirtschaft und der Fischerei. Die Gemeinschaft funktionierte mit demokratischen Strukturen, Tauschhandel und ohne Geld. Das war für die moderne Zeit so ungewöhnlich, dass sich immer wieder Fachleute der Soziologie und Anthropologie für die Gemeinschaft auf Great Blasket interessierten.

In Folge dessen schrieben nach der Übersiedlung aufs Festland mehrere der ehemaligen Bewohner über ihr Leben auf der Insel. Diese Bücher, die als »Blasket Biographies« bekannt sind, kann man im Great Blasket Visitor Centre kaufen. In der zugehörigen Ausstellung sind Auszüge aus den Büchern zu lesen. Das bekannteste der Bücher ist »The Islandman« von Tomás Ó Criomhthains, das als »Die Boote fahren nicht mehr aus« von Annemarie und Heinrich Böll ins Deutsche übersetzt wurde.

Ausflug nach Great Blasket

Heute ist Great Blasket nur im Sommer bewohnt. Eine Weberin verbringt die warme Jahreszeit auf der Insel und betreibt einen kleinen Shop. Fünf restaurierte Cottages werden an Gäste vermietet. Auf der Insel sind mehrere Wanderpfade markiert und es gibt einen sehr schönen großen Sandstrand unterhalb des verlassenen Dorfes. Man kann Seevögel beobachten und eine große Seehundkolonie. Die meisten Menschen kommen im Rahmen einer Tagestour. Boote starten im Hafen von Dingle oder in Dunquin (Dún Chaoin), nahe beim Infozentrum.

Eine sechsstündige Tour mit knapp vier Stunden Aufenthalt auf Great Blasket bietet für € 80 pro Person **The Great Blasket Island Experience** an, die auch die Unterkünfte und einen Coffee Shop auf Great Blasket betreiben. *www.greatblasketisland.net*

Eine ganztägig Whalewatching Tour mit Stopp auf den Blasket Island für € 89 pro Person hat **Eco Marine Tours** in Vetry im Programm. *www.marinetours.ie*

Kürzer und damit auch preisgünstiger sind die Überfahrten mit **Blasket Island Ferries** von Dunquin. Sie kosten etwa € 40 pro Person. *www.blasketislandferry.com*

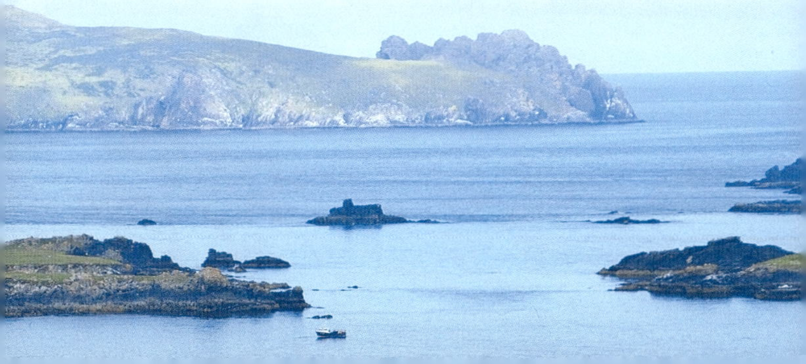

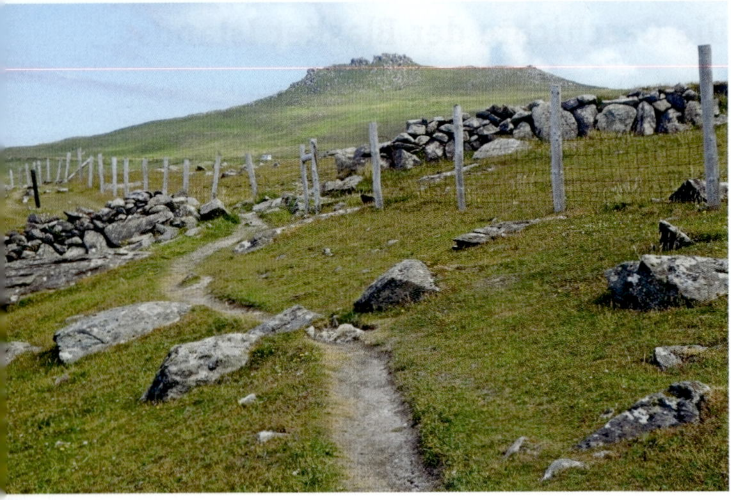

140 m

STRECKE

5,5 km

2 h

ab 4

Tour 29: Lub na Cille

Ausblick auf die Blasket Islands

Der gut markierte Rundweg beginnt am neu mit großer Glasfront in Richtung der Insel erbauten Great Blasket Centre, an dem auch Reisebusse halten. Er führt mit Blick auf die Insel an der Küste entlang und zum wichtigsten Drehort des Filmes Ryan's Daughter. Das Schulhaus aus dem Film ist jedoch heute nur noch eine Ruine. Auf dem Rückweg wartet auf der anderen Straßenseite ein kleiner Berg mit vielen Kletterfelsen und überraschend weitem Ausblick.

Wanderung: Die Rundtour beginnt an der Zufahrt des Parkplatzes und führt eigentlich zuerst die asphaltierte Zufahrt hinauf und in die Hügel über dem Ort. Der schönste Teil der Runde ist aber der Küstenabschnitt. Wir beschreiben die Runde daher entgegen der eigentlichen Markierung, sodass ihr die Möglichkeit habt, die Tour zu kürzen und an der Küste zurückzulaufen.

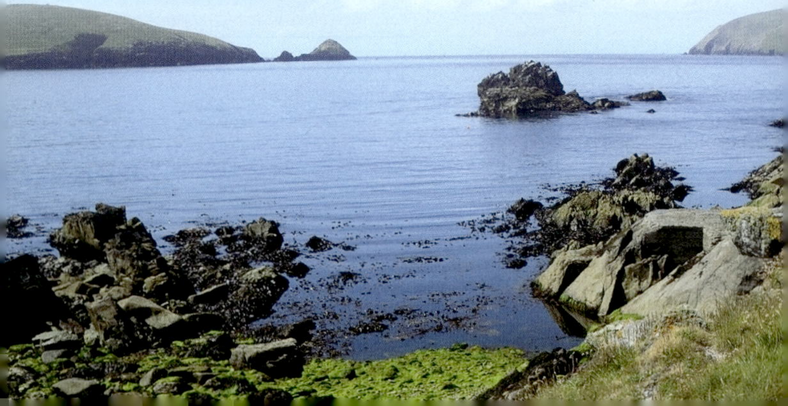

Wir gehen daher hinunter zum Museum und rechts an dessen Eingang vorbei. Ein gepflegter Kiesweg bringt uns zum Meer und zur neuen rostroten **Aussichtsplattform des Museums** ①. Hier gehen wir am Zaun entlang bis zur weithin sichtbaren **Trittleiter**, mit deren Hilfe wir den ersten Zaun überqueren.

Wir folgen dem mit Pfosten markierten Weg (auf der Rückseite befindet sich das Zeichen des »Lub na Cille Loop«) bis zur **Ruine des Schulhauses** ② aus dem Film Ryan's Daughter. Hier führt rechts ein Abstecher zum Tobar Gobnait, einem keltischen Kreuz, und zum Cill Gobnait, einem ehemaligen Brunnen. Das Kreuz steht an einem **Felsen mit Ausblick**, der sich auch gut als Zwischenziel, Pausenplatz und mit den Jüngsten als Ort zum Umdrehen eignet.

Der Weg führt noch ein ganzes Stück weiter an der Küste entlang. Wo wir den Klippen näher kommen, führt unser Pfad ein paar Meter rechts hinauf und verläuft ein kurzes Stück zwischen zwei Zäunen. Dann geht es rechts hinauf und wir überqueren die **Ringstraße**. Auf der gegenüberliegenden Seite führt ein Pfad bergauf und hält auf einen Felsengipfel zu. Kurz bevor wir die-

TOUREN-STECKBRIEF

Anfahrt: Einen guten Kilometer nordwestlich von Dunquin führt eine beschilderte Stichstraße von der Dingle-Küstenstraße in Richtung Meer und zum Blasket Visitor Centre (Ionad an Bhlascaoid Mhóir). Vor dem Museum befindet sich bei **GPS N 52°07'59.7", W 10°27'39.6"** ein großer Parkplatz.

Anspruch und Charakter: Einfacher, gut markierter Pfad direkt an der Küste entlang mit Blick auf Great Blasket. Der Rückweg verläuft weiter oben am Hang und erfordert einen moderaten Aufstieg. Hunde sind wegen der Überquerung von Weideland nicht erlaubt.

Markierung: Schwarze Pfosten mit dem Zeichen des »Lub na Cille Loop«.

Highlights: Weg direkt am Meer entlang, Klettersteine an der Ruine, Weitblick vom Minigipfel.

Einkehr: Restaurant und Café im Great Blasket Centre.

In der Nähe: Ventry Beach, Gallarus Oratory, Fahan Beehive Huts.

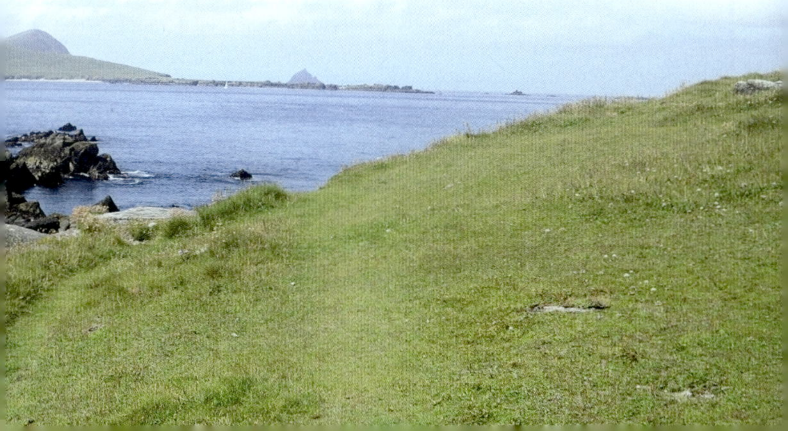

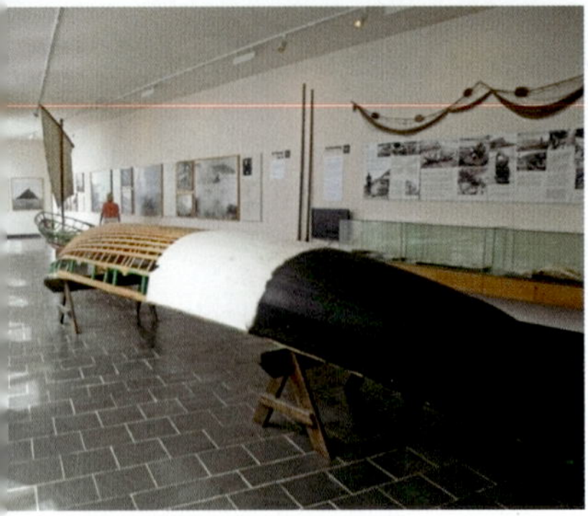

Ionad an Bhlascaoid Mhóir
Das Museum im Great Blasket Centre zeigt Fotos vom Leben der letzten Dorfgemeinschaft auf Great Blasket, ein Boot, wie es auf der Insel genutzt wurde, und viele Texte der ehemaligen Inselbewohner.
Geöffnet Ende März bis Oktober täglich 10–18 Uhr, Eintritt €5, Kinder 8–18 Jahre €3, Familie €13. blasket.ie

sen erreichen, kommen wir zu einem **breiteren Feldweg** und folgen diesem nach rechts – aber nur bis zur nächsten **Kreuzung** ③. Von dieser Seite ist die Markierung kaum zu entdecken, aber hier geht es links weiter und direkt unterhalb der Felsen vorbei. Dort beginnt ein Pfad, der auf den kleinen **Gipfel des An Mionnán Mór** ④ neben uns führt. Der kurze Aufstieg lohnt durchaus für den umfassenden Blick in beide Richtungen.

Der eigentliche Rundweg führt am Felsengipfel vorbei und kurz darauf nach rechts. 100 Meter weiter gehen wir an einer **T-Kreuzung** ⑤ wieder rechts hinunter. Vorsicht, nicht der gelben Wanderfigur folgen! Das Symbol gehört zum Dingle Way und der führt hier in die andere Richtung.

Wir wandern an der nächsten **Kreuzung** ⑥ geradeaus weiter und der Schotterweg wird zu einer schmalen Asphaltstraße, die aber kaum befahren ist. Sie kreuzt weiter unten die Ringstraße und von dort ist der Parkplatz schon wieder gut sichtbar.

Die Blasket-Inseln haben ungewöhnlich viele Autoren und Schriftstellerinnen hervorgebracht. Wer sich für die Kultur und Geschichte interessiert, geht noch ins Informationszentrum. Der einführende Film und die ausgestellten Boote dürften auch für größere Kinder spannend sein. Das Museum wurde 2022 renoviert und modernisiert.

Mini-Wanderung für Kleine
Von der Aussichtsplattform am Museum folgen wir dem Küstenweg bis zur Ruine des alten Schulhauses ②. Hier geht es rechts hinauf zu einem alten Brunnen und einem Felsen, hinter dem sich ein Steinkreuz versteckt. Der Felsen eignet sich außerdem zum Klettern und als Ausguck, ist also ein perfekter Platz für eine Pause, bevor es auf dem gleichen Weg zurück geht.

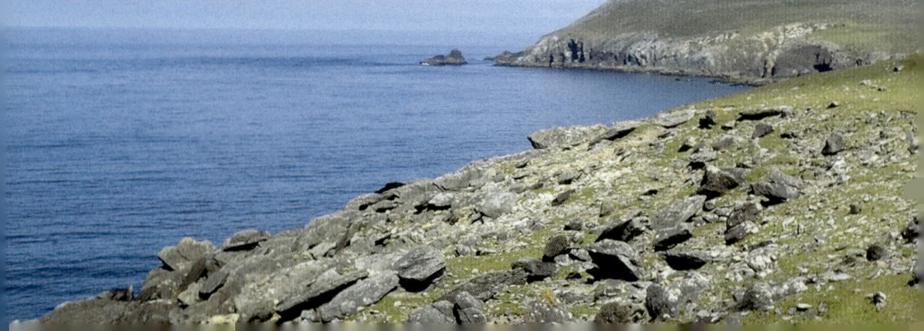

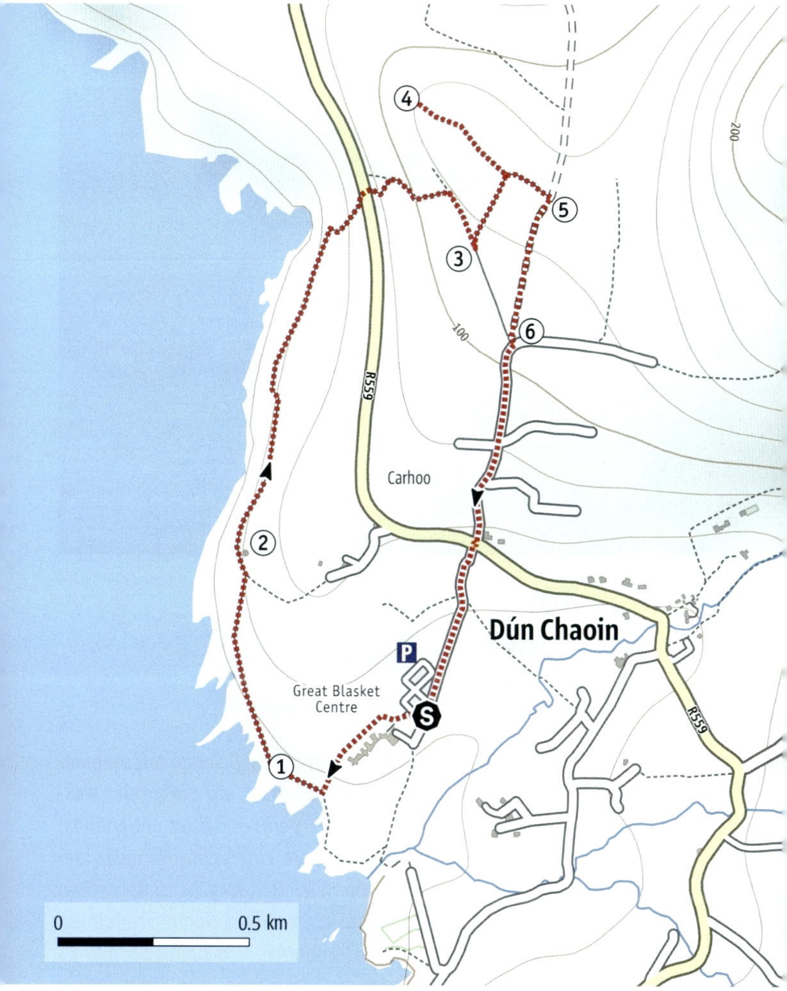
4
200
5
3
6
100
R559
Carhoo
2
Dún Chaoin
P
Great Blasket
Centre
S
R559
1
0
0.5 km

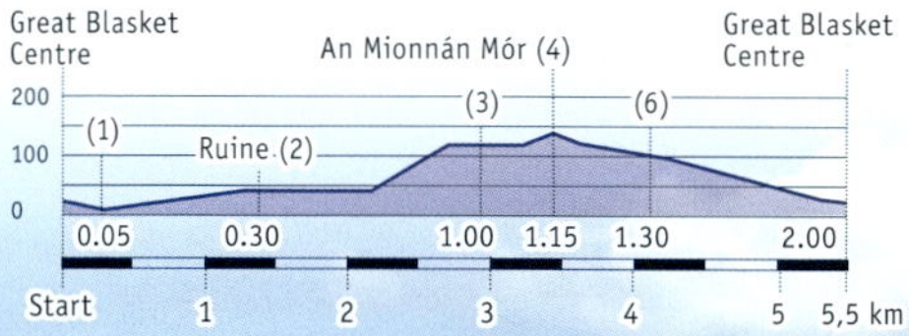
Great Blasket
Centre
An Mionnán Mór (4)
Great Blasket
Centre
200
100
0
(1)
Ruine (2)
(3)
(6)
0.05
0.30
1.00
1.15
1.30
2.00
Start
1
2
3
4
5
5,5 km

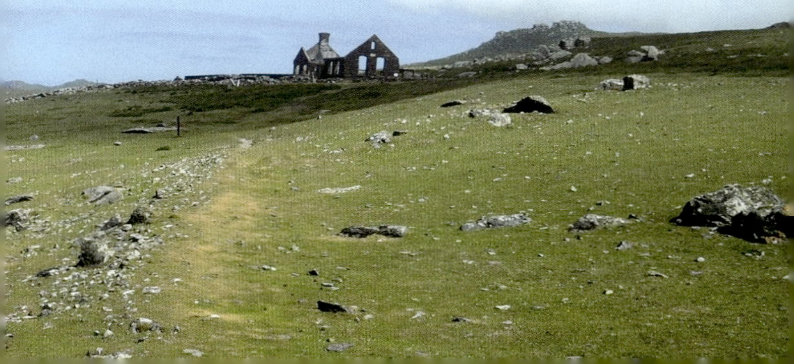

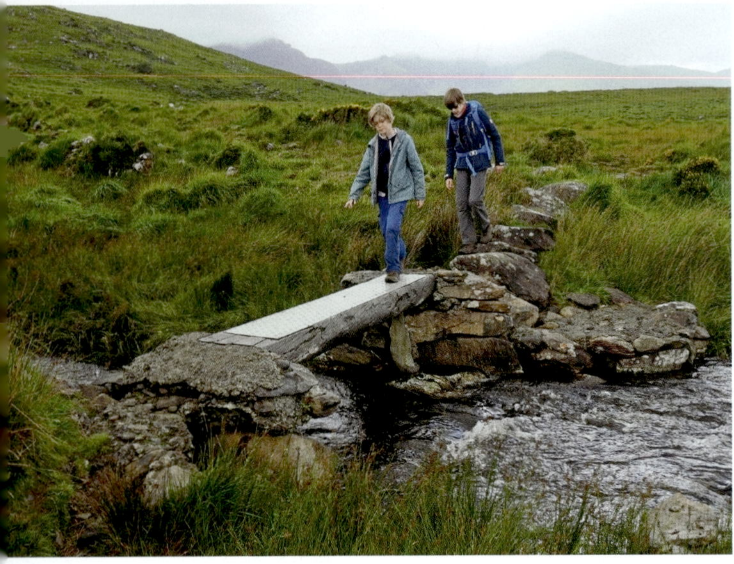

60 m

STRECKE

5,5 km

2 h

ab 8

Tour 30: Lough Adoon

Am Bach entlang zum See und zum Wasserfall

Ganz in der Nähe des Connor-Passes haben wir Gelegenheit zu einer eindrucksvollen Wanderung in einem Talkessel, wo ein großer Wasserfall in einen dramatisch schwarzen Bergsee stürzt. Allerdings: Hier trockenen Fußes durchzukommen, ist eine echte Herausforderung an Ausrüstung und Trittsicherheit. Der Weg ist teils extrem feucht und nur mit guten Wanderschuhen oder Gummistiefeln zu empfehlen. Dann aber ist das Unternehmen ein Genuss, denn es geht abseits von Dingles Massentrubel über Stock und Stein, vorbei an Ruinen, am See entlang zum bildschönen Wasserfall.

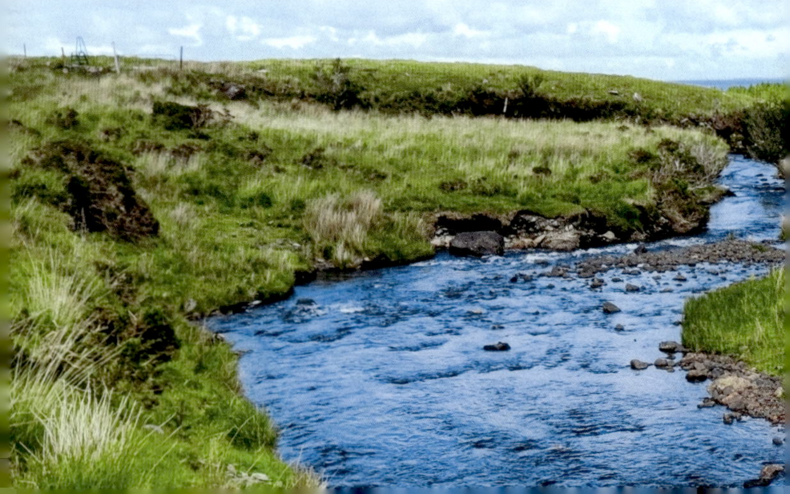

Wanderung: Auf der anderen Straßenseite, gegenüber der Parkbucht, befindet sich ein **Tor mit Schafschleuse**. Dahinter beginnt ein Grasweg, der schnell deutlicher wird. Ihm folgen wir bis zu einem ersten **Zaunübertritt** ①. Schon hier wird der Weg ein bisschen nass, doch da er eher steinig als matschig ist, birgt das noch kein Problem.

Über **zwei kleine Brücken** ② und einen weiteren Zaunübertritt geht es weiter. Unser Weg beginnt sich nun offenbar zu fragen, ob er nicht doch lieber ein Bach sein möchte. Auf der rechten Seite sind die **Reste einer Steinmauer** zu sehen. Dahinter gehen wir rechts.

Mini-Wanderung am Connor-Pass

Eine ganz ähnliche, aber viel trockenere Wanderung im Kleinformat bekommen wir auch, wenn wir gleich hinter dem Connor-Pass am Parkplatz mit dem kleinen Wasserfall halten. Rechts neben dem Bach führt ein sehr steiler Weg über die Felsen hinauf. Es ist eine nicht ganz unkritisches Kletterpartie, die aber besonders Kindern großen Spaß macht. Nach kaum 50 Metern erreichen wir auf diese Weise einen kleinen Bergsee, der wie unser großer Wander-See von einer hohen Bergwand umgeben ist. Hier ist man höchstwahrscheinlich nicht alleine, aber für wenig Einsatz bekommt man einen tollen Anblick geboten – sogar ganz ohne nasse Füße.

TOUREN-STECKBRIEF

Anfahrt: Von Dingle aus begeben wir uns über den Connor-Pass und folgen der Straße weitere fünf Kilometer bis zur ersten Abzweigung nach links in Richtung Cloghane. Dort ist links der Straße bei **GPS N 52°12‘45.5“, W 10°09‘44.1“** Platz für etwa fünf Autos.
Anspruch und Charakter: Der anfangs gut erkennbare Pfad führt über Gras, durchs Torfmoor und über jede Menge Steine. Je nach Witterung steht der Weg streckenweise eine Handbreit unter Wasser. Nasse Füße sind beinahe garantiert, auch wenn man geschickt von Stein zu Stein und über Grasbüschel balanciert. Dafür ist man mitten auf der gut besuchten Dingle-Halbinsel in einem atemberaubend schönen Tal vielleicht ganz alleine unterwegs.
Markierung: Sporadisch mit schwarzen Pfosten.
Highlights: Ruinen, Bergsee, Wasserfall.
Einkehr: Keine.
In der Nähe: Dingle Ocean World, Sandy Feet Farm, Blennerville Windmill, Tralee Wetlands Centre.

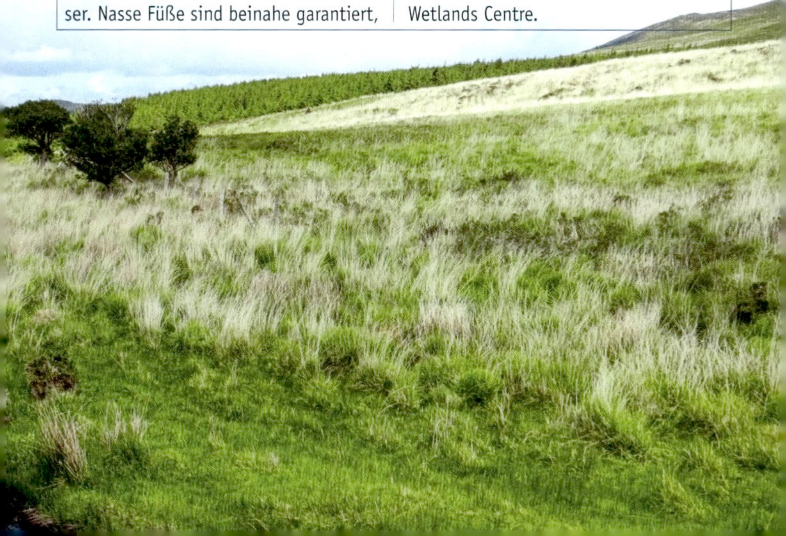

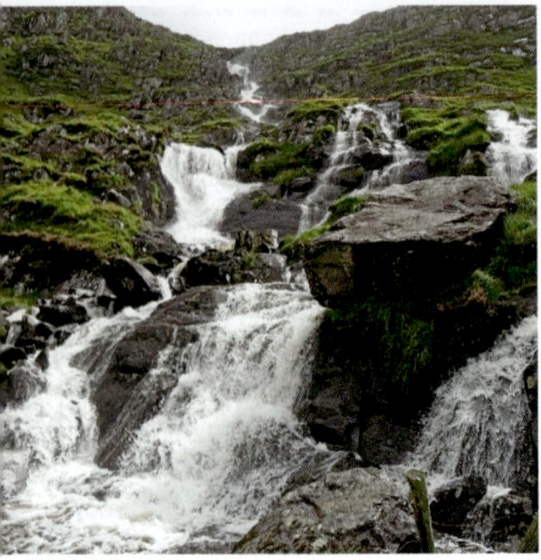

Offiziell führt der Wanderweg einmal komplett um den See herum. Dazu müsste allerdings ein breiter Bach mit hoher Fließgeschwindigkeit direkt unter dem Wasserfall durchquert werden. Wir haben einer Schulklasse in Begleitung eines professionellen Führers dabei zugesehen, wie sie die »Furt« mit Hilfe eines mitgebrachten Sicherheitsseils bewältigten, und kein einziger hat es ohne gründlich nasse Füße geschafft. Deshalb ist aus unserer angedachten Rundwanderung eine Stichwanderung geworden – die auch so anspruchsvoll genug ist.

Da der Pfad sich jetzt offenbar entschieden hat, sein Dasein als Wasserlauf fortzusetzen, laufen wir rechts davon im grasbewachsenen Torf, wo andere Wandernde schon einen Trampelpfad hinterlassen haben. Vor uns sehen wir nun den schwarzen Bergsee mit dem Wasserfall in der Ferne, der unser Wendepunkt sein wird. Kurz bevor wir den See erreichen, gelangen wir an eine **weitere Ruine** ③. Diese ist definitiv einmal ein Haus gewesen, wird inzwischen aber wohl als Schafpferch genutzt.

Der offizielle Wanderweg führt links daran vorbei, über eine der grünen Zaunleitern und hinunter zum Seeufer.

Auf Trampelpfaden geht es von Stein zu Stein am Seeufer entlang. Dabei müssen wir immer wieder über dicke Felsen klettern und Wasserpfützen umgehen, kommen aber im Großen und Ganzen gut voran. Unser Ziel ist der **Wasserfall** ④ am oberen Seeende. Wer genug hat, kann sich aber auch einfach einen hübschen Platz Ufer des idyllischen Sees suchen und schon vor dem Wasserfall wieder umdrehen.

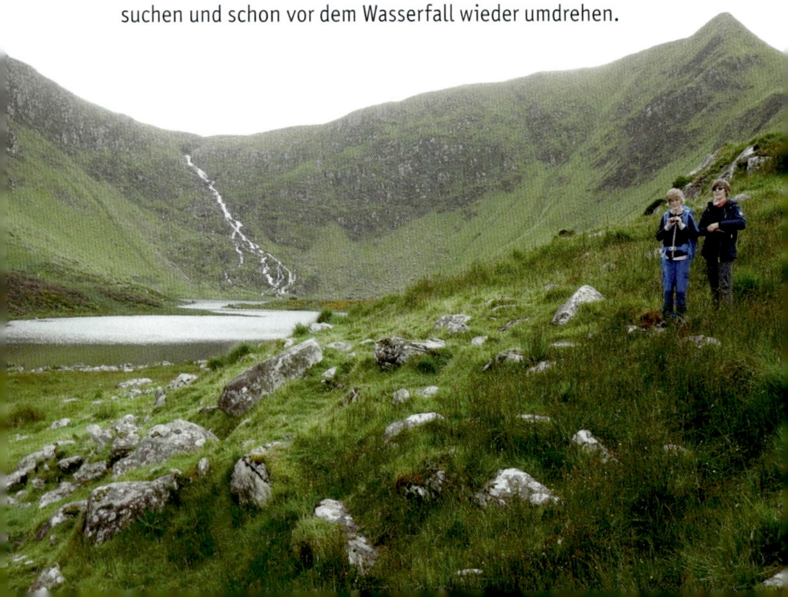

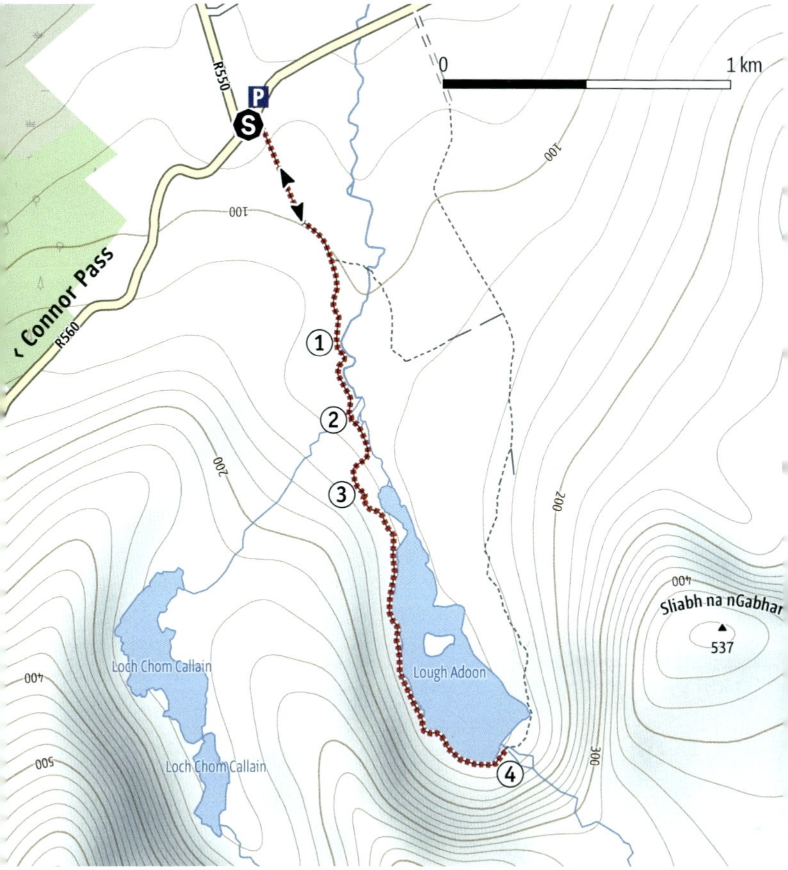

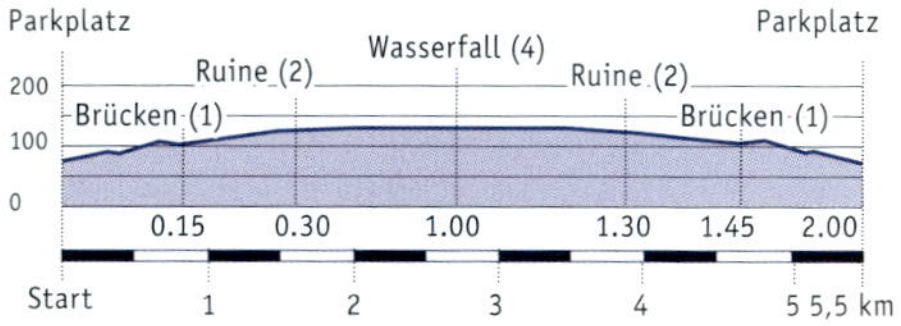

Die letzten Meter vor der Kaskade sind wieder von sehr nassem Grund geprägt, am besten läuft es sich rechts in Richtung Felshang. Dann bewundern wir die Wassermassen, die über mehrere Stufen herabstürzen und mit hoher Geschwindigkeit in den Bergsee drängen. Wir betrachten auch den Zaunübertritt und den daran angebrachten **Pfeil des Wanderwegs**, der direkt ins Wasser zeigt. Nach einer langen Trockenheit mag uns der Weg durch den Fluss und weiter um den See herum tatsächlich passierbar erscheinen, normalerweise sagt uns aber allein schon die Fließgeschwindigkeit des Wassers über die glitschigen Steine der »Furt«, dass hier mit Kindern Vorsicht geboten ist. Da im weiteren Verlauf noch eine zweite brückenlose Flussüberquerung warten würde, kehren wir lieber um und laufen durch das herrliche Bergtal auf demselben Weg zurück, den wir gekommen sind.

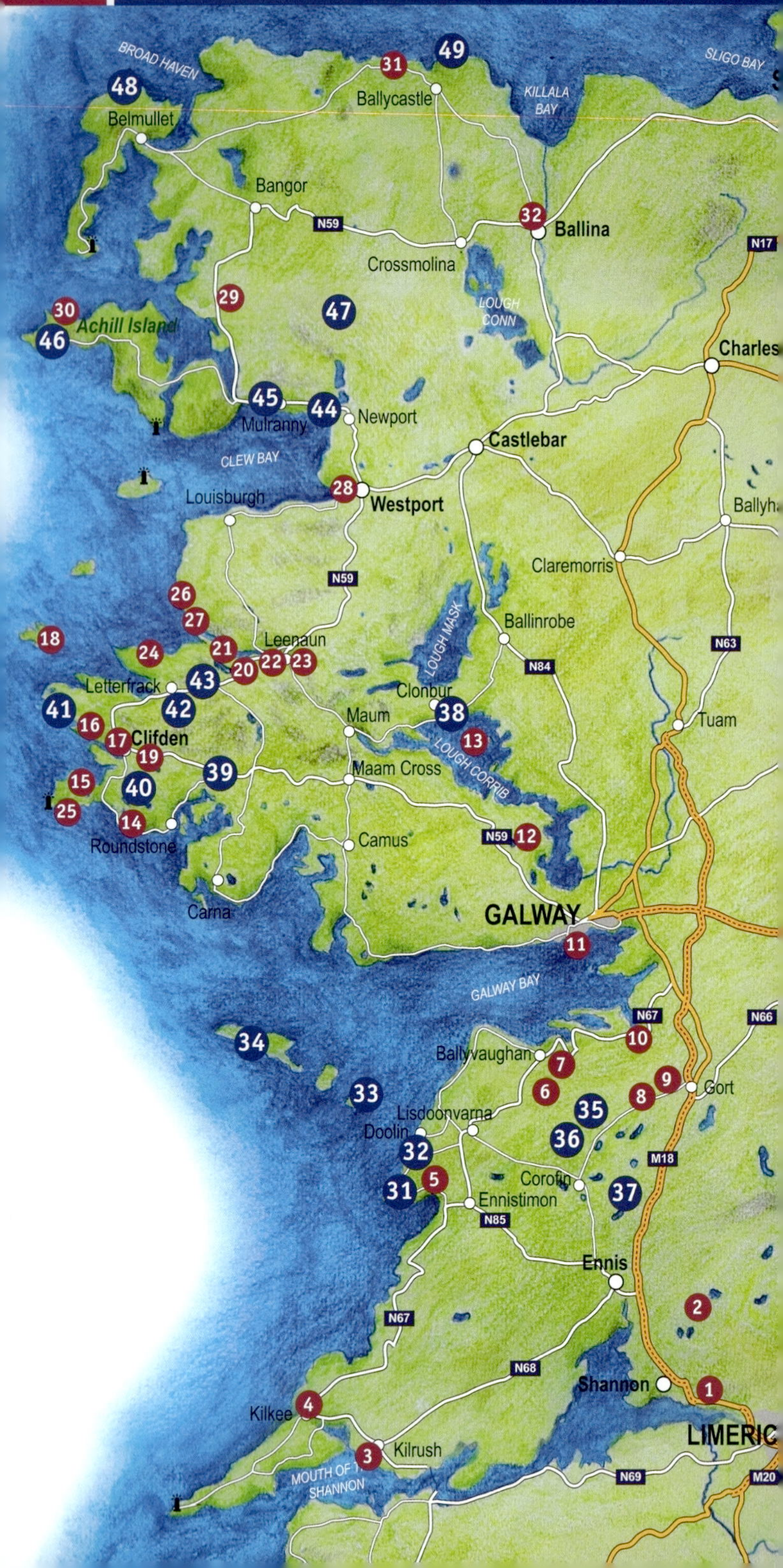
BROAD HAVEN
SLIGO BAY
KILLALA BAY
Belmullet
Ballycastle
Bangor
N59
Ballina
Crossmolina
N17
LOUGH CONN
Achill Island
Charles
Mulranny
Newport
Castlebar
CLEW BAY
Louisburgh
Westport
Ballyh
Claremorris
N59
Ballinrobe
LOUGH MASK
N63
Leenaun
N84
Letterfrack
Clonbur
Tuam
Maum
Clifden
LOUGH CORRIB
Maam Cross
Roundstone
Camus
N59
Carna
GALWAY
GALWAY BAY
N67
N66
Ballyvaughan
Gort
Lisdoonvarna
Doolin
M18
Corofin
Ennistimon
N85
Ennis
N67
N68
Shannon
Kilkee
LIMERIC
Kilrush
MOUTH OF
SHANNON
N69
M20

Galway ist das Zentrum im mittleren Teil der irischen Westküste – und zwar sowohl für Touristen als auch für Einheimische. In der Hauptsaison platzt die Stadt samt Straßenmusik, Außencafés und auswärtigen Gästen aus allen Nähten. Galway ist aber auch das Tor zur stillen Landschaft Connemaras. Hier reisen wir durch ein echtes Bilderbuch-Irland! Grüne Hügel, die sich manchmal auch zu steinigen Bergflanken auswachsen, schmiegen sich an die zerklüftete Küste, an der sich immer wieder hübsche kleine Sandbuchten finden. Geschäftige kleine Weiler mit bunten Häuschen locken mit Cafés und Kunsthandwerk.

Einer der Tourismusmagneten ist der Connemara Nationalpark mit dem Diamond Hill, von dessen Gipfel der Blick weit über die malerische Landschaft reicht. In direkter Nähe sammeln sich die Sehenswürdigkeiten, beispielsweise die pittoreske Kylemore Abbey **[› Tour 43]** *mit ihrem ambitionierten Mauergarten, aber auch die kaum bekannten Ruinen der alten Funkstation bei Derrigimlagh* **[› Tour 40]***, wo mitten im Moor die Piloten des ersten Non-stop-Transatlantikflugs notlandeten. Von der Südküste Connemaras laufen die Fähren zu den Aran-Inseln* **[› Tour 33 und 34]** *aus, die als archaisch ursprünglich gelten und mittlerweile ebenfalls viele Tagesgäste anziehen.*

Die Cliffs of Moher **[› Tour 31 und 32]***, eine der meistbesuchten Attraktionen Irlands, sind von Galway ebenfalls gut zu erreichen. Sie gehören aber noch zum County Clare. Im Landesinneren ist die karge Karstlandschaft des Burren ein besonders interessantes Wanderziel. Ansonsten ist Clare, wie auch das County Mayo im Norden Connemaras, in Sachen Tourismus eher Provinz. An der Küste Clares liegen zwischen Kilkee und Lahinch Strände und Badeorte, die hauptsächlich von Einheimischen besucht werden.*

Mayo ist dünn besiedelt und zählt, vor allem im Norden, zu den einsamsten Gegenden Irlands. Dabei verstecken sich hier entlang der spektakulären Steilküsten absolut sehenswerte Naturwunder wie das Blow-Hole bei Downpatrick Head und kulturelle Schwergewichte wie die neolithischen Céide Fields, das flächenmäßig größte steinzeitliche Monument der Welt. Auch der Ballycroy Nationalpark, der größte seiner Art in Irland, befindet sich in Mayo.

Im Süden der Region zieht Achill Island Menschen an, die es ruhig und beschaulich mögen. Das geschäftige Städtchen Westport wurde als landesweit lebenswertester Ort ausgezeichnet und lockt Familien mit dem einzigen, wenn auch sehr kleinen Freizeitpark der Region und einem sehenswerten Herrenhaus. Auch der Cruagh Patrick, der »heilige Berg« Irlands, gehört noch zu Mayo. Hier ist der Strom der Pilgernden gen Gipfel im Sommer so dicht, dass mitunter im gesamten Ort kein Parkplatz zu finden ist.

1 Bunratty Castle und Folk Park

GPS N 52°41'54.2", W 8°48'39.6"

Die normannische Burg liegt etwas abseits des Wild Atlantic Way im Norden von Limerick. Sie wurde 1250 zuerst als Holzfestung erbaut und steht an einem alten Handelsplatz der Wikinger direkt am Ufer des Ralty River. Sie wurde zwischen 1950 und 1960 komplett restauriert und mit Mobiliar aus dem 15. und 16. Jahrhundert ausgestattet. Heute ist sie Teil eines Freilichtmuseums, in dem etliche alte Häuser aus verschiedenen Regionen Irlands zu einem irischen Dorf mit Laden, Pub und Werkstätten aus dem 19. Jahrhundert gruppiert wurden. Im Sommer werden hier auch alte Handwerkstechniken demonstriert.

Geöffnet März bis Dezember täglich 10–17 Uhr. Eintritt €17, Kinder 4–18 Jahre €12,15, Familie ab €44. www.bunrattycastle.ie

2 Craggaunowen Projekt

GPS N 52°48'40.0", W 8°47'36.9"

Rund um das Craggaunowen Castle, einem Tower House aus dem 16. Jahrhundert, begann der Archäologe und Kunsthistoriker John Hunt Mitte der sechziger Jahre, eine historische keltische Siedlung nachzubauen. Neben einem Ringfort ist hier auch ein Crannog zu sehen – ein auf einer künstlichen, kreisrunden Insel erbautes Gehöft. Um die Vergangenheit mit Leben zu füllen, grunzen zwischen den Hütten Schweine, auf der Wiese grasen Schafe und in der Kochgrube brennt ein Feuer. Die Mitarbeitenden der Anlage tragen historische Kleidung. In der Siedlung liegt außerdem die »Brendan« – ein mit Leder bespanntes Holzrahmen-Boot nach historischem Vorbild. Mit so einem Curragh, wie diese Boote in Irland hießen, soll der heilige Brendan im Jahr 500 nach Christus über den Atlantik gesegelt sein. Die »Navigatio Sancti Brendani«, eine Schrift aus dem 9. Jahrhundert, berichtet, dass er bei dieser Reise auf eine Insel stieß. Ob das nun die Kanaren gewesen sein könnten oder vielleicht sogar Amerika, oder ob es sich bei dieser Geschichte doch nur um ein religiöses Gleichnis handelt, ist seitdem Objekt archäologischer Spekulation. Jedenfalls konnte der Abenteurer Tim Severin mit dem in Craggaunowen liegenden Boot nachweisen, dass eine Reise nach Amerika zumindest theoretisch möglich gewesen wäre: Im Mai 1976 startete er in Irland und erreichte mit Zwischenstopps im Juni 1977 die Insel Neufundland in Kanada.

Geöffnet Ostern bis Mitte September täglich 10–17 Uhr. Eintritt €9,50, Kinder 4–18 Jahre €8, Familie ab €27,50. www.craggaunowen.ie

3 Dolphin Discovery Kilrush

In der Mündung des Shannon leben Delfine, die bei Bootstouren recht zuverlässig zu beobachten sind. Die »Dolphin Discovery« startet aus dem kleinen Hafen von Kilrush. Sind mal keine Delfine zu sehen, erstattet der Anbieter 25 Prozent des Fahrpreises.

Die Fahrten beginnen im Mai. Erwachsene €35, Kinder 2–16 Jahre €20, Tel. 00353 (0)65 9051327. discoverdolphins.ie

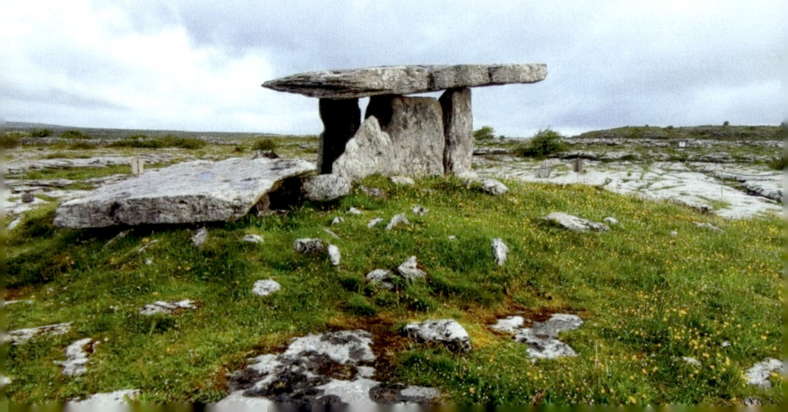

4 Kilkee Waterworld
GPS N 52°40'59.6", W 9°38'49.6"
Kleines Hallenbad mit Wasserrutsche, Strömungskanal und Café. Das Bad wurde renoviert und soll im Laufe des Jahres 2024 wiedereröffnet werden.
kilkeewaterworld.ie

5 Moher Hill Open Farm
GPS N 52°57'26.9", W 9°25'06.2"
Die Moher Hill Farms bieten eine Mischung aus Spielplatz und Streichelzoo mit Mini-Ponys, Alpakas, Lamas, Eseln, verschiedenen Schafen, Kaninchen und Meerschweinchen, die gestreichelt und gefüttert werden dürfen. Es gibt verschiedene Indoor- und Outdoor-Spielbereiche mit Gokarts, Minigolf und bunten Bällen.
Geöffnet Mai bis September Mo bis Sa 10–18 Uhr, So ab 11 Uhr, Oktober und April nur am Wochenende.
Eintritt €9 pro Person,
Kinder 18 Monate bis 3 Jahre €7.
www.moherfarm.com

6 Poulnabrone Dolmen
GPS N 53°02'49.0", W 9°08'25.1"
Das prähistorische Denkmal mitten im Burren-Gebiet ist ein wahres Bilderbuch-Beispiel eines jungsteinzeitlichen Dolmens. Der aus mehreren großen Steinplatten zusammengesetzte »Tisch« wird auf ein Alter zwischen fünf- und sechstausend Jahren datiert. Zwischenzeitlich war er von einem Steinhügel bedeckt, der bei Ausgrabungen abgetragen wurde. In der direkten Umgebung konnten Beisetzungen aus etwas jüngerer Zeit nachgewiesen werden.

Der Zugang zum Dolmen ist kostenlos, allerdings wird er mit Absperrungen vor touristischen Übergriffen geschützt. Aufgrund seiner leicht zugänglichen Lage wenige Meter von der Landstraße entfernt ist der Poulnabrone Dolmen eines der beliebtesten Fotomotive Irlands. In der Hauptsaison braucht es Glück und Geduld, einen Moment abzupassen, in dem keine fremden Leute ins Bild laufen. Die Gegend unmittelbar um den Dolmen herum zeigt die geologischen Besonderheiten des Burren mit seinen Kalksteinspalten und der üppigen Vegetation darin besonders schön. Das Gelände ist jederzeit frei zugänglich.

7 Aillwee Cave
GPS N 53°05'21.9", W 9°08'37.2"
Die kleine Tropfsteinhöhle im Karst des Burren wurde im Jahr 1940 von einem Farmer entdeckt, der erst kurz vor seinem Tod jemandem davon erzählte. Neben Tropfsteinen sind hier auch mehrere unterirdische Wasserfälle zu bewundern. Bei der Erforschung der Höhle wurden außerdem Bärenknochen und Bärenspuren gefunden. An der Höhle können wir in Flugshows der Falknerei »Birds of Prey« Adler, Falken und Eulen im Freiflug beobachten. Diese finden von März bis September um 11.30, 13.30 und 15.30 Uhr statt.
Geöffnet täglich 10–17, Juli und August bis 18.30 Uhr. Eintritt für Höhle und Falknerei €25, Kinder €15, Familie ab €59.
aillweeburrenexperience.ie

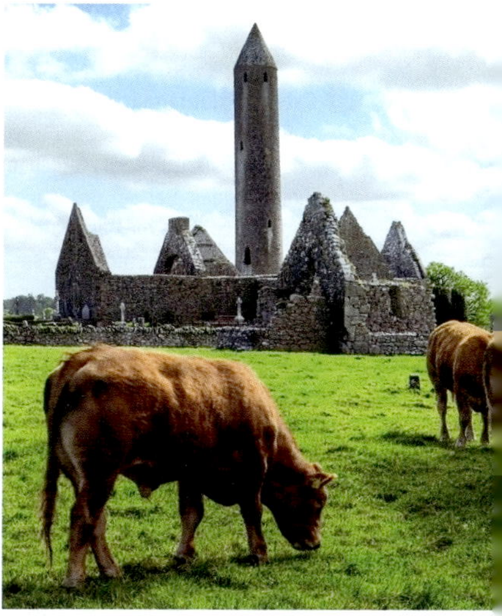

8 Kilmacduagh Abbey
GPS N 53°02'57.5", W 8°53'14.2"
Die besonders malerische Ruine des Klosters mit seinem riesigen Rundturm ist umgeben von einem alten Friedhof. Die Kilmacduagh Monastery wurde im 7. Jahrhundert gegründet und der Turm

zählt mit einer Höhe von 35 Metern zu den höchsten und besterhaltenen Rundtürmen in Irland. Neben ihm steht die dachlose Ruine einer Kathedrale aus dem 11. Jahrhundert. Das komplette Gelände ist frei zugänglich.

9 Coole Park

GPS N 53°05'37.9", W 8°50'10.9"
Weitläufige Gartenanlage mit vielen asphaltierten Wegen. Sehr hübsch und gut für eine Pause auf dem Weg zwischen dem Burren und Galway geeignet ist der Walled Garden direkt neben dem Parkplatz. www.coolepark.ie

10 Dunguaire Castle

GPS N 53°08'31.1", W 8°55'30.9"
Das restaurierte Tower House steht bei Kinvara in der Bucht von Galway. Es wurde 1520 auf dem Inselchen erbaut und ist mit seiner Lage am Wasser ein besonders reizvolles Fotomotiv. Der Turm mit vier vollständig eingerichteten Räumen kann auch besichtigt werden.
Geöffnet April bis September täglich 10–16 Uhr. Eintritt €7,50, Kinder 5–16 Jahre €5, Familie ab €21,50. www.dunguairecastle.com

11 Galway Atlantaquaria

GPS N 53°15'34.7", E 9°04'25.9"
Vom Rochen bis zum Seepferdchen schwimmt in den Becken des Aquariums fast alles, was im Meer so heimisch ist – natürlich sind auch verschiedene Haie zu sehen. An Land können wir außerdem das Skelett eines riesigen Finnwales und ein U-Boot erkunden. Jeweils zur vollen Stunde werden an immer anderen Becken die Fische gefüttert. Die aktuellen Fütterungszeiten finden sich auf der Website.
Geöffnet 10–17 Uhr, im Juli und August bis 18 Uhr, am Wochenende immer 10–18 Uhr, im Winter Mo und Di geschlossen. Eintritt €14, Kinder €9, Familie ab €32. www.nationalaquarium.ie

12 Brigid's Garden

GPS N 53°23'08.1", W 9°12'48.2"
Mit ganz viel Liebe zum Detail ist Brigit's Garden in Roscahill entstanden. Grundidee des Projekts ist die Visualisierung des keltischen Jahreskreises in einem Naturraum. Traditionelle Symbole und Bilder treffen dabei auf ganz moderne Kreativität und Fantasie. Ergebnis ist eine liebenswerte Mischung aus Mustergartenanlage und Märchenwald. Im Zentrum steht der Garten der vier Jahreszeiten, die den keltischen Festen Samhain, Imbolc, Beltaine und Lughnasa zugeordnet sind. Besonders für kleine Kinder gibt es überall Spielangebote. Klangspiele, ein Feenpfad, Wunschbäume und ein abenteuerlicher Parcours durch das Unterholz faszinieren auch noch etwas ältere Kinder. Ein kleines Café komplettiert das Ausflugsziel.
Ganzjährig täglich geöffnet, 10–17.30 Uhr, Oktober bis März bis 17 Uhr. Eintritt €10, Kinder ab 3 Jahre €7, Familie €29. brigitsgarden.ie

10

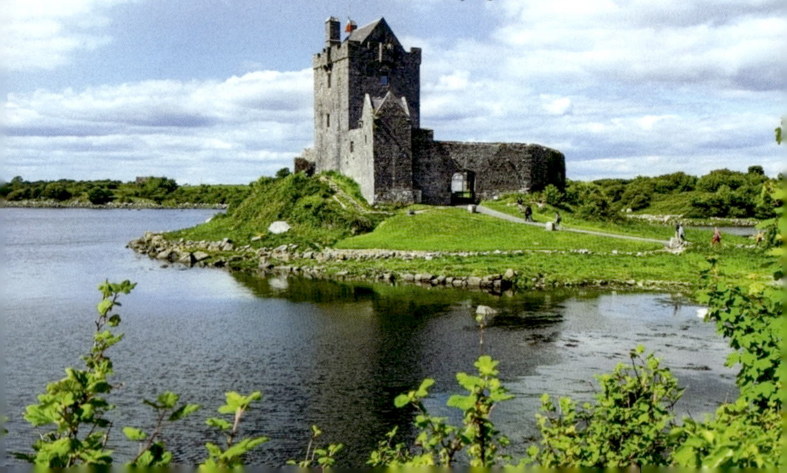

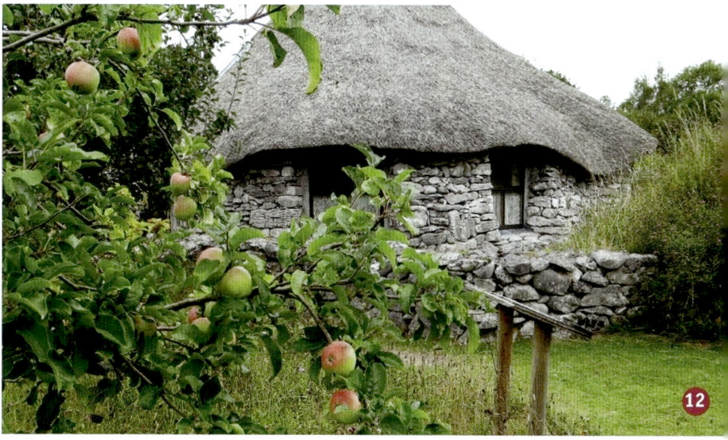
12

13 Inchagoill Island

Von Cong und Ougtherard fahren Boote zur kleinen Insel im Lough Corrib, auf der die Ruinen des Klosters Teampall Na Naoimh mit zwei Kirchen und einem alten Friedhof stehen. Das älteste Grab stammt aus dem Jahr 1128. In den Torbögen der Steinmauern der einen Kirche sind verschlungene keltische Steinfiguren zu entdecken. Da sie aus weichem Sandstein bestehen, sind die Ornamente und Figuren aber schon ziemlich verwittert. Die ältere St. Patrick's Church soll aus dem 6. oder 7. Jahrhundert stammen, genau wie der Ogham-Stein Lugnaedon Pillar. Etwas abseits der Ruinen gibt es auf der Insel mehrere schöne Buchten zum Picknicken und Rasten.

Touren nach Inchagoill Island mit Corrib Cruises von Juni bis September mehrmals täglich von Cong und einmal am Tag von Ougtherard. Ticket €30, Kinder €10, Fahrtzeit zwei Stunden mit Führung auf der Insel. Wer länger auf der Insel bleiben möchte, muss verhandeln. Eine Buchung unter 00353 (0)87 9946380 oder online wird empfohlen. www.corribcruises.com

14 Gurteen Beach

GPS N 53°22′51.2″, W 9°57′15.3″

Die Gurteen Bay bei Roundstone gehört mit zu den schönsten Sandstränden der Region und ist der perfekte Ort für einen Strandspaziergang. Läuft man vom Parkplatz am Strand entlang, steht man bald zwischen zwei Sandbuchten, denn auf der anderen Seite der Düne erstreckt sich die Dogs Bay.

15 Abenteuer in der Mannin Bay

In der idyllischen Mannin Bay führt ein Blueway, eine Paddelroute, an der Küste der Halbinsel entlang von Traumstrand zu Traumstrand. Die Chance, unterwegs Seehunden zu begegnen, ist außerdem groß. Die Touren werden von einem Guide begleitet und eignen sich auch für Ungeübte. Im Kajak dürfen Kinder ab acht Jahren mitpaddeln, ab zehn ist Stand-up-Paddling möglich. Coasteering – abenteuerliches Felsenwandern im Neoprenanzug am und im Wasser – geht ebenfalls schon ab acht.

Paddeltour mit Begleitung und kompletter Ausrüstung inklusive Neoprenanzug und Schwimmweste €60, Kinder 8–12 Jahre €45. Coasteering €60, Kinder ab 8 Jahre €45. SUP €55, Kinder ab 10 Jahre €45 für zwei Stunden geführte Tour. realadventures.ie

16 Sky Road

Die schmale Straße führt einmal um die Halbinsel im Westen von Clifden und bietet viele schöne Blicke über das Meer. Für Familien mit fitten größeren Kindern eignet sich die etwa 20 Kilometer lange Runde auch gut als Fahrradtour. Am Wendepunkt an der Spitze der Halbinsel teilt sich die

Straße in die Upper und Lower Skyroad. Die untere Straße ist weniger befahren und deshalb reizvoll. An ihrem Ende wartet dann aber eine lange Steigung, die uns wieder auf die obere Straße bringt.

Dort, wo sich obere und untere Straße trennen, zweigt außerdem eine Stichstraße zur Spitze der Halbinsel ab. Diese sollte man nicht verpassen, denn dort findet sich ein schöner Sandstrand als Ziel und Pausenplatz.

17 Clifden Bike Shop

Hier gibt es erstklassige Fahrräder für Erwachsene und Kinder. Auch Kindersitze, Anhänger und E-Bikes stehen zur Verfügung, sodass ihr auch die Jüngsten mitnehmen könnt. Kinder, die selbst radeln, müssen sicher im Straßenverkehr zurechtkommen. Wenn dann noch alle Radelden ein wenig Kondition mitbringen, eignen sich die kleinen Sträßchen rund um Clifden gut für Fahrradtouren. Meist geht es entweder leicht bergauf oder leicht bergab – beides aber nie zu lang. Auf den vier kürzeren markierten Rundwegen westlich von Clifden (auch die Skyroad ist dabei) sind kleine Orte und etliche abgelegene Strände zu entdecken. Ein autofreier Greenway durch das Moor im Landesinneren ist in Planung.

Miete für einen Tag €25, Kinderrad €20, Anhänger €20, E-Bike €50. clifdenbikeshop.ie

18 Inishbofin

Auf dem Inselchen, das von Cleggan mit den Boot erreichbar ist, leben rund 200 Menschen. Die meisten sind Fischer oder Landwirte und so wirkt auch Inishbofin ein wenig der Zeit entrückt. Neben zwei bildhübschen Stränden gibt es hier auch noch die stattliche Ruine des Cromwell-Forts zu entdecken.

Fährboot ab Cleggan €25, Kinder 6–17 Jahre €10. Kinder 3–5 Jahre €5. Erste Abfahrt 11.30 Uhr, Rückfahrt 17 Uhr. inishbofinferry.ie

19 Connemara Heritage Centre

GPS N 53°28'45.2", W 9°54'42.0"

Das Heritage Centre war ursprünglich eine Farm und so sind hier auch heute noch Schafe, Esel, Kühe und einige Connemara-Ponys zu Hause. Außerdem ist auf dem Gelände das Haus einer Bauernfamilie zu sehen, die 1840 von ihrem Hof vertrieben wurden und auswandern mussten. Der Nachbau eines Ringforts und eines auf einer künstlichen Insel erbauten Crannogs machen die Farm zum kleinen Freilichtmuseum.

Geöffnet April bis Oktober 10–18 Uhr, Eintritt €9, Kinder €4,50, Familie mit bis zu vier Kindern €25. www.connemaraheritage.com

20 Killary Adventure Co

GPS N 53°35'33.3", W 9°46'09.1"

Der Outdoor-Funsport-Anbieter hat eine lange Liste an Aktivitäten ab acht Jahren im Angebot, von Kajaktouren über Bogenschießen bis zum Hochseilgarten. Herausragend ist die Turf Challenge (ab zehn Jahren), bei der Mutige im Neoprenanzug einen Parcours durch die schwarze Matschepampe laufen.

Killary Adventure Co, Killary Fjord, Leenane. Sessions starten täglich um

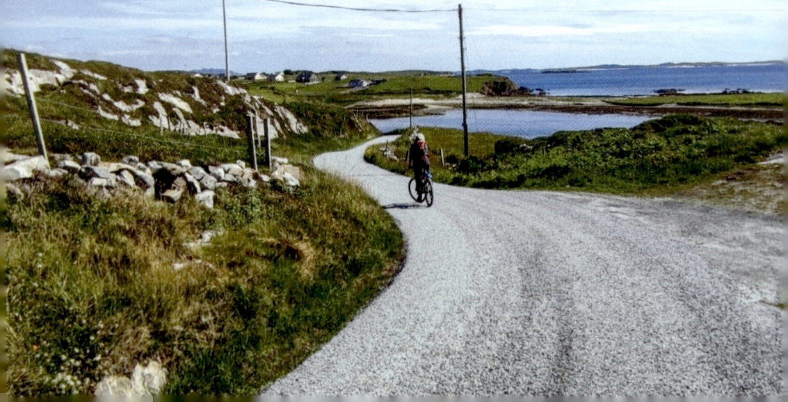

10 und um 14 Uhr. Rechtzeitige Buchung erforderlich. Erwachsene €64, Kinder €47. killaryadventure.com

21 Killary Sheep Farm

GPS N 53°35'44.2", W 9°47'36.2"
Auf der Schaffarm in Killary können Besucher die Arbeit eines Border Collies beim Treiben der Schafe, die Schafschur mit der Hand und die althergebrachte Methode des Torfstechens beobachten.
Die Tour über den Hof startet von März bis September drei Mal am Tag und kostet €12 pro Person. Eine Familie mit zwei Erwachsenen und zwei Kindern zahlt €30 (weitere Kinder €5). Buchen geht telefonisch 00353 87 298 8051 oder online. www.killarysheepfarm.com

22 Killary Fjord Boat Tours

GPS N 53°35'59.8", W 9°43'48.4"
Auf den knapp zweistündigen Bootstouren durch den Fjord, bei denen man oft Delfine sehen kann, sind Kinder besonders willkommen.
Erwachsene € 26. Kinder bis 10 Jahre kostenlos. Mit älteren Kids rechnet sich der Familienpreis von €66 – vor allem für große Familien, denn es sind bis zu sechs Kinder inklusive. killaryfjord.com

23 Sheep & Wool Centre Leenane

GPS N 53°35'48.3", W 9°41'38.9"
Auf den ersten Blick ist das Zentrum eher ein großer Souvenir-Shop mit angeschlossener Ausstellung, jedoch ist diese durchaus einen Besuch wert. Nach einem kurzen Einführungsfilm, der auf Wunsch auch auf Deutsch gezeigt wird, demonstriert Museumsleiter Seamus Kirwan alte Handwerkstechniken der Wollverarbeitung. Alle, die möchten, dürfen selbst Hand anlegen und alles ausprobieren. Seamus' Führungen sind sehr persönlich, mit Freude beantwortet er jede Frage von der Schafzucht bis zum Strickmuster.
Laden und Café Mitte März bis Ende Oktober täglich 9.30–17 Uhr. Eintritt €10, Kinder €4, Familie €24. www.sheepandwoolcentre.com

24 Diamonds Equestrian Centre

GPS N 53°35'40.2", W 9°58'29.6"
Das Gestüt in Renvyle nördlich des Connemara Nationalpark ist seit vier Generationen in der Hand der gleichen Familie. Hier werden Sportponys gezüchtet, aber auch Ausritte von einer Stunde bis zu einem halben Tag in die raue Landschaft der Connemara und zum Strand angeboten. Kinder sind willkommen.
www.theconnemarapony.ie

25 The Point Pony Trekking

GPS N 53°25'09.1", W 10°09'38.8"
Das Trekking-Center liegt direkt am Meer bei Ballycooneely. Auf die einstündigen, geführten Ausritte zum Strand dürfen auch Ungeübte und Kinder ab sieben Jahren mit. Die längeren Ritte sind nur für Fortgeschrittene. Auf dem Hof wird auch Französisch, Niederländisch und ein bisschen Deutsch gesprochen.
Ausritt 1 Stunde €60, 2 Stunden €100. www.thepointponytrekkingcentre.com

County Mayo

26 Lost Valley Silver Strand

GPS N 53°38'59.9", W 9°52'50.6"
In der Einsamkeit der grünen Berge nördlich des Killary-Fjords reihen sich gleich mehrere lange Traumstrände. Der südlichste zieht sich zwischen Dünen über 500 Meter ins Land hinein, sodass der Weg zum Wasser einen längeren Marsch über festen Sandboden erfordert. Der Parkplatz liegt ganz am Ende der Stichstraße. Dahinter folgt nur noch die Schaffarm im Lost Valley.

27 Lost Valley Walks

Die Geschichte des Tals ist traurig, denn hier starben während der Großen Hungersnot viele Menschen. Das verlassene Dorf ist noch zu sehen. Um die Ruinen grasen heute die Schafe der Familie Bourke, die schon in der fünften Generation hier zu Hause ist. Gerard Bourke, der heutige Besitzer der Farm, hat es sich zur Aufgabe gemacht, die Erinnerung zu pflegen. Er führt Gäste über seinen Hof, zeigt ihnen die Ruine des alten Dorfes, die Schönheit der Natur und den Alltag auf einer irischen Schaffarm. Denn jenseits der grausamen Geschichte ist das Lost Valley ein faszinierendes Idyll. Das Farmhaus liegt etwas oberhalb des Meeres in einer wilden Naturlandschaft und zwischen zwei bildschönen Stränden.

Für die Führungen muss man sich vorher anmelden. Gebühr für die dreistündige Führung € 25, der Familienpreis liegt bei € 60. www.thelostvalley.ie

28 Westport House Piratenpark

GPS N 53°48'16.8", W 9°32'18.5"

Der einzige Freizeitpark an der Westküste Irlands erfüllt die Erwartungen deutscher Familien kaum. Es gibt eine kleine Schiffschaukel, eine Wildwasserbahn und eine Riesenrutsche, dazu eine Park-Eisenbahn, Tretboote in Schwanenform, einige Jahrmarktbuden und ein Nostalgie-Karussell. Wirklich interessant ist hingegen die Besichtigung des dazugehörigen Herrenhauses. Mehrere Figuren der irischen Geschichte haben hier ihre Spuren hinterlassen, allen voran Grace O'Malley, die legendäre Piratenkönigin. Sie kommandierte im 15. Jahrhundert nicht nur ihre Ehemänner und Söhne, sondern auch die Schiffe, mit denen die Clanführerin auf Kaperfahrt ging. Bei einem Besuch in London soll die trotz allem sehr kultivierte Dame Königin Elizabeth I. so beeindruckt haben, dass sie ihre gefangengesetzten Familienmitglieder wieder freiließ – gegen das Versprechen, künftig nur noch Schiffe zu überfallen, die nicht der englischen Krone unterstanden.

April bis Oktober täglich 10 – 16 Uhr, Juli und August bis 18 Uhr. Eintritt € 13,50, Kinder ab 3 Jahre € 6,50. Freizeitpark nur im Juli und August täglich 11 – 18 Uhr geöffnet, ansonsten siehe Website. Erwachsene € 25, Kinder € 20, Familie ab € 60. www.westporthouse.ie

29 Ballycroy-Nationalpark

GPS N 54°01'29.5", W 9°49'24.8"

Das gut ausgeschilderte Infozentrum liegt selbst eigentlich gar nicht im Nationalpark, informiert in seiner kostenlosen Ausstellung aber ausführlich über den größten seiner Art in Irland. Gerade mit Kindern lohnt sich ein Abstecher zu den teils interaktiven Ausstellungsstücken, wenn man sowieso daran vorbei kommt. Ein zwei Kilometer langer und durchweg barrierefreier Rundweg direkt am Infozentrum soll einen Vorgeschmack auf das Naturschutzgebiet geben. Das nüchtern-modern eingerichtete Café serviert kleine Gerichte aus lokalen Produkten mit Ausblick bis nach Achill Island.

Ballycroy Nationalpark Visitor Centre, Ballycroy. Mitte März bis Ende Oktober täglich 10 – 17.30 Uhr. www.nationalparks.ie/wild-nephin

30 Achill Island

Die Insel Achill Island ist durch eine Brücke mit dem Festland verbunden. Die südliche und westliche Seite ihrer Küste ist felsig und stark den Wellen des Atlantiks ausgesetzt. Sehr eindrucksvoll erlebt man diese bei einer Fahrt auf dem Atlantic Drive, der Küstenstraße zwischen Cloughmore und dem Dooagh Beach. Die höchsten Klippen der Insel, die Cliffs of Croaghaun, befinden sich aber an der Westseite der Insel.

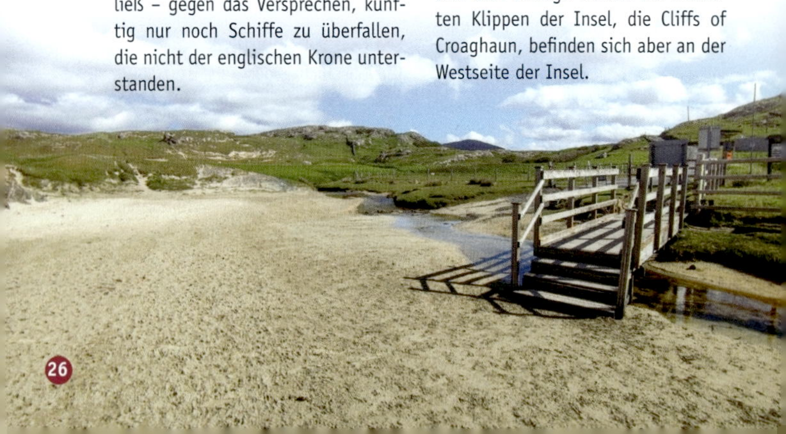

26

Mit dem Boot zu den Cliffs of Croaghaun

Blacksod Sea Safaris bietet vom Anleger in Dugort zwei- bis dreistündige Bootstouren zu den Cliffs of Croaghaun an. Die Klippen sind mit über 600 Metern die höchsten Seeklippen Irlands und von der Landseite nur über eine anspruchsvolle, weil teilweise weglose und stark dem Wind ausgesetzte Wanderung zu erreichen. **[› Tour 46]**

€ 35, Kinder bis 11 Jahre € 25.
www.blacksodseasafari.ie

31 Céide Fields

GPS N 54°18'28.8", W 9°27'22.4"

Die Céide Fields (sprich: Siedscha Fields) sind ein echter Superlativ, der sich tief im touristisch vernachlässigten Nord-Mayo versteckt. Es handelt sich um das flächenmäßig größte prähistorische Monument der Welt. Vor beinahe 6000 Jahren legten vorzeitliche Siedler hier ausgedehnte Weiden und Felder an, die sie mit Mäuerchen aus Feldsteinen umgrenzten. Ironischerweise war es ihr eigener Eingriff in die Natur, gepaart mit einem leichten Klimawandel, der dafür sorgte, dass ihre harte Arbeit schon wenige Jahrzehnte später unter einem Hochmoor verschwand. Erst Jahrtausende später entdeckte ein Torfstecher die merkwürdig regelmäßigen Strukturen in der Erde, die in ganz ähnlicher Form beispielsweise auf den Aran-Inseln bis in die heutige Zeit überdauert haben. Eine Ausstellung im futuristischen Infozentrum setzt die Freilicht-Fundstücke in Bezug zum täglichen Leben der Menschen in der Jungsteinzeit. Eine Führung über das Gelände ist inklusive. Ein kleines

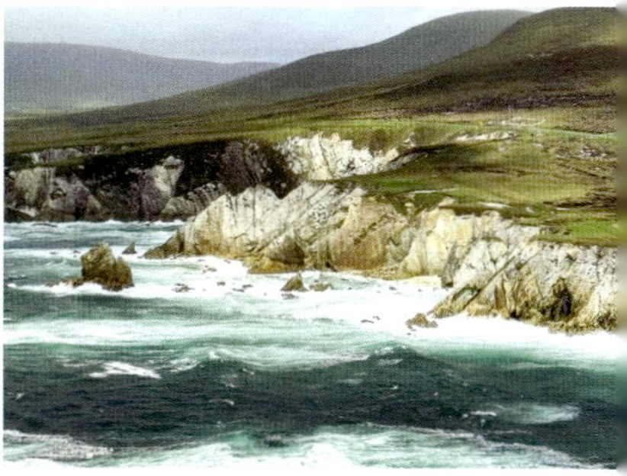

Café und eine frei zugängliche Aussichtsplattform an den 110 Meter hohen Klippen komplettieren den Halbtagesausflug.

Geöffnet Mitte März bis Anfang November, täglich 10–17 Uhr, Juni bis September bis 18 Uhr. Familienticket € 13, mit Heritage Card frei.
www.heritageireland.ie

32 North Mayo Sculpture Trail

Tír Sáile heißt der Skulpturenpfad auf Irisch. Elf Kunstwerke ziehen sich die gesamte Küste Nord-Mayos entlang und führen Gäste auf diese Weise zu Orten, die auch historisch oder landschaftlich interessant sind. Eingerichtet wurde diese großräumige Ausstellung 1993 in dem Jahr, als man 5000 Jahre menschliche Spuren in der Region feierte. Braune Wegweiser machen zwischen Ballina und dem südlichen Ende der Mullet-Halbinsel an manchmal überraschenden Stellen auf kurze Umwege aufmerksam, die zu einem der Kunstwerke führen. Wer Zeit hat, sollte dem ruhig einmal nachkommen. Eine Übersicht gibt es im Internet unter www.northmayoarttrail.com.

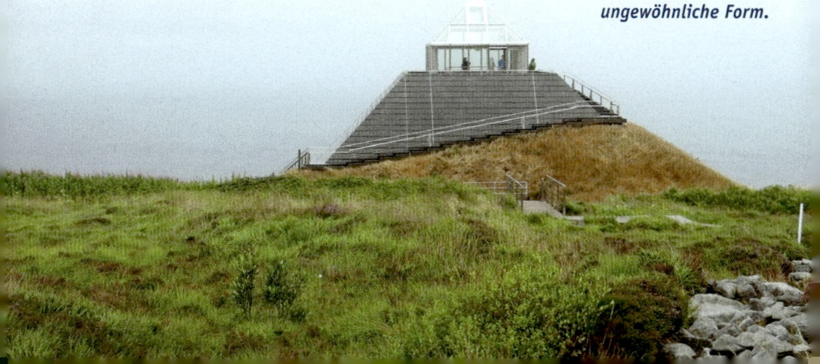

Das Museum von Cèide Fields hat eine ungewöhnliche Form.

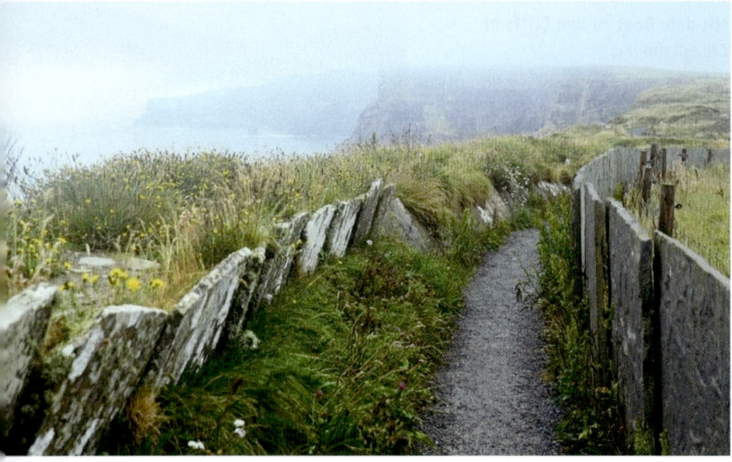

125 m

STRECKE 10 km

3 h 15

ab 6

Tour 31: Auf dem Moher Cliff Walk

Auf den höchsten Klippen von Moher

Die Cliffs of Moher stürzen über 200 Meter senkrecht in den Atlantik und sind eine der beeindruckendsten, aber auch eine der am meisten besuchten Sehenswürdigkeiten Irlands. In den Felsabbrüchen nisten tausende von Möwen und direkt vor dem Aussichtspunkt brütet eine kleine Kolonie Papageientaucher. Ein schmaler, mit Steinplatten gesicherter Pfad führt oben auf der Klippe bis zum Moher Tower an ihrem südlichen Ende. Wer nicht hin und zurück laufen möchte, kann auch eine Strecke mit dem Bus fahren.

Wanderung: Vom Parkplatz überqueren wir die Straße und machen einen kurzen Besuch im **Infozentrum**, das auf der rechten

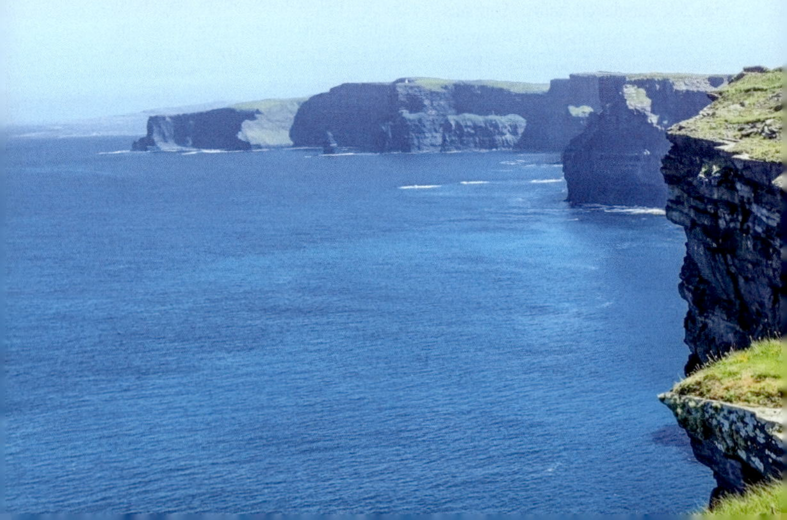

Seite zu finden ist. Hier sollte man vor allem den kurzen Film nicht verpassen, der disneymäßig Flug und Tauchgang eines Tölpels über die Klippen zeigt. Wer mag, steigt auch noch zum **O'Brien's Tower** ① hinauf, aber unser eigentlicher Weg beginnt auf der linken Seite des Infozentrums und führt zuerst zu einem **Aussichtspunkt** hinter aufgerichteten Steinplatten.

Dann geht es weiter hinauf. Zuerst knubbeln sich hier noch die Leute, weil fast alle mindestens bis zur ersten Klippe hinaufspazieren, dann wird es schnell etwas leerer. Mit Kindern sollten wir meist auf dem linken Pfad hinter der niedrigen Mauer aus Steinplatten bleiben, da der alte Weg sehr nahe an den Klippen entlang führt. Wie alle Steilküsten verändern sich die Cliffs of Mo-

TOUREN-STECKBRIEF

Anfahrt: Die Cliffs of Moher sind eine der wichtigsten Sehenswürdigkeiten an der Westküste und daher weiträumig ausgeschildert. Der riesige gebührenpflichtige Parkplatz am Visitor Centre im Zentrum der Klippen befindet sich bei **GPS N 52°58'21.0", W 9°25'23.6"** direkt an der Küstenstraße R478. Von hier sind es nur wenige Schritte zum gut abgesicherten Aussichtspunkt. Eintritt für den Aussichtspunkt und das Visitor Centre bei Online-Buchung €7 pro Person, Familie €14, sonst deutlich teurer. Mai bis August 8–21 Uhr, in der Nebensaison bis 19 Uhr. www.cliffsofmoher.ie

Der ruhiger gelegenene »Kilconell Car Park« (Parkgebühr €2) am südlichen Ende der Cliffs, von dem man aber noch einen guten Kilometer zum Klippenweg läuft, liegt bei **GPS N 52°56'36.5", W 9°27'14.7"**. Die Zufahrt zweigt in der kurz hinter Liscannor folgenden Rechtskurve von der Küstenstraße ab.

Anspruch und Charakter: Viel begangener, gut gesicherter Klippenweg zwischen dem Visitor Centre am höchsten Punkt der Cliffs und ihrem südlichen Ende. Die Strecke kann mit dem Shuttle-Bus halbiert werden.

Highlights: Blick auf die Klippen, Film im Infozentrum, Papageientaucherkolonie (nur April bis Juli).

Einkehr: Puffins Nest oder Restaurant im Infozentrum.

In der Nähe: Moher Hill Open Farm, Cafés in Doolin.

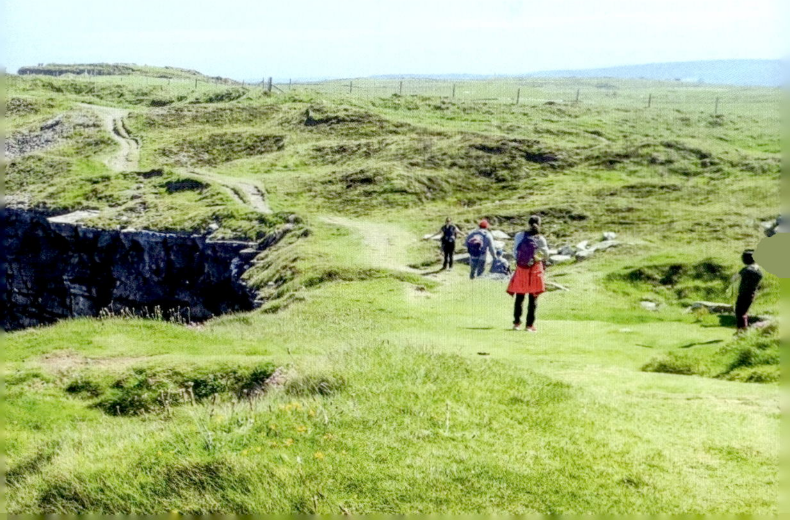

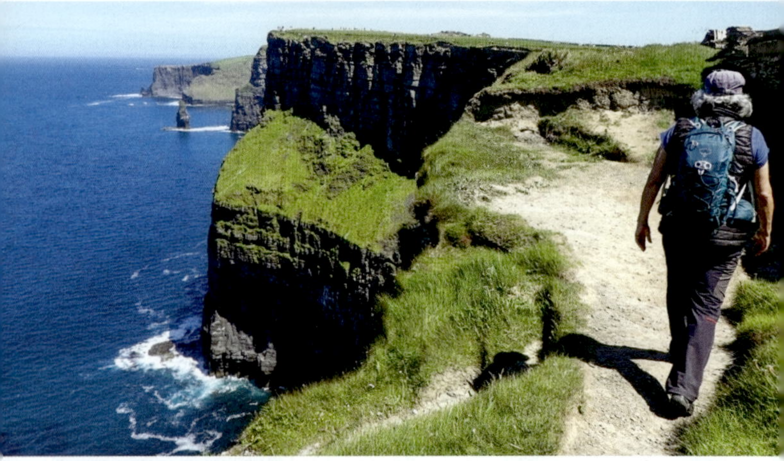

Der komplette Moher Cliff Walk
14 km, Gehzeit 5 h

Der komplette Küstenweg ist nur etwas für fitte Wanderfamilien. Fühlt ihr euch dieser Strecke gewachsen, bekommt ihr mit einer einzigen Tour einen guten Überblick über die gesamten Cliffs. Die Wanderung beginnt dann in Doolin mit der Fahrt mit dem Coastal-Path-Shuttlebus (zu buchen in der Information in Doolin) bis zum Kilconell Visitor Centre (€ 7 pro Person). Ein breiter Weg führt von dort zum südlichen Zipfel der Klippen und dann mit **[› Tour 31 und Tour 32]** zurück bis Doolin. Am in der Mitte liegenden Infozentrum kann man im Café Puffins Nest oder im Restaurant einkehren und notfalls auch wieder in den Bus steigen, falls das Wetter nicht hält oder die Tour doch zu lang ist.
Die Fahrtzeiten für den Shuttlebus sind unter www.cliffsofmoher.ie zu finden.

her und das Meer holt sich immer wieder ein Stück Land, sodass der alte Pfad an einigen Stellen als gefährlich eingestuft wird. Wer einmal sieht, welche Massen hier an einem schönen Sommertag unterwegs sein können, versteht die Vorsicht. Der neue Pfad ist auch mit jüngeren Kids ungefährlich und es gibt immer wieder Stellen, an denen man gut an den Klippenrand kommt und dann auch besser sehen kann – natürlich mit der entsprechenden Vorsicht.

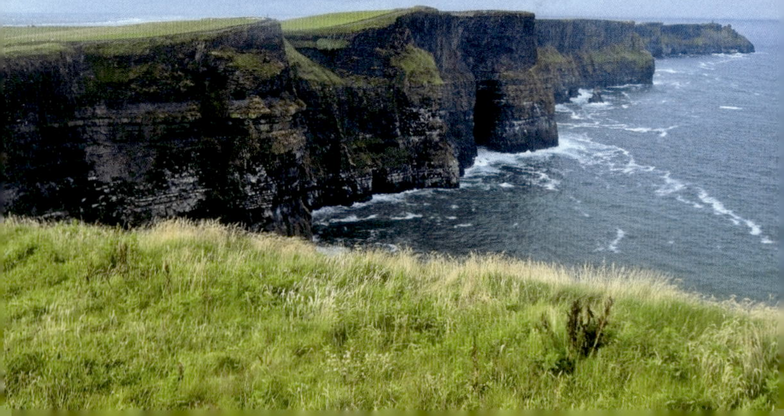

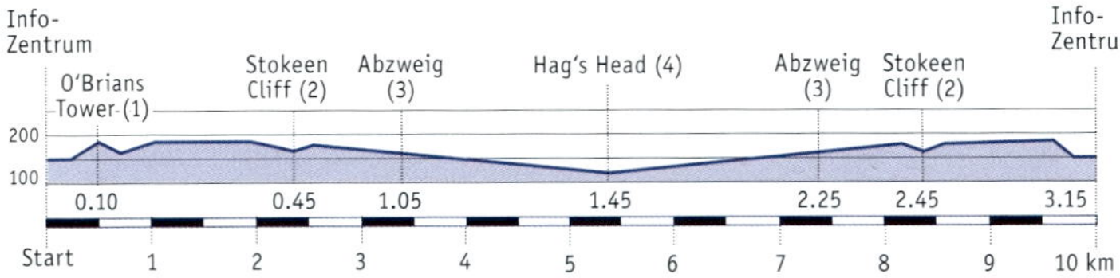

Ansonsten ist eine Wegbeschreibung müßig, es gibt nur einen Pfad. Nach einem Kilometer entfernt sich der Weg am **Stookeen Cliff ②** ein Stück von der Abbruchkante und durchquert eine größere Mulde. Auf halber Strecke führt ein **Abzweig zur Straße ③**. Rechts am Zaun sind dort die Abfahrtszeiten des Busses angeschlagen. Kurz vor dem Ziel sehen wir dann die Ruine eines Steinturmes. Das ist der Moher Tower auf dem **Hag's Head ④** und der Wendepunkt unserer Klippentour. Hier geht es auch links zum einen Kilometer entfernten südlichen Parkplatz, an dem ein Bus zurück zum Infozentrum fährt.

Wer die Tour halbieren möchte, startet am besten mit der Busfahrt und läuft anschließend ohne Zeitdruck zurück. Einen aktuellen Fahrplan gibt es in Doolin beim Ticketverkauf in der Information oder unter www.cliffsofmoher.ie.

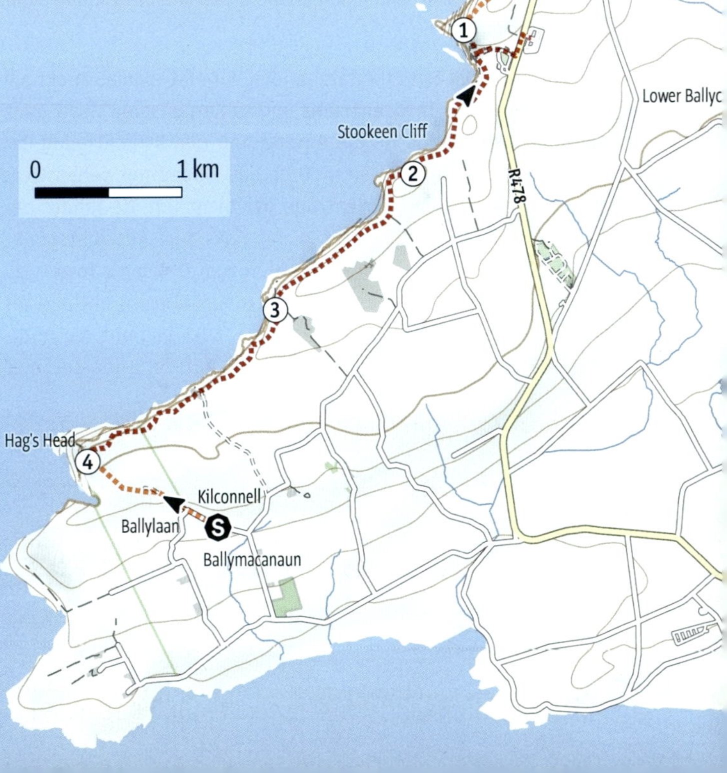

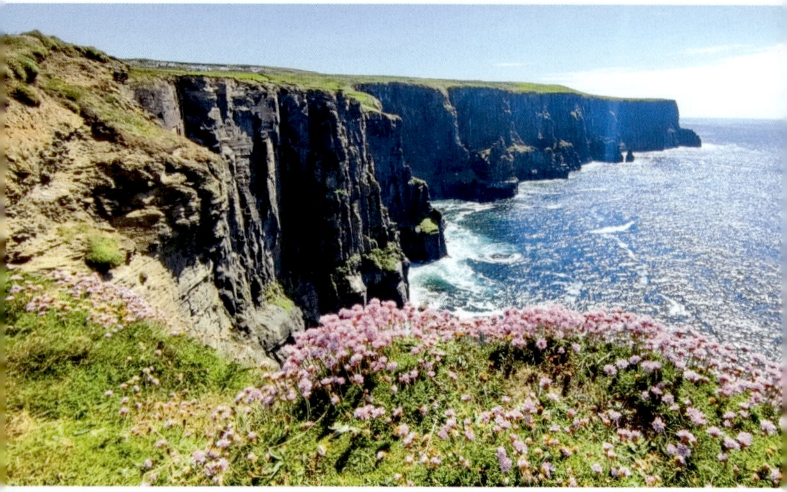

125 m

300 m

STRECKE 7,5 km

2 h 30

ab 8

Tour 32: Doolin und die Cliffs of Moher

Klippenspektakel durch die Hintertür

Wer sich schwer tut mit völlig überlaufenen Sehenswürdigkeiten und bereit ist, ein wenig weiter zu wandern, kann die Cliffs of Moher auch fast ohne Menschenmassen erleben. Das klappt besonders gut am frühen Morgen.

Wanderung: Vom Busparkplatz landen wir erst einmal direkt am Ticketschalter des **Infozentrums** und zahlen unseren nicht ganz unerheblichen Obulus für die Ausstellung und Besichtigung der Cliffs. Schauen wir uns also in Ruhe um. Unbedingt sehenswert ist der kurze Film im Infozentrum, der nicht nur die Kinder begeistern wird. Wer will, steigt zuerst links zum Aussichtspunkt hinauf und folgt erst dann den Stufen zum **O'Brian's Tower** (1) hinauf. Von hier aus geht es weiter an den Klippen entlang bis zum Ende der **asphaltierten Plattform**. Hier beginnt die nördliche Hälfte des Küstenweges. Wie auch auf der anderen Seite

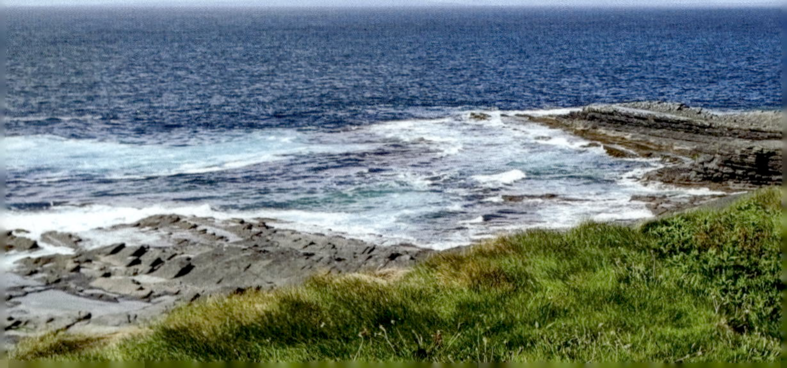

gibt es einen offiziellen Weg, der von Steinplatten geschützt etwas tiefer liegt. Näher an der Abbruchkante verläuft der alte Pfad, der an einigen Stellen wegen Abbrüchen gesperrt wurde. Wenn ihr dort oben lauft, tut es mit Vorsicht und nur bei windstillem Wetter.

Auf dem ersten Stück wandern wir auf den hohen Klippen im Zentrum der Cliffs und immer ziemlich nahe an der Abbruchkante entlang. An einigen Aussichtspunkten sieht man gut auf die spektakuläre Felsenreihe. Dann geht es **steil bergab** und wir sehen vor uns eine Landzunge. Hier verzweigt sich der Weg. Es gibt einen alten Weg, der hier links an der Küste entlangführt und immer noch von den meisten Wandernden genutzt wird. Ein Warnschild weist daruf hin, dass diese Strecke wegen Landabbrüchen nicht ganz ungefährlich ist. Wer diesen Weg wählt, tut das auf eigene Gefahr. Er ist an windstillen Tagen im Großen und Ganzen gut zu gehen, führt aber an zwei Stellen sehr nahe an die Abbruchkante heran.

Die offizielle **neue Wegführung** führt hier nach rechts und ein ganzes Stück ins Landesinnere hinein. Am Abzweig folgen wir

TOUREN-STECKBRIEF

Anfahrt: Wir starten die Wanderung an den Parkplätzen an der Fisher Street vor dem Tourismusbüro von Doolin bei **GPS N 53°00‘44.3“, W 9°23‘15.2“.** Hier befindet sich auch eine Haltestelle des Shuttle Busses. Der normale Linienbus fährt vor dem Doolin Inn Hostel nur wenige Schritte weiter ortsauswärts. Die Stichstraße nach Doolin zweigt knapp sieben Kilometer nördlich vom Cliffs of Moher Vistor Centre links von der Küstenstraße R874 ab.

Anspruch und Charakter: Lange Streckenwanderung auf schönen Pfaden. Der Klippenweg ist durch Steinplatten gesichert. Vorsicht abseits des Weges und an den Aussichtspunkten! Hier geht es ungesichert senkrecht abwärts. Diese Tour nicht an windigen Tagen gehen!

Highlights: Der offizielle »Viewing Point« früh am Morgen, grandioser Blick über die Klippen an den Aussichtspunkten, Pfad direkt an der Küste.

Einkehr: Puffins Nest am Infozentrum oder Pub und Cafés in Doolin.

In der Nähe: Moher Hill Open Farm, Poulnabrone Dolmen, Aillwee Cave.

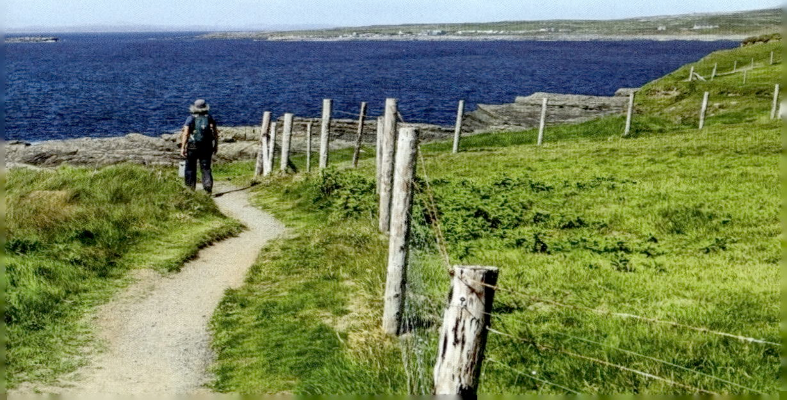

Kommt man von der anderen Seite, ist die verwirrende Wegführung einfacher: Zuerst geht es immer am Mäuerchen entlang bis zum Stallgebäude am Pferch, dann durch den Durchschlupf an der rechten Seite des Gebäudes und an der Straße nach rechts auf den markierten Wanderweg.

den roten Pfeilen, bis wir an einem **Viehgatter** ② auf die Straße treffen. Hier wird die Wegführung ein wenig kniffelig. Wir biegen links ab und halten auf das **Metalltor des Pferches** zu, folgen dann aber nicht dem breiten Weg in Richtung Meer, sondern schlüpfen durch den **schmalen Durchgang direkt an der Mauer** des Stallgebäudes. Die Stelle ist auch so markiert, was man aber nur versteht, wenn man genau hinschaut. Hinter dem Gebäude wandern wir an einer Feldsteinmauer entlang (die Mauer befindet sich links von uns) auf einem gut sichtbaren Pfad über eine Wiese. Dort, **wo der parallel verlaufende Fahrweg endet**, knickt unser Pfad nach rechts ab und führt immer geradeaus aufs Meer zu. Durch einen **Durchschlupf** ③ gelangen wir wieder auf einen geschotterten Pfad und es geht links hinunter zum Meer.

Wir wandern jetzt wieder an den Klippen entlang und vor uns liegt einer der schönsten Abschnitte der Wanderung. Nach etwa 500 Metern führt links ein Pfad zu einem **ersten »Viewing Point«**. Auch unser Schotterweg biegt links ab und wir kommen zu einem weiteren **Aussichtspunkt** ④, der locker mit der Plattform am Infozentrum mithalten kann – mit dem Unterschied, dass es hier nicht so voll ist. Die Klippen sind zwar nicht ganz so hoch, aber voller brütender Möwen, die sich vom Wind hinauftragen lassen zum Rand der Klippe und plötzlich von unten kommend vor uns auftauchen. Hier ist der perfekte Platz für eine Pause.

Auch anschließend ist der Weg sehr schön zu gehen. Wir steigen zwar jetzt noch einmal hinunter und haben die höchsten Klippen hinter uns, dafür wandern wir auf einem attraktiven Pfad immer direkt über dem Meer. Es geht über eine **Steinbrücke** und an Kuhweiden entlang. Erst einen guten Kilometer vor dem Ziel mündet unser Pfad in einen breiten, etwas langweiligen **Schotterweg** ⑤,

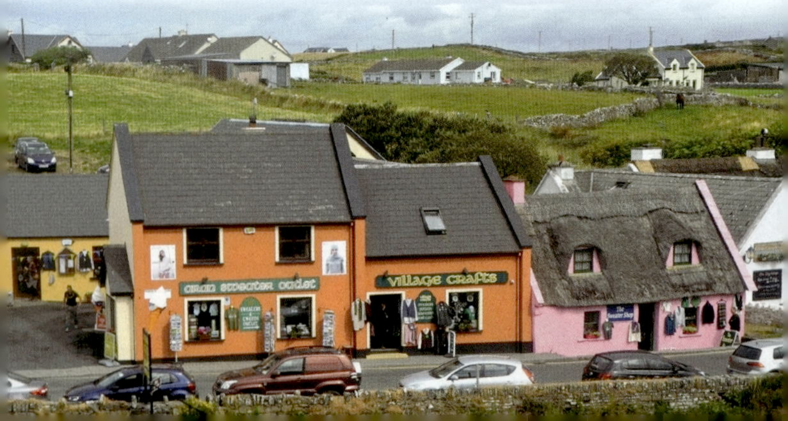

der jetzt schnurgerade auf Doolin zuhält. Dann geht es an den ersten Häusern durch ein Tor und wir haben für die letzten 500 Meter Asphalt unter den Füßen, bevor wir am O'Connor's Pub oder im Café The Ivy Cottage Platz nehmen können, um etwas zu essen und die Tour ausklingen zu lassen.

Die Cliffs of Moher für Sparsame

6 km, ↓↑ 100 m, Gehzeit 2 h

Wer sich das Gewühl und den Eintritt am Infozentrum sparen möchte, startet diese Wanderung von Doolin und steigt nur bis zum ersten, traumhaft schönen **Aussichtspunkt** ④ hinauf. Von hier aus reicht die Kraft dann auch noch für den Rückweg und wir bekommen einen guten Eindruck von der Steilküste (wenn auch nicht von den höchsten Klippen), ohne dafür sechs Euro Eintritt pro Person zu investieren.

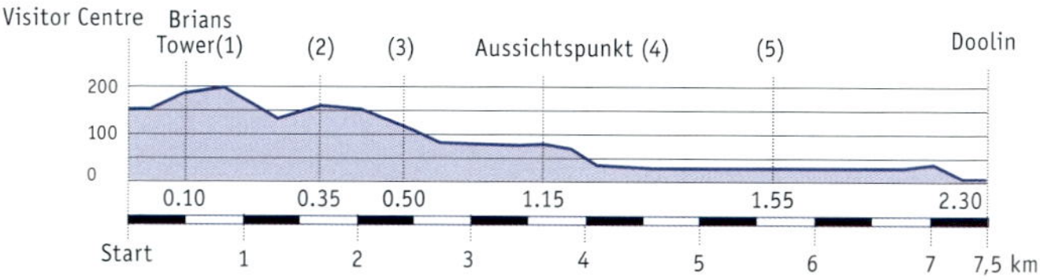

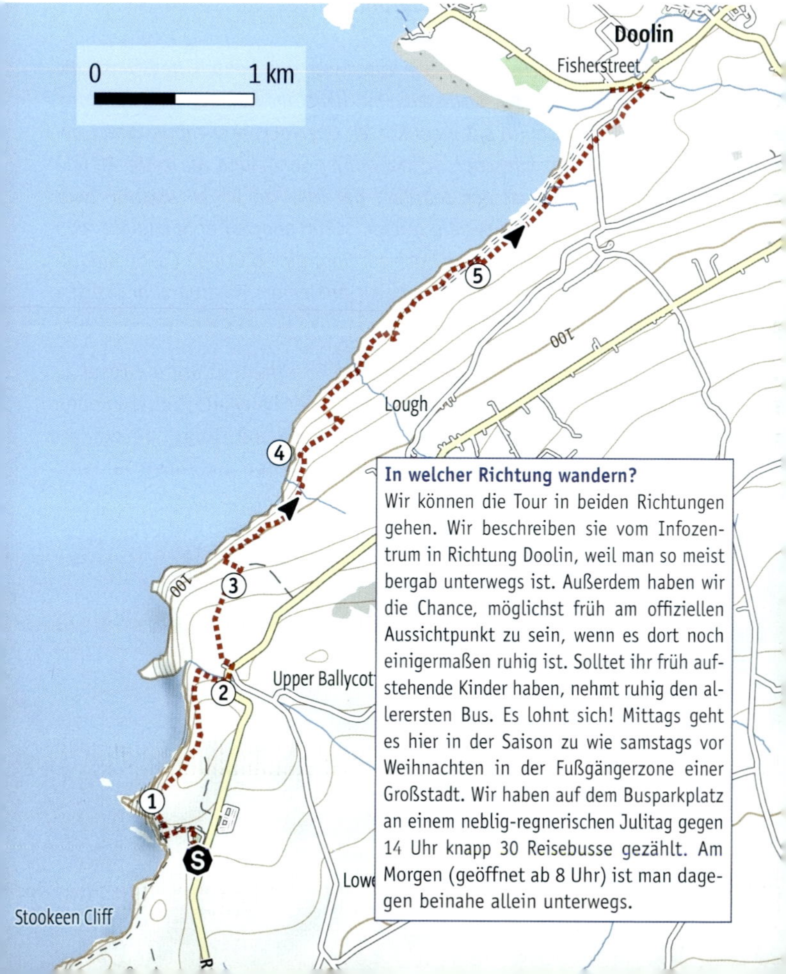

In welcher Richtung wandern?

Wir können die Tour in beiden Richtungen gehen. Wir beschreiben sie vom Infozentrum in Richtung Doolin, weil man so meist bergab unterwegs ist. Außerdem haben wir die Chance, möglichst früh am offiziellen Aussichtpunkt zu sein, wenn es dort noch einigermaßen ruhig ist. Solltet ihr früh aufstehende Kinder haben, nehmt ruhig den allerersten Bus. Es lohnt sich! Mittags geht es hier in der Saison zu wie samstags vor Weihnachten in der Fußgängerzone einer Großstadt. Wir haben auf dem Busparkplatz an einem neblig-regnerischen Julitag gegen 14 Uhr knapp 30 Reisebusse gezählt. Am Morgen (geöffnet ab 8 Uhr) ist man dagegen beinahe allein unterwegs.

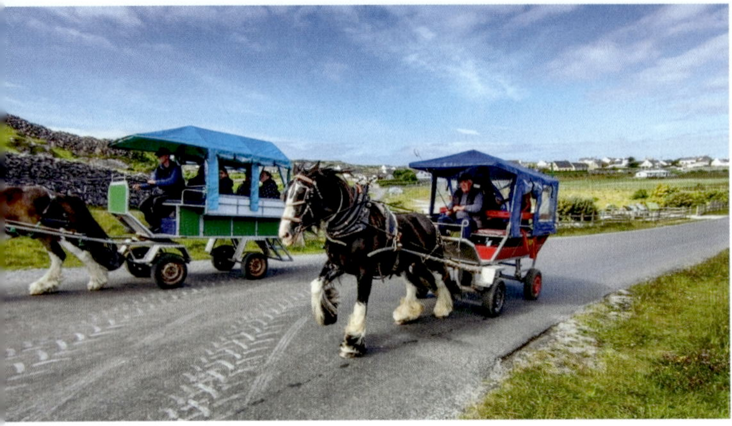

1 Tag

ab 4

Tour 33: Mit dem Boot nach Inisheer

Spielplatz, Strand und Burgruine

Inisheer oder Inis Oirr, wie die Insel auf Gälisch heißt, ist die kleinste der drei Aran-Inseln. Sie liegt am nächsten am Festland und ist von Doolin mit einer kurzen Überfahrt erreichbar. Direkt am Hafen ist ein hübscher, schneeweißer Sandstand die erste Attraktion. Dahinter ist der Zeltplatz der Insel zu finden und ein paar Schritte weiter wartet ein großer, schön angelegter Spielplatz. Von hier aus können wir auch noch zur Burgruine O'Brian's Castle hinaufsteigen. Größere Kids lassen sich mit einem Ausflug zum Schiffswrack begeistern.

Bei der Ankunft im Hafen haben wir die Wahl, ob wir die Insel zu Fuß, mit dem Fahrrad oder mit einer der Ponykutschen erkunden wollen. Zu Fuß sind Strand, Spielplatz und Burgruine gut erreichbar. Für den Weg über schmale Straßen und einen Fahrweg

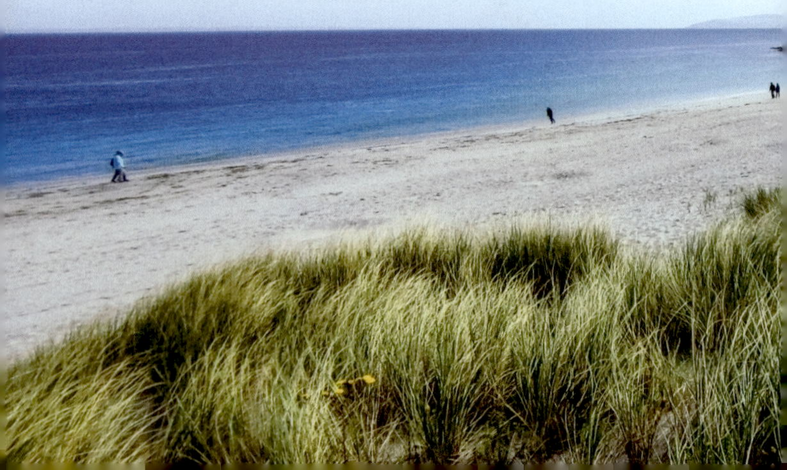

TOUREN-STECKBRIEF

Anfahrt: Am schnellsten erreicht man die östlichste der drei Aran-Inseln von Doolin. Der Parkplatz im Hafen liegt bei **GPS N 53°00'53.9", W 9°24'16.1"**.
Anspruch und Charakter: Auf Inisheer fahren nur wenige Autos. Die beliebtesten Verkehrsmittel für Tagesgäste sind die Pferdekutschen oder Fahrräder, die man am Hafen leihen kann.
Highlights: Pferdekutschen, Sandstrand, Burgruine, ein rostiges Schiffswrack und natürlich der Spielplatz.
Einkehr: Mehrere Tea-Rooms und Pubs am Hafen.
In der Nähe: Moher Hill Open Farm, Poulnabrone Dolmen, Aillwee Cave.

zum 2,5 Kilometer vom Hafen entfernten Schiffswrack ist eine Fahrt mit der Kutsche oder dem Fahrrad sinnvoll. Die Kutschen stehen direkt am Pier bereit.

O'Brien's Castle

Die Burganlage wurde Anfang des 15. Jahrhunderts von der Familie O'Brien errichtet, die bis 1585 die Eigentümer der Insel Inisheer war. Sie baute ihre Burg auf den Mauerresten von Dún Formna, einem prähistorischen Fort, auf einem 40 Meter hohen Hügel oberhalb des Inseldorfes. Das Innere der Ruine ist nicht zugänglich, aber vom Burghügel hat man einen perfekten Blick über die Insel.

Das Wrack der Plassey

An der Küste der Insel liegt schon seit vielen Jahren ein rostrotes Schiffswrack. Die Plassey wurde 1939 als Minensuchboot für die Royal Navy gebaut. Damals hieß das Boot Juliet. Nach dem zweiten Weltkrieg hat man sie dann zum Frachtschiff umgerüstet. Auf einer ihrer Handelsfahrten, an Bord befanden sich Whiskey, Buntglas und Garn, geriet die Plassey im Jahr 1960 in der Bucht von Galway in einen wilden Sturm und sank. Ihre Besatzung konnte zum Glück gerettet werden. Ein zweiter Sturm spülte das Wrack auf Inisheer an Land, wo es inzwischen zu einer beliebten Sehenswürdigkeit geworden ist.

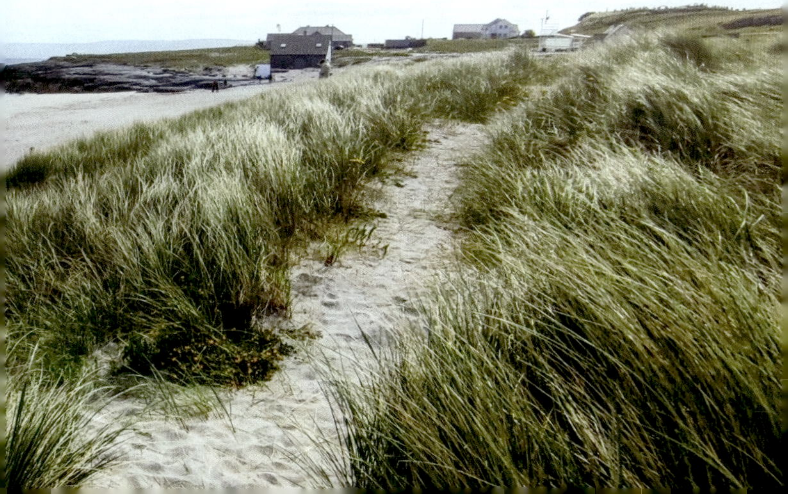

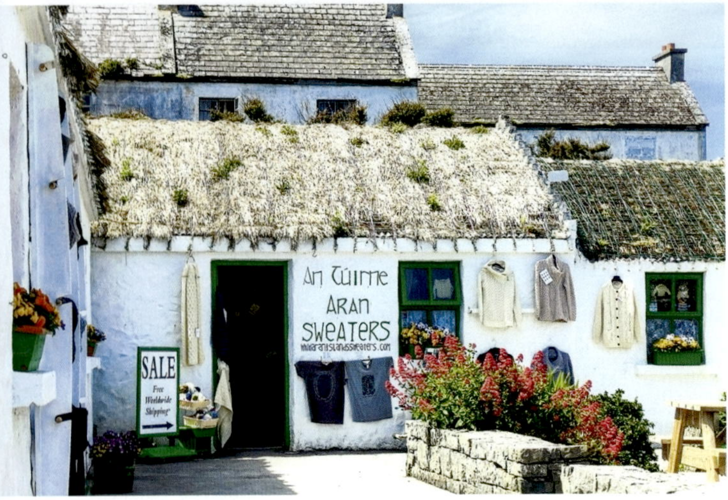

130 m

STRECKE 22 km

2–3 h

ab 8

Tour 34: Inishmore und Dun Aengus

Mit dem Fahrrad über die größte der Aran-Inseln

Die Aran-Inseln sind Synonym für irische Frühgeschichte, raues Wetter in karger, einsamer Landschaft – und Strickwaren. Tatsächlich gibt es all das zuhauf bei einem Tagesausflug auf die Hauptinsel Inishmore, die mehrmals täglich vom südlichen Mayo aus angefahren wird. Mit dem Fahrrad lässt sich die gar nicht mal so kleine Insel recht bequem erkunden. Hauptattraktion ist das eisenzeitliche Fort Dun Aengus, das dramatisch nahe an der Abbruchkante der Steilklippen steht.

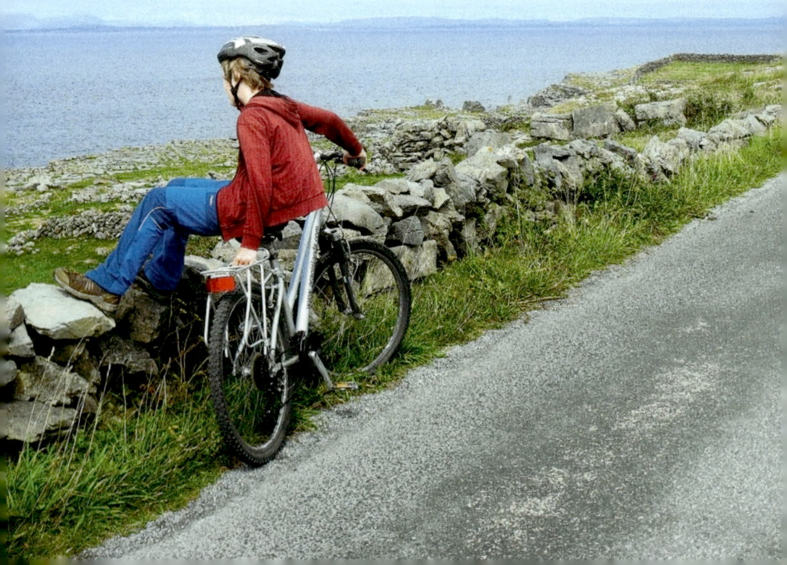

Wegbeschreibung: Die Läden und Kneipen des Hauptortes lassen wir schnellstmöglich hinter uns, indem wir am **Bayview Restaurant** rechts hoch fahren und am Supermarkt vorbei den Ort verlassen. Vorsicht: Die Art des Fahrradverleihs, sich buchstäblich im Vorbeigehen ein Rad zu greifen, führt dazu, dass ständig Radfahrende merken, dass sie mit ihrem Leihfahrrad oder seiner Gangschaltung nicht gut zurechtkommen und abrupt anhalten.

Wir fahren vorbei an einer **Kirchenruine** und an einem Marienschrein, dann führt ein Abzweig

Die Fähre nach Inishmore

In der Hauptsaison empfiehlt es sich, Tickets online vorzubuchen. Diese sind dann in der kleinen Baracke direkt am Parkplatz abzuholen. Zum Anleger sind es dann noch 500 Meter die Straße hinunter. Die Überfahrt dauert rund 40 Minuten, etwas Seegang ist auf dem Atlantik selbst bei bestem Wetter garantiert. Ansonsten hat die Fahrt eher Bus-Charakter: hinsetzen, sitzen bleiben. Mit etwas Glück gibt es dafür Delfine zu sehen. *€30, Kinder 5 bis 12 Jahre €15. Abfahrt 10.30 Uhr. Letzte Fähre 17 Uhr, Juli und August 18.30 Uhr. Es gibt auch einen Shuttle-Bus zum Hafen. www.aranislandferries.com*

Doolin Ferry bedient die Strecke auch von Doolin aus. Da hier die Abfahrt täglich um 9 Uhr liegt und die späteste Rückfahrt etwa um 16 Uhr, wird es bei einer entsprechend längeren Fahrzeit aber knapp für einen Tagesausflug mit ausgedehnter Fahrradtour. *€ 34, Kinder 5 bis 15 Jahre €22. www.doolinferry.com*

TOUREN-STECKBRIEF

Anfahrt: Von Galway aus an der Küste über die R336 nach Westen fahren, der Fährhafen in Rossaveal (manchmal auch Rossaveel) ist ausgeschildert zum unumgänglichen Parkplatz der Fährlinie (Tagesticket €7) bei **GPS N 53°16'05.7", W 9°33'15.0"**.

Fahrradverleih: Direkt im Hafen gibt es mehrere Verleihstationen. Die beiden größten sind Aran Bike Hire gleich rechts und der Verleih der Tourist Information linker Hand. Beide vermieten Fahrräder für €20 pro Tag und haben auch Kinderräder, Anhänger und Helme (je €10) parat. Da mit jedem neuen Schiff Massenabfertigung herrscht und individuelle Beratung zumindest bei Aran Bike Hire (den wir selbst ausprobiert haben) nicht stattfindet, empfiehlt es sich, den ersten Ansturm durchzulassen und sein Fahrrad mit Bedacht und erst nach einer kurzen Probefahrt zu wählen. Schlösser gehören nicht mit zum Leihumfang. Gerüchten zufolge hat es sich zum Volkssport entwickelt, abgestellte Räder zu klauen und damit das hinterlegte Pfand zu kassieren. Wir haben den Wahrheitsgehalt dieser Meldung nicht überprüft und lieber mit mitgebrachten Schlössern vorgesorgt.

Anspruch und Charakter: Inishmore ist eine kleine Insel mit wenigen Straßen. Obwohl alle Tagesgäste zu Fuß kommen, sind diese alles andere als autofrei. Ein Großteil wird mit Minibussen über die Insel kutschiert, die auf den engen Straßen oft haarscharf überholen. Ein eigenes Fahrrad empfiehlt sich daher nur für Kinder, die wirklich sicher fahren. Auch geht es ganz gut rauf und runter – jedoch nie so steil, dass man die Steigung nicht auch mit der Leihfahrrad-Schaltung bewältigen könnte.

Highlights: Das Klippen-Fort Dun Aengus, Pferde, Kühe, Esel, Ziegen auf den Weiden, mit Glück Robben im Wasser, Strand, Kletterfelsen.

Einkehr: Etliche Cafés und Restaurants im Hauptort Kilronan und in Kilmurvey beim Fort. Empfehlen können wir das Café Teach nan Phaidi empfehlen,wenn man denn einen Platz ergattert..

In der Nähe: Connemara Heritage Centre.

nach rechts auf die »Low Road«, die mit wenigen Steigungen zum gleichen Ziel führt wie die linke Straße. Diese führt uns über den Hügel, was den Vorteil hat, dass der Blick weit über das Meer reicht und den Nachteil, dass es ausdauernd bergauf geht.

Wir fahren hier zuerst links auf die »High Road«. Sie führt vorbei an Wohnhäusern und Wirtschaftsgebäuden in sehr unterschiedlichen Zuständen: Von schick herausgeputzt bis hoffnungslos verfallen ist alles dabei.

Schließlich kommt rechts ein kleiner Strand, **der Kilmurvey Beach** ①, in Sicht. Dahinter teilt sich die Straße. Wir bleiben auf der geteerten Strecke halblinks. Ganz links würde es zum »**Wurmloch**« ② gehen, wo eine natürliche Felsformation ein tiefes, rechteckiges Becken bildet, das nur zu Fuß erreichbar ist. Es gibt nur am Anfang einen Weg, dann geht es querfeldein weiter. Der natürliche Pool in den Klippen ist nicht leicht zu finden und der Weg dorthin nicht ganz ungefährlich. Wer das beeindruckende Naturphänomen sehen möchte, sollte sich am besten von einem ortskundigen Guide führen lassen.

Von der Sandbucht aus ist es in jedem Fall nicht mehr weit bis zur Hauptattraktion Inishmores: Das prähistorische Klippen-Fort **Dun Aengus** ③ ist fast erreicht. Am kleinen Friedhof geht es noch einmal einen Hügel hinauf, dann kommen schon die malerischen Häuschen der winzigen Siedlung **Kilmurvey** in Sicht. Gleich der erste Giebel lockt mit dem Bild einer Eistüte. Wenn wir es daran vorbei schaffen, biegen wir hier links ab und radeln an den parkenden Kutschen vorbei. Achtung, hier wird es wieder voll und wuselig. Linker Hand gibt es einen großen Fahrradparkplatz am Zugang zum Fort.

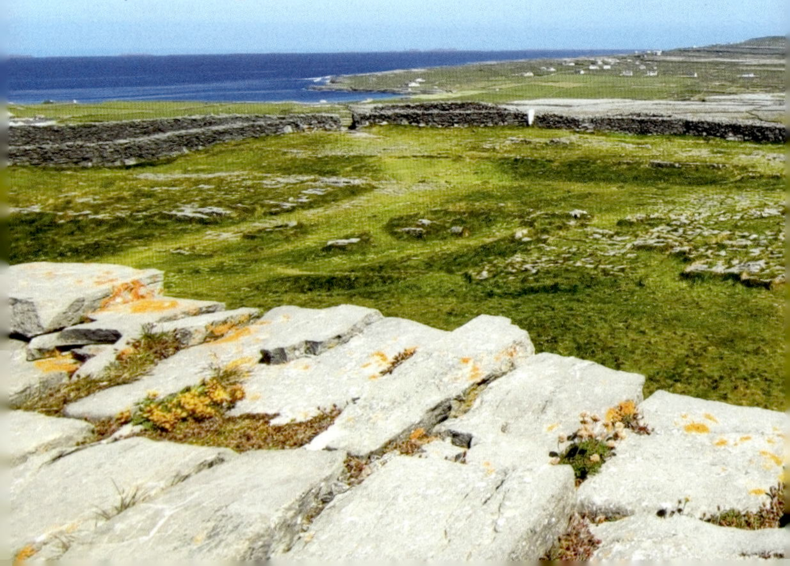

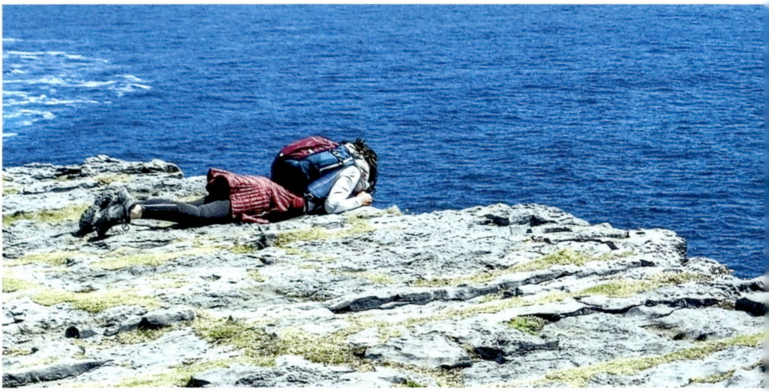

Nach der Besichtigung des Forts können wir uns entscheiden, ob wir weiter nach Norden radeln und mit den »**Sieben Kirchen**« ④ eine zweite Sehenswürdigkeit der Insel mitnehmen wollen. Es handelt sich um einen schönen alten Friedhof bei einer Kloster-Ruine, wie sie auch auf dem Festland häufiger anzutreffen sind. Wollen wir die Ruinen sehen, biegen wir vorne am Café links ab, statt rechts zum Hafen zurückzufahren. An der nächsten Abzweigung halten wir uns rechts und an der nächsten größeren Straße wieder links. Wir sind nun wieder auf dem Insel-Highway, den auch die Minibusse entlangbrettern, und folgen diesem bis zur Ruine.

Dun Aengus
Der Eintritt in das uralte Klippen-Fort kostet 5 Euro für Erwachsene, für Kinder 3 Euro, bis zwölf Jahre sind sie allerdings frei, sodass sich die Familienkarte für 13 Euro nur in wenigen Fällen lohnt (Eintritt frei mit Heritage Card). Im Infozentrum gibt es eine kleine Ausstellung zur geschichtlichen Einordnung des Bauwerks, dann führt ein etwa ein Kilometer langer Wanderpfad hinauf zum Fort selbst. Achtung: Dort geht es ohne weitere Warnschilder am Rand der Klippe (und quasi mitten im Fort) tief hinunter.

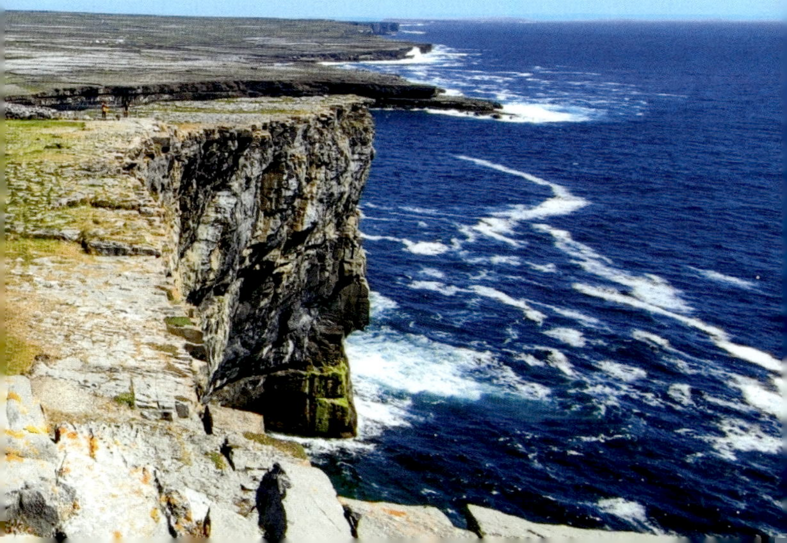

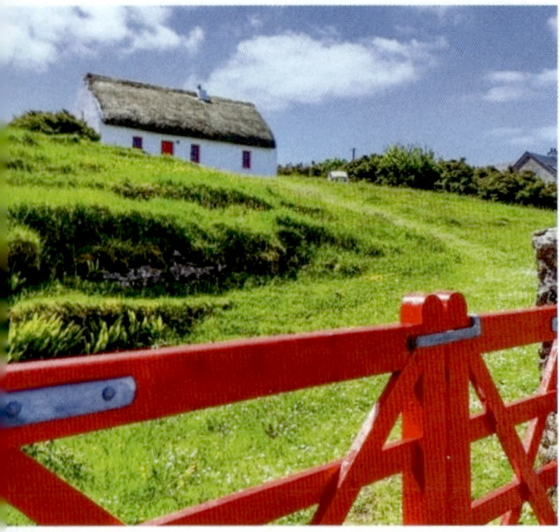

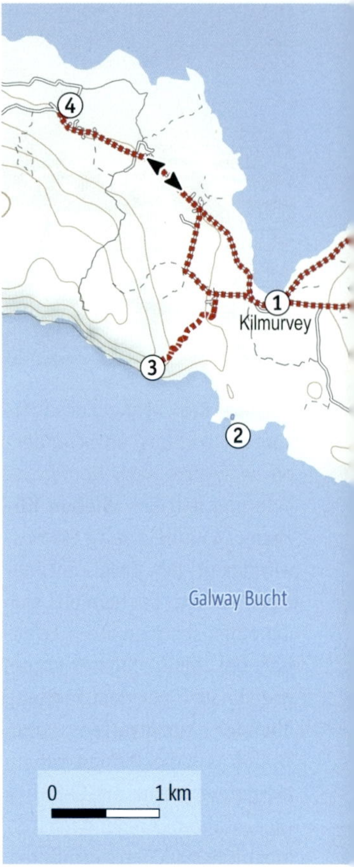

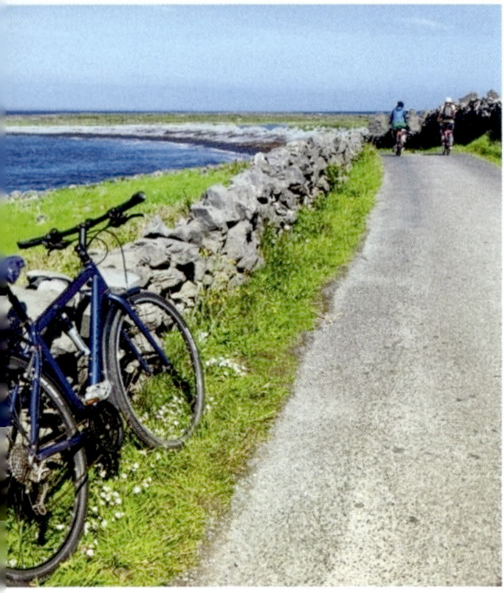

Mit oder ohne den Abstecher fahren wir zurück zum **Kilmurvey Beach** ①, hier aber diesmal hinter der Bucht links. Die »Low Road« führt uns nahe am Wasser entlang zurück zum Hafenort. Da hier nicht so viel Verkehr herrscht und auch nur kurze Steigungen zu bewältigen sind, ist das Fahren angenehmer. Rechts sehen wir Unmengen von Mäuerchen, mit denen die Einheimischen das karge Grasland für ihr Vieh unterteilt haben, ganz wie ihre vorzeitlichen Vorfahren an den Céide Fields in Donegal.

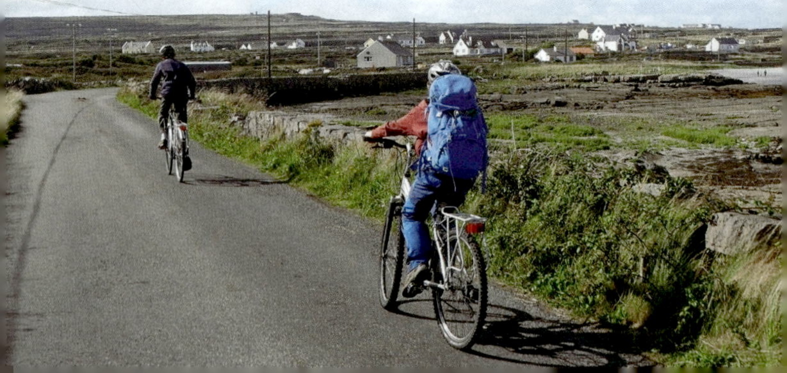

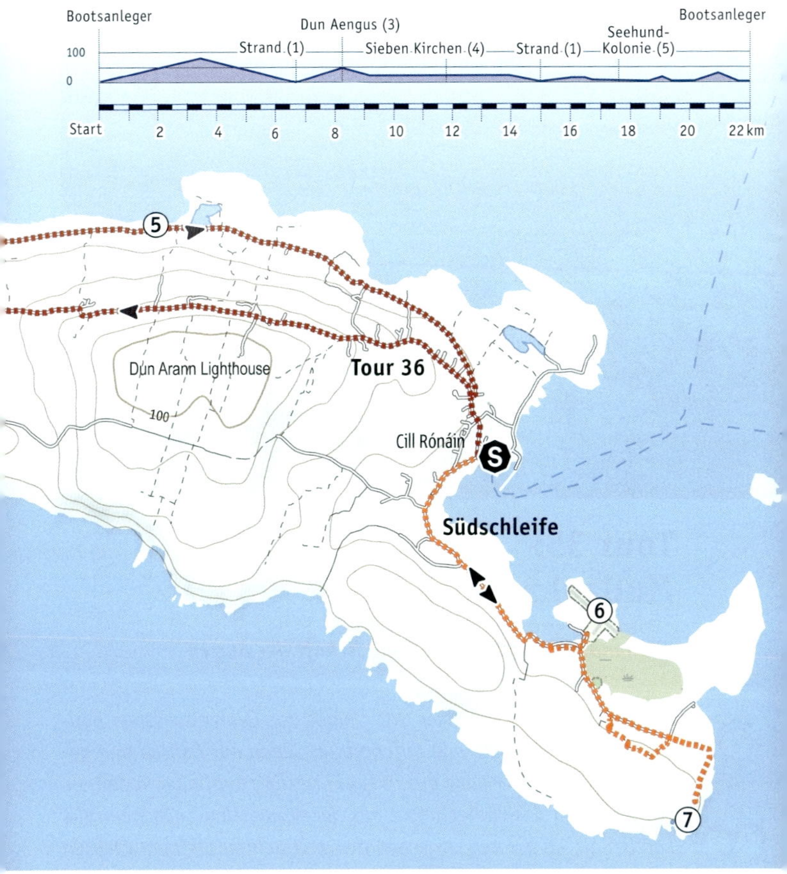

Bald darauf kommt die **Robbenkolonie** ⑤ in Sicht – wenn die knuffigen Tiere zu Hause sind, was eher bei Flut als bei Ebbe der Fall ist. Ein Fernglas ist ratsam, denn sonst sieht man nur schwimmende Punkte. Ein Ausguck mit Picknicktischen sorgt dafür, dass wir den Ort nicht verpassen.

Nun ist es nicht mehr weit bis in den Ortskern von **Kilronan**. Die Rückgabe am Fahrradverleih geht ähnlich schnell wie das Leihen, sodass eine halbe Stunde vor Abfahrt ausreichend Puffer bieten dürfte.

Der Süden von Inishmore

11 km, ⇅ 35 m, 1–2 h

Wer nach der Rundfahrt in den Norden noch Zeit und Lust hat, kann an der Kreuzung im Dorf am Pub und am »Aran Sweater Market« rechts abbiegen und noch einen Abstecher in den Süden der Insel machen. Wir folgen dazu immer der Straße. Hier sind nur wenige Menschen unterwegs. Dafür schwimmen auch hier häufig Robben im Wasser, es gibt viele Felsen zum Klettern und einen kleinen **Strand** ⑥. Eine weitere Attraktion sind die »Puffing Holes« an der Südostküste. Hier spritzt die Brandung meterweit vom Meer entfernt durch unterirdisch verbundene Löcher, was aber nur bei den richtigen Bedingungen funktioniert. Bei bei Ebbe und ohne Wellengang pufft hier gar nichts, der Blick hinüber nach Inishmaan ist aber in jedem Fall lohnenswert.

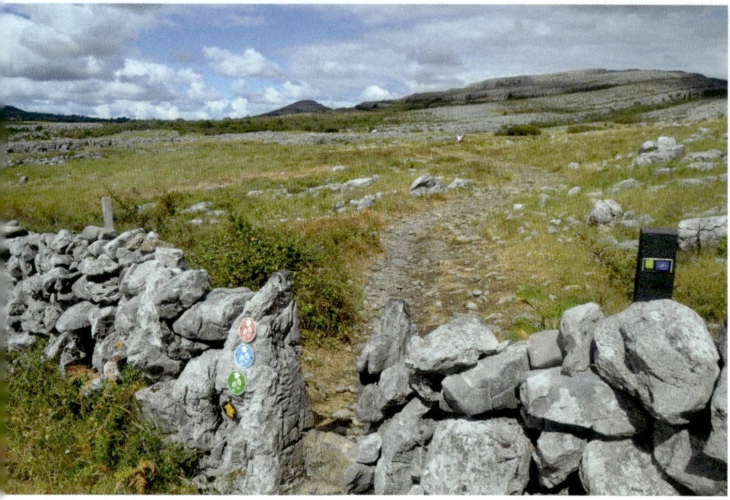

155 m

STRECKE 7,6 km

2 h 45

ab 8

Tour 35: Mullaghmore Loop

Ein Rundweg durch die Karstlandschaft des Burren

»An Bhoireann« – steiniger Ort – heißt das Gebiet zwischen Ballvaughan an der Küste und Kilfenora im Süden auf Gälisch und genau so sieht es hier auch aus. Wie ein riesiger Kuhfladen ragen die Felsschichten des Mullaghmore aus der Wiese. Und auch wenn die Landschaft karg wirkt, zwischen den zerfurchten Steinen wachsen viele Kräuter, Gräser und Flechten, die sonst eher am Mittelmeer oder in der Arktis zu finden sind. Ihre Blüten locken besonders viele verschiedene Schmetterlinge an. Der Burren war in der Vorzeit von Menschen besiedelt – auf den Kalkebenen im Umfeld des Mullaghmore sind die Reste von mehreren Ringforts und Dolmen zu besichtigen.

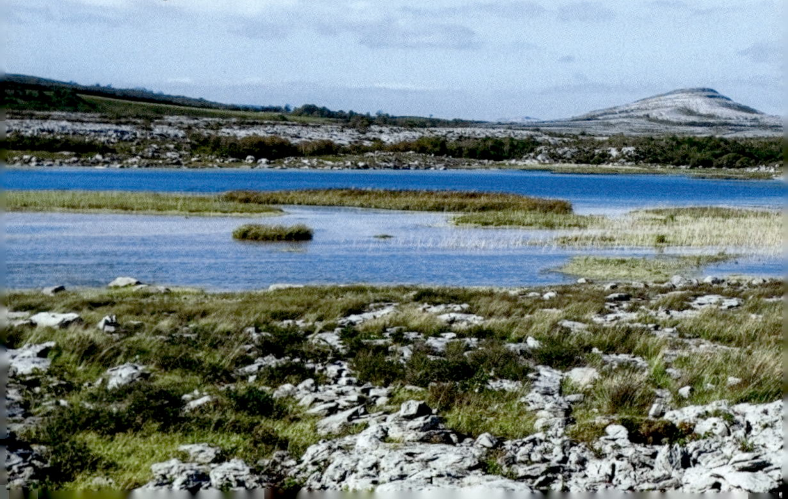

Wanderung: Vom offiziellen Parkplatz an der Straße folgen wir den Wanderwegweisern **durch ein Tor** und überqueren eine Wiese. Die Freude ist jedoch nur von kurzer Dauer: Durch ein zweites Tor kommen wir wieder auf die Straße, auf der unser Weg jetzt für den ersten Kilometer entlangführt. Biegt man am Parkplatz rechts ab, kann man diesen ersten Kilometer auch noch mit dem Auto fahren. Am Einstieg des Wanderweges gibt es am Straßenrand einige schmale Parkbuchten auf Schotterboden. Der eigentliche Parkplatz befindet sich aber am »Trailhead«, an dem die Wanderwege starten.

Noch auf der Straße gehen wir an der Wasserfläche des **Turlough** vorbei. Hinter dieser geht es links durch einen **Durchlass in der Mauer** ① in das Karstgebiet. Die Wegweiser für den grünen, den blauen und den roten Wanderweg führen uns sicher durch die steinige Ebene und auch der Pfad ist hier gut erkennbar. Er verläuft **östlich des Sees** und steuert direkt auf den schichtför-

TOUREN-STECKBRIEF

Anfahrt: Von Kilfenora folgen wir der R476 vorbei am Abzweig zum Poulnabrone Dolmen nach Ballyvaughan und bis nach Killinaboy. Dort biegen wir direkt hinter der Kirchenruine am linken Straßenrand links in eine schmale Asphaltstraße ein und folgen dieser 4,7 Kilometer bis zum Parkplatz an einer Wegkreuzung bei **GPS N 52°59'47.8", W 9°02'15.5"**. Ein Schilderbaum mit verschiedenfarbig markierten Wanderwegen bestätigt, dass wir am richtigen Platz sind.

Infozentrum in Kilfenora: Im Sommer fährt von hier aus ein Bus zu den Wanderparkplätzen. www.theburrencentre.ie

Anspruch und Charakter: Schöne Wanderung auf steinigen Pfaden und mit ein wenig einfacher Kletterei rund um den Gipfel. Vorsicht: Hier oben gibt es einige Felsspalten zwischen den Steinen, in denen man sich gut einen Fuß verknacksen kann. Das Laufen auf dem unebenen Grund erfordert Aufmerksamkeit und ist anstrengend. Wanderschuhe sind unbedingt empfehlenswert!

Markierung: Blaue Wegzeichen.

Highlights: Felsenklettern rund um den Gipfel, Blick in die ungewöhnliche karge Steinlandschaft, Platz unten am See.

In der Nähe: Ailwee Cave, Poulnabrone Dolmen, Kilmacduagh Abbey.

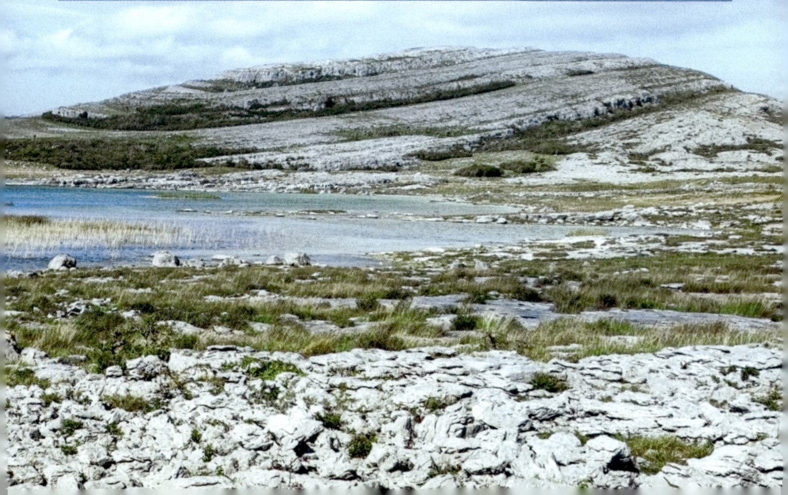

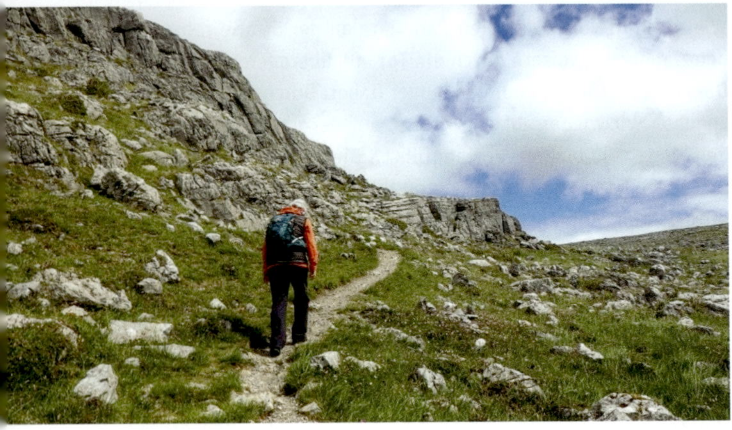

migen Kegel des ersten Mullaghmore-Gipfels zu. Es geht sanft hinauf und zu einer **ersten Kreuzung** ②. Wir halten uns den Markierungen folgend rechts und steigen am Hang weiter nach oben. Zuerst geht es weiter hinauf, dann durchqueren wir eine **Senke** und wenden uns nach rechts. Ein kurzes Stück laufen wir am Hang entlang, dann geht es links über die schon von unten sichtbaren **Felsstufen** direkt auf den Gipfel zu. An einigen Stellen kommen hier die Hände zum Einsatz, um über die halbhohen Felsen zu klettern. Im griffigen Fels ist es aber kein Problem, sichere Tritte und Griffe zu finden. Dann stehen wir auf dem felsigen **Gipfel des Mullaghmore** ③ und haben beste Rundumsicht.

Für den Rundweg halten wir uns hier weiter in Richtung Nordosten und wandern geradeaus über das Plateau. Der Weg ist jetzt nur noch **rot und blau markiert**. Er macht einen Bogen nach links und führt den Hang wieder hinab. Auf halbem Weg biegt an einer **Verzweigung** ④ der rot markierte Pfad nach rechts ab und wir folgen den blauen Symbolen nach links hinunter in die Senke und in einem Bogen am nordwestlichen Hang des Stein-

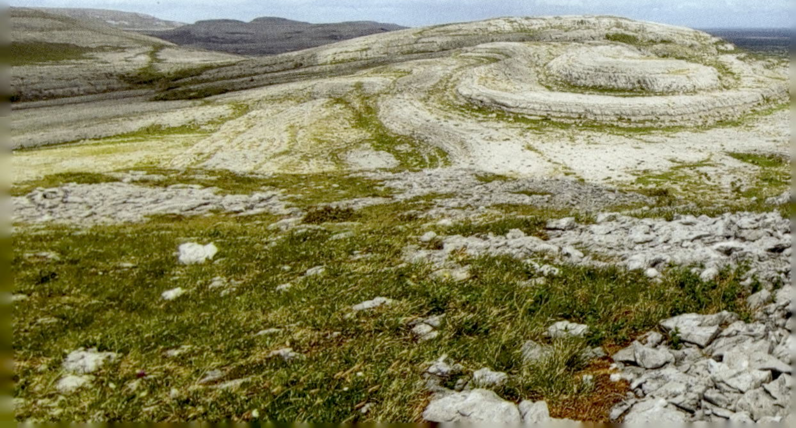

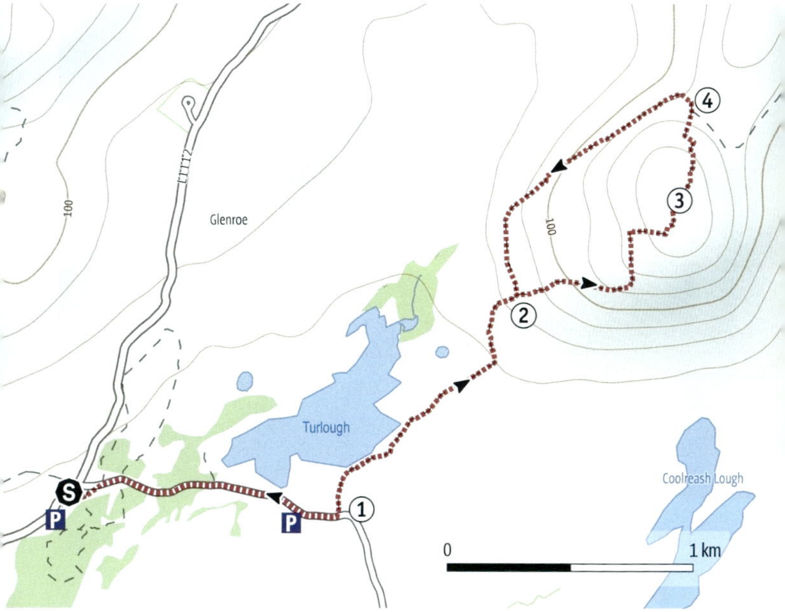

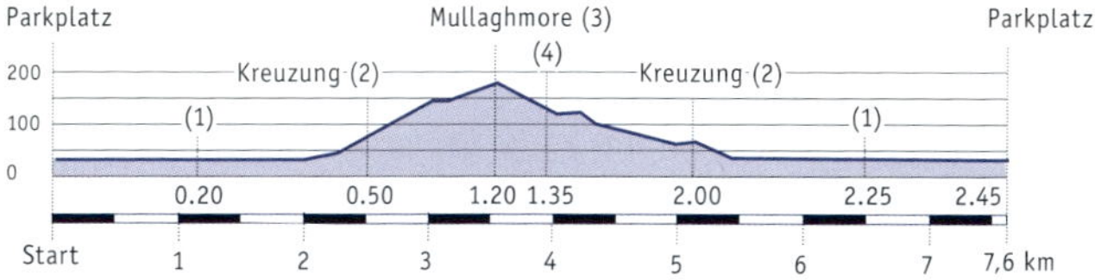

berges entlang. Bald kommt der **Turlough** wieder in Sicht und wir treffen auf die vom Hinweg vertraute **Kreuzung** ②. Wir gehen hier rechts auf unserem Anstiegspfad zurück. Solltet ihr euch zwischendurch beinahe an der Wasserfläche des Sees wiederfinden, seid ihr einem falschen Trampelpfad gefolgt, was sich aber leicht korrigieren lässt, indem ihr euch leicht links haltet, bis ihr einen der Wegpfosten entdeckt. Dann stehen wir wieder an der **Straße** ① und wandern rechts den letzten Kilometer auf Asphalt zum Parkplatz zurück.

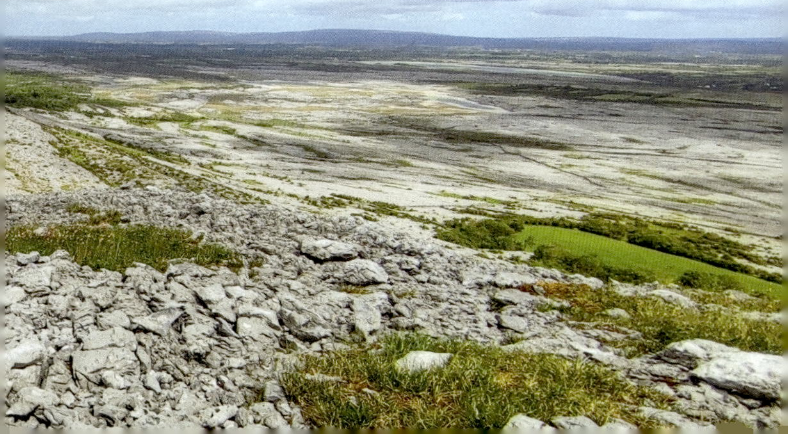

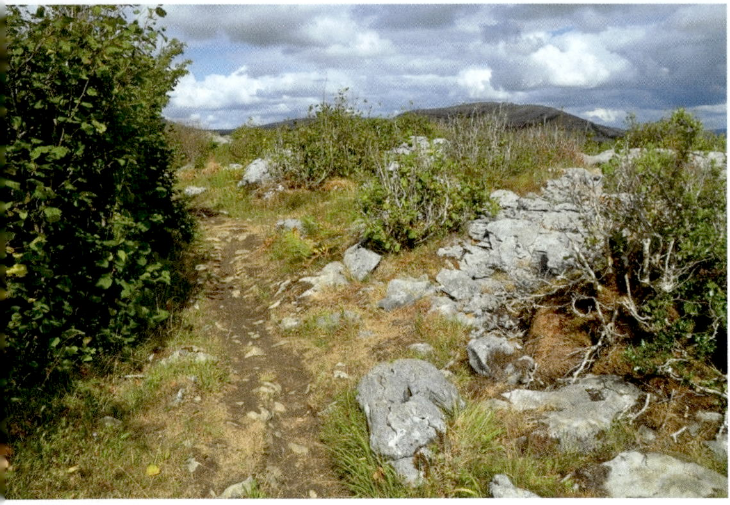

20 m

STRECKE 2 km

45 min

ab 4

Tour 36: Burren Nature Trail

Die Burren-Runde für Kleine und Faule

Für einen Wanderweg, der das karge Gebiet des Burren erschließen soll, ist diese Runde zwar ganz schön grün geraten, aber an einigen Aussichtspunkten klappt es doch noch mit dem Blick auf die steinigen Berge. So ist diese Mini-Runde gerade richtig für die kleinsten Wandernden. Ansonsten spazieren wir durch den Wald und über eine sattgrüne Wiese, die man so mitten in einer Steinwüste eigentlich nicht erwarten würde.

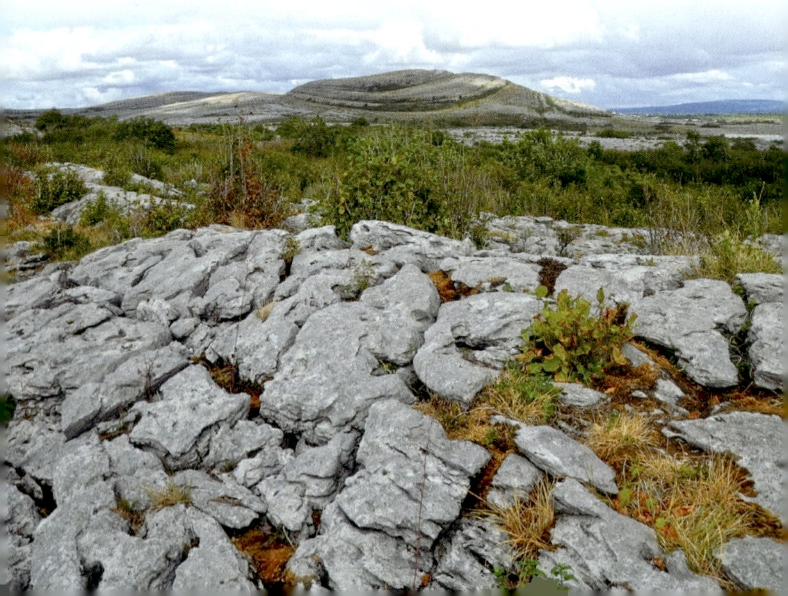

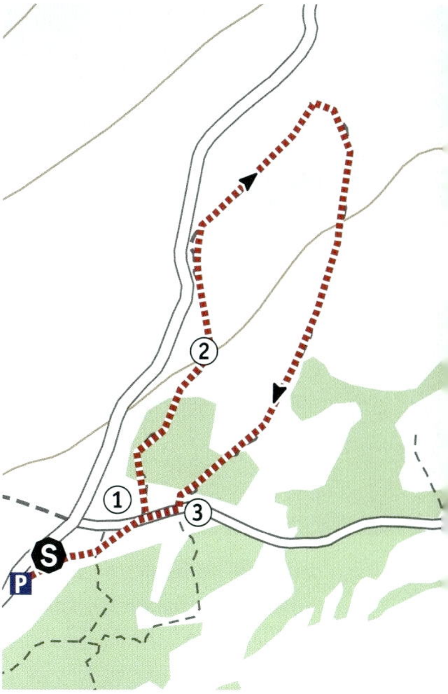

Wanderung: Vom Parkplatz am Trailhead der Burren-Touren folgen wir den weißen Markierungen durch das **Weidetor** und gehen auf dem Wiesenweg bis zum nächsten Tor. Hier überqueren wir die **Straße** (1) und wählen den Wanderpfad, der gegenüber in den Wald führt. Überraschend tauchen wir hier in einen feuchten Dschungel ab. Keine Spur von trockenen Karstflächen.

Dann geht es aus dem Wald hinaus und wir stehen auf einem **Steinplateau** und haben einen guten **Blick über den Turlough** (2) auf die quer gerillten Steingipfel des Mullaghmore. Noch besser ist der Blick einige hundert Meter weiter, wenn wir erneut aus dem Wald auftauchen. Rechts neben uns kann man auf flachen Steinplatten hinaufsteigen und den Ausblick genießen.

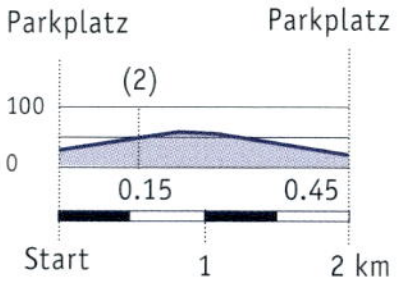

Dann zieht der Weg noch eine letzte Runde durch ein Waldstück. Wir durchqueren ein **Weidetor** und wandern etwas weiter unten am Rand einer Wiese auf einem gut gemähten Pfad zurück zur **Straße** (3), die wir nur wenige Meter oberhalb des Wegbeginns erreichen. Es geht rechts die Straße hinunter, gleich wieder links durch das Tor auf die Wiese und auf dem vertrauten Wiesenweg zurück zum Parkplatz.

TOUREN-STECKBRIEF

Anfahrt: Von Kilfenora folgen wir der R476 vorbei am Abzweig zum Poulnabrone Dolmen und nach Ballyvaughan bis nach Killinaboy. Dort biegen wir direkt hinter der Kirchenruine am linken Straßenrand links in eine schmale Asphaltstraße ein und folgen dieser 4,7 Kilometer bis zum Parkplatz an einer Wegkreuzung bei **GPS N 52°59'47.8", W 9°02'15.5"**. Ein Schilderbaum mit verschiedenfarbig markierten Wanderwegen bestätigt, dass wir am richtigen Platz sind.

Anspruch und Charakter: Einfacher Rundweg auf einem Pfad, der auf dem Hinweg auf ein kleines Karstplateau mit weiterm Blick über die Steinlandschaft führt. Dann schängelt er sich durch einen kleinen Wald mit dicht stehenden Bäumen Zurück geht es auf einem Wiesenweg.

Markierung: Weiße Wegzeichen, Steinplatten mit weißem Pfeil.

Highlights: Steine klettern für den Ausblick auf den Mullaghmore, dschungelartiges Baumlabyrinth.

In der Nähe: Ailwee Cave, Poulnabrone Dolmen, Kilmacduagh Abbey.

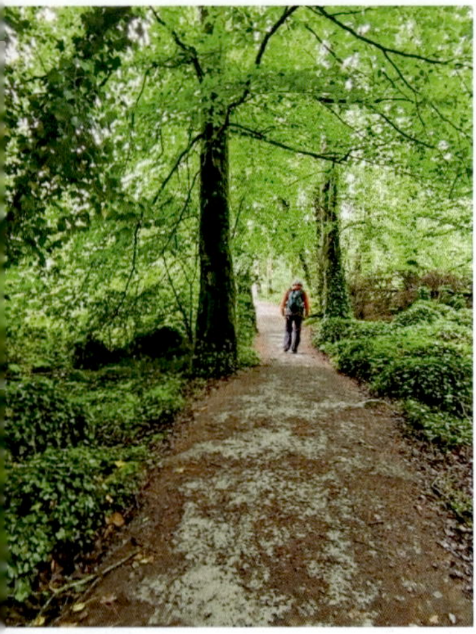

Tour 37: Dromore Woods

Castle Loop und Rabbit Loop

Das Naturschutzgebiet Dromore Woods ist ziemlich abgelegen, Touristen kommen kaum in das Waldgebiet mit seinen stillen Seen. Die Einheimischen fahren zum Angeln und zum Spazierengehen hierher und haben die Wahl zwischen fünf verschiedenen gut markierten Wanderrunden. Allerdings führen nur der Castle Loop und der Rabbit Loop zu den Seen im Naturschutzgebiet. Verbindet man diese beiden kurzen Rundwege miteinander, kommt eine vollwertige kleine Wanderung mit vielen schönen Plätzen am Wasser dabei heraus.

20 m

STRECKE 4 km

1 h 30

ab 4

Wanderung: Beide Wege beginnen am Parkplatz, wir laufen also eine Acht. Wer weniger wandern möchte, entscheidet sich für einen der beiden Rundwege.

Wir beginnen mit dem **Castle Walk**, der im hinteren Bereich des Parkplatzes beschildert ist. Er führt ein kurzes Stück durch den Wald und dann über eine **lange Brücke** ① mit Blick auf zwei Seen. Am Ende der Brücke ragt ein **Turmrest der besagten Burg** auf und vervollständigt die idyllische Kulisse. Wir gehen an der Ruine vorbei, die nicht betreten werden darf. Kurz hinter der Burg biegen wir entweder links ab und gehen am Picknicktisch vorbei oder steigen rechts die **Treppe** hinauf. Beide Wege machen einen Bogen und wir landen an derselben Stelle.

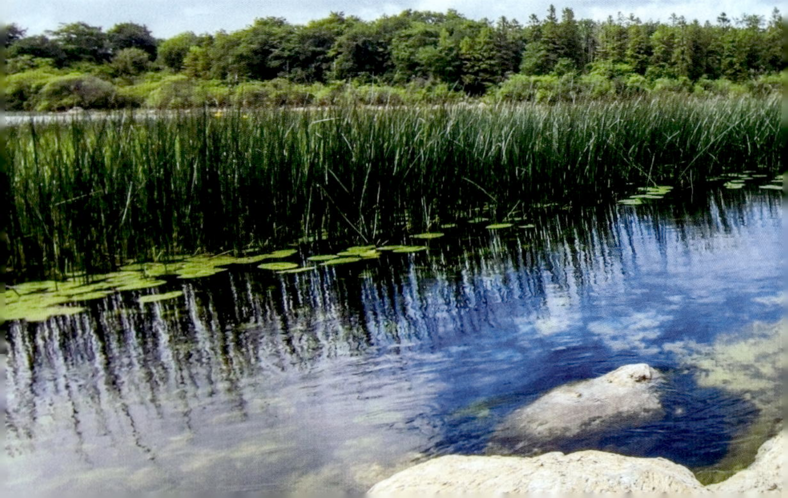

Hier geht es jetzt links oberhalb des Seeufers weiter. Der Weg ist gut markiert und die Orientierung kein Problem. Nach etwa 200 Metern treffen wir auf den ersten **Stichweg zum Seeufer** und in rascher Folge kommen zwei weitere. Der letzte führt zu einer etwas größeren Kiesbucht ②. Der schönste Platz befindet sich dann kurz vor dem Ende der Landzunge an einer **kleinen Bucht** ③.

Dann geht es rechts in den Wald hinauf. Der See ist jetzt nicht mehr zu sehen und der Rückweg daher nicht ganz so abwechslungsreich. Ein Stichweg führt in Ufernähe zum ziemlich zugewachsenen **Lough Garr** ④. Gut 500 Meter weiter biegen wir rechts ab. Zuerst erreichen wir eine **zweite Ruine** ⑤ mitten im Wald, dann kommen wir zur Brücke und wandern zurück zum Parkplatz.

Wer den See noch von der anderen Seite sehen möchte, verlässt den Parkplatz durch die Zufahrt und überquert rechts die **breite Betonbrücke** ⑥. Auf der anderen Seite beginnt ein gepflegter, kinderwagentauglicher Fußweg. Nach wenigen Schritten kommt

TOUREN-STECKBRIEF

Anfahrt: Von Corofin folgen wir der R476, bis links die Straße nach Ruan abzweigt. In Ruan geht es links und an der nächsten Kreuzung gleich wieder rechts. Nach 2,5 Kilometern auf einer schmalen Straße ist rechts das Parkgelände der Dromore Woods beschildert. Auf einem asphaltierten Fahrweg geht es noch einmal 2,3 Kilometer durch den Wald bis zum Parkplatz vor dem kleinen Infozentrum bei **GPS N 52°55'25.8", W 8°57'42.8"**. Die Zufahrt zum Park ist nachts mit einem Tor verschlossen.

Anspruch und Charakter: Einfache Runde auf ebenen, gepflegten Waldpfaden zu zwei schönen Seen, die wir außerhalb der Wochenenden häufig ganz für uns alleine haben.

Highlights: Die lange Brücke mit Seeblick, viele schöne Plätze am Wasser, die wir uns nur mit den Angelnden teilen müssen, denen wir natürlich nicht die Fische verscheuchen sollten.

In der Nähe: Kilmacduagh Abbey, Coole Park, Dunguaire Castle.

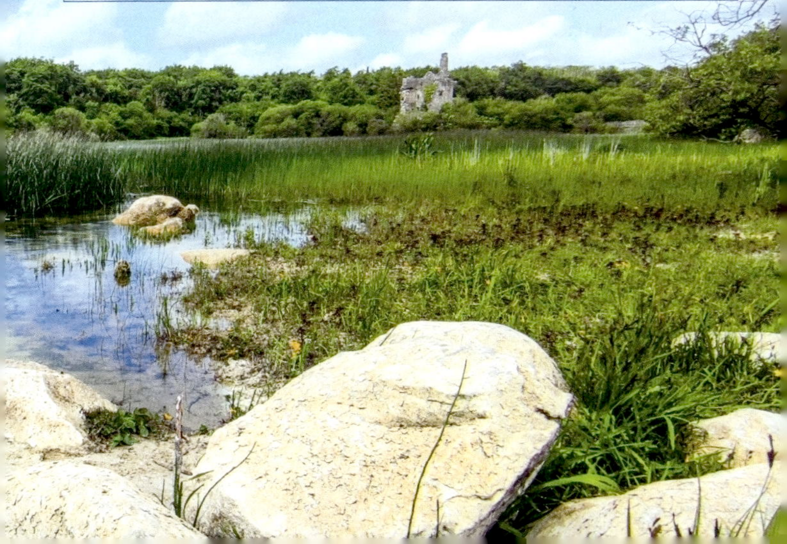

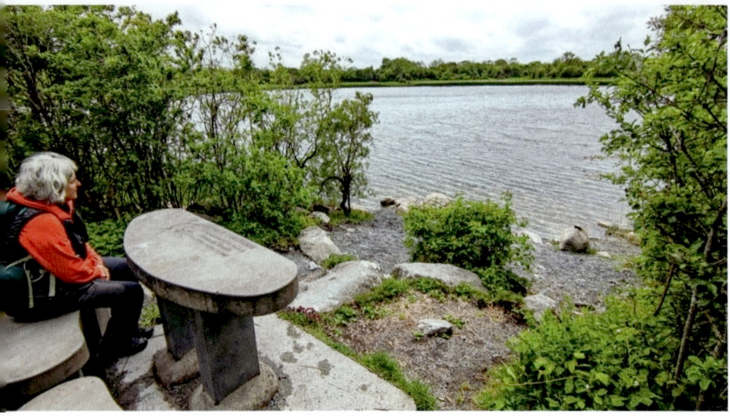

man rechts auf einem **Trampelpfad zum Seeufer** und guckt hier über den See auf die Ruine. Einen knappen Kilometer weiter führen rechts zwei Schotterpfade zu schönen **Plätzen am See** ⑦ – einer davon hat auch einen Picknicktisch. Dann geht es auf einem netten, aber unspektakulären Waldweg zurück zum Ausgangspunkt.

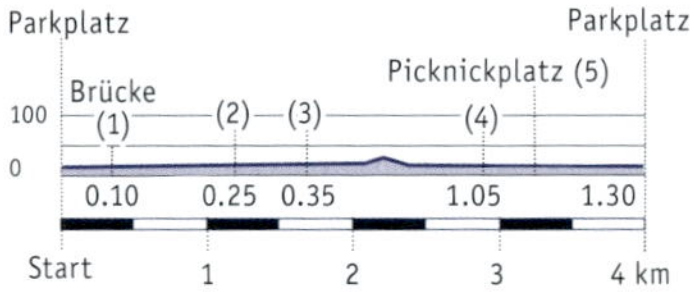

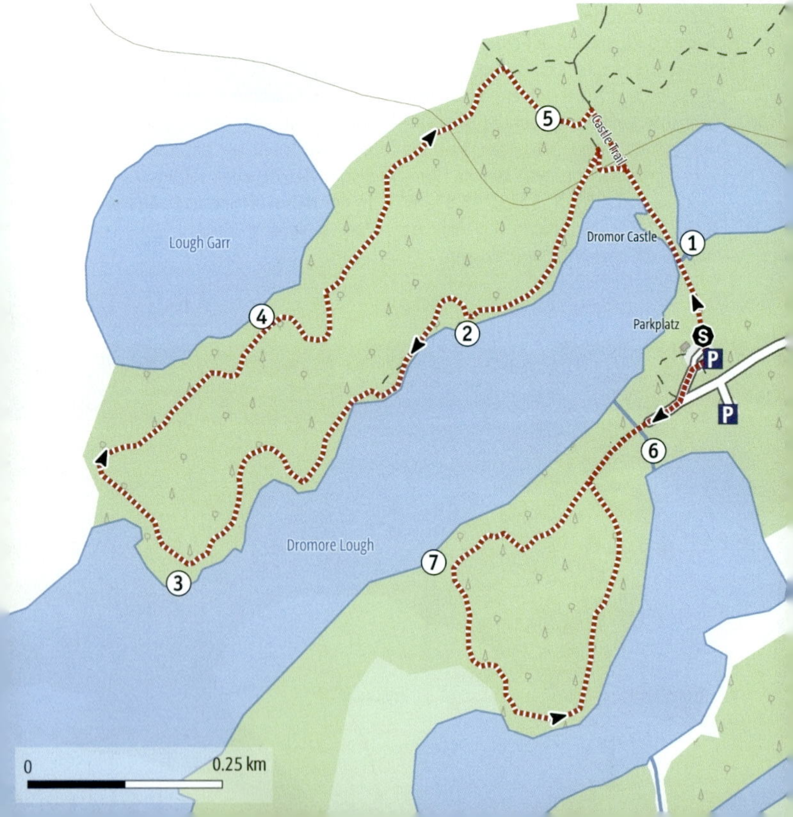

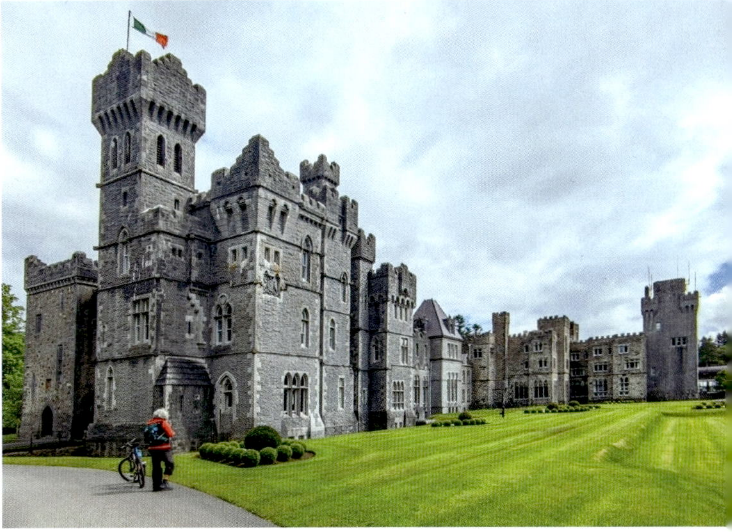

Tour 38:
Zwischen zwei Seen

Radtouren rund um Cong

Rund um das hübsche Dorf Cong mit seiner Klosterruine und dem kleinen Fischerhaus der Mönche in idyllischer Lage am Fluss gibt es viele geschotterte Waldwege. So kann man hier zwischen den großen Seen Lough Corrib und Lough Mask eine autofreie Fahrradrunde von Seeufer zu Seeufer drehen. Zwischendurch lockern Stopps an der Höhle »Pidgeon Hole«, an einer Badebucht und in den Gartenanlagen des imposanten Nobelhotels im Ashford Castle die Runde auf.

50 m

STRECKE 9 km

1–2 h

ab 4

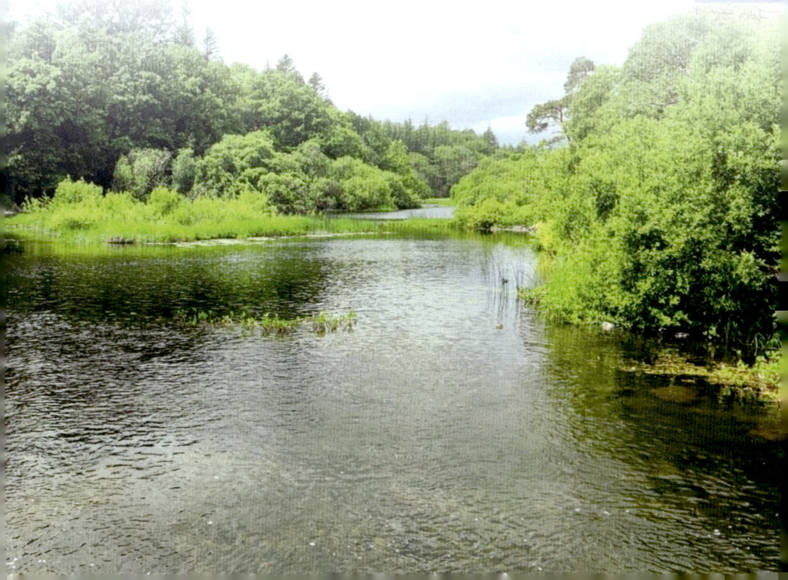

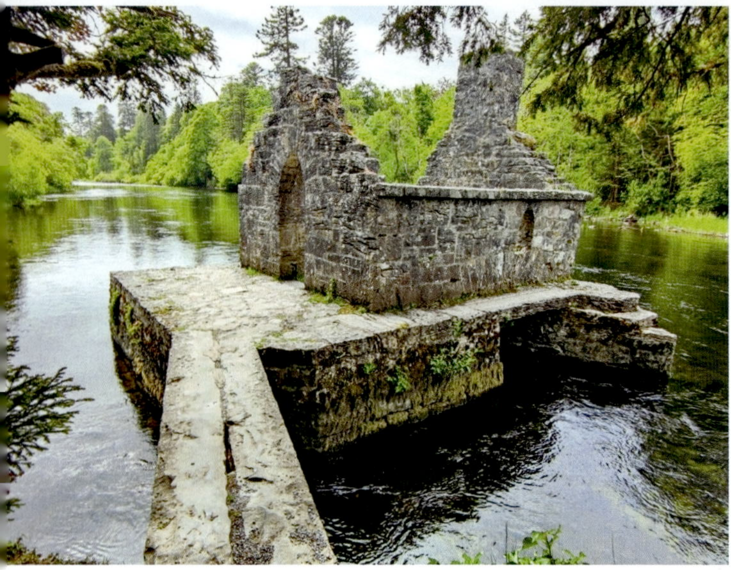

Radtour: In Cong halten wir uns zuerst in Richtung Abbey und fahren zwischen Klosterruine und Fluss zu den hübschen Überbleibseln des ehemaligen **Fischerhauses** ① der Mönche von Cong hinunter. Dort überqueren wir die Brücke, halten uns rechts und fahren direkt am Fluss entlang. An der nächsten Kreuzung treffen wir dann auf die roten Markierungen des Pidgeon Loop, denen wir bis zur Höhle Pidgeon Hole folgen.

Der Weg unterquert eine Straße durch einen **Tunnel** ② und führt jetzt direkt am Hang entlang, sodass schon ein bisschen Fahrtechnik gefragt ist. So radeln wir weiter bis zum **Höhleneingang** ③, der an einem Geländer rechts am Weg erkennbar

TOUREN-STECKBRIEF

Anfahrt: Von Galway kommend auf der N84 in Richtung Norden und bei Headford links auf die R334 fahren. In Cross geht es noch einmal links, bis wir den kleinen Ort Cong am Ufer des Lough Corrib erreicht haben. Ein großer Parkplatz befindet sich rechts vor dem Ortseingang bei **GPS N 53°32'29.5", W 9°17'05.0"**. Im Ort selbst kann man nicht parken. Alternativ kann man diese Runde mit eigenen Fahrrädern auch auf dem Parkplatz am Seeufer bei GPS N 53°31'30.9", W 9°18'27.1" starten.
Fahrradverleih: Ashford Outdoors (halber Tag, €30, Kinderrad €25). www.ashfordoutdoors.com

Anspruch und Charakter: Kurzweilige Runde auf geschotterten Waldwegen. Der kurze Abschnitt zwischen der ersten Kreuzung bei ② und der Höhle führt dicht an einem Gang entlang und erfordert sichere Fahrtechnik. Mit den ganz Kleinen kann man hier auch schieben. Die kurze Runde eignet sich auch für Kinderwagen oder dazu, die jüngsten Radelnden zu Fuß zu begleiten.
Highlights: Monks Fishinghouse, Pigeon Hole, Ashford Castle, Kiesufer am See zum Baden und Picknicken.
Einkehr: Gastronomie in Cong.
In der Nähe: Inchagoill Island, Brigid's Garden.

ist. Die Treppe hinunter in das finstere Loch war aber bei unserem letzten Besuch abgesperrt. Hinter der Höhle geht es geradeaus zur nächsten **Kreuzung** ④. Wer mit sehr jungen Kindern unterwegs ist und vielleicht selbst noch zu Fuß geht, biegt hier links ab und folgt der roten Markierung des Pidgeon Loop zurück nach Cong.

Für die etwas größere Runde radeln wir geradeaus weiter und überqueren die schmale Straße. Der Forstweg ist beschildert, **grün markiert** und führt nach Clonbur. Wir folgen ihm bis zur ersten größeren **Kreuzung** ⑤. Hier biegen wir links auf den unmarkierten Weg nach Ardnageeha (Ard na Gaoithe) ab. Der Name bezeichnet ein Waldgebiet mit Parkplatz und schönem Badeufer, das jetzt unser nächstes Ziel ist. Geradeaus geht es an dieser Kreuzung auf die lange Runde nach Clonbur.

Wir folgen dem Weg nach Ardnageeha, bis wir zu einer Straße kommen. Diese überqueren wir geradeaus und radeln an einem Haus vorbei. Es geht immer geradeaus in den Wald hinunter. Den ersten Abzweig lassen wir rechts liegen, am zweiten steht ein **Schild des Ardnageeha Forest**. Hier biegen wir rechts ein und folgen der Straße bis zu einem **Parkplatz mit Picknickplatz** ⑥ in Seenähe.

An einer Metallschranke vorbei erreichen wir das Seeufer und einen Platz mit Tisch und Blick über das Wasser. Schon kurz darauf führt rechts ein Pfad zum Seeufer. Mit dem Fahrrad kommen wir jedoch etwa 100 Meter weiter besser zur Bucht. Hier zweigt

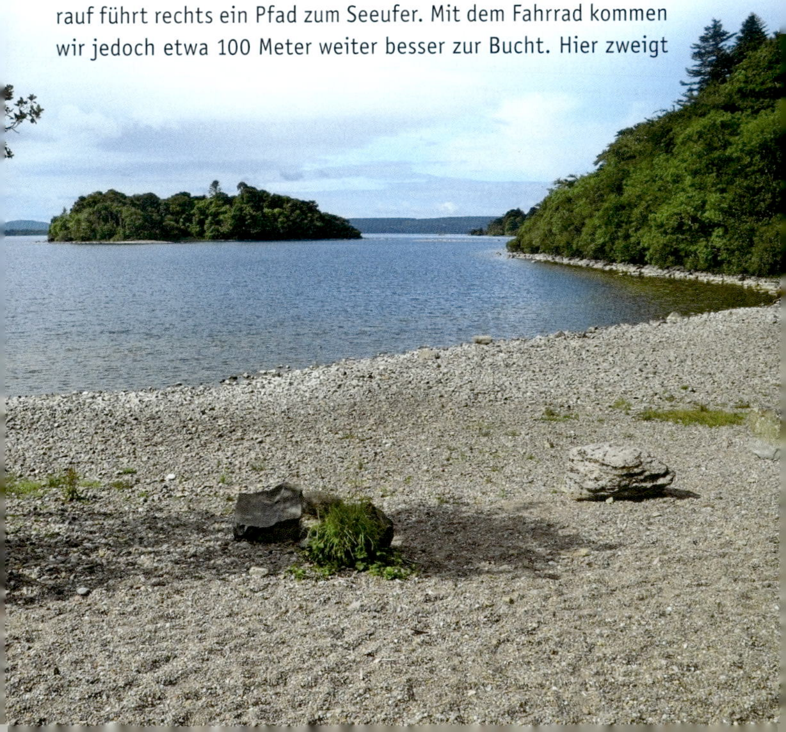

Cong zu Fuß

Wer keine Fahrräder dabei hat und keine mieten möchte, dem sei von Cong der Weg zum **Ashford Castle** ⑨ empfohlen. Er beginnt an der Abtei im Ort, führt am **Monks Fishinghouse** ① über die Brücke und links am Fluss entlang. Am Schloss können wir dann noch einen Bummel durch die Gartenanlage machen.

Ebenfalls sehr lohnenswert ist der rot markierte Weg ab Wegpunkt ①, der zum Pidgeon-Loop gehört. Von Punkt ② können wir dann der blauen Markierung des Nature Trail folgen, die uns nach Cong zurückbringt.

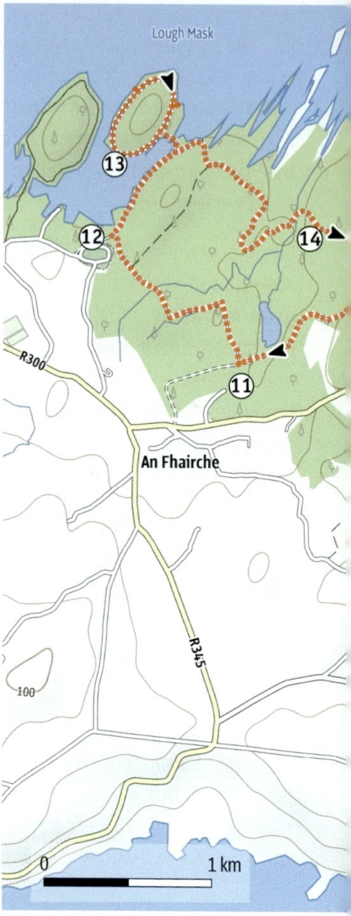

ein etwas breiterer Weg rechts ab, man sieht die **Kiesbucht** ⑦ schon durch die Bäume schimmern.

Nach einer Pause am See folgen wir dem breiten Schotterweg, der in Seenähe bleibt. Vom See sieht man allerdings nicht viel. Dann nähern wir uns dem Gelände des Nobelhotels Ashford Castle. An einer **Schranke** ⑧ teilt sich der Weg. Hier fahren wir links (der rechte Weg endet vor einem verschlossenen Tor) und befinden uns im weitläufigen Gelände des Schlossparkes. Immer geradeaus rollen wir durch eine herrschaftliche Allee mit Reitweg auf der rechten Seite und Bänken zur linken.

Erst hinter den Tennisplätzen und kurz vor dem **Schloss** ⑨ biegen wir links ab und fahren am hübschen Walled Garden vorbei, der öffentlich zugänglich ist. Dann überqueren wir den **Parkplatz vor dem Schloss** und biegen vor der Brücke links ab. Durch ein Steintor geht es auf den schmalen Weg am Flussufer, der an schönen Tagen gut frequentiert ist. Im Zweifelsfall schieben wir hier die Räder, sollten zu viele Fußgänger unterwegs sein. Der Weg am Flussufer bringt uns direkt zurück zur Brücke am **Monks Fishinghouse** ① und unsere Runde ist komplett.

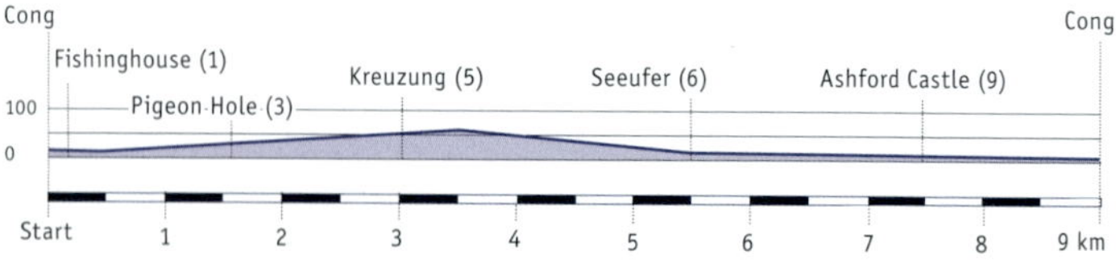

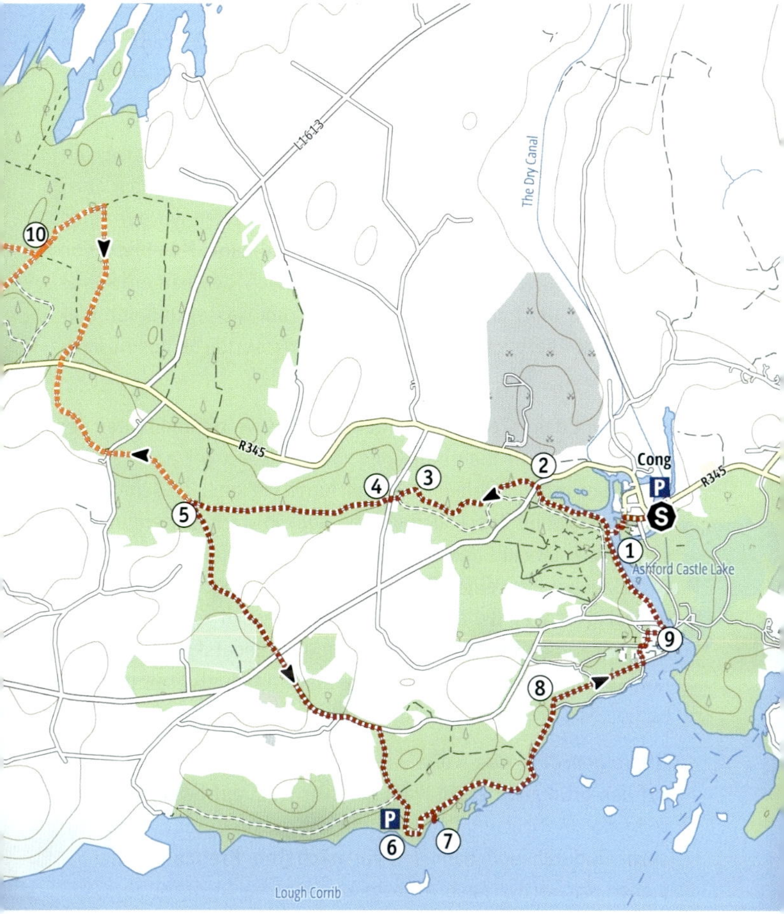

Der Extraloop für fitte Kids

Von der **zweiten Kreuzung** ⑤ hinter dem Pidgeon Hole kann man gut einen weiteren Schlenker anhängen. Dazu radeln wir hier weiter in Richtung Clonbur. Wir unterqueren zwei Straßen durch Brückenbögen und radeln auf dem grün markierten Weg immer geradeaus in Richtung Clonbur. Hinter einer Linkskurve kommen wir zu einem aufwendig mit **Palisaden abgegrenzten Rastplatz mit Bank** ⑩.

Hier treffen wir auf einen weiß markierten Loop. Um den Markierungen in der richtigen Richtung zu folgen, fahren wir erst noch einmal geradeaus bis zur nächsten **Kreuzung** ⑪. Hier erläutert eine Tafel den Rundweg und wir biegen, jetzt immer der weißen Markierung folgend, rechts ab und radeln auf dem breiten Waldweg weiter. Einen ersten Abzweig lassen wir rechts liegen, dann kommen wir zu einer **T-Kreuzung**. Hier führt ein kurzer Abste-

80 m

STRECKE

22 km

2–3 h

ab 8

cher nach links zu einem sehr alten **Friedhof** ⑫. Dann radeln wir rechts am Ufer des Lough Mask entlang, der jedoch hinter Bäumen versteckt bleibt.

Jetzt geht es links hinüber auf ein nur durch einen Damm mit dem Land verbundenes Inselchen. Der Weg führt ziemlich eben einmal rundherum. Nach etwa 200 Metern treffen wir auf einen hübschen **Rastplatz** ⑬ mit Seezugang und Bank. Man blickt von dort in eine geschützte Bucht. Etwa nach der halben Runde führt dann links noch einmal ein Pfad zum Wasser und von diesem Platz überblicken wir die endlose Wasserfläche des riesigen Lough Mask.

Zurück auf dem »Festland« fahren wir links weiter und folgen der Beschilderung in Richtung Cong. Jetzt haben wir noch einmal einen besonders schönen Wegabschnitt vor uns. Zwischen dem Lough Mask und dem Lough Corrib liegt ein stark wasserdurchlässiges Kalkplateau, dessen Platten wir hier überqueren. Kurz nachdem wir über einen Bach gefahren sind, zweigt links ein gut **befestigter Weg** ⑭ ab, der bei unserm Besuch noch unmarkiert war. Wir folgen ihm und durchradeln eine Rechtskurve. Kurz darauf sehen wir auf der linken Seite einen Pfad mit Steinplattenboden. Auf diesem kann man zu Fuß zum Seeufer laufen.

Wir folgen dem Weg weiter und treffen an dessen Ende wieder auf den grün markierten Weg, dem wir jetzt auf bekannter Trasse immer in Richtung Cong folgen. Wir radeln unter beiden Brücken hindurch und dann bis zur **nächsten Kreuzung**. Hier biegen wir rechts nach Ardnageeha (Ard na Gaoithe) ab und radeln auf der Standardrunde weiter.

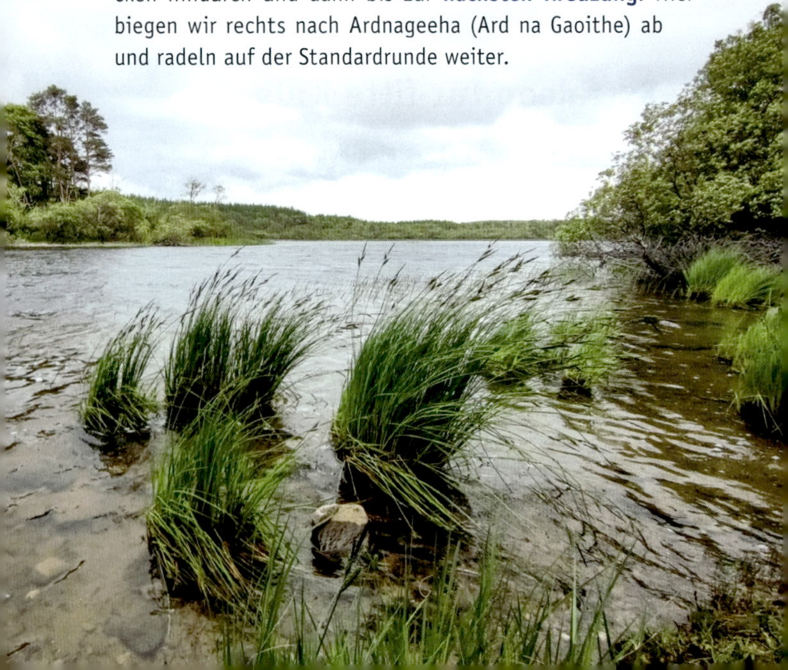

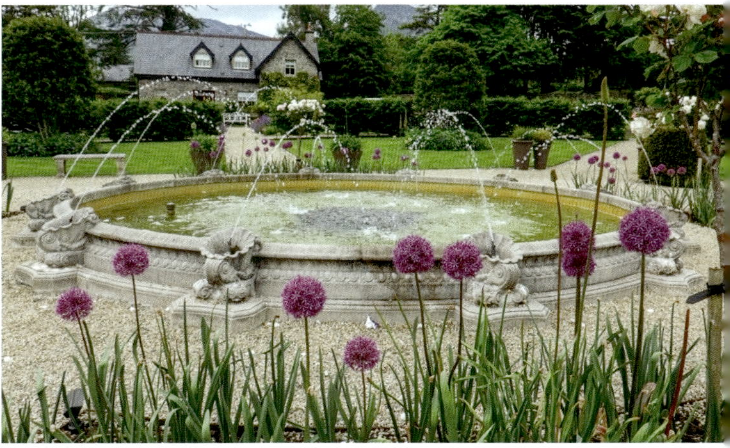

Tour 39:
Spaziergang am Flussufer

eben

STRECKE 2,8 km

2 h

ab 4

Der Riverwalk am Ballynahinch Castle

Das imposante Herrenhaus von Ballynahinch wurde 1754 erbaut und beherbergt heute ein luxuriöses Hotel. Der Garten und die Parkanlage sind jedoch auch für Besucher frei zugänglich. Unser Riverwalk ist einer der markierten Wege auf dem Parkgelände und führt immer direkt am Flussufer entlang bis zu der Stelle, an der er zwischen Felsen aus dem Ballynahinch Lough sprudelt. Hier gibt es viele schöne Plätze am Wasser für eine ausgedehnte Pause. Auf dem Rückweg lohnt dann ein Abstecher in den mit Mauern geschützten Walled Garden mit seinem kleinen Café.

Wanderung: Da das Tor gegenüber des Parkplatzes verschlossen ist, folgen wir etwa 200 Meter der schmalen Straße, bis wir links von uns einen mit dem Schild »Riverwalk« markierten **Seiteneingang** (1) sehen. Wir schließen das Tor hinter uns und folgen dem Weg. Der Fluss ist bereits links von uns zu hören, aber durch die wild wuchernde Vegetation mit großen alten Bäumen noch nicht sichtbar.

TOUREN-STECKBRIEF

Anfahrt: Von Maam Cross kommend verlassen wir die N 59 links in Richtung Ballynahinch. Die schmale Straße führt an der Zufahrt zum Schlosshotel vorbei. Kurz darauf liegt rechts der Straße, direkt gegenüber des Wirtschaftsgebäudes des Schlosses, ein Parkplatz bei **GPS N 53°27'36.5", W 9°51'59.5".**
Anspruch und Charakter: Schmale, gut angelegte Wege in einer üppigen Vegetation mit vielen alten Bäumen.
Markierung: Blaue Schilder »Riverwalk«.
Highlights: Rundweg um ein Inselchen im Fluss, schöne Plätze am Flussufer, viele ungewöhnliche Pflanzen.
Einkehr: Mini-Café im Walled Garden.
In der Nähe: Gurteen Beach, Connemara Heritage Center.

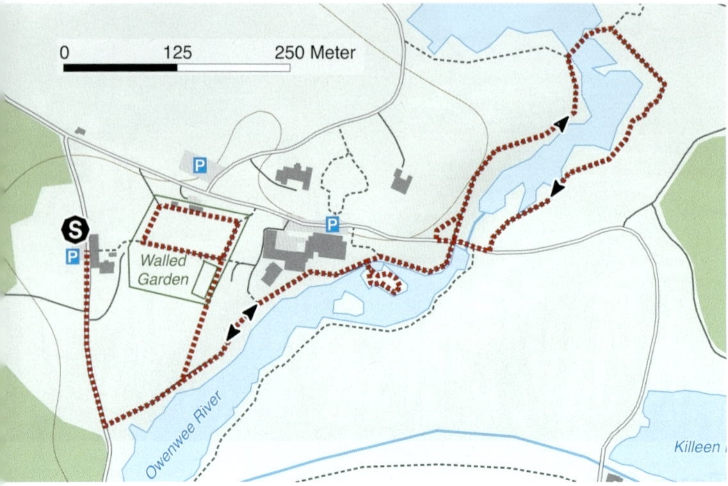

Wenig später führt links ein **Abzweig zum Walled Garden** ② am Schloss. Wir bewahren uns diesen Abzweig für den Rückweg auf und folgen weiter unserem Pfad. Er führt jetzt direkt am Schloss vorbei. Eine weiße Bogenbrücke bringt uns auf ein Inselchen, das auf einem Pfad umrundet werden kann, dann unterqueren wir eine **erste Brücke** ③.

Wir bleiben immer am Flussufer, bis wir auf eine **grüne Metallbrücke** ④ treffen. Links der Brücke liegt der erste schöne Platz am Wasser, von dem man den oberhalb gelegenen See überblicken kann. Wir wechseln hier die Flussseite und kommen zu einem weiteren idyllischen Platz am Wasser.

Zurück an der ersten Brücke überqueren wir diese und gehen dann rechts wieder hinunter zum Flussufer. Der Zugang ist mit »Riverwalk« beschriftet. (Vorsicht: Hier nicht dem Railway Walk auf der linken Flussseite folgen). Ab hier kann dann nichts mehr schiefgehen und wir bummeln auf dem vertrauten Weg zurück zum Parkplatz.

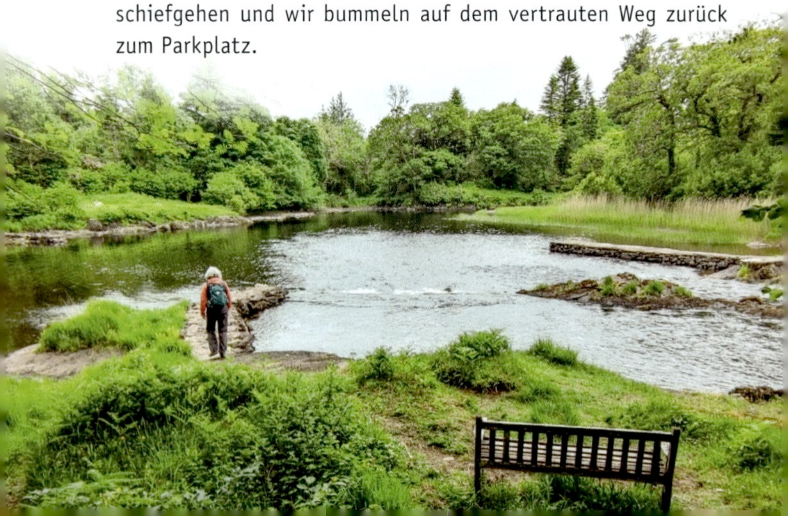

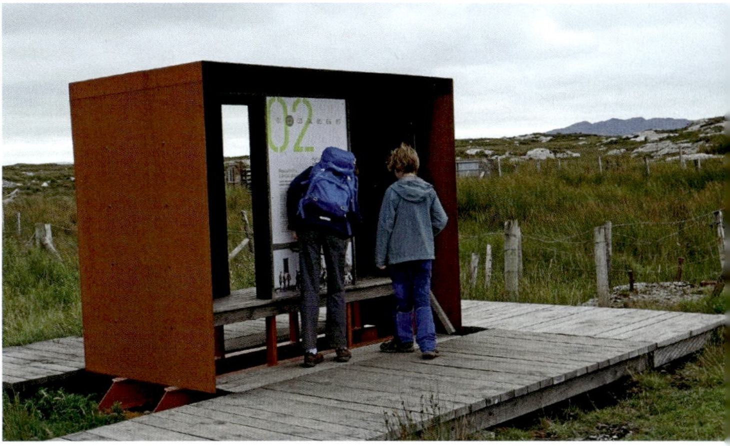

Tour 40: Derrigimlagh Loop

20 m

STRECKE 5,5 km

2 h

ab 6

Wo Flug-Pioniere Funk-Pioniere besuchten

Hier, mitten im Moor, stand einst die erste kommerzielle Funkstation Europas. Der italienisch-irische Geschäftsmann und Wissenschaftler Guglielmo Marconi ermöglichte hier ab 1907 die Übertragung von Nachrichten quer über den Atlantik. Als die Piloten John Alcock und Arthur Whitten-Brown auf dem allerersten Non-Stop-Flug von Amerika nach Europa wegen schlechtem Wetter notlanden mussten, wählten sie das Gelände der Marconi-Station für ihre Bruchlandung. Für uns als Wandernde ist das sehr praktisch, denn so kriegen wir auf diesem Rundweg gleich zwei geschichtsträchtige Ereignisse präsentiert. Ein aufwendig gestalteter Lehrpfad mit Info-Pavillions und Hörstationen führt an den Ruinen entlang durch ein weites Hochmoor, in dem viele Schafe grasen.

TOUREN-STECKBRIEF

Anfahrt: Zwischen Clifden und Derrigimlagh (teils auch Derrygimla geschrieben) weist ein braunes Schild an der R 341 etwa auf halber Strecke auf den »Derrigimlagh Bog Loop« hin. Der große kostenlose Parkplatz befindet sich direkt neben der Straße bei **GPS N 53°27′41.4″, W 10°01′23.7″.**

Anspruch und Charakter: Der gut fünf Kilometer lange Rundweg ist recht neu und aufwendig angelegt. Etliche Info-Stationen vermitteln die durchaus interessante Lokalgeschichte und dienen gleichzeitig als Unterstände. Ein Teil der Wanderung führt über einen Asphaltweg, auf dem Autos verboten sind. Die zweite Hälfte verläuft auf geschotterten Wegen, teils auch über Holzbohlenstege.

Highlights: Ruinen einer alten Funkstation, die Landestelle des ersten Non-Stop-Transatlantikflugs, acht kleine Info-Pavillions mit Hörstationen und zum Teil weiteren Aktivitäten, viele freilaufende Schafe auf dem Gelände, trocknende Torfbriketts am Wegrand.

Einkehr: Gastronomie in Clifden.

In der Nähe: Connemara Heritage Centre, The Point Pony Trekking.

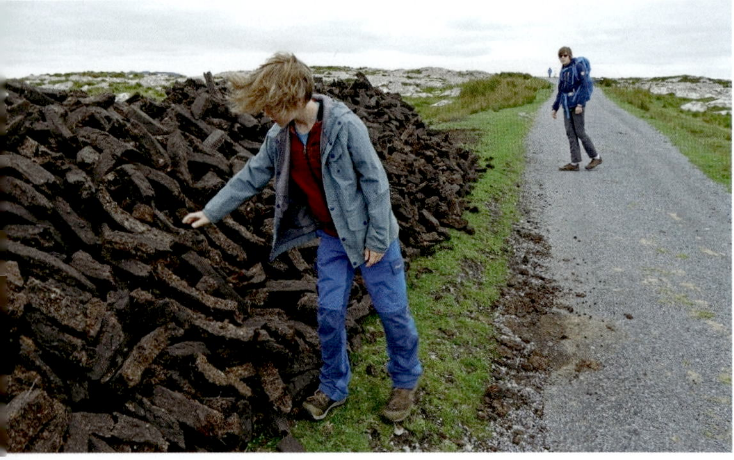

Wanderung: Vom Parkplatz gehen wir auf den ersten **Info-Pavillion** zu. Er vermittelt uns, worum es auf dem gut fünf Kilometer langen Rundweg geht: um die kommerzielle Funkstation des Radio-Pioniers und Nobelpreisträgers Guglielmo Marconi, der hier vor rund hundert Jahren 40 Mitarbeitende beschäftigte, und um den ersten transatlantischen Non-Stop-Flug, der hier 1919 nicht ganz geplant im Moor endete. Ein Stimmgabel-Glockenspiel soll Funkwellen veranschaulichen, kann aber auch ohne näheres Verständnis zum Tönen gebracht werden. Kurbelt man kräftig an dem »Radio«, erklingt auch die Hörstation, die es an jedem der Info-Punkte gibt.

Wir gehen über den kurzen Holzbohlenweg und treffen auf eine schmale **Teerstraße** ①, die für Autos gesperrt ist. Wir wenden uns nach rechts und stapfen ein erstes Stück zwischen Weidezäunen entlang. Keine Angst, das geht jetzt nicht so weiter. Wir sehen schon **Info-Punkt zwei** und dahinter ein Tor mit Schaf-Schleuse. Nun durchwandern wir ein weites Moor, das mit dicken Felsbrocken durchzogen ist. Geradeaus geht es noch ein ganzes Stück weiter, vorbei an Schafen und gelegentlich an Torfhaufen, die hier zum Trocknen aufgeschichtet sind.

Schließlich kommt links ein **Teich** ② in Sicht, und davor der **Info-Pavillion Nummer drei**. Rechts lockt ein sympathischer Holzbohlensteg, aber der ist unserem Rückweg vorbehalten. So widmen wir uns den Inhalten der Texttafeln und der Hörstation zum Thema Hochmoor und laufen dann weiter geradeaus. Von hier aus sehen wir in der Ferne schon eine weiße Kuppel, die die Landestelle der beiden amerikanischen Piloten und ihrer Spielzeug-Katzen markiert. Wir erreichen zuerst die Grundmauern des Trafohauses (Condensor House) und laufen von dort über einen Holzweg weiter zum »**Ei**« ③.

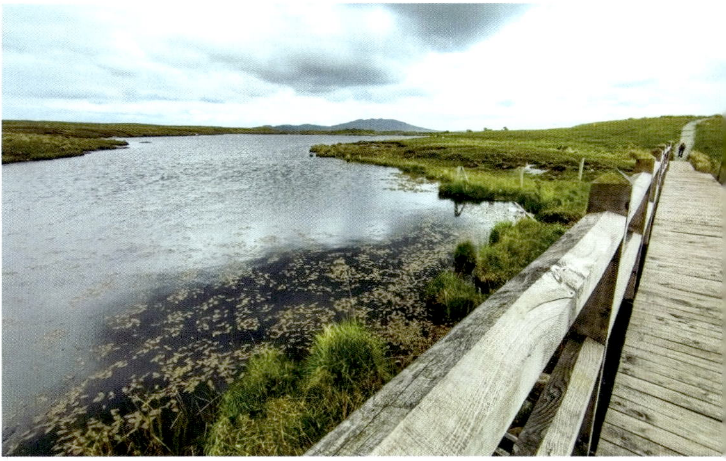

Links herum geht es weiter – von nun an auf schmalen Wegen und über Schotter. Zuerst treffen wir auf den See und den Sockel des **Power House** ④, wo früher unter viel Lärm Wasserdampf durch Turbinen geblasen wurde. So produzierte man den Strom für die Funkübertragungen. Zum Heizen des Wassers wurde Holzkohle und der Torf aus dem umliegenden Moor verwendet. Mit über hundert Metern Länge und hohen Schornsteinen war das Turbinenhaus das größte und auffälligste Gebäude auf dem Gelände.

Dann führt unsere Strecke einmal um einen kleinen See herum. Hier sind diverse Ruinen in der Landschaft verstreut, die alle mit der Funkstation in Verbindung standen. Die allermeisten sind mit Infotafeln versehen. Stichwege führen vom Hauptweg dorthin. So gehen wir erst nach links, um uns die **Fundamente von drei winzigen Doppelhäusern** ⑤ anzusehen, die Arbeitern und ihren Familien als Unterkunft dienten, sowie den sechseckigen Grundriss eines **Militärpostens**, der die Funkstation während des Ersten Weltkriegs überwachte.

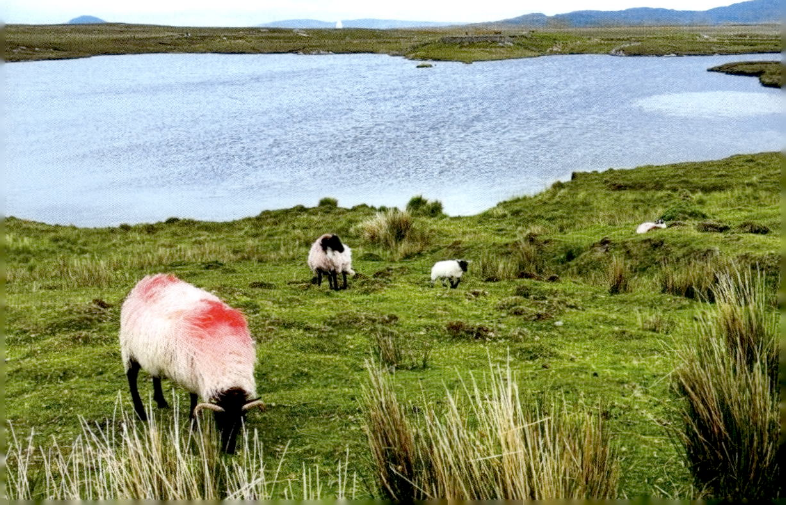

Ein schmaler Fußweg direkt am Seeufer bringt uns dann zum »**Social Club**«, wo sich die Angestellten nach getaner Arbeit mit Büchern und Billard amüsieren durften. Das Bürogebäude war des Lärmschutzes wegen halb in den Hügel gebaut. Im Querschnitt können wir noch einmal gut ablesen, wie schlecht der Boden in Connemara ist.

Bevor wir dem Schotterweg rechts hoch auf den Hügel folgen, sehen wir uns geradeaus noch kurz die **Ruine der Ingenieursunterkunft** ⑥ an. Oben haben wir dann noch das Vergnügen mit ein paar weiteren Verwaltungsgebäuden und dem Wohnhaus des Managers, bevor wir den Teich voll umrundet haben und über einen den Holzbohlenweg wieder an **Info-Punkt drei** ② landen. Hier wenden wir uns nun nach links und laufen über den bekannten Weg zurück zum Parkplatz.

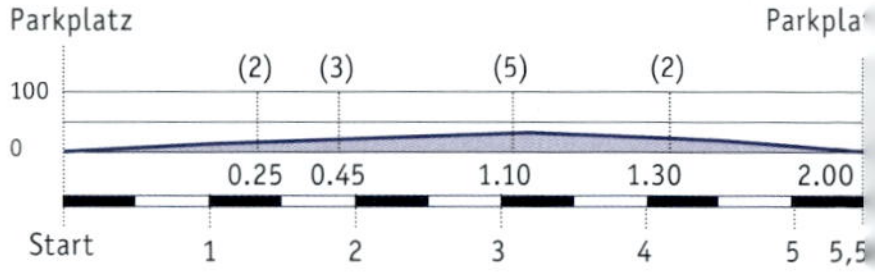

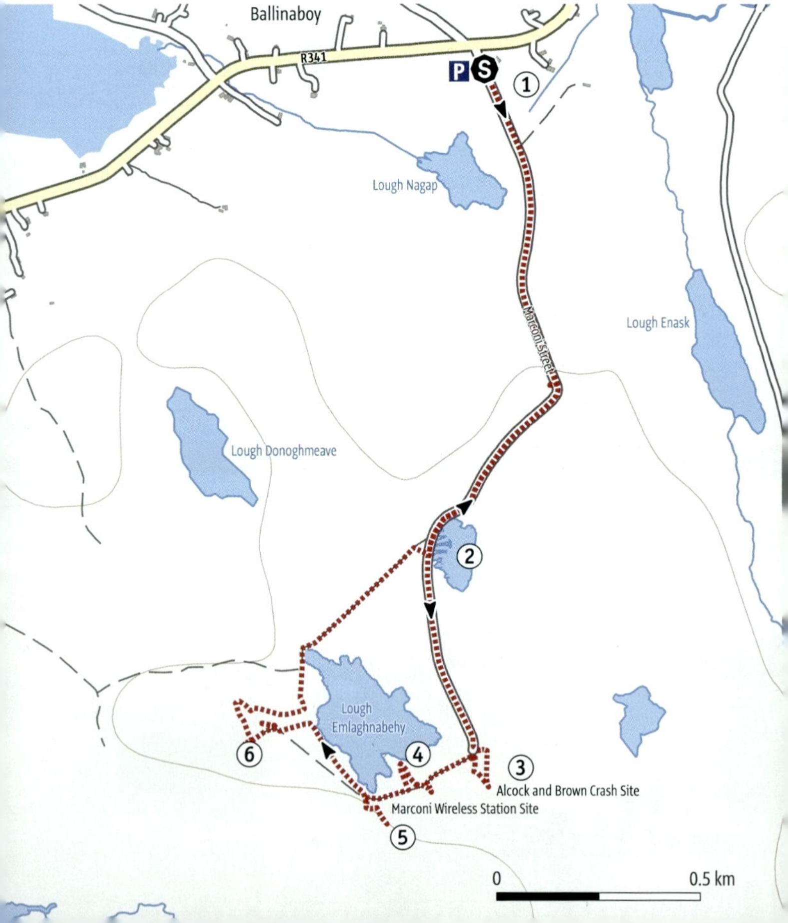

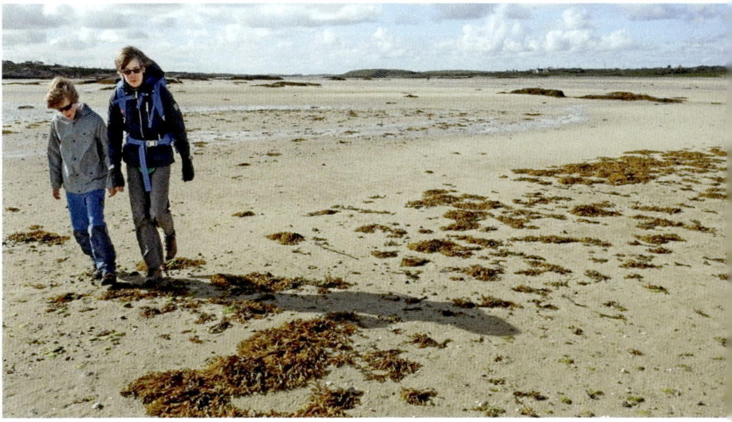

Tour 41:
Omey Island

25 m

STRECKE 6 km

2 h

ab 6

Über den Meeresboden auf die Insel

Zwei Stunden vor Tiefstand bis zwei Stunden vor Höchststand ist Omey Island trockenen Fußes zu erreichen. Einst lebten 400 Menschen auf der kleinen Gezeiteninsel. Dann kam die Hungersnot, später die Landflucht. 1962 emigrierte der letzte Omey-Bewohner nach Australien. Heute gibt es wieder eine Handvoll, die die Einsamkeit schätzen. Ganz so einsam ist es allerdings zumindest in den Sommermonaten nicht mehr, seit Omey Island als Ausflugsziel am Wild Atlantic Way beworben wird. Da es nach wie vor keinen Pub und nicht einmal Imbisswagen am Parkplatz gibt, hält sich der Strom der Tagesgäste jedoch halbwegs in Grenzen. Hier findet man mit Glück auch im August noch eine einsame Sandbucht.

TOUREN-STECKBRIEF

Anfahrt: Von Clifden den Connemara-Highway N 59 entlangfahren, schon kurz hinter der Stadt links Richtung Claddagh Duff abbiegen. Bis Omey Island sind es von hier noch gut zehn Kilometer, die Ausschilderung ist schlecht. Bis kurz vor dem Ziel bleiben wir auf der Straße, zum Strandparkplatz geht es dann kurz vorher noch zwei Mal links. Am sichersten ist es, das Navi mit Koordinaten zu füttern: **GPS N 53°32′19.9″, W 10°08′41.0″.** Der Parkplatz ist kostenlos. Ist er voll, wird einfach am Strand geparkt.

Anspruch und Charakter: Die rund sechs Kilometer lange Runde durchs Watt zur Insel und einmal drum herum führt über den Meeresboden, Strand und Graswege, teils auch querfeldein über die flachen, gut zu bewandernden Hügel. Das letzte Drittel der Inselrunde erfolgt allerdings über die geteerte Hauptstraße. In deren Mitte sprießt schon das Gras, sie wird aber durchaus befahren – vor allem von Tagesgästen, die sich das Laufen ersparen wollen.

Highlights: Übersetzen zur Insel zu Fuß, Geocaching, mehrere Strände, Ruinen, Aussicht auf noch mehr Inseln, ein heiliger Brunnen.

In der Nähe: Connemara Heritage Centre, The Point Pony Trekking, Errislannon Riding Centre.

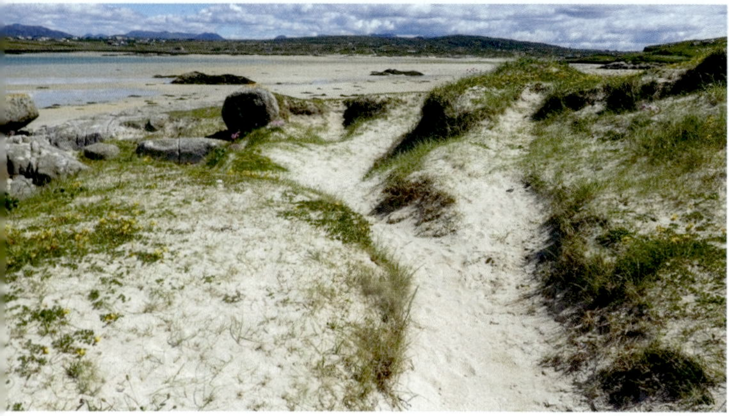

Wanderung: Am Festland-Parkplatz endet die Straße am Strand nur scheinbar. Über den Sand geht es weiter, wie Verkehrsschilder mit blauen Pfeilen darauf beweisen. Von dieser offiziellen Sandstraße weichen wir ab. Rechter Hand ist auf der Insel ein **weißes Haus** zu erkennen. Da müssen wir später an Land gehen.

Statt auf direktem Wege dort hinzugehen, können wir auch einen Schlenker nach rechts machen, wo im Watt ein weiteres **Gezeiteninselchen** ① im Kleinformat verborgen ist. Über Felsen und Algen erreichen wir grasbewachsenes Land.

Auf Omey Island erreichen wir schließlich den »**Strand**« ②. Am äußersten Zipfel treffen wir auf einen schmalen Pfad, der uns auf die Nordseite der Insel bringt. Hierhin hat sich das Wasser zurückgezogen, sodass der **nächste Strand** ③, der in Sicht kommt, ein »anständiger« ist, an den die Wellen schlagen. In der Senke mündet ein schmaler Bach ins Meer. Links trennt uns ein Zaun vom Inneren der Insel. Wo er endet, führt ein kleiner Pfad nach links, den wir ignorieren. Schöner ist der Aufstieg querfeldein auf den rechts **vor uns liegenden Hügel** ④.

Tidezeiten: Die aktuellen Zeiten für Ebbe und Flut sind unter folgender Internet-Adresse abzurufen (Galway-Bucht): www.sailing.ie/Tides/Galway.
Zur Sicherheit hängen sie auch am Parkplatz aus.

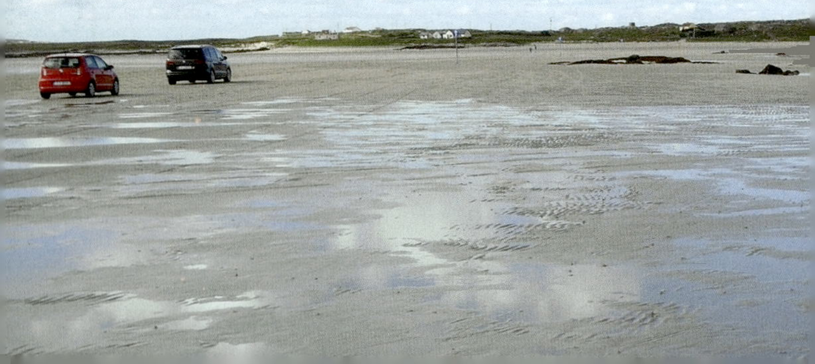

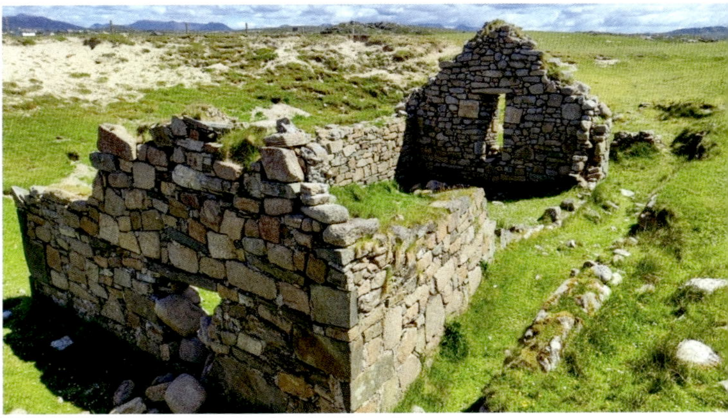

Dahinter kommt der nächste Strand in Sicht. Etwa auf der Hälfte der Bucht haben wir wieder die Möglichkeit, ins Inland abzubiegen, und diesmal tun wir es. So stoßen wir auf eine Senke, die mit der **Ruine einer stattlichen Bauernkate** ⑤ ausgefüllt ist. Rechts davon läuft ein Pfad entlang, der kurz darauf in einen breiten Fahrweg übergeht. Ihm können wir folgen, bis voraus der **See** in Sicht kommt, der die Inselmitte einnimmt.

Bevor wir das Ufer erreichen, halten wir uns rechts und marschieren querfeldein den Hügel hinauf. So treffen wir dann auf den schönsten Platz der Insel. Bald kommen Felsen in Sicht, die vorherige Wandernde mit Steintürmchen versehen haben. Sie markieren **den höchsten Punkt der Insel** ⑥. Von hier aus haben wir das voraus liegende Inselchen im Blick, das den einfallslosen Namen Cruagh (»Haufen« oder »Hügel«) trägt.

Wir laufen unseren Hügel auf der anderen Seite wieder hinunter. Dabei können wir so ungefähr die **Landspitze anpeilen**, die der nächsten Strandbucht gegenüberliegt. Hinter einem Sandfeld, das über und über mit Kaninchenbauten durchsetzt ist, treffen wir wieder auf eine **grasbewachsene Wegspur** ⑦. Ihr folgen wir nach links auf den Strand zu. Kurz bevor wir den Strand erreichen, erkennen wir rechter Hand ein kleines Mäuerchen, das

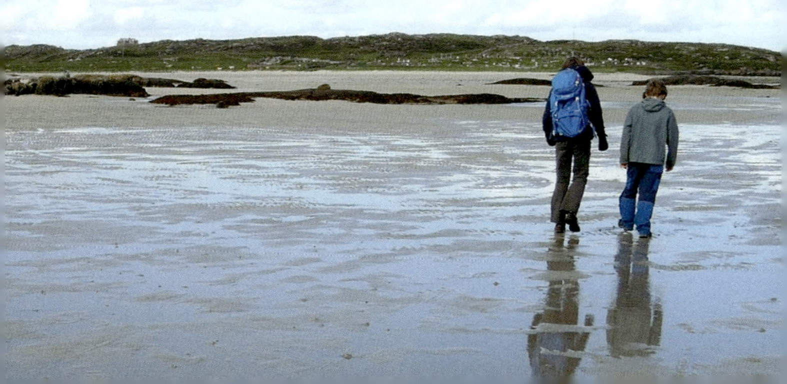

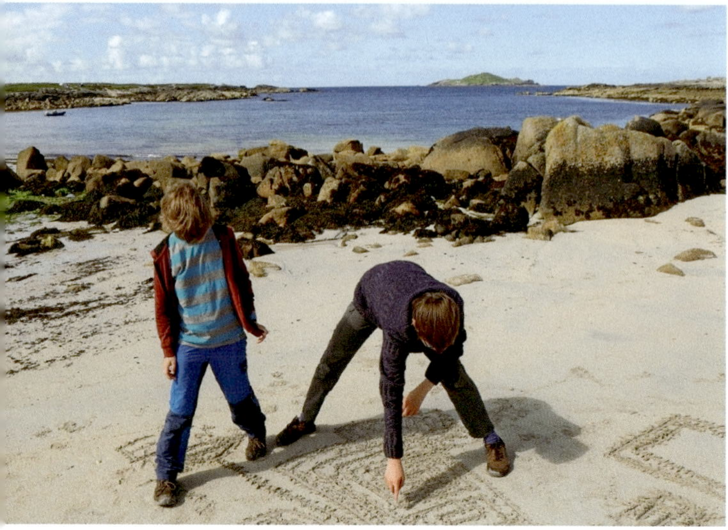

Mini-Tour nach Omey
Statt mit dem Auto auf die Insel zu fahren, lohnt sich mit jüngeren Kindern der kurze Spaziergang über den Sand zu den wenig besuchten Buchten auf der Nordseite der Insel. Rund um die Ruine ① ist der Grashügel durchzogen von Kaninchenbauten. Mit etwas Glück sieht man die Tiere munter durch das Gras hoppeln.

mit Holzkreuzen besetzt ist. Das ist der **»heilige Brunnen« des Sankt Fechin**, der hier im 7. Jahrhundert an der Pest starb. Er galt seinerzeit als wundertätiger Heiler und wird nicht nur auf Omey Island bis heute verehrt. Gläubige haben Opfergaben in Form von bemalten Steinen, Münzen und Gebetskarten hinterlassen. Sankt Fechins Kloster lag am südlichen Seeufer, jedoch gibt es heute keine Spuren mehr davon, die für Laien erkennbar wären.

Wir laufen nun entweder am Strand entlang oder über den dahinter parallel verlaufenden Sandweg, bis wir auf Omeys einzige **Teerstraße** ⑧ treffen. Sie führt uns links herum im großen Bogen

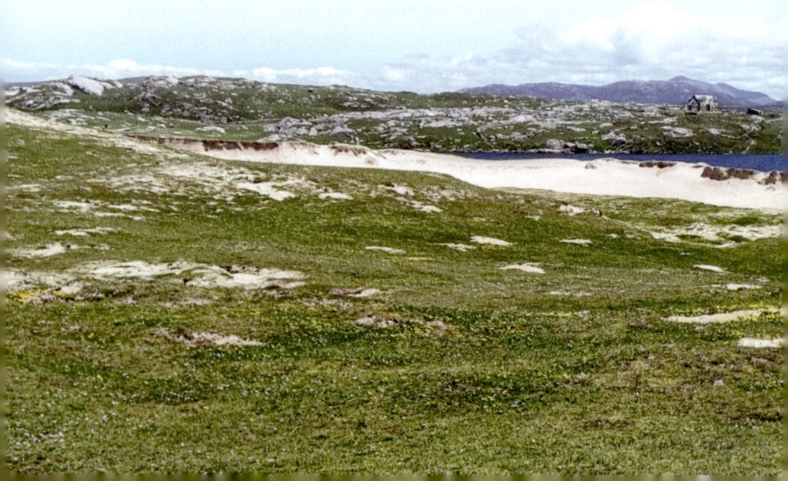

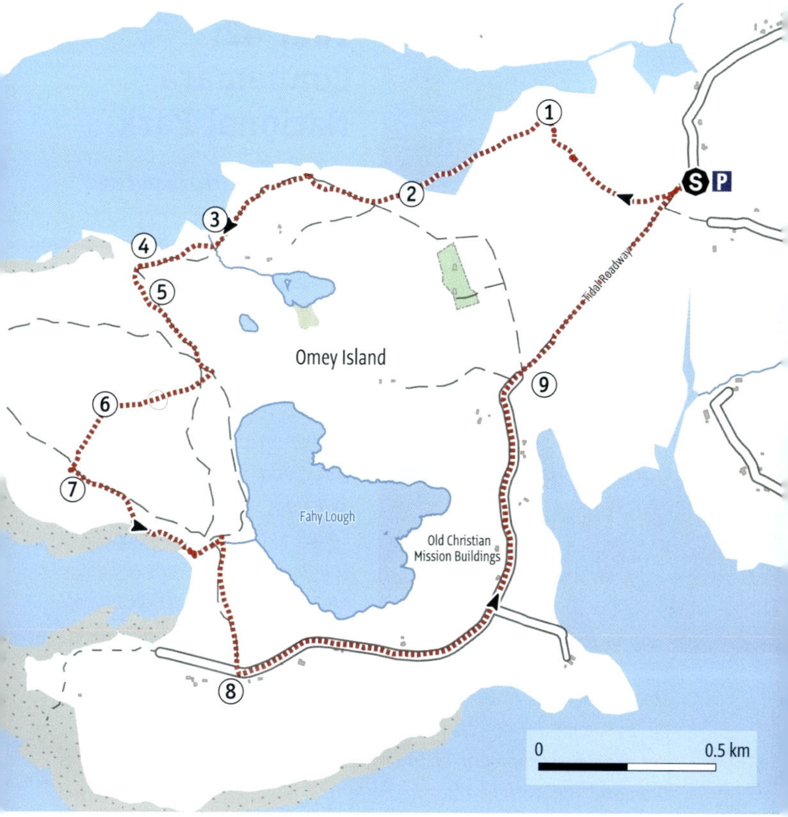

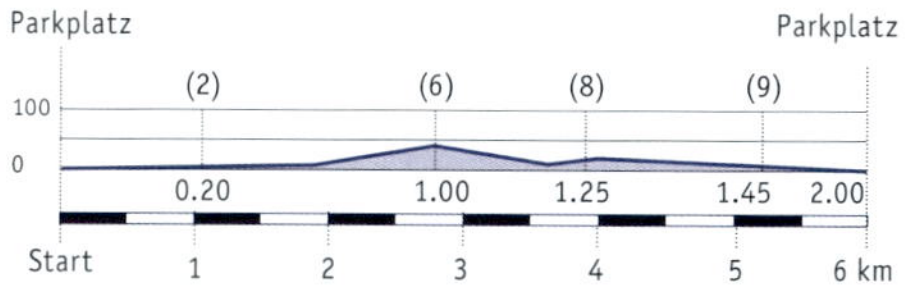

um den kleinen See zur **offiziellen Sandstraße** ⑨ zum Festland. Je nachdem, wie nahe die Flut ist und wie müde unsere Füße sind, nehmen wir entweder die direkte Strecke zurück oder trödeln noch ein bisschen quer durchs Watt, bevor wir zum Parkplatz zurückkehren.

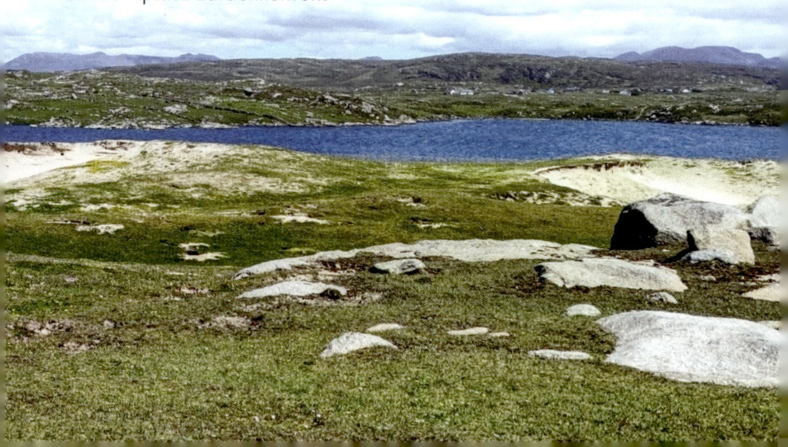

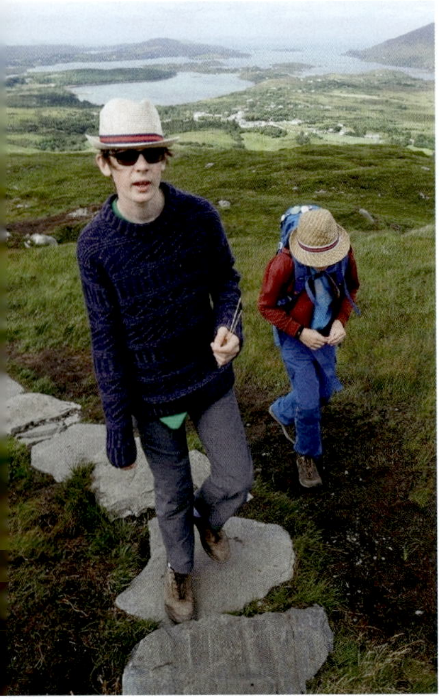

Tour 42: Connemara National Park

Die silberne Treppe auf den Diamond Hill

Der Blick vom Diamand Hill scheint über ganz Connemara zu reichen und ist schlichtweg fantastisch. Da sind die grünen Hügel, das Meer mit unzähligen Inselchen in der Bucht vor Letterfrack, da sind die prächtige Kylemore Abbey am Pollacapall Lough und der größere Kylemore Lough. All das liegt uns zu Füßen, nachdem wir den teils anspruchsvollen Weg nach oben gemeistert haben. Im oberen Bereich besteht dieser aus Natursteinstufen. Fällt die Sonne auf die Steintreppe, bekommt der Aufstieg eine beinahe magische Komponente: Viele der Platten schimmern in intensivem Silber, denn das Gestein des Diamond Hill enthält Quarzkristalle und Glimmer. Natürlich müssen wir den Ausblick mit etlichen Mitwandernden teilen, trotzdem ist nirgendwo sonst so bequem eine solche Aussicht zu bekommen.

370 m

STRECKE 7,1 km

3 h

ab 8

Wanderung: Vom Parkplatz aus gehen wir links am Info-Pavillion vorbei, wo ein geteerter Weg hinunter zum **Infozentrum** führt. Dort beginnen vier sorgfältig angelegte Wanderwege. Wer zum Gipfel möchte, folgt den roten Pfeilen – oder im Zweifelsfall den anderen Menschen, denn nach oben wollen fast alle.

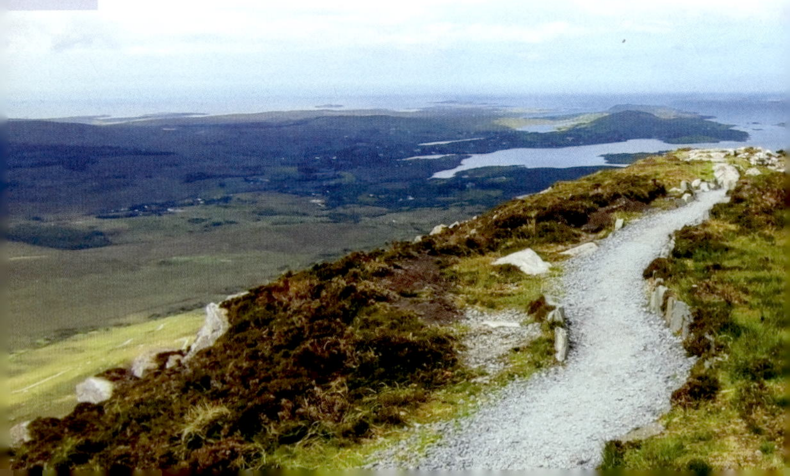

Wir überqueren also den kleinen Spielplatz und gehen durch ein eisernes Tor. Ein Schotterweg führt uns an einer **Pferdekoppel** entlang, wo jedes Jahr mindestens eine Connemara-Stute mit ihrem Fohlen grast oder faul in der Sonne liegt. Einige Tafeln informieren über die irische Pferderasse und andere Bauernhoftiere.

Hinter einer **kleinen Brücke** ① biegen unser roter und auch der blaue Weg links ab. Wer nur einen kurzen Spaziergang machen möchte (oder mit dem Kinderwagen unterwegs ist), kann jetzt schon wieder auf dem gelbem Pfad zurück zum Infozentrum laufen. Auf unserem weiteren Weg wird es nun steinig, und es geht aufwärts: zunächst nur ganz sanft, bis wir zu einem **großen, aufrecht stehenden Felsen** ② gelangen. Hier zweigt der blaue Weg rechts ab, unsere Marschrichtung ist links hinauf.

TOUREN-STECKBRIEF

Anfahrt: Der Connemara Nationalpark ist weiträumig mit braunen Schildern ausgeschrieben. Die Einfahrt liegt praktisch mitten in dem kleinen Ort Letterfrack und kann kaum verfehlt werden. Eine breite Straße mündet auf einen Parkplatz bei **GPS N 53°33'00.5", W 9°56'43.9"**, der im Sommer ab dem späten Vormittag hoffnungslos überfüllt ist, sodass auch die breite Zufahrt zum Parkplatz avanciert.

Anspruch und Charakter: Die lange Tour umfasst sieben Kilometer und knapp 400 Höhenmeter. Das ist für fitte Kinder ab sechs, spätestens acht Jahren gut zu schaffen, aber durchaus eine sportliche Herausforderung. Der Weg verläuft großteils auf befestigten Schotterwegen, kurzzeitig auch auf Holzbohlen. Es gibt ein paar knackige Anstiege über steinige Stufen und auch ein, zwei kurze Passagen, in denen selbst Erwachsene möglicherweise beim Klettern die Hände zur Hilfe nehmen müssen. Beim Abstieg geht es in engen Serpentinen steil hinunter.

Der Aufstieg auf den Diamond Hill ist sehr beliebt und an Wochenenden und in Ferienzeiten geht es hier bei gutem Wetter zu wie auf einer Ameisenstraße.

Highlights: Am Infozentrum eine kleine Ausstellung, Picknickbänke, ein kleiner Spielplatz, ein 500 Meter langer Mini-Wanderweg zum Wasserfall.

Auf der Wanderung Connemara-Ponys, Holzbohlenwege, steile Kletter-Anstiege und grandioser Gipfelblick bis zum Meer.

Einkehr: Café im Infozentrum, attraktive Alternativen in Letterfrack.

In der Nähe: Killary Sheep Farm, Killary Adventure Co.

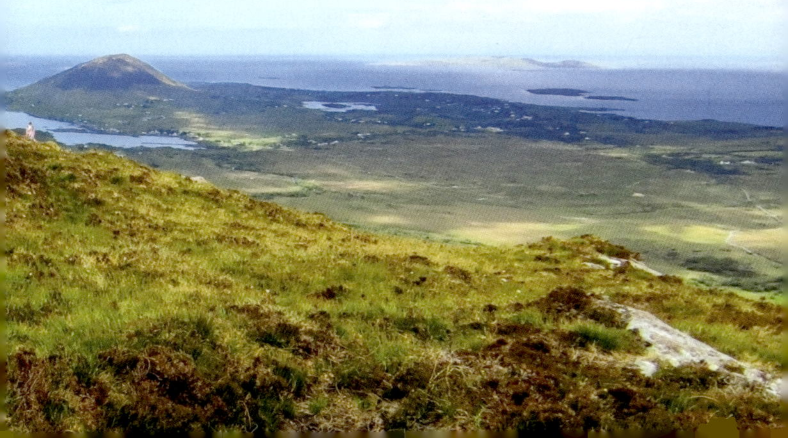

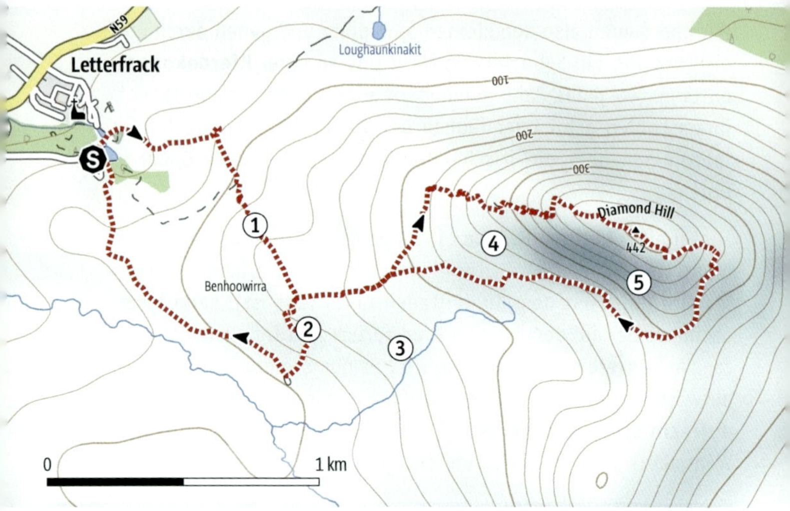

Mini-Wanderung für jüngere Kids
Wer nicht für solche Wanderungen ausgerüstet ist, kann auf die weniger anspruchsvollen Wanderwege in blau und gelb ausweichen, die ebenfalls einen guten Blick über die Küste und auf den imposanten Diamond Hill von unten bieten.

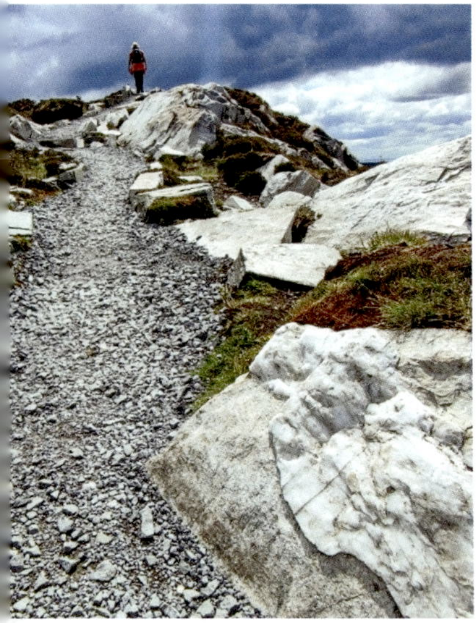

Nach einem kurzen **Holzbohlenweg** und ein paar weiteren Metern **teilt sich der rote Pfad** ③. Hoch geht es links herum, und es empfiehlt sich, die Richtungsanweisung einzuhalten. Nicht nur ist es so herum von den Steigungen her angenehmer, bei hohem Andrang werden »Geisterwanderer« für alle anderen auch zu einem lästigen Problem. Deshalb ist nun auch der Zeitpunkt gekommen, dass alle noch einmal in sich gehen. Wer jetzt schon aus dem letzten Loch pfeift, sollte lieber umkehren, denn die richtig anstrengenden Passagen kommen erst noch.

Verlaufen können wir uns von nun an nicht mehr. Es geht über viele Steinstufen, die in der Sonne silbern glitzern, immer weiter hinauf. Steile Passagen wechseln sich mit weniger steilen ab. Eine Abzweigung führt auf einen **Aussichtspunkt** ④ auf einem Vorgipfel. Dann wird es ein paar Mal richtig steil, bevor wir den Bergrücken erreichen. Auf dem Berggrat geht es jetzt nur noch sanft bergan und der Ausblick ist gigantisch. Ein

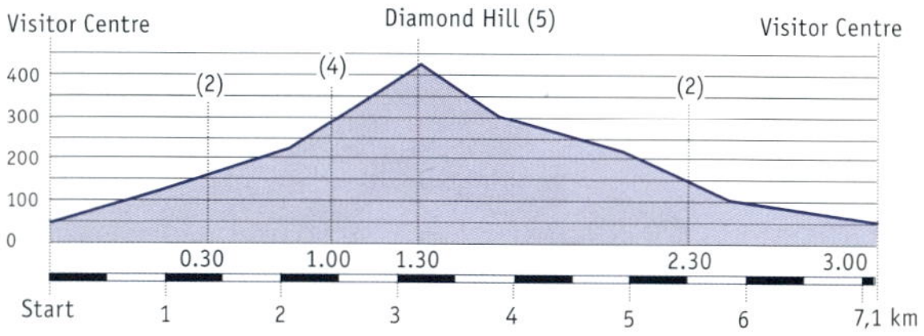

Felsen am höchsten Punkt des Berggrates markiert den **Gipfel ⑤**.

> Wer noch Zeit und Energie für ein paar vereinzelte Höhenmeter hat, sollte sich den **grünen Pfad** nicht entgehen lassen, der am Infozentrum vor dem Picknickplatz und dem Bürogebäude startet. Auf nur 500 Metern führt der Weg an einem kleinen Wasserfall vorbei durch das Bachtal, das wenig mit »typisch Connemara«, aber viel mit grüner Idylle zu tun hat. Der Weg endet offiziell wieder am Infozentrum, es gibt aber auch Trampelpfade direkt hinauf zum Parkplatz.

Etliche Gipfelstürmer halten oben ihr wohlverdientes Picknick ab. Wenn es hier zu voll ist, bieten sich auch hinter dem eigentlichen Gipfel Stellen an, wo es ruhiger ist. Ein bisschen abseits des Hauptweges kann man dort wunderbar im Gras sitzen und auf die Kylemore Abbey hinuntersehen. Der beste Rastplatz ist abhängig von der aktuellen Windrichtung. Selbst wenn es unten am Infozentrum sonnig und warm ist – auf dem Gipfel pustet fast immer ein frischer Wind.

Der **Rückweg** ist kaum weniger steil als der Hinweg und erfordert Trittsicherheit. Er ist aber gut angelegt, ebenfalls mit Stufen versehen und daher ohne Kletterpartien zu bewältigen. Schnell verlieren wir an Höhe und wenn wir dann an der mächtigen Bergflanke entlangmarschieren, können wir uns noch einmal wundern, wie hoch oben wir gewesen sind.

Am **großen Felsen mit der Kreuzung ②** wählen wir nun den linken Weg, der eigentlich zum blauen Pfad gehört. Er ist nur wenig länger als der direkte und bereits bekannte Rückweg und führt noch einmal schön in die Moorlandschaft hinein. Abwechselnd auf Schotter und Holzbohlen laufen wir durch die feuchte Weite, bis wir auch hier ein **Metalltor** durchqueren und bald wieder den Weg zum Infozentrum treffen.

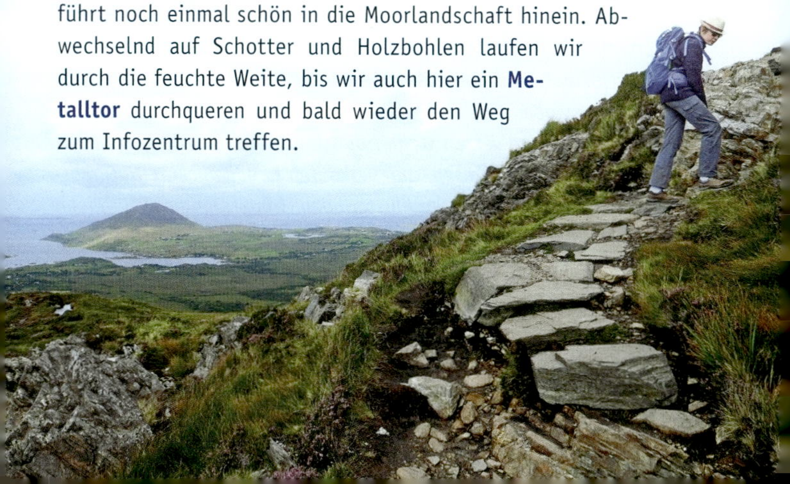

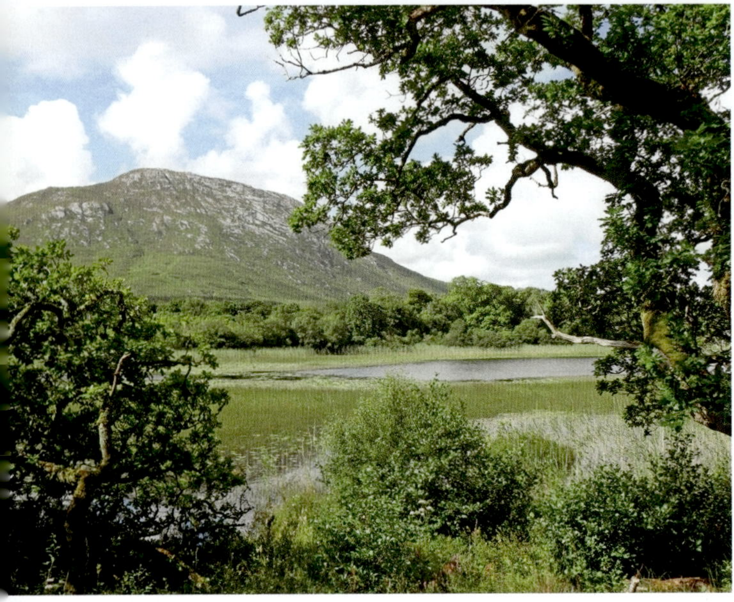

45 m

STRECKE 6,5 km

2 h

ab 6

Tour 43: Kylemore Abbey

Herrenhaus, Schule und Kloster mit herrlichem Garten

Das Märchenschloss am Pollacapall-See ließ der Großindustrielle Mitchell Henry im 19. Jahrhundert für seine Frau Margaret bauen. Neun Kinder bekam das Paar. Dann brach die Familie zu einem damals höchst ungewöhnlichen Urlaub nach Ägypten auf, der Margarets Schicksal besiegelte. Sie erkrankte an der Ruhr und starb in Kairo. Mitchell ließ sie zurück nach Irland bringen und baute seiner großen Liebe ein kleines Mausoleum sowie eine ganze Kirche zur Erinnerung. 1920 – als Mitchell längst schon an der Seite seiner Frau ruhte – wurde das Herrenhaus der neue Sitz des ältesten Benediktinerinnenklosters Irlands. Die Nonnen richteten hier ein internationales Mädcheninternat ein. Die Schule gibt es seit 2010 nicht mehr, aber die Benediktinerinnen sind nach wie vor die Hausherrinnen. Heute setzen sie auf den Tourismus, um ihr herrschaftliches Kloster zu erhalten, und verkaufen handgemachte Naturkosmetika und Schokolade im Klosterladen. Hauptargument für einen Besuch ist jedoch der imposante Mauergarten, den Mitchell Henry anlegen ließ und der dank eines EU-Förderprogramms heute wieder in voller Pracht erstrahlt.

Wanderung: Vom **Infozentrum** am Eingang können wir uns entweder zuerst nach rechts Richtung Hauptgebäude halten, oder

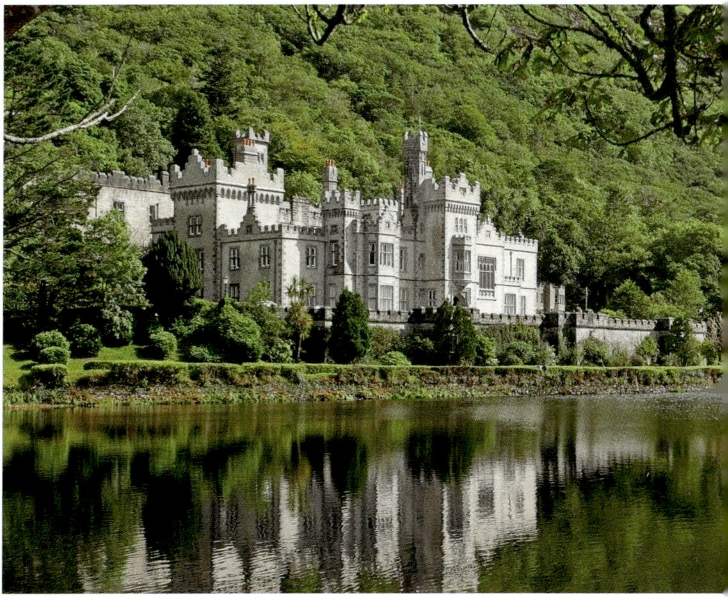

nach links zum ummauerten Garten. Um nachher nach Herzenslust und ohne Terminverpflichtungen durch Garten und Spielecke wandeln zu können, empfiehlt sich zuerst der Gang nach rechts.

Wir laufen also über den geteerten Weg auf das **Herrenhaus** ① zu, das sich bereits in Sichtweite befindet. Im Inneren gibt es einen kurzen Film zur Geschichte, in regelmäßigen Abständen auch auf Deutsch. Einige Gebäude im Erdgeschoss sind zugänglich. Dort befinden sich kleine Ausstellungen mit Schautafeln über die Zeit des Hauses als Schule. Ein Salon und das Speisezimmer sind eingerichtet wie zu der Zeit, als Kylemore Abbey noch bewohnt wurde.

Ein Stück weiter am See entlang treffen wir auf die **Kirche** ②, die der Hausherr kurz nach der Errichtung des Hauses bauen ließ. Dahinter befindet sich das Mausoleum, in dem beide Eheleute beigesetzt sind.

TOUREN-STECKBRIEF

Anfahrt: Die Zufahrt zur Kylemore Abbey liegt etwa auf halber Strecke zwischen Leenane und Clifden direkt an der N 59 bei **GPS N 53°33'30.1", W 9°53'25.9"**. Der Parkplatz ist gratis.

Anspruch und Charakter: Spaziergang über das weitläufige Gelände, der mit dem Shuttle-Bus abgekürzt werden kann, Besichtigung des Herrenhauses, der Kirche und der Gewächs- sowie Gärtnerhäuser.

Highlights: Irlands größter Mauergarten mit voll eingerichtetem Gärtnerhaus, Spielecke im Gebüsch mit Feenhäusern, Schweine, einige eingerichtete Räume im Herrenhaus, Kirche, Wunsch-Stein.

Einkehr: Café am Garten.

In der Nähe: Sheep & Wool Centre Leenane.

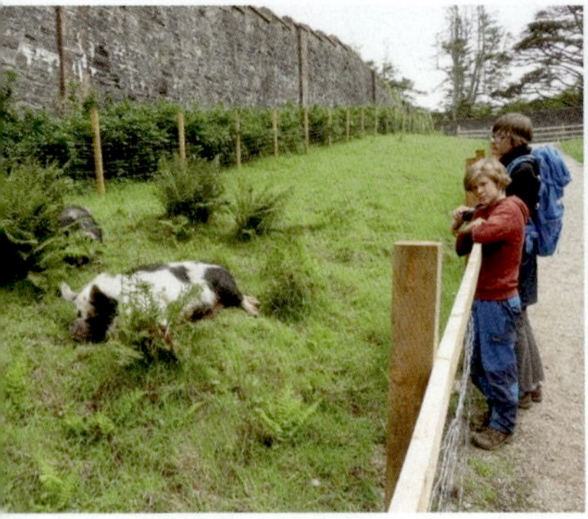

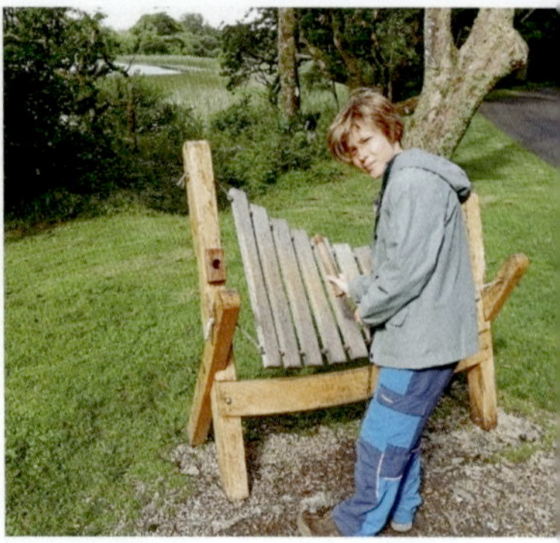

Läuft man die Straße am See immer weiter, erreicht man schließlich nur die große Straße N 59. Umdrehen können wir deshalb schon wenige Meter weiter am »**Wishing Stone**« ③, an dem eine riesige Hand aus dem Erdreich ragt.

Nun können wir uns entweder zum **Shuttleparkplatz** ganz in der Nähe des Eingangs begeben und ganz faul den Bus zum Garten nehmen. Oder wir laufen die Strecke selbst. Entlang der Asphaltstraße befinden sich immer wieder **Spielstationen**, die davon ablenken, dass der Weg schnurgerade und eigentlich eher uninteressant ist. Aber auch für Erwachsene gibt es unterwegs einiges zu sehen. Neben den Ausblicken auf den idyllischen See kommen wir auch an einer Marienstatue und an einer alten Fischaufzucht vorbei.

Noch vor dem Haltepunkt des Shuttlebusses halten wir uns rechts und laufen auf den **Eingang des Mauergartens** ④ zu. Innerhalb der Mauern sehen wir rechts die Ruinen der Gewächshäuser, von denen zwei wieder aufgebaut wurden. Rechter Hand stoßen wir dann auf die ehemalige Unterkunft der Gärtner, deren einfache Quartiere rekonstruiert wurden. Das Gebäude beherbergt außerdem eine kleine Ausstellung über die Geschichte des Gartens. Dahinter sehen wir schon das stattliche **Wohnhaus des Hauptgärtners**. Es hat schon in manchem Historienfilm mitgespielt,

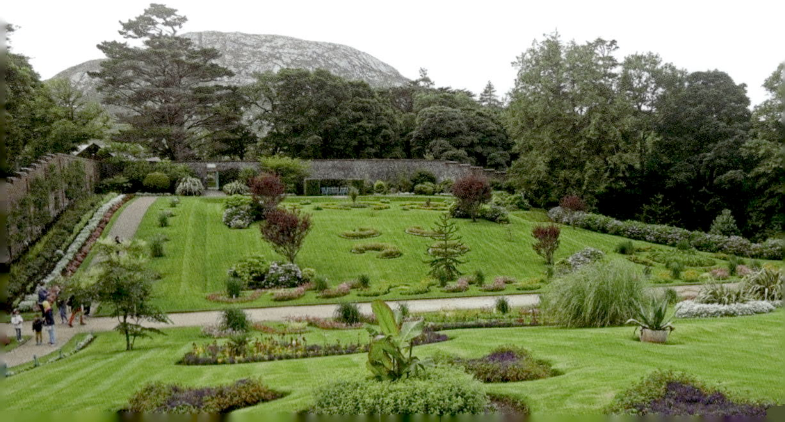

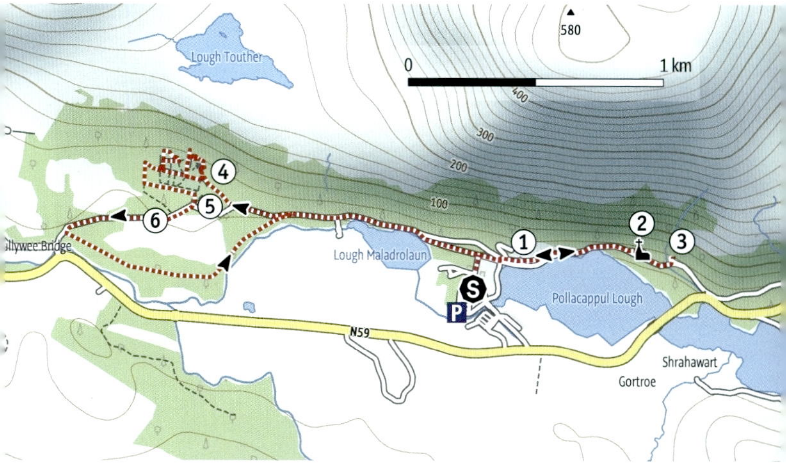

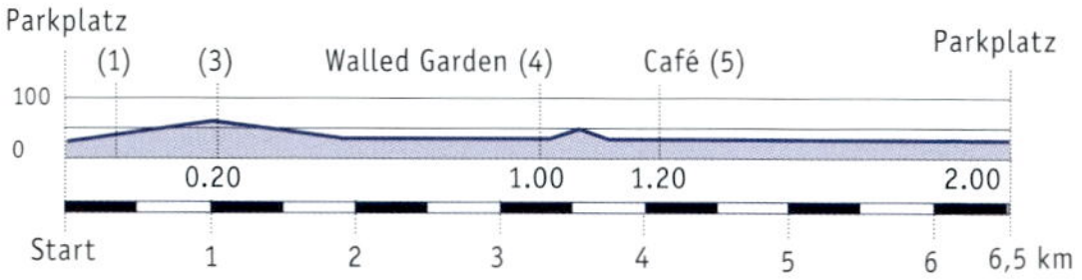

weil es wenige voll eingerichtete Bürgerhäuser aus viktorianischer Zeit gibt, die hübscher sind. Das Wohnhaus gehört definitiv zu den Highlights eines Besuchs an der Kylemore Abbey.

Nun können wir hinunter auf die Hauptachse des bemerkenswerten Gartens steigen, um Blumenbeete und Nutzgärten gleichermaßen zu bewundern. Ein Abstecher nach rechts mit einer Runde durch den **Steingarten** ist empfehlenswert.

Wenn wir den Mauergarten einmal komplett durchquert haben, können wir ihn durch das hintere Tor verlassen. Wir halten uns links und wieder links und stoßen an der Südmauer auf das **Schweinegehege**, wo dickbäuchige Hausschweine glücklich und zufrieden in der Matschepampe liegen. Rechter Hand kommen wir nun auf das **Café** ⑤ zu. Ein Schild macht uns auf die Waldspielecke im Gebüsch aufmerksam. Kinder mit etwas Fantasie können sich hier stundenlang beschäftigen, denn im geschützten Unterholz lassen sich Feenhäuser und rudimentär gezimmerte Kindermöbel entdecken sowie eine voll ausgestattete Waldküche zum Sandkuchenbacken.

Wer danach noch eine Runde gehen möchte, kann sich den **Woodland Walk** ⑥ ansehen. Er startet am Café links herum und verläuft zunächst auf einer kleinen Teerstraße, dann nach einer scharfen Linkskurve über eine hübsche Allee alter Laubbäume wieder auf der Straße, die zum Shuttleparkplatz am Café und zum Eingang zurück führt.

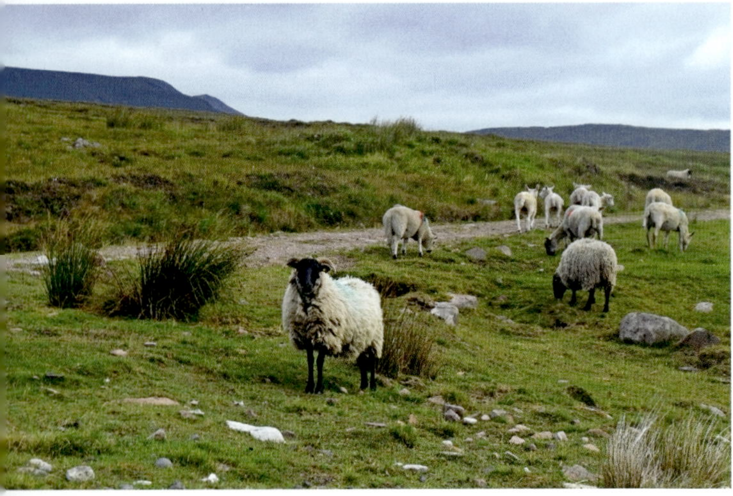

85 m

STRECKE
32 km

3–5 h

ab 8

Tour 44: The Great Western Greenway

Radtour von Newport zum Achill Sound

Der Great Western Greenway wurde auf der stillgelegten Bahntrasse zwischen Westport und dem Achill Sound eingerichtet. Die Bahnlinie wurde 1895 in Betrieb genommen und 1937 fuhr auf der Strecke der letzte Zug. Wir radeln durchgängig auf einem markierten, autofreien Fahrradweg, der, teilweise weitab jeder Straße, durch viele grüne Hügel führt. Allzu große Steigungen gibt es trotzdem nicht, denn wir befinden uns ja auf einer Bahntrasse. Wir durchqueren etliche Schafweiden und mehrfach auch Privatgelände, das ohne diesen speziellen Weg gar nicht zugänglich wäre. Zudem gibt es am Greenway eine gut organisierte Infrastruktur mit Fahrradverleihstationen. Dort bekommt ihr auch Trailer-Bikes, Fahrradanhänger und Kinderfahrräder aller Größen und gegen einen Aufpreis werdet ihr am Ende der Strecke mitsamt Fahrrädern wieder abgeholt.

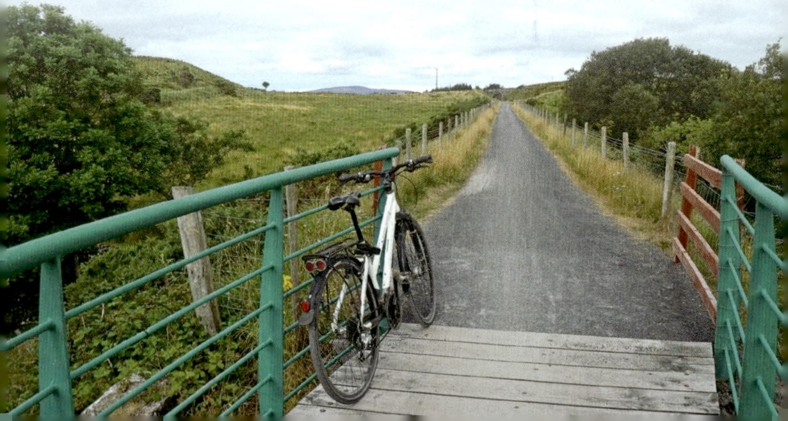

Die Radtour: Eine übliche Wegbeschreibung ist für den Great Western Greenway vergebliche Schreibarbeit. Wir können uns unterwegs nicht verfahren. Die Trasse ist lückenlos und unübersehbar beschildert. Wir beschränken uns daher auf die Informationen, die man braucht, um eine persönliche Greenway-Tour auszuwählen und zu planen.

Fahrradverleih: Die Fahrradmiete liegt an beiden großen Stationen in Newport bei €25, Kinderrad, Hänger (tag-along) oder Trailer €15, e-Bike €50, Transfer zusätzlich €15 pro Person, Kinder €5.

Die Station von Greenway Bicycle Hire befindet sich an der Brücke im Zentrum von Newport. greenwaybicyclehire.com

Clew Bay Bike Hire hat Stationen in Westport Mulranny und Achill und bietet einen kleinen Familienrabatt an. www.clewbaybikehire.ie

In Mulranny gibt es noch einen kleineren Anbieter mit günstigeren Preisen, die Fahrräder sind jedoch nicht im gleichen guten Zustand wie bei den beiden Großen.

Welchen Abschnitt des Weges sollen wir fahren?

Der Greenway wird in drei große Abschnitte unterteilt. Die südlichste Etappe von Westport bis Newport führt zum großen Teil nahe an der Straße entlang und fällt für uns daher direkt aus der engeren Wahl. Wir empfehlen die Strecke zwischen Newport und dem Achill Sound mit insgesamt 32 Kilometern Länge, die sich noch einmal in zwei überschaubare Etappen teilt.

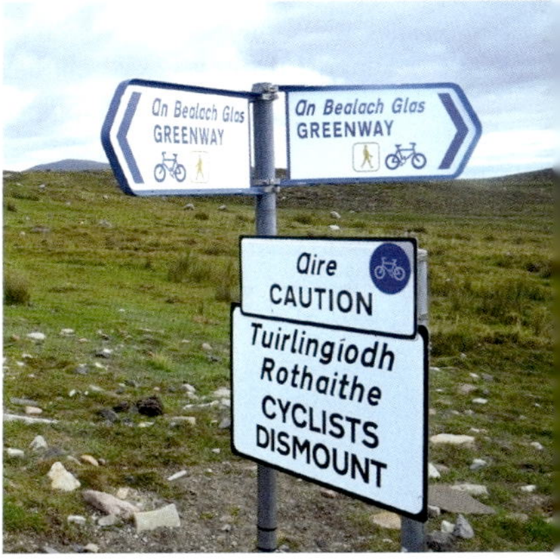

Erste Etappe

Newport – Mulranny: 18 km, Fahrzeit 2 – 3 h, ↓↑ 82 m

Der erste Abschnitt hinter Newport führt zuerst einmal aus dem Stadtgebiet heraus. Kurz darauf geht es über eine Brücke und dann weitab der Straße durch einsames Weideland mit vielen, vielen Schafen, die auch mal auf dem Radweg herumspazieren.

TOUREN-STECKBRIEF

Anfahrt: Beginnt man die Fahrt in Newport, kann man gut im Ortszentrum an der Brücke parken. In Mulranny (oder Mallaranny) gibt es rechts oberhalb der Straße an der ehemaligen Bahnstation bei **GPS N 53°54'24.8", W 9°46'53.1"** einen Parkplatz für Greenway-Gäste. Die Zufahrt führt im spitzen Winkel am Mulranny Park Hotel rechts hinauf. An der Bahnstation befindet sich auch ein Fahrradverleih.

Anspruch und Charakter: Autofreie Strecke mit wenig Steigungen. An windigen Tagen macht es jedoch Sinn, die Fahrtrichtung dementsprechend zu wählen, um Gegenwind zu vermeiden.
Auf dem Greenway sind Hunde verboten, weil mehrfach Schafweiden durchfahren werden.

Highlights: Fahrradtour durch einsame Berge, Strand von Mulranny.

Einkehr: Café in der Bahnstation in Mulranny, Art Café, Achill Island Hotel.

In der Nähe: Westport House, Achill Island, Slievemore.

Wir rattern über unzählige Viehgatter und nach den ersten Vollbremsungen haben wir festgestellt, dass diese perfekt fahrradkompatibel sind. Selbst bei flotten Fahrtempo rattert es kaum. Die Strecke kann auf halbem Weg in **Newfield** ① unterbrochen werden, wo es eine Abholmöglichkeit und eine Möglichkeit zur Einkehr im Nevin's Newfield Inn gibt. Ein Stück vorher schon bietet sich die Gelegenheit zu einem Abstecher nach rechts zum ausgeschilderten »Greenway Lane Art Studio Café«.

Die letzten Kilometer vor Mulranny werden etwas hügeliger und einen kurzen Abschnitt geht es ziemlich steil den Berg hinauf (egal aus welcher Richtung wir kommen). Dafür haben wir dann von oben einen tollen Blick über die tief eingeschnittene Bucht von Mulranny, die nur bei Flut wirklich eine Bucht ist. Ansonsten ist hier Sand zu sehen. Egal ob mit Wasser in der Bucht oder ohne, **Mulranny** ② ist ein besonders hübscher Ort. An der ehemaligen Bahnstrecke befindet sich das Greenway Café und unten

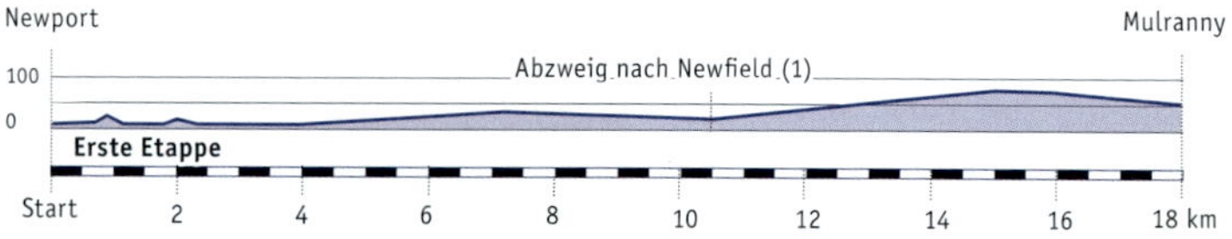

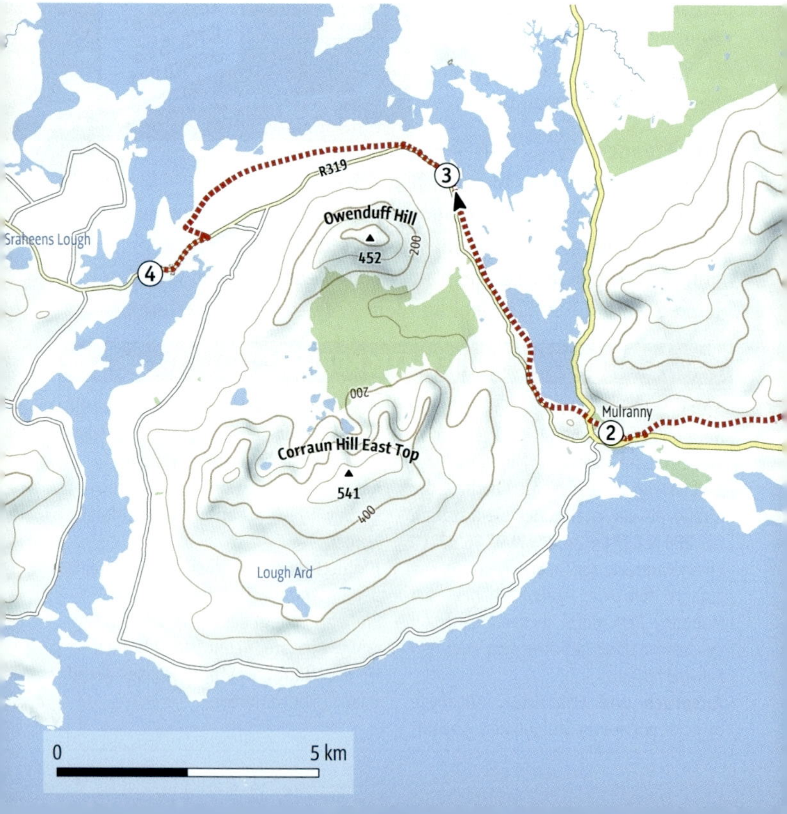

im Ort gibt es weitere Gastronomie. Auch der Weg über Treppen in die Bucht **[› Tour 45]** lohnt sich unbedingt.

Zweite Etappe

Mulranny – Achill Sound: 14 km, Fahrzeit 1 – 2 h
Der letzte Abschnitt zwischen Mulranny und dem Achill Sound ist mit seinen großen Wasserflächen landschaftlich besonders reizvoll, führt aber näher an der Straße entlang und die Landschaft ist nicht ganz so wild und einsam. Auf halber Strecke trifft der Radweg auf die **Straße** ③. Danach ist der allerschönste Teil der Strecke vorbei. Erst am Schluss, wenn wir über der Meerenge zwischen dem Festland und Achill Island entlangfahren, wird es landschaftlich noch einmal interessant. Ganz am Ende der Fahrt radeln wir noch ein kurzes Stück an der gut befahrenen Straße entlang, bis wir vor der **Brücke über den Achill Sound** ④ links das Achill Island Hotel und einen Parkplatz erreichen.

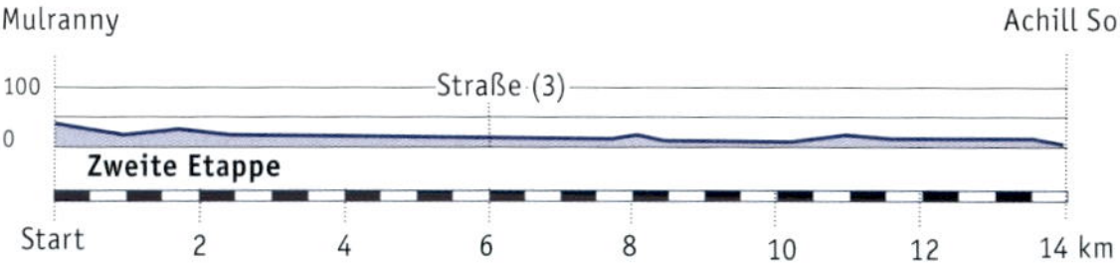

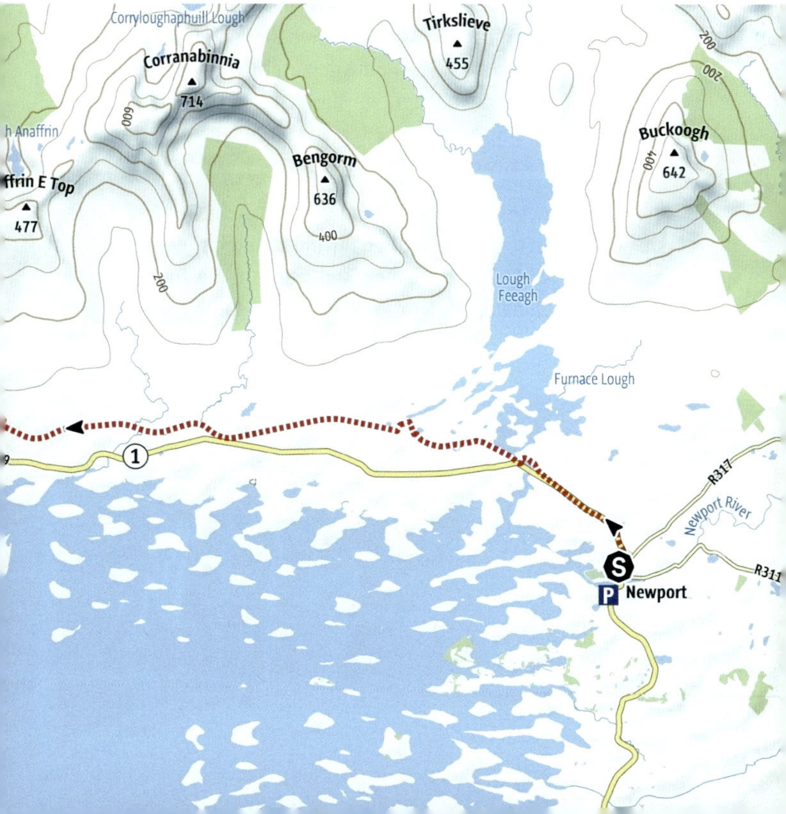

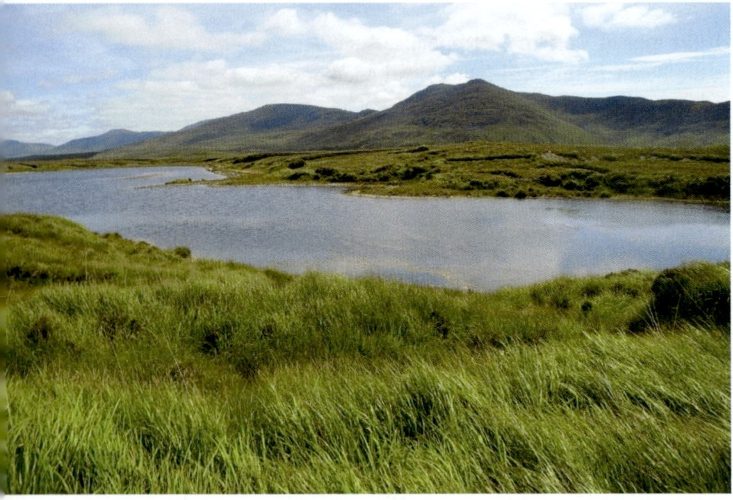

Schaffen wir die ganze Strecke?

Wir radeln die ganze Strecke auf einem Fahrradweg, der aber meist nicht glatt asphaltiert ist. Meist haben wir festen feinen Schotter unter den Reifen, auf dem es sich besser fährt als auf dem meist eher löchrigen Asphalt. Das Radeln ist also deutlich anstrengender als auf einem glatten Radweg und wir kommen auch langsamer voran. Es geht meistens ein bisschen bergauf oder ein bisschen bergab. Wir rechnen daher ungefähr mit einem Tempo zwischen acht und zwölf Kilometern pro Stunde, je nach Alter und Fitness der Kinder. Für die Strecke zwischen Newport und Mulranny sollte man 1 ½ bis 2 ½ Stunden reine Fahrtzeit zuzüglich der Pausen kalkulieren.

Die 14 Kilometer zwischen Mulranny und Achill Sound fahren sich etwas flotter, wenn der Gegenwind ausbleibt, der meist vom Meer aus pustet. Es kann daher Sinn machen, die Tour am Achill Sound zu beginnen und mit dem Wind zu fahren.

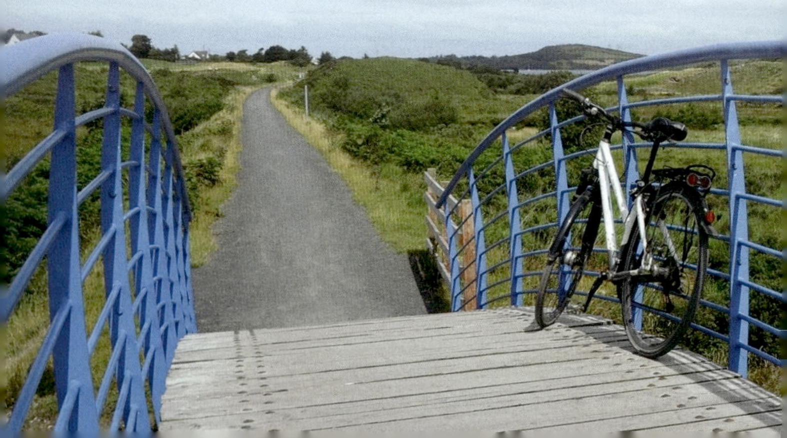

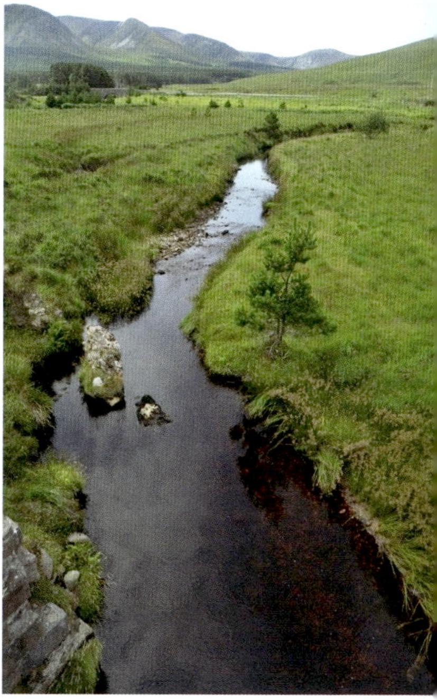

Insgesamt müssen wir von Newport bis zum Achill Sound mit drei bis vier Stunden reiner Radelzeit kalkulieren. Wer unterwegs schlapp macht, kann sich notfalls auch kurz entschlossen in Mulranny abholen lassen.

Wer die ganze Strecke fahren möchte, braucht den Shuttle-Service eines Fahrradverleihs. Wer trotzdem die **eigenen Fahrräder** vorzieht, sollte am Vorabend bei einer Verleihstation seiner Wahl anfragen, ob und wann eine Mitnahme (etwa €15 pro Person und Rad) möglich wäre. Das funktioniert in der Hochsaison aber durchaus nicht immer. Besonders voll ist es auf dem Greenway übrigens am Wochenende, da er auch bei den Einheimischen sehr beliebt ist.

Eine Kurztour mit den Kleinsten?
Besonders geeignet für eine Mini-Tour ist der Abschnitt von Mulranny zum Art-Café. Wir beginnen die Fahrt in Mulranny, wo wir dann auch gut noch einen Besuch am Strand oder auf den Brücken in der Bucht einplanen können. Eine gute Verleihstation gibt es am ehemaligen Bahnhof. Von hier aus geht es dann hoch über der Bellacragher Bay zu **zwei Aussichtspunkten** und dann immer in Wassernähe mit freiem Blick über die Seen zu den grünen Hügeln weiter bis zum **Art Café** ④. Hier drehen wir nach einer Pause um und radeln auf dem gleichen Weg zurück. Ohne Transport ist der Radverleih auch etwas günstiger, sodass die kleine Fahrradrunde nicht zu teuer kommt.

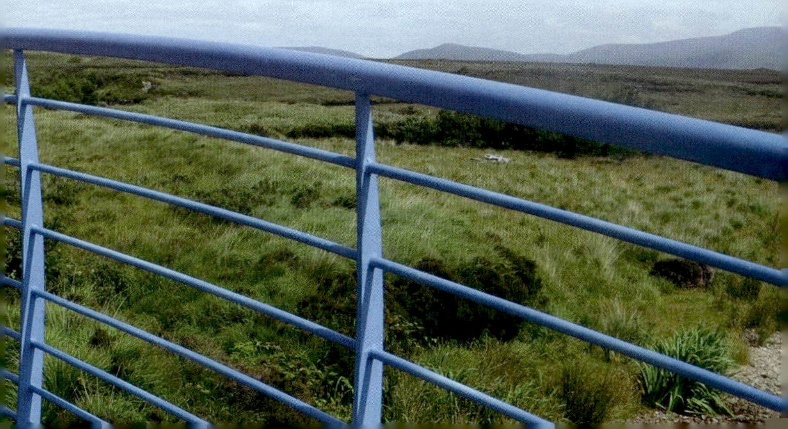

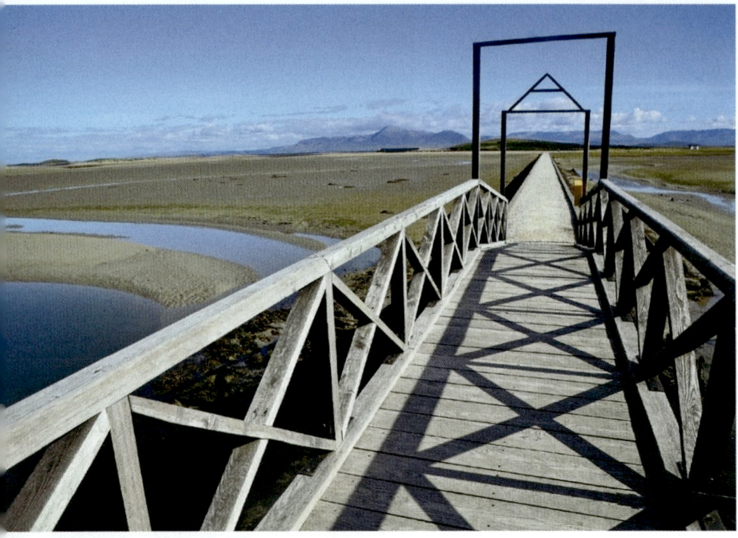

60 m

STRECKE 4,6 km

1 h 45

ab 4

Tour 45: Mulranny Causeway Loop

Rund um die Bucht von Mulranny

Auf dieser Runde durchwandern wir ganz unterschiedliche Landschaften und haben zudem einen tollen Weitblick über die ausgedehnte Sandbucht von Mulranny. Über die Bucht führt ein Holzsteg, sodass wir sie auch bei Flut trockenen Fußes überqueren können, dann geht es durch die Dünen in einen kleinen Wald mit labyrinthartigen Wegen und zu einem grandiosen Aussichtpunkt. Zum Ausklang der Wanderung können wir uns dann noch an der alten Bahnstation niederlassen. Hier ist es meist angenehm quirlig, weil viele der Radelnden, die auf dem Great Western Greenway unterwegs sind, hier eine Pause einlegen.

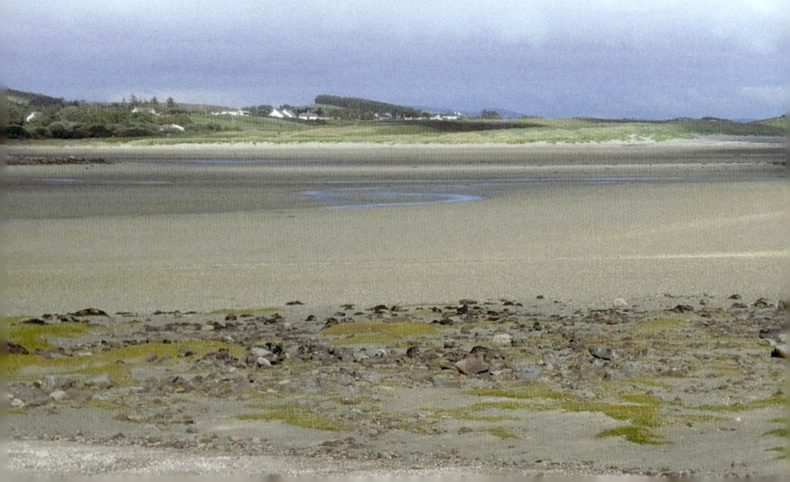

Wanderung: Der Weg ist vom Parkplatz aus markiert, man muss aber ein bisschen nach den blauen Pfeilen suchen. Wir gehen auf dem Zufahrtsweg zum Parkplatz wieder hinunter bis vor den **Haupteingang des Park Hotels**. Dort führt links eine Treppe hinunter zur Hauptstraße. Diese überqueren wir und durchqueren gleich gegenüber einen schmalen Durchlass. Hier führen weitere **Treppenstufen** hinunter zu einer **Holzbrücke** ① und einem langen Damm quer durch die Bucht von Mulranny. Je nachdem wie der Gezeitenstand gerade so ist, haben wir neben uns mehr oder weniger Wasser. In den von Wasserläufen durchzogenen Wiesen hinter der Sandfläche grasen Schafe. Über eine zweite längere Brücke kommen wir auf einen Schotterweg, der dann auf einer **schmalen Straße** endet. Hier biegen wir rechts ab und wandern entweder auf der Straße weiter oder überqueren den Wall aus rötlichen Kieseln und laufen am **Strand** ② entlang. Am Ende der Bucht, spätestens auf der Höhe des **Life-Guard-Häuschens** (es handelt sich um einen bewachten Strand mit blauer Flagge) steigen wir wieder zur Straße hinauf und folgen dieser etwa 300 Meter bis in die nächste Kurve. Gehen wir dort geradeaus, treffen wir auf einen **schmalen Wiesenweg** ③, der

TOUREN-STECKBRIEF

Anfahrt: In Mulranny gibt es rechts oberhalb der Straße an der ehemaligen Bahnstation bei **GPS N 53°54'24.8", W 9°46'53.1"** einen Parkplatz unter anderem für Greenway-Gäste. Die Zufahrt führt im spitzen Winkel am Mulranny Park Hotel rechts hinauf. Alternativ kann man auch unten hinter dem Strand bei **GPS N 53°53'51.4", W 9°47'04.8"** parken und dort in die Wanderung einsteigen. Die Zufahrt zum Strandparkplatz zweigt am Ortsende links ab und führt in die Bucht hinunter.

Anspruch und Charakter: Traumhaft schöne Runde auf schmalen Wegen. Ein kurzes Stück laufen wir unten am Strand auf einer Teerstraße. Eindrucksvoll bei Ebbe und bei Flut.

Highlights: Der lange Holzsteg unten in der Bucht, Schafe am Strand und in den Wiesen, der Picknickplatz mit Weitblick oben im Wald.

Einkehr: Railway Station Mulranny.

In der Nähe: Westport House, Achill Island, Slievemore.

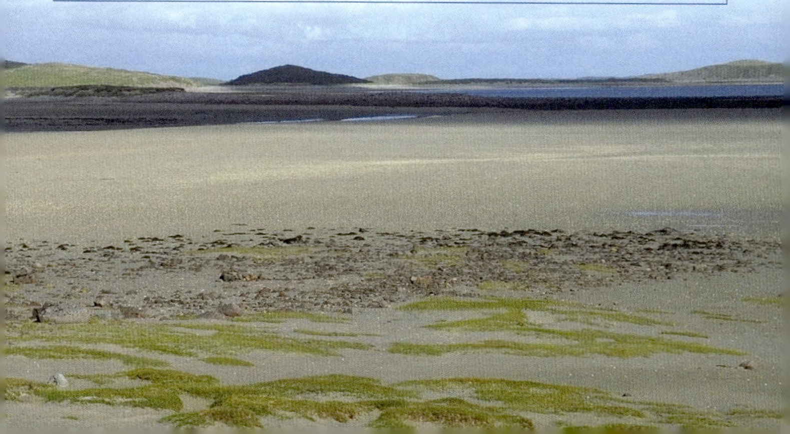

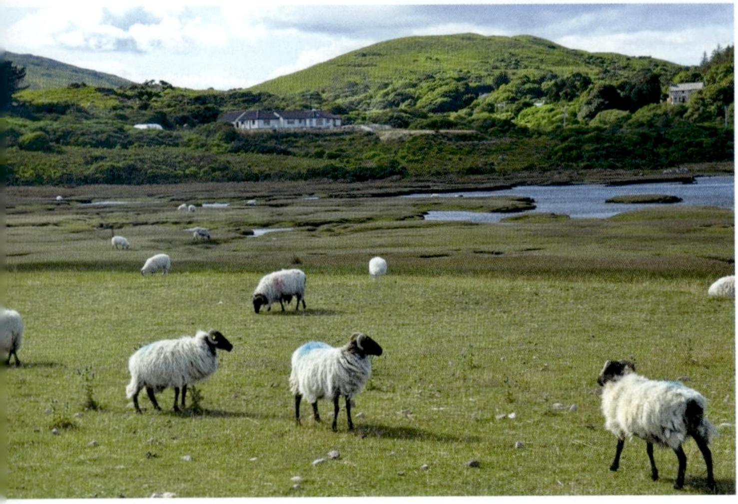

bis zu einem Haus hinaufführt. Hier halten wir uns links, marschieren auf einem Schotterweg am Haus vorbei und folgen dem breiten Weg weiter bergan. Kurz darauf queren wir eine **Straße**, gehen weiter geradeaus, und durchqueren ein **Weidetor aus Metall.** An der linken Seite gibt es auch eine Vorrichtung zum Überklettern. Hinter dem Tor folgen wir dem Schotterweg weiter bergan, bis in der Nähe eines **Strommasten** rechts ein **Markierungspfosten unseres Weges** ④ steht. Dort geht es rechts in die Dünen und unser Weg wird zum Trampelpfad.

Am besten geht man hier von Markierungspfosten zu Markierungspfosten, denn der richtige Pfad ist nicht immer eindeutig erkennbar. Über mehrere Hügel mit bestem Blick über den Strand wandern wir jetzt auf den Ort zu. Der markierte Pfad trifft kurz vor Mulranny auf die **Zufahrtsstraße zum Strandparkplatz**, die wir zum Glück nur ein ganz kurzes Stück links hinauf müssen. Dann stehen wir an der **Hauptstraße** ⑤ und unser Pfad geht direkt gegenüber weiter.

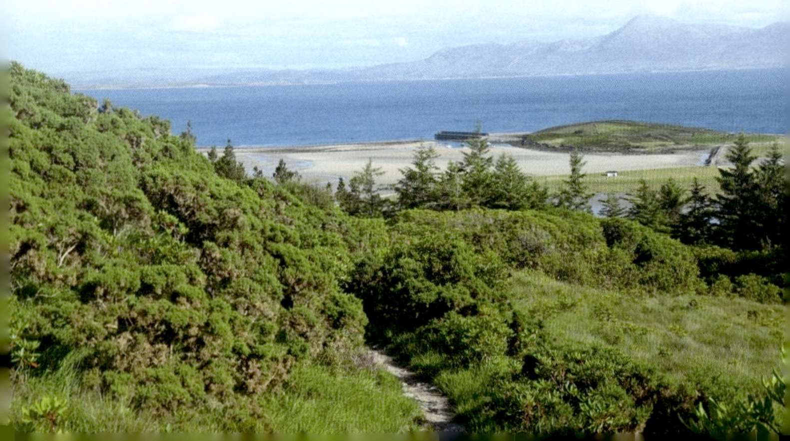

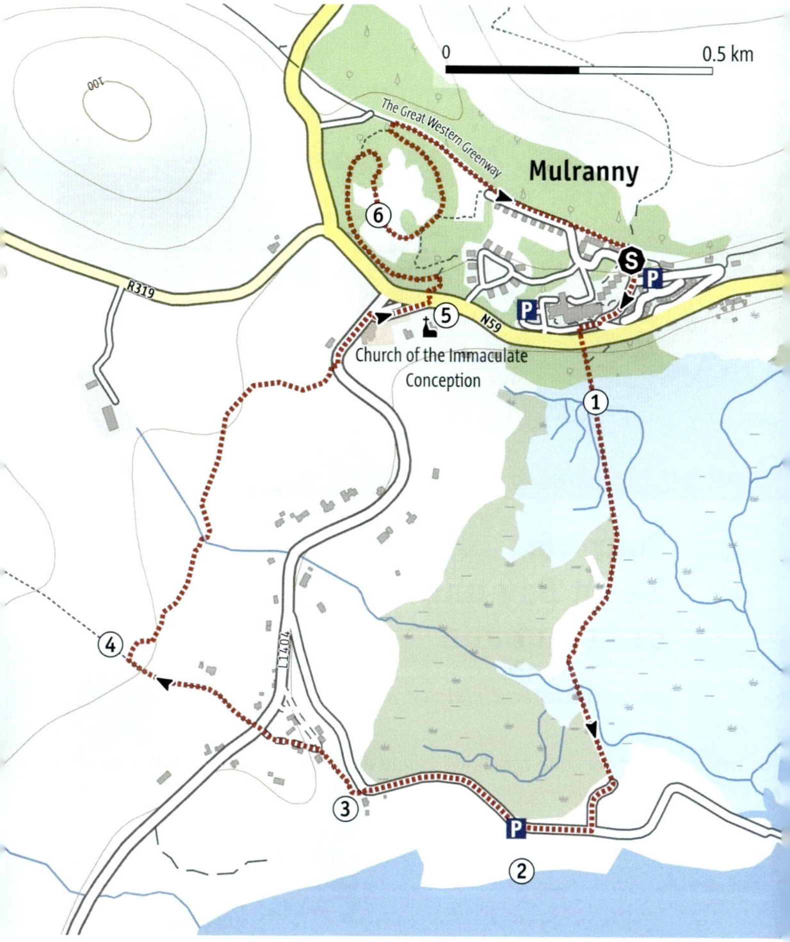

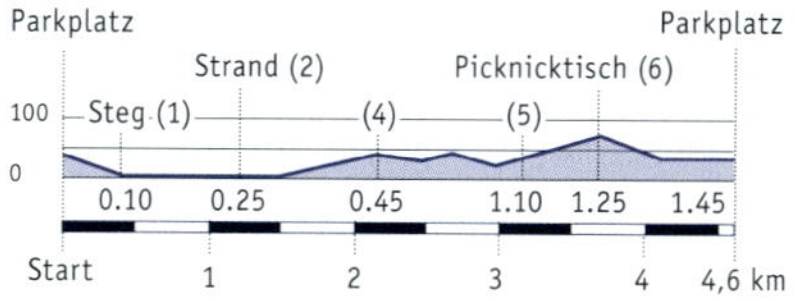

Wir schlüpfen durch ein enges Tor und finden uns auf einem schmalen, zugewachsenen Waldpfad wieder. Es geht steil bergauf und der Weg verliert sich nicht im Wald, sondern wird immer deutlicher und gepflegter. So wandern wir links um einen Hügel herum, um ihn dann von der Rückseite zu erklettern. Am höchsten Punkt steht an traumhaft schönem Platz mit bester Aussicht ein **Picknicktisch** ⑥.

Dann geht es in einem genauso großen Bogen wieder hinunter und immer der Nase nach, bis unser Pfad auf den breiten **geschotterten Greenway** trifft. Diesem folgen wir rechts, bis wir wieder am ehemaligen Bahnhof von **Mulranny** und damit an unserem Parkplatz stehen.

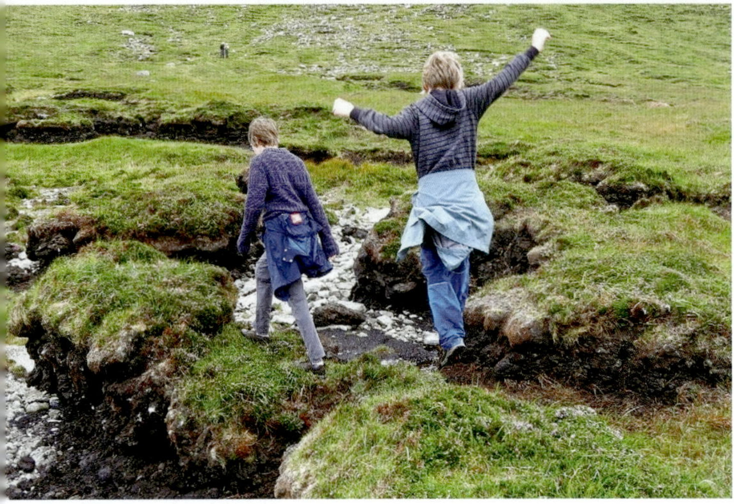

290 m

STRECKE

5,5 km

2 h 30

ab 10

Tour 46: Keem Bay und die Cliffs of Croaghaun

Am westlichsten Zipfel von Achill Island

Ganz am Ende von Achill Island liegt ein geschützter Badestrand in einer kleinen Bucht. Ein steiler Pfad führt von dort hinauf zur Klippe. Über Stock und Stein geht es dann hinein in ein Tal, das so aussieht, als hätten es seit der letzten Eiszeit höchstens ein paar Schafe betreten – und als sei besagte Eiszeit frühestens vorgestern zu Ende gegangen. An windstillen Tagen können trittsichere und schwindelfreie Wandernde den oberen Weg wählen und einen Blick auf die mächtigen Cliffs of Croaghaun werfen, die mit 664 Metern die höchsten Seeklippen Irlands sind.

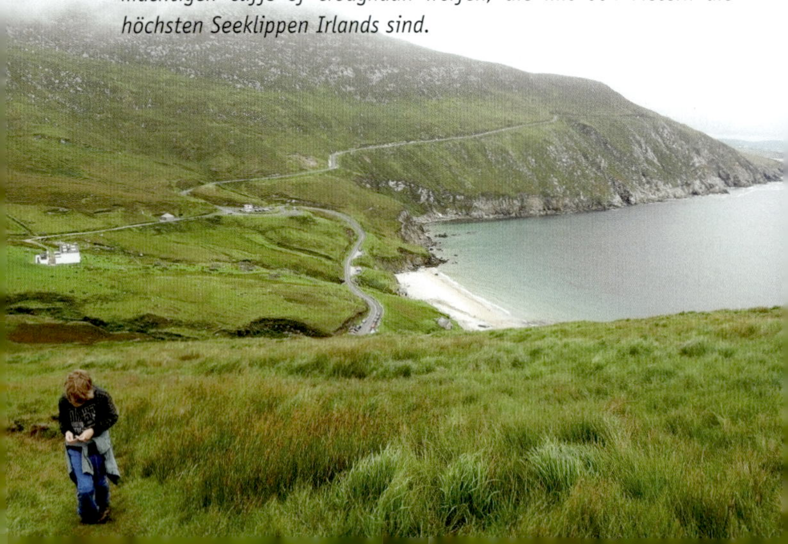

Wanderung: Vom untersten Parkplatz aus suchen wir uns den Pfad, der hinter den Imbisswagen mit den lauten Generatoren den steilen Hang hinauf führt. Dass wir in einer halben Stunde ganz dort oben stehen sollen, wo sich die Silhouette des Horchpostens und oft auch die anderer Wandernden winzig vorm Himmel abzeichnen, können wir uns kaum vorstellen. Dass man hier überhaupt langlaufen können soll, erscheint im ersten Moment zweifelhaft. Das erweist sich dann aber gar als nicht so schwierig, wie es auf den ersten Blick aussieht. Die Schilder, dass Hunde an der Leine zu führen sind, verdeutlichen, dass das hier wirklich ein offizieller Wanderweg ist.

Anfangs gibt es noch **mehrere Stränge von Pfaden**. Eigentlich ist es recht egal, welchen wir erwischen. Der Hauptweg verläuft schräg hinauf und scheinbar weit weg von unserem Zwischenziel, dem **Klippenbunker** ①, ändert dann aber seine Richtung und führt doch auf das Häuschen zu. Blicken wir zurück, wird die Aussicht über die Bucht mit jedem Höhenmeter spektakulärer.

Stehen wir erst ganz oben, wissen wir, dass sich die Anstrengung gelohnt hat! Wir können den nicht besonders hübschen, aber spannenden Betonbau erkunden, und natürlich können wir auf der anderen Seite der Klippe weit übers Meer sehen. Die nächste Landmasse in diese Richtung ist Amerika. Das können wir sicher nicht erspähen, aber Sichtungen von Delfinen und auch Walen sind von hier aus keine Seltenheit.

Wenn wir lange genug über das Meer geschaut haben, geht es rechts herum auf dem **Hügelkamm** weiter. Ein Wanderweg ist

TOUREN-STECKBRIEF

Anfahrt: Kurz hinter Mulranny führt eine Brücke über das Meer nach Achill Island. Unsere Tour liegt im hinterletzten Winkel der Insel – wir fahren einfach die Straße immer weiter geradeaus bis zum bitteren Ende. Das letzte Stück hinter Keem wird spannend, denn die hier nun schmale Straße windet sich in vielen Kurven hoch über das Meer, um sich gleich anschließend wieder zu einer kleinen Strandbucht hinunterzuschrauben. Es gibt mehrere (kostenlose) Parkplätze, die im Sommer bei halbwegs gutem Wetter ab mittags alle überfüllt sind. **GPS N 53°58′03.0″, W 10°11′44.3″.**

Anspruch und Charakter: Die Kurzversion der Wanderung geht auf Pfaden im Gras steil bergauf und bergab. Die lange ebenfalls, jedoch zieht sie auch noch einen Bogen durch das völlig naturbelassene Tal. Dabei geht es am Hang entlang auf schmalsten Schafpfaden oder ganz querfeldein. In der Talsohle ist es oft feucht und matschig. Achtung: Oben an den Klippen geht es ungesichert steil hinab! Den Weg nur bei stabilem Wetter und keinesfalls an windigen Tagen gehen. Wanderschuhe sind unbedingt erforderlich.

Highlights: Klippenblicke, ein begehbarer Horchposten aus dem Zweiten Weltkrieg, in der langen Version ein trockenes Flussbett, Ruinen, am Ende der Keem Valley Beach mit Bach.

Einkehr: Auf dem untersten Parkplatz stehen im Sommer verschiedene Imbisswagen.

In der Nähe: Slievemore.

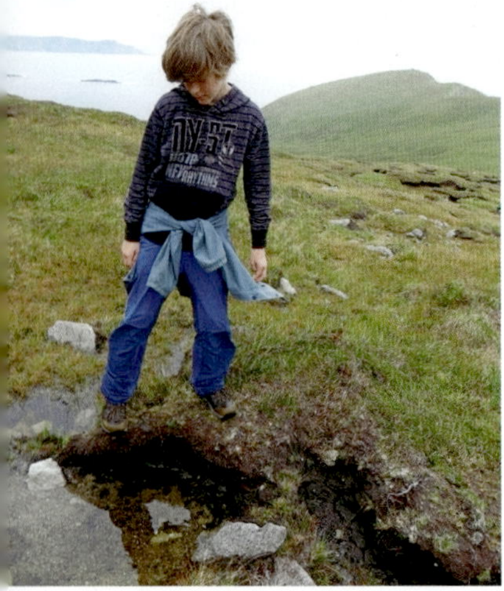

ausgetreten und somit gut erkennbar. Er führt in angenehmer Entfernung zur gefährlichen Kante zu einigen weiteren Stellen, von denen man zwischen grasenden Schafen das Meer und die Insel überblicken kann.

Bald gelangen wir an eine **Abzweigung** ②, wo ein schmaler, aber gut erkennbarer Pfad wieder hinunter Richtung Parkplätze und Strand führt. Wer keine Lust auf nasse Füße hat, sollte jetzt abbiegen. Alle, die das Abenteuer lockt, laufen weiter geradeaus.

Zunächst ist der Weg noch ein solcher und führt weiter an den Klippen entlang. Dann gerät der Strand unten außer Sicht, und ebenso der Gipfel der Klippen vor uns. Den könnten wir wieder einholen, indem wir links hoch laufen, wie offizielle Wanderkarten es vorsehen. Wir halten uns hier von der Klippe fern und gehen stattdessen geradeaus weiter. Der schmale, aber gut erkennbare Pfad führt an der Hügelflanke entlang. Je weiter wir kommen, desto mehr verliert sich der Schafpfad jedoch in der feuchten Heide. Dafür kommen voraus im Tal zwei **kleine Teiche** ③ in Sicht. Sie sind unser Wendepunkt. Von hier aus sehen wir auch wieder das Meer.

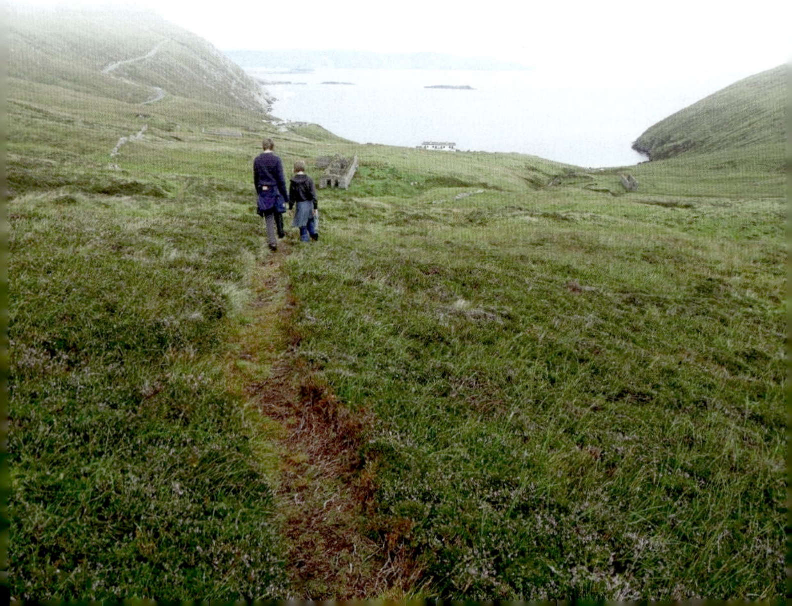

Wir müssen nun hinab in die Talsohle, denn unser Rückweg verläuft am gegenüberliegenden Hang. Hinter dem zweiten Teich ist auf offiziellen Karten ein **Wanderweg** verzeichnet, auch wenn von dem in der Praxis wenig zu sehen ist. Er kommt oben von den Klippen und führt auch auf der anderen Seite wieder steil den Hang hinauf. Wir nutzen diesen weitgehend unsichtbaren Pfad eine kleine Weile, denn hier ist der Grund immerhin nur so nass, dass man den Scheitelpunkt des Tals gut durchqueren kann.

Erst ganz unten stellen wir dabei fest, dass wir tatsächlich eigentlich auf dem **Grund eines alten Flussbettes** laufen. Wassermassen haben Steine angespült und stellenweise die Torfschicht aufgerissen. Je nach Wetterlage gluckern hier nun nur kleine Rinnsale vor sich hin.

Wir steigen den anderen Hang so weit hinauf, dass wir nicht mehr im Wasser stehen, auf jeden Fall aber unterhalb der Wolken bleiben, die hier gern besonders tief hängen. Einen vernünf-

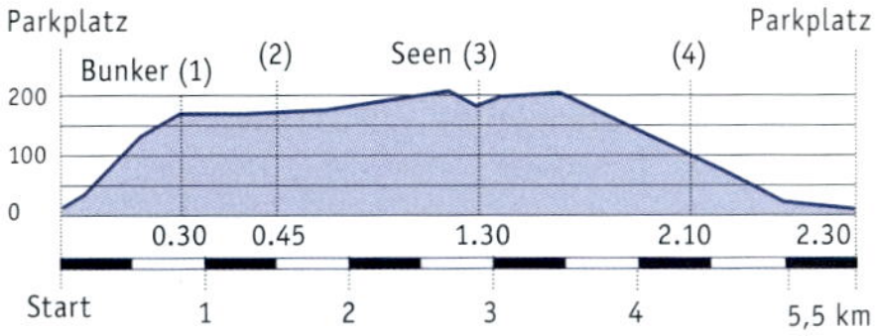

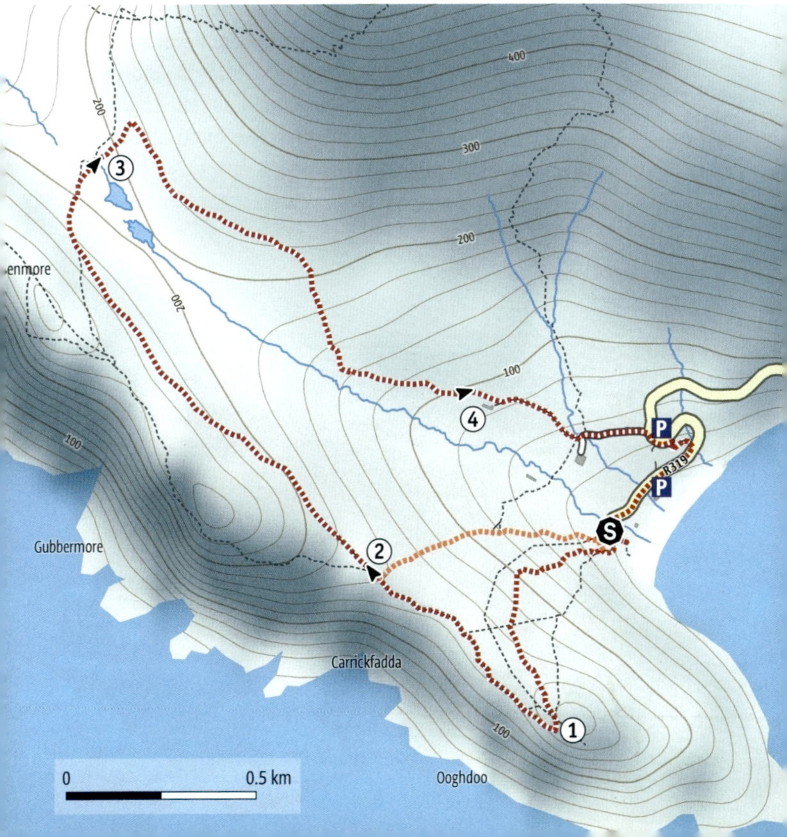

tigen Weg gibt es ohnehin nicht, also laufen wir querfeldein über Steine und Heidekraut ungefähr parallel zum alten Fluss.

Nach einer ganzen Weile kommen vor uns **Ruinen** in Sicht. Wir peilen die mittlere an, die ein wenig wie eine Eins geformt ist. Auf diese Weise stoßen wir irgendwann auch wieder auf einen **Pfad**, der diesen Namen verdient. Er führt uns direkt an der **verlassenen Hirtenunterkunft** ④ vorbei, die schon früher nur im Sommer bewohnt wurde. Die Überreste können wir erkunden.

Ab der Ruine verwandelt sich der Pfad in einen ernstzunehmenden Feldweg. Schließlich kommen wir beim **obersten Parkplatz** heraus, wo es auch eine öffentliche Toilette gibt. Wir überqueren die Straße, können am gegenüberliegenden Parkplatz noch einige Infotafeln über die Lokalgeschichte lesen und schließlich am anderen Ende über einen **steilen Zickzack-Weg hinuntersteigen**. Dann müssen wir noch ein kurzes Stück an der befahrenen Straße entlang gehen, bevor wir hinter der Brücke zum Strand hinuntersteigen können. Kinder sollten hier also nicht alleine vorlaufen.

Ebenfalls auf Achill Island befinden sich die Ruinen des Dorfes **Slievemore**. Der Slievemore ist der höchste Bergrücken auf Achill Island. An seiner Flanke liegen die Ruinen. Obwohl neuere Forschungen nahelegen, dass es von Anfang an ein nur im Sommer bewohntes Hirtendorf war, gilt das »Deserted Village of Slievemore« vielen Besuchenden als Denkmal für die Hungersnot und ihre Folgen. Mehr als 50 Gebäude sind teilweise noch gut erhalten und begehbar. Das Gelände ist frei zugänglich.

Ganz in der Nähe befindet sich auch der breite **Keel Beach**, der bei Badegästen beliebt ist. Wesentlich schmaler, dafür eine geologische Sensation, ist **Dooagh Beach** ein Dorf weiter, der in den achziger Jahren in einem Sturm komplett verschwand, nur um 2017 nach einem weiteren Sturm wieder aufzutauchen.

Die Ruinen von Slievemore

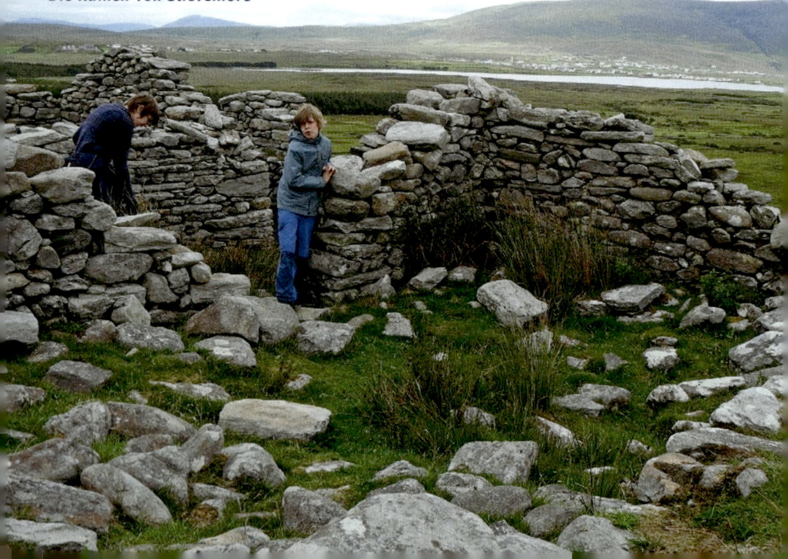

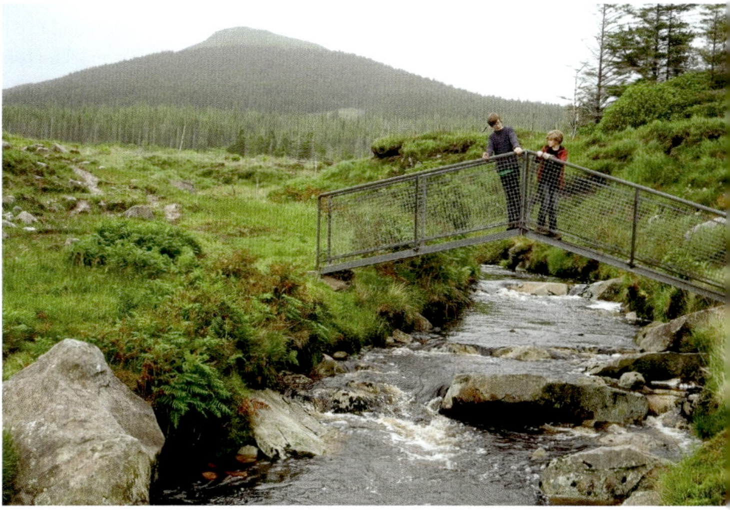

Tour 47:
Letterkeen Loop Walk

90 m

STRECKE 5,1 km

2 h

ab 6

Rundweg in der Wildnis des Ballycroy-Nationalparks

Der Ballycroy-Nationalpark beherbergt eines der größten Hochmoore in Europa. So viel Sumpf gibt es im Westen des Kontinents sonst nirgendwo. Entsprechend feucht wird unsere Wanderung – aber auch entsprechend interessant. Mitten im Nationalpark sind wir weit weg von allem und meistens ganz alleine in der Natur, die auf weiten Strecken völlig unberührt erscheint. Gesellschaft leisten uns neugierige Schafe. Wer Glück, hat kann Singschwäne, Wasseramseln und Goldregenpfeifer entdecken. Auch Otter und sogar Schneehasen sind in der Gegend zu Hause.

TOUREN-STECKBRIEF

Anfahrt: Von der N59 zweigt nördlich von Newport der braun ausgeschilderte Nephin Drive ab. Auch der »Trailhead Letterkeen Loopwalk« ist schon früh bebeschildert, obwohl es noch zwölf Kilometer ins Nirgendwo geht. Vorbei an einem Wanderparkplatz mit Bushaltestelle und dann einem Parkplatz-Schild folgend biegen wir links in einen Waldweg ein, an dessen Ende – auch wenn man im ersten Moment nicht glauben kann, hier wirklich richtig zu sein – bei **GPS N 53°59'21.0", W9°34'22.7"** ein größerer Parkplatz wartet.
www.nationalparks.ie/wild-nephin

Anspruch und Charakter: Offiziell starten hier drei Wanderwege zwischen fünf und 13 Kilometern Länge. Unserer ist eine Variante des kürzesten und trotzdem eine Tour, die nur mit wetterfester Ausrüstung und – vor allem – Wanderschuhen begangen werden sollte. Hier geht es wirklich richtig durch die Natur, nicht über geteerte Wege. Das heißt: Es wird steinig und nass.

Highlights: Unberührte Natur und ein wildes Bachtal mitten im Nirgendwo.

Einkehr: Keine.

In der Nähe: Ballycroy Nationalpark Information Centre.

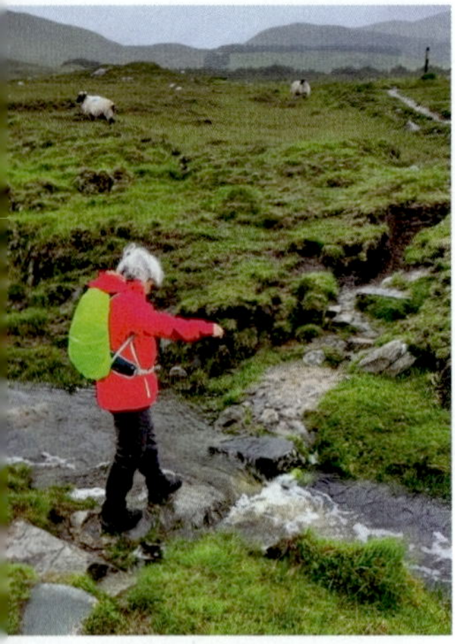

Wanderung: Unsere Wanderrunde ist eine Abwandlung des blau markierten Bothy-Loop. Vor dem Schutzhäuschen folgen wir den Wegmarkierungen in blau, lila und rot über eine hübsche Brücke und einen kleinen Holzbohlensteg zu einem zweiten **Picknickplatz** ① am Fluss. Dahinter laufen wir immer am rechten Flussufer entlang, bis von rechts ein Bach herunterkommt. Hier geht es nach rechts und am Bach entlang aufwärts. Wir folgen dabei den Markierungspfosten, die in regelmäßigen Abständen den Weg weisen.

Nach einem knappen Kilometer treffen wir auf eine **Brücke** ②, ein paar Meter weiter geht es über **Trittsteine durch einen weiteren kleinen Bach**. Dann halten wir auf den Hügel zu, marschieren durch eine weite Moorlandschaft und schrecken dabei etliche Schafe auf, die wohl nur selten durch Wandernde gestört werden. Der Weg ist klar erkennbar, wird aber zunehmend feuchter. Zuerst können wir uns meistens auf größere Steine retten, die an den feuchtesten Stellen aufgereiht sind.

Wer darauf achtet, entdeckt rechts am Weg einen Zaunübertritt. Hier kommen wir später zurück. Zuerst laufen wir noch etwa 800 Meter auf dem immer feuchter werdenden Wanderweg bergan, bis rechts eine **Brandschneise** ③ zwischen den Bäumen durch eine Kuhle führt. Hier verlassen wir den markierten Weg und biegen rechts ab.

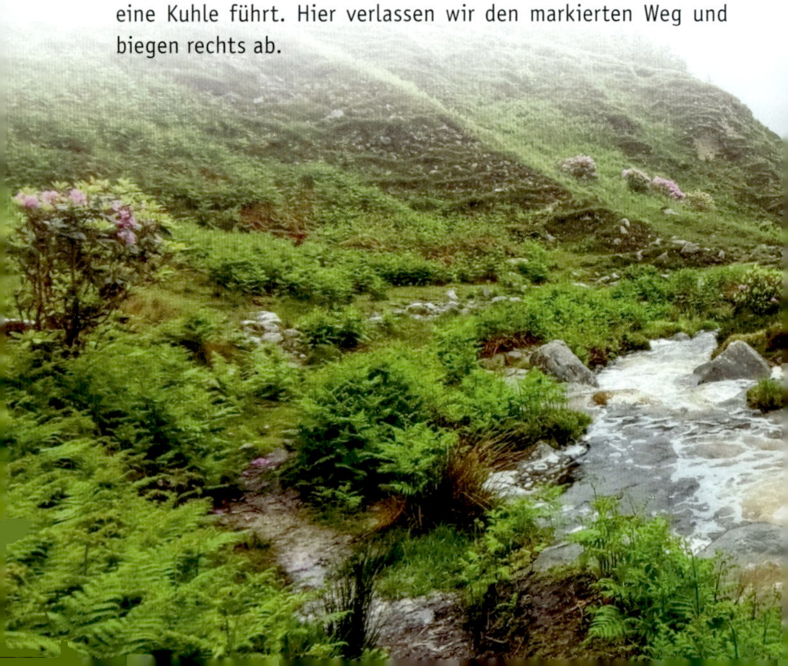

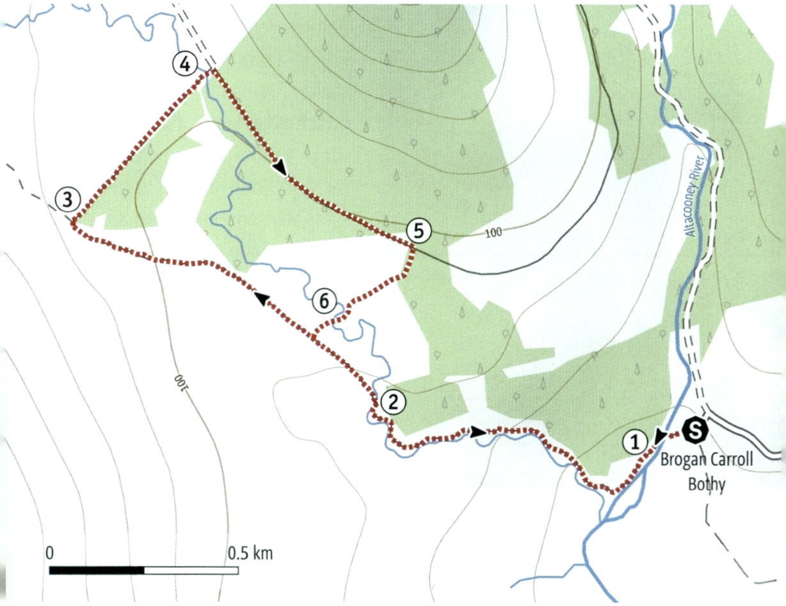

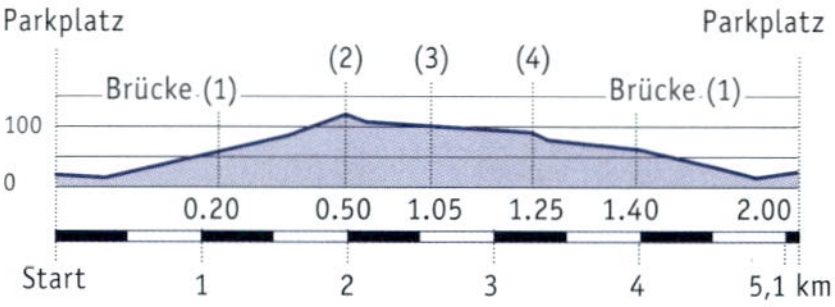

Nun geht es die breite, sehr feuchte Waldschneise entlang. Wer keine guten Wanderschuhe oder Gummistiefel trägt, bekommt spätestens hier nasse Füße. Fast kann man in diesem Morast den Spaß an der Sache verlieren. Doch keine Angst: Auch wenn es zunächst so aussieht, der Weg zieht sich nicht schnurgerade bis zum Gipfel hinauf. Weit vorher zweigt rechts eine **metallene Brücke** ④ mit integrierter Schafsperre ab, die wir überqueren.

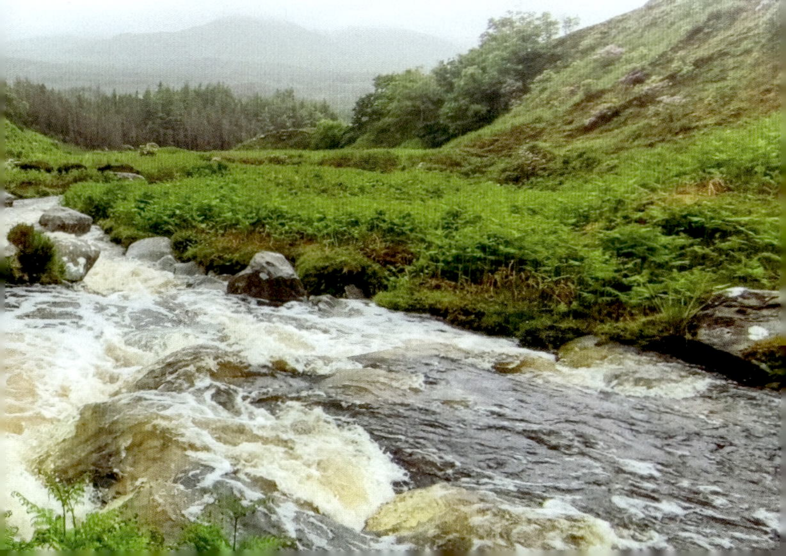

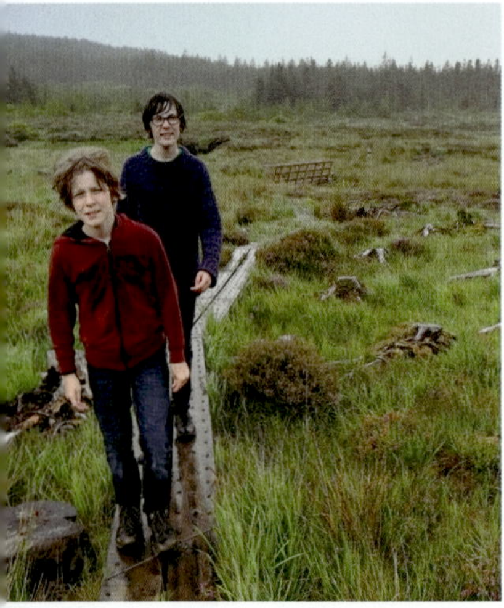

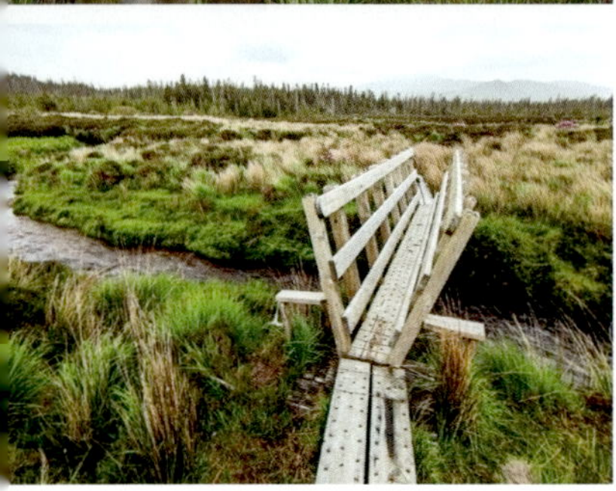

Dahinter kommt ein kurzes Stück fester Waldweg, dann stehen wir auf einer breiten **geschotterten Forststraße**. Hier wenden wir uns nach rechts. Bald nimmt der Weg sympathischere Formen an, und die Tatsache, dass wir durch einen streng angepflanzten Fichtenwald wandern, wird von den Rhododendren und Laubbäumen direkt am Wegesrand verschleiert.

So kommen wir gut voran, bis wir rechter Hand an einen **gelb markierten Zaunübertritt** ⑤ gelangen. Den übersteigen wir und laufen auf einem schmalen Kiesweg in einen lichten jungen Kiefernwald, der sich hier ganz frei und unordentlich auf einer Heidefläche ausbreiten darf. Nach einer Weile weicht der Kies einem **Holzbohlenweg**. Schließlich gelangen wir an eine **Brücke** ⑥ und kurz darauf wieder an einen **Zaunübertritt**. Nach ein paar Metern geradeaus durchs feuchte Gras stehen wir auf dem **Wanderweg**, den wir anfangs entlang gelaufen sind. Wir wenden uns nach links und gehen über die bekannte Strecke den Weg zum Parkplatz zurück.

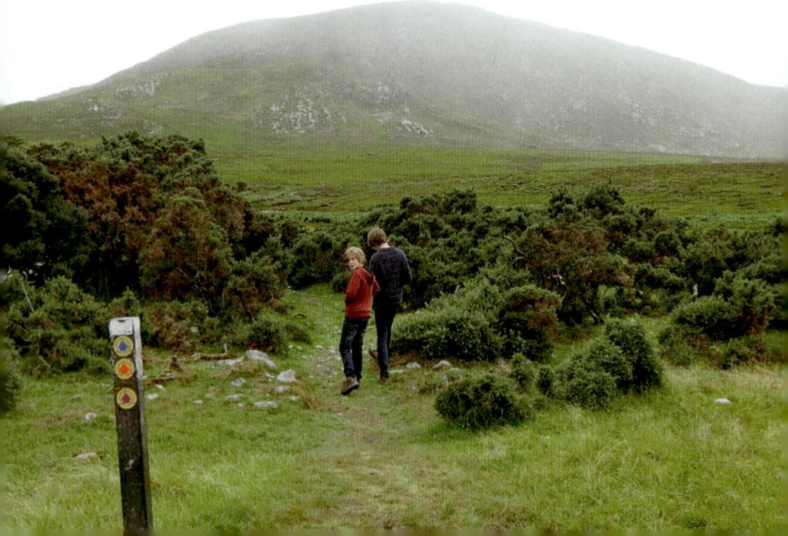

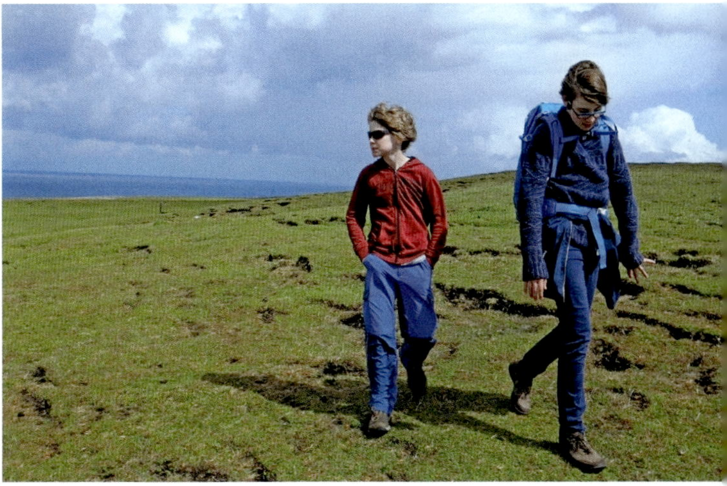

Tour 48: Erris Head

110 m

STRECKE 5 km

1 h 45

ab 6

Fernab aller Zivilisation einmal um die Landspitze

Der Erris Head Loop Walk ist einer der wenigen irischen Wanderwege, der zu keinem Zeitpunkt über Asphalt führt. Stattdessen laufen wir teils auf ausgetretenen Wegen, teils völlig pfadlos von Wegweiserpfosten zu Wegweiserpfosten über Wiesen und Torf entlang der Klippen. Spektakulär ist der Ausblick auf die vorgelagerte Insel Erris Head, die eine schmale, aber tiefe Meeresschlucht von der Belmullet-Halbinsel trennt.

Wanderung: Den ersten dramatischen Klippenblick gibt es schon am Parkplatz. An den Fahrrad-Infotafeln geht es über eine **kleine Brücke** und einen ersten **Zaunüberstieg**. Entlang der Abbruchkante wandern wir dann über die Schafwiesen. Hier trennt

TOUREN-STECKBRIEF

Anfahrt: Von Belmullet aus ist Ceann Iorrais als Aussichtspunkt des Wild Atlantic Ways mit braunen Schildern ausgewiesen. An manchen Abzweigungen ist stattdessen aber auch der »National Loop Walk« ausgeschildert. Am sichersten ist es, das Navi mit den Koordinaten zu füttern, denn allein schon die Anfahrt ist eine landschaftlich schöne, aber langwierige Angelegenheit. Am Ende der Straße wartet ein großer kostenloser Parkplatz bei **GPS N 54°17'18.9", W 9°59'19.1"**.

Anspruch und Charakter: Auf einer Seite geht es neben unserem Wanderweg zumeist in die Tiefe, wenn auch mit einigem Abstand. Der Abgrund ist teils mit einem Zaun gesichert, teils nicht. Mehrmals müssen Zäune über spezielle Leitern überstiegen werden. Keine Hunde erlaubt.

Highlights: Weite und Einsamkeit, tolle Klippenblicke, ein Ausguck aus dem Zweiten Weltkrieg. Mit etwas Glück sieht man auch Wale. Fernglas mitnehmen!

In der Nähe: Weit und breit gar nichts!

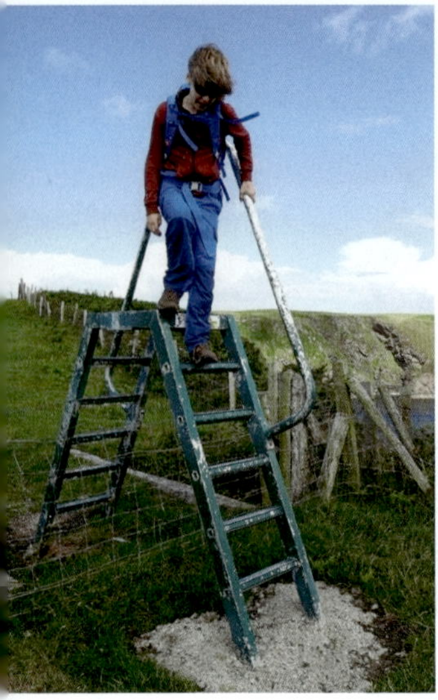

uns noch ein Zaun vom Abgrund. Dahinter bringt beinahe jeder zurückgelegte Meter neue Ausblicke auf die Steilküste bis hinüber zum Benwee Head auf der Carrowteige-Halbinsel.

Insgesamt drei Mal müssen wir **Schafzäune** übersteigen. Dann lassen wir alle Begrenzungen hinter uns (1). Der Weg leitet uns prompt etwas ins Innere der Halbinsel, die wir umwandern. Der Pfad ist hier noch sehr gut zu erkennen. In regelmäßigen Abständen leiten uns zusätzlich **Pfosten mit roten Pfeilen**. Da es immer in Sichtweite des Meeres weitergeht, ist es ohnehin schwer möglich, sich ernsthaft zu verlaufen.

Nach einer ganzen Weile geraten wir etwas abseits der Küste zwischen **Farn**, schon bald aber kommen die Klippen wieder in Sicht. Nun nähern wir uns auch dem vorgelagerten Inselchen **Erris Head** (2), das zum Greifen nah erscheint. Es ist jedoch eine unüberbrückbar tiefe Schlucht, die die Insel vom Festland trennt. Halten wir uns sklavisch an die Wegweiser, kriegen wir davon gar nichts zu sehen, denn der nächstgelegene rote Pfeil zeigt unbarmherzig nach links, während es rechts noch gut und gerne 20 Meter bis zur Abbruchkante sind. Wenn wir ganz vorsichtig sind, spricht aber nichts dagegen, sich etwas weiter an den Abgrund heranzutasten, bis wir unten an den Klippenwänden die Wellen schwappen und die Vögel durch die schmale Schlucht flitzen sehen. Besondere Vorsicht ist bei dieser Aktion bei starkem Wind geboten!

Dann folgen wir dem Pfeil, der uns an der anderen Seite der Halbinsel entlang wieder zurück schickt. Hier gibt es nun keinen sichtbaren Weg mehr. Die **Ruine auf dem Hügel** zeigt uns das nächste Zwischenziel aber unmissverständlich an.

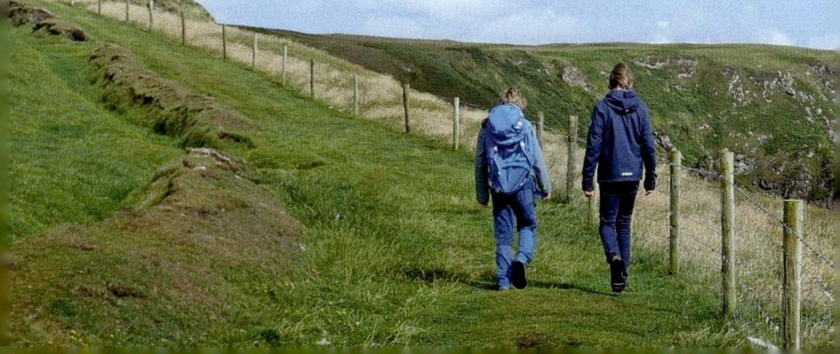

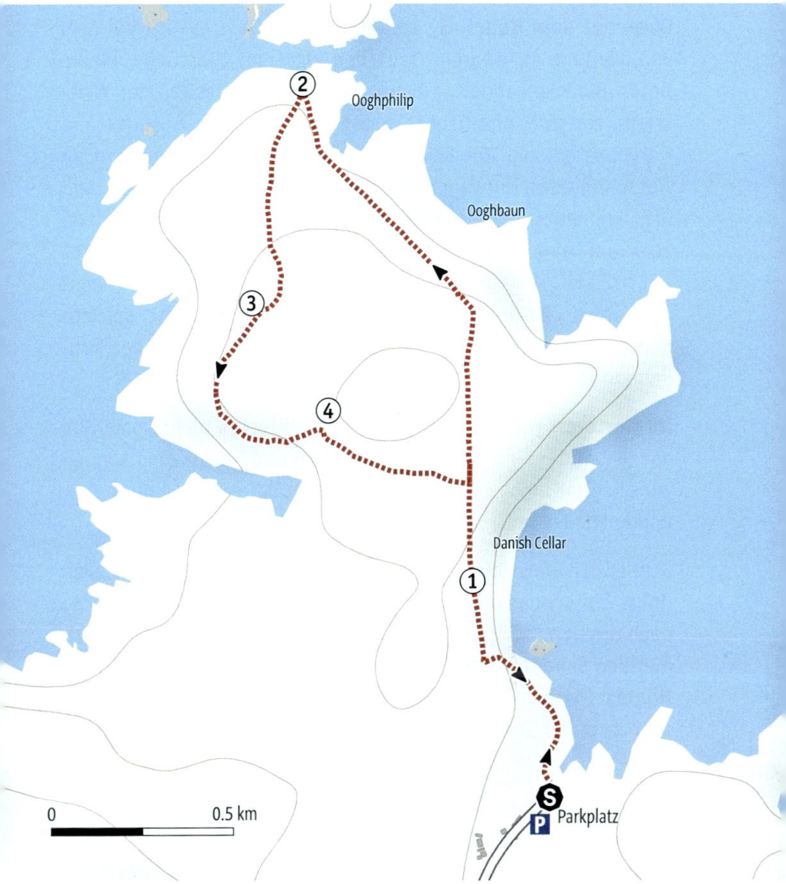

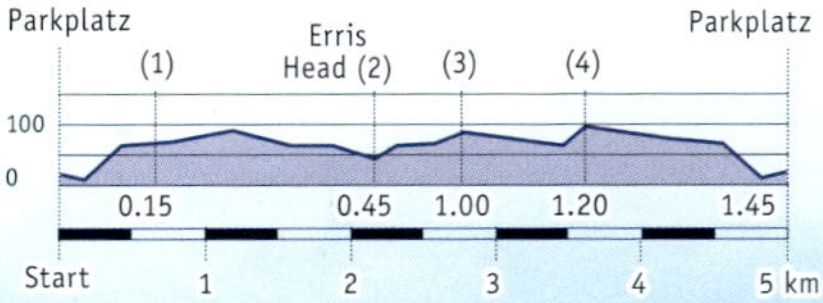

Zwischendurch korrigieren Wegweiserpfosten unsere Schritte etwas nach rechts, wo wir besseren **Meerblick** haben und außerdem abseits der steinigen Abschnitte besser laufen können.

An der Atlantikseite der Halbinsel sollen sich auch immer wieder Wale sichten lassen. Wer ein Fernglas mitgebracht hat, entdeckt vielleicht den einen oder anderen.

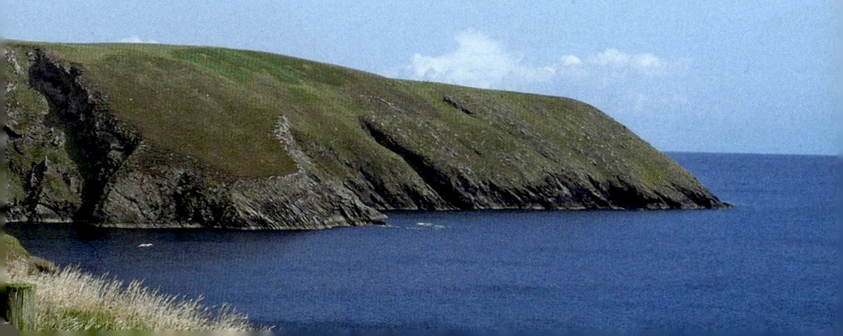

Oben auf dem Hügel ③ stellen wir fest, dass es sich bei dem von weitem sichtbaren Häuschen um eine hässliche kleine Beton-Baracke handelt, die hier seit dem Ende des Zweiten Weltkriegs vor sich hinrottet. Damals diente sie als Ausguck und Horchposten, um die Bevölkerung vor deutschen Bombern zu warnen, die von Norwegen her übers Meer kamen. Zwar war Irland offiziell neutral, das zu Großbritannien gehörende Nordirland aber war wegen kriegswichtiger Produktionsstätten erklärtes Angriffsziel. Um die feindlichen Piloten daran zu erinnern, dass die nordirische Grenze ein ganzes Stück entfernt liegt, sprühte man in weiß das Wort EIRE auf die Felsen, das wir über Kopf immer noch lesen können.

Im weiteren Verlauf sind die nächsten Pfosten nicht immer die ganze Zeit über sichtbar. Zwischen Meer und Hügelkamm können wir aber gar nicht verloren gehen. Achtung: Im Torf lauern hier immer wieder teils tiefe Löcher als Stolperfallen.

Schließlich weist ein Pfeil nicht mehr geradeaus, sondern nach links. Ein schmaler ausgetretener Schafspfad führt uns schräg nach links und hält aber auf die Klippen zu. Am besten peilen wir hier den **Sandsteinblock an**, der links den **Gipfel eines kleinen Hügels** ④ markiert. Von oben ist dann der dramatische Einschnitt in der Steilküste gut zu erkennen.

Nun können wir auch die nächsten **Wegweiser** wieder zuverlässig sehen. Zusätzlich markieren den Weg dazwischen einige **weiße Steine**. So schließt sich die Schlinge, die wir laufen, und wir treffen wieder auf den Ausgangsweg und wenden uns nach rechts. Über die drei Zaunübertritte kehren wir zum Parkplatz zurück.

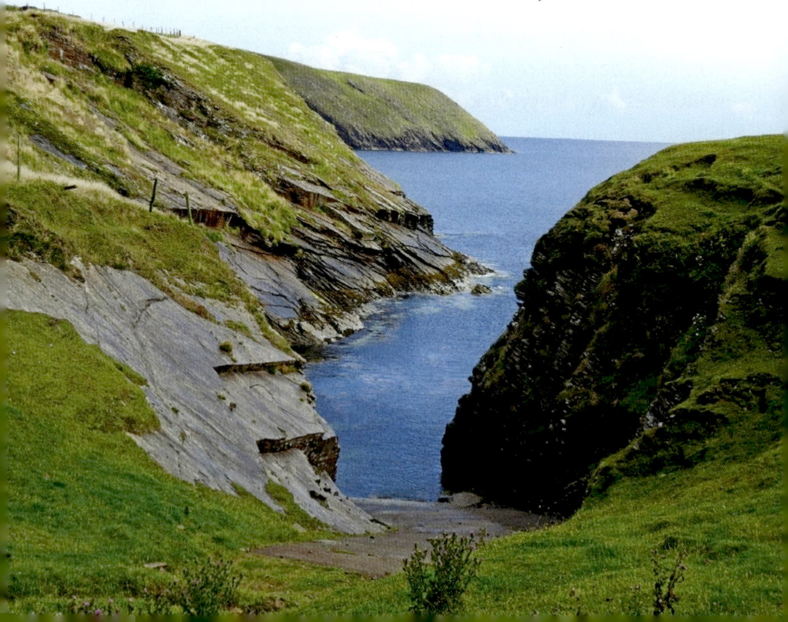

Tour 49: Downpatrick Head

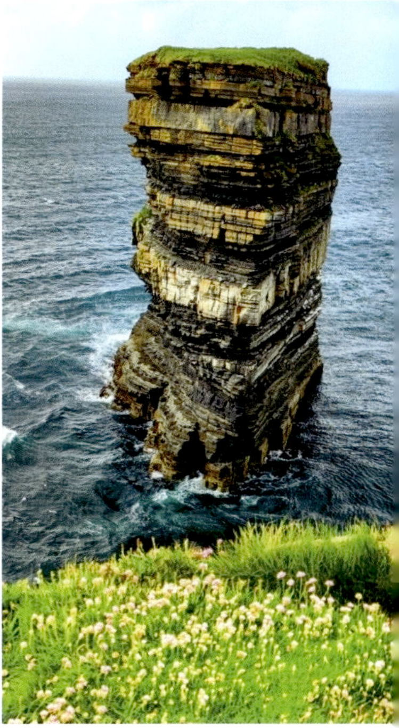

Ein Loch in den Klippen

Der heilige Patrick, Schutzpatron der Iren, hat mehrere Grabstätten. Historisch belegt ist keine einzige. Dass er hier oben an den Steilklippen im Norden Mayos beerdigt wurde, ist eher unwahrscheinlich. Ganz sicher hingegen ist, dass es sich um einen spektakulären Ort handelt. Ein Riese scheint ein steinernes Tortenstück aus der Mitte des Felsmassivs geschnitten und vor die Klippen ins Meer gestellt zu haben. Im gut abgesicherten Loch in der Hochebene tosen tief unten die Wellen.

Wanderung: Durch eine Schaf-Schleuse geht es über einen breiten Schotterweg auf die Spitze der Halbinsel zu. Nach wenigen Metern erreichen wir den **Damm**, der um das Loch herum aufgeschüttet worden ist. Wir müssen nicht klettern, der vorgesehene Weg bringt uns am bequemsten hin und einmal rum. Durch Glasscheiben können wir direkt am Abgrund in die schäumenden Wassermassen gucken. Geologisch handelt es sich um einen **Gloup**, umgangssprachlich wird die Erscheinung auf Englisch »blowhole«, also Blasloch, genannt. Obwohl mehrere hundert Meter vom Meer entfernt, schlagen die Wellen durch unterirdische Kanäle in die nach oben offene Höhle. An den Wänden eines von Studierenden designten **Unterstands** ① hängen Tafeln mit Geschichte und Geschichten über die geologische Besonderheit.

25 m

STRECKE 1,2 km

30 min

ab 4

TOUREN-STECKBRIEF

Anfahrt: Von Ballina fahren wir auf der R314 bis Ballycastle. Von dort aus ist der Downpatrick Head beschildert. Es geht noch einmal sieben Kilometer weit in die Peripherie. Sollte der Parkplatz ganz hinten bei **GPS N 54°19'22.4", W 9°20'45.1"** voll sein, gibt es ein Stück weiter vorne einen Ausweichparkplatz.

Anspruch und Charakter: Ein sehr kurzer Spaziergang vom Parkplatz zur Sehenswürdigkeit und zurück, der sich allerdings lohnt. Während das Loch wirklich abgeriegelt ist, geht es an den Klippen selbst ungesichert in die Tiefe. Warnschilder zeigen den als sicher geltenden Abstand an, wer näher ran geht, tut dies auf eigenes Risiko.

Highlights: Der Blick hinab ins Loch und auf das »Tortenstück«, Schafe, alter Posten aus dem Zweiten Weltkrieg.

In der Nähe: Céide Fields.

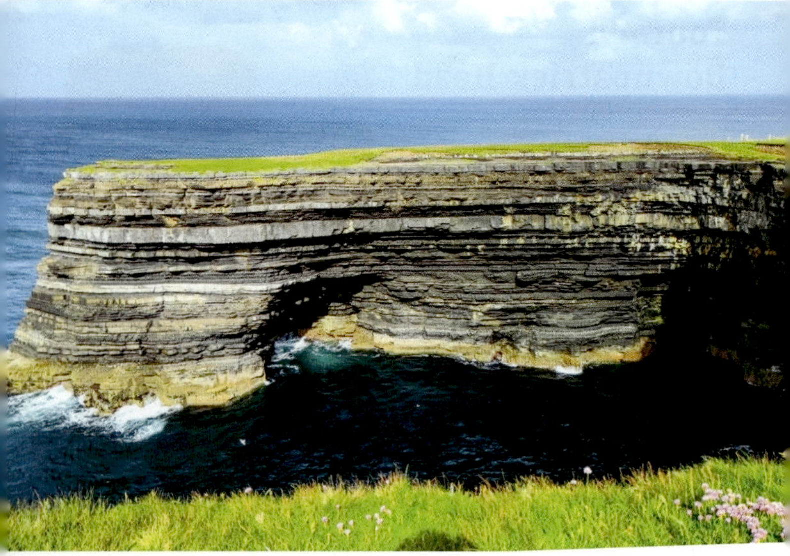

Auf der anderen Seite führt eine kleine Treppe über den Wall und auf die Klippen zu. Hier gibt es keinen vorgesehenen Weg mehr. Über das Gras und die weichen Moose laufen wir auf Warnschilder und Weltende zu. Halten wir uns etwas links, kommen wir dabei an dem recht unscheinbaren **Grab** ② vorbei, das der lokalen Tradition nach dem **Heiligen Patrick** zugeschrieben wird. Als halbwegs gesichert gilt lediglich, dass der Heilige eine Kirche im nahe gelegenen Ballycastle gründete – wobei der umtriebige Mann kaum zeitgleich überall gewirkt haben kann und in der irischen Geschichte gerne sämtliche frühchristlichen Missionare zu Sankt Patrick persönlich erklärt werden. Die kleine Statue stammt aus dem Jahr 1980.

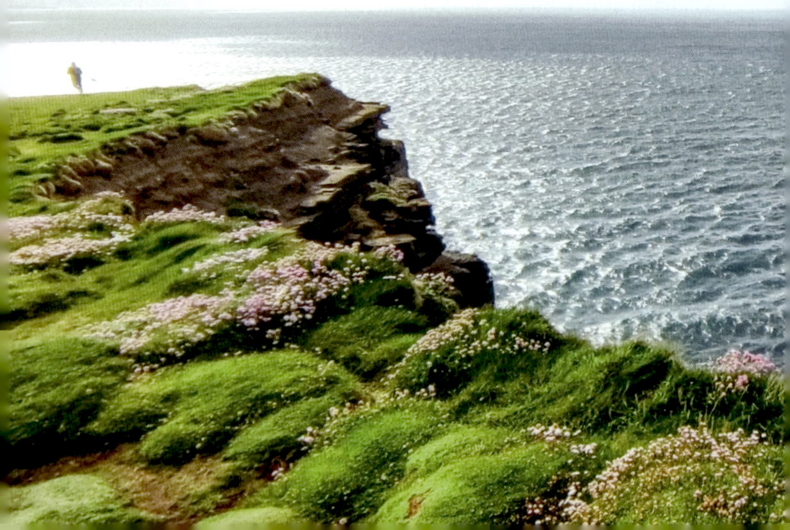

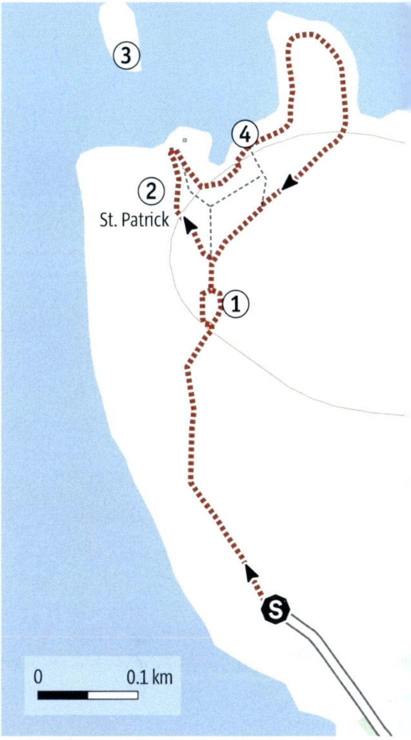

Um die freistehende Klippe namens **Dún Briste** ③ in ihrer vollen Pracht zu sehen, nähern wir uns vorsichtig dem Abgrund. Die wörtliche Übersetzung heißt »zerstörtes Fort«. Es heißt, dass die Verbindung zum Festland im 14. Jahrhundert plötzlich abbrach. Damals soll die Hochebene bewohnt gewesen sein, und Überlebende der Katastrophe konnten mit Seilen und Booten in halsbrecherischen Aktionen von dem 45 Meter hohen Felsen gerettet werden.

Noch besser ist der Steinturm von der kleinen Halbinsel auf der rechten Seite zu sehen, um die ein Pfad herumführt. Auf dem Weg dorthin kommen wir zuerst zu einem hässlichen kleinen **Unterstand aus dem Zweiten Weltkrieg** und zu den vielerorts anzutreffenden Buchstaben **EIRE** ④, die feindliche Piloten aus der Luft warnen sollten, dass hier neutrales Irland überflogen wurde. Dieser Punkt war Nummer 64 seiner Art.

Nachdem wir alles gebührend bewundert haben, gehen wir zum Parkplatz zurück.

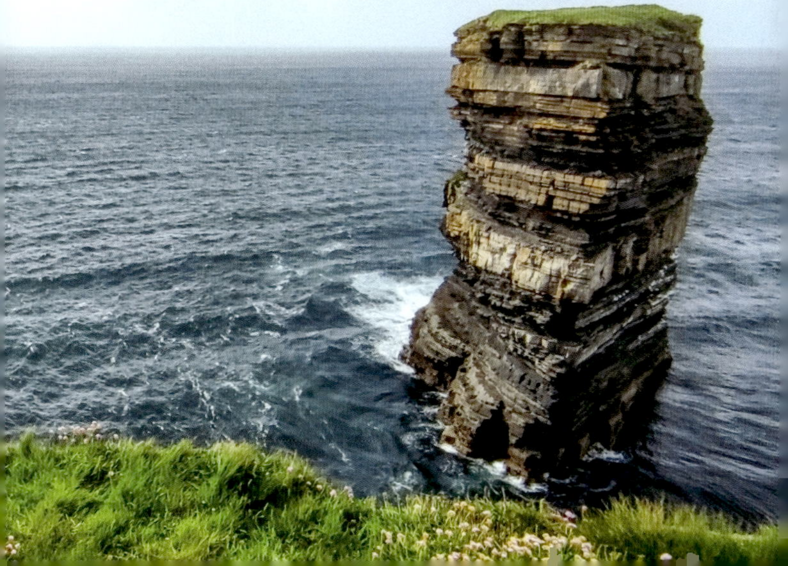

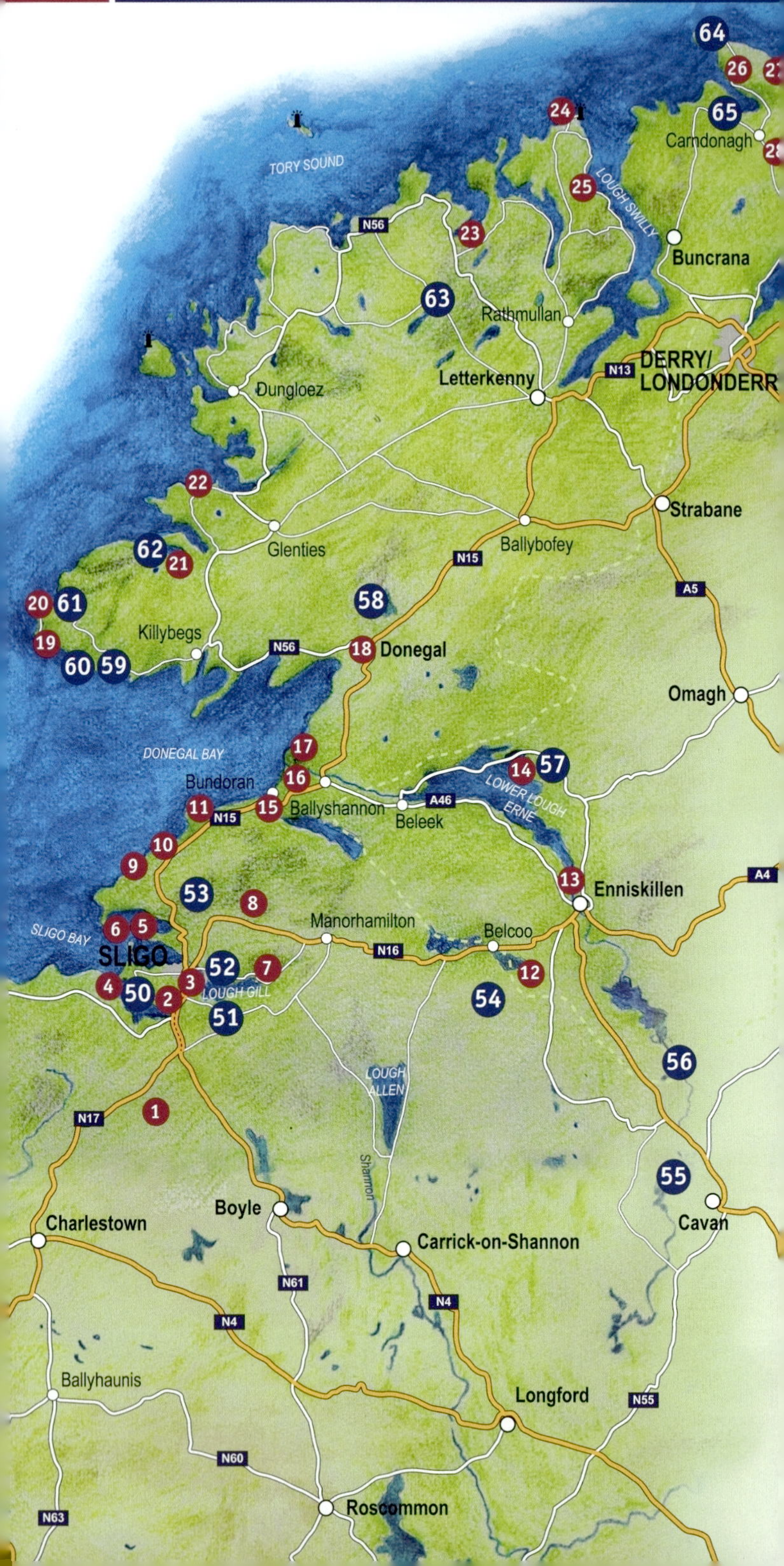
TORY SOUND
LOUGH SWILLY
Camdonagh
Buncrana
Rathmullan
DERRY/ LONDONDERR
Letterkenny
Dungloez
Strabane
Glenties
Ballybofey
Killybegs
Donegal
Omagh
DONEGAL BAY
Bundoran
Ballyshannon
Beleek
LOWER LOUGH ERNE
Enniskillen
SLIGO BAY
SLIGO
Manorhamilton
Belcoo
LOUGH GILL
LOUGH ALLEN
Shannon
Charlestown
Boyle
Carrick-on-Shannon
Cavan
Ballyhaunis
Longford
Roscommon
N56
N13
N15
A5
N16
A46
A4
N17
N61
N4
N55
N60
N63
1
2
3
4
5
6
7
8
9
10
11
12
13
14
15
16
17
18
19
20
21
22
23
24
25
26
50
51
52
53
54
55
56
57
58
59
60
61
62
63
64
65

Rund um die quirlige Stadt Sligo, in deren Straßen über 150 Pubs zu finden sein sollen, zeigt sich die irische Landschaft noch einmal von ihrer sanften Seite. Besonders charakteristisch für die Region sind die ungewöhnlichen grünen Tafelberge wie der Ben Bulben und der kleinere Knocknarea sowie die großen Seen im Hinterland. An der Küste reihen sich zwischen Sligo und Donegal lange, meist ziemlich einsame Sandstrände.

Ganz im Norden der Republik Irland wird es dann einsam und wild. Während die Stadt Donegal noch ein recht wuseliges Zentrum lokaler Geschäftigkeit darstellt und die Fischereiflotte in Killybegs ein wahrhaft erstaunliches Areal im Hafen einnimmt, wird es abseits der Städte und Landstraßen ganz schnell ganz ruhig. An bestimmten Hotspots allerdings sammeln sich die Menschen dann doch wieder – bei den Klippen von Slieve League zum Beispiel, die als höchste Klippen Europas 600 Meter in die Tiefe stürzen. Auch Malin Head, der nördlichste Punkt der Insel, erfreut sich als Sehenswürdigkeit großer Beliebtheit, seit er als Drehort des Star-Wars-Filmes bekannt wurde. Andernorts geht es geruhsam zu. Kleine Museen vermitteln, wie hart das Leben der Menschen hier in den vergangenen Jahrhunderten gewesen ist. Endlose Strände und wunderbare Buchten aus feinem weißen Sand lassen an südlichere Gefilde denken.

Rund um Sligo

1 Eagles Flying

GPS N 54°06'12.2", W 8°34'06.0"

Ursprünglich als Forschungszentrum für Raubvögel gegründet, öffnete Eagles Flying 2003 seine Tore auch für zahlende Kundschaft. In der Anlage leben 350 Vögel und einige andere Tiere, die meist verletzt im Zentrum abgegeben wurden. Viele können nach ihrer Genesung zurück in die Freiheit. Einige recht zahme Exemplare erfreuen weiter die Gäste des Parks. Auch die Raubvögel sind so trainiert, dass in den Flugshows relativ naher Kontakt zu den Menschen möglich ist. Neben Adlern, Habichten, Eulen und Falken gibt es hier auch etliche verschiedene Geierarten zu sehen.

Geöffnet von April bis Anfang November 10.30–12.30 und 14.30–16.30 Uhr. Die Flugshows finden um 11 und um 15 Uhr statt. Bei Regen gibt es auch eine Indoor Show Area. Eintritt €19,90, Kinder 3–16 Jahre €10,90, Familie €54,90. www.eaglesflying.com

2 Carrowmore Nekropole

GPS N 54°15'03.5", W 8°31'09.0"

Der Steinzeit-Friedhof von Carrowmore ist die größte Ansammlung prähistorischer Grabstätten in ganz Irland. Mehr als 60 Großsteingräber wurden hier entdeckt. Für Laien ist nur etwa die Hälfte erkennbar, doch das reicht immer noch für einen beeindruckenden Spaziergang entlang der Grabhügel. Glanzstück der Sammlung ist ein begehbarer und im Querschnitt dargestellter Cairn. Eine kleine Ausstellung setzt die fünf- bis sechstausend Jahre alten Monumente in ihren geschichtlichen Kontext.

Kostenloser Parkplatz direkt dabei. Anfang April bis Ende Oktober täglich 10–18 Uhr. Familie €13, mit Heritage Card frei.

3 Sligo Abbey

GPS N 54°16'14.4", W 8°28'13.1"

Das Dominikanerkloster aus dem 13. Jahrhundert ist für seine Steinmetzarbeiten aus Hochmittelalter und Renaissance berühmt. Die Kirche und alle Nebengebäude sind Ruinen, weit-

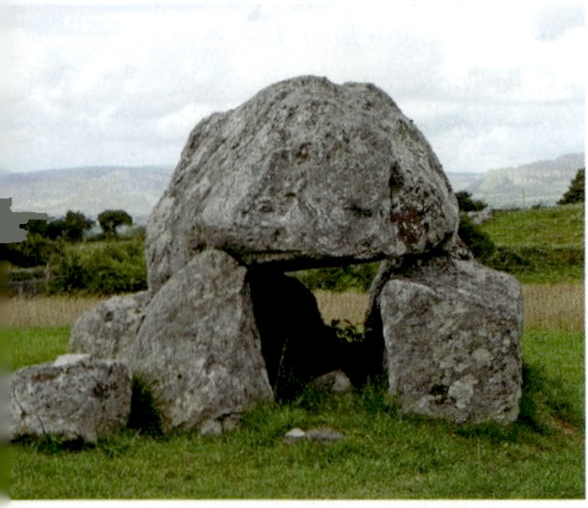

Einer der Dolmen auf dem Gelände der Carrowmore-Nekropole

gehend intakt ist nur noch der Kreuzgang. Geschichts-, Architektur-Fans und romantische Seelen kommen hier sicher auf ihre Kosten, mit Kindern wird es vermutlich ein eher kurzer Besuch. *Abbey Street, Sligo. Großer kostenpflichtiger Parkplatz gegenüber. Geöffnet Anfang April bis Ende Oktober 10–18 Uhr. Familie €13, mit Heritage Card frei.*

4 Strandhill

GPS N 54°16′12.2″, W 8°36′35.6″
Der Sandstrand von Strandhill mit seinen rauen Atlantikwellen ist das ganze Jahr ein beliebter, aber anspruchsvoller Surfspot. Baden ist hier wegen starker Strömungen nicht erlaubt, dafür kann man den Kitesurfenden bei ihren gewagten Sprüngen zusehen.

5 Rosses Point

GPS N 54°18′31.3″, W 8°34′14.2″
Der Sandstrand an der Landspitze nördlich der Stadt ist Sligos beste Location zum Baden. Ist es dazu zu kalt, eignet sich der bewachte, mit blauer Flagge zertifizierte Strand auch für ausgedehnte Spaziergänge.

6 Coney Island

GPS N 54°16′45.8″, W 8°33′07.3″
Die Gezeiteninsel in der Bucht von Sligo ist bei Ebbe über eine 2,5 Kilometer lange Sandstraße erreichbar – zu Fuß oder mit dem Auto. Der Weg durchs Watt startet am Strand von Culleenamore und ist mit 14 Steinsäulen markiert. Auf der Insel gibt es zwei schöne Strände, einige Ruinen und ein Pub, das seine Öffnungszeiten nach der Tide richtet. Diese findet man online, die richtige Region ist Sligo Harbour. Vorsicht, während der Flut ist der Strand komplett mit Wasser bedeckt! Der sichere Zeitraum liegt etwa zwei Stunden vor bis zwei Stunden nach dem Tiefstand und kann auch per SMS abgefragt werden.

7 Parke's Castle

GPS N 54°15′53.3″, W 8°20′01.6″
Von außen sieht Parkes Castle, das in schönster Lage am Lough Gill steht, aus wie eine wehrhafte Burg. Innen ist es ein wohnlich eingerichtetes Herrenhaus und kann besichtigt werden. *Geöffnet April bis Anfang September 10–18 Uhr. Eintritt €5, Familie €13. Nur Barzahlung, Eintritt frei mit Heritage Card. www.heritageireland.ie*

8 Glencar Waterfall

GPS N 54°20′19.0″, W 8°22′09.3″
Vom Parkplatz führt ein kurzer, gut befestigter Weg hinauf zum Wasserfall, der in einem schattigen Wäldchen über eine gut 15 Meter hohe Felsstufe fällt. Unten am Parkplatz gibt es ein Café mit Kinderspielplatz. Die Kaskade ist rund um die Uhr frei zugänglich.

9 Streedagh Beach

GPS N 54°16′12.2″, W 8°36′35.6″
Langer, malerischer Sandstrand vor einer Lagune, in der viele Wasservögel zu sehen sind.

Der See von Glencoe mit seinen Tafelbergen im mystischen Nebel

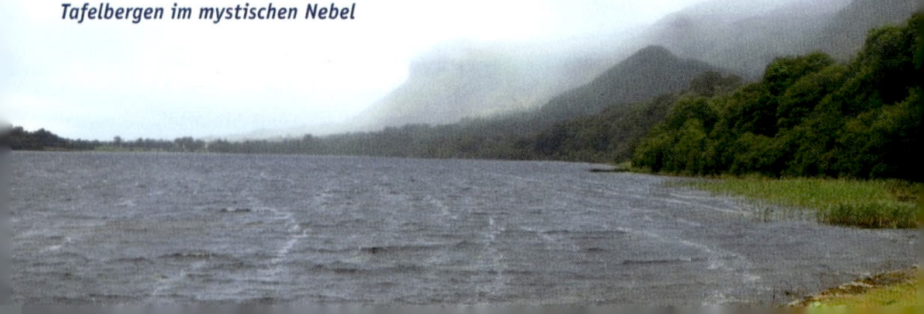

10 Island View Riding Stables
Familiär geführter, deutschsprachiger und an Kindern orientierter Reiterhof direkt hinter einem langen Sandstrand. Perfekt für Reitferien mit Unterkunft. Das Programm reicht von 30 Minuten Ponyreiten über einen einstündigen Strandritt bis zum Tagesritt. Ausritte werden inzwischen nur noch für Feriengäste angeboten.
reiteninirland.de

11 Mullaghmore Beach
GPS N 54°27‘47.1“, W 8°27‘08.8“
Der geschützt liegende lange Sandstrand am Ferienort Mullaghmore ist im Sommer ein beliebter Badeplatz.

Lakelands

12 Marble Arch Caves
GPS N 54°15‘28.3“, W 7°48‘50.5“
Die Höhle liegt im grenzübergreifenden Geopark Marble Arch auf der nordirischen Seite der Grenze. Sie ist eine kleine Zauberwelt mit Tropfsteinen, einem Fluss und Wasserfällen. Ein Teil der 75 Minuten langen Führung findet im Boot statt – wenn der aktuelle Grundwasserpegel es erlaubt.
Geöffnet Mitte März bis September 10–17 Uhr, im Juli und August 9–18 Uhr, Oktober 10.30–15 Uhr.
Eintritt £15, Kinder 5 bis 18 Jahre £7,50, Familie ab £37,50.
marblearchcaves.co.uk

13 Devenish Island
Die kleine Insel liegt ganz im Süden des Lower Lough Erne, direkt vor Enniskillen. Auf der Insel kann man die Ruine einer uralten Klosteranlage erkunden, die im 7. Jahrhundert gegründet wurde. Das Fährboot bringt euch im Sommer vom Trory Jetty, einem kleinen Fährhafen nördlich von Enniskillen, zur Insel. Weitere Infos gibt es im Visitor Centre Enniskillen.

Erne Tours bietet eine Rundfahrt mit Aufenthalt auf der Insel an.
Familie £38. ernetours.com

Erne Boat Hire vermietet kleine Motorboote für bis zu sechs Personen, die ohne Bootsführerschein gefahren werden dürfen. Damit erreicht man Devenish Island in etwa 30 Minuten.
4 Stunden £65. erneboathireltd.com

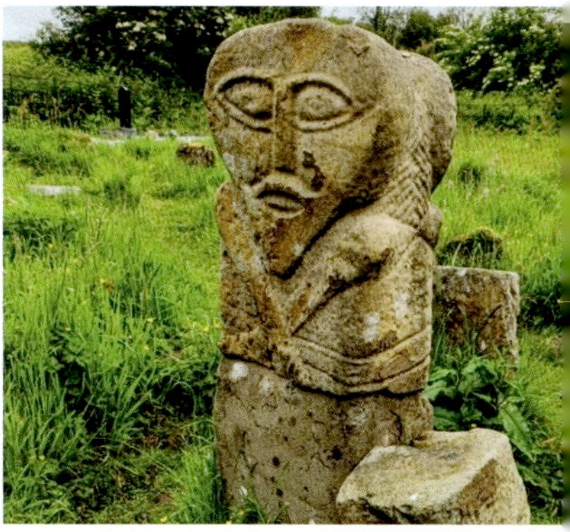

Auf dem alten Friedhof von Caldragh auf Boa Island steht eine Steinfigur, die den Figuren von White Island ähnelt.

14 White Island
Die Insel im Lower Lough Erne ist vom Archdale Forest Park [› Tour 57] auch mit Kanu oder SUP erreichbar. In der Nähe des Anlegers steht eine Kirchenruine aus dem 12. Jahrhundert. In ihrer Fassade sind acht Figuren zu sehen. Sie sind wohl älter als die Kirche selbst und sehr eindrucksvoll. Boote zur Insel fahren vom Hafen am Castle Archdale.
www.castlearchdaleboathire.com

Donegal

15 Bundoran Waterworld
GPS N 54°28‘47.5“, W 8°16‘45.5“
Hallenbad mit Wellenbecken, sechs Wasserrutschen von ganz einfach bis »adventurous« und Planschbecken mit Piratenboot, in dem auch jüngere Kids ihren Spaß haben.
Geöffnet April bis Juni nur am WE 12–18 Uhr, Juli, August täglich 10–17 Uhr. Eintritt €15, Kinder 3–11 Jahre €13,50, Familie (2+2) €50. Vor dem Besuch muss online ein 2-stündiger Slot gebucht werden!
www.waterworldbundoran.com

16 Donegal Equestrian Center
Ausritte in die Dünen und an den Strand für Ungeübte und Fortgeschrittene. Bei den kürzeren Ausritten sind Kinder ab acht Jahren willkommen, wenn sie von jemand Erwachsenem be-

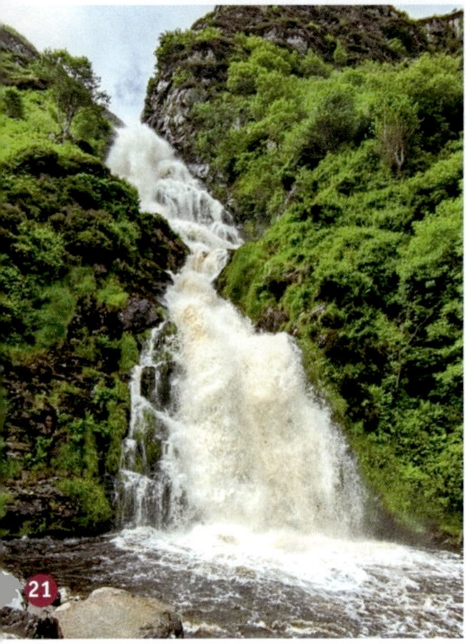

21

gleitet werden. Es gibt auch Ausritte mit vorheriger Einführung für Einsteiger. *90 Minuten Ausritt ab €90 pro Person, Kinder ab €85. donegalequestriancentre.com*

17 Castle Adventure Open Farm

GPS N 54°30'50.3", W 8°14'13.6"
Ein großer Spielplatz, viele Tiere zum Streicheln und Füttern und ein Indoorbereich mit Bällepool und Klettermöglichkeiten sind die Attraktionen der kleinen Farm.
Geöffnet täglich 10–17 Uhr. Eintritt €8,50, Familie €30. openfarm.ie

18 Donegal Castle

N 54°39'16.9", W 8°06'37.5"
Mitten in der Stadt gelegen, erscheint die Anlage mehr wie ein befestigtes Wohnhaus denn wie eine echte Burg. Im 15. Jahrhundert errichteten die O'Donnells hier ihren Stammsitz und bauten ihn im 17. Jahrhundert aus. Nach einer langen Zeit des Verfalls ist die kleine Burg heute zum Teil restauriert und einige Räume sind der Epoche gemäß eingerichtet.
Geöffnet Ostern bis Mitte September täglich 10–18 Uhr, im Winterhalbjahr eingeschränkte Öffnungszeiten. Familie €13, mit Heritage Card frei.

19 Malin Beg

GPS N 54°39'55.3", W 8°46'39.2"
Der Strand ist mitten in der Einsamkeit südlich von Glencolumbkille zu finden. Eine lange Treppe führt vom Parkplatz hinunter in die von Klippen eingerahmte, fast kreisrunde Bucht mit einem feinsandigen Strand.

20 Glencolumbkille Folk Village

GPS N 54°42'26.8", W 8°44'27.4"
Das kleine Freilichtmuseum zeigt drei Cottages aus dem 18., 19. und dem frühen 20. Jahrhundert, dazu einen traditionellen Tante-Emma-Laden mit integriertem Pub und ein altes Schulhaus, das eine Ausstellung über den Museumsgründer Father James McDyer beherbergt. Eine kurze geführte Tour erläutert die Unterschiede und Entwicklungen zwischen den Wohnverhältnissen in den verschiedenen Jahrhunderten. Eine Besichtigung auf eigene Faust ist ebenso möglich. In der Ferienzeit kommen häufig Musiker aus dem Dorf und spielen traditionelle Stücke im Tea Room. Oft gibt es auch Vorführungen zum Mitmachen in den traditionellen Handwerkskünsten.
Geöffnet Ostern bis Oktober Mo bis Sa 10–18 Uhr, Juli, August auch So. Erwachsene €6,50, Kinder ab 7 Jahren €3, Familie €16,50. www.glenfolkvillage.com

21 Assaranca Waterfall

GPS N 54°45'31.1", W 8°30'49.7"
Etwa acht Kilometer vom Stadtzentrum von Ardara entfernt liegt der

19

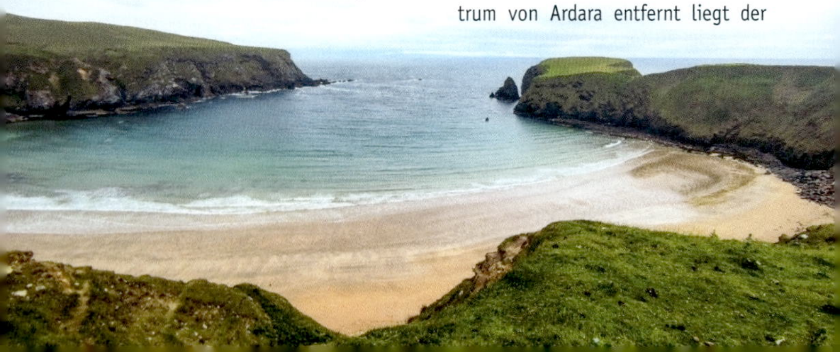

Assaranca-Wasserfall an der kleinen Straße, die auch zu den Höhlen von Maghera führt. Ein kleiner kostenloser Parkplatz direkt vor dem Naturschauspiel ermöglicht sogar Sightseeing ohne auszusteigen.

22 Narin Beach / Inishkeel

GPS N 54°50'19.5", W 8°26'47.7"

Der kilometerlange Strand liegt zwischen einem ausgedehnten Dünengürtel und der vorgelagerten Insel Iniskeel. Der Strand ist mit blauer Flagge als Badestrand ausgezeichnet, im Hochsommer sind hier Rettungsschwimmer vor Ort. Das Inselchen Inishkeel ist bei Ebbe für eine kurze Zeit zu Fuß erreichbar. Hier stand eines der ältesten Klöster Irlands. Heute ist das Eiland unbewohnt und nur die Mauerreste von zwei Kirchen zeugen von ihrer Vergangenheit.

23 Doe Castle

GPS N 55°08'4.0", W 7°51'56.7"

Die kleine Burg aus dem 16. Jahrhundert steht auf einer Landzunge in der Sheephaven Bay. Ihr Turm wurde wiederhergestellt, der Rest des alten Gemäuers ist eine gut erhaltene Ruine, die auf eigene Faust erkundet werden kann. Der Zugang ist jederzeit kostenlos möglich.

24 Fanad Head Lighthouse

GPS N 55°16'32.5", W 7°38'04.6"

Mit seinem weißen Turm und der exponierten Lage auf einem Inselchen gilt der 1817 fertiggestellte Turm am Fanad Head als einer der schönsten Leuchttürme Irlands. Man kann hier übernachten, die Anlage ist aber auch für Tagesgäste geöffnet. Kinder dürfen erst ab 1,20 Meter Körpergröße mit auf den Turm.

Ganzjährig geöffnet. März bis Mai Di bis So 10–17, Juni bis September täglich bis 18 Uhr, im Winterhalbjahr eingeschränkt. Führungen alle 30 Minuten. €10, Kinder ab 5 Jahre €5, Familie €33. fanadlighthouse.com

Weitere Infos für Leuchtturmfans unter www.greatlighthouses.com.

25 Ballymastoker Beach

N 55°11'18.0",W 7°36'33.9"

Der Strand bei Portsalon gilt als einer der schönsten Badestrände der Insel. Durch seine geschützte Lage in der tief eingeschnittenen Bucht Lough Swilly ist das Wasser hier oft ruhig. Zwei Felsbarrieren unterteilen die goldgelbe Sandbucht in eine große und zwei kleine Buchten. Im Hochsommer ist der Strand bewacht.

26 Wild Alpaca Way

Auf der Halbinsel Inishowen oberhalb des zauberhaften Five Finger Strand sind die Alpakas der Familie McGonagle zu Hause. Auf dem Land der Farm können Gäste an einem einstündigen Spaziergang mit Alpaca teilnehmen.

Der Hof liegt zwischen dem Dorf Malin und dem Malin Head, Alpakawanderung für eine Familie mit bis zu drei Kindern €45, Anmeldung online unter wildalpacaway.com

27 Culdaff Beach

GPS N 55°17'30.3", W 7°08'41.7"

Breiter, langer, goldgelber Sandstrand beim Dorf Culdaff. In Richtung Osten folgen mehrere kleine Buchten, deren Felsbarrieren zum Klettern einladen. Am Strandzugang gibt es einen Picknickplatz und einen kleinen Spielplatz in den Dünen. Ausgezeichnet mit blauer Flagge, im Sommer sind Rettungsschwimmer vor Ort.

28 Stroove Beach / Inishowen Head

GPS N 55°13'37.5", W 6°55'45.2"

Zwei kleine, sehr geschützt liegende Buchten verstecken sich rechts und links des schwarz-weiß geringelten Leuchturmes am Inishowen Head. In der Badesaison hat der Parkplatz eine Höhenschranke.

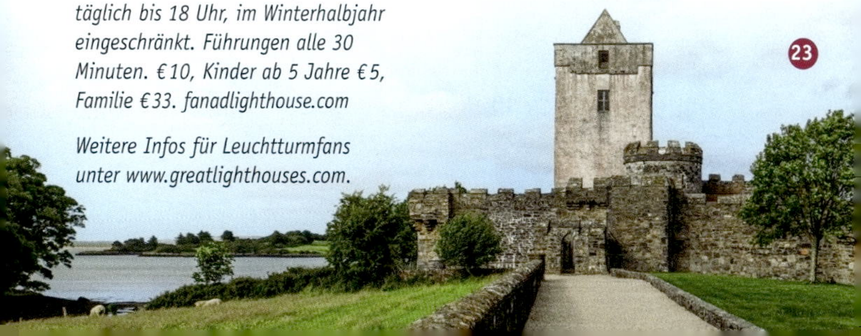

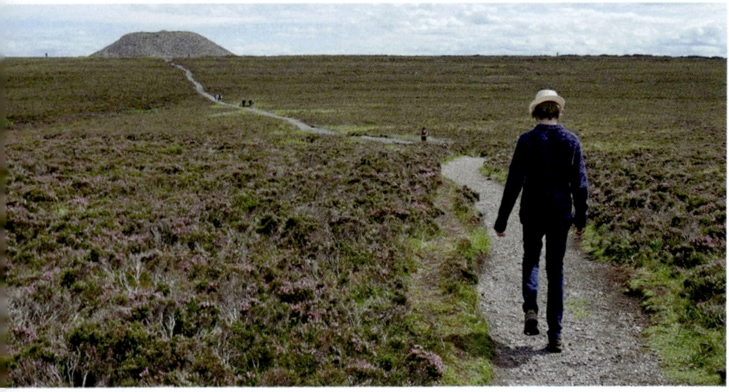

300 m

STRECKE 6,5 km

2 h 30

ab 8

Tour 50: Knocknarea

Bergsteigen zum Grab der Königin

Der kleine Berg Knocknarea spielt schon seit frühester Zeit eine Rolle als heiliger Ort. Königin Maeve (irisch Maedhbha) soll hier in grauer Vorzeit begraben worden sein. Um das Andenken der mystischen Herrscherin zu ehren – und den bedenklichen Schwund zu stoppen, zu dem die Sitte führte, seinen Namen aus Steinen des Grabhügels ins Gras zu legen – nehmen Wandernde heutzutage einen Stein aus ihrer Heimat (oder vom Parkplatz) mit hinauf auf den Berg, um einen Anteil an Königin Maeves Begräbnis zu leisten. Dass hier wirklich die sagenhafte Königin der Eisenzeit aufrecht und in voller Rüstung begraben ist, gilt als ausgeschlossen. In Wahrheit handelt es sich um ein viel älteres Grab aus dem Neolithikum. Nachgeschaut hat aber bisher niemand. Der schöne Rundweg mit grandiosem Rundumblick und die abenteuerliche Treppe zum Gipfel machen die Wanderung trotz mancher Steigung zu einem schönen Erlebnis für die ganze Familie.

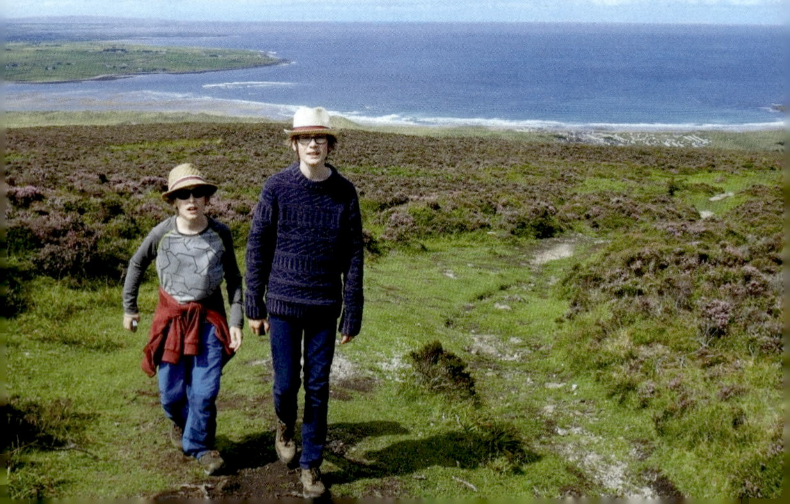

Wanderung: Zwei Wanderwege starten, getrennt von einem Zaun mit Stacheldraht, direkt vorm Kiosk: Der linke ist kurz und steil, der rechte lang und erlebnisreich. Wir entscheiden uns für den rechten. Ein kurzes, leicht absurdes Stück verlaufen die Wege parallel, bevor unsere Panorama-Strecke rechts abbiegt und auf ein **Wäldchen** zusteuert. Hinter den Bäumen und einem Tor haben wir rechter Hand die erste wunderbare Aussicht. Der Weg unter unseren Füßen ist schmal, aber gut befestigt.

Wir bleiben auf unserem Pfad, tauchen in ein zweites Waldstück ein. Vor einer **hölzernen Schranke** ① macht der Hauptweg eine Linkskurve, wir machen mit und laufen nun ein kurzes Stück auf einem breiten geschotterten Forstweg stetig abwärts. Zwischen den angepflanzten Fichten erhaschen wir einen ersten guten Blick auf den Tafelberg. Ein Stück weiter geht es wieder durch einen **Mischwald**. Wir laufen immer weiter geradeaus und halten links am Wegesrand nach dem **Waldtroll** Ausschau.

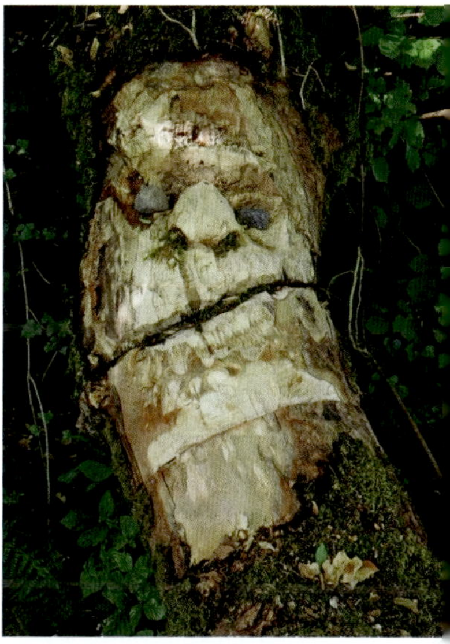

Kurz darauf wird der Weg schmaler. Schauen wir nach oben die Klippe empor, wissen wir, was wir an Höhenmetern noch vor uns haben: Da oben wollen wir hoch. Zunächst aber geht es um den heiligen Berg herum. Das

TOUREN-STECKBRIEF

Anfahrt: Von Sligo südwestlich über die R 292 fahren und den Schildern folgen. Bei gutem Wetter im Sommer empfiehlt es sich, nicht allzu spät am Vormittag da zu sein (und nicht so viel Platz zum Nachbarauto zu lassen), da der gar nicht so kleine kostenlose Parkplatz bei **GPS N 54°15'11.9", W 8°33'27.3"** ab Mittag oft hoffnungslos überfüllt ist.

Anspruch und Charakter: Ganze Familien vom Kleinkind bis zum Großvater pilgern, gerne in Sandalen, zum Gipfel. Das ändert jedoch nichts an der Tatsache, dass der Hügel spätestens im letzten Drittel ernsthaft steil ist und uns einiges abverlangt. Vom Parkplatz aus gibt es zwei Wege nach oben: den steilen direkten Gipfelweg und die Panorama-Strecke, auf der es erst einmal ein Stück bergab und dann über eine Holzbohlentreppe geht. Sie bietet wesentlich schönere Ausblicke, ist aber doppelt so lang. Wir verbinden beide Möglichkeiten zu einem schönen Rundweg.

Markierung: Queen Maeve Trail.

Highlights: Ausblicke in alle Richtungen aufs Tal und Meer, ein Waldtroll-Portrait, mehrere Ruinen, die Holzbohlen-Treppe, Königin Maeves Grabhügel.

Einkehr: Am Parkplatz gibt es einen Kiosk, der Eis, kleine Snacks und Kaffee in Pappbechern verkauft.

In der Nähe: Strandhill Beach, Carrowmore Nekropole, Sligo Abbey.

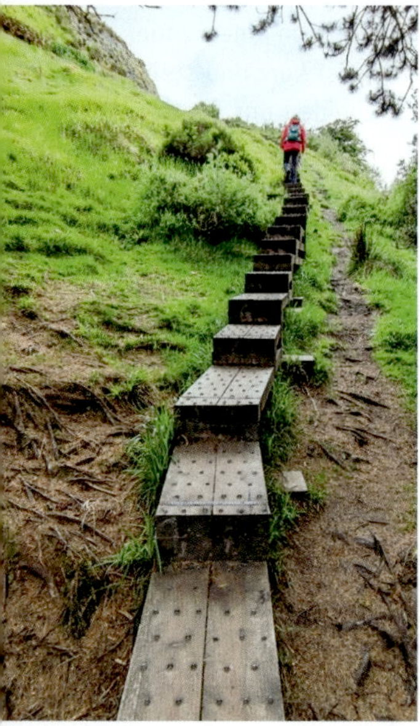

Meer kommt in Sicht, und nach einer langgezogenen Linkskurve durchschreiten wir ein **Gatter** ②. Rechts zweigt hier der Weg nach Strandhill ab.Rechts des Weges sehen wir eine **Ruine**. Hier lebten im 19. Jahrhundert ganze Familien, nachdem das Haus wohl ursprünglich als Jagdhütte errichtet worden war.

In den Beinen merken wir, dass es nun doch tüchtig bergauf geht. Eine scharfe Linkskurve später beginnt der ernsthafte Aufstieg mit der **Holzbohlen-Treppe** ③. Nach den ersten paar Metern erreichen wir gleich einen **Aussichtspunkt mit Infotafel**. Dann geht es in den dunklen Fichtenwald, und der Weg hat einen deutlich sportlichen Aspekt. Immerhin lassen die hölzernen Stufen keine Frage nach dem richtigen Weg aufkommen.

Am Ende der Holzbohlen gibt es einen weiteren **Aussichtspunkt mit Bank** ④. Hier lohnt sich ein kurzer Stopp, denn besser wird die Aussicht auch am eigentlichen Gipfel nicht.

Der liegt noch ein ganzes Stück entfernt, das wir über einen ausgetretenen Pfad übers Moor zurücklegen. Kurz nachdem sich unter unseren Füßen wieder Schotter befindet, kommt der **Grabhügel** in Sicht. Hier werden wir nun endlich die Steine los, die wir bis hierher mitgeschleppt haben.

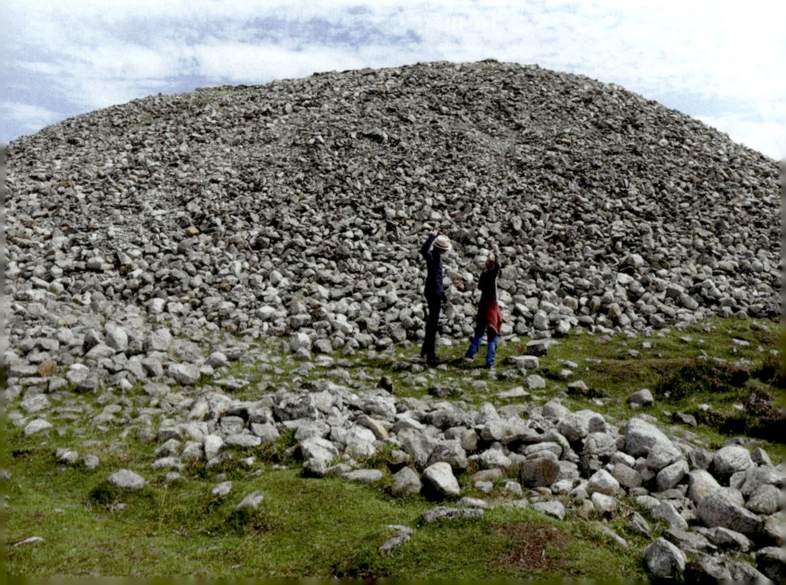

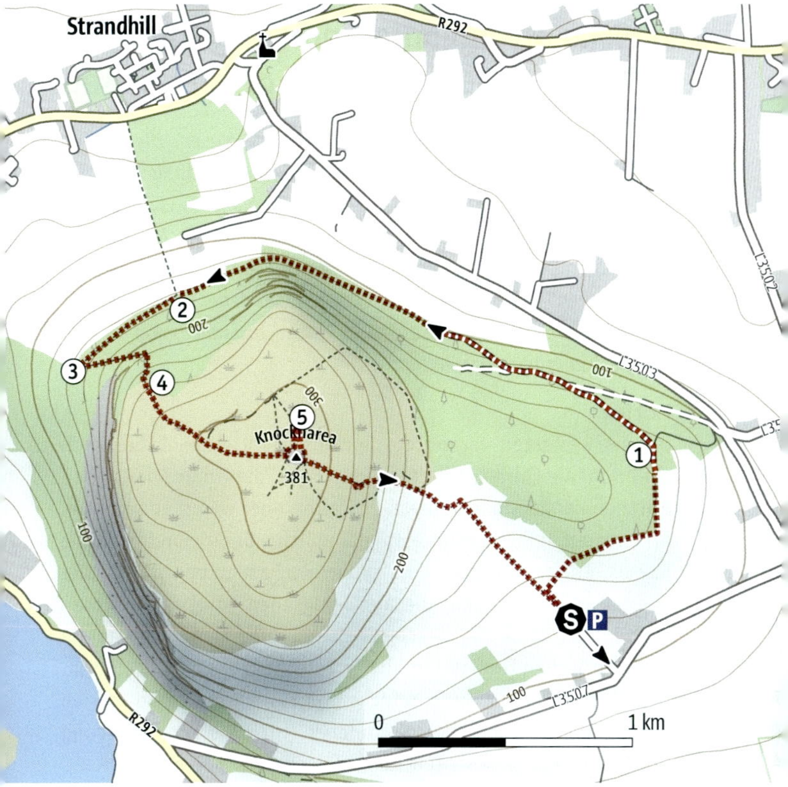

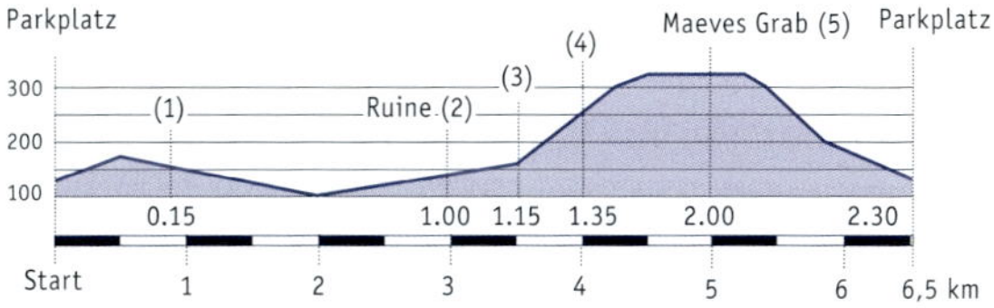

Eventuell lohnt sich noch ein Abstecher links des Hügels zu einem weiteren, älteren **Ganggrab**. Von diesem selbst ist nicht mehr viel übrig, aber die Aussicht über die Bucht ist hier noch einmal schön.

Vor **Maeves Grab** ⑤ reihen wir uns dann in die Ameisenstraße der Mehrheit ein, die den direkten Weg hinauf und hinunter bevorzugt. Der steinige Pfad ist mit roten Pfeilen ausgeschildert. Achtung: Vor allem das erste Drittel hinab ist nun richtig steil. Der nackte Fels schaut immer wieder hervor, und mitunter empfiehlt es sich, beim Klettern auch die Hände zur Hilfe zu nehmen. Mehrere **Infotafeln** unterteilen uns den Weg. Eine davon weist auf ein verlassenes Dorf hin, dessen Ruinen wir vom Weg aus sehen können. Dann erreichen wir nach dem kurzen, steilen Abstieg den Parkplatz.

Irische Mythologie und Fairy Tales oder die Fabelwesen der grünen Insel

In Irland gibt es eine ganze Reihe von Fabelwesen, die uns im deutschsprachigen Raum weitgehend unbekannt sind. Sie leben bis heute in Märchen und lokalen Legenden fort. Manche, vor allem die Fairies und die Leprechauns, erfahren in den letzten Jahren auch eine regelrechte Modewelle. Sie zieren Souvenirs und werden zu Maskottchen von Touristenattraktionen. Anderen merkwürdigen Gestalten wie beispielsweise den Ballybogs begegnet man im modernen Irland nur noch selten.

Fairies

Die am weitesten verbreitete Spezies der irischen Fabelwesen sind wohl die Fairies. Mit der »guten Fee«, die wir aus deutschen Märchen kennen, haben diese Gestalten eher wenig gemeinsam. Andererseits gibt es keine allgemeingültige Definition für irische Fairies. Lange galt das Wort sogar als Sammelbegriff für alle übernatürlichen Wesen, die auf der grünen Insel ihr Unwesen trieben. Im Laufe der Geschichte vermutete man, dass sie die prähistorischen Großsteingräber erbaut hatten und bewohnten. Auch Unglücke und Missgeschicke im häuslichen Umfeld schrieb man ihnen zu, von sauer gewordener Milch bis zur Erblindung durch schlecht gebrannten Kartoffelschnaps. Mit allerlei Amuletten und Ritualen versuchten sich die Iren und Irinnen vor ihrem Schabernack zu schützen.

Heute ist man sich hier relativ einig, dass Fairies vergleichsweise liebenswert, etwa handgroß und von menschenähnlicher Gestalt sind, Flügel besitzen und gerne in bunt dekorierten Vogelhäuschen im Wald wohnen.

Eine »Feensiedlung« in Brigids Garden in der Connemara

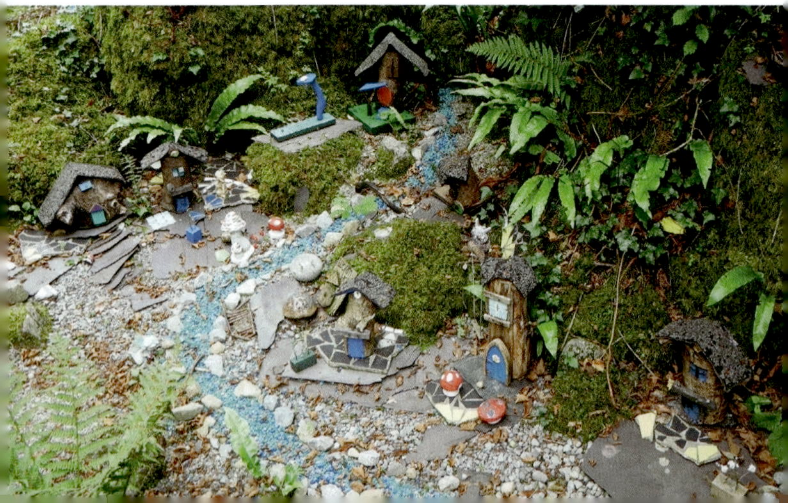

Leprechauns

Die Leprechauns entsprechen am ehesten unseren Zwergen. Ausgesprochen werden sie in etwa »Leprekons«, mit der Betonung auf der ersten Silbe. Sie sind grün gewandet und werden meistens männlich dargestellt. Leprechauns gelten als Einzelgänger, die sich aus irgendeinem Grund besonders für die Herstellung von Schuhen interessieren. Außerdem sind sie diejenigen, die am Ende des Regenbogens einen Topf voller Gold verstecken. Fängt man einen Leprechaun, so heißt es, gewährt er einem oft drei Wünsche, um wieder freigelassen zu werden. Allerdings sind auch diese Gesellen dem Schabernack zugeneigt und legen die Wünsche oft zum Nachteil der Menschen allzu wörtlich aus.

Merrows

Merrows sind irische Meerjungfrauen. Es gibt sie beiderlei Geschlechts, wobei die meisten Sagen von bildschönen Frauen handeln. Oft haben sie statt eines Fischschwanzes den Körper eines Seehundes. Von Natur aus neugierig, werden sie von Menschen angezogen. Gehen sie an Land, streifen sie ihre Seehundhaut ab und verstecken sie zwischen den Felsen. In menschlicher Gestalt sind sie nur an ihren platten Füßen und den Schwimmhäuten zwischen ihren Fingern zu erkennen. Menschliche Männer erlagen oft der Versuchung, die Seehundhaut der Merrows zu verstecken, so heißt es, und die Kreaturen so zu zwingen, bei ihnen an Land zu bleiben. Mehrere alte irische Familien führen ihren Ursprung auf eine solche Mischehe zurück, beispielsweise die Connellys.

Ballybogs

Bei Ballybogs handelt es sich um relativ harmlose, aber ausnehmend hässliche Geschöpfe. Sie sehen aus wie eine Kartoffel auf zwei spindeldürren Beinen. Sprechen können sie nicht. Manchmal erschrecken sie Wandernde mit ihren Grunzlauten. Sie leben im Moor und sind daher immer mit Schlamm bedeckt. Nach dem Weg fragen sollte man einen Ballybog nie, denn auch wenn von diesen Fabelwesen keine aktiven Gemeinheiten überliefert sind – dazu sind sie zu dumm – kommt beim Umgang mit ihnen auch selten etwas Gutes heraus.

Der Wasserhund Dobhar-chú

Dieser Wasserhund oder Riesen-Otter ist ein unangenehmer Zeitgenosse. Er besitzt den Körper eines großen Hundes und den Kopf sowie das Fell eines Fischotters. Er lebt in Flüssen und Seen und lauerte früher besonders gern Hausfrauen auf, die am Ufer ihre Wäsche wuschen. Noch im 18. Jahrhundert war die Angst vor diesen Wesen weit verbreitet. In letzter Zeit sind glücklicherweise keine Dobhar-chús mehr gesichtet worden.

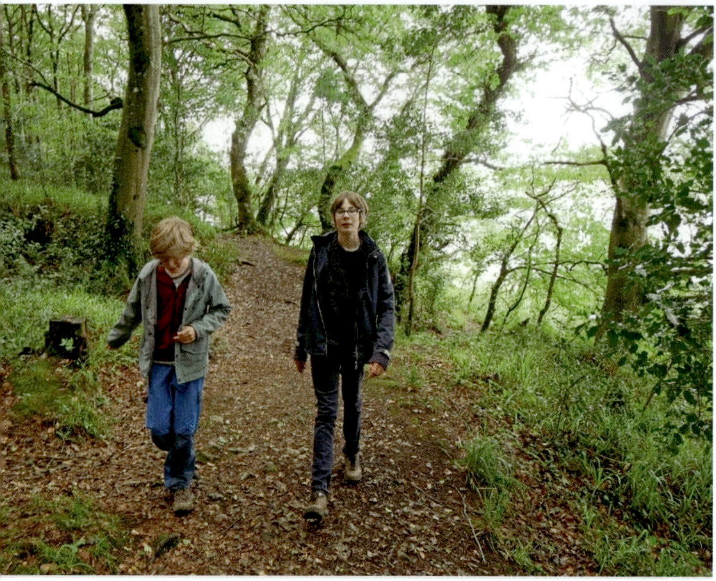

30 m

STRECKE 1,5 km

30 min

ab 4

Tour 51: Dooney Rock

Der Picknickplatz der Dichter und Fiedler

Das Seeufer des Gill rund um Dooney Rock ist so schön, dass es den irischen Nationaldichter William Butler Yeats zu einem Gedicht inspirierte. »The Fiddler of Dooney« widmete er dem Ort, an dem er eigenen Angaben nach schon als Kind oft und gerne gepicknickt hatte. Wir können es dem großen Dichter gleichtun und auf einem kurzen Spaziergang am Seeufer zum Aussichtspunkt die liebliche Landschaft genießen.

Wanderung: Wir wenden uns Richtung Straße und biegen rechts beim Holzschild auf den schmalen Kiesweg ab, der ein kurzes Stück parallel zur Fahrbahn verläuft. Bald kurvt er in den **Wald**, der hier aus schnurgeraden Fichtenanpflanzungen besteht. Es dauert jedoch nicht lange, bis diese einem sympathischen **Misch-**

TOUREN-STECKBRIEF

Anfahrt: Südlich von Sligo zweigt die R 287 Richtung Dromahair und Lough Gill ab. Der Wanderparkplatz linker Hand bei **GPS N 54°14'18.6", W 8°25'40.4"** ist mit einem braunen Schild bezeichnet.
Anspruch und Charakter: Die kurze Runde durch den Wald verläuft hauptsächlich über gut angelegte Spazierwege. Im zweiten Teil geht es recht steil hinauf und hinunter über Treppenstufen.
Highlights: Wasserstellen am See, eine Seilschaukel, Geocaching, Aussicht von der Klippe.
In der Nähe: Carrowmore Nekropole, Sligo Abbey, Parkes Castle.

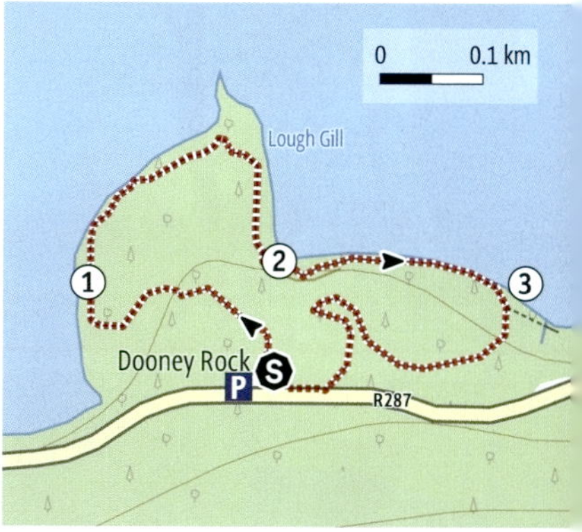

wald weichen. Auch der Weg selbst ist ein weicher Pfad zwischen den Bäumen.

Links biegt ein noch schmalerer Weg an einem **leeren Wegweiser** ab. Den nehmen wir und bleiben ihm trotz mehrerer abzweigender Trampelpfade treu, bis wir schließlich an einer **Bank am Wasser** ① stehen. Rechts davon, etwas abseits des Weges zwischen den Bäumen, entdecken wir eine recht provisorische **Seilschaukel**, mit der mutige Kinder sich über die Kuhle im Waldboden schwingen können.

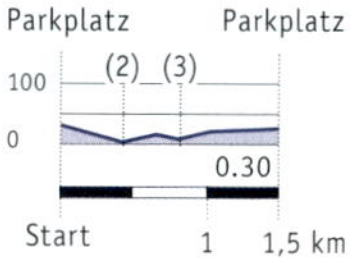

In unregelmäßigen Abständen finden wir entlang des weiteren Weges **Pfosten mit herausklappbaren Informationen** über die Beschaffenheit des Waldes und seine Bewohner. Wir gehen immer weiter am Wasser entlang, bis wir an einen regelrechten **Strand** ② in einer schilfigen Bucht gelangen, die zum Verweilen einlädt.

Von hier aus sehen wir rechter Hand die Treppenstufen, die uns sofort zum Aussichtspunkt und Richtung Parkplatz bringen würden. Wir laufen jedoch lieber noch ein bisschen links am Wasser entlang. So erblicken wir auch die Steilwand des Felsens, der der Gegend ihren Namen gibt.

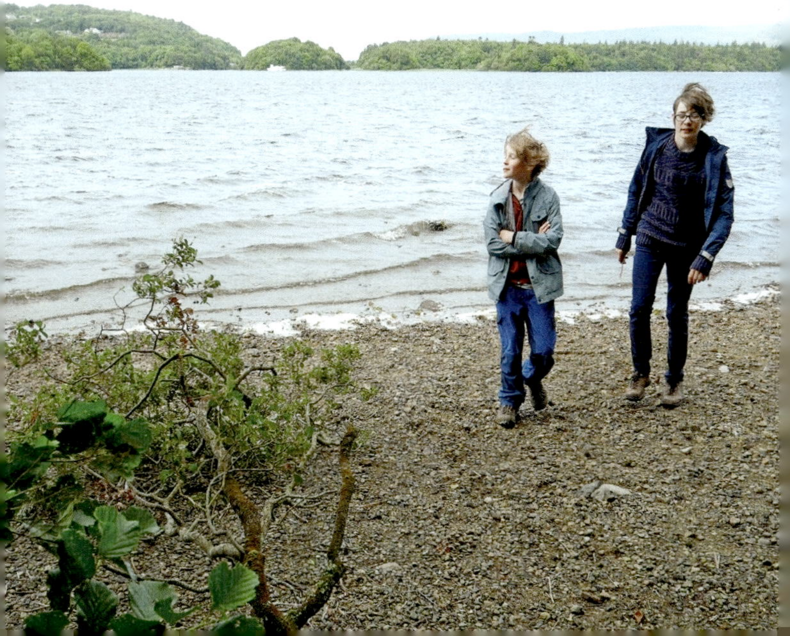

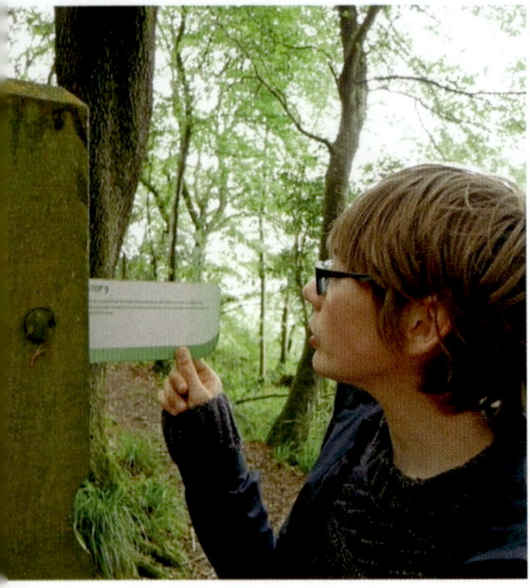

Wir folgen dem Uferweg, bis wir eine **kleine Brücke** überqueren und die Straße in Hörweite kommt. Der **Pfad verzweigt sich** ③ nun, und wir müssen zwischen unserem Hinweg und der nahen Straße einen Bogen schlagen. Wir laufen also rechts und wieder rechts auf einem Trampelpfad, der über eine weitere **schmale Holzbrücke** führt. Danach teilt sich der Weg in mehrere Stränge, wir bleiben ungefähr in der Mitte. Vorbei an einer Holzbank geht es dann aufwärts, erst sanft, dann rechts herum ein kurzes Stück steil. So erreichen wir den **Aussichtspunkt mit zwei Bänken** und einem Blick über den Lough Gill und die Berge im Hintergrund.

Wer möchte, kann sich hier auch auf Schatzsuche begeben. Auf der Kuppe in der Nähe der hinteren Bank ist ein größerer **Geocache** versteckt, und zwar so leicht, dass ihn auch »Muggel« – also Leute ohne Geocaching-Wissen – finden können. Aber Vorsicht: Jemand hat sich mit dem Verstecken der Tupperdose Mühe gegeben, und entsprechend sollte man den »Schatz« mit Respekt und nach den Spielregeln behandeln. Wer etwas herausnehmen möchte, sollte etwas mindestens Gleichwertiges hineinlegen, die Box anschließend genau an der Fundstelle wieder verstecken und gut aufpassen, dass keine Unbeteiligten Wind von der Sache bekommen.

Für den **Abstieg** suchen wir uns schließlich den Pfad linker Hand und steigen über die Treppenstufen Richtung Parkplatz hinab.

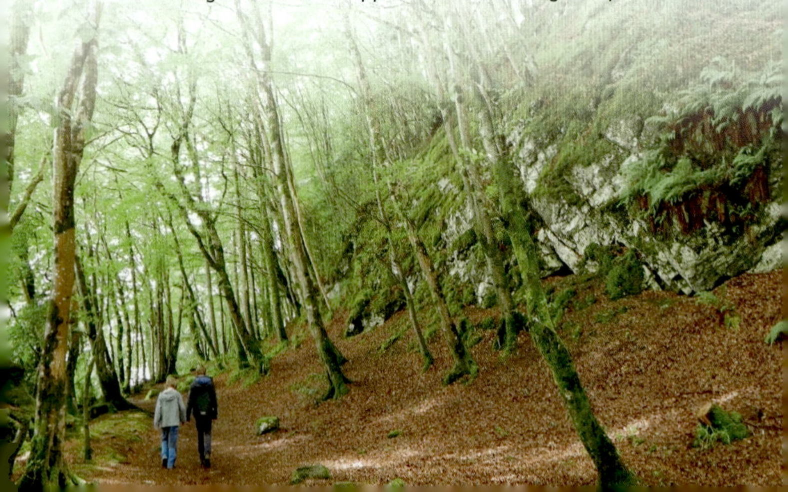

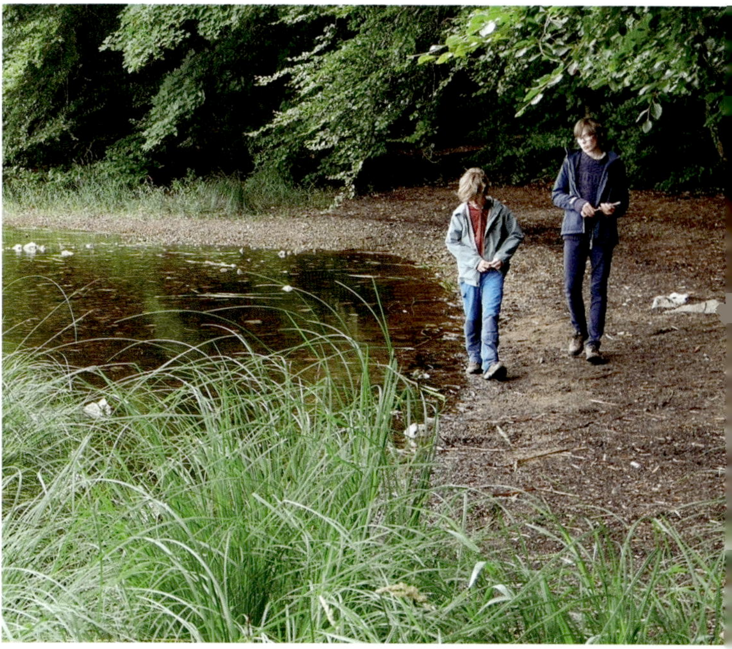

Tour 52: Spaziergang am See

20 m

STRECKE 3,5 km

1 h 15

ab 4

Der Hazelwood Loop am Lough Gill

Am nördlichen Ufer des Lough Gill, noch im Naherholungsgebiet der Stadt Sligo, steht auf einer Halbinsel ein artenreicher Mischwald mit vielen riesigen, sehr alten Bäumen. Neben Eichen, Buchen und einigen mächtigen Nadelbäumen sind auch die Haselsträucher zu finden, denen der Wald den Namen »Hazelwood« verdankt. Außer den Veteranen im alten Wald sind am Weg aber auch noch viele schöne kleine Kiesbuchten zu finden, an denen wir picknicken und am Seeufer sitzen können.

TOUREN-STECKBRIEF

Anfahrt: Von Sligo kommend ist die Zufahrtsstraße zum nördlichen Seeufer beschildert. Auf den braunen Hinweisschildern werden außerdem noch das St. Angela's College und das Parkes Castle angekündigt. Der erste Abzweig nach rechts führt zum Hazelwood. Nach gut 1000 Metern biegen wir noch einmal links ab und fahren auf einer schmalen Asphaltstraße, die an einer Parkbucht zum Angeln und mit Rampe zum Einsetzen von Booten vorbeiführt und dann auf einem Parkplatz bei **GPS N 54°15'29.4", W 8°25'35.6"** am Seeufer endet.

Anspruch und Charakter: Einfacher Waldspaziergang auf gepflegten, ebenen Wegen am Seeufer. Auch mit Kinderwagen und Laufrad passierbar.

Highlights: Mehrere schöne, lange Kiesbuchten am Seeufer.

In der Nähe: Carrowmore Nekropole, Sligo Abbey, Parkes Castle.

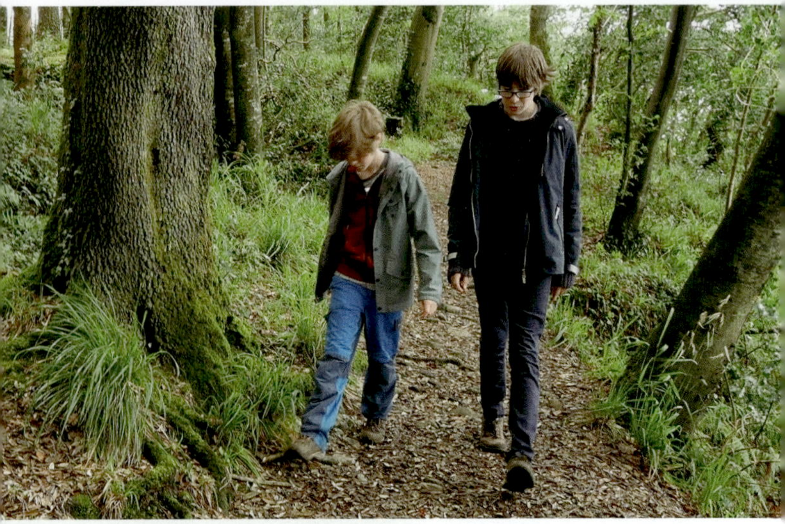

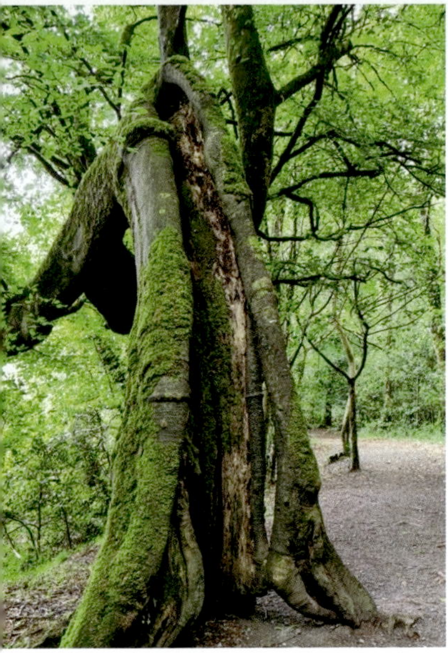

Wanderung: Der Uferweg beginnt vorne an der **Kiesbucht am Parkplatz** und führt immer direkt am Ufer des Lough Gill entlang. Vor allem im ersten Wegabschnitt zweigt alle paar Schritte ein Pfad vom Fußweg zu einem Platz am Seeufer ab. Meist sind es kleine Kiesbuchten, von denen wir einen schönen Blick über den See haben. Die meisten eignen sich bei passendem Wetter auch für ein Picknick.

Auf halbem Weg steht links am Wegrand ein **gigantischer Kletterbaum** ①. Danach bleibt der Weg im Wald und die Zugänge zum Seeufer werden selten, bis wir an einer **Kreuzung an der Spitze der Halbinsel** ② ankommen. Links führt hier ein Stichweg auf den schmalen Zipfel hinaus, der zwischen zwei Inselchen ins Seewasser ragt. Der Platz heißt **Nut Point** ③. Links gucken wir auf die Mini-Insel Wolf Island, rechts liegt Bernards Island im Wasser.

Wir wandern zur **großen Kreuzung** ② zurück und folgen hier weiter dem Seeuferweg, bis nach etwa 500 Metern ein **Fußweg nach rechts** ④ abzweigt und uns vom Seeufer wegführt. Zuerst schlängelt er sich munter durch den Wald. Hinter dem ersten

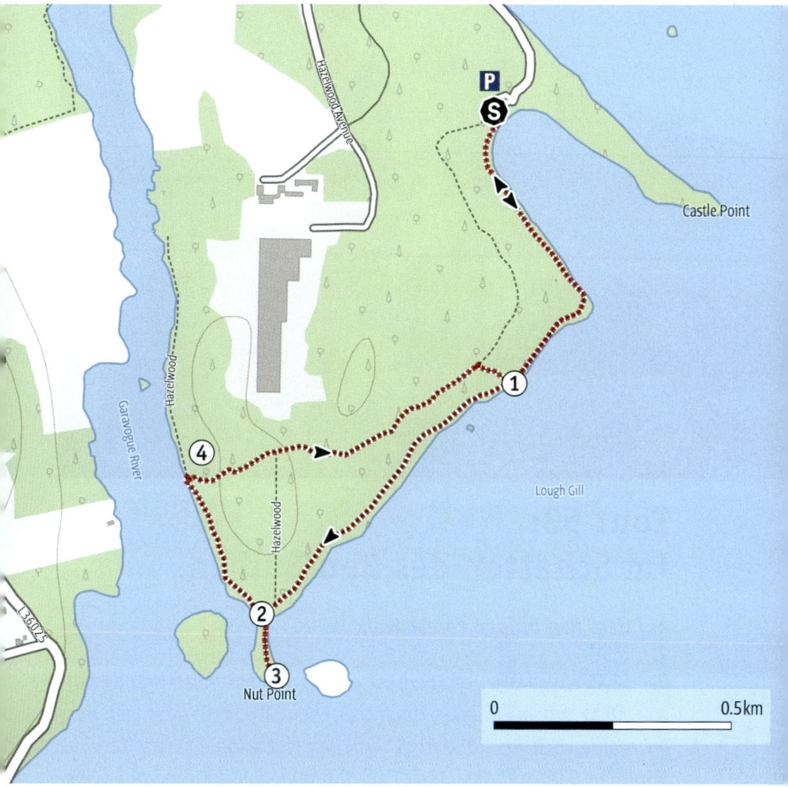

großen Abzweig, den wir rechts liegen lassen, wird er aber übersichtlich, breiter und etwas eintönig. Wir wählen daher den nächsten **Abzweig nach rechts**, der uns auf Höhe des Kletterbaumes zum Seeufer zurückbringt, und wandern lieber noch einmal auf dem Uferweg zurück.

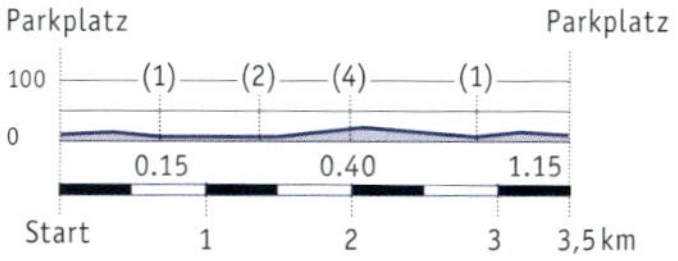

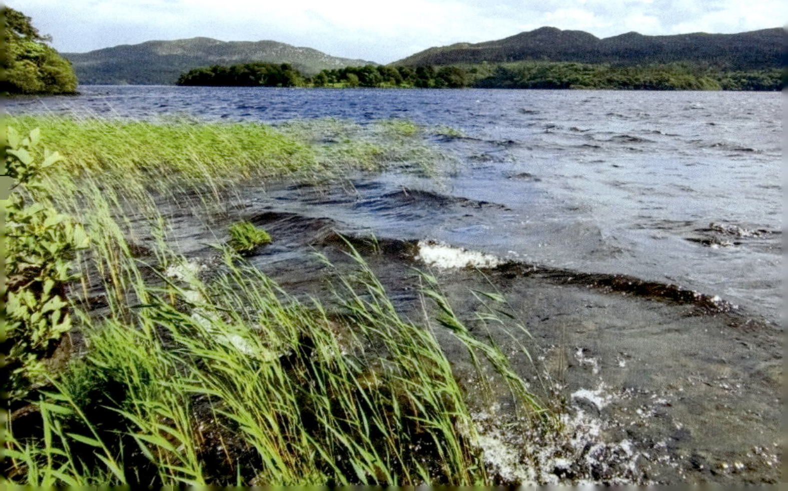

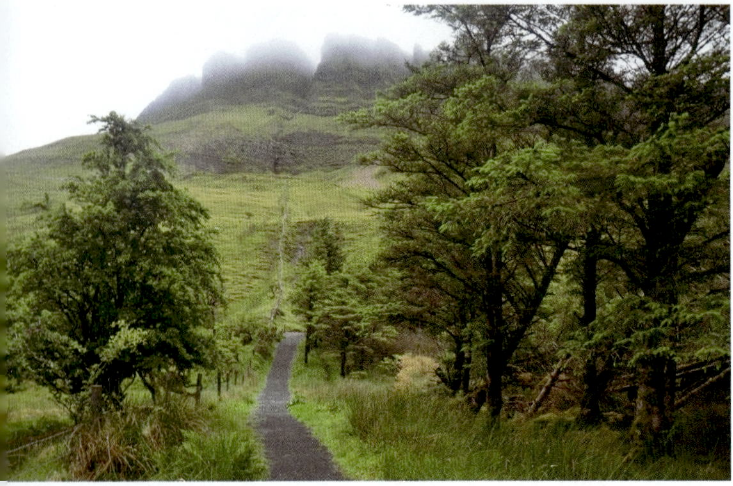

85 m

STRECKE 6 km

2 h

ab 4

Tour 53: Im Schatten des Ben Bulben

Auf dem Ben Bulben Forest Walk

Der 527 Meter hohe Tafelberg ist vor der flachen Küstenlandschaft von Sligo ein auffälliger Hingucker. Kein Wunder, dass der Berg auch eine wichtige Rolle in der irischen Mythologie spielt. In einer Höhle im Berg soll das junge Paar Diarmuit und Grainné auf seiner Flucht vor dem Krieger Fionn gelebt haben. Ihm war Grainné eigentlich zur Frau versprochen. Ebenfalls hier am Berg ereilte Diarmuit die Rache des Kontrahenten und er starb beim Kampf gegen einen wilden Eber.

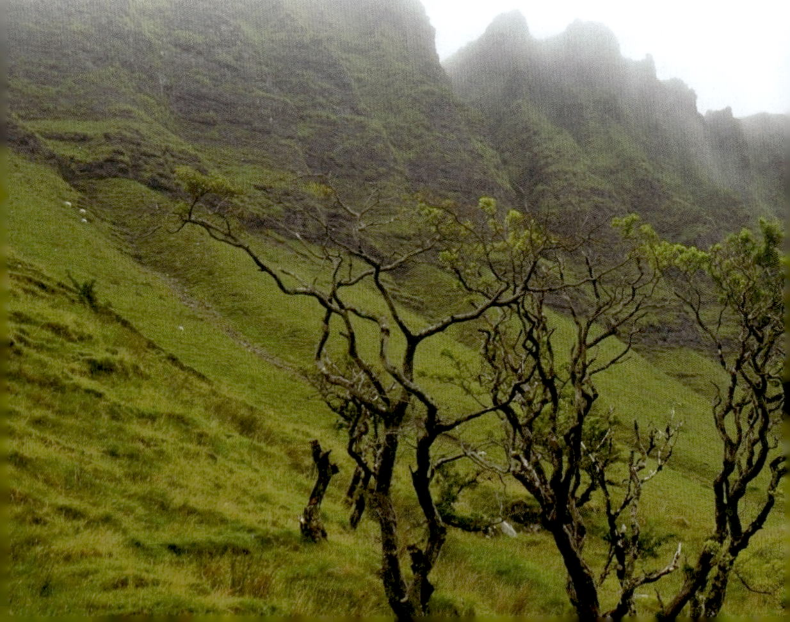

Wanderung: Schon vom Parkplatz sieht man die Zacken des Ben Bulben über die Bäume ragen. Von hier starten zwei Wege, deren Streckenführung teilweise identisch ist, sie sind jedoch in entgegengesetzter Richtung markiert. Der **Forest Trail** ist eigentlich der kürzere Weg, wir starten aus Gründen der Dramaturgie auf diesem und folgen hinter dem **Tor an der Infotafel** den blauen Markierungen nach links. Der Berg ist jetzt erst einmal wieder verschwunden und wir wandern auf einem schmalen Schotterweg in vielen Kurven durch den Wald. Der Weg macht einen Bogen und wir kommen zum **Waldrand**. Jetzt haben wir freien Blick bis hinunter zur Küste. Diesen hatte man wahrscheinlich auch in der Eisenzeit, als das **Ringfort von Cashelbaun** ① erbaut wurde. Reste der Mauern sind heute noch zu sehen und über einen Abzweig links vom Weg erreichbar.

Kurz hinter dem Fort stehen rechts im Wald **hohe Holzpalisaden**, die beinahe an eine Burg erinnern. Auf der Karte am Parkplatz ist dieser hermetisch abgeriegelte Ort als **Gun Club** ② bezeichnet.

TOUREN-STECKBRIEF

Anfahrt: Die Zufahrt zum Parkplatz zweigt etwa zwei Kilometer nördlich von Drumcliff von der Küstenstraße N15 ab. Auf dem braunen Hinweisschild steht »Ben Bulben Forest Walk«. Wir folgen der Beschilderung bis zum großen, neu angelegten Parkplatz bei **GPS N 54°21‘04“, W 8°30‘07.6“.**

Anspruch und Charakter: Abwechslungsreiche Runde, meist auf gut angelegten schmalen Wegen – teilweise im Wald, teilweise mit Weitsicht. Einzig der kurze Abschnitt rund um den Gun Club ist etwas öde.

Kürzere Variante: Wenn wir den Weg kürzen möchten, wandern wir am besten in die andere Richtung und drehen ab Punkt ⑤ eine kleine Runde vor dem Berghang, um auf dem gleichen Weg zurückzukehren.

Markierung: Zuerst blaue Markierungen des Forest Trails, dann rote Markierungen.

Highlights: Der hintere Teil der Runde auf schönen Waldpfaden und ganz nahe am Berghang, nach Kaninchen und Schafen gucken.

In der Nähe: Glencoe Wasserfall, Streedagh Beach, Rosses Point.

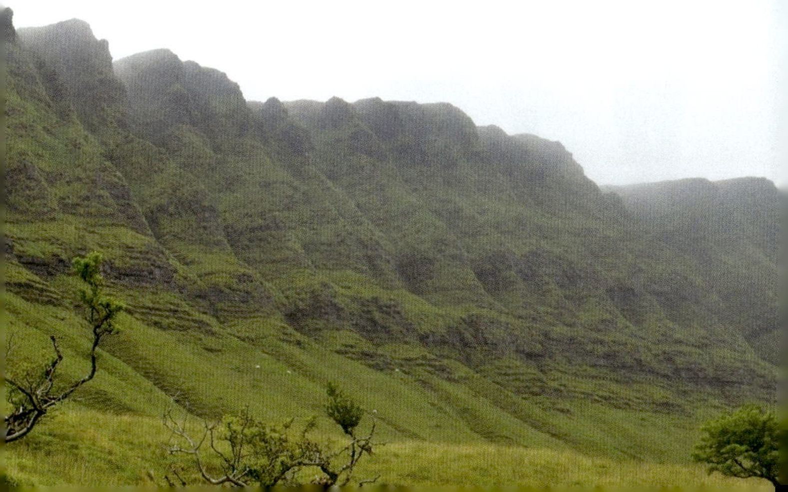

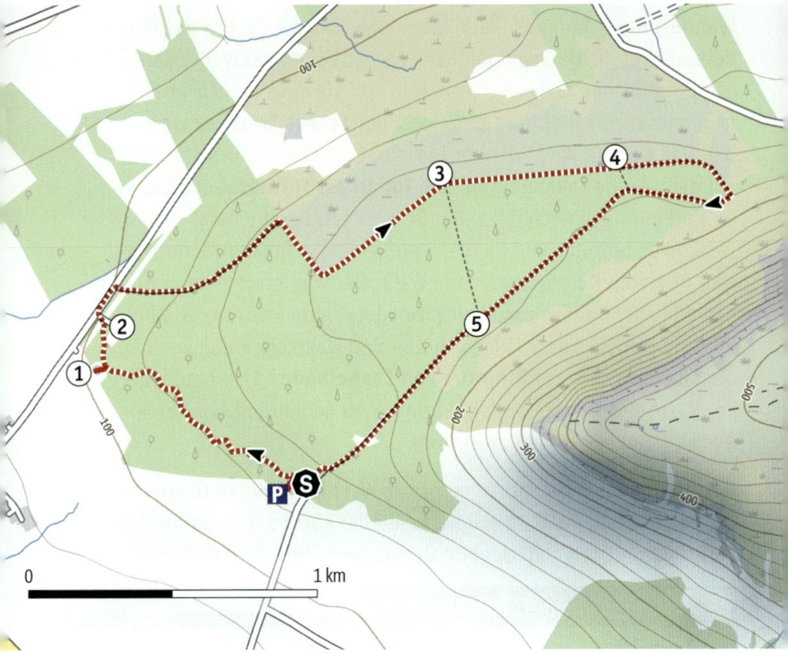

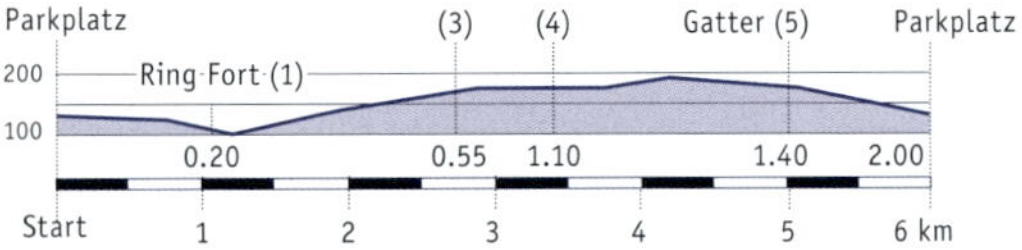

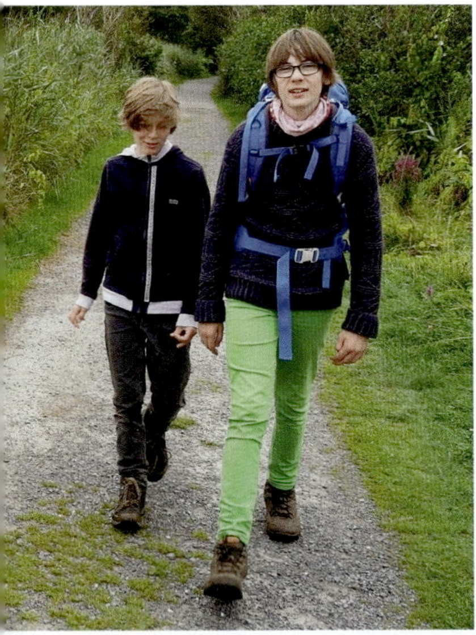

Wir schauen also, dass wir zügig vorbei kommen und treffen unterhalb der Anlage auf eine **Straße**. Dieser folgen wir wenige Schritte und biegen dann rechts wieder in einen **breiten Schotterweg** ein, der über eine Lichtung den Berg hinauf zum Waldrand führt.

Hier oben wird der Weg wieder schmaler und besonders schön. Er führt mit Weitblick am Hang entlang bis zu einer **Kreuzung** ③, an der auch der Ben Bulben wieder ins Bild rückt. Hier ginge es rechts in 20 Minuten zurück zum Parkplatz. Wir folgen aber dem **roten Pfeil des Ben Bulben Trails** und wandern geradeaus weiter. Von den Markierungen sehen wir nur die Pfosten, denn der Weg ist in der anderen Richtung markiert. Da es eh keine Alternativen gibt, ist das aber unerheblich. Wir wandern am Hang entlang und haben dabei rechts besten Ben-Bulben-Blick, links sieht man bis zum Meer hinunter.

Hinter einem weiteren **Querweg** ④, auf dem man abkürzen könnte, geht es rechts um die Kurve und unser Pfad hält genau auf den grünen Hang des Ben Bulben zu. Meist grasen hier ein paar Schafe und machen das idyllische Bild komplett.

Dann geht es rechts in den Wald und wir sind so nahe am Berg, dass wir ihn nicht sehen. Der Weg führt an dessen Flanke entlang immer geradeaus bis zu einem **Gatter** ⑤. Hier kommt unsere erste Abkürzung von rechts und ab jetzt sind wir auf einem grob geschotterten, breiten Weg unterwegs. Es geht jetzt bergab. Links von uns ist der Berg und vor uns das Meer zu sehen und zum Parkplatz ist es jetzt auch nicht mehr weit.

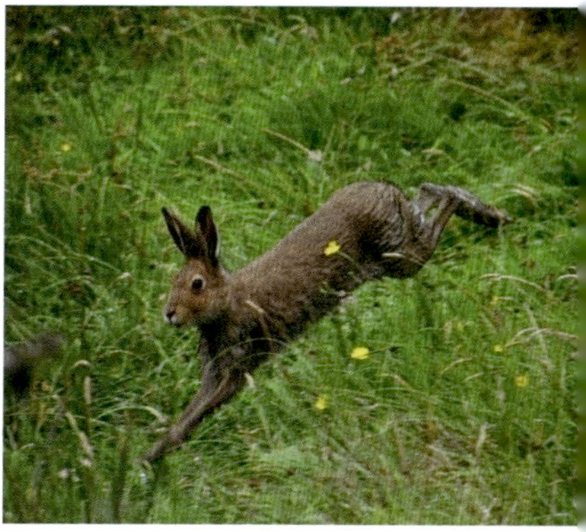

Die Magie des Ben Bulben

Seine ungewöhnliche Form verdankt der Ben Bulben wohl den Gletschern der Eiszeit, die bei ihrer Wanderung seine Flanken zu steilen Hängen abschliffen. Der größte Teil des Berges besteht aus eher bröckeligem und daher für die Erosion besonders anfälligen Kalkstein. Dort, wo der Hang sanfter abfällt, finden wir stattdessen Schiefer.

Auch einige Berge im Umfeld haben ähnliche Formen, aber der Ben Bulben steht besonders exponiert im flachen Land, wenn er nicht in den Wolken steckt. Taucht er nur knapp aus dem Nebel auf, ist die Stimmung auf diesem Weg besonders mystisch. Kein Wunder also, dass der Berg im Land der Sagen und Mythen als besonderer Ort gilt. Auch der Schriftsteller William Butler Yeats liebte den Berg und so wählte man für ihn als Ort der letzten Ruhe einen Platz zu seinen Füßen. Das Grab des Dichters befindet sich in Drumcliff, einige Kilometer nördlich von Sligo. Er wurde 1948 hierher umgebettet.

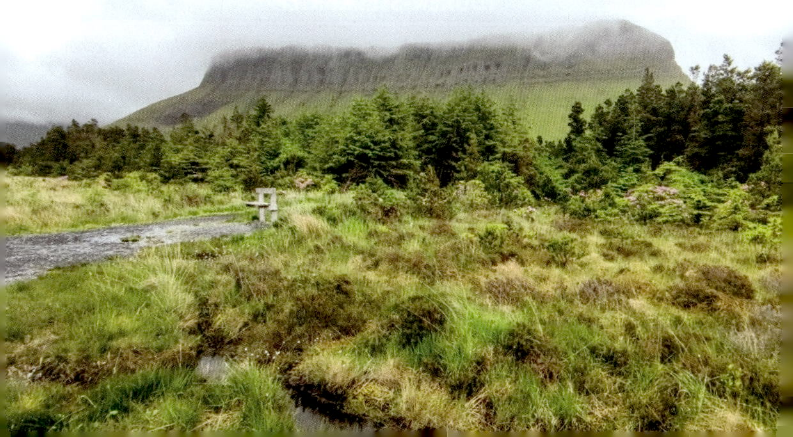

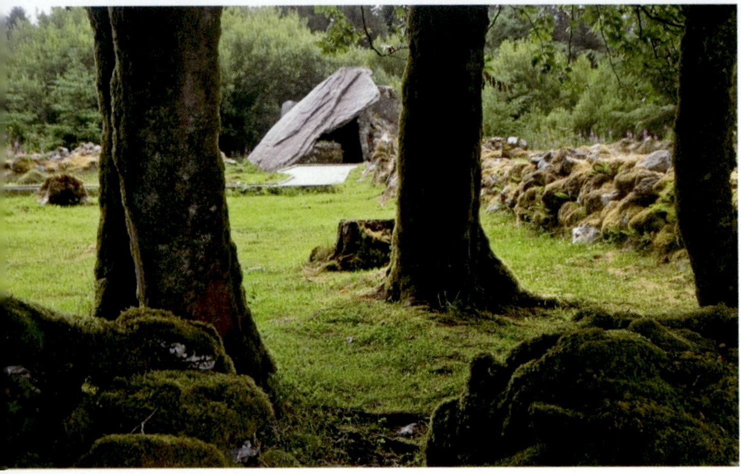

55 m

STRECKE 4 km

1 h 30

ab 4

Tour 54: Cavan Burren Park

Eine Rundwanderung mit Dolmen und Gigantengrab

Die Hügellandschaft an der Grenze zu Nordirland ist geologisch verwandt mit dem weiter westlich gelegenen Gebiet des Burren. Auch hier wandern wir über ein uraltes Karstplateau. Die Gletscher transportierten dicke Sandsteinbrocken hierher, die heute als Findlinge – oder auf Englisch »glacial erratics« – überall in der Landschaft herumliegen. In der Jungsteinzeit kamen dann die ersten Menschen. Sie fällten Bäume und bauten Siedlungen. Ihre auffälligsten Bauwerke entstanden jedoch für die Toten: Im Cavan Burren Park sind mehrere Dolmen und ein aus Steinen aufgeschichtetes »Giant's Grave« erhalten. Der Weg durch den Park besteht zeitweise aus Holzbohlen mit vielen Stufen. Das sieht fast aus wie auf dem Spielplatz, sodass der Rundweg auch Kindern Spaß macht.

TOUREN-STECKBRIEF

Anfahrt: Der Cavan Burren Park liegt nahe an der Grenze zu Nordirland südlich des Lough Macnean und der Grenzstädchen Belcoo und Blacklion. Westlich von Blacklion folgen wir dem ersten Abzweig nach Süden. Cavan Burren ist hier ausgeschildert. Die Hinweisschilder führen uns bis zum Parkplatz am Infozentrum bei **GPS N 54°15'51.5", W 7°53'21.3"**.

Anspruch und Charakter: Gut markierte, gepflegte Wanderpfade, die teilweise über Holzbohlen mit vielen Stufen bergauf und bergab führen. Am Weg stehen mehrere blaue Pfosten, aus denen sich eine kleine Tafel herausklappen lässt, die über den jeweiligen Ort informiert.

Highlights: Spannende Pfade mit vielen Treppchen, mehrere sehr gut erhaltene Dolmen und andere Großsteingräber, schöne, stille Landschaft.

Markierung: Pfeile in violett und orange.

Einkehr: Picknick auf der Wiese am Calf House Dolmen.

In der Nähe: Marble Arch Caves.

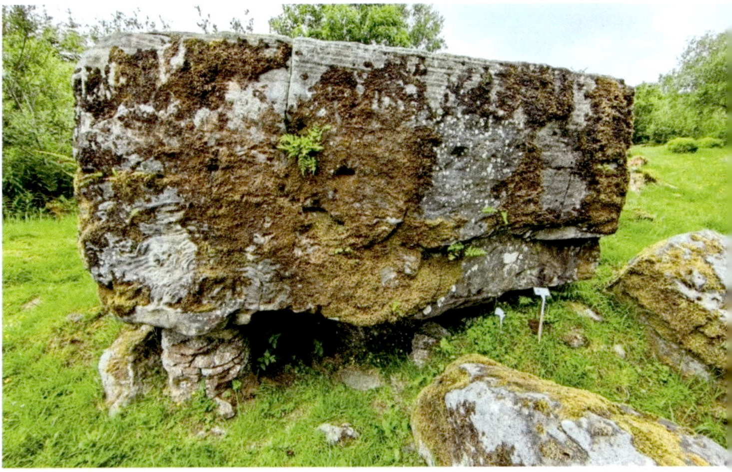

Wanderung: Vom Parkplatz gehen wir rechts am Infozentrum und an einem ersten abzweigenden Weg vorbei und folgen geradeaus der **lila Markierung des Promontory Fort Trails**. Der erste Teil des Wegs gehört auch zum kinderwagentauglichen Calf House Dolmen Trail und ist entsprechend gut befestigt. Trotzdem geht es erst einmal ordentlich bergauf, mit Kinderwagen oder Rollstuhl haben wir hier gut zu schieben. Oben angekommen machen wir einen Abstecher nach links zu einem **Aussichtspunkt mit Infotafeln** ①.

Der Weg führt dann auf der Höhe weiter. Ein weiterer Stichweg bringt uns zu den Resten eines **Gigantengrabes** ②. Dann führt unser Weg in einem großen Bogen hinunter zur Kreuzung im Zentrum des Parks. Hier stehen die Reste eines Dorfes und der **Calf House Dolmen Tomb** ③, ein Dolmengrab mit ungewöhnlicher Bauweise. Wir kommen später noch einmal hierher zurück, können aber auch jetzt gleich den Wiesenplatz mit Mäuerchen und dem Dolmen erforschen.

Dann wählen wir den an der Kreuzung abzweigenden Pfad, der **orange und lila markiert** ist, und folgen ihm bis zur nächsten

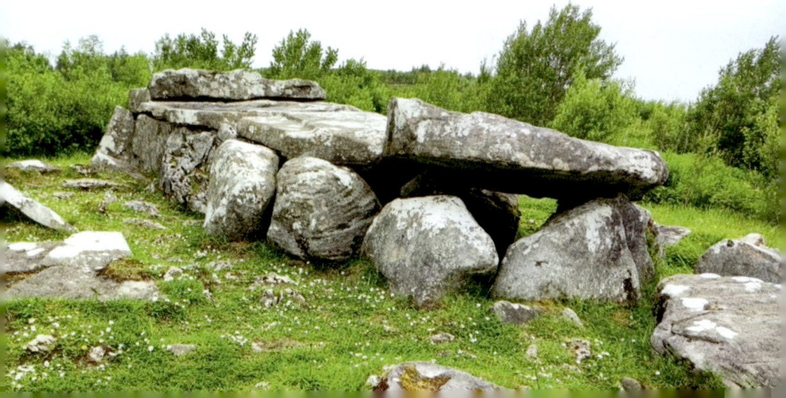

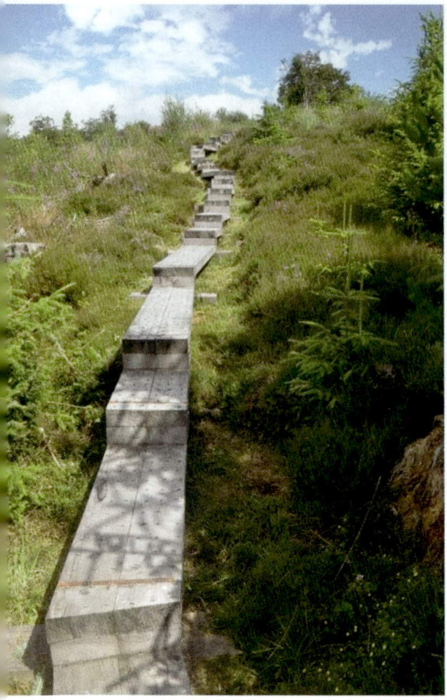

Kreuzung ④, an der wir kurzzeitig den Promontory Fort Trail verlassen. Wir folgen hier dem **orange** markierten Bogen, der über einen **Bretterweg mit vielen Stufen** den Hang hinaufführt. Der Aufstieg erinnert an eine endlose Brücke und würde jedem Spielplatz Ehre machen.

Oben auf dem Berg wartet dann das am besten erhaltene **Gigantengrab** ⑤ des Cavan Burren Parks. Es sieht aus wie mehrere aneinandergereihte Dolmen und ist in ausgezeichnetem Zustand.

Kurz darauf kommt der mit gelber Figur markierte Weitwanderweg **Cavan Trail** von rechts – also nicht von der Markierung irritieren lassen! Wir gehen hier links weiter und balancieren bald wieder über den schmalen Holzsteg. Diesmal führt er bergab und wir treffen an der **nächsten Kreuzung** ⑥ wieder auf unsere lila Markierung, der wir hier nach rechts folgen.

Das nächste Ziel ist das **steinerne Fundament eines Ringforts** ⑦, von dem aber nicht mehr viel zu sehen ist. An der Stelle, an der links eine Holztreppe hinunterführt, gehen wir noch wenige Schritte weiter und stehen vor den spärlichen Mauerresten, deren Kreisform man gerade noch erkennen kann. Dann geht es die **Holztreppe** hinunter und den lilafarbenen Markierungen hinterher, bis wir auf einen **breiten Schotterweg** ⑧ stoßen.

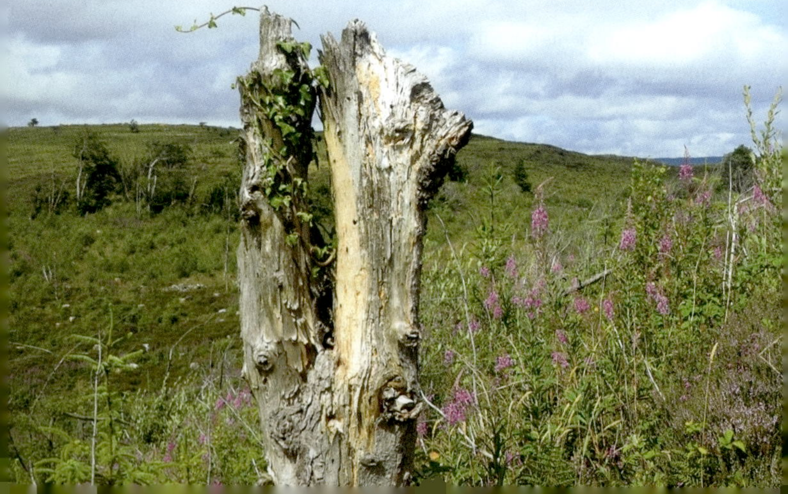

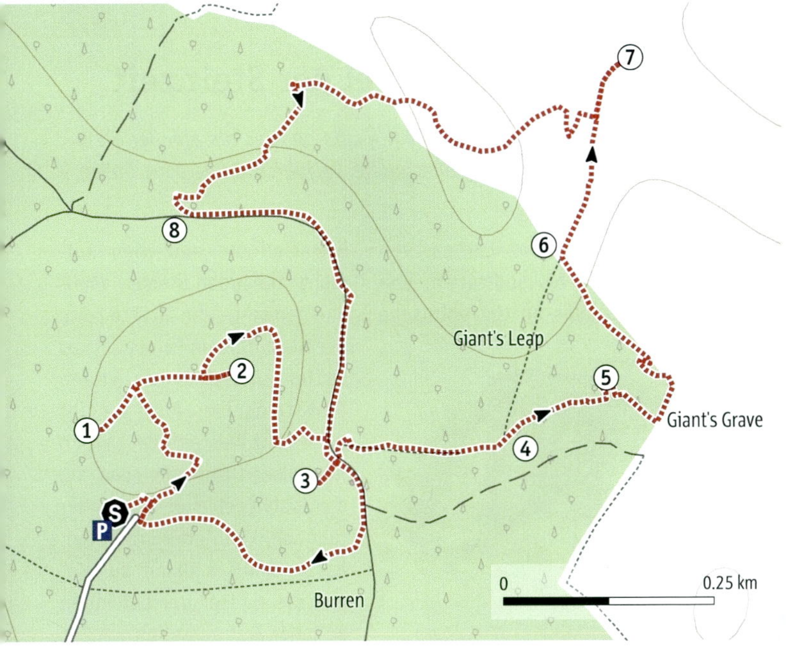

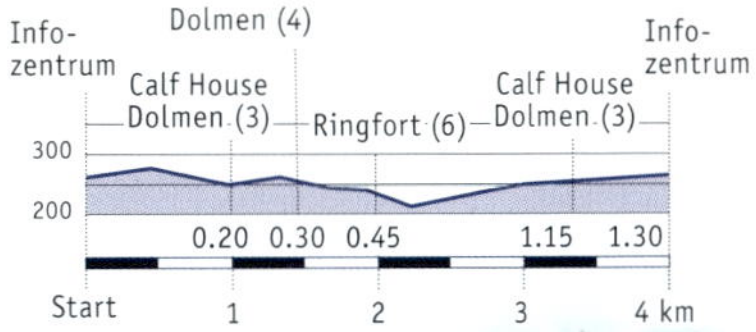

Wir biegen hier links ab. Auf der linken Wegseite ist in einem Findlingsfeld noch eine unter einen riesigen Findling gemauerte »Boulder Grave Site« zu finden. Dann stehen wir wieder an der **Kreuzung am Calf House Dolmen Tomb** ③ und folgen jetzt dem befestigten Weg geradeaus. Links liegt noch einmal ein großer Eiszeitfindling und rechts am Weg ist das tiefe Loch einer Doline zu sehen, dann sind wir schon zurück am Infozentrum und am Parkplatz.

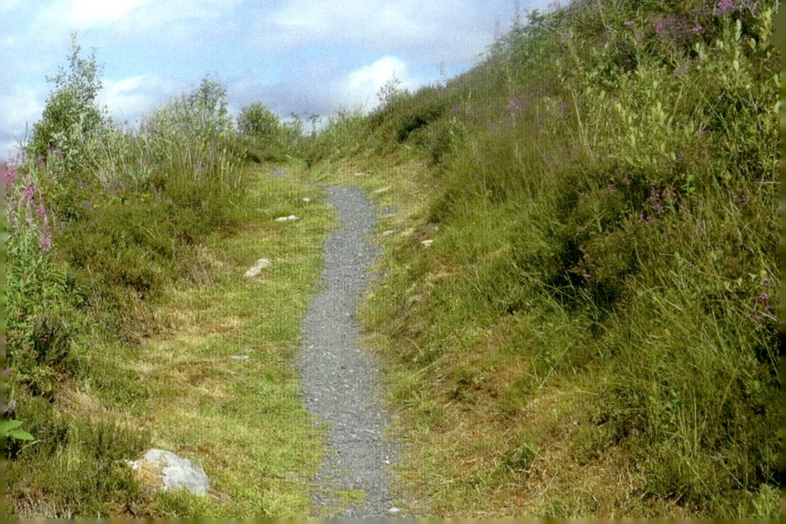

Die Megalith-Kultur
Gräber und Tempel der Steinzeit

Megalith bedeutet erst einmal nichts anderes als »großer Stein«. Aber was für große Steine unsere Vorfahren da verbaut haben – und wie!

In beinahe ganz Europa, von Schweden bis Süditalien, von Portugal bis an die polnische Grenze, sind Megalith-Bauten nachgewiesen. Die älteste Anlage wurde in der Türkei entdeckt: Göbekli Tepe mit seinen bis zu sechs Meter hohen und reich verzierten Steinsäulen ist rund 11.000 Jahre alt und stammt damit noch aus einem Teil der Steinzeit, in dem die Menschen jagend und sammelnd herumzogen. Wie sich das Bedürfnis und das dazu notwendige technische Wissen, tonnenschwere Felsbrocken zusammenzutragen und aufzurichten, ausgebreitet haben, ist ein großes Rätsel. Fakt ist, dass vor etwa 7000 Jahren auch in Frankreich Megalithen aufgestellt wurden. Ab diesem Zeitpunkt tauchen fast überall in Westeuropa ähnliche Bauwerke auf. Vermutlich sind die einzelnen aufrecht stehenden Steine – Menhire genannt – die älteste Form der Megalithen in Europa. Etwas später entstehen die ersten Großsteingräber. Auch sie gibt es in ganz Westeuropa, jedoch mit lokalen Unterschieden. Ob die Grabhügel eher rund oder länglich, klein oder groß sind, hat vermutlich damit zu tun, wie die Häuser der Lebenden zu jener Zeit aussahen.

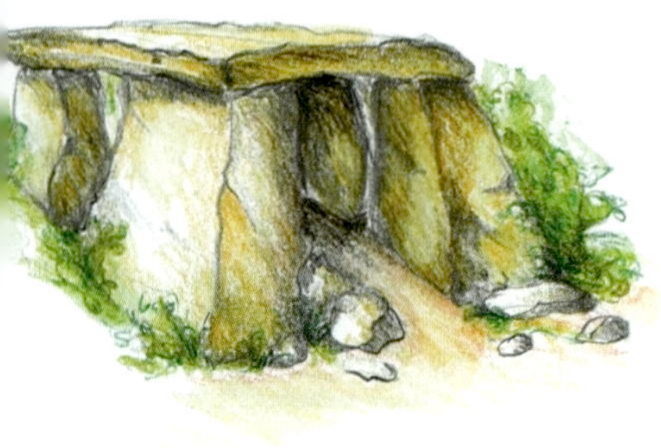

Der Dolmen ist die üblichste Form eines Großsteingrabes in Irland.

In Irland ist die Dichte dieser uralten Bauwerke besonders hoch. Hier kommt auch die Sonderform der Dolmen häufig vor. Die sehen aus wie große Steintische, bei denen eine Felsplatte weithin sichtbar über andere aufrechte Steine gelegt wird.

Deutlich später entstehen die Steinkreise. Sie werden auf 2800 bis 700 vor unserer Zeitrechnung datiert. Die meisten irischen Steinkreise befinden sich in Nordirland und in der Gegend um Cork.

Leider können die Wissenschaftler nicht genau sagen, welche Bedeutung die Menschen der Vorzeit den Großsteinbauten gaben. Die Vermutung liegt nahe, dass Religion eine Rolle spielte, dass Rituale abgehalten wurden.

Bei den Grabhügeln vermuten viele Fachleute einen Totenkult, der sich nicht nur an die verstorbenen Personen direkt, sondern auch abstrakt an die Ahnen richtete. Dass manche Großsteingräber nur relativ kurze Zeit wirklich als Grablegen genutzt wurden, aber noch viele Jahrhunderte später immer wieder Lagerfeuer um die Stätten herum gebrannt haben, scheint das zu bestätigen. Bei den Steinkreisen vermutet man astronomische Kalenderfunktionen, die der frühzeitlichen Agrargesellschaft die Zeiten für Saat und Ernte durch den Schattenwurf an bestimmten Tagen anzeigten. Solche ausgeklügelten Platzierungen lassen sich aber nicht bei allen Steinkreisen nachweisen.

Andere Stimmen aus der Wissenschaft sehen den vorrangigen Zweck der Megalith-Anlagen in dem Gemeinschaftserlebnis und dem Zusammengehörigkeitsgefühl, die der kräftezehrende Bau

Verhalten an den Großen Steinen

Die Steine stehen da seit Jahrtausenden – und es sollte nicht ausgerechnet unsere Schuld sein, wenn sie umfallen. Umwelteinflüsse, an denen wir indirekt beteiligt sind, und der Zahn der Zeit richten schon genug Schaden an. Unser Ziel sollte es sein, die Monumente auch für künftige Generationen zu erhalten. Immerhin können die dank fortschreitender Technik möglicherweise mehr Rückschlüsse daraus ziehen und neues Wissen gewinnen.

Die »Megalithic Portal Charter« ist das Ergebnis einer informellen Gruppe aus britischen Fachleuten und Amateuren, die sich der Erforschung und Dokumentation der Megalith-Kultur verschrieben haben. Der von ihnen entworfene Verhaltenskodex an allen prähistorischen Monumenten fordert, an den Stätten nichts zu verändern, nichts zu hinterlassen, keine Feuer (auch keine Kerzen) in direkter Nähe der Steine zu entzünden und – das ist wohl das, was Familien mit Kindern am meisten betrifft – nicht auf den Steinen herumzuklettern.

mit sich bringen, frei nach dem Motto: »Warum schleppt man tonnenschwere Steine kilometerweit durch die Landschaft? – Weil man's kann.«

Auf jeden Fall bleiben für künftige Generationen noch viele Rätsel zu lösen.

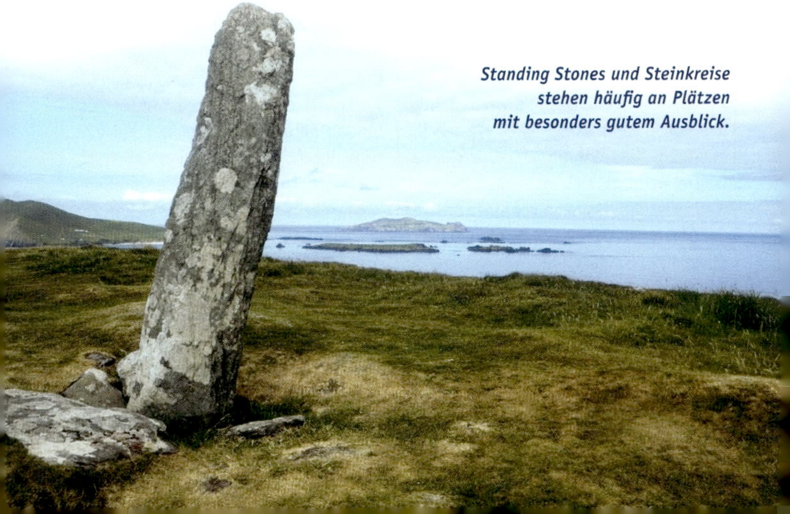

Standing Stones und Steinkreise stehen häufig an Plätzen mit besonders gutem Ausblick.

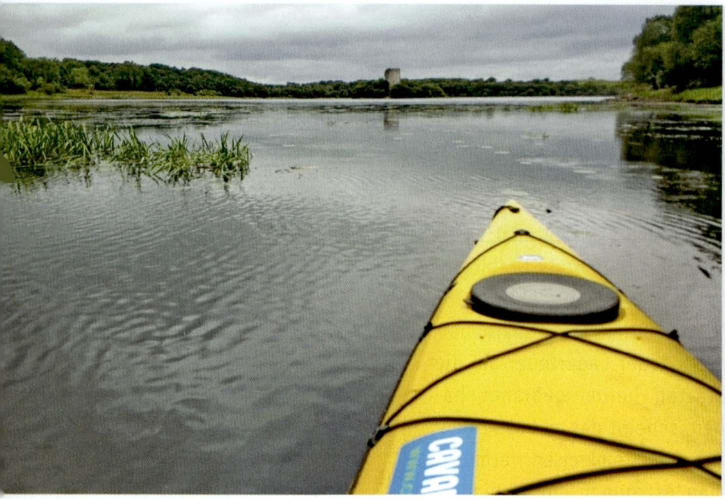

STRECKE
8 km

3 h

ab 6

Tour 55: Kanutour mit Burgruine

Auf dem Wasserweg zum Oughter Castle

Der Upper Lough Erne ist eigentlich eher ein Wasserlabyrinth als ein See. Er besteht aus einem Gewirr aus Inselchen, die teilweise mit Wasserwegen verbunden sind, teilweise aber auch nicht. Es gibt durchaus auch Sackgassen. Die einzelnen Inseln sind an Land nur mit schmalen Straßen oder Fußwegen erschlossen, sodass es vom Wasser endlos viele einsame Plätzchen zu entdecken gibt. Hier kann man einen halben Tag oder auch eine ganze Woche auf dem

TOUREN-STECKBRIEF

Anfahrt: Das Kanucenter liegt auf einer Landbrücke am Upper Lough Erne und zwar an der Verbindungsstraße zwischen Killashandra und Butlers Bridge auf der irischen Seite der Grenze. Von der N3 kommend biegt man 1,3 Kilometer nördlich von Butlers Bridge nach Westen in Richtung Killashandra ab. Das Canoe Centre befindet sich dann auf halbem Weg zwischen den Seen vor einer Brücke bei **GPS N 54°02'22.6", W 7°26'01.8"** direkt links an der Straße.

Cavan Adventure Centre: Kanumiete drei Stunden: Kajak €39 pro Person, Kinder €25, Kanadier €80 pro Kanu. Kleinere Kinder können zwischen den Eltern im Kajak oder Kanadier sitzen. An der Station werden auch SUPs verliehen und es gibt einen Wasserpark (ab 8 Jahre). Geöffnet ab Mai täglich 10–18 Uhr. cavanadventure.ie

Anspruch und Charakter: Die einfache Paddeltour auf ruhigem, strömungsfreiem Wasser ist bei windstillem Wetter auch für Ungeübte im Kanu geeignet. Vorsicht, Wind macht das Paddeln deutlich anstrengender und kann auf den größeren Wasserflächen unangenehme Wellen verursachen. Die Tour lässt sich beliebig verlängern.

Highlights: Kanu fahren in einer wilden, meist ziemlich einsamen Wasserwelt. Anlegen an der Burginsel.

Einkehr: Picknick mitnehmen!

In der Nähe: Killykeen Forest Park.

Wasser unterwegs sein. Das perfekte Ziel, um erst einmal in diese Wasserwelt hineinzuschnuppern, ist die Ruine des Oughter Castle, die vier Kilometer vom Kanuverleih entfernt auf einem Inselchen in einer der größeren Wasserflächen steht.

Kanutour: Der Weg von der Kanustation zur Burgruine ist unkompliziert, trotzdem verliert man auf dem Wasser dann schneller die Orientierung, als man meint. Oft sieht man aus dem Boot nicht ganz eindeutig, wo es weiter geht und wo nicht. Es macht also Sinn, wenn wir uns den Weg vorher gut ansehen.

Vom Anleger der Kanustation fahren wir links einen schmalen Arm des Sees hinunter. Nach etwa 1000 Metern **teilt sich an einer Insel der Wasserlauf** ①. Hier halten wir uns rechts. An dieser Stelle stehen meist viele Wasserpflanzen, die man am besten umfährt, da sie das Kanu ziemlich bremsen. Dann bleiben wir am rechten Ufer, während sich auf der linken Seite eine tief eingeschnittene Bucht ausbreitet. Wir durchpaddeln einen **Engpass** und sehen in der Rechtskurve bereits die Burgruine auftauchen, die auf einem Inselchen mitten im See steht.

Die Richtung ist jetzt keine Frage mehr und wir durchqueren einen weiteren recht **flachen und leicht zugewachsenen Engpass** ②. Hier nisten am Ufer oft Schwäne, von denen wir uns so weit möglich fernhalten, um nicht zu stören und keinen Angriff zu riskieren. Ein wütender Schwan kann recht beeindruckend sein. Beim **Ausfahren in den See** ③ drehen wir uns unbedingt noch einmal um und prägen uns die Stelle gut ein, von der wir gekom-

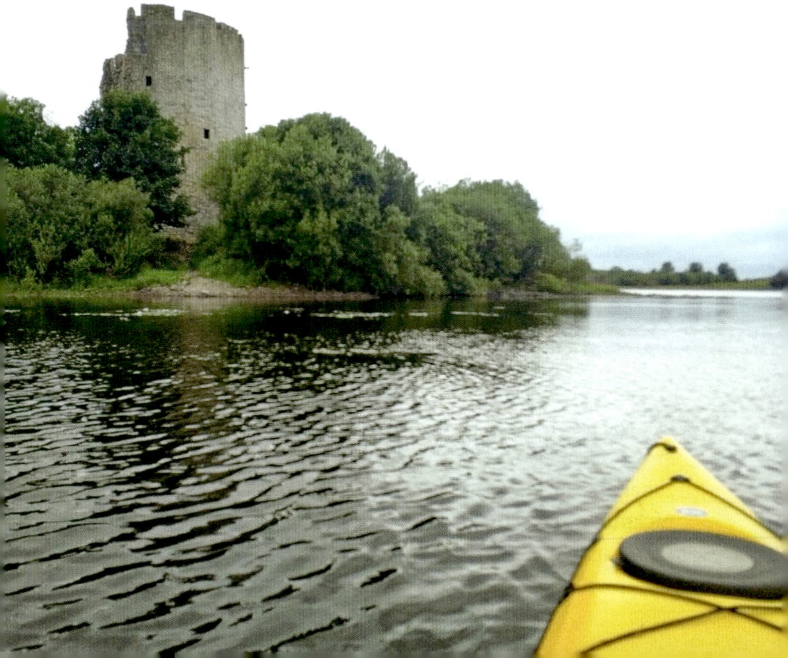

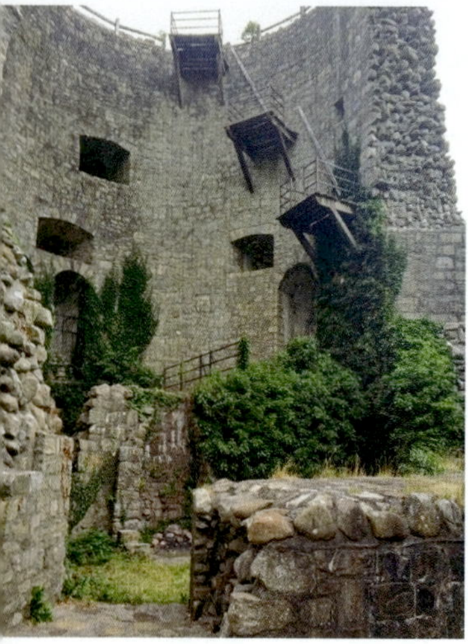

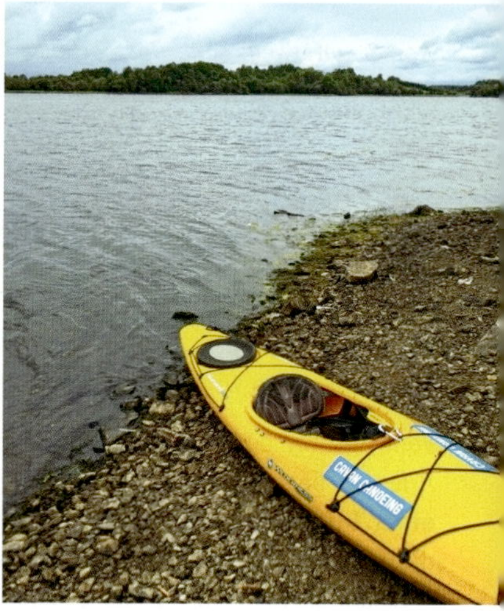

men sind. Vor lauter Burggucken vergisst man das leicht und da die Durchfahrt ziemlich zugewachsen ist, ist sie von der anderen Seite gar nicht so einfach zu erkennen. Dann gilt die volle Aufmerksamkeit dem mächtigen Wachturm, der nur noch halb vorhanden ist. Die zweite Hälfte ist nicht einfach so eingestürzt, sondern fiel beim Versuch, den Turm mit Kanonen zu zerstören. Man kann das Inselchen gut mit dem Kanu umrunden und auf den **Kiesflächen neben dem Bootsanleger** ④ aussteigen, um die Ruine genauer zu betrachten.

Kanuabenteuer für zwei Tage

Auf einigen Inselchen der Seenlandschaft kann man gut das Zelt zur Übernachtung aufschlagen. Wo sich gute Biwakplätze befinden, verrät das Team des Cavan Adventure Centre. Mit Zelt und kompletter Ausrüstung können wir dann auch für zwei Tage in die einsame Inselwelt eintauchen, abends am Lagerfeuer sitzen und am Morgen Reiher und Schwäne beobachten, bevor es zurück zum Startpunkt geht. Für so eine ausgedehnte Tour ist die Unterstützung mit GPS und Offlinekarten fürs Handy sehr empfehlenswert, weil sie die Orientierung viel einfacher machen und ausschließen, dass wir regelmäßig in Sackgassen paddeln. Wer die Vorbereitung vergessen hat, kann sich aber auch online orten, ein ausreichendes Datennetz ist fast überall auf den Seen vorhanden.

Wir können hier picknicken oder uns lieber einen ruhigen, einsamen Platz an den umliegenden Ufern suchen. Auf der Landzunge schräg gegenüber gibt es auch einen **richtigen Picknickplatz mit Tischen** ⑤, der aber auch vom Land erreichbar ist.

Wer genug Kondition hat, kann auch hinter der Burg links durch den Engpass paddeln, geradeaus den nächsten Durchgang ansteuern und dann am rechten Ufer entlang auf eine Fußgängerbrücke zuhalten. Dort liegt in etwa 1,5 Kilometern Entfernung der **Picknickplatz des Killykeen Forest Park**. Wer ausdauernd paddelt, ist einer knappen halben Stunde dort.

Zurück geht es auf dem gleichen Weg, der jedoch von der anderen Seite ganz anders aussieht. Die Einfahrt hinter der Burg haben wir uns hoffentlich gut gemerkt. Wer links in die breitere Durchfahrt gerät, landet in der Sackgasse und braucht anschließend gute Paddelkondition. In unserer Durchfahrt halten wir uns eher links, denn dort ist mehr Wasser. Dann bleiben wir einfach immer am linken Ufer. Hinter der zweiten Linkskurve sind es dann noch 1000 Meter bis zur Kanustation.

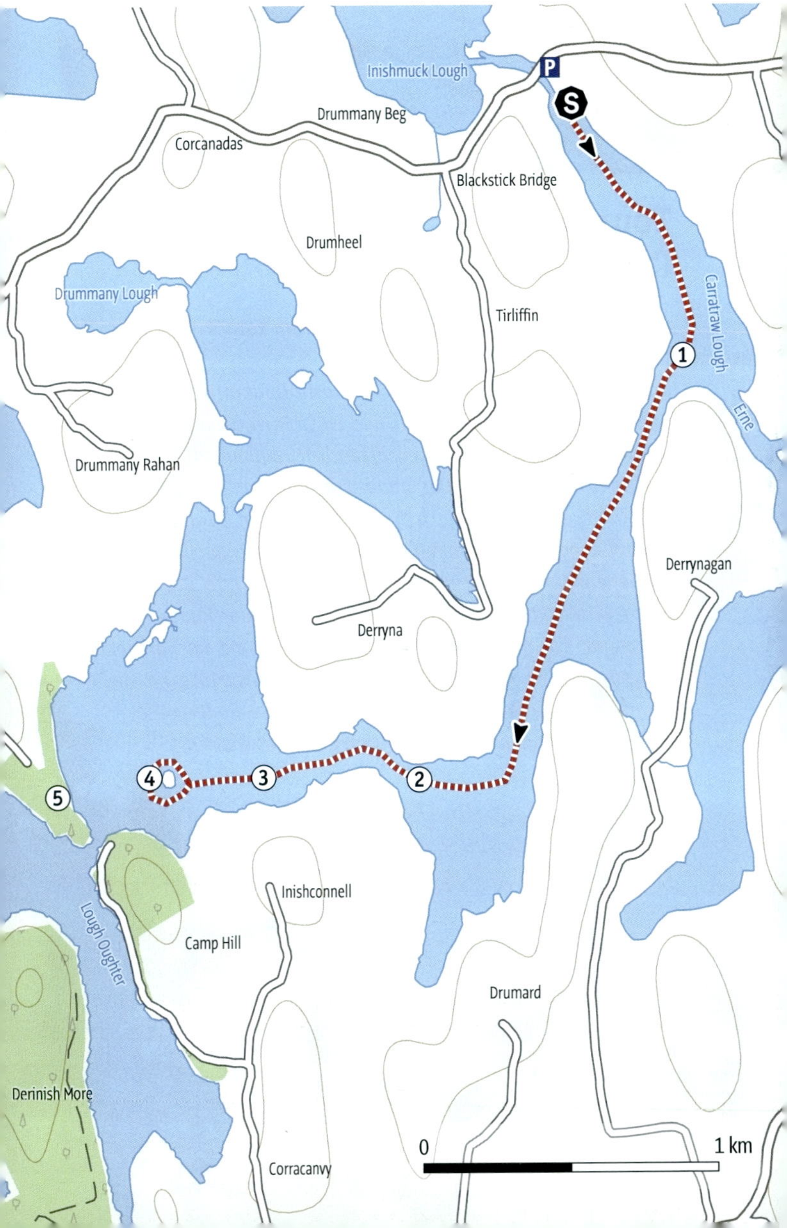

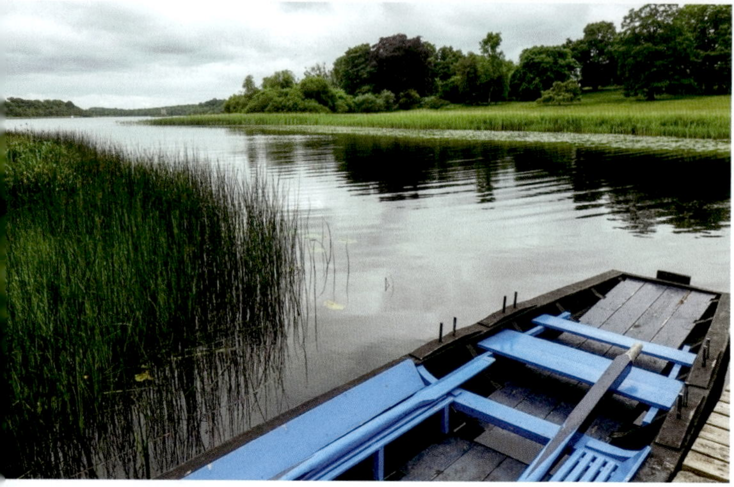

eben

STRECKE 4 km

1 h 15

ab 4

Tour 56: Crom Castle

Eine Runde über die Ländereien des Crom Estate

Die eindrucksvolle Burg auf dem fast acht Quadratkilometer großen Anwesen wurde 1840 errichtet und ist in Privatbesitz. Das Parkgelände am Seeufer ist dagegen öffentlich zugänglich und wird vom National Trust betreut. Das unumstrittene Highlight auf dem kleinen Rundweg ist die malerische Ruine der alten Burg, die 1611 von schottischen Siedlerfamilien erbaut wurde. Aber auch das Damwild im Gehege vor dem Schloss und das hübsche alte Bootshaus mit einem versteckten Treppengang machen die kleine Runde für Kinder spannend. Für passionierte Schatzsuchende sind im Parkgelände außerdem sechs Geocaches versteckt. Im Anschluss an die Wanderrunde lockt ein Ausflug auf den See. Ruderboote oder Kanus können am Infozentrum gemietet werden.

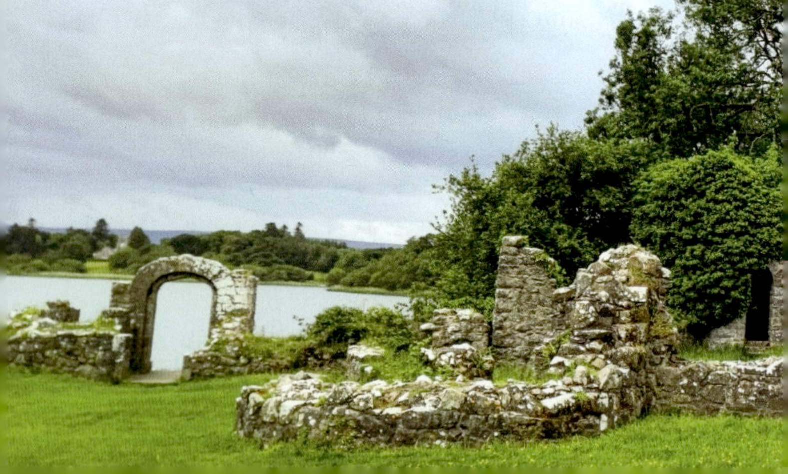

TOUREN-STECKBRIEF

Anfahrt: Das Crom Estate liegt westlich von Newtonbutler auf einer der Landzungen im Lower Lough Erne. Die Zufahrt erfolgt über eine schmale Straße, ist aber gut beschildert. Der Parkplatz liegt zwischen dem Infozentrum und dem Zeltplatz bei **GPS N 54°09'47.7", W 7°25'59.3"** auf dem Gelände des Anwesens.

Geöffnet: Täglich 10–18 Uhr, Eintritt £7,50, Kinder £3,75, Familie £18,75. Verleih von Kanus und Fahrrädern gegen Gebühr. Ein Naturerkundungs-Set mit Lupe und Kescher kann gegen Pfand im Infozentrum geliehen werden. cromcastle.com

Anspruch und Charakter: Spaziergang auf Schotterpfaden, einem Fahrweg und einem Wiesenpfad.

Highlights: Burgruine und alte Eiben, das neue Schloss mit dem Wildgehege, Möglichkeit zum Geocaching.

Einkehr: Café neben dem Infozentrum.

Wanderung: Vom Parkplatz gehen wir zum Infozentrum, in dem neben dem Café auch noch eine kleine Ausstellung zur Tierwelt und zur Geschichte des Schlosses untergebracht sind. Wenn wir anschließend zwischen dem Haus und dem See weiterlaufen und das Haus umrunden, um zur Straße zurückzukommen, können wir auch noch einen Blick auf die Camping-Pods werfen, die in den ehemaligen Schweineställen des Gutshofes installiert wurden – nach gründlichem Umbau, versteht sich...

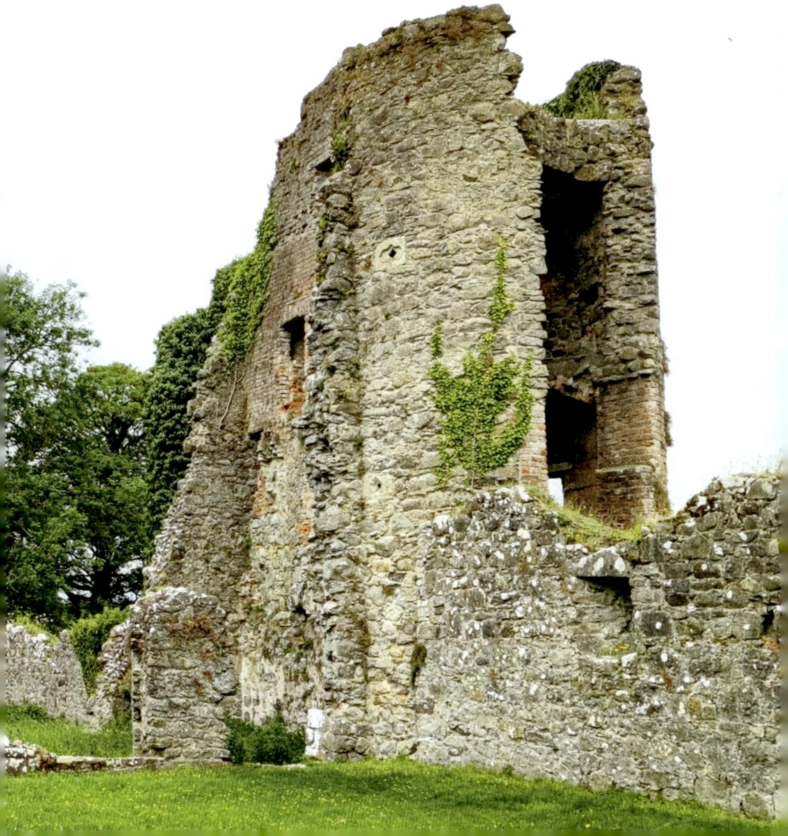

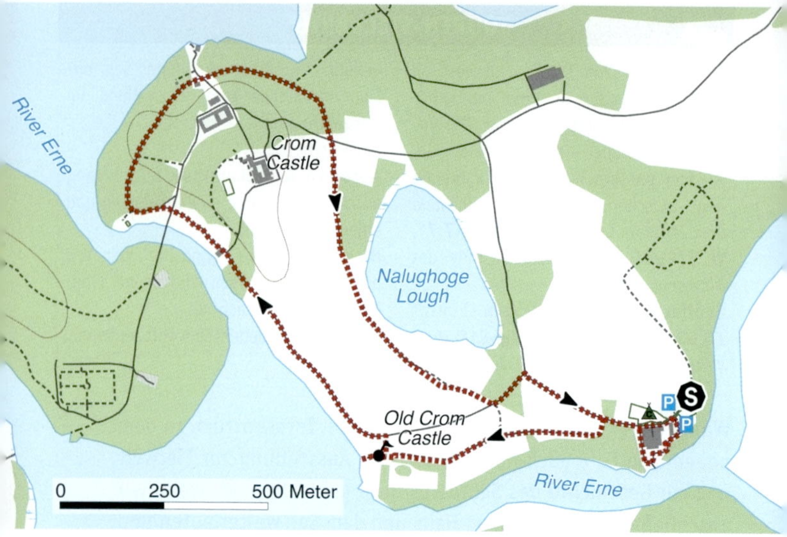

Crom Estate als Basisquartier
Auf dem weitläufigen Gelände des Schlossparks gibt es einen kleinen Zeltplatz mit schönen Wiesenplätzen, einfachen Sanitäranlagen und einem Spielplatz. Im Wirtschaftsgebäude werden auch Ferienwohnungen und Glamping-Pods mit Seeblick vermietet.
Die Buchung erfolgt über die Website.
www.nationaltrust.org.uk/crom

Dann geht es einige Schritte die Straße hinunter, bis links zwei Wege abbiegen in Richtung **»Old Castle Ruins«**. Wir wählen den schmaleren linken Fußweg. Auf diesem ist die **Ruine** ① schnell erreicht. Zwei der Türme sind noch begehbar und die Wiese zwischen den Mauerresten ist ein toller Platz zum Spielen und Picknicken. Vor lauter Begeisterung übersieht man leicht den Zugang zu einer Wiese links am Tor, auf der die »Yew Trees«, skurril verwachsene alte Eiben, zum Erforschen einladen.

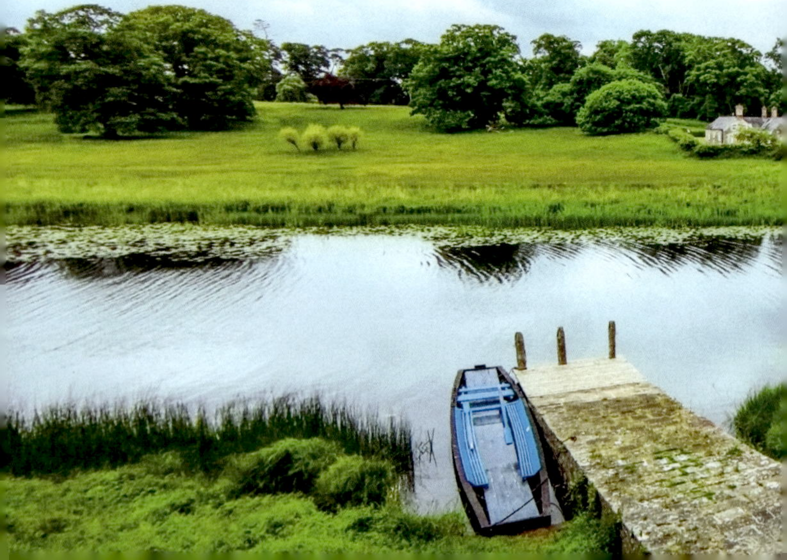

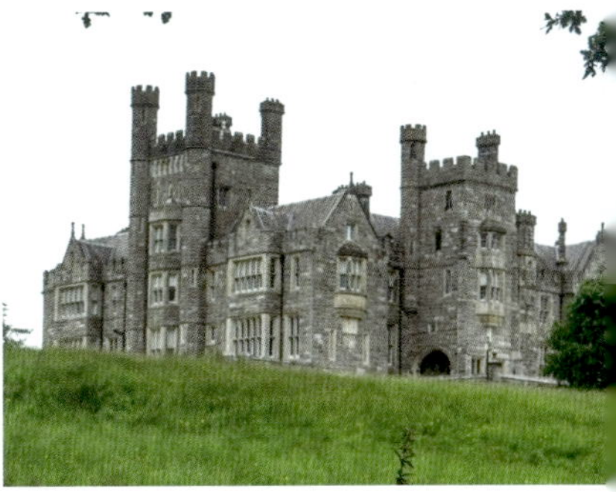

Hinter der Ruine geht es dann auf einem breiten Schotterweg weiter. Rechts von uns taucht der Zaun des Wildgeheges auf und zum ersten Mal blitzen auch die Türme des neuen Schlosses zwischen den Bäumen hindurch. Rechts führt dann ein Pfad zu einem **Bretterzaun** ② hinauf, durch den man, gut versteckt, in das Gehege linsen kann. Kurz darauf stehen wir am schönen alten **Bootshaus** ③ und an der langen Brücke, die zum Nachbarinselchen hinüberführt. Wer »Lost Places« mag, kann hier einen Abstecher zu den **Resten eines Walled Gardens** ④ machen.

Wir gehen geradeaus weiter. Der Weg führt jetzt durch einen Wald und erreicht nach 400 Metern weitere Wirtschaftsgebäude. Links befinden sich das **Eishaus** ⑤ und das Torflager, rechts die ehemaligen Pferdeställe.

Wir folgen dem markierten Weg jetzt noch bis **zur nächsten Kreuzung** ⑤. Dort weist ein Schild den Weg links über die Straße zurück zum Parkplatz. Wir gehen hier aber auf dem unmarkierten Naturweg geradeaus weiter. Er durchquert zwei oder drei leicht matschige Stellen und führt dann auf einem ins Gras gemähten Weg immer am Zaun des Wildgeheges entlang. Von hier aus haben wir noch einmal einen guten Blick auf das riesige Gebäude des neuen Schlosses und können mit etwas Glück noch einmal einige Hirsche entdecken.

Der Grasweg überquert östlich der Ruine den breiten Wanderweg und endet kurz darauf auf unserem Hinweg.

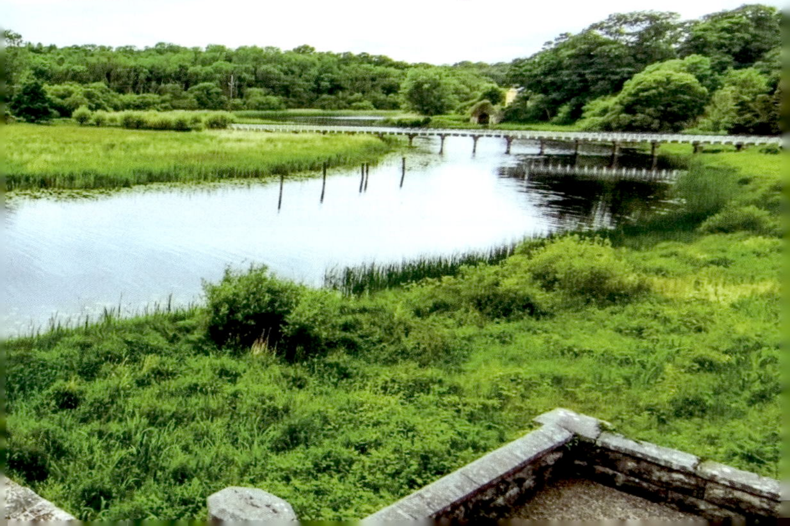

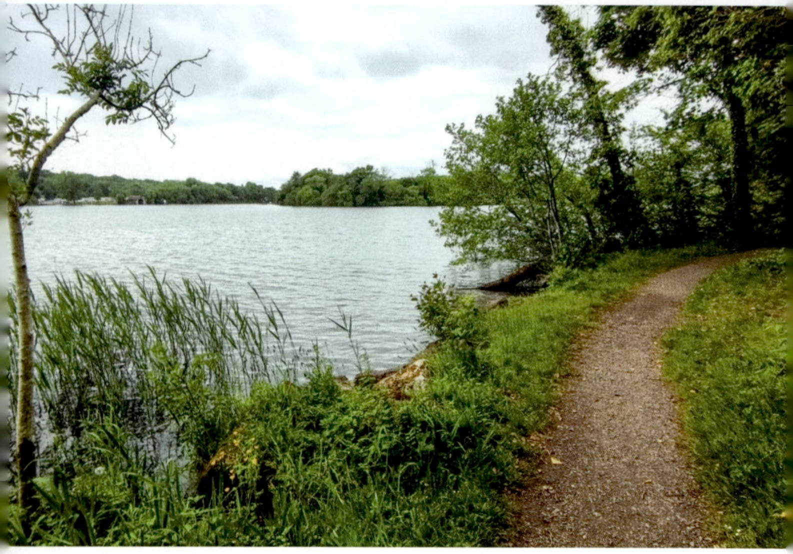

eben

STRECKE 3 km

1 h

ab 4

Tour 57: Archdale Forest Park

Rundweg um Tom's Island

Der Tom's Island Walk führt uns am Rand der weitläufigen Ländereien des Castle Archdale zuerst an einem Flüsschen und dann am Seeufer entlang. Am Weg gibt es mehrere schöne Uferplätze mit weitem Blick über den See, die sich auch zum Planschen, Spielen und Picknicken eignen. Der Startpunkt der Wanderung befindet sich an der Ruine des alten Schlosses, die wir vor oder nach dem Spaziergang am See ausgiebig erkunden können.

Wanderung: Der Weg beginnt in der rechten hinteren Ecke des Parkplatzes und führt zuerst zum **Fluss** ① hinunter. Hier biegen wir links ab und folgen dem Pfad am Flussufer durch die üppige Vegetation. Der Fluss mündet in den See und unser Weg führt am Seeufer weiter. Dort treffen wir auf eine Steganlage für Boote und können zum ersten Mal über das Wasser gucken.

TOUREN-STECKBRIEF

Anfahrt: Südlich von Kesh von der A47 an der Zufahrt zur »Kesh Scenic Route« dem Hinweisschild Old Castle durch eine enge Toreinfahrt folgen. Die schmale Straße endet bei **GPS N 54°29'14.9", W 7°42'44.5"** auf einem großzügigen Wanderparkplatz unterhalb der Burgruine.
Anspruch und Charakter: Spaziergang auf Schotterpfaden und einem Fahrweg. Auch mit einem geländegängigen Kinderwagen passierbar.
Highlights: Viele schöne Plätze am Seeufer, Burgruine.
Einkehr: Keine.
In der Nähe: Fahrrad- und Bootsverleih an der Marina beim Campingplatz.

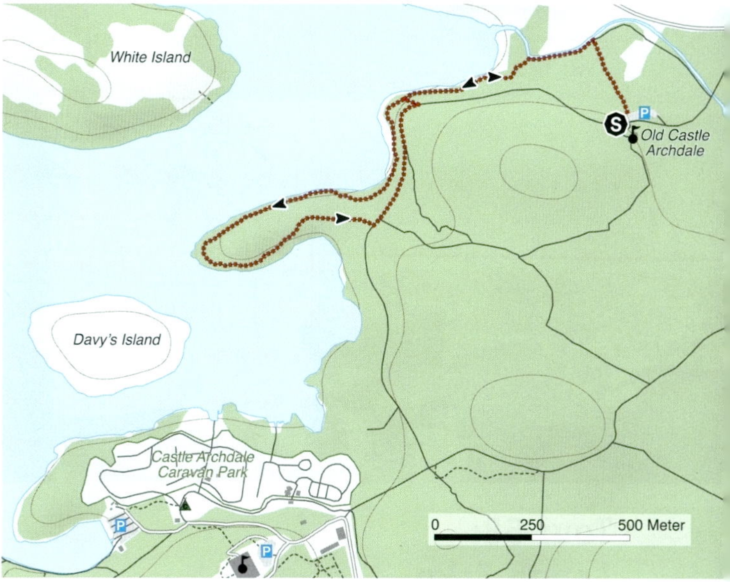

Weiter am Ufer entlang geht es jetzt hinaus auf die Halbinsel **Tom's Island**. Zuerst können wir zum Anleger von White Island hinüberschauen, dann sehen wir hinter der Inselspitze hinüber zum Campingplatz.

Unser schmaler Weg mündet auf einen breiten Schotterweg, dem wir immer geradeaus folgen, bis wir links unten wieder den Bootsanleger sehen. Hier können wir wieder auf den schöneren Uferweg wechseln, der uns zum Parkplatz zurückbringt.

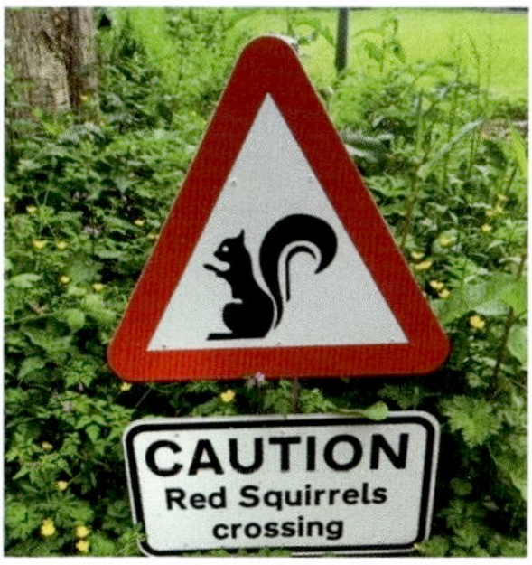

White Island

Auf dem Inselchen im Lower Lough Erne sind in der Mauer einer romanischen Kirchenruine sehr alte Steinfiguren zu sehen. Einige tragen die für Mönche und Priester typische Tunika. Man datiert sie auf das Jahr 800 bis 1000 unserer Zeitrechnung. Sie wären damit älter als die Kirche. Man nimmt an, dass die bereits existierenden Figuren beim Bau der Kirche eingefügt wurden. Sie könnten Reste einer älteren Kirche sein, denn es ist überliefert, dass die Klöster auf den Inseln im Lough Erne im Jahr 837 von plündernden Wikingern zerstört wurden.
Von der Marina am Campingplatz Archdale Castle (Zufahrt weiter südlich am See) fahren Boote nach White Island. Die Insel ist vom Campingplatz aber auch mit einem Kanu oder einem SUP erreichbar.
www.castlearchdaleboathire.com

Archdale Forest Park mit dem Fahrrad

In der Marina am Archdale Castle werden neben kleinen Motorbooten, Kanus, SUPs und Wasserscootern auch Fahrräder verliehen, mit denen sich der Park auf zwei markierten Radrunden erforschen lässt.
Fahrrad für einen halben Tag £10, es sind auch Kinderräder und Fahrradanhänger verfügbar. www.castlearchdaleboathire.com

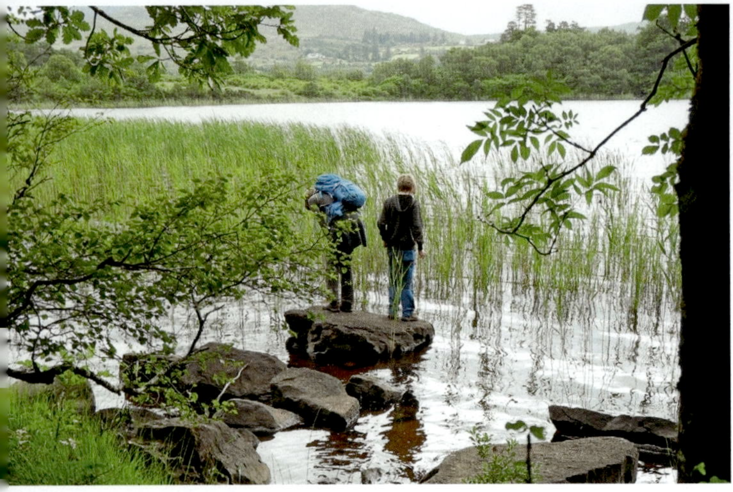

35 m

STRECKE 2,5 km

1 h

ab 4

Tour 58: Lough Eske

Wo im irischen Urwald die See-Hexe wohnt

Dieser kurze Spaziergang führt uns durch einen Feenwald, in dem riesige Farne wachsen und die Baumstämme dicht mit Moos bedeckt sind. Oben im Wald durftet es im Frühjahr nach Bärlauch und unten am See wachsen Blaubeeren und Schachtelhalm. Der Wald ist nicht ganz unberührt. Er diente viele Jahre der Großgrundbesitzerfamilie als Reservat für Flugwild und wegen der schönen Blüten wurde hier Rhododendron gepflanzt. Mittlerweile aber dominiert wieder ein Mischwald aus Erlen, Eichen und anderen Laubbäumen, der dem irischen Urwald sehr nahe kommt. Lough Eske ist ein Überbleibsel der letzten Eiszeit. Davon zeugen die seltenen rot-gepunkteten Seesaiblinge, die bis heute im See herumschwimmen.

TOUREN-STECKBRIEF

Anfahrt: Von Donegal aus ist der Lough Eske Drive ausgeschildert, allerdings nicht sonderlich zuverlässig. Ein Blick auf die Karte oder die Programmierung des Navis ist sinnvoll. Am Hotel Lough Eske Castle geht es immer weiter geradeaus, bis rechts an einem ummauerten Bauernhof eine schmale Schotterstraße abzweigt. Dieser folgen wir für einen knappen Kilometer bis zu einem kleinen Wanderparkplatz links am Weg bei **GPS N 54°42'23.2", W 8°03'36.6"**.

Anspruch und Charakter: Die Runde durch den Wald und am Seeufer entlang ist kurz und schlängelt sich in vielen Kurven über einen gut ausgebauten Spazierweg. Ein steiler Abstieg und ein kurzer knackiger Anstieg sorgen für Würze. Grenzwertig kinderwagentauglich für sportliche Eltern.

Markierung: Pfosten mit blauem Pfeil.

Highlights: Irischer Urwald, Hexenhäuschen mit alter Pumpe darin, zwei Spielstellen am See, eine davon mit Kletterfelsen.

In der Nähe: Donegal Castle.

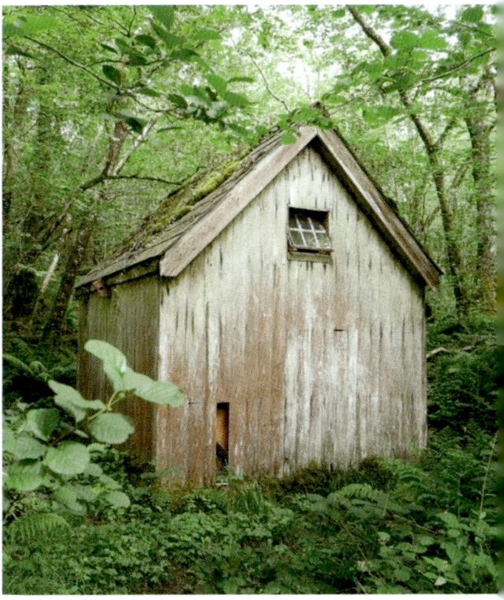

Wanderung: Am Parkplatz gehen wir durch das **hölzerne Tor** und folgen dem geschotterten Weg bis zum nächsten Holztor an einem neu renovierten **Haus** ①. Hier geht es links zum **ehemaligen Parkplatz,** hinter dem wir in eine grüne Idylle eintauchen. Zwei Infotafeln berichten von der Geschichte des Waldstücks. An der ersten **Verzweigung** ② gehen wir geradeaus auf dem breiteren Spazierweg zwischen die moosbewachsenen Bäume. Nach einem guten Kilometer markiert ein **Pfosten mit blauem Pfeil** ③ nach rechts den Abstieg zum Seeufer.

Der Weg wird schmaler und es geht steil hinunter. Gleich hinter einer **hölzernen Brücke** schimmert links ein kleines **Hexenhäuschen** ④ durch die Bäume. Wer es erkunden möchte, muss über den Bach hüpfen. Die Hinterwand fehlt und gibt den Blick auf eine mäßig interessante alte Pumpstation frei. Möglicher-

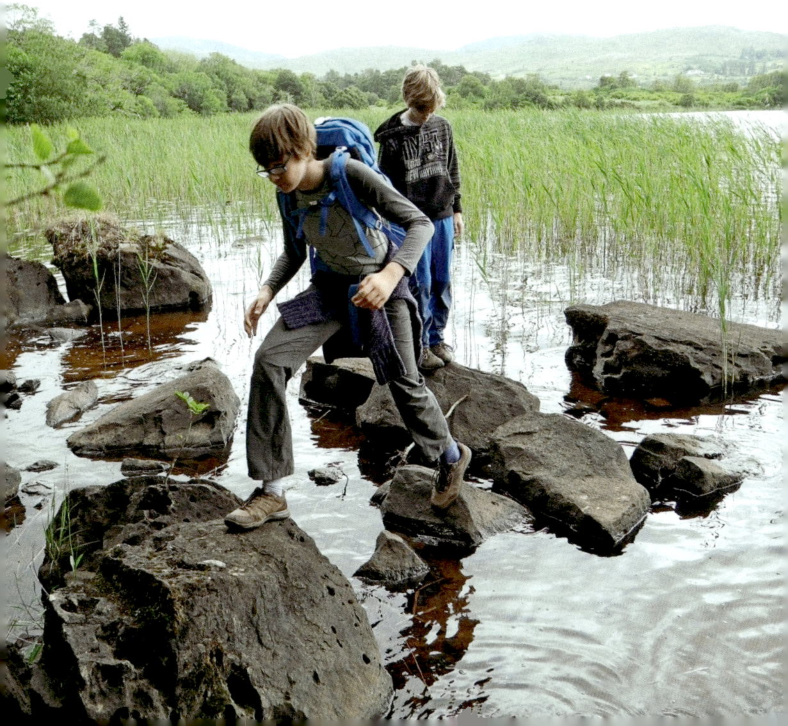

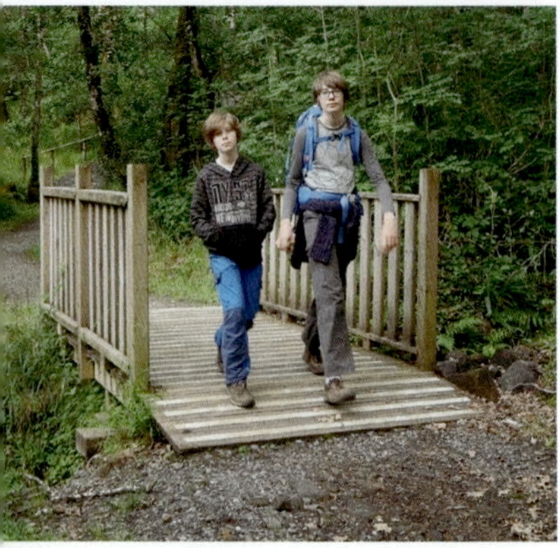

weise ist es schöner, es nur von Weitem zu betrachten und bei der Geschichte mit der Hexe zu bleiben, die den Wald und den See bewacht.

Bis zum Wasser ist es von hier aus nicht mehr weit. Gleich links führt ein schmaler Pfad zwischen den Büschen zum **Seeufer** ⑤. Im Wasser liegen mehrere **große Felsen**, über die es sich prima hüpfen lässt. Wir haben hier bei einer längeren Pause pyrithaltige Glitzersteine und sogar welche mit kleinen Fossilien gefunden.

Ein paar Meter weiter gibt es einen zweiten **Zugang zum See** ⑥, der mit einer Bank bestückt ist. Schließlich folgen wir dem Pfad bergauf zurück zur ersten **Wegkreuzung** ② und links zum Holztor neben dem Haus. Auf dem Pfad an der Straße geht es zurück zum Parkplatz.

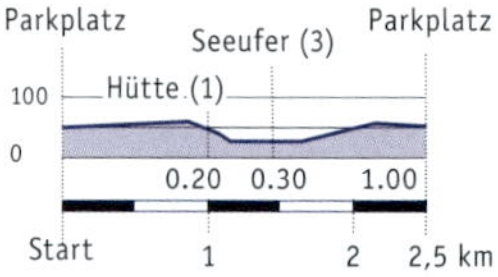

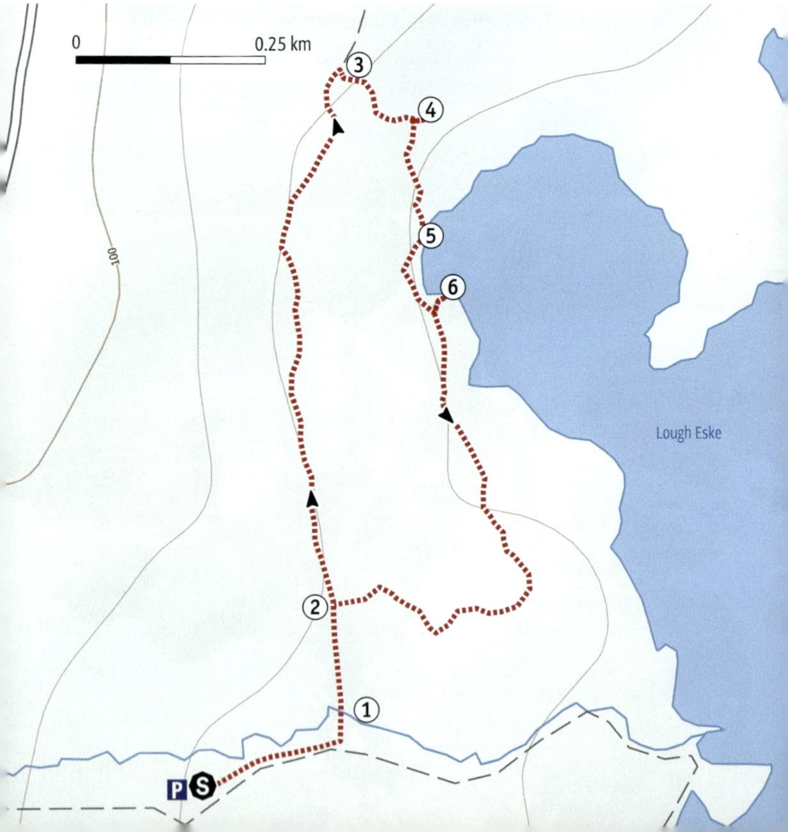

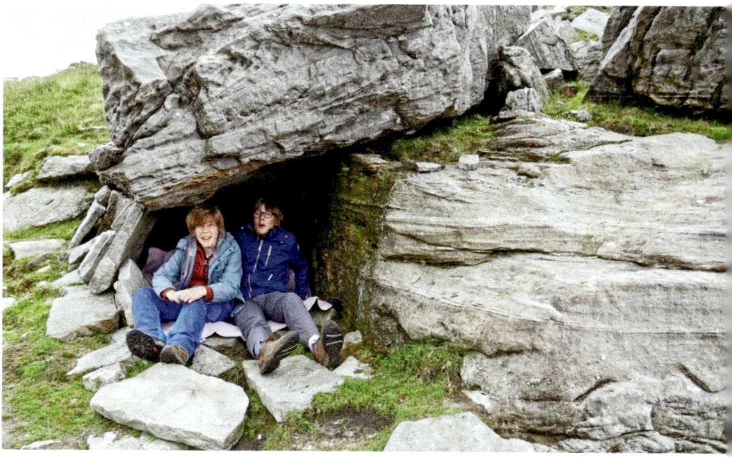

Tour 59: Slieve League

425 m

STRECKE 7,5 km

3 h

ab 8

Über den Pilgrim's Path zum One Man's Pass

Wer die höchsten Klippen Europas abseits von Menschenmassen erleben möchte, nimmt den Pilgrim's Path. Die traditionelle Pilgerroute umrundet auf der Rückseite der Steilklippen ein hübsches Tal. Erst nach der – durchaus ernsthaft anstrengenden – Überquerung des Kamms kommt tief unter uns das Meer in Sicht. Auf »nur« 500 Metern stehen wir hier noch nicht am höchsten Punkt der Klippen. Der liegt rechts von uns. Um ihn zu erreichen, müssten wir über den berüchtigten »One Man's Pass«, der echte Bergsteig-Dramatik verspricht und nur von wirklich trittsicheren und schwindelfreien Wandernden begangen werden sollte.

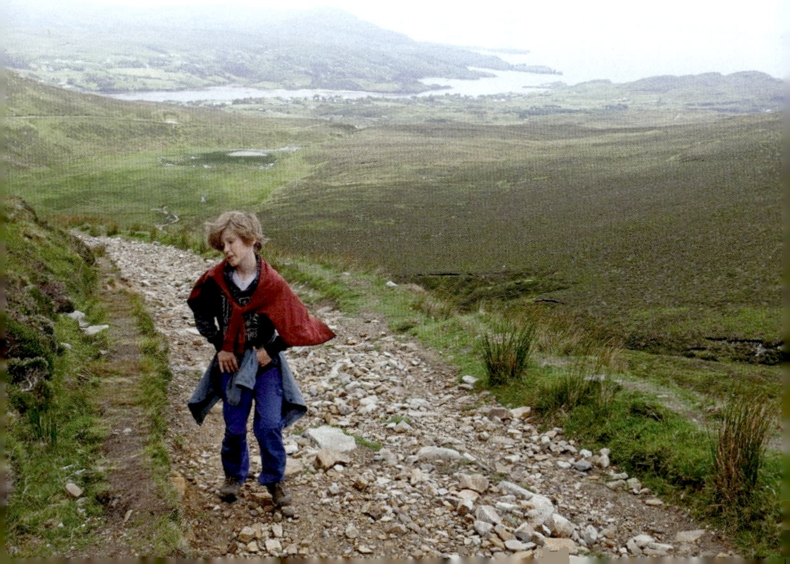

TOUREN-STECKBRIEF

Anfahrt: Von Donegal und Killybegs aus ist Slieve League recht zuverlässig ausgeschildert. In dem kleinen Ort Teelin muss man sich dann entscheiden, ob man die Tourismus-Route geradeaus zum Bunglass Point fährt, oder gleich rechts dem braunen Wander-Schild zum Pilgrim's Path folgt. Für diese Tour tun wir letzteres. Kurz hinter der beschilderten Abzweigung kommt eine Gabelung, wo wir uns rechts halten. Alle anderen Abzweigungen sind ausgeschildert. Ein Gatter muss geöffnet und wieder geschlossen werden, der Weg ist steil und schmal, aber auch Wohnmobile haben den Stich schon geschafft. Es gibt einen unteren und hinter einer weiteren extrem steilen Kurve einen oberen Parkplatz, beide sind kostenlos. Der obere Parkplatz liegt bei **GPS N 54°38'30.1", W 8°39'38.2"**.

Anspruch und Charakter: Im Vergleich zu Bunglass Point ist der Pilgrim's Path an der »Innenseite« der Klippen deutlich ruhiger, weniger dramatisch und – bis auf das letzte Stück am Plateau mit Klippenkante – kaum absturzgefährlich. Der unebene, steile Aufstieg erfordert Wanderschuhe und gute Kondition. Will man auch das letzte Stück zum eigentlichen Gipfel des Slieve League über den One Man's Pass, einen teilweise nur knapp einen Meter breiten Gratweg, zurücklegen, sind schon ohne Kinder gute Nerven gefragt. Diese Strecke sollte nur bei bestem Wetter und Windstille gewagt werden, wenn der Nachwuchs mutig und bergerfahren ist. Hier kann tatsächlich ein Fehltritt fatale Folgen haben. Für die meisten wird die Aussicht vom Plateau Belohnung genug für die Kraxelei sein.

Highlights: Blick ins Tal beim Aufstieg, Blick vom über 500 Meter hohen Gipfelplateau aufs Meer. Steinerne Unterschlupfe in einer Kirchenruine.

Einkehr: Keine, Gastronomie in Teelin.

In der Nähe: Glen Folk Village.

Wanderung: Die Straße hinter dem Parkplatz geht in eine Buckelpiste über, die unseren Wanderweg darstellt. Schon von Anfang an haben wir linker Hand einen wunderbaren Blick hinunter ins Tal und auf die Bucht, aus der wir gekommen sind. Rechts voraus sehen wir den Bergkamm, den es zu erklimmen gilt, um auf der anderen Seite runtergucken zu können.

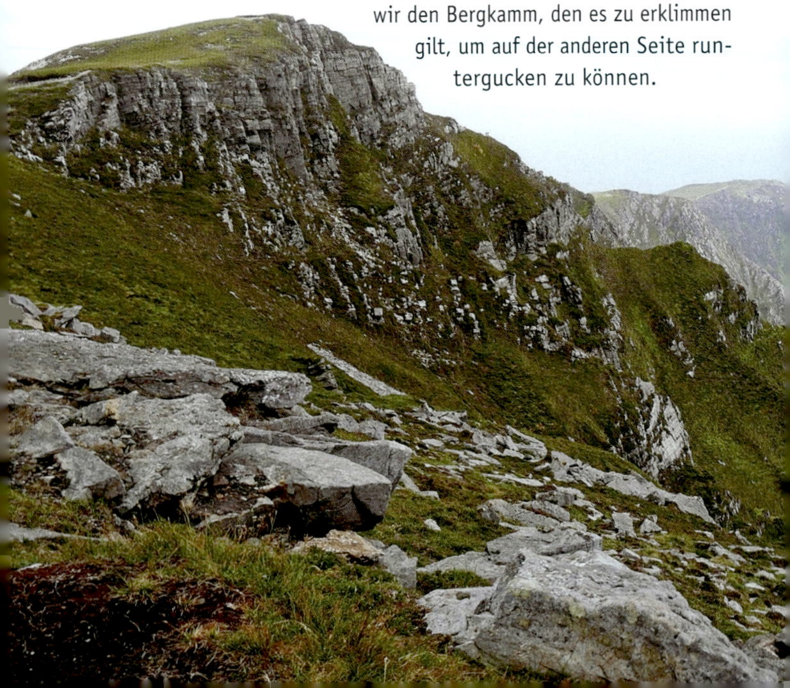

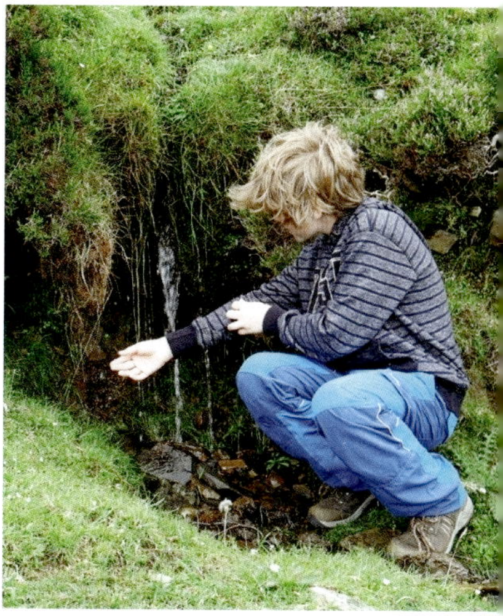

Der Weg führt ohne Möglichkeiten, sich zu verlaufen in weitem Bogen um das Tal herum. Zwei eiförmige **Granit-Skulpturen** stellen Stationen auf dem traditionellen Pilgerweg dar. An der zweiten Station passieren wir auch einen ersten kleinen Wasserfall ①.

Hinter dem zweiten **Wasserfall** ② verengt sich der Weg zu einem richtigen Bergsteig. Ein Mäuerchen lädt zu einer Pause ein. Hinter der Kurve lohnt sich ein Blick zurück, denn der obere Teil des Wasserfalls macht durchaus etwas her.

Von nun an ist unser **Pfad gelb markiert**. Es wird richtig steil, aber die Spur zu halten, ist weiterhin nicht schwierig. Hinter einer Kurve kommt schließlich in der Ferne das Meer in Sicht, und mehrere Seen tauchen in unserem Blickfeld auf. Die gelben Markierungen bringen uns links herum zu den **Überresten mehrerer Gebäude** ③, deren Grundmauern zum Teil noch erhalten sind. Hier stand früher eine kleine Kapelle, die das Ziel des Pilgerwegs markierte. Etwas abseits befindet sich augenscheinlich ein **Grab** mit Namensplakette.

Wir folgen weiter den gelben Markierungen, die hier in so kurzen Abständen auf den Steinen zu sehen sind, dass wir sie auch bei plötzlich aufziehendem Nebel noch finden können. Es geht noch ein Stück hinauf. Dann halten wir über das Gipfelplateau auf die Abbruchkante zu. Das Ende des Weges ist hier mit einem **Steinhaufen** ④ markiert, in dem ein Pfosten steckt. Der Engpass und die höchsten Klippen liegen jetzt rechts von uns.

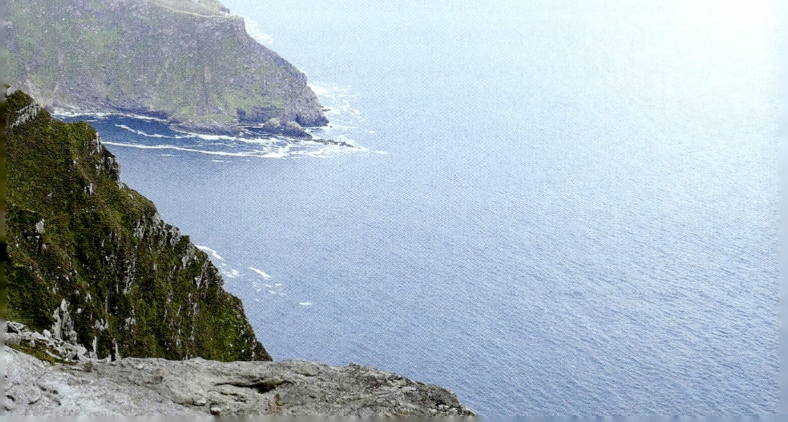

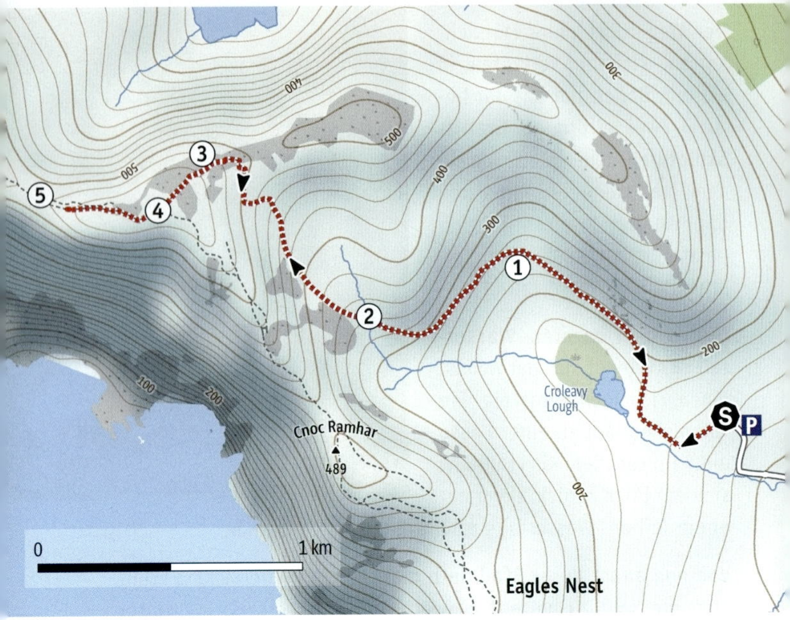

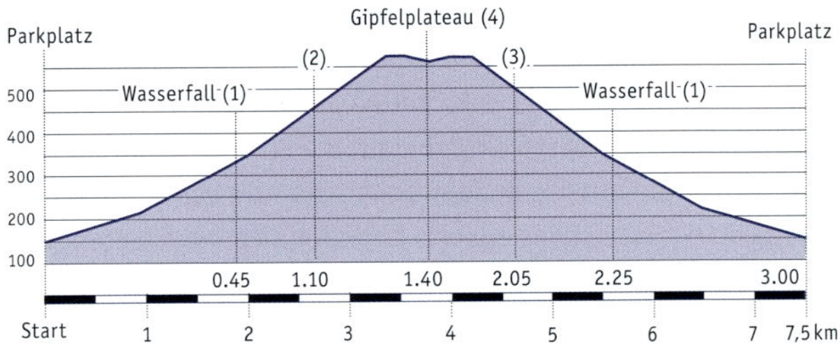

Zumindest ein Stück sollten wir noch weitergehen und dem undeutlichen Pfad parallel zur Klippe folgen, denn das **Gipfelplateau** bietet an seinen Abbruchkanten spektakuläre Aussichten.

So nähern wir uns Schritt für Schritt dem **One Man's Pass ⑤,** der zum Gipfel des Slieve League hinüberführt. Aus der Ferne wirkt er gar nicht so dramatisch, zumal die Felsen hier steil, aber keineswegs senkrecht abfallen. Wer den Engpass genauer in Augenschein nehmen möchte, läuft zum westlichen Zipfel des Plateaus. Dabei sollte man sich aber immer mal wieder umschauen, denn auf dem Rückweg wirkt die enger werdende Strecke perspektivisch kritischer als auf dem Hinweg.

Zurück am **Gipfelplateau** ④ hätten wir theoretisch die Möglichkeit, am Klippenrand bis hinüber zum Bunglass Point zu laufen. Die Rundtour umfasst 14 Kilometer und verläuft unten auf der stark befahrenen Dorfstraße: keine gute Idee. Unser Rückweg ist also derselbe wie der Hinweg, und bergab geht es auch viel schneller.

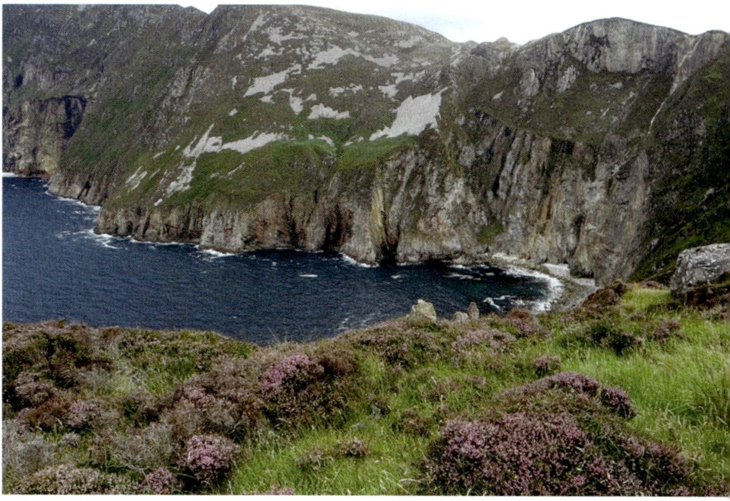

Tour 60:
Slieve League »to go«

Völkerwanderung zum Bunglass Point

215 m

STRECKE 3,5 km

1 h 15

ab 6

Die Klippen von Slieve League gelten als die höchsten von ganz Europa. Bunglass Point ist der Ort, an dem man ihnen ohne viel Wander-Aufwand am nächsten kommt. Natürlich hat das ein gewisses Verkehrschaos zur Folge, das sich direkt an der Steilküste abspielt und mitunter für blankliegende Nerven sorgt. Der Ausblick auf die Küste ist in der Tat spektakulär! Aber unserer Meinung nach empfiehlt sich Bunglass Point eigentlich nur früh am Morgen oder gegen Abend, wenn die meisten Schaulustigen schon weg sind.

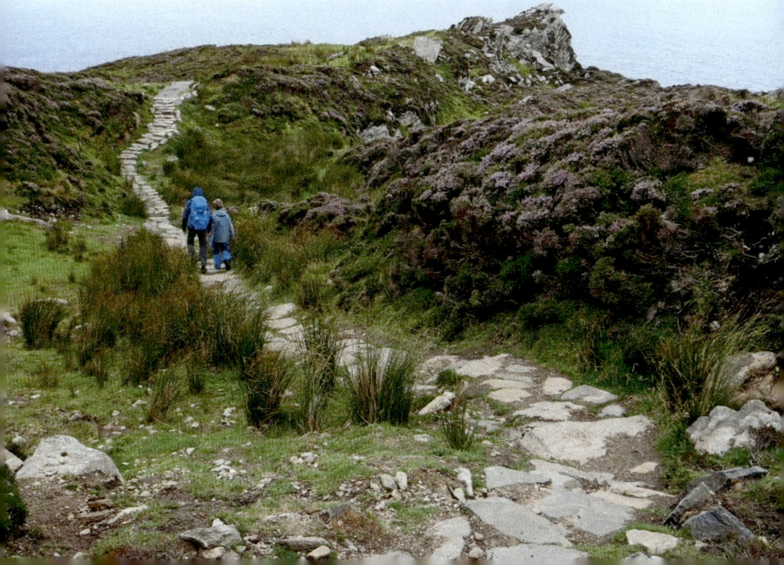

Wanderung: Die Ameisenstraße aus anderen Menschen weist uns unmissverständlich den Weg. Ein zunächst geteerter Spazierweg führt uns zu einer **hölzernen Aussichtsplattform**. Hier entstehen die typischen Slieve-League-Selfies, und tatsächlich ist dieser Ausblick auch gleich der schönste und spektakulärste am Bunglass Point.

Wer trotzdem nicht sofort wieder abfahren möchte, folgt dem deutlich angelegten Wanderweg. Über viele Steinstufen geht es bergauf. Eine Abzweigung nach rechts führt zu einem weiteren Aussichtspunkt, von dem wir auf den Parkplatz blicken können. Links herum geht es immer weiter an der Abbruchkante entlang bis zum »**Eagles Nest**« auf 325 Metern Höhe.

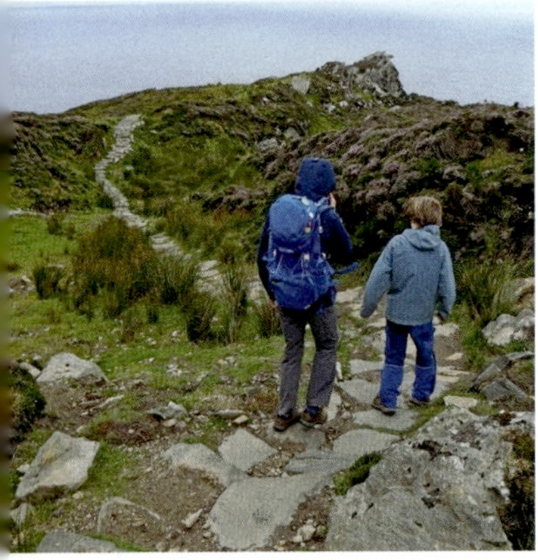

Dort weicht der gut ausgebaute Weg einem schmalen Wanderpfad. Wer weiter gehen möchte, braucht Wanderausrüstung und folgt dem Klippenweg so lange, wie er oder sie mag – zurück geht es dann über denselben Weg, denn die in vielen Reise- und Wanderführern angepriesene Rundtour über die Klippen ist nicht nur 14 Kilometer lang, sondern führt auch ohne Bürgersteig über die stark befahrene Dorfstraße zurück.

TOUREN-STECKBRIEF

Anfahrt: In Teelin folgen wir den braunen Schildern Richtung Bunglass längs durchs Dorf und vorbei an dem großen Parkplatz. Auf den ersten Blick sieht es zwar so aus, als sei die Straße hier zu Ende, aber es ist durchaus erlaubt, das Tor zu öffnen und hindurchzufahren (und hinter uns zu schließen!). Tun wir es nicht, tun es genügend andere, und der 1,7 Kilometer lange Aufstieg auf der Teerstraße ist trotz teils recht spektakulärer Ausblicke kein reines Vergnügen. Die Autofahrt auf der gewundenen Straße voller Wandernder ist es freilich auch nicht – allein schon dieses Dilemma spricht gegen Bunglass Point und für den Pilgrim's Path. Ergattert man auf dem engen, mit Verkaufsbuden gepflasterten Parkplatz bei **GPS N 54°37'37.6", W 8°41'03.3"** einen freien Platz, ist alles gut – zumindest, bis man drehen und wieder runterfahren muss …

Anspruch und Charakter: Der Wanderweg vom oberen Parkplatz aus ist aufs ordentlichste angelegt und penibel befestigt. Trotzdem geht es oft direkt neben dem Pfad hunderte von Metern in die Tiefe. Statt Ausdauer und Geschick sind vor allem Schwindelfreiheit und Disziplin gefragt. Bis zur Aussichtsplattform mit Postkartenblick kommt man bei jedem Wetter. Wer weiter will, sollte unbedingt auf den Wind und seine Richtung achten und bei weniger als idealen Bedingungen die Sache abblasen.

Highlights: Spektakuläre Klippenblicke.

Einkehr: Stände mit Fischbrötchen und Hotdogs auf dem Parkplatz, ansonsten Gastronomie in Teelin.

In der Nähe: Glen Folk Village.

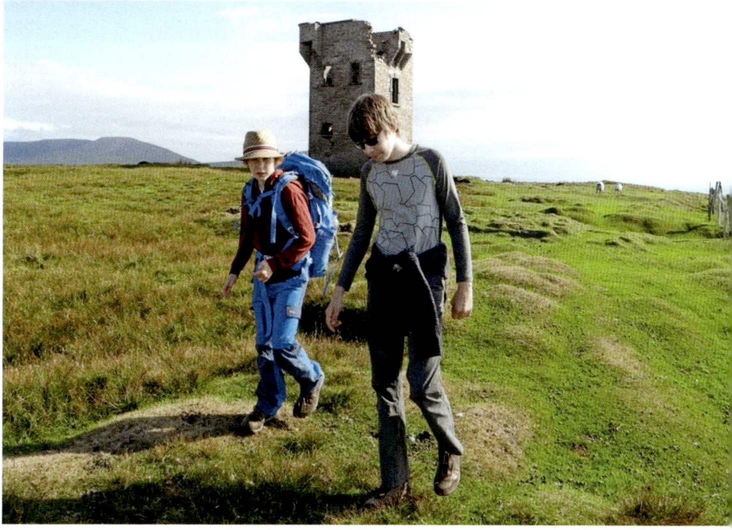

Tour 61: Glencolumbkille

320 m

STRECKE 8 km

3 h

ab 6

Pilgersteine, Klippen und ein verschlossener Turm

Der kleine Ort am Meer ist berühmt für seine Pilgerrunde. »An Turas«, wörtlich übersetzt »die Reise«, heißt die Tradition, an bestimmten Tagen eine Wallfahrt entlang festgelegter Stationen zu unternehmen. Viele dieser Punkte, an denen christliche Gebete gesprochen werden, stammen aus prähistorischer Zeit und sind vom Christentum quasi adoptiert worden. Missionare tauften die stehenden Steine feierlich und ließen keltische Kreuze eingravieren. Unsere Wanderung folgt dem alten Pilgerweg ein Stück und wendet sich dann den nicht minder sehenswerten Klippen zu, auf denen ein alter Wachturm aus napoleonischer Zeit thront.

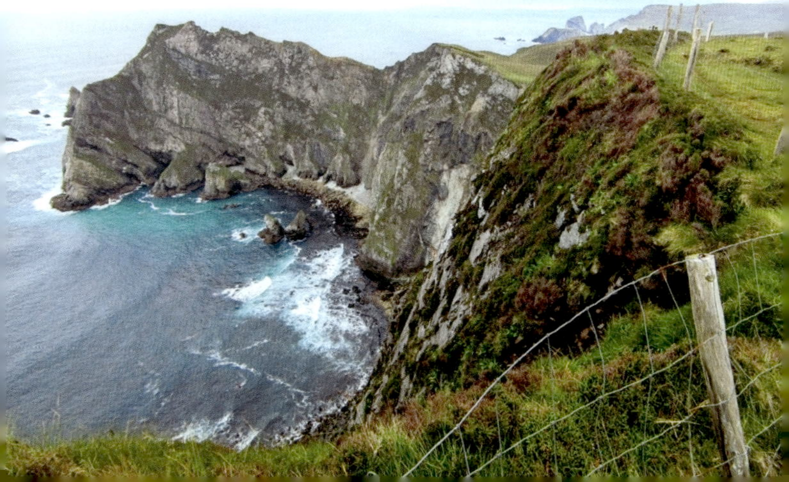

TOUREN-STECKBRIEF

Anfahrt: Die Kirche des Dorfes Glencolumbkille liegt etwas außerhalb bei **GPS N 54°42'37.3", W 8°43'23.2"**. Direkt davor befinden sich kostenlose Parkplätze.

Anspruch und Charakter: Ein Teil der Wanderung verläuft über geteerte, aber kaum befahrene Straßen, der Großteil jedoch über Feldwege und ein kleiner Teil querfeldein. Wanderschuhe sind angebracht. Achtung: Es geht recht nah an die Klippen heran, und ein pfadloser Abstieg den Hügel hinab ist so steil, dass bei nassem Boden Rutschgefahr besteht. Dieser Abschnitt verläuft auf Trampelpfaden, ist unmarkiert und erfordert etwas Orientierungsvermögen.

Markierung: Blauer Pfeil, Abstieg hinter dem Turm unmarkiert.

Highlights: Zu Pilgerstationen umfunktionierte Standing Stones, Klippenblicke, ein Wachturm aus napoleonischer Zeit und viele Schafe.

Einkehr: Gastronomie in Glencolumbkille.

In der Nähe: Glen Folk Village.

Wanderung: Von der **Kirche** aus wandern wir über die schmale Straße auf das Meer zu. Das Ausweichen bei herannahenden Autos ist nicht angenehm, aber nur auf dem kurzen Stück bis zur Abzweigung herrscht Straßenverkehr. Bevor wir ihm entkommen, machen wir zuerst einen Abstecher zum **Standing Stone** ① rechts der Straße. Hierbei handelt es sich um die erste Station des Pilgerwegs. Im großen Stil findet die Tura in Glencolumbkille jährlich am 9. Juni statt, dem Namenstag St. Colmcilles.

An der Gabelung folgen wir den **braunen Schildern** Richtung St. Columba's Well (auch er ist eine Station des Pilgerwegs). Hinter einem **Kuhstall** kommen eine langgezogene Sandbucht und das Meer in Sicht. Eine Kurve später können wir die Teerstraße für ein kurzes Stück verlassen und einen Trampelpfad hinunter zum **Strand** ② nehmen, der hier eigentlich noch eher ein Flussufer ist. Bis zur Brücke können wir durch den Sand und über Felsen laufen, dann geht es wieder auf den Asphalt.

Kurz darauf geht rechts eine noch **kleinere Straße** ③ ab, in die wir einbiegen. Ihr folgen wir immer geradeaus und zwischen den Gebäuden hindurch. Hier wird der Pfad steil und bestenfalls noch für Geländewagen passierbar. Er schlägt eine Kurve, führt an einer weiteren Farm vorbei, dann geht es rechts hoch und durch **ein Tor** (wieder schließen!) steil bergauf. An etlichen Pilgerstationen sind wir nun schon unbemerkt vorbeigelaufen, denn für Uneingeweihte sind sie nicht erkennbar und auch nicht wirklich sehenswert. »**Columbas Sessel**«, auf dem der Heilige gerastet

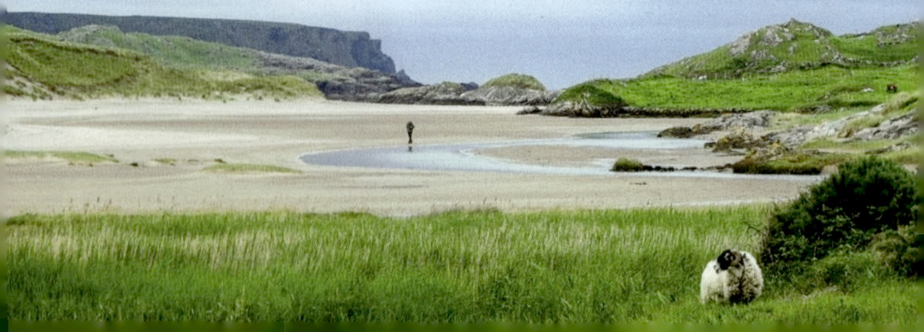

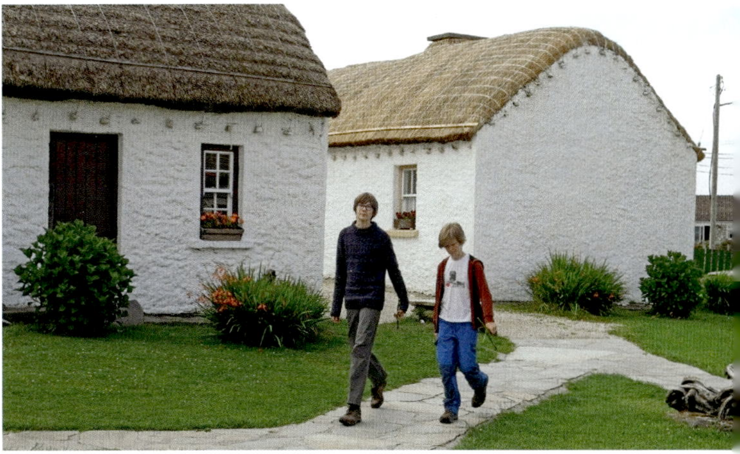

und die Aussicht genossen haben soll, ist beispielsweise einfach eine Gruppe von Felsen etwas oberhalb des Weges.

> **Glen Folk Village**
> Das nahegelegene Freilichtmuseum zeigt Gebäude und Gegenstände aus dem ländlichen Leben im 18., 19. und frühen 20. Jahrhundert. [› Seite 244]
> *Geöffnet Ostern bis September täglich 10–18 Uhr, Oktober Mo bis Sa 10–16.30 Uhr. Erwachsene €6,50, Kinder ab sieben Jahren €3, Familienticket €16,50. www.glenfolkvillage.com*

Nichtsdestotrotz machen wir es dem Heiligen nach und erfreuen uns an dem fantastischen Rundumblick, der sich uns in der nächsten Kurve direkt vom Weg aus bietet. Er reicht zurück zur Kirche und unserem Parkplatz, ins Tal, aufs Dorf, die Klippen und das Meer.

Nach einer weiteren Kurve mit Ausblick auf die Klippen zweigt ein Stück weiter links ein **Pfad** ④ ab, den wir einschlagen. Sanft, aber stetig geht es bergauf, und bald kommt der **Turm** ⑤ in Sicht. Hier beginnt nun der schönste Teil unserer Wanderung.

Direkt an den Klippen entlang geht es weiter. Sie sind mit einem Zaun gesichert, der aber eher Symbolcharakter hat. Den Blick auf die herrliche Natur gerichtet, laufen wir weiter über die kaum erkennbaren Schafspfade, bis wir an einen deutlich wahrnehmbaren **Geländeeinschnitt** ⑥ gelangen.

Unser schlichter Trampelpfad wendet sich nun nach rechts. Hier ist **Vorsicht** geboten, denn jetzt wird es steil. Vorsichtig steigen wir die **Grashügelflanke** hinunter bis in die Talsohle. Ihr folgen wir nach rechts, mehr oder weniger im Scheitelpunkt. Hier gibt es mehrere Trampelpfade. Welchem wir folgen, ist einigermaßen egal, tendenziell halten wir uns eher links, denn dort prägt sich letztlich ein Fahrweg aus, auf dem es sich deutlich leichter laufen lässt. So erreichen wir flugs wieder den **breiten Schotterweg** ⑦, von dem wir vorher Richtung Turm abgebogen sind.

Wir folgen ihm links herum bergauf. Schon bald verabschiedet er sich und wird ebenfalls zu einem schlichten Trampelpfad. Nun müssen wir auf **Holzpfähle mit blauen Pfeilen** achten, um unsere Abzweigung nach rechts nicht zu verpassen. Von jedem Pfosten aus ist der nächste schon zu erkennen. Nach wenigen dieser Markierungen im weglosen Moor bildet sich wieder ein gut sichtbarer Pfad heraus, der zu einem **breiten Feldweg** wird. Dieser führt uns über die Hügelkuppe und geht dann in eine **Teerstraße** ⑧ über. Dieser folgen wir geradeaus weiter bergab und schließlich rechts herum, weiterhin markiert von blauen Pfeilen. Wir passieren ein Tor und halten aufs Dorf zu, bis die Kirche in Sicht kommt. Kurz vor dem Ziel steht rechts am Weg hinter einer Mauer noch einer der **Standing Stones** ⑨ in der Wiese.

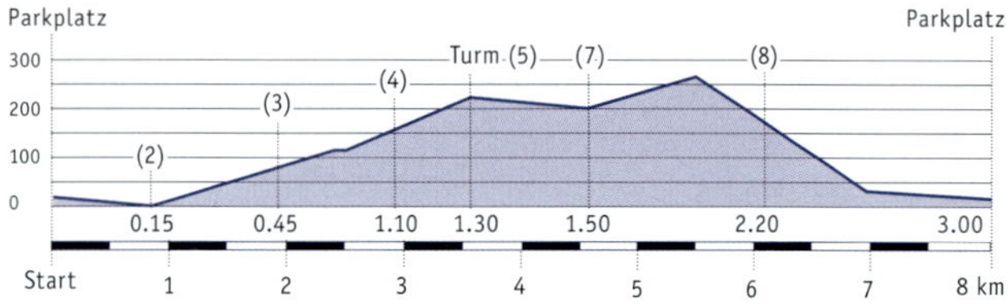

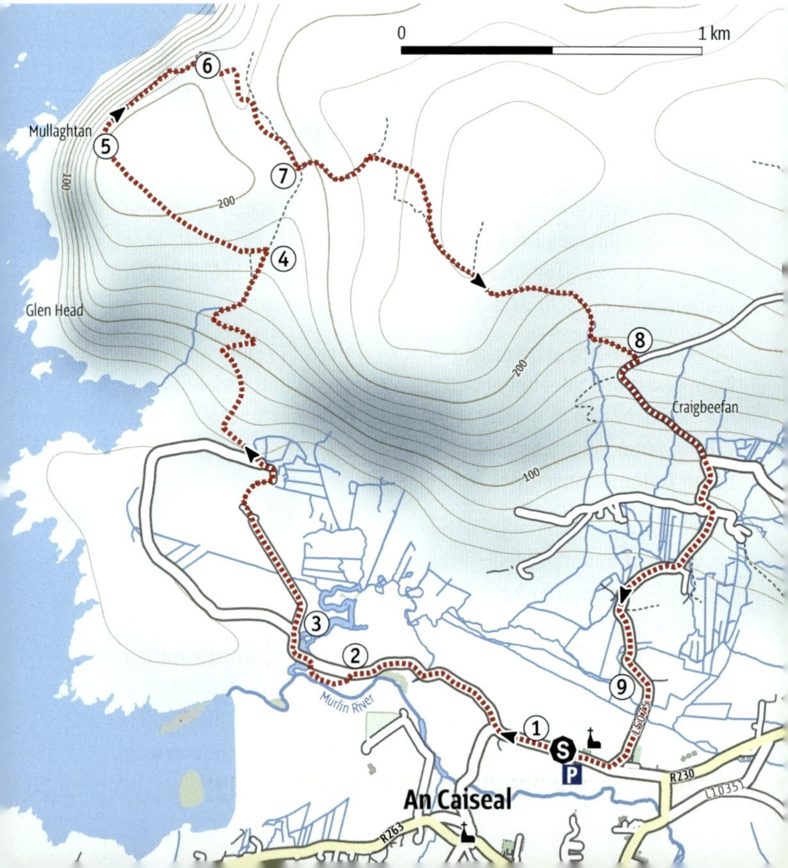

St. Patrick und das irische Christentum

Die große Mehrheit der Irinnen und Iren ist katholisch. Die Auslegung ihres Glaubens weist aber bis heute einige Besonderheiten auf, die katholische Gläubige vom Kontinent verwundern. Das hat historische Gründe.

Während sich das Christentum in Zentraleuropa erst langsam durchsetzt, breitet sich der neue Glaube ausgerechnet auf der kleinen Insel im äußersten Nordwesten des Kontinents besonders schnell aus. Verschiedene Legenden berichten von Reisen irischer Druiden ins Heilige Land. Wesentlich wahrscheinlicher ist, dass die Menschen in Irland über das römisch besetzte England mit der neuen Religion in Kontakt kamen. Ab dem Jahr 380 ist das Christentum Staatsreligion im Römischen Reich.

Um St. Patrick, der das Christentum in den folgenden Jahrzehnten in Irland etabliert, ranken sich ebenfalls viele Legenden. Er wächst vermutlich als Sohn eines römischen Gutsbesitzers in Britannien auf, bevor er bei einem Beutezug als Sklave nach Irland verschleppt wird. Er kann nach sechs Jahren fliehen, kehrt aber nach seiner Ausbildung zum Priester als Missionar zurück. Heute ist er der Nationalheilige Irlands.

Dass das irische Christentum seine ganz eigene Prägung entwickelt, hat wohl viele Gründe. Einer ist, dass Irland nie Teil des Römischen Reiches wird und sich weltliche und geistliche Macht daher nicht so leicht vermischen. Der Papst ist weit weg. Ein anderer Grund ist die abgelegene Lage der Insel. Die sogenannte Völkerwanderung, die in den kommenden Jahrhunderten durch ganz Europa tobt, findet hier einfach nicht statt. Viele antike Schriften bleiben deshalb erhalten, und Traditionen bestehen fort, die anderswo ersetzt werden.

So entwickelt sich in der keltisch geprägten irischen Kirche auch eine spezielle Bilderwelt, die sich durch verschlungene Pflan-

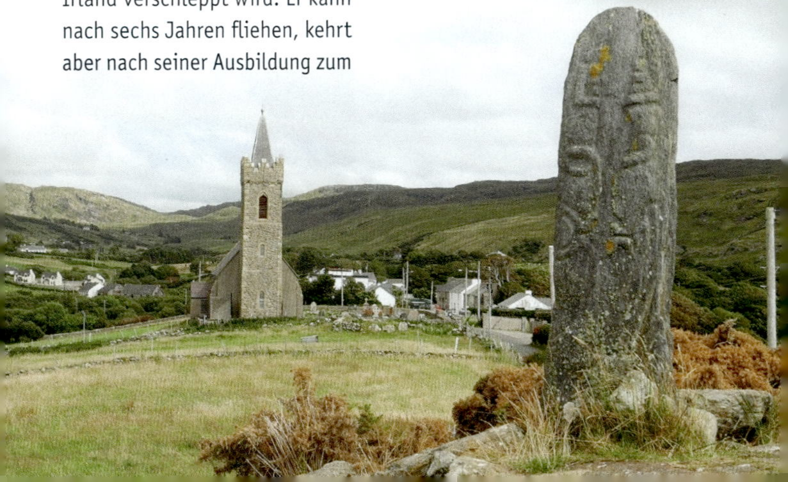

zen und Ornamente auszeichnet, die oft mit Darstellungen von Tieren und Menschen verwachsen. Bilder dieser Art sieht man ab und zu auf Kreuzen und in Kirchenfassaden, zu besonderer Blüte findet die keltische Kunst aber in der Buchmalerei. Das beeindruckendste Werk dieser Art ist das berühmte Book of Kells aus dem 8. Jahrhundert, das heute im Original im Trinity College in Dublin zu sehen ist. Auch das in der mittelalterlichen iroschottischen Kirche übliche keltische Kreuz geht vermutlich auf vorchristliche Traditionen zurück.

Dann kommt noch hinzu, dass der alte Glaube, dem die Menschen in Irland vor dem Besuch des Heiligen Patricks und seiner Mitstreiter anhingen, der christlichen Lehre in vielen Aspekten wohl gar nicht mal so unähnlich war. Die Dreieinigkeit, die im Christentum Vater, Sohn und Heiligen Geist betrifft, hat im Keltischen zwischen den Götterbrüdern Dagda, Ogma und Lugh eine ungefähre Entsprechung. Da die Iren und Irinnen sich in ihrem neuen Glauben in vielen Dingen kaum umgewöhnen mussten, gingen womöglich viele dort eigentlich unbekannte Kleinigkeiten mit in das Christentum über: die Vorliebe für heilige Quellen etwa, die auch im modernen Irland im Namen christlicher Heiliger lebhaft verehrt werden.

Bis ins Hochmittelalter verfolgt die iroschottische Kirche im ursprünglichen Verbreitungsgebiet der Skoten diesseits und jenseits der Irischen See ihre eigene Tradition. Nur locker mit dem Papst in Rom in Kontakt, widmen sie sich der Gelehrsamkeit und auch der Mission auf dem Kontinent. Vor allem in Süddeutschland, der Schweiz und Norditalien gründen sie Klöster, um von dort aus germanische und keltische Stämme zum Christentum zu missionieren.

Mit der Eroberung Irlands durch die Briten setzt sich im 13. Jahrhundert auch der Ritus der römisch-katholischen Kirche durch. Bis heute aber gibt es in Irland eine Menge Heilige, die der römisch-katholische Kanon nicht kennt.

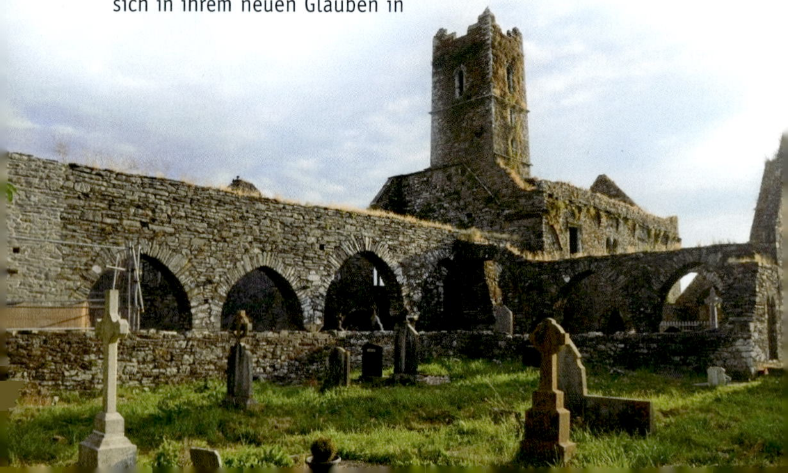

Tour 62: Ardara Caves

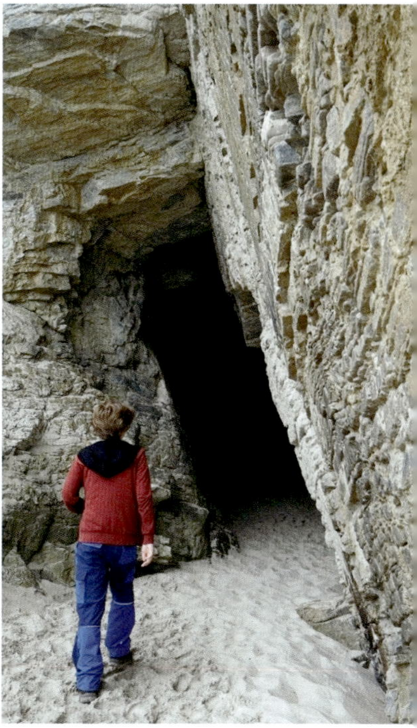

Die Höhlen von Maghera

Die Höhlen von Maghera bei Ardara sind eine Sehenswürdigkeit, die nicht in jedem Reiseführer steht. Zu weit ab vom Schuss sind sie, zu mühsam ist es, vorher die Tidezeiten in Erfahrung zu bringen, um nicht von der Flut überrascht zu werden. Allein schon für den traumhaften Zugang durch die Dünen und den herrlichen Sandstrand lohnt sich der Weg jedoch.

Wanderung: Vom Parkplatz aus führt ein Fußweg in die Dünen. Über **Holzbohlen** und eine Brücke, später über weichen Sand, laufen wir auf das Meer zu. Die ausgetretenen Pfade verzweigen sich, führen jedoch alle schnell zum Ziel. Wären da nicht in der Ferne die schroffen Berge, könnten wir beim Anblick der teils grasbewachsenen Dünen glatt glauben, in Dänemark statt in Irland gelandet zu sein.

Am Wasser angekommen, liegt eine große **sandige Bucht** ① vor uns. Ist gerade Ebbe, ist es richtig weit bis zum Wasser. Auch bei Flut bleibt noch ein breiter Strand übrig.

30 m

STRECKE 2,5 km

1 h

ab 4

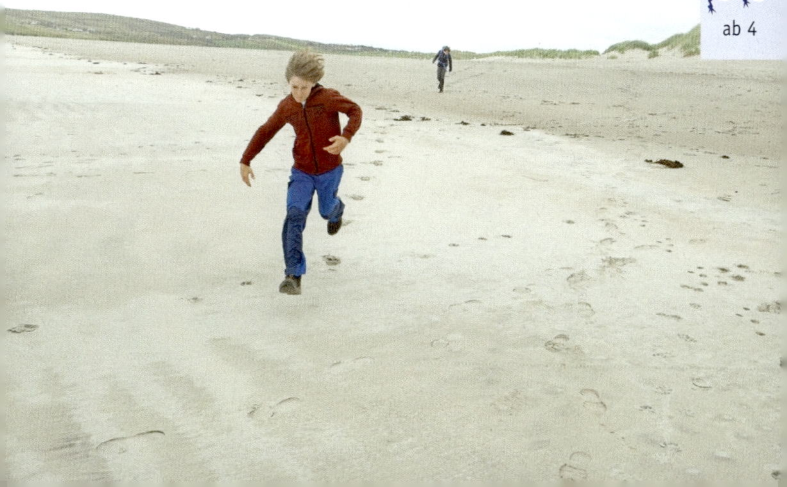

TOUREN-STECKBRIEF

Anfahrt: Die kleine Stadt Ardara in südlicher Richtung auf der N56 verlassen. Ein ganzes Stück nach dem Ortseingang – weit hinter der Tankstelle und dem Fabrikverkauf für Wollwaren – zweigt rechts eine schmale Straße ab, an der Strand und Höhlen sowie der Wasserfall mit braunen Schildern ausgeschildert sind. Bei **GPS N 54°45'44.6", W 8°31'38.3"** befindet sich als weit und breit einzige Parkmöglichkeit ein kleines Stück Privatland, dessen Besitzer unabhängig von der Parkdauer drei Euro für PKWs berechnet. Wer diese sparen möchte, kann am kostenlosen Parkplatz am Assaranca Wasserfall stehen bleiben, läuft dann aber gut einen Kilometer auf der schmalen, durchaus befahrenen Straße.

Anspruch und Charakter: Vom Parkplatz aus führt ein kurzer, vielleicht 200 Meter langer Spaziergang durch die Dünen zum Strand. Am besten und sichersten erforscht man die Höhlen bei ablaufendem Wasser, denn bei einsetzender Flut kommt das Wasser schnell und mit tückischen Strömungen. Die erste Höhle ist etwa zwei bis drei Stunden nach »high tide« zugänglich.

Highlights: Strand, Höhlen, Kletterfelsen.

In der Nähe: Assaranca Wasserfall.

Die **Höhlen**, für die der Strandabschnitt berühmt ist, erstrecken sich linker Hand. Über 20 sollen es sein, dazu acht Bögen und fünf Tunnel. Die meisten bleiben allerdings auch bei Ebbe von Wasser bedeckt. **Die vorderen beiden** ②③ lassen sich bei Niedrigwasser trockenen Fußes erforschen. Es sind schiefe Felsspalten in den Gesteinsschichten, die die ungeheuren Kräfte im Erdinneren hier aufgerichtet haben.

In den größeren Höhlen sollen sich die Menschen von Ardara früher versteckt haben. Der Legende nach flohen sie vor Oliver Cromwells Truppen hierher und entgingen so dem schlimmen Schicksal der Nachbargemein-

Küste in Bewegung
Durch Wind und Wellen verändert sich die Westküste Irlands an vielen Stellen. Bei unserer zweiten Recherchereise hatte das Meer in Ardara am Strand innerhalb von vier Jahren fast zwei Meter Sand davongetragen und die erste Höhle war viel größer als beim ersten Besuch. Dafür war sie jetzt bei Flut nicht mehr erreichbar. Wie sich der Strand in Zukunft verändern wird und wie ihr die Höhle vorfinden werdet, ist schwer vorhersehbar.

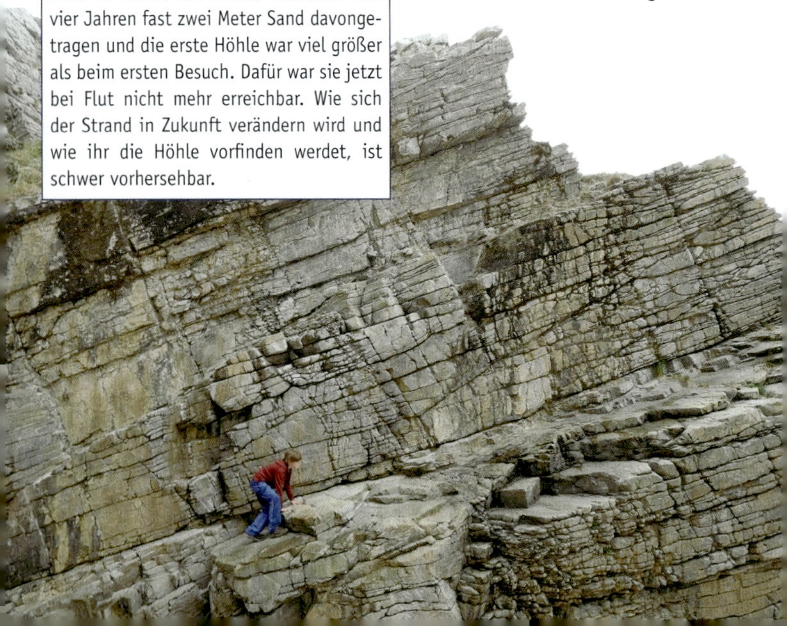

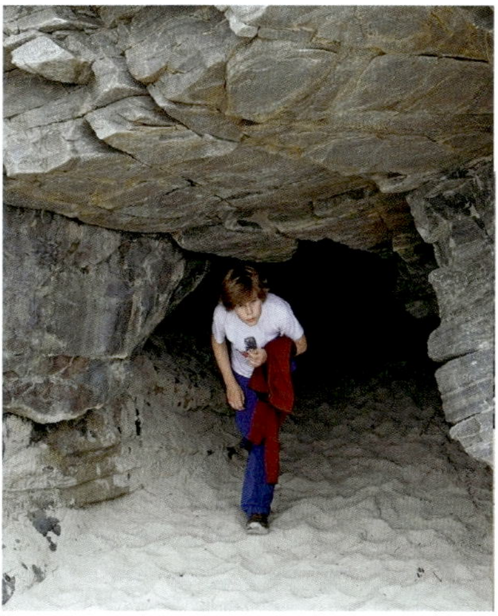

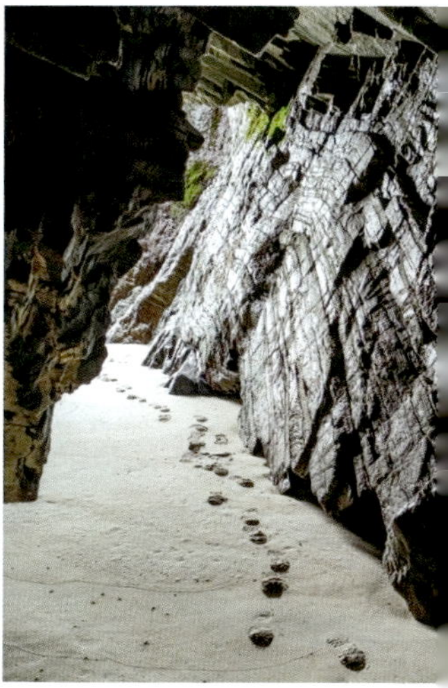

den. Die Geschichtswissenschaft ist sich jedoch sehr sicher, dass Cromwells Truppen nie so weit nach Norden vorgedrungen sind. Vielleicht liegen die Vorfälle noch länger zurück, und es ging um Wikinger-Überfälle, denen die Menschen hier entkamen. Oder es handelt sich einfach nur um fantasievolle Geschichten. Zumindest bei der Erzählung, in der ein verfolgter Mann mit seinem Hund tief in die Höhlen floh und nie wieder zum Vorschein kam, ist das wahrscheinlich der Fall. Denn der Hund, so sagt man, tauchte Wochen später wieder auf – im 20 Kilometer entfernten Glencolumbkille, und ohne ein einziges Haar an seinem Körper.

Wir bleiben also lieber in den ungefährlichen Ecken. Die vorderen beiden Höhlen sind abenteuerlich genug, außerdem gibt es im trockenen Bereich gute **Kletterfelsen** (4) und jede Menge weichen Sandstrand zum Buddeln.

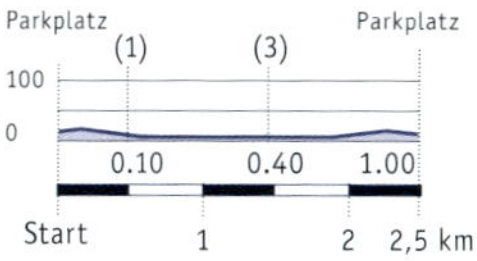

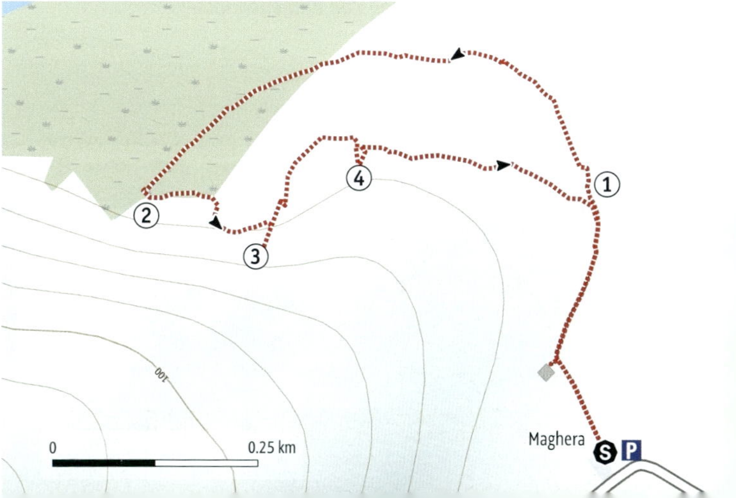

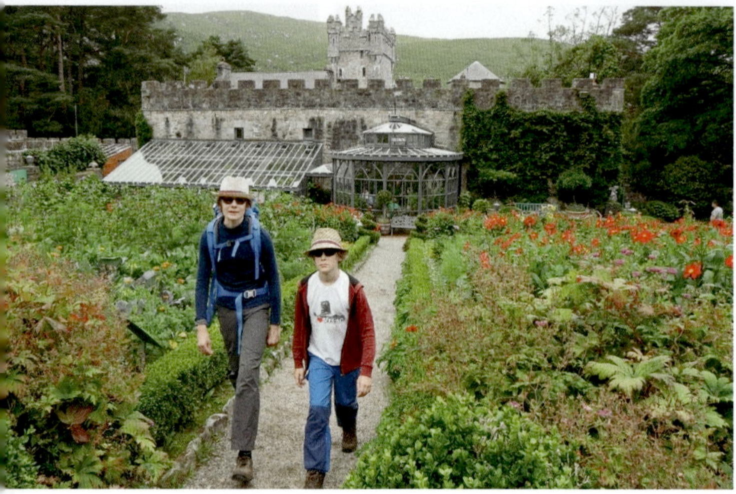

115 m

STRECKE 9 km

3 h

ab 6

Tour 63: Glenveagh Nationalpark

Zwischen Schlosspark und wilder Natur

Glenveagh ist Irlands ältester Nationalpark. Im Jahr 1975 unterzeichnete Henry McIlhenny mangels Nachkommen einen Vertrag, der sein Anwesen dem irischen Volk überantwortete. Das Schlösschen ist samt originaler Inneneinrichtung zu besichtigen – das wahre Highlight des Anwesens aber sind die frei zugänglichen Gärten. Wer Zeit sparen möchte, nimmt vom Parkplatz den Bus und lustwandelt einfach nur ein bisschen durch den Schlosspark. So richtig lässt sich der Gegensatz zwischen der wilden Landschaft Donegals und den opulenten Gärten aber erst erfassen, wenn man die dreieinhalb Kilometer entlang des Seeufers zu Fuß zurücklegt. Den rund einen Kilometer langen Aussichtspfad um den Schlosspark herum sollte man sich auf keinen Fall entgehen lassen.

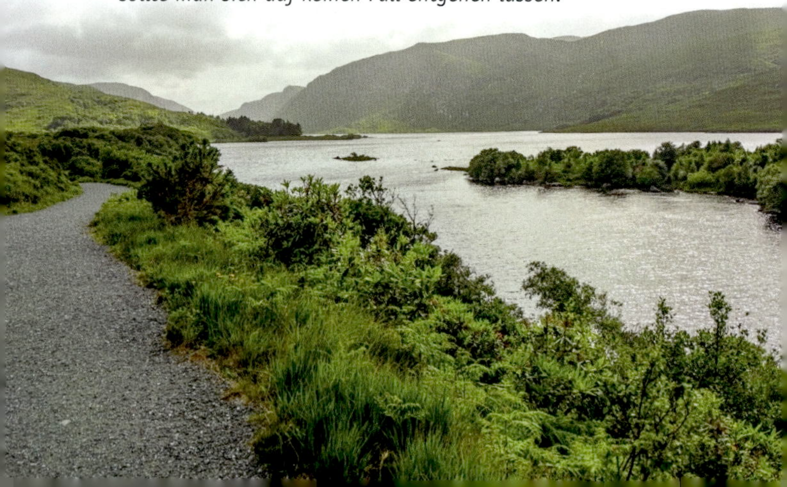

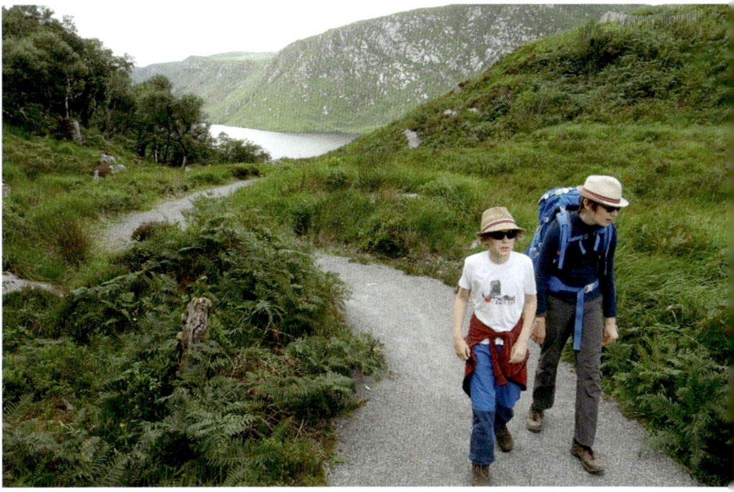

Wanderung: Vom Parkplatz laufen wir Richtung **Visitor Centre** und dann rechts auf die Bushaltestelle zu. Hinter dem Mäuerchen geht es links entlang – das Schloss ist überall gut ausgeschildert, eigentlich ist es unmöglich, sich hier zu verlaufen. Aufpassen müssen wir nur, dass wir nicht versehentlich auf den »gelben« Rundweg geraten, der hier ebenfalls beginnt.

Nach den ersten Metern auf dem **»blauen« Schlossweg** können wir rechts einen **Abstecher zum Seeufer** ① machen. Es liegt gleich neben dem sauber gekiesten Wanderweg und bildet hier sogar einen winzigen Sandstrand.

Schon kurz hinter dieser Stelle gelangen wir an eine **Gabelung** ②, wo wir uns rechts halten und über die Brücke gehen. Bald

TOUREN-STECKBRIEF

Anfahrt: Der Nationalpark liegt rund 20 Kilometer nordwestlich von Letterkenny. Es geht über viele kleine Straßen, und die Strecke ist nicht konsequent ausgeschildert. Ohne Navi oder zumindest eine gute GPS-Karte auf dem Handy wird es schwierig. Der zentrale große Parkplatz am Infozentrum befindet sich bei **GPS N 55°03′26.8″, W 7°56′18.0″.** Parken ist gratis.

Anspruch und Charakter: Die Wanderung zum Schlossgelände führt über einen breiten, barrierefreien Kiesweg und ist auch für Kinderwagen geeignet. Die Spazierwege im Park selbst sind mitunter sehr steil und mit Stufen und Treppen versehen, es gibt jedoch kinderwagentaugliche Alternativen.

Schlossbesichtigung: Nur mit 50-minütiger Führung. €7, Kinder bis zwölf Jahre frei, kostenlos mit der Heritage Card. Geöffnet Mitte März bis Ende Oktober 9.15 – 17.30 Uhr. www.glenveaghnationalpark.ie

Shuttle: Durch die Fahrt mit dem Shuttlebus lässt sich diese Tour kürzen. Fahrkarten kosten € 1,50 pro Person und Strecke und sind im Infozentrum und an der Schlosskasse erhältlich.

Highlights: See mit kleinem Sandstrand, Glenveagh Castle mit abenteuerlichen Gärten voller Blumen, Statuen, »Geheimpfaden«, Aussichtspunkten.

Einkehr: Thyme Out Café and Tea Rooms direkt am Schloss.

In der Nähe: Fanad Head Lighthouse.

Die drei Familien von Glenveagh

1857 kaufte John George Adair, amerikanischer Millionär irischer Abstammung, das ganze Land um den See, um mit seiner Frau Cornelia eine Jagdhütte zu errichten. Entsprechend seiner prall gefüllten Geldbörse fiel jene Hütte recht opulent aus: Glenveagh Castle entstand im Stil schottischer Clan-Burgen. Während der erste Hausherr einheimische Pächterfamilien aus Ästhetik-Gründen vertreiben ließ und auch sonst einen raben-schwarzen Ruf genoss, erfreute sich Cornelia nach seinem Tod größter Beliebtheit. Sie machte Glenveagh zu ihrem Witwensitz und etablierte dort bis 1916 einen transatlantischen Jetset-Treff.

Eine Witwe mit sechs Kindern, die Adair seines Landes verwies, soll eben jenes mit einem Fluch belegt haben, sodass kein Besitzer es an eigene Kinder vererben kann. Adair hatte nie welche, nächster Eigentümer wurde der Harvard-Professor Arthur Kingsley Porter. Er verschwand nur vier Jahre nach dem Kauf 1933 unter mysteriösen Umständen bei einem Ausflug auf die Insel Inishbofin.

Dritter und letzter privater Besitzer war der US-Millionär Henry McIlhenny. Dass auch er kinderlos blieb, hatte vermutlich weniger mit einem Fluch und mehr mit der Tatsache zu tun, dass er sich lieber ein Portrait seines Jagdaufsehers in die Galerie des Schlosses hängte, als eine Ehe einzugehen. 1975 fädelte er die Umwandlung seiner Besitzungen in einen irischen Nationalpark ein, 1983 vermachte er auch sein Schloss dem irischen Staat.

darauf kreuzt der Spazierweg die **geteerte Busstraße** und verläuft dann die meiste Zeit über direkt parallel dazu. Das macht aber gar nichts, da selbst in der Hochsaison nur jede halbe Stunde überhaupt ein Shuttle fährt.

Ein gutes Stück später **windet sich der Fußweg landeinwärts**. Ein Trampelpfad zeigt, dass mancher Fußgänger den vermeintlich direkten Weg entlang der Straße bevorzugt. Der kleine Abstecher hat jedoch durchaus seinen eigenen Reiz und führt über eine weitere **Brücke**.

Kurz nachdem wir die ausgeschilderte **Abzweigung zum Lough Inshagh Walk** kreuzen, erreichen wir auch schon das eiserne **Tor zum Schlossgelände** ③ und betreten den durch und durch abenteuerlich-geheimnisvollen Garten. Gewundene Pfade locken uns in alle Richtungen. Wenn wir es schaffen, uns strikt

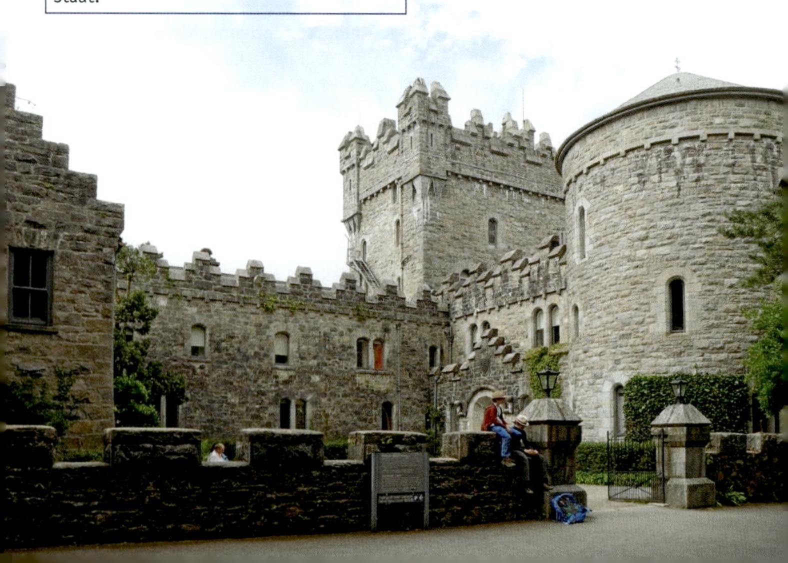

geradeaus zu halten, erreichen wir das **Schloss** ④. Zur Besichtigung gehen wir direkt hinein.

Der **effizienteste Weg zu allen Highlights des Schlossparks** inklusive des einen Kilometer langen Rundwegs zum Aussichtspunkt mit Postkartenblick geht wie folgt: Sobald das Schloss vom Wanderweg oder von der Bushaltestelle aus in Sicht kommt, lassen wir es rechts liegen und betreten den inneren Garten durch das **grüne Holztor**. Nun stehen wir im **Blumengarten** mit der kleinen Orangerie. Ihn verlassen wir über die Treppe rechter Hand, wo wir durch den **Rosengarten** zur Abzweigung zum **»67-Stufen-Weg«** gelangen, dem wir links hinauf folgen. An der nächs-

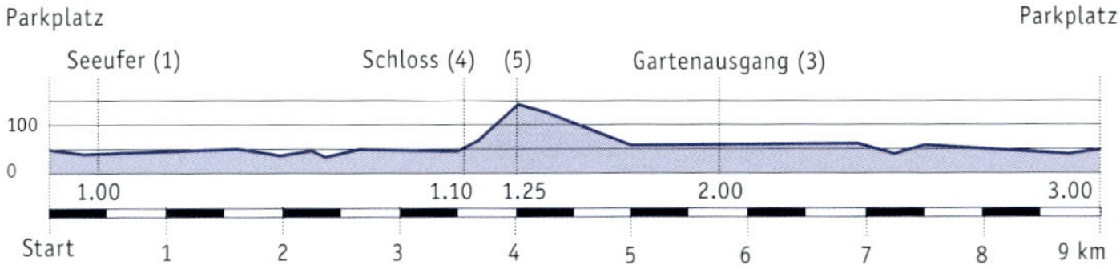

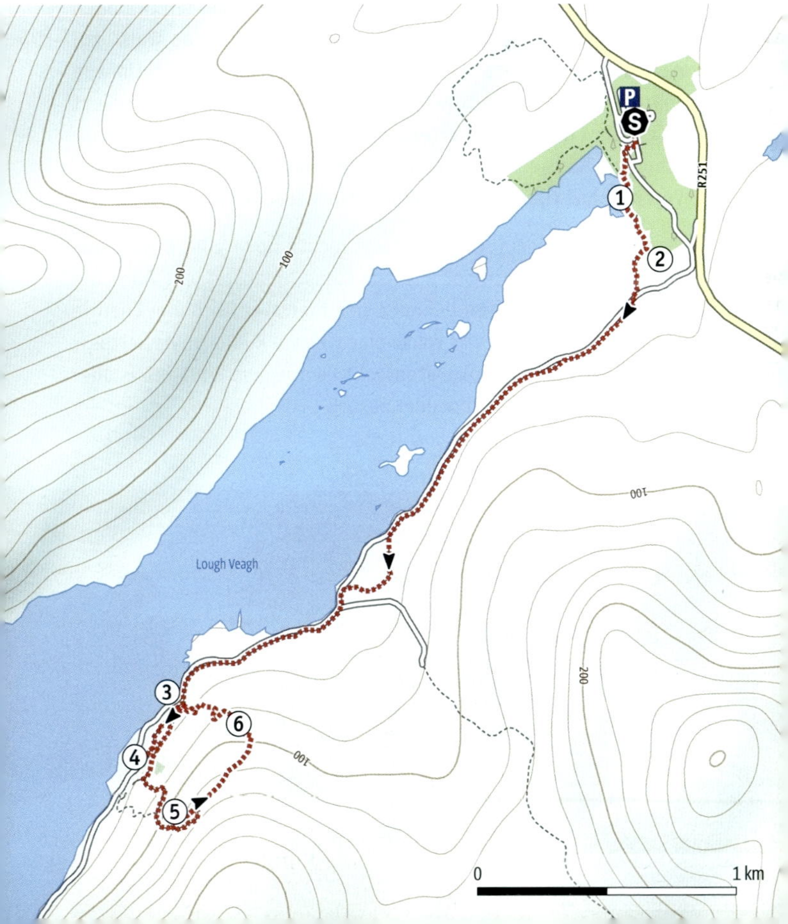

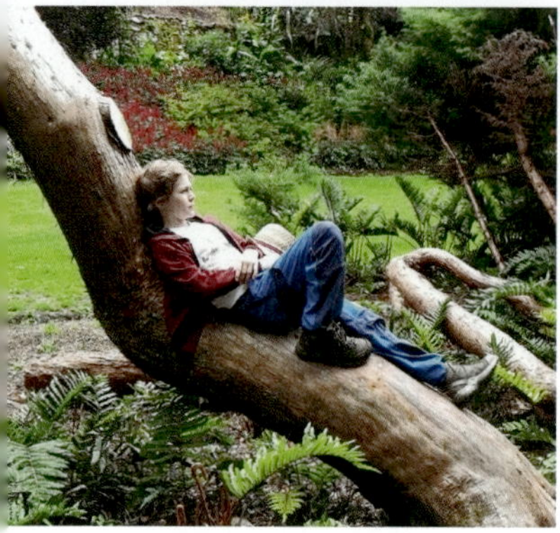

ten Gabelung halten wir uns wieder links und laufen nun auf dem steilen Rundweg zum **Aussichtspunkt ⑤**. Hier können wir uns wieder kaum verlaufen, bis wir links hinauf zum **Ausguck über See und Schloss** gelangen. Geradeaus geht es wieder hinab. Hinter einem **eisernen Tor** zweigt links ein schmalerer, gewundener Weg ab. Folgen wir diesem geradeaus, gelangen wir an einen weiteren, wesentlich ruhigeren **Aussichtspunkt ⑥**, dessen Blick allerdings auch nicht vergleichbar ist. Er taugt aber durchaus für ein nettes Picknick. Steigen wir stattdessen gleich rechts die Stufen hinunter, landen wir wieder im **Schlosspark**. Auch der breite Kiesweg bringt uns dort hin, allerdings auf langweiligere Weise.

Unten halten wir uns in jedem Fall links (und in der langweiligen Version gleich noch mal links), um über den »Belgian Walk« zurück zum Schloss zu gelangen. Ein **hübscher kleiner Umweg** führt dabei quer über die italienische Terrasse und dann leicht links zum »**Himalaya-Garten**« mit üppig pink blühenden Rhododendron-Bäumen und einer Statue des Elefanten-Gottes Ganesha. Von hier aus führen alle Wege letztlich zurück zum Schloss.

An der Bushaltestelle können wir rechts noch zum **Bootshaus** und zum Swimming-Pool des Anwesens hinabsteigen. Auch ein **begehbares Türmchen** befindet sich hier. Wer noch viel Energie hat, kann auf dem »Swiss Walk« eine weitere Runde übers Schlossgelände drehen. Ansonsten geht es mit dem Shuttlebus oder auf dem Fußweg wieder zurück.

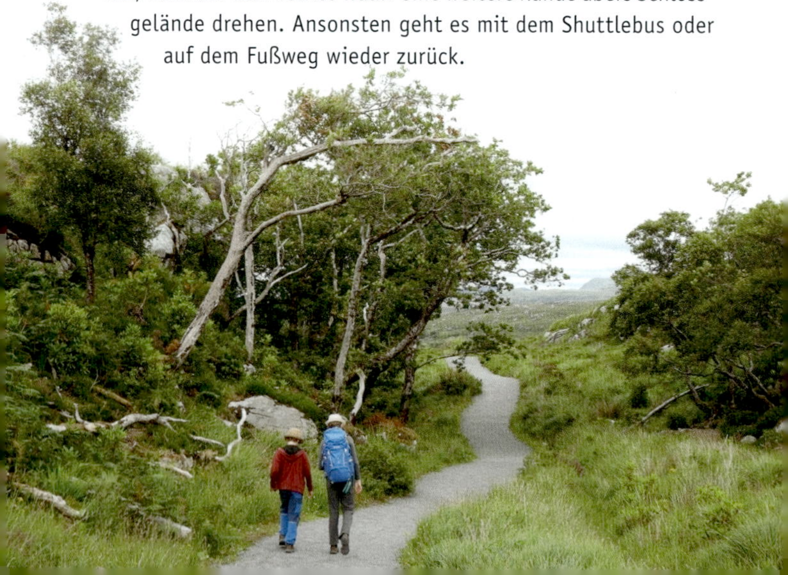

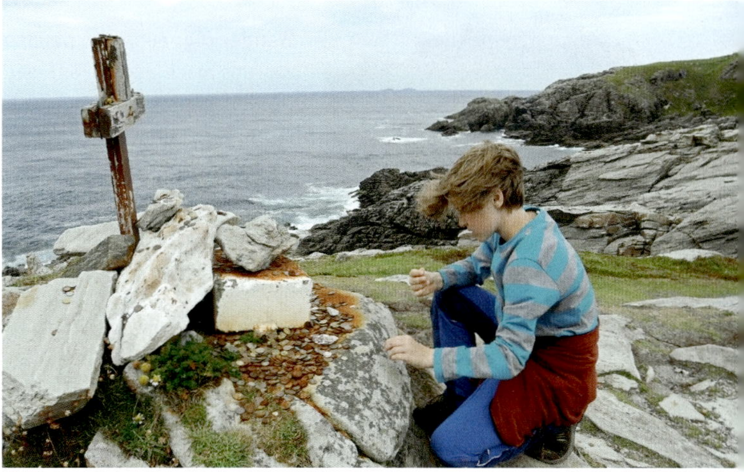

Tour 64: Malin Head

Irlands nördlichster Punkt

55 m

STRECKE 2,6 km

1 h

ab 6

Die Landspitze um Malin Head ist Irlands nördlichster Punkt. Besondere Beliebtheit genießt sie, seit sie in Filmszenen des letzten »Star Wars«-Films auftaucht. Die meisten Leute kommen allerdings nur kurz, quetschen sich auf den latent überfüllten Parkplatz, schießen ein Selfie vor den hässlichen Baracken aus dem Zweiten Weltkrieg und brausen dann wieder von dannen. Wer sich etwas mehr Zeit nimmt und die unmittelbare Touri-Zone verlässt, entdeckt eine zauberhafte Landschaft voller Kletterfelsen und sogar einen »echten Goldschatz«.

TOUREN-STECKBRIEF

Anfahrt: Zuerst nach Malin, dann weiter nach Malin Head fahren. Die Beschilderung ist nicht ganz zuverlässig, besser lässt man sich nach Koordinaten lotsen: **GPS N 55°22'49.3", W 7°22'31.9".** Der kostenlose Parkplatz am Ende der Straße ist bis in den frühen Abend hinein latent überfüllt, kreatives Quetschen an den Straßenrand ist angesagt.

Anspruch und Charakter: Die Strecke vom nördlichsten Punkt zum eigentlichen Malin Head und zurück kann als Rundweg gelaufen werden, der dann allerdings ein Stück über die Zufahrtstraße führt. Angenehmer ist es, hin und zurück denselben Weg zu nehmen. Der Klippenpfad ist bis zum »Hells Hole« sauber angelegt und gekiest, dahinter läuft man uneben auf ausgetretener Wiese und Steinen. Achtung: Oft geht es ein bis zwei Armlängen neben dem Weg ungesichert steil in die Tiefe.

Highlights: Begehbare Weltkriegsbaracken, Kletterfelsen, »Opferstelle« mit modernem Münzen-Hort, Felsentürmchen bauen, Klippenblick.

Einkehr: Auf dem Parkplatz gibt es neben den unvermeidlichen Souvenirständen auch einen mit »coffee to go« in Pappbechern. Auf dem Weg nach Malin liegen mehrere Pubs und ein Café.

In der Nähe: Derry/Londonderry.

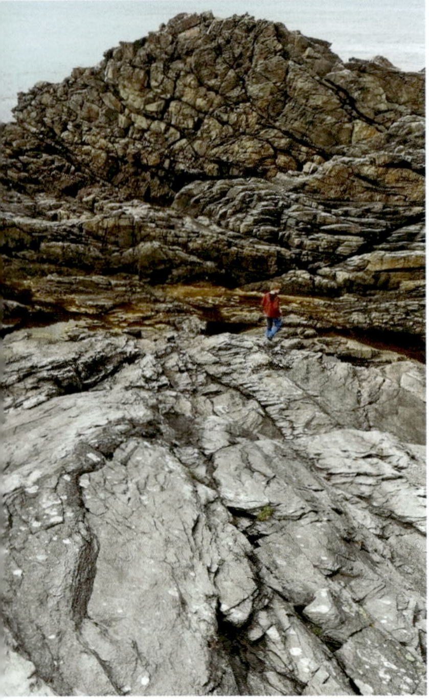

Wanderung: Zunächst wenden wir uns nach rechts auf den trostlos grauen und zugemauerten Turm hin und betreten die **Aussichtsterrasse** mit den Bezahl-Ferngläsern. Nichts hindert uns daran, die umliegenden Betonbaracken zu betreten, die hier seit Ende des Zweiten Weltkriegs leerstehen. Damals war der nördlichste Punkt Irlands ein Ausguck, der vor deutschen Bombern warnte, die Richtung Belfast und der dortigen kriegswichtigen Schiffsbaubetriebe unterwegs waren. Die Republik Irland galt offiziell als neutral. Um die Deutschen daran zu erinnern, und auch daran, dass der nördlichste Punkt der Insel eben nicht zum britischen Nordirland gehört, brachte man damals auf dem ersten Landzipfel kalkweiß das Wort **EIRE** auf den Felsen an. Zum 80. Jahrestag wurden die Buchstaben erneuert und sind nun beliebtes Selfie-Motiv.

Das Menschengewimmel lassen wir hinter uns, indem wir uns links herum auf den gekiesten Wanderweg entlang der Klippen

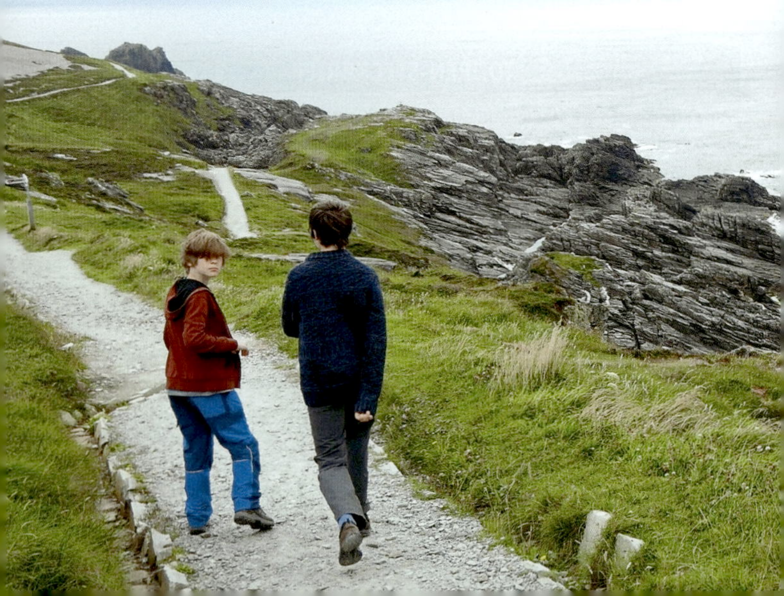

begeben. Die meisten Leute laufen hier nur die wenigen Meter, bis der Wegweiser links zurück zum Parkplatz zeigt. Wir hingegen gehen weiter geradeaus.

Rechts kommt auf den Klippen ein **kleines Kreuz** (1) in Sicht. Hier steigen wir einem der Schafspfade folgend ab. Bevor wir das geheimnisvolle Kreuz erkunden, können wir über die schier endlosen **Felsen** auch bis hinunter zur Brandung klettern. Während kleine Kinder wahrscheinlich im vorderen Teil bleiben sollten und möglicherweise etwas Hilfe benötigen, bieten die zerklüfteten Steine Größeren bei überschaubarem Risiko tolle Herausforderungen.

Wenn wir genug vom Klettern haben, halten wir wieder auf das geheimnisvolle Kreuz zu. Wie sich herausstellt, handelt es sich um einen **Ort spiritueller Opfergaben**, die Vorbeikommende in Form von Münzen hier ablegen. Über und über bedecken sie den Stein, manche frisch und glänzend, andere Jahre alt, rostig und kaum noch als Kleingeld zu erkennen. Dass dieser offenliegende Schatz so nah bei den Touristenhorden bis heute überlebt und inzwischen teilweise von diesen mit gefüttert wird, ist schon eine erstaunliche Erfahrung.

Wieder zurück auf dem **Hauptweg** folgen wir diesem weiter. Ein kurzes Stück **Holzgatter** versperrt den vormals beliebten (und gefährlichen) Abstieg ins »Hells Hole«. Wir besehen uns die beeindruckende Klippenformation also nur von oben.

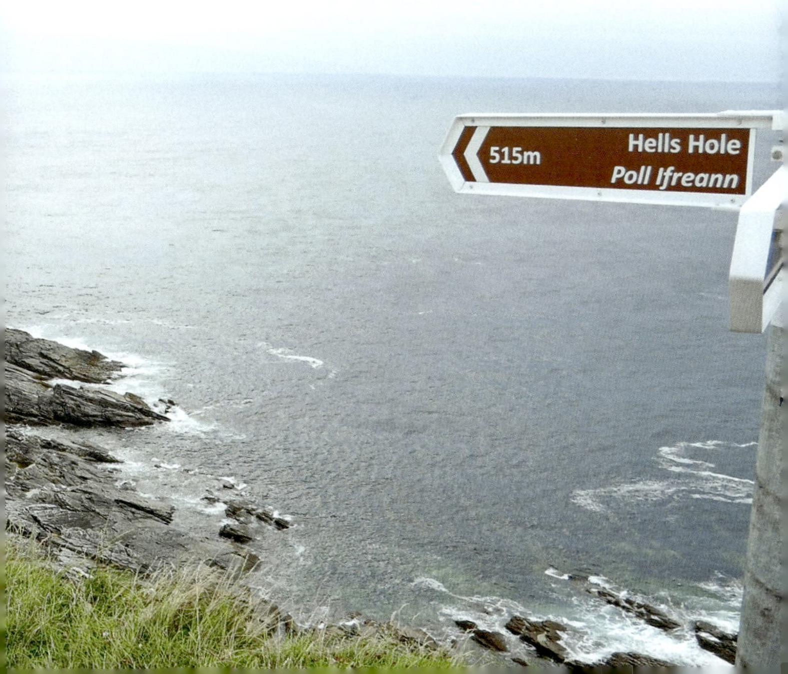

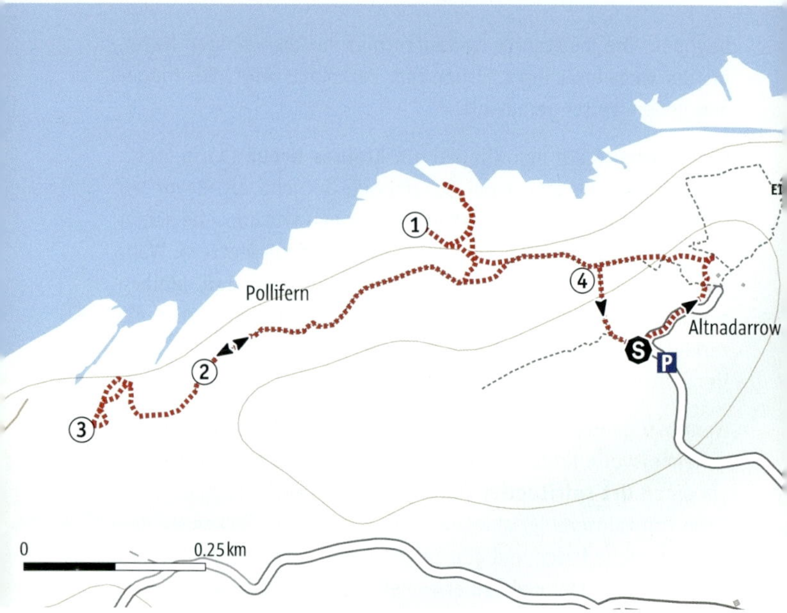

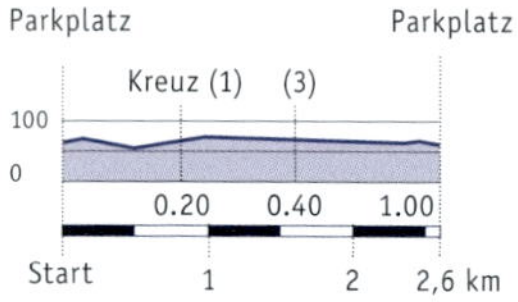

Hier endet der offizielle Wanderweg ②. Es spricht jedoch nichts dagegen, dem ausgetretenen Pfad weiter zu folgen, der nun den angelegten Spazierweg ersetzt. Allerdings geht es von jetzt an neben uns abrupter in die Tiefe. Ein dicker Brocken mit Steilklippen kommt in Sicht, den wir betreten können. Der Ausblick ist diesmal aller-

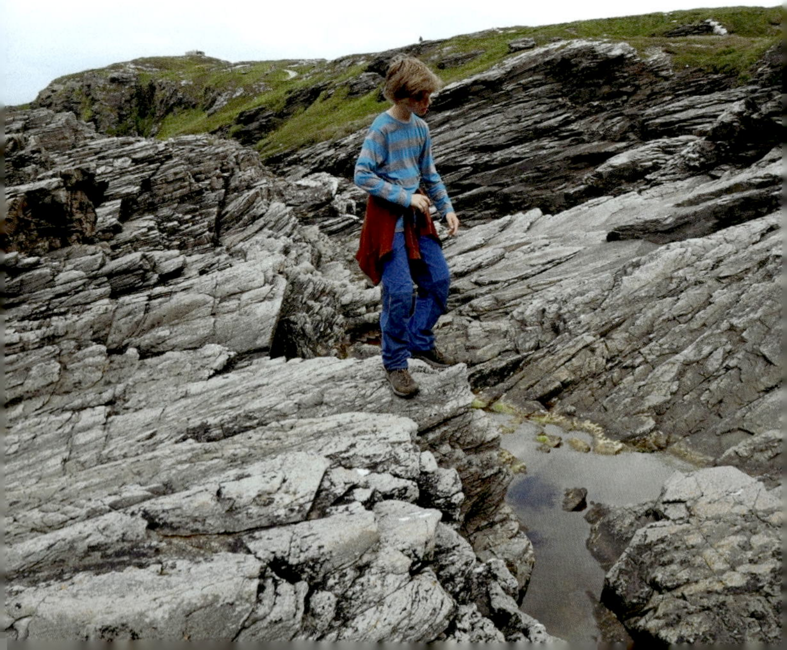

dings wesentlich weniger spektakulär als in die andere Richtung. Wir steuern auf dem Landvorsprung etwas weiter links abseits der Klippen das kleine **Plateau mit den Felsentürmchen** ③ an. Der Wind fegt immer wieder welche um, sodass wir genügend Material vorfinden sollten, um ein eigenes Türmchen zu errichten.

Nun haben wir alle Highlights von Malin Head gesehen. Die eigentliche Landspitze Malin Head als Namensgeberin des Ortes liegt eigentlich noch vor uns. Dort wird es allerdings eher unwegsam und nicht weiter spannend. Wir verpassen daher nicht besonders viel, wenn wir uns einfach umwenden und zurücklaufen. An dem **braunen Wegweiser** ④ biegen wir dann rechts ab und sind im Nu auf dem Parkplatz.

Möchte man partout einen **Rundweg** laufen, kann man sich von den Steintürmchen aus querfeldein zu dem Kiesweg durchschlagen, der hinter einer schilfbewachsenen Stelle zu sehen ist. Dieser mündet in die private Einfahrt zu einem Haus, der wir dann links herum zur Straße folgen, durch ein durchaus hübsches Moor voller Wollgras und Heidekraut. Heraus kommen wir fast direkt an der Abzweigung zur geteerten Auffahrt zum Parkplatz von Malin Head. Der Aufstieg zwischen den Autos und Wohnmobilen ist dann allerdings nicht sehr angenehm. Diese Variante empfiehlt sich höchstens früh morgens, spät abends oder außerhalb der Saison.

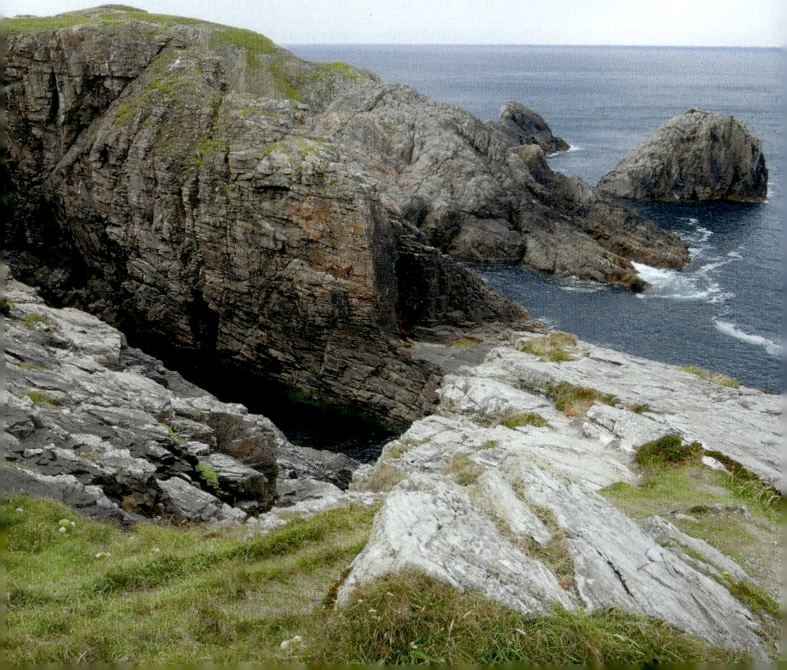

The Great Famine – die große Hungersnot

Unauslöschlich eingebrannt ins kollektive Bewusstsein Irlands hat sich die schlimme Hungersnot, die die Insel in den Jahren 1845 bis 1849 beutelte. Eine Million Menschen verhungerte oder starb, von Unterernährung geschwächt, an einer der Seuchen, die in der Folge grassierten. Weitere zwei Millionen Menschen suchten ihr Heil in der Flucht und wanderten aus Irland aus, hauptsächlich nach Amerika. So verlor die Insel innerhalb von vier Jahren fast ein Viertel ihrer Bevölkerung.

Auslöser der Katastrophe war die Kartoffelpest. Ein Pilz, mit dem Saatgut eingeschleppt aus Amerika, verbreitete sich in Windeseile in ganz Europa. Für viele Menschen – Bauernfamilien und arme Leute, die auf den günstigen Sattmacher angewiesen waren – war das ein herber Schlag. Dass es in Deutschland 1848 zur Revolution kam, hat zum Beispiel auch etwas mit den hohen Nahrungsmittelpreisen zu tun, die sich im Zuge der Kartoffelpest verteuerten.

Aber nirgendwo traf es die Menschen so schlimm wie in Irland. Hier nämlich ernährten sich große Teile der Bevölkerung fast ausschließlich von Kartoffeln. Vor allem im Westen und Süden der Insel, wo der Boden steinig und nicht zum Anbau von Getreide geeignet ist, waren Kartoffeln das einzige Nahrungsmittel, das in ausreichenden Mengen gedieh und all die Menschen ernähren konnte.

Ein Grundproblem, das noch heute vielen Iren und Irinnen nicht bewusst ist, war aber auch die latente Überbevölkerung der Insel vor Ausbruch der Hungersnot. In der Medizin hatte sich viel getan, und das Wissen um hygienische Notwendigkeiten hatte die Kindersterblichkeit – wie überall in Europa – in den vorangegangenen Jahrzehnten stark gesenkt. Es gab deshalb eigentlich schon viel zu viele Menschen, die ihre ärmlichen Cottages und die dazugehörigen Kartoffeläcker an die unwahrscheinlichsten Flecken Land bauten, wie die Ruinen in der Landschaft heute noch zeigen. Es brauchte nicht viel, um die Katastrophe ins Rollen zu bringen.

Der Pilz, der schon in den Saatkartoffeln steckte und sich nach Jahrzehnten der Monokultur im ausgelaugten Boden schnell ausbreitete, sorgte dafür, dass die Knollen sich schwarz verfärbten und verfaulten, bevor sie reif wurden. Während in den ersten Jahren wenigstens noch ein Teil der Ernte genießbar war, wurde die Situation von Jahr zu Jahr schlimmer, da die Krankheit sich unter den zurückbehaltenen

Saatkartoffeln weiter ausbreitete und bald so gut wie alle betroffen waren.

Ein weiteres Problem war, dass Irland zu dieser Zeit keine eigene Regierung haben durfte. Nach einem Aufstand gegen die englische Besatzung knapp 50 Jahre zuvor war die Selbstverwaltung wieder abgeschafft worden, mit der die Menschen in Irland vorher zumindest ihren Alltag hatten regeln dürfen. Seit 1801 war direkt das Parlament in London zuständig für alle Entscheidungen, die für die große Nachbarinsel getroffen werden mussten. Dass die meisten der Politiker dort wahrscheinlich noch nie in Irland gewesen waren und die Verhältnisse höchstens aus der Zeitung kannten, sahen sie nicht als ihr Problem. Ihre Entscheidungen richteten sie nach dem, was ihrer Meinung nach England am besten nützte. Deshalb gab es zum Beispiel auch hohe Zölle für irische Produkte, wodurch sich in Irland keine Industrie entwickeln konnte und alle Iren und Irinnen auf ein Bauerndasein angewiesen waren.

Um die Hungersnot in Irland zu stoppen, gewährte man von England aus anfangs nur ein paar Gelder, von denen die Betroffenen sich Getreide kaufen sollten. Da es in Irland aber einfach kaum Getreide gab und andere Länder ihr Getreide selber brauchten, um ihre eigenen Kartoffelprobleme auszugleichen, verteuerten sich die Preise derart, dass von den englischen Almosen niemand satt werden konnte. Da die englischen Politiker sich weigerten, entsprechende Verbote zu erlassen, verkauften englischstämmige Großgrundbesitzer aus dem Nordosten Irlands ihr Getreide sogar noch gewinnbringend nach England und in den Rest Europas, statt die hungernde Bevölkerung damit zu versorgen. Bis sich die Erkenntnis über die komplizierten wirtschaftlichen Zusammenhänge durchsetzten, waren viele Menschen längst tot.

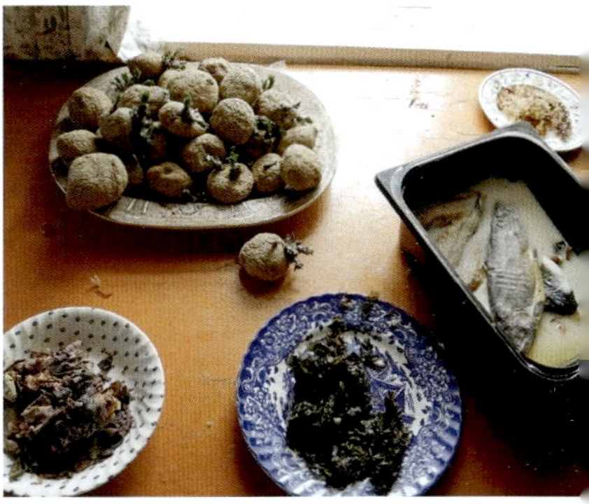

Das typische Mahl einer irischen Bauernfamilie des 19. Jahrhunderts in der Ausstellung des Freilichtmuseum Doagh Famine Village: Hering, Algen und jede Menge Kartoffeln.

Es hat vorher und auch hinterher immer wieder schlimme Hungersnöte in Irland gegeben. Im 18. Jahrhundert sind sogar einmal ähnlich viele Menschen umgekommen, anteilig an der Gesamtbevölkerung gerechnet. Kein anderes Ereignis aber hat sich so tief in die irische Erinnerung gebrannt wie die Great Famine.

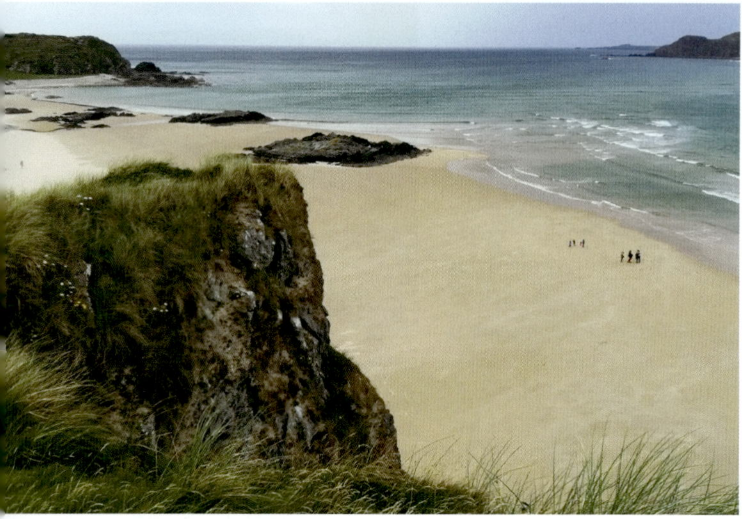

15 m

STRECKE 1,5 km

2–3 h

ab 10

Tour 65: Doagh Famine Village

Freilichtmuseum am Traumstrand

Die Halbinsel Doagh ist selbst für das abgelegene Inishowen Peripherie. Trotzdem lohnt sich ein Abstecher in diesen hintersten Zipfel allemal, denn hier warten direkt nebeneinander sowohl einer der schönsten Strände Irlands als auch das kuriose Famine Village, das als Mischung aus Freilichtmuseum und (politisch) hochmotiviert in Eigenregie gebauten Ausstellungen das Leben der Menschen im geografischen Abseits nachzeichnet.

Museum: Das Doagh Famine Museum ist ein privates Freilichtmuseum, mit dessen Aufbau Pat Doherty vor etwa 25 Jahren im Hinterhof des Cottages seiner Mutter begann. Mit sehr viel persönlichem Engagement hat er seitdem an seiner Vision gearbeitet. Mittlerweile finden in der von Arbeitslosigkeit geprägten Region nicht nur er selbst ein Auskommen, sondern auch mehrere Mitarbeitende.

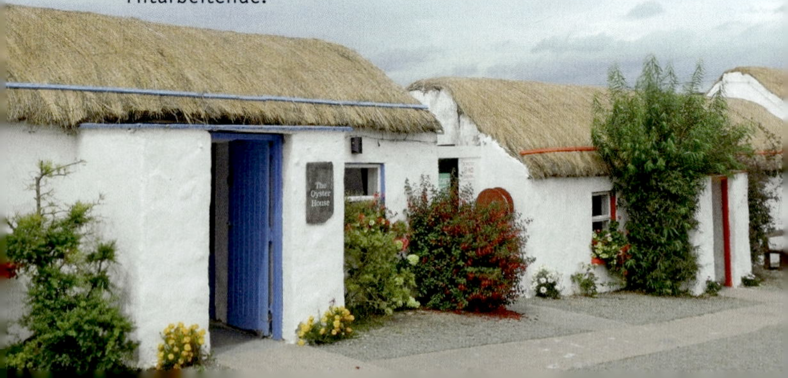

Ziel der bunten, teils schon sehr selbstgebastelt anmutenden Ausstellungen ist die Vermittlung des harten Lebens in der irischen Peripherie von den Zeiten der großen Hungersnot bis heute. Zentraler Dreh- und Angelpunkt ist dabei Pat Dohertys Elternhaus, in dem seine Mutter noch bis 1984 auf dem nackten Betonboden stand und am offenen Feuer kochte. Welches am Strand gesammelte »Gemüse« dabei regelmäßig auf dem Speisezettel stand und woher die englische Redensart stammt, sein Salz wert zu sein, kommt auf den Führungen ebenso zur Sprache wie Fakten und Anekdoten rund um den selbstgebrannten Kartoffelschnaps – inklusive Kostprobe für die Erwachsenen.

Traditionelle Totenwachen und die Dynamiken der großen Hungersnot [› Seite 306] sind ebenfalls Themen der geführten Tour. Auf eigene Faust lassen sich anschließend Berichte aus dem regionalen Alltag des 20. Jahrhunderts und die Geschichte religiöser Vereinigungen erforschen. Spannend für Kinder dürfte vor allem die **Ausstellung zum Nordirland-Konflikt** sein – nicht des doch sehr komplexen Themas wegen, sondern weil die sechs Ausstellungsräume durch Geheimtüren verbunden sind, die man erst einmal finden muss.

Bei der Einordnung des Gesehenen gilt zu bedenken, dass es sich nicht um ein staatliches Museum handelt. Die teils sehr persönlichen und mindestens ebenso politischen Statements in Führung und Ausstellung entsprechen nicht immer der offiziellen

TOUREN-STECKBRIEF

Anfahrt: Da das Famine Village zwischendurch immer wieder mal, aber keineswegs durchgängig ausgeschildert ist, empfiehlt sich eine Anfahrt mit Navi: **GPS N 55°18'33.8", W 7°20'07.7".** Alternativ kann das Navi mit dem Ortsnamen Ballyliffin gefüttert werden, von dort aus führen in jedem Fall Schilder auf den großen Parkplatz des Museums.

Doagh Famine Village: Geöffnet Mitte März bis Mitte Oktober täglich 10–17 Uhr. Eintritt €12,50, Kinder 4–16 Jahre €6,50. doaghfaminevillage.com

Anspruch und Charakter: Der Museumsbesuch beginnt als Führung, der zweite Teil der Ausstellung wird auf eigene Faust erkundet. Achtung: Weder in die auf echte Schockeffekte ausgelegte Geisterbahn, noch in den »Escape-Room« der Ausstellung rund um den Nordirland-Konflikt sollten Kinder alleine laufen.

Strandspaziergang: Der kleine Strandspaziergang im Anschluss ist im Prinzip auch für Kleinste geeignet, die Kletterei auf den Klippen muss dann allerdings gut beaufsichtigt werden, zumal ein Trampelpfad an deren Ende zu einer halsbrecherischen und absolut nicht empfehlenswerten Abstiegsstelle führt.

Achtung: Aufgrund starker Strömungen gilt der gesamte Strand als zu gefährlich zum Baden.

Highlights: Im Museum: authentisches Wohnhaus, das bis 1984 noch bewohnt war, Geisterbahn, die Geheimtüren in der Nordirland-Ausstellung. Am Strand: endloser feinster Sand, Klippen mit Höhlen.

Einkehr: Tea Room am Parkplatz.

In der Nähe: Derry/Londonderry.

irischen Sichtweise und tendieren zu regierungskritischem Antikapitalismus. Wer sich darauf einlassen kann, hat hier einen immensen Datenschatz zur Verfügung, um das moderne Irland abseits der Metropole Dublin und der Tourismusströme besser verstehen zu lernen.

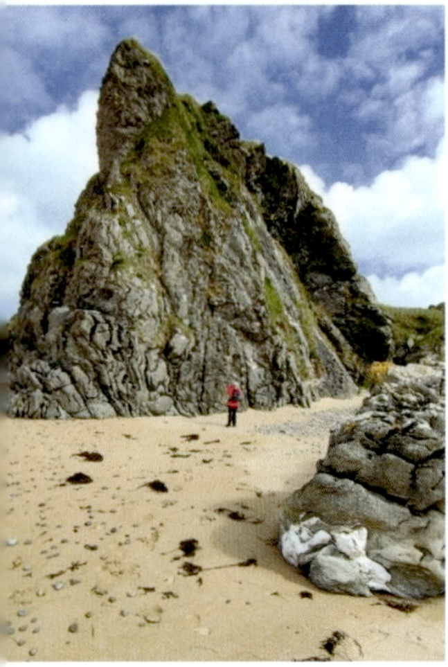

Wanderung: Nachdem wir das Museum zur Genüge besichtigt haben, steigen wir den **Pfad zum Strand** hinunter, der an der großen Hand neben dem Café beginnt. Bei Ebbe liegt rechts eine große Sandkuhle komplett trocken. Auch bei Flut bleibt genügend Platz, um an den Dünen entlangzuwandern. Vorne am Wasser wenden wir uns nach links und laufen um die Landzunge. Hinter der Kurve kommen Felsen und dahinter die Klippen in Sicht. Am Wellensaum gehen wir darauf zu – sofern wir zwischen den Klettersteinen keine ausgedehnte Strandpause einlegen wollen.

Zwischen den Klippen gibt es mehrere **Höhlen**. Zwei davon sind groß genug, um sie zu erkunden. Eine größere Felsspalte verengt sich so, dass am anderen Ende ein kleiner Durchlass bleibt. Mutige können bis zum Ende hindurchklettern.

Je nach Lust und Laune wandern wir noch etwas weiter am Strand entlang, der nun wieder nur von **flachen Felsen** gesäumt wird. Oder wir biegen gleich hinter den Klippen links auf den ausgetretenen Dünenweg ein, der uns in einem Bogen zum Parkplatz zurückbringt.

Vorher nutzen wir aber noch die Gelegenheit, einem **Grasweg links hinauf** zu folgen, um die herrliche Bucht noch einmal von oben zu bestaunen. Achtung: Hier geht es am anderen Ende an den Steilklippen naturgemäß tief hinunter. Auf dem Kamm des Hügels wandern wir dann rechts herum sanft bergab und zum Parkplatz zurück.

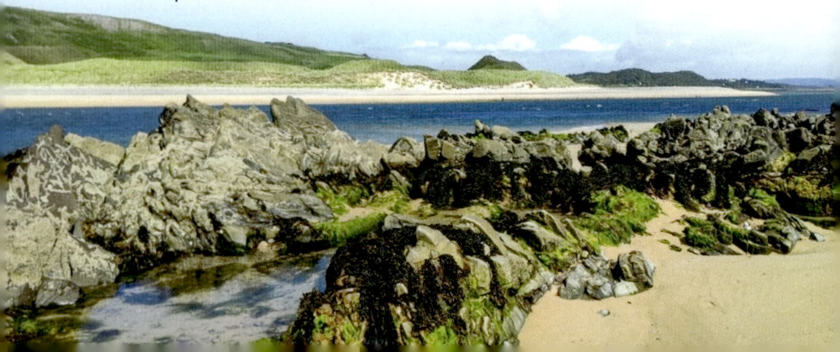

REISEINFORMATIONEN

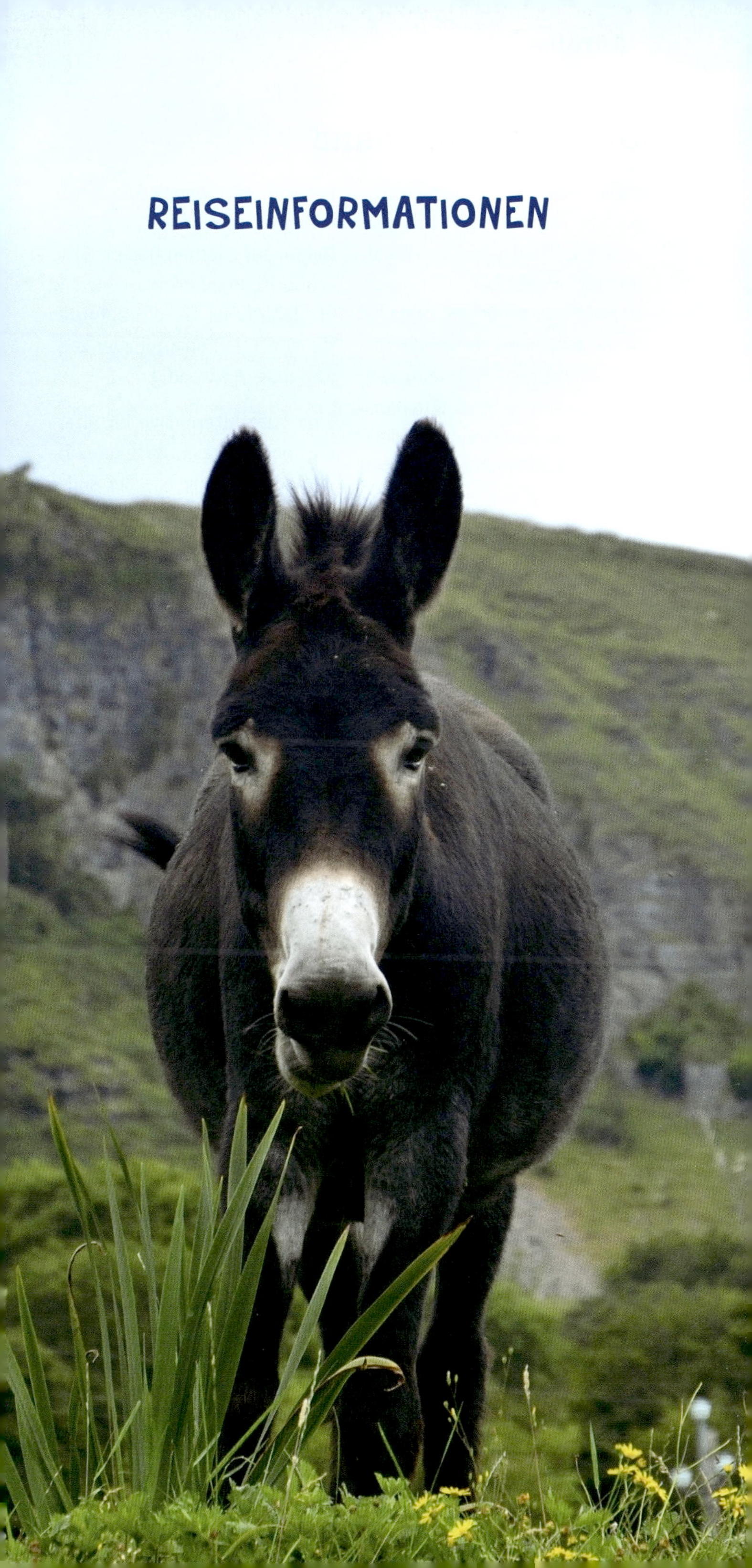

Unterwegs in Irland

Viele, aber nicht alle Startpunkte unserer Wanderungen sind mit öffentlichen Verkehrsmitteln erreichbar. Wer nach Irland fliegen möchte, braucht somit zumindest zeitweise einen Mietwagen. Bei längeren Reisen kann es also durchaus sinnvoll sein, das eigene Fahrzeug mitzunehmen und mit der Fähre anzureisen.

Reisen mit Bus und Bahn

Von Dublin sind viele größere Städte mit dem Zug erreichbar, unter anderm Cork, Killarney, Galway, Limmerick, Westport, Sligo. www.irishrail.ie

Das irische Busnetz ist recht gut ausgebaut und führt auch in ländliche Regionen. www.buseireann.ie

Auto und Fähre

Zur Anreise mit dem eigenen Auto gibt es zwei sinnvolle Routen. Da wäre einmal die »Landbridge« über Großbritannien mit zwei kurzen Fährüberfahrten. Der erste Wasserweg führt von Calais über den Kanal: entweder mit der Fähre nach Dover oder durch den Eurotunnel nach Folkstone. Alternativ überqueren Reisende aus dem Norden den Kanal von Hoek van Holland oder Dünkirchen. Anschließend geht es auf der Autobahn gut 500 Kilometer quer durch Großbritannien nach Wales. Fähren nach Irland fahren hier von Pembroke, Fishguard und Holyhead. Nach einer weiteren kurzen Fährfahrt rollen wir dann in Rosslare oder Dublin auf irischen Boden. Seit Großbritannien nicht mehr zu EU gehört, ist für diese Route für alle Familienmitglieder ein Reisepass notwendig.

Eine gute Alternative für alle, die lieber Fähre als Auto fahren, und für alle, die aus der südlichen Hälfte Deutschlands anreisen, sind die Direktfähren von Nordfrankreich nach Dublin, Cork oder Rosslare. Aus dem Hafen von Cherbourg in der Normandie fahren die Fähren von Irish Ferries seit 2019 nur noch nach Dublin. Die Strecke Cherbourg – Rosslare wird nur noch von Stena Line angeboten. Im Hochsommer gibt es auch noch sporadisch Verbindungen zwischen Roscoff in der Bretagne und der irischen Stadt Cork. Die Direktfähren sind teurer als die Landbridge-Variante. Ihr spart euch jedoch die aufreibende Fahrt um London, viel Benzin, und da die Fähre über Nacht geht, auch noch eine Unterkunft. Für alle, die Fähre fahren nicht als Stress empfinden, beginnt der Urlaub gleich an Bord. Auf den komfortablen Fähren von Irish Ferries kann man zum Beispiel gleich den ersten irischen Pubabend mit Guinness und Livemusik genießen – und die Kinder dürfen sogar mit.

Grundsätzlich sind Fährpreise niedriger, je früher man bucht.

In der Hauptsaison und mit Fahrzeugen mit Überhöhe ist eine frühe Buchung sowieso dringend zu empfehlen. Hilfe bei der Wahl und beim Vergleich der Fähren bieten Buchungsportale wie:

www.directferries.de
www.aferry.com

Wer gar keine Lust hat, sich alleine durch den Preisdschungel der Fährlinien zu kämpfen, lässt sich vom Irland-Spezialisten Gaeltacht Irland Reisen helfen. Auf deren Website findet man auch immer die aktuellen Verbindungen (die sich beinahe jährlich ändern), und ihr bekommt Hilfe beim Preisvergleich Fähre und Flugzeug. www.gaeltacht.de

Flugzeug und Mietwagen

Bei einem kurzen Urlaub spart man durch die Anreise mit dem Flugzeug Zeit. Flüge sind bei den beiden irischen Gesellschaften Aer Lingus und Ryan Air, aber auch bei Lufthansa, Eurowings und Transavia zu finden. Angeflogen wird meist die irische Hauptstadt Dublin, es gibt aber bei Ryanair und Aer Lingus auch einige Verbindungen nach Cork, Kerry und Shannon direkt an der Westküste.

Mietwagen sind in der Regel günstiger, wenn man sie vorab oder auch direkt mit dem Flug bucht. Internetportale wie www.billiger-mietwagen.de und www.check24.de verhelfen vor der Entscheidung schnell und unkompliziert zu einem aktuellen Preisspiegel für das gewünschte Fahrzeugmodell. Außerdem kann man hier natürlich auch buchen.

Ein Wohnmobil mieten

Um alle Regionen entlang des Wild Atlantic Way zu entdecken, können wir mehrfach die Unterkunft wechseln und Cottages oder Zimmer in verschiedenen Regionen mieten. Das funktioniert einwandfrei, aber natürlich ist der Roadtrip auf einer Küstenstraße auch perfekt geeignet für eine Reise mit dem Campervan oder Wohnmobil. In der Wahl der Unterkünfte muss man sich dann nicht vorher festlegen, sondern kann spontan dort bleiben, wo es gefällt. Verglichen mit einer

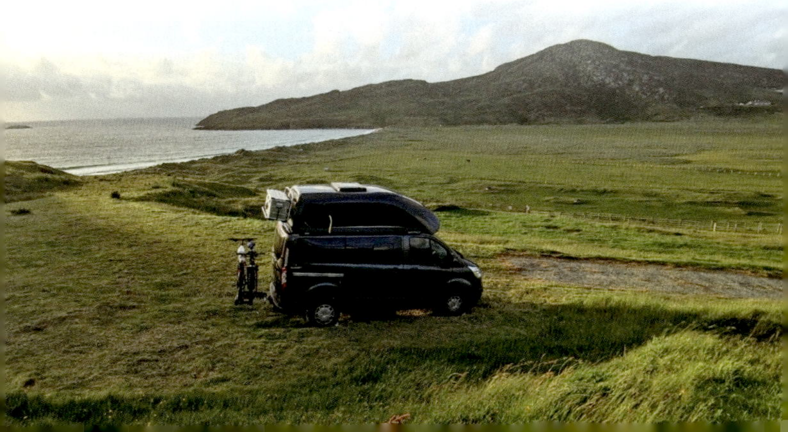

Reise mit Auto und Zelt, die für wetterfeste Campingfans ebenfalls denkbar ist, ist man im Wohnmobil aber doch etwas besser vor den Launen des irischen Wetters geschützt. Wenn ihr stressfrei reisen wollt, wählt euer rollendes Haus besser nicht zu groß, denn Irland hat viele schmale Straßen.

Das Wohnmobil schon zu Hause zu mieten, hat den Vorteil, dass ihr auch dort packen könnt und dann keine Koffer dabei habt, die nur im Weg rumstehen. Die Fährkosten und die Autobahnmaut sind für ein großes Fahrzeug aber teurer als für einen PKW und auch der Benzinverbrauch ist deutlich höher. Ob es preisgünstiger ist, vor Ort zu mieten, hängt von den Details ab. Wer fliegen und vor Ort mieten möchte, hat jedenfalls viel Auswahl. Vom kultigen VW-Bus bis zum luxuriösen Wohnmobilpalast ist alles zu haben. Die Buchung ist zum Beispiel über folgende große Portale möglich:

www.rentacamper.de
www.campanda.de
www.roadsurfer.de

Eine Liste aller irischen Vermieter ist hier zu finden:
www.campingireland.ie

Der beliebte regionale Anbieter Bunkcampers bietet bei früher Buchung 10 Prozent Rabatt:
www.bunkcampers.com

»Paul Camper« ist eine Sharing-Plattform für private Camper. Ihr mietet sozusagen »von privat«, seid aber über die Plattform abgesichert. Inzwischen werden über 10.000 verschiedene Fahrzeuge angeboten.
paulcamper.de

Auto fahren in Irland

Der erste Moment ist aufregend. Wir fahren in Dover, Rosslare oder Dublin von der Fähre und befinden uns im Land des Linksverkehrs. Zum Glück ist man dort auf all die verwirrten Neuankömmlinge eingestellt und große Schilder weisen in vielen Sprachen und mit leuchtenden Pfeilen auf die richtige Fahrspur hin. Die Umstellung geht erstaunlich schnell, nur das Rechts-Abbiegen erfordert auch nach einigen Tagen noch besondere Aufmerksamkeit, vor allem in einem Linkslenker vom Festland, in dem der Überblick schlechter ist. Die meisten Kreuzungen zwischen größeren Straßen sind aber eh durch Kreisel (Roundabout) ersetzt, die das Problem erst gar nicht aufkommen lassen.

Viele dünn besiedelte Regionen erreicht man nur auf schmalen Straßen, auf die gerade einmal zwei Autos passen. Diese sind zudem nicht immer im besten Zustand. Rechnet also abseits der gut ausgebauten Nationalstraßen mit langsamem Fahrtempo und langen Fahrzeiten. Ab und zu konfrontiert euch die Anfahrt zu unseren Wanderungen auch mit einspurigen Sträßchen, die in regelmäßigen Abständen eine mehr oder weniger große Ausweichbucht aufweisen. Diese »Passing Places« dürfen keinesfalls als Parkplatz missbraucht werden!

Die Verkehrsregeln unterscheiden sich nicht vom Vertrauten. Das erlaubte Fahrtempo liegt in Irland wie gewohnt bei 50 Kilometern pro Stunde im Ort und 100 auf der Nationalstraße. Auf Nebenstraßen darf Tempo 80 gefahren werden. Geschwindigkeitsangaben auf Straßenschildern werden in der Republik Irland in Stundenkilometern angegeben. Das ändert sich abrupt beim Überfahren der Grenze nach Nordirland, wo wir ohne weitere Vorwarnung mit den englischen Meilen konfrontiert sind. Die erlaubte Geschwindigkeit im Ort liegt dann bei 30 mph oder 48 km/h, auf Nationalstraßen sind es 60 mph oder 96 km/h. Auf englischen Autobahnen ist das Tempo auf 115 km/h begrenzt.

Irische Autobahnen tragen ein »M« im Namen und sind teilweise mautpflichtig (etwa €2 pro Durchfahrt). Betroffen sind auch die M4, die M7 und die M8, die von Dublin an die Westküste führen. Teilweise werden die Gebühren mit Münzen an Mautstationen vor Ort kassiert, auf der M50 bei Dublin (zwischen Ausfahrt 6 und 7) muss man aufpassen. Beim dort verwendeten eToll-System werden nur die Fahrzeugdaten elektronisch erfasst. Die Gebühren müssen anschließend online unter eFlow.ie, per Telefon oder in einem Shop mit dem Zeichen »PayZone« beglichen werden und zwar bis 20 Uhr am Folgetag, sonst kommt eine Bearbeitungsgebühr dazu.

Weiterführende Literatur

Dieses Buch ist vorrangig ein Wander- und Ausflugsführer für Familien und außerdem begrenzt auf die Region der Westküste. Für zusätzliche Informationen über Orte abseits der Route des Wild Atlantic Way und die Anreise durch den östlichen Teil Irlands empfehlen wir einen allgemeinen Reiseführer. Sehr informativ fanden wir den Irland-Band aus dem Michael Müller Verlag. www.michael-mueller-verlag.de

Für alle, die mit einem Wohnmobil reisen und auch abseits von Campingplätzen übernachten möchten, ist der Irland-Band aus dem WOMO-Verlag ein guter Begleiter. www.womo.de

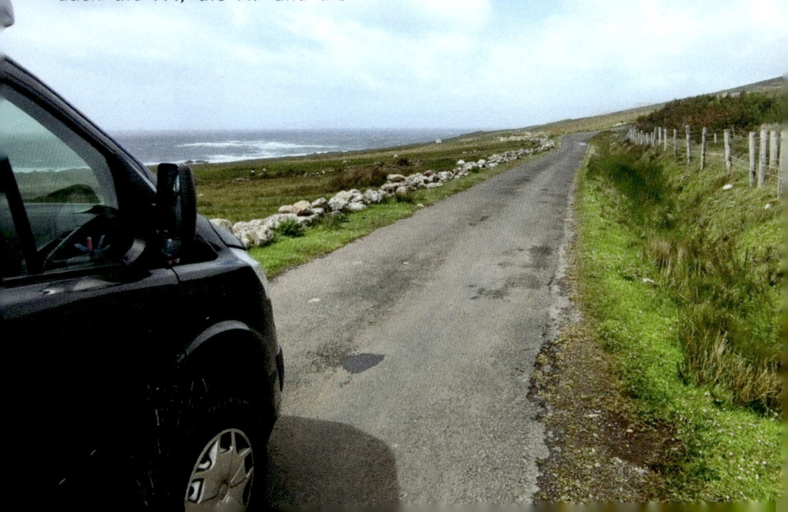

Orientierung

Die Auswahl an Straßen ist begrenzt. Wir sind mit einer Straßenkarte im Format 1:350.000, die das komplette Gebiet abdeckt, gut zurechtgekommen. Das Exemplar aus dem World Mapping Project von Reise Know How hat dabei den Vorteil, besonders widerstandsfähig zu sein.

Ausrüstung

Es stimmt tatsächlich, dass man in Irland häufig »alle Wetter« an einem Tag erlebt. Gute Regenkleidung ist daher die wichtigste Basis des Reisegepäcks. Darunter ist Kleidung im Zwiebelprinzip optimal. Je nachdem, ob die Sonne gerade vor oder hinter den Wolken steckt, wechselt die Temperatur ziemlich flott. Deshalb braucht ihr auch im Juli und August sowohl Sommerkleidung als auch Kleidung für kühlere Tage. Wenn ihr euch auch an die längeren Wanderungen in teilweise weglosem Gelände wagen wollt, sind auch Wanderschuhe notwendig.

Irische Steckdosen sind nicht kompatibel mit deutschen Steckern. Es empfiehlt sich die Mitnahme eines Adapters, der für britische und irische Steckdosen passt.

In dünn besiedelten Ecken muss man fast überall mit schlechtem oder nicht existentem Handynetz rechnen. Wer Informationen aus dem Netz braucht, sollte nicht bis zum letzten Moment damit warten. Wer unsere GPS-Tracks verwenden möchte, sollte schon zu Hause Offline-Karten herunterladen.

Heritage Card

Mit der ein Jahr lang geltenden Irish Heritage Card kommt man kostenlos in alle vom irischen Staat unterhaltenen Sehenswürdigkeiten. Dazu gehören auch viele Ziele auf unserer Route. Man erhält die Heritage Card an den einzelnen Attraktionen. Für eine Familie kostet sie 90 Euro. Die Anschaffung lohnt sich also nur für eine längere Reise und das auch nur, wenn ihr viele klassische Sehenswürdigkeiten besuchen möchtet. heritageireland.ie

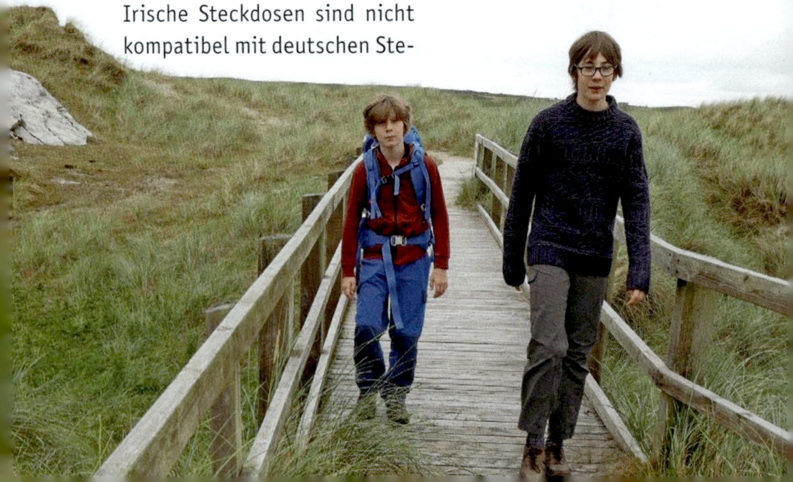

Wie findet man eine geeignete Unterkunft?

Irland ist ein gutes Reiseziel für unabhängig Reisende. Pauschalreisen mit Unterkunft in einer Ferienanlage gibt es hier kaum. Um eine passende Bleibe zu finden, kann man ins Reisebüro gehen oder sich selbst bei einem der vielen Internetportale auf die Suche machen. Ob ein Ferienhaus, ein Roadtrip mit Bed and Breakfast und Hostel oder Camping die richtige Wahl ist, bleibt eine ganz individuelle Entscheidung.

Irlandexperten

Ein gute Übersicht über Unterkünfte jeglicher Art, vom Hotel bis zu Campingplatz und Hostel an der Route des Wild Atlantic Way, listet die offizielle Website des Touristboards in der Rubrik »Accommodation«:
www.wildatlanticway.com

Eine Auswahl von Unterkünften aller Art von Bunkhouse bis Ferienwohnung in ganz Irland gibt es bei:
www.irish-homes.com

Das kleine, in Deutschland ansässige Online-Reisebüro des Iren Paul Leahy vermittelt Mietwagen, Ferienhäuser und Planwagentouren.
www.gruene-insel.de

Das auf Irland und Schottland spezialisierte Reisebüro Celtic Travel Experts vermittelt Ferienhäuser, Hausbootsurlaub, Planwagenreisen und Wohnmobile.
www.irland-reise.net

Wer unbedingt einmal in einem Schloss oder Herrenhaus übernachten möchte, schaut auf der offiziellen Seite des irischen Tourismusverbandes in der Rubrik »Schlösser und historische Unterkünfte« unter:
www.ireland.com oder bei **www.irelands-blue-book.ie**.

B&B's

Das Bed and Breakfast ist die irischste aller Unterkünfte auf der Insel. Es gibt unter den B&Bs zwar auch kleine Guesthouses, die Zimmer und Frühstück anbieten, in den meisten Unterkünften dieser Art ist man aber tatsächlich zu Gast bei Einheimischen, die zwei oder drei Zimmer in ihrem Haus vermieten. Das Frühstück findet oft für alle Gäste gemeinsam am großen Tisch statt und ist eine kommunikative Angelegenheit. Euer Geld landet so direkt bei Kleinunternehmen vor Ort und ihr bekommt einen ganz anderen Einblick in den irischen Alltag als in einem Hotel. Das einzige Problem an dieser Unterkunft ist, dass sie oft nicht auf Familien eingerichtet ist. Vermietet werden meist Doppelzimmer und es ist durchaus üblich, nur für eine Übernachtung zu bleiben. Familienzimmer gibt es nur selten. Mit Kindern ist diese Art zu reisen anstrengend und teuer. Ein B&B eignet sich aber

durchaus für eine oder zwei Übernachtungen auf dem Weg zum gemieteten Cottage, oder wenn wir die Rückfahrt auf ein paar Tage ausdehnen möchten, um noch das eine oder andere zu sehen, was von unserer Unterkunft zu weit entfernt lag. Adressen und Preise findet man gut sortiert unter:
www.bandbireland.com

Auch die Plattformen **booking.com** und **airbnb.de** listen B&Bs.

Cottages und Ferienhäuser

Cottages sind eine entspannte und finanzierbare Unterkunft für Familien, auch weil man mit einer eigenen Küche nicht auf tägliches Essen im Restaurant angewiesen ist. Allerdings muss man sich mit der Wahl einer Ferienwohnung für eine Region und einen kurzen Abschnitt des Wild Atlantic Way entscheiden. Wer mehr sehen möchte, kann nach der halben Urlaubszeit das Cottage wechseln und eine zweite Region erforschen. Ferienanlagen gibt es in Irland kaum, die meisten Häuser und Wohnungen werden von privaten Anbietern vermietet. Man findet sie am besten über verschiedene Internetportale:

www.imagineireland.com
Englischsprachiges Portal mit guten Suchfunktionen, das private Ferienhäuser und Cottages ausschließlich in Irland vermittelt. Die Buchung erfolgt über die Plattform, nicht persönlich beim Vermieter.

letsgoselfcatering.ie
Auf dieser Seite findet man vom irischen Tourismusverband Failte Ireland überprüfte Ferienhäuser.

www.fewo-direkt.de
Vermittelt werden weltweit Ferienwohnungen und -häuser von Privatleuten.

Sehr übersichtlich sind die Angebote der bekannten Portale:
www.booking.com
www.airbnb.de

Unterkünfte auf dem Bauernhof findet man über die Seite **irishfarmholidays.com**

Speziell für Familien

Die englischsprachige Seite **www.awaywiththekids.co.uk** hat sich auf kinderfreundliche Unterkünfte aller Art spezialisiert. Für Irland gibt es zwar nur wenige, aber durchaus interessante Angebote.

Hostels und Bunkhouses

In vielen dieser vor allem an Backpackern orientierten Unterkünfte gibt es auch Familienzimmer. Die Übernachtung ist deutlich günstiger als im Hotel und eine Küche ermöglicht die Selbstverpflegung. Sehr übersichtlich präsentiert werden alle Hostels am Wild Atlantic Way auf der bereits erwähnten Seite **www.wildatlanticway.com**.

Eine Übersicht der Hostels in der ganzen Republik Irland findet man unter
www.hostels-ireland.com und **www.uniqueirishhostels.com.**

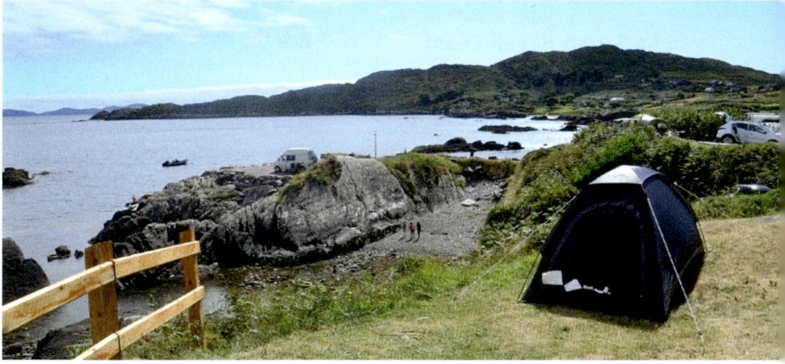

Camping in Irland

Wer in Irland zelten möchte, braucht gute Ausrüstung und sollte wetterfest sein. Auf jeden Fall empfiehlt es sich, auf ausreichend Platz für Regentage zu achten oder zumindest ein Tarp zum Iglu-Zelt mitzunehmen, unter dem man sich auch bei Regen aufhalten kann. Fast noch herausfordernder als Regen kann der Wind an der Küste werden. Besonders wichtig sind dann die Wahl eines geschützten Platzes und ein Zelt, das sich gut abspannen lässt. Besser vor dem wechselhaften irischen Wetter geschützt ist man bei einer Reise mit dem Campervan oder Wohnmobil [› Seite 313]. Auf manchen Campingplätzen gibt es auch größere Camping-Pods, Hütten oder Caravans zu mieten, in denen auch eine Familie Platz findet.

Fast alle größeren Touristenplätze sind bei Camping Ireland registriert und auf www.campingireland.ie übersichtlich auf einer Karte dargestellt. Es gibt auch eine Broschüre, die man kostenlos in den Touristmusinformationen bekommt. Einige der Plätze haben gar keine eigene Website, sondern stellen sich nur bei Camping Ireland vor. Die meisten Touristenplätze bieten einen guten sanitären Standard und oft auch eine Servicestation für Wohnmobile. Meist gibt es eine Camperküche, die in der Regel mit Kochgelegenheit, Kühlschrank und Tischen ausgestattet ist und kostenlos zur Verfügung steht. Manchmal sind sogar Mikrowelle und Toaster vorhanden. Das Trinkwasser ist dafür leider häufig gechlort, besonders an der Küste. Wer das nicht mag, muss sein Wasser in Flaschen kaufen.

Die irischen Campingpreise liegen im mittleren Bereich und steigen in der Hochsaison nur leicht an. Achtung: Vorzelte und Markisen werden bei Wohnmobilen und Campingbussen oft extra berechnet. Wer nicht im Juli und August reist, bekommt auf einigen Camping-Ireland-Plätzen mit einer Camping Key Europe-Card ein wenig Rabatt.

Cork und Haven Coast

1 Blarney Caravan Park

GPS N 51°56'51.3", W 8°32'49.8"
Acht Kilometer von Cork, nahe Blarney Castle auf einem aussichtsreichen Hügel gelegener, parkähnlich angelegter Platz. Abgetrennter Zeltbereich. WiFi gratis, Spielplatz, Camperküche.
Geöffnet April bis Oktober.
Platz inkl. 2 Pers. €34–39, weitere Person €7, Kinder bis 13 Jahre €3.
www.blarneycaravanpark.com

2 Sextons Camping Park

GPS N 51°38'5.2", W 8°48'3.4"
Freundlicher familiengeführter Platz im Grünen mit schöner Aussicht, direkt neben der Kuhweide. WiFi gratis, Frühstück möglich, Spielplatz und Camperküche.
Geöffnet März bis Oktober.
Platz inkl. 2 Pers. €28–34, weitere Person €7, Kinder bis 14 Jahre €3.
www.sextonscamping.com

3 Desert House Camping Park

GPS N 51°37'20.8", W 8°52'34.0"
Kleiner familiengeführter Platz an einer bewirtschafteten Farm mit Blick auf Clonakilty Bay. Zehn Minuten zu Fuß in den Ort. Einfache Sanitäranlagen. Camperküche.
Geöffnet Mai bis Oktober.
Platz inkl. 2 Pers. €29, weitere Person €2, Kinder €2, Strom €8, Dusche €1. deserthousecamping.ie

4 The Meadow Camping Park

GPS N 51°34'0.0", W 9° 5'47.3"
Kleiner, einfacher, familiengeführter Platz etwas abseits des Meeres in der Nähe des Drombeg Stone Circle. Ruhig und großzügig angelegt. WiFi, Camperküche.
Geöffnet Mai bis Mitte September.
Platz inkl. 2 Pers. €28–30, weitere Person €8, Kinder €4, Strom €4, Dusche €1.
www.camping-ireland.ie

5 The Hideaway Camping Park

GPS N 51°32'29.1", W 9°15'38.5"
Ruhiger, gepflegter Platz im Grünen bei Skibbereen, extra Zeltwiese. WiFi gratis, Spielplatz, Camperküche.
Geöffnet Mai bis Mitte September.
Platz inkl. 2 Pers. €28–30, weitere Person €8, Kinder €4, Strom €4, Dusche €1.
www.camping-ireland.ie

6 Cléire Haven

GPS N 51°26'5.7", W 9°30'15.3"
Kleiner Camping auf der kleinen Insel Clear Island nur für Zelte. Direkt am Meer mit toller Aussicht auf die Bucht. Schön eingerichtete Jurten und Tipis zu vermieten, Frühstück möglich. Auch Zeltplätze müssen vorgebucht werden. Achtung: Anreise mit der Passagierfähre ohne Auto. Sally und Dave holen Sie ab.
Geöffnet April bis September.
Platz inkl. 2 Pers. €32, Kinder €6.
chleire-haven.ie

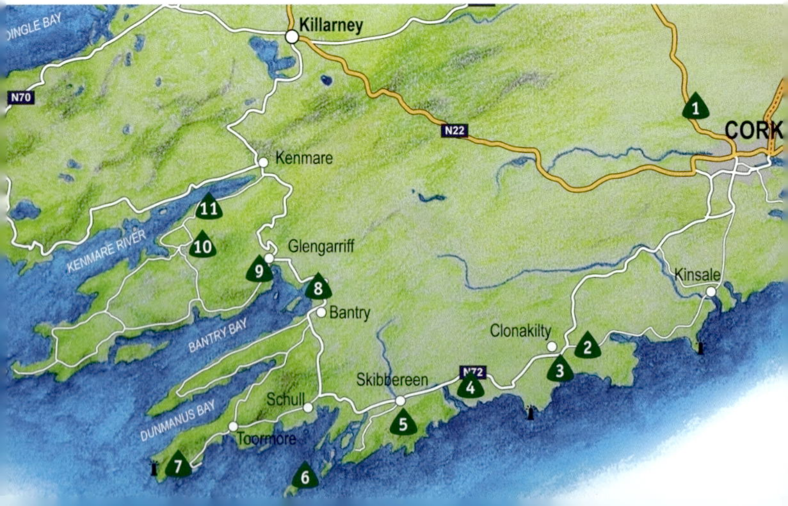

Mizen und Beara Peninsula

7 Barleycove Holiday Park
GPS N 51°27'51.7", W 9°45'21.5"
Der Platz ist schattenfrei auf einer platten Wiese und ein Stück vom Meer entfernt in einem Tal gelegen. Zu mehreren schönen Sandbuchten ist es jedoch nicht weit und der Traumstrand Barley Cove befindet sich nur eine Bucht weiter. Shop, Imbiss, Spielplatz, Camperküche. Mietcaravans. Im Sommer oft ausgebucht.
Geöffnet Juni bis Mitte September.
Platz inkl. 2 Pers. €25–35, weitere Person €3–6, Strom gratis.
kenneallyholidayhomes.ie

8 Eagle Point Camping
GPS N 51°43'13.4", W 9°26'56.2"
Sehr schöner, gut ausgestatteter und großzügig angelegter Platz in bester Lage auf einer Landzunge direkt am Meer. Die Stellplätze sind in Terrassen angeordnet, sodass man von vielen Plätzen aufs Wasser schauen kann. Die nahe Straße ist von den Stellplätzen nicht zu hören. Gepflegte Sanitäranlagen, freundliche Rezeption und kleiner Laden. Nach Glengarriff sind es nur wenige Kilometer. WiFi-Hotspot gratis.
Geöffnet Mai bis Mitte September.
Platz inkl. 2 Pers. €35–40, weitere Person €8, Kinder €4, Strom €5.
www.eaglepointcamping.com

9 Glengarriff Camping Park
GPS N 51°44'10.8", W 9°33'36.7"
Schöner Platz mit Blick auf die Berge am Ring of Beara. Neue Sanitäranlagen, toller Spielplatz, Indoor-Spielraum, kleiner Laden, Bar (manchmal Live Musik), WiFi in der Nähe der Rezeption.
Geöffnet Mai bis Mitte September.
Platz inkl. 2 Pers. €30–35, weitere Person €10, Kinder €2,50, Strom €6.
glengarriff-caravan-camping-park.business.site

10 Creveen Lodge Caravan and Camping Park
GPS N 51°45'17.2", W 9°45'37.9"
Familiengeführt kleiner Platz mitten auf dem Ring of Beara mitten in grüner Landschaft und mit tollen Blick. Etwa drei Kilometer zum Meer. Camperküche, Kleiner Spielplatz.
Geöffnet April bis September.
Platz inkl. 2 Pers. €22, weitere Person €5, Kinder €2, Strom €6, Dusche €1,50. creveenlodge.com

11 Beara Camping
GPS N 51°49'35.1", W 9°43'50.9"
Familiengeführter, naturnaher, sympathischer Platz umgeben von Bäumen an der Straße, einfache Sanitäranlagen. Café, Outdoor Lounge mit Lagerfeuer, Picknicktische, kleiner Spielplatz, WiFi gratis, Mietcaravans.
Geöffnet Mitte April bis Mitte Oktober.
Platz inkl. 2 Pers. €24, weitere Person €6, Kinder bis 10 Jahre €3,50, Strom €6. www.bearacamping.com

Killarney Nationalpark

12 Flemings White Bridge
GPS N 52° 3'25.0", W 9°28'33.1"
Angenehmes Wiesengelände weitab von Straßen und in ruhiger Lage am östlichen Stadtrand von Killarney. Der Ortskern ist mit dem Fahrrad in 10 bis 15 Minuten erreichbar. Gepflegte, moderne Sanitäranlagen. Getrennter Familien- und Adults-Only-Bereich. Spielraum, WiFi gratis, Shop, Camperküche, Picknicktische, Ballspielplätze, Fernsehraum, Mietcaravans.
Geöffnet Mitte März bis Oktober.
Platz inkl. 2 Pers. €34–38, weitere Person €10, Kinder bis 14 Jahre €5, Strom €6–10. killarneycamping.com

13 Killarney Flesk Camping
GPS 52° 2'35.0", W 9°29'57.4"
Gute Lage zwischen dem Zugang zum Killarney Nationalpark und dem Ortskern mit Restaurants und Pubs. Dafür befindet sich der Platz recht nahe an der Nationalstraße. Umweltfreundlich, Fahrradverleih gegenüber, Restaurant, Shop zu Fuß erreichbar, Camperküche, WiFi, Fahrradverleih.
Geöffnet Mitte April bis September.
Platz inkl. 2 Pers. €37,50, weitere Person €8,50, Kinder €3, Dusche €1.
www.killarneyfleskcamping.com

14 Fossa Camping Park

GPS N 52°04'14.6", W 9°35'4.3"
Angenehmes Gelände zwischen Bäumen und Büschen, aber nahe an der Nationalstraße. Am nördlichen Stadtrand und ein ganzes Stück vom Ortskern entfernt. Abgetrennte Zeltwiese, Spielplatz, WiFi, Mietcaravans und Hostel.
Geöffnet Mitte März bis Oktober.
Platz inkl. 2 Pers. €33–38, weitere Person €8, Kinder bis 16 Jahre €3, Strom inklusive.
www.fossacampingkillarney.com

Ring of Kerry

15 Glenbeg Camping

GPS N 51°45'32.5", W 10°04'52.6"
Schöne Stellplätze direkt hinter einer langen Sandbucht unterhalb, aber nahe an der Nationalstraße. Camperküche, Bar/Restaurant nebenan, viele Mietcaravans.
Geöffnet April bis Oktober.
Platz inkl. aller Pers. €23–31, Strom €4, Dusche €1,50.
glenbegcaravanpark.com

16 Wave Crest Caravan Park

GPS N 51°45'31.8", W 10°05'27.9"
Der Campingplatz liegt am von der Straße abgewandten Hang über dem Meer. Viele Stellplätze auf Terrassen mit bestem Meerblick, die allerdings etwas windanfällig sind. Restaurant am Eingang, gut ausgestattete moderne Sanitäranlagen. Shop, Café im Sommer. Spielplatz, WiFi.
Geöffnet Februar bis Oktober.
Platz inkl. 2 Pers. €32, weitere Person €10, Kinder €2, Strom gratis, Dusche €1. wavecrestcamping.com

17 Mannix Point Camping

GPS N 51°56'33.7", W 10°14'36.5"
Großes ebenes Gelände mit wenig Schatten in sehr ruhiger Lage hinter einer langgezogenen Bucht mit tollem Blick. Mortimer führt den Platz mit viel Herzblut und Engagement. Die Sanitäranlagen befinden sich im Eingangsbereich, was den Weg von einigen Stellplätzen etwas weiter macht, und bei voll belegtem Platz braucht es in der übersichtlichen Sanitäranlage ein bisschen Kompromissbereitschaft. Aufenthaltsraum und Campingküche.
Geöffnet Ostern bis Mitte September.
Platz inkl. 2 Pers. €30–34, weitere Person €10, Kinder €2, Strom €6, Dusche €2. www.campinginkerry.com

18 Valentia Island Camping

GPS N 51°55'19.5", W 10°17'47.2"
Ruhiger, gepflegter Platz mit neuen Sanitäranlagen. Shop und Restaurant zu Fuß erreichbar, Picknicktische, Spielzimmer, Spielplatz, Camperküche, Mietcaravans, WiFi gratis.
Geöffnet April bis September.

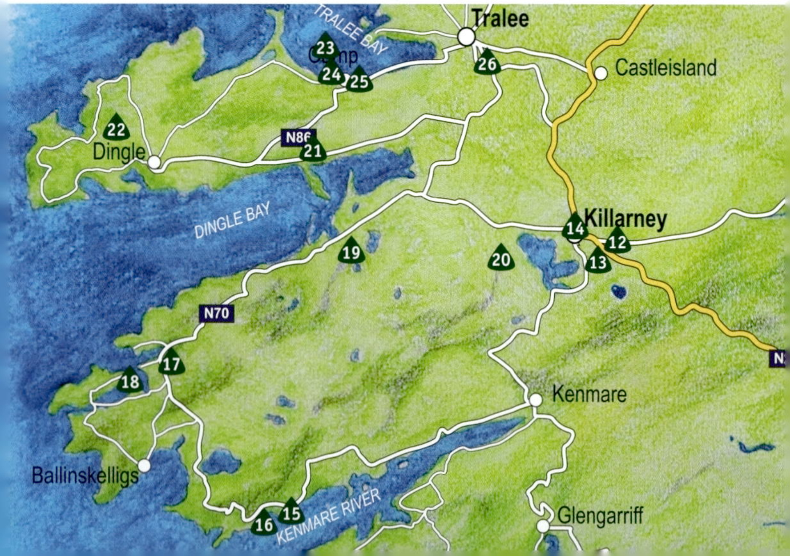

Platz inkl. 2 Pers. €28, weitere Person €6, Kinder 2 bis 15 Jahre €2, Strom €5, Dusche €1. valentiaislandcamping.com

19 Glenross Camping Park
GPS N 52° 3'31.2", W 9°55'54.7"
Komfortabler Platz am Ring of Kerry, Camperküche, Fahrradverleih, Restaurant und Supermarkt zu Fuß erreichbar. Gratis WiFi auf dem ganzen Platz. Mietcaravans und Ferienwohnungen.
Geöffnet April bis September.
Platz inkl. 2 Pers. €38, weitere Person €10, Kinder bis 14 Jahre €5, Strom €5, Dusche €1.
www.campingkerry.com

20 Cronin's Yard Campsite
GPS N 52°01'35.7", W 9°41'46.4"
Zeltwiese an einem Bauernhof in den Bergen, einfache Sanitäranlage. Der Platz wird hauptsächlich von Wanderern genutzt, ist aber mit dem Auto erreichbar. Nicht geeignet für größere Wohnmobile. Pods zu vermieten. Café mit gutem Kuchen. Anfahrtsbeschreibung bei **[› Tour 25]**.
Ganzjährig geöffnet.
Platz inkl. 2 Pers. €10, weitere Person €5, Dusche €1 pro Minute.
croninsyard.com

Dingle Peninsula

21 Inch Beach Campsite
GPS N 52°08'33.7", W 9°58'54.1"
Wiesenplätze oberhalb des berühmten Strandes mit toller Aussicht. Sanitär wird renoviert, Strand fußläufig erreichbar. Ansonsten sehr einfach. Restaurant am Strand
Ganzjährig geöffnet.
Platz inkl. 4 Pers. €25–35, Kinder €3, Strom €5, Dusche €1.
www.inchbeach.com

22 Campail Teach an Aragail
N 52°10'22.8", W 10°21'21.2"
Einfacher, familiengeführter ebener Platz im Inselinneren, nicht weit vom Gallarus Oratory und von Dingle entfernt. Camperküche, Spielplatz, WiFi. Restaurant im Ort.
Geöffnet März bis Oktober.
Platz inkl. 2 Pers. €30, weitere Person €8, Kinder €5, Strom €5, Dusche €1. www.camping-ireland.ie

23 Sandy Bay Camping Park
GPS N 52°16'49.6",W 10°01'36.7"
Auf der Halbinsel von Castlegregory direkt hinter dem langen Sandstrand und in einer schönen Dünenlandschaft gelegen. Camperküche, Spielplatz, sehr viele Dauercamper.
Geöffnet April bis Oktober.
Platz inkl. 4 Pers. €30, Strom gratis, Dusche €1,50.

24 Anchor Caravan Park
GPS N 52°14'38.3", W 9°59'08.8"
Schöner Platz hinter endlos langem Sandstrand an der nicht ganz so malerischen Nordseite der Halbinsel. Spielplatz, Spielzimmer, Fernsehraum, Camperküche, Mietcaravans.
Geöffnet Ostern bis Mitte September.
Platz inkl. 2 Pers. €25–30, weitere Person €5, Kinder €2,50, Strom €2, Dusche €0,50.
www.anchorcaravanpark.com

25 Green Acres Caravan Park
GPS N 52°14'16.8", W 9°58'16.3"
Der Platz befindet sich hinter dem langen Sandstrand an der Nordseite der Halbinsel. WiFi, Camperküche, Spielzimmer, Spiel- und Sportplatz. Laden und Imbiss zu Fuß erreichbar.
Geöffnet Ostern bis September.
Platz inkl. 2 Pers. €29, weitere Person €4, bis 2 Kinder kostenlos, Strom €4, Dusche €1,50.
www.greenacrespark.com

26 Woodlands Camping Park
GPS N 52°15'40.2", W 9°42'14.1"
Die Lage am Stadtrand von Tralee ist eher zentral als idyllisch, aber der Platz ist großzügig angelegt und gepflegt. Abgetrennter Zeltbereich, Camperküche, diverse Kinderspielbereiche auch Indoor, Fußballplatz, Picknicktische, WiFi-Hotspot gratis, Fernsehzimmer. Stadtzentrum und Aquadome sind zu Fuß erreichbar.
Geöffnet Mitte März bis Oktober.
Platz inkl. 2 Pers. €35–39, weitere Person €7, Kinder €4, Strom gratis.
kingdomcamping.com

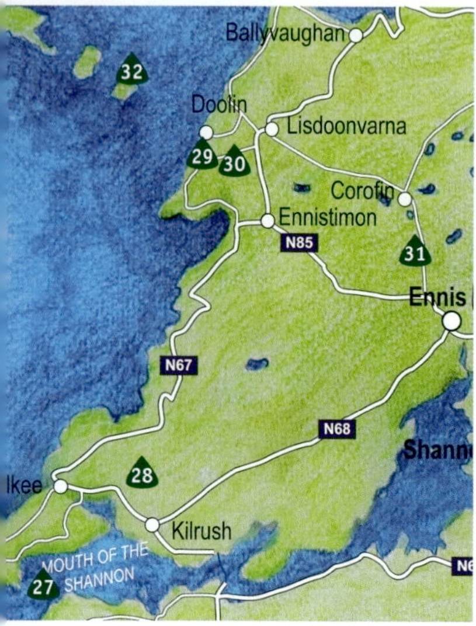

Cliffs of Moher und Burren

27 Green Acres Camping Park

GPS N 52°37'07.6", W 9°38'31.6"
Familiengeführter Platz mit tollem Meerblick hinter etwas ruppigem Strand auf der Loop-Head-Halbinsel bei Kilkee. Einfache Sanitäranlagen, Camperküche, Mietcaravans, Imbiss und Shop in der Nähe.
Geöffnet April bis Oktober.
Platz inkl. 2 Pers. €22–26, weitere Person €6, Kinder €3, Strom €5–7, Dusche €1. greenacrescamping.ie

28 Strandcamping Doonbeg

GPS N 52°44'06.7", W 9°32'01.7"
Kleiner, ruhiger, freundlicher und abgelegener Platz, nur durch eine kleine Straße vom Kiesstrand getrennt. WiFi gratis, Camperküche. Der kleine Ort Doonbeg mit einigen Möglichkeiten zur Einkehr ist zu Fuß erreichbar.
Geöffnet Mitte März bis September.
Platz inkl. 2 Pers. €26, weitere Person €5, Kinder €5, Strom €4. strandcampingdoonbeg.com

29 Nagles Camping

GPS N 53°00'59.3", W 9°24'08.3"
Riesiger, professionell organisierter Campingplatz, der knapp zwei Kilometer vom Ortszentrum von Doolin entfernt in der Nähe des kleinen Hafens liegt. Großes Wiesengelände mit geschotterten Buchten für Wohnmobile, Grasstreifen für Zelte und einem zentralen, modernen Sanitärblock. Insgesamt etwas steril, aber nicht unangenehm. Camperküche, großes Spielgelände und Spielzimmer, WiFi auf dem ganzen Platz, Laden in der Hauptsaison. Mietcaravans und Pods.
Geöffnet März bis Oktober.
Platz inkl. 2 Pers. €28–32, weitere Person €7, Kinder 4–15 Jahre €3, Strom €5, Dusche €1. www.doolincamping.com

30 O'Connors Riverside Camping

GPS N 53°00'59.7", W 9°22'46.7"
Kleinerer Wiesenplatz im Ortszentrum von Doolin auf einem Farmgelände nahe an den Pubs. Neben einem Haus am Flussufer gelegen, nettes Team und gute Sanitäranlagen. Gratis WiFi auf dem ganzen Platz. Camperküche. Auch Jurten zu vermieten.
Geöffnet Mitte März bis Mitte Oktober.
Platz inkl. 2 Pers. €24–27, weitere Person €8, Kinder €4, Strom €4, Dusche €1. www.campingdoolin.com

31 Corofin Camping

GPS N 52°56'43.4", W 9°03'55.0"
Kleiner Campingplatz im Ort Corofin und in der Nähe der Wanderwege durch den Burren. Spielzimmer mit TV, Ballspielplätze, Hostel.
Geöffnet Mitte April bis August.
Platz inkl. 2 Pers. €30, weitere Person €5, Kinder €3, Strom €6. corofincamping.com

32 Rua Camping Inisheer

GPS N 53°03'52.6", W 9°31'14.44"
Zeltplatz direkt hinter dem schönen Sandstrand von Inishowen, der kleinsten der Aran-Inseln. Der Platz ist nur mit dem Boot und vom Hafen zu Fuß erreichbar. Restaurants und Pubs sind zu Fuß erreichbar. Mehr Infos bei **[› Tour 33]**.
Platz inkl. 2 Pers. €24, weitere Person €12. inisoirrcamping.ie

Connemara

33 O'Hallorans Camping Park

GPS N 53°15'28.7", W 9°06'10.0"
Einfacher Platz in schöner Lage in der

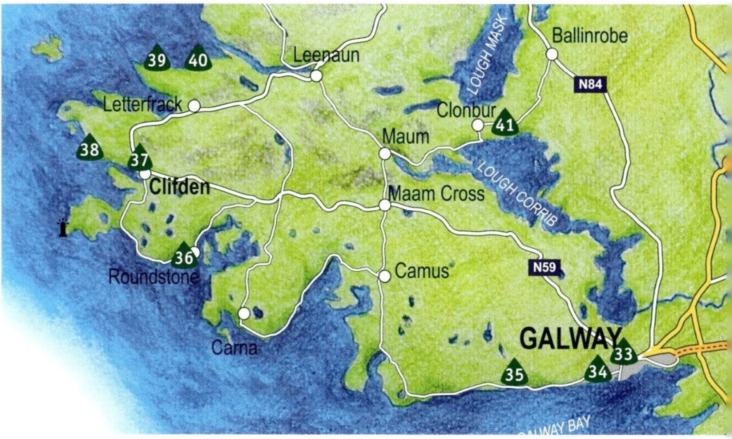

Nähe von Galway. Große Wiesenfläche mit Meerblick, Platz zum Ballspielen, viele Dauercamper.
Geöffnet Mai bis September.
Platz inkl. 2 Pers. ca. €30
Knocknacarra village,
Tel. 00353 86 874 7422.

34 Salthill Caravan Park

GPS N 53°15'23.5", W 9°06'19.1"
Direkt neben dem O'Hallorans Camping Park, aber direkt am Meer, sehr schön gelegen, mit Plätzen über dem Wasser. Spielplatz, Supermarkt und Pub in der Nähe. Busverbindung nach Galway, viele Familien.
Geöffnet April bis September.
Platz inkl. 2 Pers. €34–38, weitere Person €12, Kinder €8, Strom €10, Dusche €1.
www.salthillcaravanpark.com

35 Spiddal Caravan & Camping Park

GPS N 53°15'18.4", W 9°18'21.1"
Familienfreundlicher Platz, guter Ausgangspunkt für den Besuch der Aran-Inseln, Spielplatz, Camperküche.
Geöffnet Ostern bis Oktober.
www.spiddalmobilehomes.ie

36 Gurteen Bay Camping Park

GPS N 53°22'54.5", W 9°57'12.6"
Drei Kilometer von Roundstone, an mehreren traumhaften Sandbuchten gelegen. Camperküche, Shop, Fußballplatz, WiFi gratis, Fahrradverleih, auch Ferienwohnungen.
Geöffnet Juni bis Oktober.
Platz inkl. 2 Pers. €30–38, weitere Person €10, Strom €5, Dusche €1.
www.gurteenbay.ie

37 Clifden Camping Park

GPS N 53°30'06.4", W 10°01'04.9"
Ruhiger, gut organisierter, terrassierter Platz in toller Lage auf einem Hügel, zwei Kilometer nach Clifden. Spielzimmer, Camperküche, kleiner Laden, WiFi gratis, Lagerfeuer erlaubt.
Geöffnet Mai bis September.
Platz inkl. 2 Pers. €28–30, weitere Person €6, Kinder €2, Strom €6.
clifdencamping.com

38 Clifden Eco Beach Camping

GPS N 53°31'24.8", W 10°08'03.2"
Traumhaft in den Dünen gelegen, tolle Plätze mit Blick über den Fjord, sehr schöner, nur vom Platz zugänglicher Strand und entspannte Atmosphäre. Die Dünen sind der perfekte Kinderspielplatz und durch das hügelige Gelände bleibt viel Raum zwischen den Stellplätzen. Im Umkreis liegen mehrere Naturschutzgebiete, daher wird besonders auf Öko-Richtlinien geachtet. Das Wasser stammt aus einer Quelle mit guter Trinkwasserqualität und ist ungechlort. Feuerschalen zum Ausleihen, WiFi inklusive. Die Anmeldung ist etwas ungewöhnlich: An der Schranke am Platzzugang steht eine Telefonnummer. Man erhält per Anruf den Code für die Schranke und wird dann empfangen und zur etwas versteckt liegenden Rezeption geführt.

Geöffnet Mitte März bis September.
Platz inkl. 2 Pers. €28–30, weitere Person €8, Kinder bis 14 Jahre €4, Strom €7, Dusche €1.
clifdenecocamping.ie

39 Renvyle Beach Camping Park
GPS N 53°36'12.5", W 9°59'04.4"
Familiengeführter, kleiner Platz auf traumhaftem Wiesengelände mit Zugang zum Sandstrand. Restaurants und Shops zu Fuß erreichbar. Camperküche, WiFi gratis, Mietcaravans.
Geöffnet Mai bis Mitte September.
Platz inkl. 2 Pers. €28, weitere Person €8, Kinder 4 bis 12 Jahre €6, Strom €7, Dusche 1,50.
www.renvylebeachcaravanpark.com

40 Connemara Camping Park
GPS N 53°36'21.8", W 9°54'17.6"
Traumhaft gelegener, Campingplatz auf einer Düne direkt hinter dem Sandstrand, unparzelliert, windanfällig. Einfache Sanitäranlagen, großes Spielzimmer, Café, Shop, WiFi an der Rezeption, manchmal sieht man hier Delfine.
Geöffnet Mitte April bis September.
Platz inkl. 2 Pers. €25–28, weitere Person €8, Kinder 2 bis 16 Jahre €6, Strom €8. connemaracamping.com

41 Cong Camping Park
GPS N 53°32'21.6", W 9°16'15.0"
Kleiner Campingplatz neben einem Hostel. Plätze auf Asphalt für Wohnmobile, etwas eng und nicht sehr idyllisch, aber ruhig gelegen. Gute Sanitäranlagen im Haupthaus am Eingang. Etwa zwei Kilometer vom interessanten Dorf Cong entfernt. Camperküche, Spielplatz, Spielzimmer, WiFi gratis auf dem ganzen Platz. Eingerichtete Glamping-Zelte.
Geöffnet Mitte März bis September.
Platz inkl. 2 Pers. €30, weitere Person €5, Kinder €3,50, Strom €7,50–10, Dusche €1.
www.congcamping.com

Mayo

42 Westport House Camping Park
GPS N 53°48'20.6", W 9°32'07.9"
Weitläufiges Gelände innerhalb des Westport Estate Parks. Spielplatz, WiFi, Bar, Café, Glamping-Zelte.
Geöffnet April bis Mitte September.
Platz inkl. 2 Pers. €28–38, weitere Person €7, Kinder €4, Strom €8.
www.westporthouse.ie

43 Keel Camping
GPS N 53°58'28.9", W 10°04'37.3"
Auf Achill Island, zwischen Bergen und Strand gelegen. Toller Rundumblick, oft windig. Restaurant in der Nähe, Camperküche, Spielplatz, Spielzimmer, Mietcaravans.
Geöffnet Ostern bis September.
Platz inkl. 2 Pers. €24–30, weitere Person €6, Kinder 2 bis 18 Jahre €3, Strom €6, Dusche €1.
keelcamping.ie

44 Achill Seal Caves Camping Park
GPS N 54°00'35.5", W 10°01'24.7"
Ruhiger, neu renovierter Platz neben einer Schafweide auf der Nordseite von Achill Island, kurzer Weg zum schönen Strand. Spielplatz, Fußballplatz, Camperküche, WiFi. Mietcaravans, kleiner Laden in der Nähe.
Geöffnet Juni bis Mitte September.
Platz inkl. 2 Pers. €20–25, weitere Person €5, Kinder €2,50, Strom €5.
achillsealcaves.com

45 Belleek Camping Park
GPS N 54°08'03.4", W 9°09'30.6"
Ruhiger, gepflegter Platz bei Ballina.

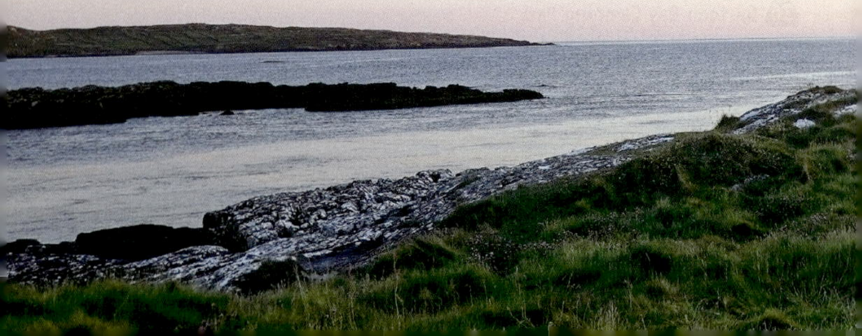

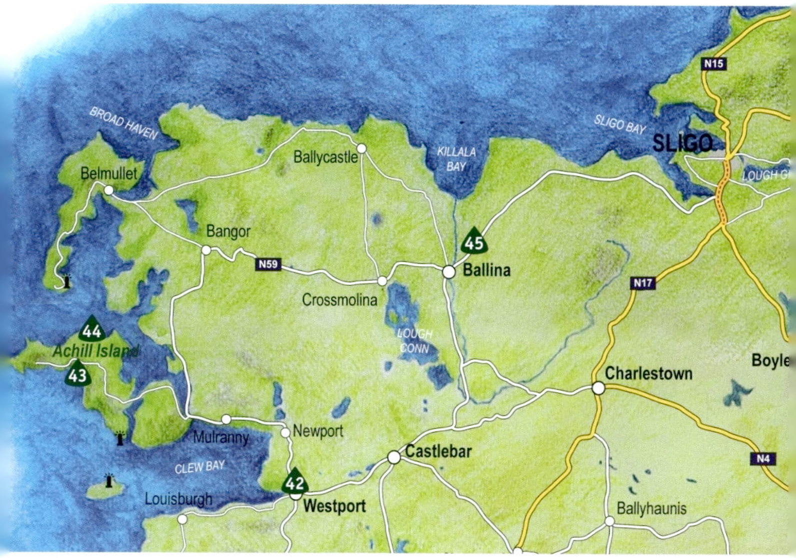

Spielplatz, Fußballplatz, WiFi, Camperküche, Fernsehraum, Shop in der Hochsaison. Mietcaravans.
Geöffnet März bis Oktober.
Platz inkl. 2 Pers. €30–32, weitere Person €6, Kinder €3, Strom €5, Dusche €1. www.belleekpark.com

Sligo

46 Strandhill Camping Park

GPS N 54°16'21.4", W 8°36'22.6"
Schöner Platz in den Dünen hinter dem langen Sandstrand von Strandhill. Spielplatz nebenan, Camperküche, Fernsehraum, WiFi. Restaurant und Laden im Ort zu Fuß erreichbar. Mindestaufenthalt 2 Nächte.
Geöffnet Ostern bis September.
Platz inkl. 2 Pers. €25, weitere Person €5, Kinder €1, Strom €4, Dusche €1. sligocaravanandcamping.ie

47 Rosses Point Camping und Caravanpark

GPS N 54°18'25.4", W 8°34'09.9"
Plätze auf dem Hügel mit bestem Blick auf das Meer, kann sehr windig werden, Mindestaufenthalt 2 Nächte.
Geöffnet Ostern bis September.
Platz inkl. 2 Pers. €25, weitere Person €5, Kinder €1, Strom €4, Dusche €1. sligocaravanandcamping.ie

48 Lakeside Camping Park

GPS N 54°29'50.1", W 8°10'20.5"
Gepflegter Platz mit extra Zeltwiese direkt am Assaroe Lake. Fünf Gehminuten nach Ballyshannon. Spielplatz, Camperküche, WiFi gratis, Fernsehraum, Restaurant.
Geöffnet Mitte April bis September.
Platz inkl. 2 Pers. €30, weitere Person €8, Kinder €3, Strom €6. lakesidecaravanandcamping.com

38

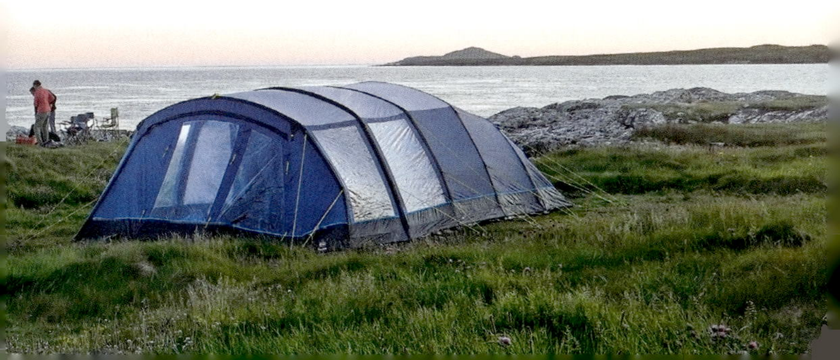

Lakelands

49 Camping Castle Archdale
GPS N 54°28'46.1", W 7°43'53.3"
Familienfreundlicher Platz im Park von Schloss Archdale am Ufer des Lower Lough Erne. Spielplatz, Glamping-Pods, Bootsverleih, Laden, WiFi. Kleiner Hafen, an dem die Boote nach White Island ablegen.
Geöffnet Mitte März bis Oktober.
Platz inkl. 2 Pers. £35 inklusive Strom. www.castlearchdale.com

50 Riverside Farm Caravan Park
GPS N 54°19'32.0", W 7°39'00.5"
Gepflegter familienfreundlicher Wohnmobilstellplatz an einem kleinen Hafen am Silles River in der Nähe des Lough Erne und nicht weit von Enniskillen. Camperküche, WiFi gratis. Freundlicher und hilfsbereiter Besitzer.
Ganzjährig geöffnet.
Platz inkl. 2 Pers. £22–35, weitere Person £10. riverside-farm.com

51 Crom Campsite
GPS N 54°09'47.7", W 7°25'59.2"
Schöner kleiner Wiesenplatz nur für Zelte auf dem Gelände des Crom Estate direkt am Lough Erne. Lagerfeuer- und Picknickplatz, Fahrrad- und Bootsverleih, Glamping-Pods.
Geöffnet März bis Oktober.
Platz inkl. 2 Pers. £ 26, weitere Person £6, Kinder 6 bis 18 Jahre £2,50. Buchbar über www.nationaltrust.org.uk/holidays/northern-ireland/crom-campsite

Donegal

52 Boortree Rossnowlagh Touring and Camping
GPS N 54°33'54.4", W 8°12'45.5"
Einfacher Platz, etwas eingepfercht zwischen Häusern und Caravans, jedoch kurzer Fußweg zu tollem Sandstrand. Eher für größere Kinder geeignet, da oft Wind und Wellen. Neue Sanitäranlagen, Restaurants etwa 15 Gehminuten entfernt.
Geöffnet Ostern bis September.
Platz inkl. 2 Pers. €23–25, weitere Person €5, Kinder 10 bis 15 Jahre €3, Strom €6. rossnowlaghtouring.com

53 Killybegs Holiday Park
GPS N 54°37'22.0", W 8°27'14.4"
Einfacher Campingplatz am Ortsrand von Killybegs mit seinem großen Fischereihafen. An der Einfahrt wirkt das Gelände mit verschlossenem Tor und hohem Zaun zuerst einmal ein bisschen wie ein Hochsicherheitstrakt. Der Empfang durch den Platzwart ist jedoch sehr nett. Der Platz ist in fünf große geschotterte Terrassen mit schönem Blick auf das weiter unten liegende Meer unterteilt. Kleine, sehr einfache aber saubere Sanitäranlagen im Container. WiFi gratis.
Geöffnet Mitte März bis September.
Platz inkl. 2 Pers. €20–40, weitere Person €10, Strom inklusive. killybegsholidaypark.ie

54 Boyle's Caravan Park
GPS N 54°50'21.8", W 8°26'43.55"
Direkt hinter dem Narin Beach gelegen, Café, Imbiss, WiFi, Fernsehraum, Shop in der Nähe, Mietcaravans in schöner Lage, Camping Pods.
Geöffnet Mitte März bis Oktober.
Platz inkl. 2 Pers. €40–44, Strom inklusive, Tel. 00353 74 954 5131.

55 Wild Atlantic Camp
GPS N 55°07'11.8", W 7°54'13.6"
In der Nähe eines Sees im Grünen gelegen, etwa vier Kilometer entfernt von Sheephaven Bay. Camperküche, WiFi gratis, Café, Pizzeria, Supermarkt gegenüber, schöner Spielplatz. Geheizte Camping Pods und Mietzelte.
Ganzjährig geöffnet.
Platz inkl. 2 Pers. €35, weitere Person €5, Strom inklusive. www.wildatlanticcamp.ie

56 Corcreggan Mill Camping
GPS N 55°10'01.9", W 8°00'14.5"
Schönes ruhige Anwesen mit kleinem Campingplatz mit Blick auf den New Lake. Auch der sehr schöne Strand von Tramore ist nicht weit. Picknicktische, WiFi, Fahrradverleih, Glamping-Zelte und ein außergewöhnliches Hostel in einem 150 Jahre alten Zugwaggon.
Geöffnet April bis September.
Platz inkl. 4 Pers. €30–37, weitere Person €7,50, Strom €6,50. www.corcreggan.com

Die folgenden vier Campingplätze am Meer nördlich von Derry/Londonderry bestehen zum Großteil aus Mietcaravans und haben nur wenige Touristenplätze, meist auf einem separaten Areal am Rand der Anlagen:

57 Casey' Caravan Park

GPS N 55°11'41.2", W 7°50'15.4"
Familienfreundlicher Platz mit direktem Zugang zum Strand, Spielplatz, Fernsehraum, Camperküche. Stellplätze für Camper hinter den Mobilhomes abseits vom Meer.
Geöffnet April bis Oktober.
Platz inkl. 2 Pers. €30, weitere Kinder kostenlos, Strom €5, Dusche €2. Tel. 00 353 74 9155376.
www.caseyscaravanpark.com

58 Rosguill Holiday Park

GPS N 55°14'00.8", W 7°47'44.1"
Auf der Halbinsel Rosguill gelegen, Wiesenfläche mit schönem Blick aufs Meer, Strandzugang, Camperküche, Café, WiFi gratis an der Rezeption.
Geöffnet März bis September.
Platz inkl. 2 Pers. und 2 Kinder €30, weitere Person €5, Strom €5, Dusche €1. rosguillholidaypark.com

59 Knockalla Camping Park

GPS N 55°10'59.1", W 7°36'44.7"
Großer Platz mit sehr guten Sanitäranlagen, toller Spielplatz, Spielzimmer, Fußballplatz, Café, WiFi gratis. Viele Mietcaravans. 15 Minuten Fußweg zum Strand.
Geöffnet Mitte März bis September.
Platz inkl. 2 Pers. €35–38, weitere Person €10, Kinder €2,50–5, Strom €5, Dusche €2.
knockallacaravanpark.com

60 Rockhill Holiday Park

GPS N 55°08'20.5", W 7°40'11.3"
Großer, auf Familien ausgerichteter Platz mit großem Angebot an Beschäftigungsmöglichkeiten für Kinder. Riesiger Spielplatz mit kostenlosem Kinder- und Outdoorprogramm, Café, Fahrradverleih. Blockhütten und viele Mietcaravans in nicht allerbestem Zustand.
Geöffnet Mitte März bis September.
Platz inkl. 6 Pers. €35, Dusche €1.
rockhill.ie

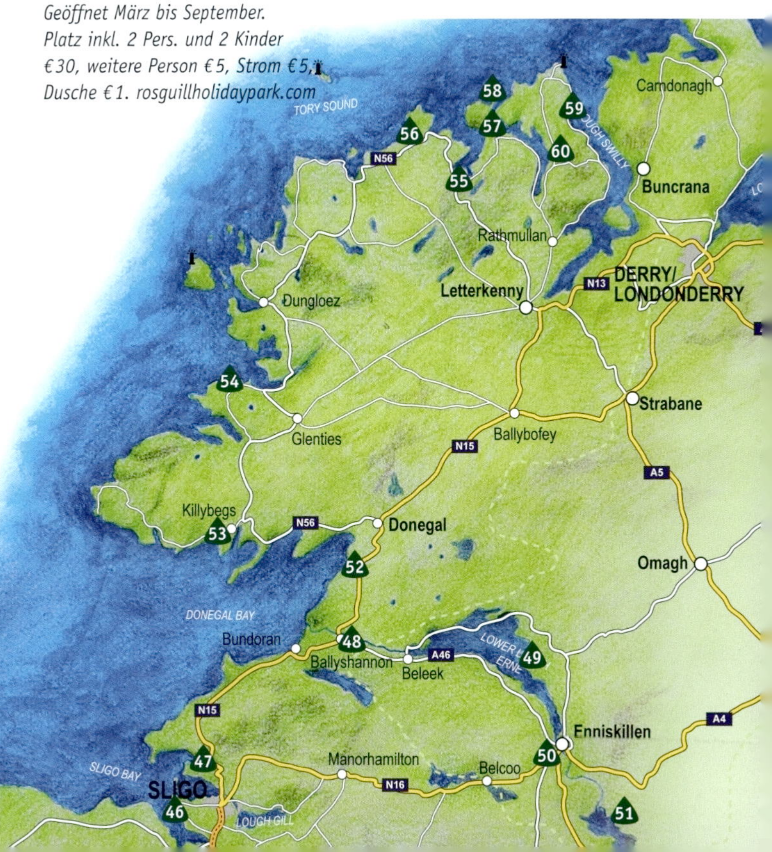

A
Achill Island ... 224
Adrigole ... 68
Aillwee Cave ... 157
Altersgrenzen ... 20
Aran-Inseln ... 174
Archdale Forest Park ... 276
Ardara Caves ... 293
Ashford Castle ... 192
Assaranca Waterfall ... 244
Ausrüstung ... 18, 316
B
Ballybogs ... 251
Ballycroy-Nationalpark ... 162, 229
Ballymastoker Beach ... 245
Ballynahinch Castle ... 195
Bamboo Park ... 29
Banna Beach ... 35
Bantry House ... 57
Barleycove ... 28
Beara Way ... 76
Bed and Breakfast ... 317
Ben Bulben ... 258, 261
Black Pudding ... 10
Blarney Castle ... 26
Blasket Islands ... 145
Blasket Visitor Centre ... 147
Blennerville Windmill ... 35
Bonane Heritage Park ... 91
Bray Head ... 122
Brigid's Garden ... 158
Bunglass Point ... 285
Bunratty Castle ... 156
Burren ... 180, 184
C
Cahergall Stone Fort ... 31
Camping in Irland ... 319
Carauntoohil ... 130
Carrowmore Nekropole ... 241
Castelfreke Forest ... 40
Castlegregory Beach ... 35
Cavan Burren Park ... 262
Céide Fields ... 163
Charles Fort ... 36, 38
Clare ... 7
Cliffs of Moher ... 164, 168
Coney Island ... 242
Cong ... 189
Connemara Heritage Center ... 160
Connemara National Park ... 206
Connor-Pass ... 34, 151
Coole Park ... 158
Cork ... 26
Cork und Kerry ... 6
Craggaunowen Projekt ... 156
Crom Castle ... 272
Cronins Yard ... 130
Culdaff Beach ... 245
D
Derrigimlagh ... 197
Derrynane ... 115
Derrynane House ... 30
Devenish Island ... 243
Dingle ... 33, 136
Dinis Cottage ... 107
Doagh Famine Village ... 308
Doe Castle ... 245
Donegal ... 8
Donegal Castle ... 244
Doolin ... 168
Downpatrick Head ... 237
Drombeg Stone Circle ... 27
Dromore Woods ... 186
Dun Aengus ... 174
Dunguaire Castle ... 158
Dursey Island ... 73
E
Erris Head ... 233
Ewe Experience ... 88
Eyeries ... 80
F
Fahan Beehive Huts ... 34
Fahrradwege ... 14
Fairies ... 250
Fanad Head Lighthouse ... 245
Fermoyle Beach ... 34
Fota Wildlife Park ... 26
Full Irish Breakfast ... 10
G
Gaeltacht ... 9
Gälisch ... 9
Gallarus Oratory ... 34
Garinish ... 72
Garinish Gardens ... 28
Geocache ... 254
Geokaun Mountain ... 31
Glencar Waterfall ... 242
Glencolumbkille ... 287
Glen Folk Village ... 244, 289
Glengarriff Woods ... 62
Gleninchaquin Park ... 83
Glenveag Nationalpark ... 296
GPS-Daten ... 22
Great Famine ... 306

Great Western Greenway........... 214
Guinness Bier 11
Gurteen Beach 159
H
Heritage Card 316
Herrenhäuser und Gärten 15
Hostels 318
I
Inchagoill Island 159
Inch Beach 33
Inisheer 172
Inishfallen 112
Inishmore 174
Irish Folk 9
iroschottische Kirche 292
K
Keem Bay 224
Kells Bay Gardens 31
Killarney Nationalpark 32
Kilmacduagh Abbey 157
Kinder in der Kraxe 20
Knockenarea 246
Kylemore Abbey 210
L
Lady Bantry's Lookout 66
Leprechauns 251
Lough Adoon 150
Lough Eske 278
Lough Gill 255
Lough Hyne 46
M
Malin Beg 244
Malin Head 301
Mangerton Mountain 98
Marble Arch Caves 243
Merrows 251
Midges 19
Mizen Head 28
Molly Gallivans 29
Muckross House 102
Muckross Traditional Farms 105
Mullaghmore 180
Mullaghmore Beach 243
Mulranny 215, 220
N
Narin Beach 245
North Mayo Sculpture Trail 163
O
Omey Island 201
One Man's Path 282
O'Sullivans Cascade 134
P
Paddeltouren 13
Parke's Castle 242
Poulnabrone Dolmen 157
R
Reiten 14
Rossbeigh Beach 32
Ross Castle 114
Rosses Point 242
Ryan's Daughte 142
Ryan's Daughter, Film 146
S
Scones 11
Sheeps Head 53
Singing Pubs 9
Skelling Rocks 125
Sky Road 159
Slea Head Drive 34
Slieve League 281, 285
Slievemore 228
Sligo Abbey 241
Staigue Stone Fort 29
Star Wars 142, 301
St. Patrick 291
Strandhill 242
Streedagh Beach 242
Stroove Beach 245
T
Tetrapod Footprints 30
Tidezeiten 202
Timoleague Abbey 27
Tomies Woods 134
Torc Waterfall 95
U
Upper Lough Erne 268
V
Ventry Beach 34
W
Wasserhund Dobhar-chú 251
Wassersport 13
Westport House 162
Whiskey 11
White Island 243
Wild Atlantic Way 6

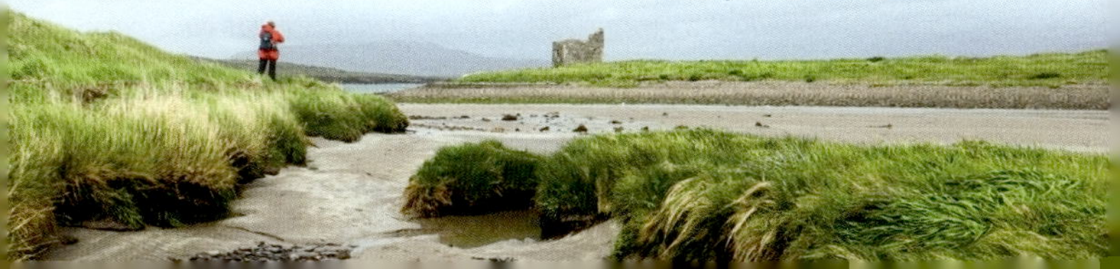

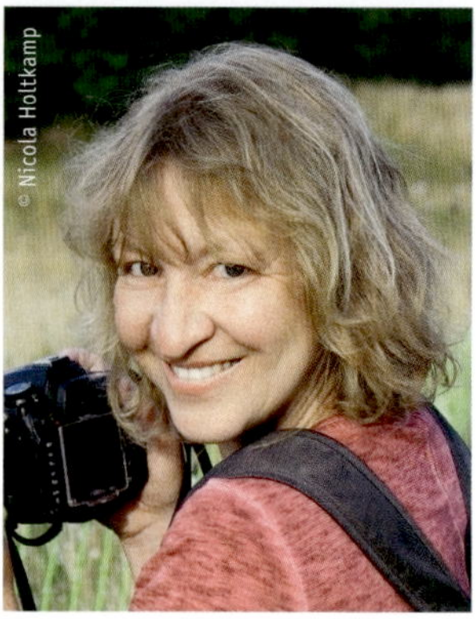

Stefanie Holtkamp

Jahrgang 1968, Grafik-Designerin, Autorin und Mutter von zwei inzwischen erwachsenen Kindern, recherchiert, erwandert und schreibt seit 20 Jahren Reiseführer für Familien.

Irland war eines ihrer ersten Reiseziele nach dem Abitur und noch einmal in der Elternzeit. Bei der Recherche für dieses Buch gab es dann endlich das lang erwartete Wiedersehen mit der Grünen Insel.

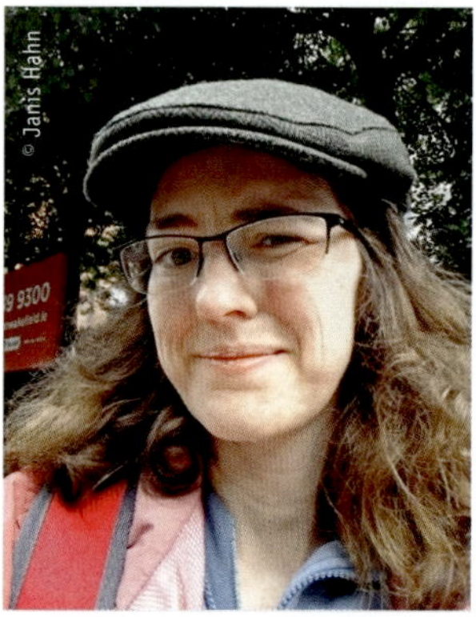

Lena Marie Hahn

Jahrgang 1982, freie Journalistin, verliebte sich im Alter von 15 Jahren auf einem Schüleraustausch in Irland. Seitdem ist die Grüne Insel für sie immer wieder Reiseziel gewesen, gekrönt von einem ganzen Recherche-Sommer entlang des Wild Atlantic Ways von Nord nach Süd. Ihre Lieblingsbeschäftigungen unterwegs sind Wandern und Teetrinken.

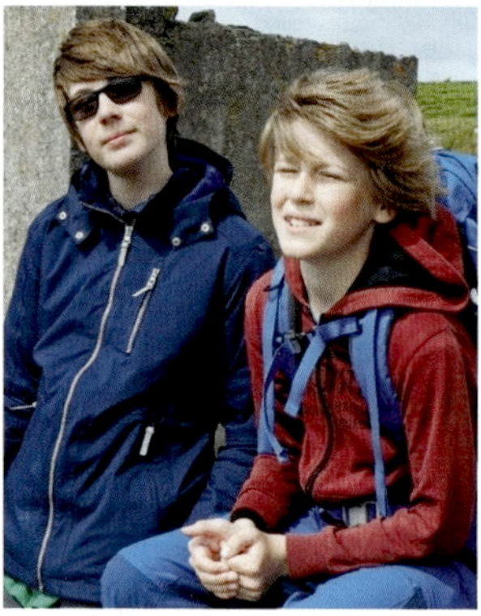

Janis und Silas, die beiden Jungs, teilen diese Vorlieben zum Glück. Solange sie nicht extra für die Kamera posieren müssen, stehen sie gerne als Fotomodelle für Familienreiseführer zur Verfügung...

Vater Martin ist dabei, wenn sein Urlaubskontingent es erlaubt. Lena hat mit ihrer Familie mehr als 30 europäische Länder bereist.

In ihrem Reiseblog www.family4travel.de erzählt sie auf ganz persönliche Weise von ihren Reisen mit Familie, nicht nur aber auch, nach Irland.

FSC
www.fsc.org
MIX
Papier aus verantwortungsvollen Quellen
FSC® C089473

Gedruckt in Deutschland auf Papier aus nachhaltiger Waldwirtschaft.

2. Auflage März 2024

Naturzeit Reiseverlag e.K.

82288 Kottgeisering

www.naturzeit-verlag.de

info@naturzeit-verlag.de

Vertrieb: Geo Center, 70794 Filderstadt

Satz und Gestaltung: Stefanie Holtkamp, Naturzeit Reiseverlag

Druck: Beltz Grafische Betriebe, 99947 Bad Langensalza

Kartenbasis: Outdooractive Kartografie Geoinformationen © Outdooractive © OpenStreetMap (ODbL) - Mitwirkende - www.openstreetmap.org

GPS-Daten: GPX224IRL435

Bildnachweis:

Covermotiv: Lena Marie Hahn, Stefanie Holtkamp

Illustrationen: Stefanie Holtkamp

Bildagentur istock: Seite 68 StratosGiannikos, Seite 128 oben Dodge65, Seite 129 oben AlbyDeTweede

Seite 141 Progetto Natura

Seite 54, 55 Hiltrud Ettl

Lena Marie Hahn: Seite 8, 16–21, 30 oben, 34, 36–38, 49–53, 56–60, 62 oben, 64 oben, 83–100, 104 unten, 115, 150 oben, 152, 163 unten, 174 unten, 178 unten, 197–198, 201–203, 203 oben, 206 oben, 209–212, 224–229, 232–236, 246–256, 260, 278, 283–287, 289, 291, 293–308, 316.

Stefanie Holtkamp: Seite 1, 6, 10–15, 24–28 unten, 30 unten, 31–33, 35, 39, 40–48, 51, 62 unten, 63, 64 unten, 66–81, 116–139, 142–149, 150 unten, 156–162, 163 oben, 164–173, 174 oben, 176–196, 199, 202 oben, 203 oben, 205, 207, 208, 214–222, 230, 231, 237–245, 257–259, 261–277, 287 unten, 288, 292, 308 oben, 310–315, 319, 329.

ISBN 978-3-944378-43-5

Aktuelle Angaben unterliegen einem ständigen Wandel. Daher sind alle Informationen über Freizeitangebote, Restaurants und Campingplätze, insbesondere die Angaben von Öffnungszeiten, Telefonnummern und Preisen trotz sorgfältiger Recherche nur eine Momentaufnahme. Alle schriftlichen und bildlichen Informationen in diesem Buch erfolgen nach bestem Wissen und Gewissen der Autorinnen. Eine Haftung durch Verlag und Autorinnen ist ausgeschlossen, soweit ein Schaden nicht an Leben, Körper oder Gesundheit eingetreten ist, es sei denn, unsere Verantwortung beruht auf Vorsatz oder grober Fahrlässigkeit.

Mehr Natur, mehr Abenteuer, mehr Erholung ...

Weitere Ziele für erlebnisreiche Familienferien zwischen Wasser, Wald, Bergen und Meer gibt es in diesen Bänden der Buchreihe *Naturzeit mit Kindern*.

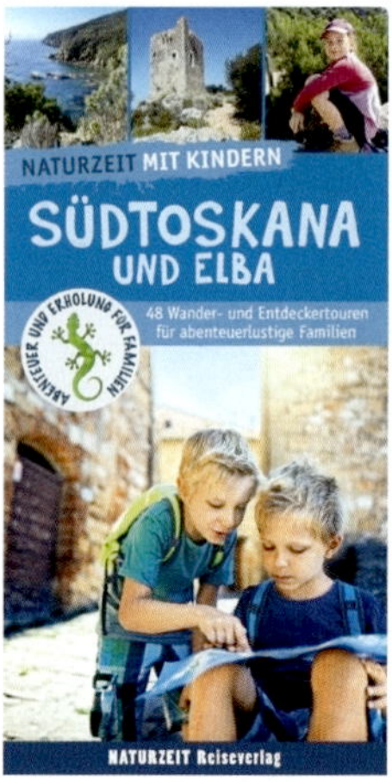

Stefanie Holtkamp, Inge Kraus

Naturzeit mit Kindern: Mallorca

Dem Erbe der Etrusker hat die Toskana besonders interessante Ziele zu verdanken. Wanderungen durch Hohlwege mit meterhohen Wänden zu mittelalterlich-düsteren Städten oder zu uralten Höhlensiedlungen sind Erlebnisse, die auch Kinder spannend finden. Malerische Dörfer, heiße Quellen, die Sumpfebenen der Maremma und natürlich die Küste des Mittelmeeres, die auf Elba ganz besonders reizvoll ist – wo könntet ihr Kinderabenteuer, Erholung und Kultur besser verbinden als im Süden der Toskana?

2. Auflage 2024, 264 Seiten, **€ 20,00**
ISBN 978-3-944378-51-0

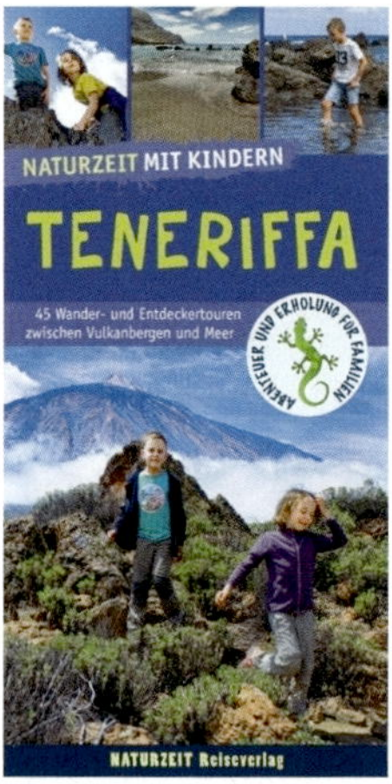

Alexander Ramin, Torben Andersen

Naturzeit mit Kindern: Teneriffa

Die »Insel des ewigen Frühlings« verzaubert mit mystischen Märchenwäldern, tiefen Schluchten, riesigen Vulkanen sowie rauen Lavaküsten und langen Sandstränden. Eine Reise über die Insel führt uns durch ganz unterschiedliche Klimazonen. Wir schmecken die salzige Gischt des Atlantiks, riechen den Duft der Pinien und spüren die Schroffheit der Lava. Unsere Touren und Ausflüge führen zu vielen bekannten Sehenswürdigkeiten aber auch in die weniger besuchten Winkel Teneriffas.

1. Auflage März 2022, 336 Seiten, **€ 20,00**
ISBN 978-3944378-32-9

Alle weiteren Titel der Reihe und eine Leseprobe zu jedem Buch unter
www.naturzeit-verlag.de

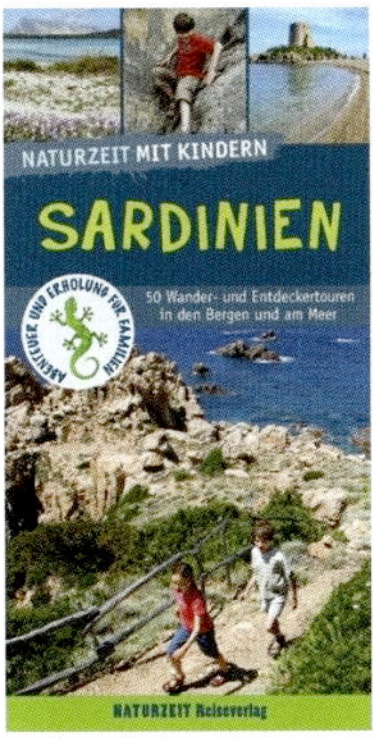

ISBN 978-3-944378-40-4
7. Auflage 2022, **€ 22,00**

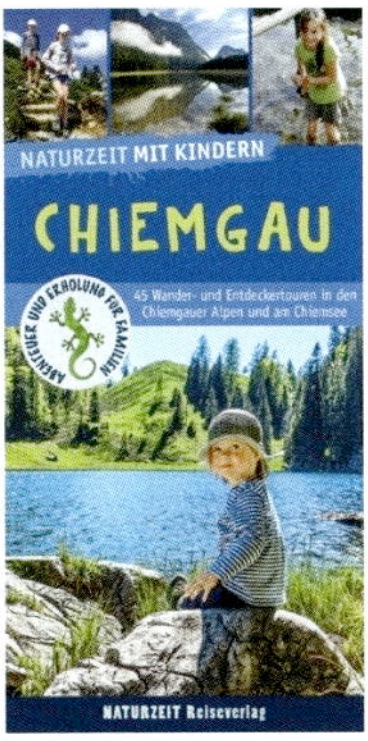

ISBN 978-3-944378-37-4
3. Auflage 2022, **€ 17,00**

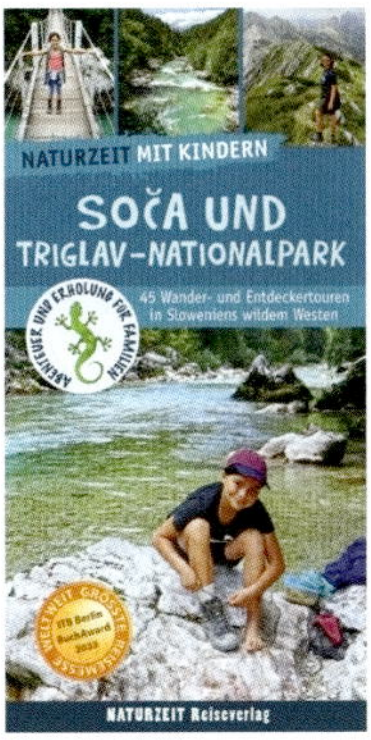

ISBN 978-3-944378-34-3
1. Auflage 2022, **€ 20,00**

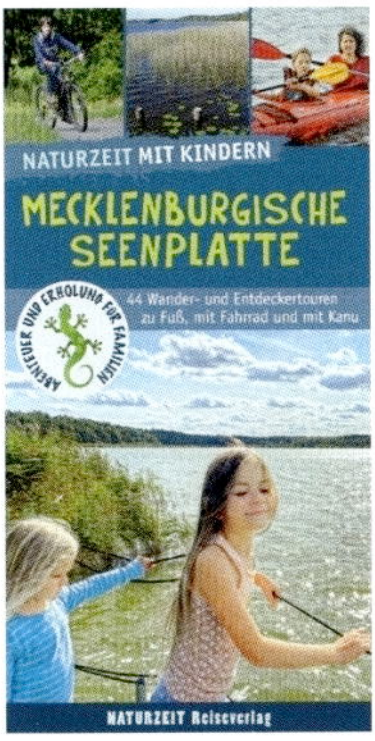

ISBN 978-3-944378-31-2
3. Auflage 2021, **€ 18,00**

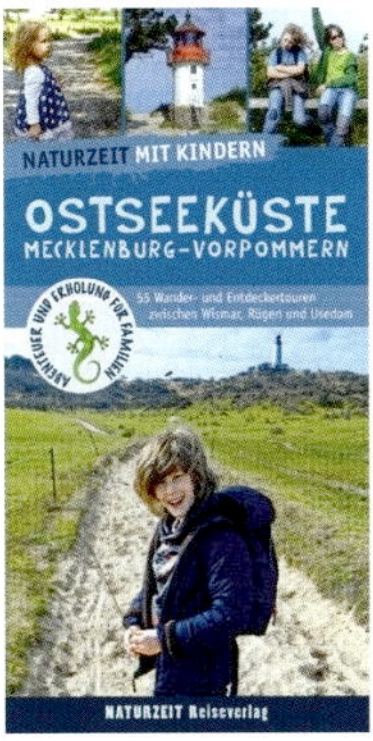

ISBN 978-3-944378-36-7
2. Auflage 2022, **€ 19,00**

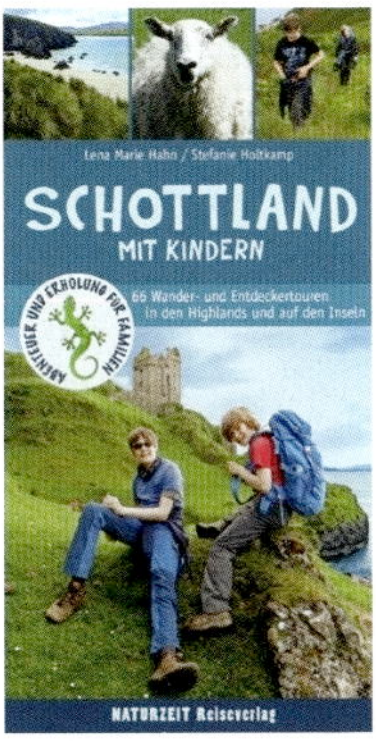

ISBN 978-3-944378-20-6
1. Auflage 2019, **€ 19,90**

Regina Stockmann, Stefanie Holtkamp, Johanna Kraus

Trekkingträume für Familien

Vom Mikroabenteuer zur Trekkingtour

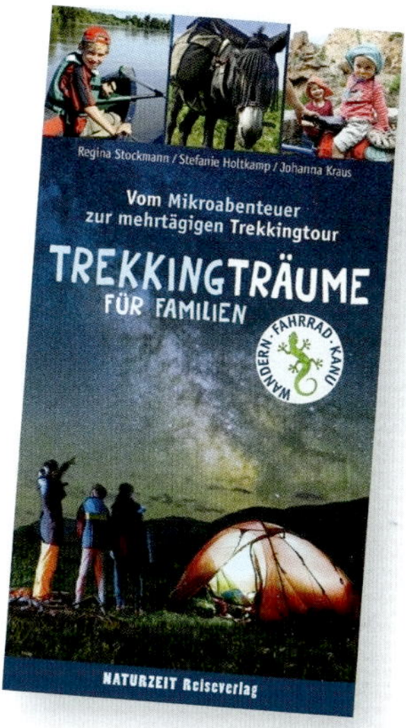

Gemeinsam raus in die Natur. Weit weg vom Lärm der Zivilisation, der Alltagshektik und vom Überfluss. Sich nur noch um elementare Dinge kümmern und ein bisschen langsamer leben. Draußen sein, kleine Abenteuer erleben, Neues entdecken, in die Sterne gucken, näher zusammenrücken und als Familie ganz viel Zeit miteinander verbringen.

Für Outdoor-Anfänger und erfahrene Outdoor-Fans, die vor der Herausforderung stehen, ihr liebstes Hobby mit ihren Kindern zu teilen.

1. Auflage 2020, 384 Seiten, **€ 19,90**
ISBN 978-3944378-25-1

ab 4 Jahre

ab 6 Jahre

ab 8 Jahre

ab 10 Jahre

Der Nordwesten – Sligo und Donegal (Seite 241)

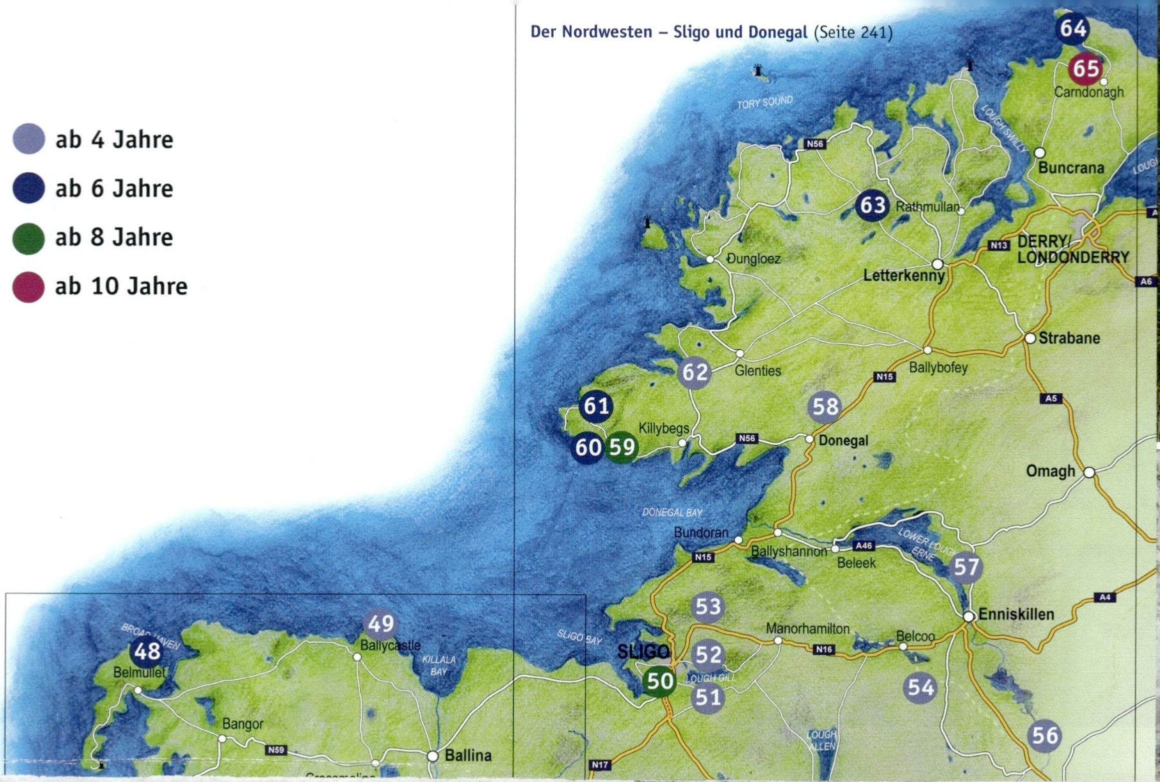

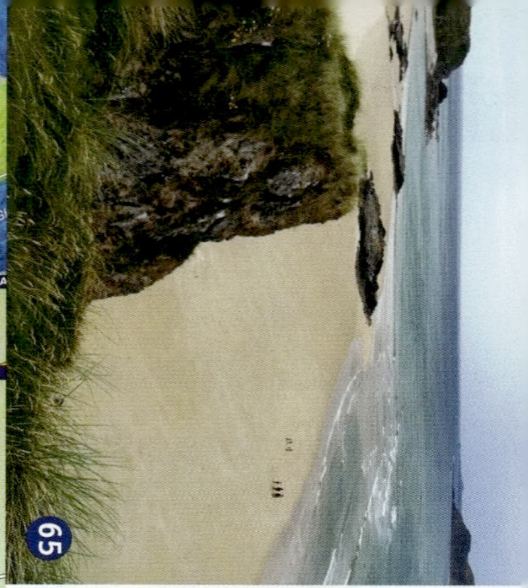

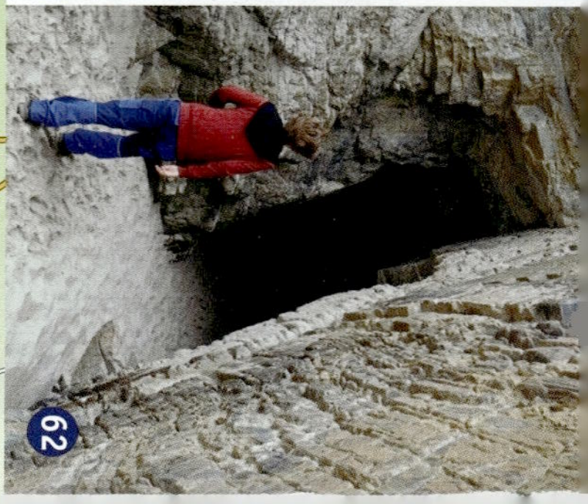